JN433747

사도신경

전능하사 천지를 만드신 하나님 아버지를 내가 믿사오며,
그 외아들 우리 주 예수 그리스도를 믿사오니,
이는 성령으로 잉태하사 동정녀 마리아에게 나시고,
본디오 빌라도에게 고난을 받으사,
십자가에 못 박혀 죽으시고,
장사한 지 사흘 만에 죽은 자 가운데서 다시 살아나시며,
하늘에 오르사, 전능하신 하나님 우편에 앉아 계시다가,
저리로서 산 자와 죽은 자를 심판하러 오시리라.
성령을 믿사오며, 거룩한 공회와, 성도가 서로 교통하는 것과,
죄를 사하여 주시는 것과, 몸이 다시 사는 것과,
영원히 사는 것을 믿사옵나이다. 아멘.

사도신경[1]

나는 전능하신 아버지 하나님, 천지의 창조주를 믿습니다.
나는 그의 유일하신 아들,
우리 주 예수 그리스도를 믿습니다.
그는 성령으로 잉태되어 동정녀 마리아에게서 나시고,
본디오 빌라도에게 고난을 받아 십자가에 못 박혀 죽으시고,
장사된 지[2] 사흘 만에 죽은 자 가운데서 다시 살아나셨으며,
하늘에 오르시어 전능하신 아버지 하나님 우편에 앉아 계시다가,
거기로부터 살아 있는 자와 죽은 자를 심판하러 오십니다.
나는 성령을 믿으며, 거룩한 공교회와 성도의 교제와
죄를 용서받는 것과 몸의 부활과 영생을 믿습니다. 아멘.

1 '사도신조'로도 번역할 수 있다.

2 '장사되시어 지옥에 내려가신 지'가 공인된 원문〈Forma Recepta〉에는 있으나, 대다수의 본문에는 없다.

365묵상

따라쓰는 성경

개역개정

사무엘하~시편

2

| 필사자

| 시작일

| 마감일

| 교회명

성서원

365묵상 따라 쓰는 성경 활용법

창세기 Genesis

소제목 따라쓰기

천지 창조

테두리 내 밑글씨로 보이는 소제목을 따라 씁니다

1 태초에 하나님이 천지를 창조하시

본문 따라쓰기

각 절마다 밑글씨로 보이는 본문을 따라 씁니다

2 땅이 혼돈하고 공허하며 흑암이 깊
음 위에 있고 하나님의 영은 수면 위
에 운행하시니라
3 하나님이 이르시되 빛이 있으라 하시
니 빛이 있었고
4 빛이 하나님이 보시기에 좋았더라 하
나님이 빛과 어둠을 나누사

보시기에 좋았더라
11 하나님이 이르시되 땅
는 채소와 각기 종류
매 맺는 나무를 내라
되어
12 땅이 풀과 각기 종류
채소와 각기 종류대로
맺는 나무를 내니 하나
좋았더라
13 저녁이 되고 아침이

* 필사자 취향에 맞게 소제목을 별도 색상으로 따라 쓰셔도 됩니다.
* 성서원 필사 전용 대용량 볼펜으로 따라쓰기를 시작해 보세요.

따라쓰기 예시

창세기 Genesis

천지 창조

1 태초에 하나님이 천지를 창조하시
니라
2 땅이 혼돈하고 공허하며 흑암이 깊
음 위에 있고 하나님의 영은 수면 위
에 운행하시니라
3 하나님이 이르시되 빛이 있으라 하시
니 빛이 있었고
4 빛이 하나님이 보시기에 좋았더라 하

보시기에 좋았더라
11 하나님이 이르시되 땅은 풀과 씨 맺
는 채소와 각기 종류대로 씨 가진 열
매 맺는 나무를 내라 하시니 그대로
되어
12 땅이 풀과 각기 종류대로 씨 맺는
채소와 각기 종류대로 씨 가진 열매
맺는 나무를 내니 하나님이 보시기에
좋았더라

365묵상 따라 쓰는 성경 구약 쓰기표

창세기	1	2	3	4	5	6	7	8	9	10	11	12	13	14	15	16	17	18	19	20	21	22	23	24	25
	26	27	28	29	30	31	32	33	34	35	36	37	38	39	40	41	42	43	44	45	46	47	48	49	50
출애굽기	1	2	3	4	5	6	7	8	9	10	11	12	13	14	15	16	17	18	19	20	21	22	23	24	25
	26	27	28	29	30	31	32	33	34	35	36	37	38	39	40										
레위기	1	2	3	4	5	6	7	8	9	10	11	12	13	14	15	16	17	18	19	20	21	22	23	24	25
	26	27																							
민수기	1	2	3	4	5	6	7	8	9	10	11	12	13	14	15	16	17	18	19	20	21	22	23	24	25
	26	27	28	29	30	31	32	33	34	35	36														
신명기	1	2	3	4	5	6	7	8	9	10	11	12	13	14	15	16	17	18	19	20	21	22	23	24	25
	26	27	28	29	30	31	32	33	34																
여호수아	1	2	3	4	5	6	7	8	9	10	11	12	13	14	15	16	17	18	19	20	21	22	23	24	
사사기	1	2	3	4	5	6	7	8	9	10	11	12	13	14	15	16	17	18	19	20	21				
룻기	1	2	3	4																					
사무엘상	1	2	3	4	5	6	7	8	9	10	11	12	13	14	15	16	17	18	19	20	21	22	23	24	25
	26	27	28	29	30	31																			
사무엘하	1	2	3	4	5	6	7	8	9	10	11	12	13	14	15	16	17	18	19	20	21	22	23	24	
열왕기상	1	2	3	4	5	6	7	8	9	10	11	12	13	14	15	16	17	18	19	20	21	22			
열왕기하	1	2	3	4	5	6	7	8	9	10	11	12	13	14	15	16	17	18	19	20	21	22	23	24	25
역대상	1	2	3	4	5	6	7	8	9	10	11	12	13	14	15	16	17	18	19	20	21	22	23	24	25
	26	27	28	29																					
역대하	1	2	3	4	5	6	7	8	9	10	11	12	13	14	15	16	17	18	19	20	21	22	23	24	25
	26	27	28	29	30	31	32	33	34	35	36														
에스라	1	2	3	4	5	6	7	8	9	10															
느헤미야	1	2	3	4	5	6	7	8	9	10	11	12	13												
에스더	1	2	3	4	5	6	7	8	9	10															
욥기	1	2	3	4	5	6	7	8	9	10	11	12	13	14	15	16	17	18	19	20	21	22	23	24	25
	26	27	28	29	30	31	32	33	34	35	36	37	38	39	40	41	42								
시편	1	2	3	4	5	6	7	8	9	10	11	12	13	14	15	16	17	18	19	20	21	22	23	24	25
	26	27	28	29	30	31	32	33	34	35	36	37	38	39	40	41	42	43	44	45	46	47	48	49	50
	51	52	53	54	55	56	57	58	59	60	61	62	63	64	65	66	67	68	69	70	71	72	73	74	75
	76	77	78	79	80	81	82	83	84	85	86	87	88	89	90	91	92	93	94	95	96	97	98	99	100
	101	102	103	104	105	106	107	108	109	110	111	112	113	114	115	116	117	118	119	120	121	122	123	124	125
	126	127	128	129	130	131	132	133	134	135	136	137	138	139	140	141	142	143	144	145	146	147	148	149	150
잠언	1	2	3	4	5	6	7	8	9	10	11	12	13	14	15	16	17	18	19	20	21	22	23	24	25
	26	27	28	29	30	31																			
전도서	1	2	3	4	5	6	7	8	9	10	11	12													
아가	1	2	3	4	5	6	7	8																	
이사야	1	2	3	4	5	6	7	8	9	10	11	12	13	14	15	16	17	18	19	20	21	22	23	24	25
	26	27	28	29	30	31	32	33	34	35	36	37	38	39	40	41	42	43	44	45	46	47	48	49	50
	51	52	53	54	55	56	57	58	59	60	61	62	63	64	65	66									
예레미야	1	2	3	4	5	6	7	8	9	10	11	12	13	14	15	16	17	18	19	20	21	22	23	24	25
	26	27	28	29	30	31	32	33	34	35	36	37	38	39	40	41	42	43	44	45	46	47	48	49	50
	51	52																							
예레미야애가	1	2	3	4	5																				
에스겔	1	2	3	4	5	6	7	8	9	10	11	12	13	14	15	16	17	18	19	20	21	22	23	24	25
	26	27	28	29	30	31	32	33	34	35	36	37	38	39	40	41	42	43	44	45	46	47	48		
다니엘	1	2	3	4	5	6	7	8	9	10	11	12													
호세아	1	2	3	4	5	6	7	8	9	10	11	12	13	14											
요엘	1	2	3																						
아모스	1	2	3	4	5	6	7	8	9																
오바댜	1																								
요나	1	2	3	4																					
미가	1	2	3	4	5	6	7																		
나훔	1	2	3																						
하박국	1	2	3																						
스바냐	1	2	3																						
학개	1	2																							
스가랴	1	2	3	4	5	6	7	8	9	10	11	12	13	14											
말라기	1	2	3	4																					

- 쓴 만큼 쓰기표에 펜으로 표시하세요.
- 항상 정해진 시간에 정해놓은 분량을 습관처럼 꾸준히 쓰기를 권장합니다.
- 교회나 가정에서 서로 나누어 쓰기를 하셔도 좋습니다.
- 성경이 인쇄되어 언제 어디서나 필사할 수 있습니다.

The Underwriting Bible

The Holy Bible

The Old Testaments and New Testaments
New Korean Revised Version

365묵상

따라 쓰는 성경

개역개정

2021년 8월 20일 초판 1쇄 인쇄
2021년 9월 20일 초판 1쇄 발행

발행인 I 김영진
발행처 I (유)성서원
주소 I 경기도 고양시 덕양구 덕은로 60-12
전화 I 02-765-0011 / 팩스 I 02-743-6811
등록 I 제 2013-000059호
www.biblehouse.co.kr

ISBN 978-89-360-2738-4 03230 (제2권)
978-89-360-2741-4 04230 (전4권)

Printed in Korea

사무엘하 2 Samuel

사무엘서는 이스라엘의 왕정 체제 설립을 주제로 하고 있다. 그중 첫 번째 책인 사무엘상은 사무엘이 어떻게 하나님 백성의 지도자가 되었는지를 보여준다. 사무엘은 사울과 다윗에게 기름을 부어 이스라엘의 왕이 되게 했다. 두 번째 책인 사무엘하에서는 하나님을 매우 사랑한 다윗 왕의 이야기가 나온다. 하지만 다윗 왕도 한때 큰 죄를 지었다. 그래서 하나님은 다윗 집에 벌을 내리셨다.

제목 히브리어 성경의 표제인 '사무엘의 책'(세페르 사무엘)에서 유래되었으나, 헬라어 70인역(LXX)의 표제인 '왕국의 일서, 이서'(바실레이온 알파, 베타)에 의해 사무엘상과 사무엘하로 나누어졌다.

저자 미상. 사무엘이나 아비아달, 혹은 사무엘 선지학교의 생도라는 주장이 있지만, 확실하지는 않다.

기록 연대 B.C. 930년경 이후.

기록 목적 사무엘하는 사울 왕가의 몰락 및 다윗 왕가의 번영을 보여주고, 다윗 왕의 의로운 통치를 통해 장차 도래할 메시아의 왕국을 대망케 한다.

주제 사무엘하는 '다윗 왕가의 확립'을 주제로 삼고 있다. 사울 왕국의 몰락 이후, 다윗에 의해 그의 왕국이 정치적, 종교적, 군사적으로 확고하게 기반을 다져 가는 과정이 묘사되었다.

특징 사무엘하는 다윗 왕국을 향한 하나님의 주권적인 섭리 및 다윗의 통치와 성공, 그의 범죄와 회개 및 하나님의 징벌과 용서를 다루고 있다.

연대표

B.C.	
1405년	요단강 도하(1월 10일)
1390년	여호수아의 사망(110세)
1103년	사무엘의 출생
	엘리의 사역
1075년	사무엘의 사역
1050년	사울왕의 즉위
1040년	다윗의 출생
1020년	다윗과 골리앗의 싸움
	사울의 핍박과 다윗의 피신
1017년	사무엘의 죽음
1010년	길보아 전투와 사울의 죽음
	다윗의 등극(헤브론)
1003년	다윗의 통일 왕국(예루살렘)
990년	솔로몬의 출생
979년	압살롬의 반란
973년	인구조사와 징벌
970년	솔로몬의 즉위
	다윗의 임종
930년	솔로몬의 죽음
	남북왕국의 분열

· 사무엘하의 주요 무대

본서의 내용

I. 다윗왕국의 건립과 번영
① 다윗의 즉위 (삼하 1:1–5:25)
② 다윗의 업적 (삼하 6:1–10:19)

II. 다윗왕국의 재난과 말년
① 다윗의 재난 (삼하 11:1–18:33)
② 다윗의 말년 (삼하 19:1–24:25)

사무엘하 2 Samuel

사울이 죽은 소식을 다윗이 듣다

1 사울이 죽은 후에 다윗이 아말렉
사람을 쳐죽이고 돌아와 다윗이
시글락에서 이틀을 머물더니
2 사흘째 되는 날에 한 사람이 사울의
진영에서 나왔는데 그의 옷은 찢어졌
고 머리에는 흙이 있더라 그가 다윗
에게 나아와 땅에 엎드려 절하매
3 다윗이 그에게 묻되 너는 어디서 왔
느냐 하니 대답하되 이스라엘 진영에
서 도망하여 왔나이다 하니라
4 다윗이 그에게 이르되 일이 어떻게
되었느냐 너는 내게 말하라 그가 대
답하되 군사가 전쟁 중에 도망하기
도 하였고 무리 가운데에 엎드러져
죽은 자도 많았고 사울과 그의 아들
요나단도 죽었나이다 하는지라
5 다윗이 자기에게 알리는 청년에게 묻
되 사울과 그의 아들 요나단이 죽은
줄을 네가 어떻게 아느냐
6 그에게 알리는 청년이 이르되 내가
우연히 길보아 산에 올라가 보니 사
울이 자기 창에 기대고 병거와 기병
은 그를 급히 따르는데
7 사울이 뒤로 돌아 나를 보고 부르시
기로 내가 대답하되 내가 여기 있나
이다 한즉
8 내게 이르되 너는 누구냐 하시기로
내가 그에게 대답하되 나는 아말렉
사람이니이다 한즉
9 또 내게 이르시되 내 목숨이 아직 내
게 완전히 있으므로 내가 고통 중에
있나니 청하건대 너는 내 곁에 서서
나를 죽이라 하시기로
10 그가 엎드러진 후에는 살 수 없는 줄
을 내가 알고 그의 곁에 서서 죽이고
그의 머리에 있는 왕관과 팔에 있는
고리를 벗겨서 내 주께로 가져왔나이
다 하니라
11 이에 다윗이 자기 옷을 잡아 찢으매
함께 있는 모든 사람도 그리하고
12 사울과 그의 아들 요나단과 여호와
의 백성과 이스라엘 족속이 칼에 죽
음으로 말미암아 저녁 때까지 슬퍼
하여 울며 금식하니라
13 다윗이 그 소식을 전한 청년에게 묻
되 너는 어디 사람이냐 대답하되 나
는 아말렉 사람 곧 외국인의 아들이
니이다 하니
14 다윗이 그에게 이르되 네가 어찌하여
손을 들어 여호와의 기름 부음 받은
자 죽이기를 두려워하지 아니하였느

냐 하고
15 다윗이 청년 중 한 사람을 불러 이르
되 가까이 가서 그를 죽이라 하매 그
가 치매 곧 죽으니라
16 다윗이 그에게 이르기를 네 피가 네
머리로 돌아갈지어다 네 입이 네게
대하여 증언하기를 내가 여호와의 기
름 부음 받은 자를 죽였노라 함이니
라 하였더라

사울과 요나단을 위한 다윗의 조가

17 다윗이 이 슬픈 노래로 사울과 그의
아들 요나단을 조상하고
18 명령하여 그것을 유다 족속에게 가
르치라 하였으니 곧 활 노래라 야살
의 책에 기록되었으되
19 이스라엘아 네 영광이 산 위에서 죽
임을 당하였도다 오호라 두 용사가
엎드러졌도다
20 이 일을 가드에도 알리지 말며 아스
글론 거리에도 전파하지 말지어다 블
레셋 사람들의 딸들이 즐거워할까,
할례 받지 못한 자의 딸들이 개가를
부를까 염려로다
21 길보아 산들아 너희 위에 이슬과 비
가 내리지 아니하며 제물 낼 밭도 없
을지어다 거기서 두 용사의 방패가
버린 바 됨이니라 곧 사울의 방패가
기름 부음을 받지 아니함 같이 됨이
로다
22 죽은 자의 피에서, 용사의 기름에서
요나단의 활이 뒤로 물러가지 아니하
였으며 사울의 칼이 헛되이 돌아오지
아니하였도다
23 사울과 요나단이 생전에 사랑스럽고
아름다운 자이러니 죽을 때에도 서
로 떠나지 아니하였도다 그들은 독
수리보다 빠르고 사자보다 강하였도
다
24 이스라엘 딸들아 사울을 슬퍼하여
울지어다 그가 붉은 옷으로 너희에
게 화려하게 입혔고 금 노리개를 너
희 옷에 채웠도다
25 오호라 두 용사가 전쟁 중에 엎드러
졌도다 요나단이 네 산 위에서 죽임
을 당하였도다
26 내 형 요나단이여 내가 그대를 애통
함은 그대는 내게 심히 아름다움이
라 그대가 나를 사랑함이 기이하여
여인의 사랑보다 더하였도다
27 오호라 두 용사가 엎드러졌으며 싸

365묵상

원수 사랑의 법을 배우기

사울 왕의 죽음을 다윗에게 알린 아말렉 소년은 다윗이 크게 기뻐하면서 자신에게 상을 베풀 줄 알았다. 사울은 오랫동안 다윗을 죽이려고 애쓰지 않았던가! 그러나 아니었다. 사울의 사망 소식을 전해들은 다윗은 크게 울면서 금식하였다(삼하1:17-27). 다윗은 여호와께 기름부음 받은 자의 죽음을 깊이 슬퍼했다. 다윗의 이런 행동은 주님의 마음을 본받은 것이다. 주님은 죄인일지라도 그가 죄 가운데 죽는 것을 결코 원치 않으시고 돌이켜 살기를 원하시는 분이시다. 다윗의 본을 통해 우리도 원수 사랑의 법을 배우자.

우는 무기가 망하였도다 하였더라

다윗이 유다의 왕이 되다

2 그 후에 다윗이 여호와께 여쭈어
아뢰되 내가 유다 한 성읍으로 올
라가리이까 여호와께서 이르시되 올
라가라 다윗이 아뢰되 어디로 가리이
까 이르시되 헤브론으로 갈지니라
2 다윗이 그의 두 아내 이스르엘 여인
아히노암과 갈멜 사람 나발의 아내
였던 아비가일을 데리고 그리로 올라
갈 때에
3 또 자기와 함께 한 추종자들과 그들
의 가족들을 다윗이 다 데리고 올라
가서 헤브론 각 성읍에 살게 하니라
4 유다 사람들이 와서 거기서 다윗에게
기름을 부어 유다 족속의 왕으로 삼
았더라 어떤 사람이 다윗에게 말하여
이르되 사울을 장사한 사람은 길르
앗 야베스 사람들이니이다 하매
5 다윗이 길르앗 야베스 사람들에게
전령들을 보내 그들에게 이르되 너
희가 너희 주 사울에게 이처럼 은혜
를 베풀어 그를 장사하였으니 여호
와께 복을 받을지어다
6 너희가 이 일을 하였으니 이제 여호
와께서 은혜와 진리로 너희에게 베
푸시기를 원하고 나도 이 선한 일을
너희에게 갚으리니
7 이제 너희는 손을 강하게 하고 담대
히 할지어다 너희 주 사울이 죽었고
또 유다 족속이 내게 기름을 부어
그들의 왕으로 삼았음이니라 하니라

이스보셋이 이스라엘의 왕이 되다

8 사울의 군사령관 넬의 아들 아브넬
이 이미 사울의 아들 이스보셋을 데
리고 마하나임으로 건너가
9 길르앗과 아술과 이스르엘과 에브라
임과 베냐민과 온 이스라엘의 왕으
로 삼았더라
10 사울의 아들 이스보셋이 이스라엘
왕이 될 때에 나이가 사십 세이며 두
해 동안 왕위에 있으니라 유다 족속
은 다윗을 따르니
11 다윗이 헤브론에서 유다 족속의 왕
이 된 날 수는 칠 년 육 개월이더라

이스라엘과 유다의 전쟁

12 넬의 아들 아브넬과 사울의 아들 이
스보셋의 신복들은 마하나임에서 나
와 기브온에 이르고
13 스루야의 아들 요압과 다윗의 신복
들도 나와 기브온 못 가에서 그들을
만나 함께 앉으니 이는 못 이쪽이요
그는 못 저쪽이라
14 아브넬이 요압에게 이르되 원하건대
청년들에게 일어나서 우리 앞에서 겨
루게 하자 요압이 이르되 일어나게

하자 하매
15 그들이 일어나 그 수대로 나아가니
베냐민과 사울의 아들 이스보셋의
편에 열두 명이요 다윗의 신복 중에
열두 명이라
16 각기 상대방의 머리를 잡고 칼로 상
대방의 옆구리를 찌르매 일제히 쓰러
진지라 그러므로 그 곳을 헬갓 핫수
림이라 일컬었으며 기브온에 있더라
17 그 날에 싸움이 심히 맹렬하더니 아
브넬과 이스라엘 사람들이 다윗의 신
복들 앞에서 패하니라
18 그 곳에 스루야의 세 아들 요압과
아비새와 아사헬이 있었는데 아사헬
의 발은 들노루 같이 빠르더라
19 아사헬이 아브넬을 쫓아 달려가되
좌우로 치우치지 않고 아브넬의 뒤
를 쫓으니
20 아브넬이 뒤를 돌아보며 이르되 아
사헬아 너냐 대답하되 나로라
21 아브넬이 그에게 이르되 너는 왼쪽
으로나 오른쪽으로나 가서 청년 하
나를 붙잡아 그의 군복을 빼앗으라
하되 아사헬이 그렇게 하기를 원하지
아니하고 그의 뒤를 쫓으매
22 아브넬이 다시 아사헬에게 이르되 너
는 나 쫓기를 그치라 내가 너를 쳐서
땅에 엎드러지게 할 까닭이 무엇이냐
그렇게 하면 내가 어떻게 네 형 요압
을 대면하겠느냐 하되
23 그가 물러가기를 거절하매 아브넬이
창 뒤 끝으로 그의 배를 찌르니 창이
그의 등을 꿰뚫고 나간지라 곧 그
곳에 엎드러져 죽으매 아사헬이 엎
드러져 죽은 곳에 이르는 자마다 머
물러 섰더라
24 요압과 아비새가 아브넬의 뒤를 쫓
아 기브온 거친 땅의 길 가 기아 맞
은쪽 암마 산에 이를 때에 해가 졌
고
25 베냐민 족속은 함께 모여 아브넬을
따라 한 무리를 이루고 작은 산 꼭
대기에 섰더라
26 아브넬이 요압에게 외쳐 이르되 칼이
영원히 사람을 상하겠느냐 마침내 참
혹한 일이 생길 줄을 알지 못하느냐
네가 언제 무리에게 그의 형제 쫓기
를 그치라 명령하겠느냐
27 요압이 이르되 하나님이 살아 계심을
두고 맹세하노니 네가 말하지 아니
하였더면 무리가 아침에 각각 다 돌
아갔을 것이요 그의 형제를 쫓지 아
니하였으리라 하고
28 요압이 나팔을 불매 온 무리가 머물
러 서고 다시는 이스라엘을 쫓아가
지 아니하고 다시는 싸우지도 아니

하니라
29 아브넬과 그의 부하들이 밤새도록
걸어서 아라바를 지나 요단을 건너
비드론 온 땅을 지나 마하나임에 이
르니라
30 요압이 아브넬 쫓기를 그치고 돌아
와 무리를 다 모으니 다윗의 신복 중
에 열아홉 명과 아사헬이 없어졌으나
31 다윗의 신복들이 베냐민과 아브넬에
게 속한 자들을 쳐서 삼백육십 명을
죽였더라
32 무리가 아사헬을 들어올려 베들레헴
에 있는 그의 조상 묘에 장사하고
요압과 그의 부하들이 밤새도록 걸
어서 헤브론에 이른 때에 날이 밝았
더라

3 사울의 집과 다윗의 집 사이에 전
쟁이 오래매 다윗은 점점 강하여
가고 사울의 집은 점점 약하여 가니
라

다윗의 아들들

2 다윗이 헤브론에서 아들들을 낳았으
되 맏아들은 암논이라 이스르엘 여
인 아히노암의 소생이요
3 둘째는 길르압이라 갈멜 사람 나발
의 아내였던 아비가일의 소생이요 셋
째는 압살롬이라 그술 왕 달매의 딸
마아가의 아들이요
4 넷째는 아도니야라 학깃의 아들이요
다섯째는 스바댜라 아비달의 아들이
요
5 여섯째는 이드르암이라 다윗의 아내
에글라의 소생이니 이들은 다윗이 헤
브론에서 낳은 자들이더라

아브넬이 이스보셋을 배반하다

6 사울의 집과 다윗의 집 사이에 전쟁
이 있는 동안에 아브넬이 사울의 집
에서 점점 권세를 잡으니라
7 사울에게 첩이 있었으니 이름은 리스
바요 아야의 딸이더라 이스보셋이
아브넬에게 이르되 네가 어찌하여
내 아버지의 첩과 통간하였느냐 하니
8 아브넬이 이스보셋의 말을 매우 분
하게 여겨 이르되 내가 유다의 개 머
리냐 내가 오늘 당신의 아버지 사울
의 집과 그의 형제와 그의 친구에게
은혜를 베풀어 당신을 다윗의 손에
내주지 아니하였거늘 당신이 오늘 이
여인에게 관한 허물을 내게 돌리는
도다
9 여호와께서 다윗에게 맹세하신 대로
내가 이루게 하지 아니하면 하나님이
아브넬에게 벌 위에 벌을 내리심이
마땅하니라
10 그 맹세는 곧 이 나라를 사울의 집에
서 다윗에게 옮겨서 그의 왕위를 단

에서 브엘세바까지 이스라엘과 유다
에 세우리라 하신 것이니라 하매
11 이스보셋이 아브넬을 두려워하여 감
히 한 마디도 대답하지 못하니라
12 아브넬이 자기를 대신하여 전령들을
다윗에게 보내어 이르되 이 땅이 누
구의 것이니이까 또 이르되 당신은
나와 더불어 언약을 맺사이다 내 손
이 당신을 도와 온 이스라엘이 당신
에게 돌아가게 하리이다 하니
13 다윗이 이르되 좋다 내가 너와 언약
을 맺거니와 내가 네게 한 가지 일을
요구하노니 나를 보러올 때에 우선
사울의 딸 미갈을 데리고 오라 그리
하지 아니하면 내 얼굴을 보지 못하
리라 하고
14 다윗이 사울의 아들 이스보셋에게
전령들을 보내 이르되 내 처 미갈을
내게로 돌리라 그는 내가 전에 블레
셋 사람의 포피 백 개로 나와 정혼한
자니라 하니
15 이스보셋이 사람을 보내 그의 남편
라이스의 아들 발디엘에게서 그를
빼앗아 오매
16 그의 남편이 그와 함께 오되 울며 바
후림까지 따라왔더니 아브넬이 그에
게 돌아가라 하매 돌아가니라
17 아브넬이 이스라엘 장로들에게 말
하여 이르되 너희가 여러 번 다윗을
너희의 임금으로 세우기를 구하였으
니
18 이제 그대로 하라 여호와께서 이미
다윗에 대하여 말씀하시기를 내가
내 종 다윗의 손으로 내 백성 이스라
엘을 구원하여 블레셋 사람의 손과
모든 대적의 손에서 벗어나게 하리라
하셨음이니라 하고
19 아브넬이 또 베냐민 사람의 귀에 말
하고 아브넬이 이스라엘과 베냐민의
온 집이 선하게 여기는 모든 것을 다
윗의 귀에 말하려고 헤브론으로 가
니라
20 아브넬이 부하 이십 명과 더불어 헤
브론에 이르러 다윗에게 나아가니
다윗이 아브넬과 그와 함께 한 사람
을 위하여 잔치를 배설하였더라
21 아브넬이 다윗에게 말하되 내가 일어
나 가서 온 이스라엘 무리를 내 주
왕의 앞에 모아 더불어 언약을 맺게
하고 마음에 원하시는 대로 모든 것
을 다스리시게 하리이다 하니 이에
다윗이 아브넬을 보내매 그가 평안
히 가니라

아브넬이 살해되다

22 다윗의 신복들과 요압이 적군을 치고
크게 노략한 물건을 가지고 돌아오

니 아브넬은 이미 보냄을 받아 평안
히 갔고 다윗과 함께 헤브론에 있지
아니한 때라
23 요압 및 요압과 함께 한 모든 군사
가 돌아오매 어떤 사람이 요압에게
말하여 이르되 넬의 아들 아브넬이
왕에게 왔더니 왕이 보내매 그가 평
안히 갔나이다 하니
24 요압이 왕에게 나아가 이르되 어찌
하심이니이까 아브넬이 왕에게 나아
왔거늘 어찌하여 그를 보내 잘 가게
하셨나이까
25 왕도 아시려니와 넬의 아들 아브넬
이 온 것은 왕을 속임이라 그가 왕이
출입하는 것을 알고 왕이 하시는 모
든 것을 알려 함이니이다 하고
26 이에 요압이 다윗에게서 나와 전령들
을 보내 아브넬을 쫓아가게 하였더
니 시라 우물 가에서 그를 데리고 돌
아왔으나 다윗은 알지 못하였더라
27 아브넬이 헤브론으로 돌아오매 요
압이 더불어 조용히 말하려는 듯이
그를 데리고 성문 안으로 들어가 거
기서 배를 찔러 죽이니 이는 자기의
동생 아사헬의 피로 말미암음이더라
28 그 후에 다윗이 듣고 이르되 넬의 아
들 아브넬의 피에 대하여 나와 내 나
라는 여호와 앞에 영원히 무죄하니
29 그 죄가 요압의 머리와 그의 아버지
의 온 집으로 돌아갈지어다 또 요압
의 집에서 백탁병자나 나병 환자나
지팡이를 의지하는 자나 칼에 죽는
자나 양식이 떨어진 자가 끊어지지
아니할지로다 하니라
30 요압과 그의 동생 아비새가 아브넬
을 죽인 것은 그가 기브온 전쟁에서
자기 동생 아사헬을 죽인 까닭이었
더라

아브넬을 장사하다

31 다윗이 요압과 및 자기와 함께 있는
모든 백성에게 이르되 너희는 옷을
찢고 굵은 베를 띠고 아브넬 앞에서
애도하라 하니라 다윗 왕이 상여를
따라가
32 아브넬을 헤브론에 장사하고 아브
넬의 무덤에서 왕이 소리를 높여 울
고 백성도 다 우니라
33 왕이 아브넬을 위하여 애가를 지어
이르되 아브넬의 죽음이 어찌하여 미
련한 자의 죽음 같은고
34 네 손이 결박되지 아니하였고 네 발
이 차꼬에 채이지 아니하였거늘 불의
한 자식의 앞에 엎드러짐 같이 네가
엎드러졌도다 하매 온 백성이 다시
그를 슬퍼하여 우니라
35 석양에 뭇 백성이 나아와 다윗에게

음식을 권하니 다윗이 맹세하여 이르
되 만일 내가 해 지기 전에 떡이나 다
른 모든 것을 맛보면 하나님이 내게
벌 위에 벌을 내리심이 마땅하니라
하매
36 온 백성이 보고 기뻐하며 왕이 무슨
일을 하든지 무리가 다 기뻐하므로
37 이 날에야 온 백성과 온 이스라엘이
넬의 아들 아브넬을 죽인 것이 왕이
한 것이 아닌 줄을 아니라
38 왕이 그의 신복에게 이르되 오늘 이
스라엘의 지도자요 큰 인물이 죽은
것을 알지 못하느냐
39 내가 기름 부음을 받은 왕이 되었으
나 오늘 약하여서 스루야의 아들인
이 사람들을 제어하기가 너무 어려우
니 여호와는 악행한 자에게 그 악한
대로 갚으실지로다 하니라

이스보셋이 살해되다

4 사울의 아들 이스보셋은 아브넬
이 헤브론에서 죽었다 함을 듣고
손의 맥이 풀렸고 온 이스라엘이 놀
라니라
2 사울의 아들 이스보셋에게 군지휘관
두 사람이 있으니 한 사람의 이름은
바아나요 한 사람의 이름은 레갑이
라 베냐민 족속 브에롯 사람 림몬의
아들들이더라 브에롯도 베냐민 지파
에 속하였으니
3 일찍이 브에롯 사람들이 깃다임으로
도망하여 오늘까지 거기에 우거함이
더라
4 사울의 아들 요나단에게 다리 저는
아들 하나가 있었으니 이름은 므비
보셋이라 전에 사울과 요나단이 죽
은 소식이 이스르엘에서 올 때에 그
의 나이가 다섯 살이었는데 그 유모
가 안고 도망할 때 급히 도망하다가
아이가 떨어져 절게 되었더라
5 브에롯 사람 림몬의 아들 레갑과 바
아나가 길을 떠나 볕이 쬘 때 즈음에
이스보셋의 집에 이르니 마침 그가
침상에서 낮잠을 자는지라
6 레갑과 그의 형제 바아나가 밀을 가
지러 온 체하고 집 가운데로 들어가
서 그의 배를 찌르고 도망하였더라
7 그들이 집에 들어가니 이스보셋이 침
실에서 침상 위에 누워 있는지라 그
를 쳐죽이고 목을 베어 그의 머리를
가지고 밤새도록 아라바 길로 가

365묵상

쉽사리 판단하고 정죄하지 말자

요압이 아브넬을 죽인 것에 대해 다윗은 아무런 조치를 취하지 않았다(삼하 3:22-4:12). 왜 그런가? 요압이 친족의 권리로 죽였다고 판단해서일까? 아니면, 당시로선 요압을 통제할 힘이 없었기 때문일까? 우리는 정확한 이유를 모른다. 이는 우리가 다윗의 행동에 대해 쉽게 판단해선 안 되는 이유이기도 하다. 우리는 다른 사람의 행동을 다 이해할 수 없다. 따라서 표면적인 어떤 이유로 남을 쉽게 판단하고 정죄해선 안 된다. 판단하실 분은 하나님뿐이시다. 그분이야말로 모든 것을 전부 정확하게 알고 계시기 때문이다.

8 헤브론에 이르러 다윗 왕에게 이스
보셋의 머리를 드리며 아뢰되 왕의
생명을 해하려 하던 원수 사울의 아
들 이스보셋의 머리가 여기 있나이다
여호와께서 오늘 우리 주 되신 왕의
원수를 사울과 그의 자손에게 갚으
셨나이다 하니
9 다윗이 브에롯 사람 림몬의 아들 레
갑과 그의 형제 바아나에게 대답하
여 그들에게 이르되 내 생명을 여러
환난 가운데서 건지신 여호와께서 살
아 계심을 두고 맹세하노니
10 전에 사람이 내게 알리기를 보라 사
울이 죽었다 하며 그가 좋은 소식을
전하는 줄로 생각하였어도 내가 그
를 잡아 시글락에서 죽여서 그것을
그 소식을 전한 갚음으로 삼았거든
11 하물며 악인이 의인을 그의 집 침상
위에서 죽인 것이겠느냐 그런즉 내가
악인의 피흘린 죄를 너희에게 갚아서
너희를 이 땅에서 없이하지 아니하겠
느냐 하고
12 청년들에게 명령하매 곧 그들을 죽
이고 수족을 베어 헤브론 못 가에
매달고 이스보셋의 머리를 가져다가
헤브론에서 아브넬의 무덤에 매장하
였더라

다윗이 온 이스라엘의 왕이 되다

5 이스라엘 모든 지파가 헤브론에
이르러 다윗에게 나아와 이르되
보소서 우리는 왕의 한 골육이니이다
2 전에 곧 사울이 우리의 왕이 되었을
때에도 이스라엘을 거느려 출입하게
하신 분은 왕이시었고 여호와께서도
왕에게 말씀하시기를 네가 내 백성
이스라엘의 목자가 되며 네가 이스라
엘의 주권자가 되리라 하셨나이다 하
니라
3 이에 이스라엘 모든 장로가 헤브론
에 이르러 왕에게 나아오매 다윗 왕
이 헤브론에서 여호와 앞에 그들과
언약을 맺으매 그들이 다윗에게 기
름을 부어 이스라엘 왕으로 삼으니
라
4 다윗이 나이가 삼십 세에 왕위에 올
라 사십 년 동안 다스렸으되
5 헤브론에서 칠 년 육 개월 동안 유다
를 다스렸고 예루살렘에서 삼십삼
년 동안 온 이스라엘과 유다를 다스
렸더라

다윗이 시온을 빼앗아 성을 둘러 쌓다

6 왕과 그의 부하들이 예루살렘으로
가서 그 땅 주민 여부스 사람을 치려
하매 그 사람들이 다윗에게 이르되
네가 결코 이리로 들어오지 못하리라
맹인과 다리 저는 자라도 너를 물리

치리라 하니 그들 생각에는 다윗이
이리로 들어오지 못하리라 함이나
7 다윗이 시온 산성을 빼앗았으니 이는
다윗 성이더라
8 그 날에 다윗이 이르기를 누구든지
여부스 사람을 치거든 물 긷는 데로
올라가서 다윗의 마음에 미워하는 다
리 저는 사람과 맹인을 치라 하였으
므로 속담이 되어 이르기를 맹인과
다리 저는 사람은 집에 들어오지 못
하리라 하더라
9 다윗이 그 산성에 살면서 다윗 성이
라 이름하고 다윗이 밀로에서부터 안
으로 성을 둘러 쌓으니라
10 만군의 하나님 여호와께서 함께 계
시니 다윗이 점점 강성하여 가니라
11 두로 왕 히람이 다윗에게 사절들과
백향목과 목수와 석수를 보내매 그
들이 다윗을 위하여 집을 지으니
12 다윗이 여호와께서 자기를 세우사 이
스라엘 왕으로 삼으신 것과 그의 백
성 이스라엘을 위하여 그 나라를 높
이신 것을 알았더라

다윗의 아들과 딸들

13 다윗이 헤브론에서 올라온 후에 예
루살렘에서 처첩들을 더 두었으므로
아들과 딸들이 또 다윗에게서 나니
14 예루살렘에서 그에게서 난 자들의
이름은 삼무아와 소밥과 나단과 솔
로몬과
15 입할과 엘리수아와 네벡과 야비아와
16 엘리사마와 엘랴다와 엘리벨렛이었
더라

다윗이 블레셋을 쳐서 이기다

17 이스라엘이 다윗에게 기름을 부어 이
스라엘 왕으로 삼았다 함을 블레셋
사람들이 듣고 블레셋 사람들이 다
윗을 찾으러 다 올라오매 다윗이 듣
고 요새로 나가니라
18 블레셋 사람들이 이미 이르러 르바임
골짜기에 가득한지라
19 다윗이 여호와께 여쭈어 이르되 내가
블레셋 사람에게로 올라가리이까 여
호와께서 그들을 내 손에 넘기시겠
나이까 하니 여호와께서 다윗에게 말
씀하시되 올라가라 내가 반드시 블
레셋 사람을 네 손에 넘기리라 하신
지라
20 다윗이 바알브라심에 이르러 거기서
그들을 치고 다윗이 말하되 여호와
께서 물을 흩음 같이 내 앞에서 내
대적을 흩으셨다 하므로 그 곳 이름
을 바알브라심이라 부르니라
21 거기서 블레셋 사람들이 그들의 우
상을 버렸으므로 다윗과 그의 부하
들이 치우니라

22 블레셋 사람들이 다시 올라와서 르
바임 골짜기에 가득한지라
23 다윗이 여호와께 여쭈니 이르시되 올
라가지 말고 그들 뒤로 돌아서 뽕나
무 수풀 맞은편에서 그들을 기습하
되
24 뽕나무 꼭대기에서 걸음 걷는 소리
가 들리거든 곧 공격하라 그 때에 여
호와가 너보다 앞서 나아가서 블레
셋 군대를 치리라 하신지라
25 이에 다윗이 여호와의 명령대로 행하
여 블레셋 사람을 쳐서 게바에서 게
셀까지 이르니라

하나님의 궤를 다윗 성으로 옮기다

6 다윗이 이스라엘에서 뽑은 무리
삼만 명을 다시 모으고
2 다윗이 일어나 자기와 함께 있는 모
든 사람과 더불어 바알레유다로 가
서 거기서 하나님의 궤를 메어 오려
하니 그 궤는 그룹들 사이에 좌정하
신 만군의 여호와의 이름으로 불리
는 것이라
3 그들이 하나님의 궤를 새 수레에 신
고 산에 있는 아비나답의 집에서 나
오는데 아비나답의 아들 웃사와 아
효가 그 새 수레를 모니라
4 그들이 산에 있는 아비나답의 집에서
하나님의 궤를 싣고 나올 때에 아효
는 궤 앞에서 가고
5 다윗과 이스라엘 온 족속은 잣나무
로 만든 여러 가지 악기와 수금과 비
파와 소고와 양금과 제금으로 여호
와 앞에서 연주하더라
6 그들이 나곤의 타작 마당에 이르러서
는 소들이 뛰므로 웃사가 손을 들어
하나님의 궤를 붙들었더니
7 여호와 하나님이 웃사가 잘못함으로
말미암아 진노하사 그를 그 곳에서
치시니 그가 거기 하나님의 궤 곁에서
죽으니라
8 여호와께서 웃사를 치시므로 다윗이
분하여 그 곳을 베레스웃사라 부르
니 그 이름이 오늘까지 이르니라
9 다윗이 그 날에 여호와를 두려워하여
이르되 여호와의 궤가 어찌 내게로
오리요 하고
10 다윗이 여호와의 궤를 옮겨 다윗 성
자기에게로 메어 가기를 즐겨하지 아
니하고 가드 사람 오벧에돔의 집으
로 메어 간지라
11 여호와의 궤가 가드 사람 오벧에돔
의 집에 석 달을 있었는데 여호와께
서 오벧에돔과 그의 온 집에 복을
주시니라
12 어떤 사람이 다윗 왕에게 아뢰어 이
르되 여호와께서 하나님의 궤로 말미

암아 오벧에돔의 집과 그의 모든 소
유에 복을 주셨다 한지라 다윗이 가
서 하나님의 궤를 기쁨으로 메고 오
벧에돔의 집에서 다윗 성으로 올라
갈새
13 여호와의 궤를 멘 사람들이 여섯 걸
음을 가매 다윗이 소와 살진 송아지
로 제사를 드리고
14 다윗이 여호와 앞에서 힘을 다하여
춤을 추는데 그 때에 다윗이 베 에
봇을 입었더라
15 다윗과 온 이스라엘 족속이 즐거이
환호하며 나팔을 불고 여호와의 궤
를 메어오니라
16 여호와의 궤가 다윗 성으로 들어올
때에 사울의 딸 미갈이 창으로 내다
보다가 다윗 왕이 여호와 앞에서 뛰
놀며 춤추는 것을 보고 심중에 그를
업신여기니라
17 여호와의 궤를 메고 들어가서 다윗이
그것을 위하여 친 장막 가운데 그 준
비한 자리에 그것을 두매 다윗이 번
제와 화목제를 여호와 앞에 드리니
라
18 다윗이 번제와 화목제 드리기를 마치
고 만군의 여호와의 이름으로 백성
에게 축복하고
19 모든 백성 곧 온 이스라엘 무리에게
남녀를 막론하고 떡 한 개와 고기 한
조각과 건포도 떡 한 덩이씩 나누어
주매 모든 백성이 각기 집으로 돌아
가니라
20 다윗이 자기의 가족에게 축복하러
돌아오매 사울의 딸 미갈이 나와서
다윗을 맞으며 이르되 이스라엘 왕이
오늘 어떻게 영화로우신지 방탕한
자가 염치 없이 자기의 몸을 드러내
는 것처럼 오늘 그의 신복의 계집종
의 눈앞에서 몸을 드러내셨도다 하
니
21 다윗이 미갈에게 이르되 이는 여호와
앞에서 한 것이니라 그가 네 아버지
와 그의 온 집을 버리시고 나를 택하
사 나를 여호와의 백성 이스라엘의
주권자로 삼으셨으니 내가 여호와
앞에서 뛰놀리라
22 내가 이보다 더 낮아져서 스스로 천
하게 보일지라도 네가 말한 바 계집
종에게는 내가 높임을 받으리라 한
지라
23 그러므로 사울의 딸 미갈이 죽는 날
까지 그에게 자식이 없으니라

다윗과 다윗 왕국에 대한 하나님의 약속

7 여호와께서 주위의 모든 원수를
무찌르사 왕으로 궁에 평안히 살
게 하신 때에

2 왕이 선지자 나단에게 이르되 볼지어
다 나는 백향목 궁에 살거늘 하나님
의 궤는 휘장 가운데에 있도다
3 나단이 왕께 아뢰되 여호와께서 왕
과 함께 계시니 마음에 있는 모든 것
을 행하소서 하니라
4 그 밤에 여호와의 말씀이 나단에게
임하여 이르시되
5 가서 내 종 다윗에게 말하기를 여호
와께서 이와 같이 말씀하시되 네가
나를 위하여 내가 살 집을 건축하겠
느냐
6 내가 이스라엘 자손을 애굽에서 인
도하여 내던 날부터 오늘까지 집에
살지 아니하고 장막과 성막 안에서
다녔나니
7 이스라엘 자손과 더불어 다니는 모
든 곳에서 내가 내 백성 이스라엘을
먹이라고 명령한 이스라엘 어느 지파
들 가운데 하나에게 내가 말하기를
너희가 어찌하여 나를 위하여 백향목
집을 건축하지 아니하였느냐고 말하
였느냐
8 그러므로 이제 내 종 다윗에게 이와
같이 말하라 만군의 여호와께서 이와
같이 말씀하시기를 내가 너를 목장
곧 양을 따르는 데에서 데려다가 내
백성 이스라엘의 주권자로 삼고
9 네가 가는 모든 곳에서 내가 너와 함
께 있어 네 모든 원수를 네 앞에서
멸하였은즉 땅에서 위대한 자들의 이
름 같이 네 이름을 위대하게 만들어
주리라
10 내가 또 내 백성 이스라엘을 위하여
한 곳을 정하여 그를 심고 그를 거주
하게 하고 다시 옮기지 못하게 하며
악한 종류로 전과 같이 그들을 해하
지 못하게 하여
11 전에 내가 사사에게 명령하여 내 백
성 이스라엘을 다스리던 때와 같지
아니하게 하고 너를 모든 원수에게
서 벗어나 편히 쉬게 하리라 여호와
가 또 네게 이르노니 여호와가 너를
위하여 집을 짓고
12 네 수한이 차서 네 조상들과 함께
누울 때에 내가 네 몸에서 날 네 씨
를 네 뒤에 세워 그의 나라를 견고하
게 하리라
13 그는 내 이름을 위하여 집을 건축할
것이요 나는 그의 나라 왕위를 영원
히 견고하게 하리라
14 나는 그에게 아버지가 되고 그는 내
게 아들이 되리니 그가 만일 죄를 범
하면 내가 사람의 매와 인생의 채찍
으로 징계하려니와
15 내가 네 앞에서 물러나게 한 사울에

게서 내 은총을 빼앗은 것처럼 그에
게서 빼앗지는 아니하리라
16 네 집과 네 나라가 내 앞에서 영원히
보전되고 네 왕위가 영원히 견고하리
라 하셨다 하라
17 나단이 이 모든 말씀들과 이 모든 계
시대로 다윗에게 말하니라

다윗의 기도

18 다윗 왕이 여호와 앞에 들어가 앉아
서 이르되 주 여호와여 나는 누구이
오며 내 집은 무엇이기에 나를 여기
까지 이르게 하셨나이까
19 주 여호와여 주께서 이것을 오히려
적게 여기시고 또 종의 집에 있을 먼
장래의 일까지도 말씀하셨나이다 주
여호와여 이것이 사람의 법이니이다
20 주 여호와는 주의 종을 아시오니 다
윗이 다시 주께 무슨 말씀을 하오리
이까
21 주의 말씀으로 말미암아 주의 뜻대
로 이 모든 큰 일을 행하사 주의 종
에게 알게 하셨나이다
22 그런즉 주 여호와여 주는 위대하시
니 이는 우리 귀로 들은 대로는 주와
같은 이가 없고 주 외에는 신이 없음
이니이다
23 땅의 어느 한 나라가 주의 백성 이스
라엘과 같으리이까 하나님이 가서 구
속하사 자기 백성으로 삼아 주의 명
성을 내시며 그들을 위하여 큰 일을,
주의 땅을 위하여 두려운 일을 애굽
과 많은 나라들과 그의 신들에게서
구속하신 백성 앞에서 행하셨사오며
24 주께서 주의 백성 이스라엘을 세우
사 영원히 주의 백성으로 삼으셨사오
니 여호와여 주께서 그들의 하나님이
되셨나이다
25 여호와 하나님이여 이제 주의 종과
종의 집에 대하여 말씀하신 것을 영
원히 세우시며 말씀하신 대로 행하사
26 사람이 영원히 주의 이름을 크게 높
여 이르기를 만군의 여호와는 이스
라엘의 하나님이라 하게 하옵시며 주
의 종 다윗의 집이 주 앞에 견고하게
하옵소서
27 만군의 여호와 이스라엘의 하나님이
여 주의 종의 귀를 여시고 이르시기
를 내가 너를 위하여 집을 세우리라
하셨으므로 주의 종이 이 기도로 주
께 간구할 마음이 생겼나이다

365묵상

하나님의 계획은 따로 있다

다윗은 순수한 동기와 진실한 마음으로 성전을 짓기 원했고, 그래서 하나님께 그 사실을 말씀드렸다. 그런데 의외로 하나님은 '안 된다'라고 응답하셨다. 성전에 관해 하나님의 계획이 따로 있었기 때문이다(삼하7:1-17). 혹시 당신이 하나님을 기쁘시게 해드리겠다는 순수한 동기에서 무얼 한다고 기도했을 때, 그 기도에 하나님이 '안 된다'라고 응답하신 적이 있는가? 비록 그분이 우리 기도에 '노(No!)'라고 응답하신다 해도 실망해선 안 된다. 하나님은 우리의 생각보다 훨씬 좋은 계획을 따로 가지고 계시기 때문이다.

28 주 여호와여 오직 주는 하나님이시며
주의 말씀들이 참되시니이다 주께서
이 좋은 것을 주의 종에게 말씀하셨
사오니
29 이제 청하건대 종의 집에 복을 주사
주 앞에 영원히 있게 하옵소서 주 여
호와께서 말씀하셨사오니 주의 종의
집이 영원히 복을 받게 하옵소서 하
니라

다윗이 어디로 가든지 이기다

8 그 후에 다윗이 블레셋 사람들을
쳐서 항복을 받고 블레셋 사람들
의 손에서 메덱암마를 빼앗으니라
2 다윗이 또 모압을 쳐서 그들로 땅에
엎드리게 하고 줄로 재어 그 두 줄
길이의 사람은 죽이고 한 줄 길이의
사람은 살리니 모압 사람들이 다윗의
종들이 되어 조공을 드리니라
3 르홉의 아들 소바 왕 하닷에셀이 자
기 권세를 회복하려고 유브라데 강
으로 갈 때에 다윗이 그를 쳐서
4 그에게서 마병 천칠백 명과 보병 이
만 명을 사로잡고 병거 일백 대의 말
만 남기고 다윗이 그 외의 병거의 말
은 다 발의 힘줄을 끊었더니
5 다메섹의 아람 사람들이 소바 왕 하
닷에셀을 도우러 온지라 다윗이 아
람 사람 이만 이천 명을 죽이고
6 다윗이 다메섹 아람에 수비대를 두
매 아람 사람이 다윗의 종이 되어 조
공을 바치니라 다윗이 어디로 가든지
여호와께서 이기게 하시니라
7 다윗이 하닷에셀의 신복들이 가진 금
방패를 빼앗아 예루살렘으로 가져
오고
8 또 다윗 왕이 하닷에셀의 고을 베다
와 베로대에서 매우 많은 놋을 빼앗
으니라
9 하맛 왕 도이가 다윗이 하닷에셀의
온 군대를 쳐서 무찔렀다 함을 듣고
10 도이가 그의 아들 요람을 보내 다윗
왕에게 문안하고 축복하게 하니 이
는 하닷에셀이 도이와 더불어 전쟁이
있던 터에 다윗이 하닷에셀을 쳐서
무찌름이라 요람이 은 그릇과 금 그
릇과 놋 그릇을 가지고 온지라
11 다윗 왕이 그것도 여호와께 드리되
그가 정복한 모든 나라에서 얻은 은
금
12 곧 아람과 모압과 암몬 자손과 블레
셋 사람과 아말렉에게서 얻은 것들
과 소바 왕 르홉의 아들 하닷에셀에
게서 노략한 것과 같이 드리니라
13 다윗이 소금 골짜기에서 에돔 사람
만 팔천 명을 쳐죽이고 돌아와서 명
성을 떨치니라

14 다윗이 에돔에 수비대를 두되 온 에
돔에 수비대를 두니 에돔 사람이 다
다윗의 종이 되니라 다윗이 어디로 가
든지 여호와께서 이기게 하셨더라
15 다윗이 온 이스라엘을 다스려 다윗이
모든 백성에게 정의와 공의를 행할
새
16 스루야의 아들 요압은 군사령관이
되고 아힐룻의 아들 여호사밧은 사
관이 되고
17 아히둡의 아들 사독과 아비아달의
아들 아히멜렉은 제사장이 되고 스
라야는 서기관이 되고
18 여호야다의 아들 브나야는 그렛 사
람과 블렛 사람을 관할하고 다윗의
아들들은 대신들이 되니라

다윗과 므비보셋

9 다윗이 이르되 사울의 집에 아직도
남은 사람이 있느냐 내가 요나단
으로 말미암아 그 사람에게 은총을
베풀리라 하니라
2 사울의 집에는 종 한 사람이 있으니
그의 이름은 시바라 그를 다윗의 앞
으로 부르매 왕이 그에게 말하되 네
가 시바냐 하니 이르되 당신의 종이
니이다 하니라
3 왕이 이르되 사울의 집에 아직도 남
은 사람이 없느냐 내가 그 사람에게
하나님의 은총을 베풀고자 하노라
하니 시바가 왕께 아뢰되 요나단의
아들 하나가 있는데 다리 저는 자니
이다 하니라
4 왕이 그에게 말하되 그가 어디 있느
냐 하니 시바가 왕께 아뢰되 로드발
암미엘의 아들 마길의 집에 있나이다
하니라
5 다윗 왕이 사람을 보내어 로드발 암
미엘의 아들 마길의 집에서 그를 데
려오니
6 사울의 손자 요나단의 아들 므비보
셋이 다윗에게 나아와 그 앞에 엎드
려 절하매 다윗이 이르되 므비보셋이
여 하니 그가 이르기를 보소서 당신
의 종이니이다
7 다윗이 그에게 이르되 무서워하지 말
라 내가 반드시 네 아버지 요나단으
로 말미암아 네게 은총을 베풀리라
내가 네 할아버지 사울의 모든 밭을
다 네게 도로 주겠고 또 너는 항상
내 상에서 떡을 먹을지니라 하니
8 그가 절하여 이르되 이 종이 무엇이
기에 왕께서 죽은 개 같은 나를 돌
아보시나이까 하니라
9 왕이 사울의 시종 시바를 불러 그에
게 이르되 사울과 그의 온 집에 속한
것은 내가 다 네 주인의 아들에게 주

었노니
10 너와 네 아들들과 네 종들은 그를
위하여 땅을 갈고 거두어 네 주인의
아들에게 양식을 대주어 먹게 하라
그러나 네 주인의 아들 므비보셋은
항상 내 상에서 떡을 먹으리라 하니
라 시바는 아들이 열다섯 명이요 종
이 스무 명이라
11 시바가 왕께 아뢰되 내 주 왕께서 모
든 일을 종에게 명령하신 대로 종이
준행하겠나이다 하니라 므비보셋은
왕자 중 하나처럼 왕의 상에서 먹으
니라
12 므비보셋에게 어린 아들 하나가 있
으니 이름은 미가더라 시바의 집에
사는 자마다 므비보셋의 종이 되니
라
13 므비보셋이 항상 왕의 상에서 먹으
므로 예루살렘에 사니라 그는 두 발
을 다 절더라

다윗이 암몬과 싸우다

10 그 후에 암몬 자손의 왕이 죽고
그의 아들 하눈이 대신하여 왕
이 되니
2 다윗이 이르되 내가 나하스의 아들
하눈에게 은총을 베풀되 그의 아버
지가 내게 은총을 베푼 것 같이 하리
라 하고 다윗이 그의 신하들을 보내
그의 아버지를 조상하라 하니라 다윗
의 신하들이 암몬 자손의 땅에 이르
매
3 암몬 자손의 관리들이 그들의 주 하
눈에게 말하되 왕은 다윗이 조객을
당신에게 보낸 것이 왕의 아버지를
공경함인 줄로 여기시나이까 다윗이
그의 신하들을 당신에게 보내 이 성
을 엿보고 탐지하여 함락시키고자 함
이 아니니이까 하니
4 이에 하눈이 다윗의 신하들을 잡아
그들의 수염 절반을 깎고 그들의 의
복의 중동볼기까지 자르고 돌려보내
매
5 사람들이 이 일을 다윗에게 알리니라
그 사람들이 크게 부끄러워하므로
왕이 그들을 맞으러 보내 이르기를
너희는 수염이 자라기까지 여리고에
서 머물다가 돌아오라 하니라
6 암몬 자손들이 자기들이 다윗에게
미움이 된 줄 알고 암몬 자손들이 사
람을 보내 벧르홉 아람 사람과 소바
아람 사람의 보병 이만 명과 마아가
왕과 그의 사람 천 명과 돕 사람 만
이천 명을 고용한지라
7 다윗이 듣고 요압과 용사의 온 무리
를 보내매
8 암몬 자손은 나와서 성문 어귀에 진

을 쳤고 소바와 르홉 아람 사람과
돕과 마아가 사람들은 따로 들에 있
더라
9 요압이 자기와 맞서 앞뒤에 친 적진
을 보고 이스라엘의 선발한 자 중에
서 또 엄선하여 아람 사람과 싸우려
고 진 치고
10 그 백성의 남은 자를 그 아우 아비
새의 수하에 맡겨 암몬 자손과 싸우
려고 진 치게 하고
11 이르되 만일 아람 사람이 나보다 강
하면 네가 나를 돕고 만일 암몬 자손
이 너보다 강하면 내가 가서 너를 도
우리라
12 너는 담대하라 우리가 우리 백성과
우리 하나님의 성읍들을 위하여 담대
히 하자 여호와께서 선히 여기시는
대로 행하시기를 원하노라 하고
13 요압과 그와 함께 한 백성이 아람
사람을 대항하여 싸우려고 나아가니
그들이 그 앞에서 도망하고
14 암몬 자손은 아람 사람이 도망함을
보고 그들도 아비새 앞에서 도망하
여 성읍으로 들어간지라 요압이 암
몬 자손을 떠나 예루살렘으로 돌아
가니라
15 아람 사람이 자기가 이스라엘 앞에서
패하였음을 보고 다 모이매
16 하닷에셀이 사람을 보내 강 건너쪽
에 있는 아람 사람을 불러 내매 그
들이 헬람에 이르니 하닷에셀의 군
사령관 소박이 그들을 거느렸더라
17 어떤 사람이 다윗에게 알리매 그가
온 이스라엘을 모으고 요단을 건너
헬람에 이르매 아람 사람들이 다윗
을 향하여 진을 치고 더불어 싸우더
니
18 아람 사람이 이스라엘 앞에서 도망
한지라 다윗이 아람 병거 칠백 대와
마병 사만 명을 죽이고 또 그 군사령
관 소박을 치매 거기서 죽으니라
19 하닷에셀에게 속한 왕들이 자기가
이스라엘 앞에서 패함을 보고 이스
라엘과 화친하고 섬기니 그러므로
아람 사람들이 두려워하여 다시는 암
몬 자손을 돕지 아니하니라

다윗과 밧세바

11 그 해가 돌아와 왕들이 출전할
때가 되매 다윗이 요압과 그에
게 있는 그의 부하들과 온 이스라엘
군대를 보내니 그들이 암몬 자손을
멸하고 랍바를 에워쌌고 다윗은 예
루살렘에 그대로 있더라
2 저녁 때에 다윗이 그의 침상에서 일
어나 왕궁 옥상에서 거닐다가 그 곳
에서 보니 한 여인이 목욕을 하는데

심히 아름다워 보이는지라
3 다윗이 사람을 보내 그 여인을 알아
보게 하였더니 그가 아뢰되 그는 엘
리암의 딸이요 헷 사람 우리아의 아
내 밧세바가 아니니이까 하니
4 다윗이 전령을 보내어 그 여자를 자
기에게로 데려오게 하고 그 여자가
그 부정함을 깨끗하게 하였으므로
더불어 동침하매 그 여자가 자기 집
으로 돌아가니라
5 그 여인이 임신하매 사람을 보내 다
윗에게 말하여 이르되 내가 임신하였
나이다 하니라
6 다윗이 요압에게 기별하여 헷 사람
우리아를 내게 보내라 하매 요압이
우리아를 다윗에게로 보내니
7 우리아가 다윗에게 이르매 다윗이 요
압의 안부와 군사의 안부와 싸움이
어떠했는지를 묻고
8 그가 또 우리아에게 이르되 네 집으
로 내려가서 발을 씻으라 하니 우리
아가 왕궁에서 나가매 왕의 음식물
이 뒤따라 가니라
9 그러나 우리아는 집으로 내려가지
아니하고 왕궁 문에서 그의 주의 모
든 부하들과 더불어 잔지라
10 어떤 사람이 다윗에게 아뢰되 우리아
가 그의 집으로 내려가지 아니하였나
이다 다윗이 우리아에게 이르되 네가
길 갔다가 돌아온 것이 아니냐 어찌
하여 네 집으로 내려가지 아니하였느
냐 하니
11 우리아가 다윗에게 아뢰되 언약궤와
이스라엘과 유다가 야영 중에 있고
내 주 요압과 내 왕의 부하들이 바
깥 들에 진 치고 있거늘 내가 어찌
내 집으로 가서 먹고 마시고 내 처와
같이 자리이까 내가 이 일을 행하지
아니하기로 왕의 살아 계심과 왕의
혼의 살아 계심을 두고 맹세하나이
다 하니라
12 다윗이 우리아에게 이르되 오늘도 여
기 있으라 내일은 내가 너를 보내리
라 우리아가 그 날에 예루살렘에 머
무니라 이튿날
13 다윗이 그를 불러서 그로 그 앞에서
먹고 마시고 취하게 하니 저녁 때에
그가 나가서 그의 주의 부하들과 더
불어 침상에 눕고 그의 집으로 내려
가지 아니하니라
14 아침이 되매 다윗이 편지를 써서 우
리아의 손에 들려 요압에게 보내니
15 그 편지에 써서 이르기를 너희가 우
리아를 맹렬한 싸움에 앞세워 두고
너희는 뒤로 물러가서 그로 맞아 죽
게 하라 하였더라

16 요압이 그 성을 살펴 용사들이 있는
것을 아는 그 곳에 우리아를 두니
17 그 성 사람들이 나와서 요압과 더불
어 싸울 때에 다윗의 부하 중 몇 사
람이 엎드러지고 헷 사람 우리아도
죽으니라
18 요압이 사람을 보내 그 전쟁의 모든
일을 다윗에게 보고할새
19 그 전령에게 명령하여 이르되 전쟁의
모든 일을 네가 왕께 보고하기를 마
친 후에
20 혹시 왕이 노하여 네게 말씀하기를
너희가 어찌하여 성에 그처럼 가까이
가서 싸웠느냐 그들이 성 위에서 쏠
줄을 알지 못하였느냐
21 여룹베셋의 아들 아비멜렉을 쳐죽인
자가 누구냐 여인 하나가 성에서 맷
돌 위짝을 그 위에 던지매 그가 데벳
스에서 죽지 아니하였느냐 어찌하여
성에 가까이 갔더냐 하시거든 네가
말하기를 왕의 종 헷 사람 우리아도
죽었나이다 하라
22 전령이 가서 다윗에게 이르러 요압이
그를 보낸 모든 일을 다윗에게 아뢰
어
23 이르되 그 사람들이 우리보다 우세
하여 우리를 향하여 들로 나오므로
우리가 그들을 쳐서 성문 어귀까지
미쳤더니
24 활 쏘는 자들이 성 위에서 왕의 부하
들을 향하여 쏘매 왕의 부하 중 몇
사람이 죽고 왕의 종 헷 사람 우리아
도 죽었나이다 하니
25 다윗이 전령에게 이르되 너는 요압에
게 이같이 말하기를 이 일로 걱정하
지 말라 칼은 이 사람이나 저 사람이
나 삼키느니라 그 성을 향하여 더욱
힘써 싸워 함락시키라 하여 너는 그
를 담대하게 하라 하니라
26 우리아의 아내는 그 남편 우리아가
죽었음을 듣고 그의 남편을 위하여
소리내어 우니라
27 그 장례를 마치매 다윗이 사람을 보
내 그를 왕궁으로 데려오니 그가 그
의 아내가 되어 그에게 아들을 낳으
니라 다윗이 행한 그 일이 여호와 보
시기에 악하였더라

나단의 책망과 다윗의 회개

12 여호와께서 나단을 다윗에게
보내시니 그가 다윗에게 가서

365묵상

덮으려 하지 말고, 하나님께 고하라

그토록 지혜롭고 신실했던 다윗이 밧세바와의 불륜사건 이후에 그 사건을 덮기 위해 보여준 일련의 행동들은 너무나 어리석고 악해서 말문이 닫힌다(삼하11장). 다윗처럼 우리에게도 덮어버리고 싶은 죄가 있고, 그것을 덮기 위해 악한 짓들을 할 때가 있다. 그러나 그건 어리석고 부질없는 짓이다. 우리가 덮은 죄는 예상하지 못한 때에 수면 위로 떠오른다. 그러므로 죄를 덮으려 하지 말고 하나님께 솔직히 고해야 한다. 하나님은 우리 죄를 용서하실 것이고, 더는 다른 죄를 짓지 않도록 적절하게 지도하실 것이다.

그에게 이르되 한 성읍에 두 사람이
있는데 한 사람은 부하고 한 사람은
가난하니
2 그 부한 사람은 양과 소가 심히 많으
나
3 가난한 사람은 아무것도 없고 자기
가 사서 기르는 작은 암양 새끼 한
마리뿐이라 그 암양 새끼는 그와 그
의 자식과 함께 자라며 그가 먹는 것
을 먹으며 그의 잔으로 마시며 그의
품에 누우므로 그에게는 딸처럼 되
었거늘
4 어떤 행인이 그 부자에게 오매 부자
가 자기에게 온 행인을 위하여 자기
의 양과 소를 아껴 잡지 아니하고 가
난한 사람의 양 새끼를 빼앗아다가
자기에게 온 사람을 위하여 잡았나
이다 하니
5 다윗이 그 사람으로 말미암아 노하
여 나단에게 이르되 여호와의 살아
계심을 두고 맹세하노니 이 일을 행
한 그 사람은 마땅히 죽을 자라
6 그가 불쌍히 여기지 아니하고 이런
일을 행하였으니 그 양 새끼를 네 배
나 갚아 주어야 하리라 한지라
7 나단이 다윗에게 이르되 당신이 그
사람이라 이스라엘의 하나님 여호와
께서 이와 같이 이르시기를 내가 너
를 이스라엘 왕으로 기름 붓기 위하
여 너를 사울의 손에서 구원하고
8 네 주인의 집을 네게 주고 네 주인의
아내들을 네 품에 두고 이스라엘과
유다 족속을 네게 맡겼느니라 만일
그것이 부족하였을 것 같으면 내가
네게 이것 저것을 더 주었으리라
9 그러한데 어찌하여 네가 여호와의 말
씀을 업신여기고 나 보기에 악을 행
하였느냐 네가 칼로 헷 사람 우리아
를 치되 암몬 자손의 칼로 죽이고 그
의 아내를 빼앗아 네 아내로 삼았도
다
10 이제 네가 나를 업신여기고 헷 사람
우리아의 아내를 빼앗아 네 아내로
삼았은즉 칼이 네 집에서 영원토록
떠나지 아니하리라 하셨고
11 여호와께서 또 이와 같이 이르시기를
보라 내가 너와 네 집에 재앙을 일으
키고 내가 네 눈앞에서 네 아내를
빼앗아 네 이웃들에게 주리니 그 사
람들이 네 아내들과 더불어 백주에
동침하리라
12 너는 은밀히 행하였으나 나는 온 이
스라엘 앞에서 백주에 이 일을 행하
리라 하셨나이다 하니
13 다윗이 나단에게 이르되 내가 여호와
께 죄를 범하였노라 하매 나단이 다

윗에게 말하되 여호와께서도 당신의
죄를 사하셨나니 당신이 죽지 아니하
려니와
14 이 일로 말미암아 여호와의 원수가
크게 비방할 거리를 얻게 하였으니
당신이 낳은 아이가 반드시 죽으리이
다 하고
15 나단이 자기 집으로 돌아가니라

다윗의 아이가 죽다

우리아의 아내가 다윗에게 낳은 아이
를 여호와께서 치시매 심히 앓는지라
16 다윗이 그 아이를 위하여 하나님께
간구하되 다윗이 금식하고 안에 들
어가서 밤새도록 땅에 엎드렸으니
17 그 집의 늙은 자들이 그 곁에 서서
다윗을 땅에서 일으키려 하되 왕이
듣지 아니하고 그들과 더불어 먹지도
아니하더라
18 이레 만에 그 아이가 죽으니라 그러
나 다윗의 신하들이 아이가 죽은 것
을 왕에게 아뢰기를 두려워하니 이
는 그들이 말하기를 아이가 살았을
때에 우리가 그에게 말하여도 왕이
그 말을 듣지 아니하셨나니 어떻게
그 아이가 죽은 것을 그에게 아뢸
수 있으랴 왕이 상심하시리로다 함이
라
19 다윗이 그의 신하들이 서로 수군거리
는 것을 보고 그 아이가 죽은 줄을
다윗이 깨닫고 그의 신하들에게 묻
되 아이가 죽었느냐 하니 대답하되
죽었나이다 하는지라
20 다윗이 땅에서 일어나 몸을 씻고 기
름을 바르고 의복을 갈아입고 여호
와의 전에 들어가서 경배하고 왕궁
으로 돌아와 명령하여 음식을 그 앞
에 차리게 하고 먹은지라
21 그의 신하들이 그에게 이르되 아이가
살았을 때에는 그를 위하여 금식하
고 우시더니 죽은 후에는 일어나서
잡수시니 이 일이 어찌 됨이니이까 하
니
22 이르되 아이가 살았을 때에 내가 금
식하고 운 것은 혹시 여호와께서 나
를 불쌍히 여기사 아이를 살려 주실
는지 누가 알까 생각함이거니와
23 지금은 죽었으니 내가 어찌 금식하랴
내가 다시 돌아오게 할 수 있느냐 나
는 그에게로 가려니와 그는 내게로
돌아오지 아니하리라 하니라

솔로몬이 태어나다

24 다윗이 그의 아내 밧세바를 위로하
고 그에게 들어가 그와 동침하였더
니 그가 아들을 낳으매 그의 이름을
솔로몬이라 하니라 여호와께서 그를
사랑하사

25 선지자 나단을 보내 그의 이름을 여
디디야라 하시니 이는 여호와께서 사
랑하셨기 때문이더라

다윗이 랍바를 쳐서 점령하다

26 요압이 암몬 자손의 랍바를 쳐서 그
왕성을 점령하매
27 요압이 전령을 다윗에게 보내 이르되
내가 랍바 곧 물들의 성읍을 쳐서 점
령하였으니
28 이제 왕은 그 백성의 남은 군사를
모아 그 성에 맞서 진 치고 이 성읍
을 쳐서 점령하소서 내가 이 성읍을
점령하면 이 성읍이 내 이름으로 일
컬음을 받을까 두려워하나이다 하니
29 다윗이 모든 군사를 모아 랍바로 가
서 그 곳을 쳐서 점령하고
30 그 왕의 머리에서 보석 박힌 왕관을
가져오니 그 중량이 금 한 달란트라
다윗이 자기의 머리에 쓰니라 다윗이
또 그 성읍에서 노략한 물건을 무수
히 내오고
31 그 안에 있는 백성들을 끌어내어 톱
질과 써레질과 철도끼질과 벽돌구이
를 그들에게 하게 하니라 암몬 자손
의 모든 성읍을 이같이 하고 다윗과
모든 백성이 예루살렘으로 돌아가니
라

암논과 다말

13 그 후에 이 일이 있으니라 다윗
의 아들 압살롬에게 아름다운
누이가 있으니 이름은 다말이라 다윗
의 다른 아들 암논이 그를 사랑하나
2 그는 처녀이므로 어찌할 수 없는 줄
을 알고 암논이 그의 누이 다말때문
에 울화로 말미암아 병이 되니라
3 암논에게 요나답이라 하는 친구가
있으니 그는 다윗의 형 시므아의 아
들이요 심히 간교한 자라
4 그가 암논에게 이르되 왕자여 당신
은 어찌하여 나날이 이렇게 파리하여
가느냐 내게 말해 주지 아니하겠느
냐 하니 암논이 말하되 내가 아우 압
살롬의 누이 다말을 사랑함이니라 하
니라
5 요나답이 그에게 이르되 침상에 누
워 병든 체하다가 네 아버지가 너를
보러 오거든 너는 그에게 말하기를
원하건대 내 누이 다말이 와서 내게
떡을 먹이되 내가 보는 데에서 떡을
차려 그의 손으로 먹여 주게 하옵소
서 하라 하니
6 암논이 곧 누워 병든 체하다가 왕이
와서 그를 볼 때에 암논이 왕께 아
뢰되 원하건대 내 누이 다말이 와서
내가 보는 데에서 과자 두어 개를
만들어 그의 손으로 내게 먹여 주게

하옵소서 하니
7 다윗이 사람을 그의 집으로 보내 다
말에게 이르되 이제 네 오라버니 암
논의 집으로 가서 그를 위하여 음식
을 차리라 한지라
8 다말이 그 오라버니 암논의 집에 이
르매 그가 누웠더라 다말이 밀가루
를 가지고 반죽하여 그가 보는 데서
과자를 만들고 그 과자를 굽고
9 그 냄비를 가져다가 그 앞에 쏟아
놓아도 암논이 먹기를 거절하고 암
논이 이르되 모든 사람을 내게서 나
가게 하라 하니 다 그를 떠나 나가니
라
10 암논이 다말에게 이르되 음식물을
가지고 침실로 들어오라 내가 네 손
에서 먹으리라 하니 다말이 자기가
만든 과자를 가지고 침실에 들어가
그의 오라버니 암논에게 이르러
11 그에게 먹이려고 가까이 가지고 갈
때에 암논이 그를 붙잡고 그에게 이
르되 나의 누이야 와서 나와 동침하
자 하는지라
12 그가 그에게 대답하되 아니라 내 오
라버니여 나를 욕되게 하지 말라 이
런 일은 이스라엘에서 마땅히 행하지
못할 것이니 이 어리석은 일을 행하
지 말라
13 내가 이 수치를 지니고 어디로 가겠
느냐 너도 이스라엘에서 어리석은 자
중의 하나가 되리라 이제 청하건대
왕께 말하라 그가 나를 네게 주기를
거절하지 아니하시리라 하되
14 암논이 그 말을 듣지 아니하고 다말
보다 힘이 세므로 억지로 그와 동침
하니라
15 그리하고 암논이 그를 심히 미워하니
이제 미워하는 미움이 전에 사랑하던
사랑보다 더한지라 암논이 그에게
이르되 일어나 가라 하니
16 다말이 그에게 이르되 옳지 아니하다
나를 쫓아보내는 이 큰 악은 아까
내게 행한 그 악보다 더하다 하되 암
논이 그를 듣지 아니하고
17 그가 부리는 종을 불러 이르되 이 계
집을 내게서 이제 내보내고 곧 문빗
장을 지르라 하니
18 암논의 하인이 그를 끌어내고 곧 문
빗장을 지르니라 다말이 채색옷을
입었으니 출가하지 아니한 공주는 이
런 옷으로 단장하는 법이라
19 다말이 재를 자기의 머리에 덮어쓰고
그의 채색옷을 찢고 손을 머리 위에
얹고 가서 크게 울부짖으니라
20 그의 오라버니 압살롬이 그에게 이
르되 네 오라버니 암논이 너와 함께

있었느냐 그러나 그는 네 오라버니이
니 누이야 지금은 잠잠히 있고 이것
으로 말미암아 근심하지 말라 하니라
이에 다말이 그의 오라버니 압살롬의
집에 있어 처량하게 지내니라
21 다윗 왕이 이 모든 일을 듣고 심히
노하니라
22 압살롬은 암논이 그의 누이 다말을
욕되게 하였으므로 그를 미워하여
암논에 대하여 잘잘못을 압살롬이
말하지 아니하니라

압살롬의 복수

23 만 이 년 후에 에브라임 곁 바알하솔
에서 압살롬이 양 털을 깎는 일이 있
으매 압살롬이 왕의 모든 아들을 청
하고
24 압살롬이 왕께 나아가 말하되 이제
종에게 양 털 깎는 일이 있사오니 청
하건대 왕은 신하들을 데리시고 당신
의 종과 함께 가사이다 하니
25 왕이 압살롬에게 이르되 아니라 내
아들아 이제 우리가 다 갈 것 없다
네게 누를 끼칠까 하노라 하니라 압
살롬이 그에게 간청하였으나 그가
가지 아니하고 그에게 복을 비는지
라
26 압살롬이 이르되 그렇게 하지 아니하
시려거든 청하건대 내 형 암논이 우
리와 함께 가게 하옵소서 왕이 그에
게 이르되 그가 너와 함께 갈 것이
무엇이냐 하되
27 압살롬이 간청하매 왕이 암논과 왕
의 모든 아들을 그와 함께 그에게
보내니라
28 압살롬이 이미 그의 종들에게 명령하
여 이르기를 너희는 이제 암논의 마
음이 술로 즐거워할 때를 자세히 보
다가 내가 너희에게 암논을 치라 하
거든 그를 죽이라 두려워하지 말라
내가 너희에게 명령한 것이 아니냐
너희는 담대히 용기를 내라 한지라
29 압살롬의 종들이 압살롬의 명령대로
암논에게 행하매 왕의 모든 아들들
이 일어나 각기 노새를 타고 도망하
니라
30 그들이 길에 있을 때에 압살롬이 왕
의 모든 아들들을 죽이고 하나도 남
기지 아니하였다는 소문이 다윗에게
이르매
31 왕이 곧 일어나서 자기의 옷을 찢고
땅에 드러눕고 그의 신하들도 다 옷
을 찢고 모셔 선지라
32 다윗의 형 시므아의 아들 요나답이
아뢰어 이르되 내 주여 젊은 왕자들
이 다 죽임을 당한 줄로 생각하지 마
옵소서 오직 암논만 죽었으리이다

그가 압살롬의 누이 다말을 욕되게
한 날부터 압살롬이 결심한 것이니이
다
33 그러하온즉 내 주 왕이여 왕자들이
다 죽은 줄로 생각하여 상심하지 마
옵소서 오직 암논만 죽었으리이다
하니라
34 이에 압살롬은 도망하니라 파수하는
청년이 눈을 들어 보니 보아라 뒷산
언덕길로 여러 사람이 오는도다
35 요나답이 왕께 아뢰되 보소서 왕자
들이 오나이다 당신의 종이 말한 대
로 되었나이다 하고
36 말을 마치자 왕자들이 이르러 소리를
높여 통곡하니 왕과 그의 모든 신하
들도 심히 통곡하니라
37 압살롬은 도망하여 그술 왕 암미훌
의 아들 달매에게로 갔고 다윗은 날
마다 그의 아들로 말미암아 슬퍼하
니라
38 압살롬이 도망하여 그술로 가서 거
기에 산 지 삼 년이라
39 다윗 왕의 마음이 압살롬을 향하여
간절하니 암논은 이미 죽었으므로
왕이 위로를 받았음이더라

압살롬이 예루살렘으로 돌아오다

14 스루야의 아들 요압이 왕의 마
음이 압살롬에게로 향하는 줄
알고
2 드고아에 사람을 보내 거기서 지혜
로운 여인 하나를 데려다가 그에게
이르되 청하건대 너는 상주가 된 것
처럼 상복을 입고 기름을 바르지 말
고 죽은 사람을 위하여 오래 슬퍼하
는 여인 같이 하고
3 왕께 들어가서 그에게 이러이러하게
말하라고 요압이 그의 입에 할 말을
넣어 주니라
4 드고아 여인이 왕께 아뢸 때에 얼굴
을 땅에 대고 엎드려 이르되 왕이여
도우소서 하니
5 왕이 그에게 이르되 무슨 일이냐 하
니라 대답하되 나는 진정으로 과부니
이다 남편은 죽고
6 이 여종에게 아들 둘이 있더니 그들
이 들에서 싸우나 그들을 말리는 사
람이 아무도 없으므로 한 아이가 다
른 아이를 쳐죽인지라
7 온 족속이 일어나서 당신의 여종 나
를 핍박하여 말하기를 그의 동생을

365묵상

죄를 죄라고 지적해 주는 일

나단 선지자가 다윗의 죄를 지적했을 때 다윗은 자기 죄를 깨닫고 즉시 회개했고(시 51장) 하나님께 죄 사함을 받았다. 하지만 다윗은 자기 아들들의 죄를 지적하지 않았다. 암논의 성폭행에 침묵했고, 압살롬의 보복 살인에 대해서도 아무런 조치를 취하지 않았다. 결국 이런 태도가 압살롬의 반역으로 이어졌다(삼하 12-13장). 우리는 자신의 죄를 생각해서 다른 사람의 죄를 지적하기를 꺼리는 경향이 있다. 그러나 자신을 용서하신 하나님을 믿고, 다른 사람의 죄를 지적하여 그로 하여금 바른 길로 들어서게 해야 한다.

쳐죽인 자를 내놓으라 우리가 그의
동생 죽인 죄를 갚아 그를 죽여 상
속자 될 것까지 끊겠노라 하오니 그
러한즉 그들이 내게 남아 있는 숯불
을 꺼서 내 남편의 이름과 씨를 세상
에 남겨두지 아니하겠나이다 하니
8 왕이 여인에게 이르되 네 집으로 가
라 내가 너를 위하여 명령을 내리리
라 하는지라
9 드고아 여인이 왕께 아뢰되 내 주 왕
이여 그 죄는 나와 내 아버지의 집으
로 돌릴 것이니 왕과 왕위는 허물이
없으리이다
10 왕이 이르되 누구든지 네게 말하는
자를 내게로 데려오라 그가 다시는
너를 건드리지도 못하리라 하니라
11 여인이 이르되 청하건대 왕은 왕의
하나님 여호와를 기억하사 원수 갚는
자가 더 죽이지 못하게 하옵소서 내
아들을 죽일까 두렵나이다 하니 왕
이 이르되 여호와께서 살아 계심을
두고 맹세하노니 네 아들의 머리카
락 하나도 땅에 떨어지지 아니하리라
하니라
12 여인이 이르되 청하건대 당신의 여종
을 용납하여 한 말씀을 내 주 왕께
여쭙게 하옵소서 하니 그가 이르되
말하라 하니라
13 여인이 이르되 그러면 어찌하여 왕께
서 하나님의 백성에게 대하여 이같은
생각을 하셨나이까 이 말씀을 하심
으로 왕께서 죄 있는 사람 같이 되심
은 그 내쫓긴 자를 왕께서 집으로
돌아오게 하지 아니하심이니이다
14 우리는 필경 죽으리니 땅에 쏟아진
물을 다시 담지 못함 같을 것이오나
하나님은 생명을 빼앗지 아니하시고
방책을 베푸사 내쫓긴 자가 하나님
께 버린 자가 되지 아니하게 하시나
이다
15 이제 내가 와서 내 주 왕께 이 말씀
을 여쭙는 것은 백성들이 나를 두렵
게 하므로 당신의 여종이 스스로 말
하기를 내가 왕께 여쭈오면 혹시 종
이 청하는 것을 왕께서 시행하실 것
이라
16 왕께서 들으시고 나와 내 아들을 함
께 하나님의 기업에서 끊을 자의 손
으로부터 주의 종을 구원하시리라
함이니이다
17 당신의 여종이 또 스스로 말하기를
내 주 왕의 말씀이 나의 위로가 되기
를 원한다 하였사오니 이는 내 주 왕
께서 하나님의 사자 같이 선과 악을
분간하심이니이다 원하건대 왕의 하
나님 여호와께서 왕과 같이 계시옵

소서
18 왕이 그 여인에게 대답하여 이르되
바라노니 내가 네게 묻는 것을 내게
숨기지 말라 여인이 이르되 내 주 왕
은 말씀하옵소서
19 왕이 이르되 이 모든 일에 요압이 너
와 함께 하였느냐 하니 여인이 대답
하여 이르되 내 주 왕의 살아 계심을
두고 맹세하옵나니 내 주 왕의 말씀
을 좌로나 우로나 옮길 자가 없으리
이다 왕의 종 요압이 내게 명령하였
고 그가 이 모든 말을 왕의 여종의
입에 넣어 주었사오니
20 이는 왕의 종 요압이 이 일의 형편을
바꾸려 하여 이렇게 함이니이다 내
주 왕의 지혜는 하나님의 사자의 지
혜와 같아서 땅에 있는 일을 다 아시
나이다 하니라
21 왕이 요압에게 이르되 내가 이 일을
허락하였으니 가서 청년 압살롬을 데
려오라 하니라
22 요압이 땅에 엎드려 절하고 왕을 위
하여 복을 빌고 요압이 이르되 내 주
왕이여 종의 구함을 왕이 허락하시니
종이 왕 앞에서 은혜 입은 줄을 오
늘 아나이다 하고
23 요압이 일어나 그술로 가서 압살롬
을 데리고 예루살렘으로 오니
24 왕이 이르되 그를 그의 집으로 물러
가게 하여 내 얼굴을 볼 수 없게 하
라 하매 압살롬이 자기 집으로 돌아
가고 왕의 얼굴을 보지 못하니라

다윗이 압살롬과 화해하다

25 온 이스라엘 가운데에서 압살롬 같
이 아름다움으로 크게 칭찬 받는 자
가 없었으니 그는 발바닥부터 정수리
까지 흠이 없음이라
26 그의 머리털이 무거우므로 연말마다
깎았으며 그의 머리 털을 깎을 때에
그것을 달아본즉 그의 머리털이 왕의
저울로 이백 세겔이었더라
27 압살롬이 아들 셋과 딸 하나를 낳았
는데 딸의 이름은 다말이라 그는 얼
굴이 아름다운 여자더라
28 압살롬이 이태 동안 예루살렘에 있
으되 왕의 얼굴을 보지 못하였으므
로
29 압살롬이 요압을 왕께 보내려 하여
압살롬이 요압에게 사람을 보내 부
르되 그에게 오지 아니하고 또 다시
그에게 보내되 오지 아니하는지라
30 압살롬이 자기의 종들에게 이르되
보라 요압의 밭이 내 밭 근처에 있고
거기 보리가 있으니 가서 불을 지르
라 하니라 압살롬의 종들이 그 밭에
불을 질렀더니

31 요압이 일어나 압살롬의 집으로 가서
그에게 이르되 어찌하여 네 종들이
내 밭에 불을 질렀느냐 하니
32 압살롬이 요압에게 대답하되 내가
일찍이 사람을 네게 보내 너를 이리
로 오라고 청한 것은 내가 너를 왕께
보내 아뢰게 하기를 어찌하여 내가
그술에서 돌아오게 되었나이까 이
때까지 거기에 있는 것이 내게 나았
으리이다 하려 함이로라 이제는 네가
나로 하여금 왕의 얼굴을 볼 수 있게
하라 내가 만일 죄가 있으면 왕이 나
를 죽이시는 것이 옳으니라 하는지라
33 요압이 왕께 나아가서 그에게 아뢰
매 왕이 압살롬을 부르니 그가 왕께
나아가 그 앞에서 얼굴을 땅에 대어
그에게 절하매 왕이 압살롬과 입을
맞추니라

압살롬이 반역하다

15 그 후에 압살롬이 자기를 위하
여 병거와 말들을 준비하고 호
위병 오십 명을 그 앞에 세우니라
2 압살롬이 일찍이 일어나 성문 길 곁
에 서서 어떤 사람이든지 송사가 있
어 왕에게 재판을 청하러 올 때에 그
사람을 불러 이르되 너는 어느 성읍
사람이냐 하니 그 사람의 대답이 종
은 이스라엘 아무 지파에 속하였나
이다 하면
3 압살롬이 그에게 이르기를 보라 네
일이 옳고 바르다마는 네 송사를 들
을 사람을 왕께서 세우지 아니하셨
다 하고
4 또 압살롬이 이르기를 내가 이 땅에
서 재판관이 되고 누구든지 송사나
재판할 일이 있어 내게로 오는 자에
게 내가 정의 베풀기를 원하노라 하
고
5 사람이 가까이 와서 그에게 절하려
하면 압살롬이 손을 펴서 그 사람을
붙들고 그에게 입을 맞추니
6 이스라엘 무리 중에 왕께 재판을 청
하러 오는 자들마다 압살롬의 행함
이 이와 같아서 이스라엘 사람의 마
음을 압살롬이 훔치니라
7 사 년 만에 압살롬이 왕께 아뢰되 내
가 여호와께 서원한 것이 있사오니
청하건대 내가 헤브론에 가서 그 서
원을 이루게 하소서
8 당신의 종이 아람 그술에 있을 때에
서원하기를 만일 여호와께서 반드시
나를 예루살렘으로 돌아가게 하시면
내가 여호와를 섬기리이다 하였나이
다
9 왕이 그에게 이르되 평안히 가라 하
니 그가 일어나 헤브론으로 가니라

10 이에 압살롬이 정탐을 이스라엘 모
든 지파 가운데에 두루 보내 이르기
를 너희는 나팔 소리를 듣거든 곧 말
하기를 압살롬이 헤브론에서 왕이
되었다 하라 하니라
11 그 때 청함을 받은 이백 명이 압살롬
과 함께 예루살렘에서부터 헤브론으
로 내려갔으니 그들은 압살롬이 꾸
민 그 모든 일을 알지 못하고 그저
따라가기만 한 사람들이라
12 제사 드릴 때에 압살롬이 사람을 보
내 다윗의 모사 길로 사람 아히도벨
을 그의 성읍 길로에서 청하여 온지
라 반역하는 일이 커가매 압살롬에
게로 돌아오는 백성이 많아지니라

다윗이 예루살렘에서 도망하다

13 전령이 다윗에게 와서 말하되 이스라
엘의 인심이 다 압살롬에게로 돌아
갔나이다 한지라
14 다윗이 예루살렘에 함께 있는 그의
모든 신하들에게 이르되 일어나 도
망하자 그렇지 아니하면 우리 중 한
사람도 압살롬에게서 피하지 못하리
라 빨리 가자 두렵건대 그가 우리를
급히 따라와 우리를 해하고 칼날로
성읍을 칠까 하노라
15 왕의 신하들이 왕께 이르되 우리 주
왕께서 하고자 하시는 대로 우리가
행하리이다 보소서 당신의 종들이니
이다 하더라
16 왕이 나갈 때에 그의 가족을 다 따
르게 하고 후궁 열 명을 왕이 남겨
두어 왕궁을 지키게 하니라
17 왕이 나가매 모든 백성이 다 따라서
벧메르학에 이르러 멈추어 서니
18 그의 모든 신하들이 그의 곁으로 지
나가고 모든 그렛 사람과 모든 블렛
사람과 및 왕을 따라 가드에서 온 모
든 가드 사람 육백 명이 왕 앞으로
행진하니라
19 그 때에 왕이 가드 사람 잇대에게 이
르되 어찌하여 너도 우리와 함께 가
느냐 너는 쫓겨난 나그네이니 돌아
가서 왕과 함께 네 곳에 있으라
20 너는 어제 왔고 나는 정처 없이 가니
오늘 어찌 너를 우리와 함께 떠돌아
나니게 하리요 너도 돌아가고 네 동
포들도 데려가라 은혜와 진리가 너
와 함께 있기를 원하노라 하니라
21 잇대가 왕께 대답하여 이르되 여호
와의 살아 계심과 내 주 왕의 살아
계심으로 맹세하옵나니 진실로 내
주 왕께서 어느 곳에 계시든지 사나
죽으나 종도 그 곳에 있겠나이다 하
니
22 다윗이 잇대에게 이르되 앞서 건너가

라 하매 가드 사람 잇대와 그의 수행
자들과 그와 함께 한 아이들이 다 건
너가고
23 온 땅 사람이 큰 소리로 울며 모든
백성이 앞서 건너가매 왕도 기드론
시내를 건너가니 건너간 모든 백성이
광야 길로 향하니라
24 보라 사독과 그와 함께 한 모든 레
위 사람도 하나님의 언약궤를 메어다
가 하나님의 궤를 내려놓고 아비아
달도 올라와서 모든 백성이 성에서
나오기를 기다리도다
25 왕이 사독에게 이르되 보라 하나님의
궤를 성읍으로 도로 메어 가라 만일
내가 여호와 앞에서 은혜를 입으면
도로 나를 인도하사 내게 그 궤와
그 계신 데를 보이시리라
26 그러나 그가 이와 같이 말씀하시기를
내가 너를 기뻐하지 아니한다 하시면
종이 여기 있사오니 선히 여기시는 대
로 내게 행하시옵소서 하리라
27 왕이 또 제사장 사독에게 이르되 네
가 선견자가 아니냐 너는 너희의 두
아들 곧 네 아들 아히마아스와 아비
아달의 아들 요나단을 데리고 평안
히 성읍으로 돌아가라
28 너희에게서 내게 알리는 소식이 올
때까지 내가 광야 나루터에서 기다리
리라 하니라
29 사독과 아비아달이 하나님의 궤를
예루살렘으로 도로 메어다 놓고 거
기 머물러 있으니라
30 다윗이 감람 산 길로 올라갈 때에 그
의 머리를 그가 가리고 맨발로 울며
가고 그와 함께 가는 모든 백성들도
각각 자기의 머리를 가리고 울며 올
라가니라
31 어떤 사람이 다윗에게 알리되 압살롬
과 함께 모반한 자들 가운데 아히도
벨이 있나이다 하니 다윗이 이르되 여
호와여 원하옵건대 아히도벨의 모략
을 어리석게 하옵소서 하니라
32 다윗이 하나님을 경배하는 마루턱에
이를 때에 아렉 사람 후새가 옷을
찢고 흙을 머리에 덮어쓰고 다윗을
맞으러 온지라
33 다윗이 그에게 이르되 네가 만일 나
와 함께 나아가면 내게 누를 끼치리
라
34 그러나 네가 만일 성읍으로 돌아가
서 압살롬에게 말하기를 왕이여 내
가 왕의 종이니이다 전에는 내가 왕
의 아버지의 종이었더니 이제는 내가
왕의 종이니이다 하면 네가 나를 위
하여 아히도벨의 모략을 패하게 하
리라

35 사독과 아비아달 두 제사장이 너와
함께 거기 있지 아니하냐 네가 왕의
궁중에서 무엇을 듣든지 사독과 아
비아달 두 제사장에게 알리라
36 그들의 두 아들 곧 사독의 아히마아
스와 아비아달의 요나단이 그들과
함께 거기 있나니 너희가 듣는 모든
것을 그들 편에 내게 소식을 알릴지
니라 하는지라
37 다윗의 친구 후새가 곧 성읍으로 들
어가고 압살롬도 예루살렘으로 들어
갔더라

다윗과 시바

16 다윗이 마루턱을 조금 지나니
므비보셋의 종 시바가 안장 지
운 두 나귀에 떡 이백 개와 건포도
백 송이와 여름 과일 백 개와 포도
주 한 가죽부대를 싣고 다윗을 맞는
지라
2 왕이 시바에게 이르되 네가 무슨 뜻
으로 이것을 가져왔느냐 하니 시바가
이르되 나귀는 왕의 가족들이 타게
하고 떡과 과일은 청년들이 먹게 하
고 포도주는 들에서 피곤한 자들에
게 마시게 하려 함이니이다
3 왕이 이르되 네 주인의 아들이 어디
있느냐 하니 시바가 왕께 아뢰되 예
루살렘에 있는데 그가 말하기를 이
스라엘 족속이 오늘 내 아버지의 나
라를 내게 돌리리라 하나이다 하는지
라
4 왕이 시바에게 이르되 므비보셋에게
있는 것이 다 네 것이니라 하니라 시
바가 이르되 내가 절하나이다 내 주
왕이여 내가 왕 앞에서 은혜를 입게
하옵소서 하니라

다윗과 시므이

5 다윗 왕이 바후림에 이르매 거기서
사울의 친족 한 사람이 나오니 게라
의 아들이요 이름은 시므이라 그가
나오면서 계속하여 저주하고
6 또 다윗과 다윗 왕의 모든 신하들을
향하여 돌을 던지니 그 때에 모든 백
성과 용사들은 다 왕의 좌우에 있었
더라
7 시므이가 저주하는 가운데 이와 같이
말하니라 피를 흘린 자여 사악한 자
여 가거라 가거라
8 사울의 족속의 모든 피를 여호와께
서 네게로 돌리셨도다 그를 이어서

365묵상

어떻게 다시 일어설 것인가?

인생에서 우리의 삶이 산산조각 나는 때가 있다. 그때 우리는 무기력해져서 다음에 무얼 해야 할지 모른다. 다윗이 압살롬에 쫓겨 예루살렘을 떠났을 때 그런 상황이었다(삼하 15:19-20). 오늘 당신도 실패자처럼 느낄지 모른다. 일은 힘들어지고 삶엔 희망이 보이지 않는다. 당신은 어떻게 다시 일어설 수 있는가? 내 삶의 회복과 치유는 가능한 것인가? 결국 다윗은 하나님께 의지하여 다시 일어섰다. 이제 당신도 절망적 상황에서 눈을 돌려 하나님께로 향하라. 절망을 소망으로 바꾸시는 그분께 회복의 열쇠가 있다!

네가 왕이 되었으나 여호와께서 나라
를 네 아들 압살롬의 손에 넘기셨도
다 보라 너는 피를 흘린 자이므로 화
를 자초하였느니라 하는지라
9 스루야의 아들 아비새가 왕께 여짜
오되 이 죽은 개가 어찌 내 주 왕을
저주하리이까 청하건대 내가 건너가
서 그의 머리를 베게 하소서 하니
10 왕이 이르되 스루야의 아들들아 내
가 너희와 무슨 상관이 있느냐 그가
저주하는 것은 여호와께서 그에게
다윗을 저주하라 하심이니 네가 어찌
그리하였느냐 할 자가 누구겠느냐
하고
11 또 다윗이 아비새와 모든 신하들에
게 이르되 내 몸에서 난 아들도 내
생명을 해하려 하거든 하물며 이 베
냐민 사람이랴 여호와께서 그에게 명
령하신 것이니 그가 저주하게 버려두
라
12 혹시 여호와께서 나의 원통함을 감
찰하시리니 오늘 그 저주 때문에 여
호와께서 선으로 내게 갚아 주시리
라 하고
13 다윗과 그의 추종자들이 길을 갈 때
에 시므이는 산비탈로 따라가면서 저
주하고 그를 향하여 돌을 던지며 먼
지를 날리더라
14 왕과 그와 함께 있는 백성들이 다 피
곤하여 한 곳에 이르러 거기서 쉬니
라

압살롬의 입성과 후새의 위장 전향

15 압살롬과 모든 이스라엘 백성들이
예루살렘에 이르고 아히도벨도 그
와 함께 이른지라
16 다윗의 친구 아렉 사람 후새가 압살
롬에게 나갈 때에 그에게 말하기를
왕이여 만세, 왕이여 만세 하니
17 압살롬이 후새에게 이르되 이것이 네
가 친구를 후대하는 것이냐 네가 어
찌하여 네 친구와 함께 가지 아니하
였느냐 하니
18 후새가 압살롬에게 이르되 그렇지
아니하니이다 내가 여호와와 이 백성
모든 이스라엘의 택한 자에게 속하
여 그와 함께 있을 것이니이다
19 또 내가 이제 누구를 섬기리이까 그
의 아들이 아니니이까 내가 전에 왕
의 아버지를 섬긴 것 같이 왕을 섬기
리이다 하니라
20 압살롬이 아히도벨에게 이르되 너는
어떻게 행할 계략을 우리에게 가르
치라 하니
21 아히도벨이 압살롬에게 이르되 왕의
아버지가 남겨 두어 왕궁을 지키게
한 후궁들과 더불어 동침하소서 그

리하면 왕께서 왕의 아버지가 미워하
는 바 됨을 온 이스라엘이 들으리니
왕과 함께 있는 모든 사람의 힘이 더
욱 강하여지리이다 하니라
22 이에 사람들이 압살롬을 위하여 옥
상에 장막을 치니 압살롬이 온 이스
라엘 무리의 눈앞에서 그 아버지의
후궁들과 더불어 동침하니라
23 그 때에 아히도벨이 베푸는 계략은
사람이 하나님께 물어서 받은 말씀
과 같은 것이라 아히도벨의 모든 계
략은 다윗에게나 압살롬에게나 그와
같이 여겨졌더라

압살롬이 아히도벨의 계략을 따르지 않다

17 아히도벨이 또 압살롬에게 이
르되 이제 내가 사람 만 이천 명
을 택하게 하소서 오늘 밤에 내가
일어나서 다윗의 뒤를 추적하여
2 그가 곤하고 힘이 빠졌을 때에 기습
하여 그를 무섭게 하면 그와 함께 있
는 모든 백성이 도망하리니 내가 다
윗 왕만 쳐죽이고
3 모든 백성이 당신께 돌아오게 하리
니 모든 사람이 돌아오기는 왕이 찾
는 이 사람에게 달렸음이라 그리하면
모든 백성이 평안하리이다 하니
4 압살롬과 이스라엘 장로들이 다 그
말을 옳게 여기더라
5 압살롬이 이르되 아렉 사람 후새도
부르라 우리가 이제 그의 말도 듣자
하니라
6 후새가 압살롬에게 이르매 압살롬이
그에게 말하여 이르되 아히도벨이 이
러이러하게 말하니 우리가 그 말대로
행하랴 그렇지 아니하거든 너는 말하
라 하니
7 후새가 압살롬에게 이르되 이번에는
아히도벨이 베푼 계략이 좋지 아니
하니이다 하고
8 또 후새가 말하되 왕도 아시거니와
왕의 아버지와 그의 추종자들은 용
사라 그들은 들에 있는 곰이 새끼를
빼앗긴 것 같이 격분하였고 왕의 부
친은 전쟁에 익숙한 사람인즉 백성
과 함께 자지 아니하고
9 지금 그가 어느 굴에나 어느 곳에
숨어 있으리니 혹 무리 중에 몇이 먼
저 엎드러지면 그 소문을 듣는 자가
말하기를 압살롬을 따르는 자 가운
데에서 패함을 당하였다 할지라
10 비록 그가 사자 같은 마음을 가진
용사의 아들일지라도 낙심하리니 이
는 이스라엘 무리가 왕의 아버지는
영웅이요 그의 추종자들도 용사인
줄 앎이니이다
11 나는 이렇게 계략을 세웠나이다 온

이스라엘을 단부터 브엘세바까지 바
닷가의 많은 모래 같이 당신께로 모
으고 친히 전장에 나가시고
12 우리가 그 만날 만한 곳에서 그를 기
습하기를 이슬이 땅에 내림 같이 우
리가 그의 위에 덮여 그와 그 함께
있는 모든 사람을 하나도 남겨 두지
아니할 것이요
13 또 만일 그가 어느 성에 들었으면 온
이스라엘이 밧줄을 가져다가 그 성
을 강으로 끌어들여서 그 곳에 작은
돌 하나도 보이지 아니하게 할 것이
니이다 하매
14 압살롬과 온 이스라엘 사람들이 이
르되 아렉 사람 후새의 계략은 아히
도벨의 계략보다 낫다 하니 이는 여
호와께서 압살롬에게 화를 내리려
하사 아히도벨의 좋은 계략을 물리
치라고 명령하셨음이더라

후새의 계략과 아히도벨의 죽음

15 이에 후새가 사독과 아비아달 두 제
사장에게 이르되 아히도벨이 압살롬
과 이스라엘 장로들에게 이러이러하
게 계략을 세웠고 나도 이러이러하
게 계략을 세웠으니
16 이제 너희는 빨리 사람을 보내 다윗
에게 전하기를 오늘밤에 광야 나루
터에서 자지 말고 아무쪼록 건너가
소서 하라 혹시 왕과 그를 따르는
모든 백성이 몰사할까 하노라 하니
라
17 그 때에 요나단과 아히마아스가 사
람이 볼까 두려워하여 감히 성에 들
어가지 못하고 에느로겔 가에 머물
고 어떤 여종은 그들에게 나와서 말
하고 그들은 가서 다윗 왕에게 알리
더니
18 한 청년이 그들을 보고 압살롬에게
알린지라 그 두 사람이 빨리 달려서
바후림 어떤 사람의 집으로 들어가서
그의 뜰에 있는 우물 속으로 내려가
니
19 그 집 여인이 덮을 것을 가져다가 우
물 아귀를 덮고 찧은 곡식을 그 위에
널매 전혀 알지 못하더라
20 압살롬의 종들이 그 집에 와서 여인
에게 묻되 아히마아스와 요나단이
어디 있느냐 하니 여인이 그들에게
이르되 그들이 시내를 건너가더라 하
니 그들이 찾아도 만나지 못하고 예
루살렘으로 돌아가니라
21 그들이 간 후에 두 사람이 우물에서
올라와서 다윗 왕에게 가서 다윗 왕
에게 말하여 이르되 당신들은 일어나
빨리 물을 건너가소서 아히도벨이 당
신들을 해하려고 이러이러하게 계략

을 세웠나이다
22 다윗이 일어나 모든 백성과 함께 요
단을 건널새 새벽까지 한 사람도 요
단을 건너지 못한 자가 없었더라
23 아히도벨이 자기 계략이 시행되지 못
함을 보고 나귀에 안장을 지우고 일
어나 고향으로 돌아가 자기 집에 이
르러 집을 정리하고 스스로 목매어
죽으매 그의 조상의 묘에 장사되니
라
24 이에 다윗은 마하나임에 이르고 압
살롬은 모든 이스라엘 사람과 함께
요단을 건너니라
25 압살롬이 아마사로 요압을 대신하여
군지휘관으로 삼으니라 아마사는 이
스라엘 사람 이드라라 하는 자의 아
들이라 이드라가 나하스의 딸 아비
갈과 동침하여 그를 낳았으며 아비
갈은 요압의 어머니 스루야의 동생이
더라
26 이에 이스라엘 무리와 압살롬이 길
르앗 땅에 진 치니라
27 다윗이 마하나임에 이르렀을 때에 암
몬 족속에게 속한 랍바 사람 나하스
의 아들 소비와 로데발 사람 암미엘
의 아들 마길과 로글림 길르앗 사람
바르실래가
28 침상과 대야와 질그릇과 밀과 보리
와 밀가루와 볶은 곡식과 콩과 팥과
볶은 녹두와
29 꿀과 버터와 양과 치즈를 가져다가
다윗과 그와 함께 한 백성에게 먹게
하였으니 이는 그들 생각에 백성이
들에서 시장하고 곤하고 목마르겠다
함이더라

압살롬이 패하다

18 이에 다윗이 그와 함께 한 백성
을 찾아가서 천부장과 백부장
을 그들 위에 세우고
2 다윗이 그의 백성을 내보낼새 삼분
의 일은 요압의 휘하에, 삼분의 일은
스루야의 아들 요압의 동생 아비새
의 휘하에 넘기고 삼분의 일은 가드
사람 잇대의 휘하에 넘기고 왕이 백
성에게 이르되 나도 반드시 너희와
함께 나가리라 하니
3 백성들이 이르되 왕은 나가지 마소서
우리가 도망할지라도 그들은 우리에
게 마음을 쓰지 아니할 터이요 우리
가 절반이나 죽을지라도 우리에게
마음을 쓰지 아니할 터이라 왕은 우
리 만 명보다 중하시오니 왕은 성읍
에 계시다가 우리를 도우심이 좋으
니이다 하니라
4 왕이 그들에게 이르되 너희가 좋게
여기는 대로 내가 행하리라 하고 문

곁에 왕이 서매 모든 백성이 백 명씩
천 명씩 대를 지어 나가는지라
5 왕이 요압과 아비새와 잇대에게 명
령하여 이르되 나를 위하여 젊은 압
살롬을 너그러이 대우하라 하니 왕이
압살롬을 위하여 모든 군지휘관에게
명령할 때에 백성들이 다 들으니라
6 이에 백성이 이스라엘을 치러 들로
나가서 에브라임 수풀에서 싸우더니
7 거기서 이스라엘 백성이 다윗의 부하
들에게 패하매 그 날 그 곳에서 전
사자가 많아 이만 명에 이르렀고
8 그 땅에서 사면으로 퍼져 싸웠으므
로 그 날에 수풀에서 죽은 자가 칼
에 죽은 자보다 많았더라
9 압살롬이 다윗의 부하들과 마주치니
라 압살롬이 노새를 탔는데 그 노새
가 큰 상수리나무 번성한 가지 아래
로 지날 때에 압살롬의 머리가 그 상
수리나무에 걸리매 그가 공중에 달
리고 그가 탔던 노새는 그 땅과 공
중 사이로 빠져나간지라
10 한 사람이 보고 요압에게 알려 이르
되 내가 보니 압살롬이 상수리나무
에 달렸더이다 하니
11 요압이 그 알린 사람에게 이르되 네
가 보고 어찌하여 당장에 쳐서 땅에
떨어뜨리지 아니하였느냐 내가 네게
은 열 개와 띠 하나를 주었으리라 하
는지라
12 그 사람이 요압에게 대답하되 내가
내 손에 은 천 개를 받는다 할지라
도 나는 왕의 아들에게 손을 대지
아니하겠나이다 우리가 들었거니와
왕이 당신과 아비새와 잇대에게 명령
하여 이르시기를 삼가 누구든지 젊은
압살롬을 해하지 말라 하셨나이다
13 아무 일도 왕 앞에는 숨길 수 없나니
내가 만일 거역하여 그의 생명을 해
하였더라면 당신도 나를 대적하였으
리이다 하니
14 요압이 이르되 나는 너와 같이 지체
할 수 없다 하고 손에 작은 창 셋을
가지고 가서 상수리나무 가운데서
아직 살아 있는 압살롬의 심장을 찌
르니
15 요압의 무기를 든 청년 열 명이 압살
롬을 에워싸고 쳐죽이니라
16 요압이 나팔을 불어 백성들에게 그
치게 하니 그들이 이스라엘을 추격
하지 아니하고 돌아오니라
17 그들이 압살롬을 옮겨다가 수풀 가
운데 큰 구멍에 그를 던지고 그 위에
매우 큰 돌무더기를 쌓으니라 온 이
스라엘 무리가 각기 장막으로 도망
하니라

18 압살롬이 살았을 때에 자기를 위하
여 한 비석을 마련하여 세웠으니 이
는 그가 자기 이름을 전할 아들이 내
게 없다고 말하였음이더라 그러므로
자기 이름을 기념하여 그 비석에 이
름을 붙였으며 그 비석이 왕의 골짜
기에 있고 이제까지 그것을 압살롬의
기념비라 일컫더라

압살롬의 죽음과 다윗의 울음

19 사독의 아들 아히마아스가 이르되
청하건대 내가 빨리 왕에게 가서 여
호와께서 왕의 원수 갚아 주신 소식
을 전하게 하소서
20 요압이 그에게 이르되 너는 오늘 소
식을 전하는 자가 되지 말고 다른 날
에 전할 것이니라 왕의 아들이 죽었
나니 네가 오늘 소식을 전하지 못하
리라 하고
21 요압이 구스 사람에게 이르되 네가
가서 본 것을 왕께 아뢰라 하매 구스
사람이 요압에게 절하고 달음질하여
가니
22 사독의 아들 아히마아스가 다시 요
압에게 이르되 청하건대 아무쪼록
내가 또한 구스 사람의 뒤를 따라 달
려가게 하소서 하니 요압이 이르되
내 아들아 너는 왜 달려가려 하느냐
이 소식으로 말미암아서는 너는 상
을 받지 못하리라 하되
23 그가 한사코 달려가겠노라 하는지라
요압이 이르되 그리하라 하니 아히마
아스가 들길로 달음질하여 구스 사
람보다 앞질러가니라
24 때에 다윗이 두 문 사이에 앉아 있더
라 파수꾼이 성 문 위층에 올라가서
눈을 들어 보니 어떤 사람이 홀로 달
려오는지라
25 파수꾼이 외쳐 왕께 아뢰매 왕이 이
르되 그가 만일 혼자면 그의 입에 소
식이 있으리라 할 때에 그가 점점 가
까이 오니라
26 파수꾼이 본즉 한 사람이 또 달려오
는지라 파수꾼이 문지기에게 외쳐 이
르되 보라 한 사람이 또 혼자 달려온
다 하니 왕이 이르되 그도 소식을 가
져오느니라
27 파수꾼이 이르되 내가 보기에는 앞
선 사람의 달음질이 사독의 아들 아
히마아스의 달음질과 같으니이다 하
니 왕이 이르되 그는 좋은 사람이니

365묵상

아버지의 슬픔

아들의 죽음을 대하는 아버지의 슬픔이란! 아버지가 되돌아볼 때, 그 아들의 죽음이 부분적으로 자기 잘못 때문이라는 것을 깨닫는 것은 더욱 슬픈 일이다(삼하 18:19-33). 다윗은 압살롬의 평소 잘못에도 불구하고 그를 훈계하거나 징계하지 않았다. 자녀들의 잘못된 행동에 대해 과도한 관용을 베푸는 것은 많은 아버지들의 큰 약점 가운데 하나다. 다윗을 통해 교훈을 배우자. 자녀의 잘못에 대해 부모의 훈계와 교정은 그 자녀의 앞날을 위해 꼭 필요하다. 이를 소홀히 하면, 다윗처럼 아주 슬픈 날을 맞이할 수도 있다.

좋은 소식을 가져오느니라 하니라
28 아히마아스가 외쳐 왕께 아뢰되 평강
하옵소서 하고 왕 앞에서 얼굴을 땅
에 대고 절하며 이르되 왕의 하나님
여호와를 찬양하리로소이다 그의 손
을 들어 내 주 왕을 대적하는 자들
을 넘겨 주셨나이다 하니
29 왕이 이르되 젊은 압살롬은 잘 있느
냐 하니라 아히마아스가 대답하되
요압이 왕의 종 나를 보낼 때에 크
게 소동하는 것을 보았사오나 무슨
일인지 알지 못하였나이다 하니
30 왕이 이르되 물러나 거기 서 있으라
하매 물러나서 서 있더라
31 구스 사람이 이르러 말하되 내 주 왕
께 아뢸 소식이 있나이다 여호와께서
오늘 왕을 대적하던 모든 원수를 갚
으셨나이다 하니
32 왕이 구스 사람에게 묻되 젊은 압살
롬은 잘 있느냐 구스 사람이 대답하
되 내 주 왕의 원수와 일어나서 왕을
대적하는 자들은 다 그 청년과 같이
되기를 원하나이다 하니
33 왕의 마음이 심히 아파 문 위층으로
올라가서 우니라 그가 올라갈 때에
말하기를 내 아들 압살롬아 내 아들
내 아들 압살롬아 차라리 내가 너를
대신하여 죽었더면, 압살롬 내 아들
아 내 아들아 하였더라

요압이 다윗에게 항의하다

19 어떤 사람이 요압에게 아뢰되
왕이 압살롬을 위하여 울며 슬
퍼하시나이다 하니
2 왕이 그 아들을 위하여 슬퍼한다 함
이 그 날에 백성들에게 들리매 그 날
의 승리가 모든 백성에게 슬픔이 된
지라
3 그 날에 백성들이 싸움에 쫓겨 부끄
러워 도망함 같이 가만히 성읍으로
들어가니라
4 왕이 그의 얼굴을 가리고 큰 소리로
부르되 내 아들 압살롬아 압살롬아
내 아들아 내 아들아 하니
5 요압이 집에 들어가서 왕께 말씀 드
리되 왕께서 오늘 왕의 생명과 왕의
자녀의 생명과 처첩과 비빈들의 생명
을 구원한 모든 부하들의 얼굴을 부
끄럽게 하시니
6 이는 왕께서 미워하는 자는 사랑하시
며 사랑하는 자는 미워하시고 오늘
지휘관들과 부하들을 멸시하심을 나
타내심이라 오늘 내가 깨달으니 만
일 압살롬이 살고 오늘 우리가 다 죽
었더면 왕이 마땅히 여기실 뻔하였나
이다
7 이제 곧 일어나 나가 왕의 부하들의

마음을 위로하여 말씀하옵소서 내가
여호와를 두고 맹세하옵나니 왕이
만일 나가지 아니하시면 오늘 밤에
한 사람도 왕과 함께 머물지 아니할
지라 그리하면 그 화가 왕이 젊었을
때부터 지금까지 당하신 모든 화보
다 더욱 심하리이다 하니
8 왕이 일어나 성문에 앉으매 어떤 사
람이 모든 백성에게 말하되 왕이 문
에 앉아 계신다 하니 모든 백성이 왕
앞으로 나아오니라

다윗의 귀환 준비

이스라엘은 이미 각기 장막으로 도망
하였더라
9 이스라엘 모든 지파 백성들이 변론
하여 이르되 왕이 우리를 원수의 손
에서 구원하여 내셨고 또 우리를 블
레셋 사람들의 손에서 구원하셨으나
이제 압살롬을 피하여 그 땅에서 나
가셨고
10 우리가 기름을 부어 우리를 다스리
게 한 압살롬은 싸움에서 죽었거늘
이제 너희가 어찌하여 왕을 도로 모
셔 올 일에 잠잠하고 있느냐 하니라
11 다윗 왕이 사독과 아비아달 두 제사
장에게 소식을 전하여 이르되 너희는
유다 장로들에게 말하여 이르기를
왕의 말씀이 온 이스라엘이 왕을 왕
궁으로 도로 모셔오자 하는 말이 왕
께 들렸거늘 너희는 어찌하여 왕을
궁으로 모시는 일에 나중이 되느냐
12 너희는 내 형제요 내 골육이거늘 너
희는 어찌하여 왕을 도로 모셔오는
일에 나중이 되리요 하셨다 하고
13 너희는 또 아마사에게 이르기를 너
는 내 골육이 아니냐 네가 요압을 이
어서 항상 내 앞에서 지휘관이 되지
아니하면 하나님이 내게 벌 위에 벌
을 내리시기를 바라노라 하셨다 하라
하여
14 모든 유다 사람들의 마음을 하나 같
이 기울게 하매 그들이 왕께 전갈을
보내어 이르되 당신께서는 모든 부
하들과 더불어 돌아오소서 한지라
15 왕이 돌아와 요단에 이르매 유다 족
속이 왕을 맞아 요단을 건너가게 하
려고 길갈로 오니라

다윗과 시므이

16 바후림에 있는 베냐민 사람 게라의
아들 시므이가 급히 유다 사람과 함
께 다윗 왕을 맞으러 내려올 때에
17 베냐민 사람 천 명이 그와 함께 하고
사울 집안의 종 시바도 그의 아들 열
다섯과 종 스무 명과 더불어 그와 함
께 하여 요단 강을 밟고 건너 왕 앞
으로 나아오니라

18 왕의 가족을 건너가게 하며 왕이 좋
게 여기는 대로 쓰게 하려 하여 나룻
배로 건너가니 왕이 요단을 건너가게
할 때에 게라의 아들 시므이가 왕 앞
에 엎드려
19 왕께 아뢰되 내 주여 원하건대 내게
죄를 돌리지 마옵소서 내 주 왕께서
예루살렘에서 나오시던 날에 종의
패역한 일을 기억하지 마시오며 왕의
마음에 두지 마옵소서
20 왕의 종 내가 범죄한 줄 아옵기에 오
늘 요셉의 온 족속 중 내가 먼저 내
려와서 내 주 왕을 영접하나이다 하
니
21 스루야의 아들 아비새가 대답하여
이르되 시므이가 여호와의 기름 부으
신 자를 저주하였으니 그로 말미암
아 죽어야 마땅하지 아니하니이까 하
니라
22 다윗이 이르되 스루야의 아들들아
내가 너희와 무슨 상관이 있기에 너
희가 오늘 나의 원수가 되느냐 오늘
어찌하여 이스라엘 가운데에서 사람
을 죽이겠느냐 내가 오늘 이스라엘
의 왕이 된 것을 내가 알지 못하리요
하고
23 왕이 시므이에게 이르되 네가 죽지
아니하리라 하고 그에게 맹세하니라

다윗과 므비보셋

24 사울의 손자 므비보셋이 내려와 왕
을 맞으니 그는 왕이 떠난 날부터 평
안히 돌아오는 날까지 그의 발을 맵
시 내지 아니하며 그의 수염을 깎지
아니하며 옷을 빨지 아니하였더라
25 예루살렘에서 와서 왕을 맞을 때에
왕이 그에게 물어 이르되 므비보셋
이여 네가 어찌하여 나와 함께 가지
아니하였더냐 하니
26 대답하되 내 주 왕이여 왕의 종인 나
는 다리를 절므로 내 나귀에 안장을
지워 그 위에 타고 왕과 함께 가려
하였더니 내 종이 나를 속이고
27 종인 나를 내 주 왕께 모함하였나이
다 내 주 왕께서는 하나님의 사자와
같으시니 왕의 처분대로 하옵소서
28 내 아버지의 온 집이 내 주 왕 앞에
서는 다만 죽을 사람이 되지 아니하
였나이까 그러나 종을 왕의 상에서
음식 먹는 자 가운데에 두셨사오니
내게 아직 무슨 공의가 있어서 다시
왕께 부르짖을 수 있사오리이까 하
니라
29 왕이 그에게 이르되 네가 어찌하여
또 네 일을 말하느냐 내가 이르노니
너는 시바와 밭을 나누라 하니
30 므비보셋이 왕께 아뢰되 내 주 왕께

서 평안히 왕궁에 돌아오시게 되었
으니 그로 그 전부를 차지하게 하옵
소서 하니라

다윗과 바르실래

31 길르앗 사람 바르실래가 왕이 요단
을 건너가게 하려고 로글림에서 내려
와 함께 요단에 이르니
32 바르실래는 매우 늙어 나이가 팔십
세라 그는 큰 부자이므로 왕이 마하
나임에 머물 때에 그가 왕을 공궤하
였더라
33 왕이 바르실래에게 이르되 너는 나
와 함께 건너가자 예루살렘에서 내
가 너를 공궤하리라
34 바르실래가 왕께 아뢰되 내 생명의
날이 얼마나 있사옵겠기에 어찌 왕과
함께 예루살렘으로 올라가리이까
35 내 나이가 이제 팔십 세라 어떻게 좋
고 흉한 것을 분간할 수 있사오며 음
식의 맛을 알 수 있사오리이까 이 종
이 어떻게 다시 노래하는 남자나 여
인의 소리를 알아들을 수 있사오리이
까 어찌하여 종이 내 주 왕께 아직도
누를 끼치리이까
36 당신의 종은 왕을 모시고 요단을 건
너려는 것뿐이거늘 왕께서 어찌하여
이같은 상으로 내게 갚으려 하시나
이까
37 청하건대 당신의 종을 돌려보내옵소
서 내가 내 고향 부모의 묘 곁에서
죽으려 하나이다 그러나 왕의 종 김
함이 여기 있사오니 청하건대 그가
내 주 왕과 함께 건너가게 하시옵고
왕의 처분대로 그에게 베푸소서 하
니라
38 왕이 대답하되 김함이 나와 함께 건
너가리니 나는 네가 좋아하는 대로
그에게 베풀겠고 또 네가 내게 구하
는 것은 다 너를 위하여 시행하리라
하니라
39 백성이 다 요단을 건너매 왕도 건너
가서 왕이 바르실래에게 입을 맞추
고 그에게 복을 비니 그가 자기 곳
으로 돌아가니라

남북의 분쟁

40 왕이 길갈로 건너오고 김함도 함께
건너오니 온 유다 백성과 이스라엘
백성의 절반이나 왕과 함께 건너니라
41 온 이스라엘 사람이 왕께 나아와 왕
께 아뢰되 우리 형제 유다 사람들이
어찌 왕을 도둑하여 왕과 왕의 집안
과 왕을 따르는 모든 사람을 인도하
여 요단을 건너가게 하였나이까 하매
42 모든 유다 사람이 이스라엘 사람에
게 대답하되 왕은 우리의 종친인 까
닭이라 너희가 어찌 이 일에 대하여

분 내느냐 우리가 왕의 것을 조금이
라도 얻어 먹었느냐 왕께서 우리에게
선물로 주신 것이 있느냐
43 이스라엘 사람이 유다 사람에게 대
답하여 이르되 우리는 왕에 대하여
열 몫을 가졌으니 다윗에게 대하여
너희보다 더욱 관계가 있거늘 너희가
어찌 우리를 멸시하여 우리 왕을 모
셔 오는 일에 먼저 우리와 의논하지
아니하였느냐 하나 유다 사람의 말이
이스라엘 사람의 말보다 더 강경하였
더라

세바의 반역

20 마침 거기에 불량배 하나가 있
으니 그의 이름은 세바인데 베
냐민 사람 비그리의 아들이었더라 그
가 나팔을 불며 이르되 우리는 다윗
과 나눌 분깃이 없으며 이새의 아들
에게서 받을 유산이 우리에게 없도
다 이스라엘아 각각 장막으로 돌아
가라 하매
2 이에 온 이스라엘 사람들이 다윗 따
르기를 그치고 올라가 비그리의 아
들 세바를 따르나 유다 사람들은 그
들의 왕과 합하여 요단에서 예루살
렘까지 따르니라
3 다윗이 예루살렘 본궁에 이르러 전
에 머물러 왕궁을 지키게 한 후궁 열
명을 잡아 별실에 가두고 먹을 것만
주고 그들에게 관계하지 아니하니
그들이 죽는 날까지 갇혀서 생과부
로 지내니라
4 왕이 아마사에게 이르되 너는 나를
위하여 삼 일 내로 유다 사람을 큰
소리로 불러 모으고 너도 여기 있으
라 하니라
5 아마사가 유다 사람을 모으러 가더
니 왕이 정한 기일에 지체된지라
6 다윗이 이에 아비새에게 이르되 이제
비그리의 아들 세바가 압살롬보다
우리를 더 해하리니 너는 네 주의 부
하들을 데리고 그의 뒤를 쫓아가라
그가 견고한 성읍에 들어가 우리들
을 피할까 염려하노라 하매
7 요압을 따르는 자들과 그렛 사람들
과 블렛 사람들과 모든 용사들이 다
아비새를 따라 비그리의 아들 세바
를 뒤쫓으려고 예루살렘에서 나와
8 기브온 큰 바위 곁에 이르매 아마사
가 맞으러 오니 그 때에 요압이 군
복을 입고 띠를 띠고 칼집에 꽂은 칼
을 허리에 맸는데 그가 나아갈 때에
칼이 빠져 떨어졌더라
9 요압이 아마사에게 이르되 내 형은
평안하냐 하며 오른손으로 아마사의
수염을 잡고 그와 입을 맞추려는 체

하매
10 아마사가 요압의 손에 있는 칼은 주
의하지 아니한지라 요압이 칼로 그의
배를 찌르매 그의 창자가 땅에 쏟아
지니 그를 다시 치지 아니하여도 죽
으니라 요압과 그의 동생 아비새가
비그리의 아들 세바를 뒤쫓을새
11 요압의 청년 중 하나가 아마사 곁에
서서 이르되 요압을 좋아하는 자가
누구이며 요압을 따라 다윗을 위하
는 자는 누구냐 하니
12 아마사가 길 가운데 피 속에 놓여 있
는지라 그 청년이 모든 백성이 서 있
는 것을 보고 아마사를 큰길에서부
터 밭으로 옮겼으나 거기에 이르는
자도 다 멈추어 서는 것을 보고 옷을
그 위에 덮으니라
13 아마사를 큰길에서 옮겨가매 사람들
이 다 요압을 따라 비그리의 아들 세
바를 뒤쫓아가니라
14 세바가 이스라엘 모든 지파 가운데
두루 다녀서 아벨과 벧마아가와 베
림 온 땅에 이르니 그 무리도 다 모
여 그를 따르더라
15 이에 그들이 벧마아가 아벨로 가서
세바를 에우고 그 성읍을 향한 지역
언덕 위에 토성을 쌓고 요압과 함께
한 모든 백성이 성벽을 쳐서 헐고자
하더니
16 그 성읍에서 지혜로운 여인 한 사람
이 외쳐 이르되 들을지어다 들을지어
다 청하건대 너희는 요압에게 이르기
를 이리로 가까이 오라 내가 네게 말
하려 하노라 한다 하라
17 요압이 그 여인에게 가까이 가니 여
인이 이르되 당신이 요압이니이까 하
니 대답하되 그러하다 하니라 여인이
그에게 이르되 여종의 말을 들으소
서 하니 대답하되 내가 들으리라 하
니라
18 여인이 말하여 이르되 옛 사람들이
흔히 말하기를 아벨에게 가서 물을
것이라 하고 그 일을 끝내었나이다
19 나는 이스라엘의 화평하고 충성된
자 중 하나이거늘 당신이 이스라엘
가운데 어머니 같은 성을 멸하고자
하시는도다 어찌하여 당신이 여호와
의 기업을 삼키고자 하시나이까 하니
20 요압이 대답하여 이르되 결단코 그럴
지 아니하다 결단코 그럴지 아니하다

365묵상

우리는 다만 용서해야 한다

환난의 때에 다윗은 하나님께 보호를 간구하고 또 원수 갚음을 바랐다(시 3:7). 그러나 하나님께서 다윗을 건지시고, 그래서 다윗이 대적에게 복수할 기회를 갖게 되었을 때 그는 원수에게 용서와 긍휼을 베풀었다. 즉, 하나님께서 다윗의 머리를 높이 드셨을 때, 다윗은 그의 대적의 머리를 치지 않았다. 다윗은 자신에게 반역의 머리를 들고 대들었던 자들에게 용서를 베풀었다(삼하19:11-23). 이처럼 복수는 온전히 하나님의 몫임을 인정하고, 우리는 용서를 받은 자답게 다만 원수에게조차 용서를 베풀어야 한다.

삼키거나 멸하거나 하려 함이 아니니
21 그 일이 그러한 것이 아니니라 에브
라임 산지 사람 비그리의 아들 그의
이름을 세바라 하는 자가 손을 들어
왕 다윗을 대적하였나니 너희가 그만
내주면 내가 이 성벽에서 떠나가리라
하니라 여인이 요압에게 이르되 그의
머리를 성벽에서 당신에게 내어던지
리이다 하고
22 이에 여인이 그의 지혜를 가지고 모
든 백성에게 나아가매 그들이 비그
리의 아들 세바의 머리를 베어 요압
에게 던진지라 이에 요압이 나팔을
불매 무리가 흩어져 성읍에서 물러나
각기 장막으로 돌아가고 요압은 예
루살렘으로 돌아와 왕에게 나아가니
라

다윗의 관리들

23 요압은 이스라엘 온 군대의 지휘관
이 되고 여호야다의 아들 브나야는
그렛 사람과 블렛 사람의 지휘관이
되고
24 아도람은 감역관이 되고 아힐룻의
아들 여호사밧은 사관이 되고
25 스와는 서기관이 되고 사독과 아비
아달은 제사장이 되고
26 야일 사람 이라는 다윗의 대신이 되
니라

다윗이 기브온 사람의 말을 들어 주다

21 다윗의 시대에 해를 거듭하여
삼 년 기근이 있으므로 다윗이
여호와 앞에 간구하매 여호와께서
이르시되 이는 사울과 피를 흘린 그
의 집으로 말미암음이니 그가 기브온
사람을 죽였음이니라 하시니라
2 기브온 사람은 이스라엘 족속이 아
니요 그들은 아모리 사람 중에서 남
은 자라 이스라엘 족속들이 전에 그
들에게 맹세하였거늘 사울이 이스라
엘과 유다 족속을 위하여 열심이 있
으므로 그들을 죽이고자 하였더라
이에 왕이 기브온 사람을 불러 그들
에게 물으니라
3 다윗이 그들에게 묻되 내가 너희를
위하여 어떻게 하랴 내가 어떻게 속
죄하여야 너희가 여호와의 기업을 위
하여 복을 빌겠느냐 하니
4 기브온 사람이 그에게 대답하되 사
울과 그의 집과 우리 사이의 문제는
은금에 있지 아니하오며 이스라엘
가운데에서 사람을 죽이는 문제도
우리에게 있지 아니하니이다 하니라
왕이 이르되 너희가 말하는 대로 시
행하리라
5 그들이 왕께 아뢰되 우리를 학살하
였고 또 우리를 멸하여 이스라엘 영

토 내에 머물지 못하게 하려고 모해
한 사람의
6 자손 일곱 사람을 우리에게 내주소
서 여호와께서 택하신 사울의 고을
기브아에서 우리가 그들을 여호와
앞에서 목 매어 달겠나이다 하니 왕
이 이르되 내가 내주리라 하니라
7 그러나 다윗과 사울의 아들 요나단
사이에 서로 여호와를 두고 맹세한
것이 있으므로 왕이 사울의 손자 요
나단의 아들 므비보셋은 아끼고
8 왕이 이에 아야의 딸 리스바에게서
난 자 곧 사울의 두 아들 알모니와
므비보셋과 사울의 딸 메랍에게서
난 자 곧 므홀랏 사람 바르실래의 아
들 아드리엘의 다섯 아들을 붙잡아
9 그들을 기브온 사람의 손에 넘기니
기브온 사람이 그들을 산 위에서 여
호와 앞에 목 매어 달매 그들 일곱
사람이 동시에 죽으니 죽은 때는 곡
식 베는 첫날 곧 보리를 베기 시작하
는 때더라
10 아야의 딸 리스바가 굵은 베를 가져
다가 자기를 위하여 바위 위에 펴고
곡식 베기 시작할 때부터 하늘에서
비가 시체에 쏟아지기까지 그 시체에
낮에는 공중의 새가 앉지 못하게 하
고 밤에는 들짐승이 범하지 못하게
한지라
11 이에 아야의 딸 사울의 첩 리스바가
행한 일이 다윗에게 알려지매
12 다윗이 가서 사울의 뼈와 그의 아들
요나단의 뼈를 길르앗 야베스 사람
에게서 가져가니 이는 전에 블레셋
사람들이 사울을 길보아에서 죽여
블레셋 사람들이 벧산 거리에 매단
것을 그들이 가만히 가져온 것이라
13 다윗이 그 곳에서 사울의 뼈와 그의
아들 요나단의 뼈를 가지고 올라오
매 사람들이 그 달려 죽은 자들의 뼈
를 거두어다가
14 사울과 그의 아들 요나단의 뼈와 함
께 베냐민 땅 셀라에서 그의 아버지
기스의 묘에 장사하되 모두 왕의 명
령을 따라 행하니라 그 후에야 하나
님이 그 땅을 위한 기도를 들으시니
라

블레셋의 거인들을 죽인 다윗의 용사들

15 블레셋 사람이 다시 이스라엘을 치거
늘 다윗이 그의 부하들과 함께 내려
가서 블레셋 사람과 싸우더니 다윗이
피곤하매
16 거인족의 아들 중에 무게가 삼백 세
겔 되는 놋 창을 들고 새 칼을 찬 이
스비브놉이 다윗을 죽이려 하므로
17 스루야의 아들 아비새가 다윗을 도

와 그 블레셋 사람을 쳐죽이니 그 때
에 다윗의 추종자들이 그에게 맹세
하여 이르되 왕은 다시 우리와 함께
전장에 나가지 마옵소서 이스라엘의
등불이 꺼지지 말게 하옵소서 하니라
18 그 후에 다시 블레셋 사람과 곱에서
전쟁할 때에 후사 사람 십브개는 거
인족의 아들 중의 삽을 쳐죽였고
19 또 다시 블레셋 사람과 곱에서 전쟁
할 때에 베들레헴 사람 야레오르김
의 아들 엘하난은 가드 골리앗의 아
우 라흐미를 죽였는데 그 자의 창 자
루는 베틀 채 같았더라
20 또 가드에서 전쟁할 때에 그 곳에 키
가 큰 자 하나는 손가락과 발가락이
각기 여섯 개씩 모두 스물네 개가 있
는데 그도 거인족의 소생이라
21 그가 이스라엘 사람을 능욕하므로
다윗의 형 삼마의 아들 요나단이 그
를 죽이니라
22 이 네 사람 가드의 거인족의 소생이
다윗의 손과 그의 부하들의 손에 다
넘어졌더라

다윗의 승전가

22 여호와께서 다윗을 모든 원수의
손과 사울의 손에서 구원하신
그 날에 다윗이 이 노래의 말씀으로
여호와께 아뢰어
2 이르되 여호와는 나의 반석이시요 나
의 요새시요 나를 위하여 나를 건지
시는 자시요
3 내가 피할 나의 반석의 하나님이시요
나의 방패시요 나의 구원의 뿔이시요
나의 높은 망대시요 그에게 피할 나
의 피난처시요 나의 구원자시라 나를
폭력에서 구원하셨도다
4 내가 찬송 받으실 여호와께 아뢰리
니 내 원수들에게서 구원을 받으리
로다
5 사망의 물결이 나를 에우고 불의의
창수가 나를 두렵게 하였으며
6 스올의 줄이 나를 두르고 사망의 올
무가 내게 이르렀도다
7 내가 환난 중에서 여호와께 아뢰며
나의 하나님께 아뢰었더니 그가 그의
성전에서 내 소리를 들으심이여 나의
부르짖음이 그의 귀에 들렸도다
8 이에 땅이 진동하고 떨며 하늘의 기
초가 요동하고 흔들렸으니 그의 진
노로 말미암음이로다
9 그의 코에서 연기가 오르고 입에서
불이 나와 사름이여 그 불에 숯이 피
었도다
10 그가 또 하늘을 드리우고 강림하시
니 그의 발 아래는 어두캄캄하였도
다

11 그룹을 타고 날으심이여 바람 날개
위에 나타나셨도다
12 그가 흑암 곧 모인 물과 공중의 빽
빽한 구름으로 둘린 장막을 삼으심
이여
13 그 앞에 있는 광채로 말미암아 숯불
이 피었도다
14 여호와께서 하늘에서 우렛소리를 내
시며 지존하신 자가 음성을 내심이여
15 화살을 날려 그들을 흩으시며 번개
로 무찌르셨도다
16 이럴 때에 여호와의 꾸지람과 콧김으
로 말미암아 물 밑이 드러나고 세상
의 기초가 나타났도다
17 그가 위에서 손을 내미사 나를 붙드
심이여 많은 물에서 나를 건져내셨도
다
18 나를 강한 원수와 미워하는 자에게
서 건지셨음이여 그들은 나보다 강했
기 때문이로다
19 그들이 나의 재앙의 날에 내게 이르
렀으나 여호와께서 나의 의지가 되셨
도다
20 나를 또 넓은 곳으로 인도하시고 나
를 기뻐하시므로 구원하셨도다
21 여호와께서 내 공의를 따라 상 주시
며 내 손의 깨끗함을 따라 갚으셨으
니
22 이는 내가 여호와의 도를 지키고 악
을 행함으로 내 하나님을 떠나지 아
니하였으며
23 그의 모든 법도를 내 앞에 두고 그
의 규례를 버리지 아니하였음이로다
24 내가 또 그의 앞에 완전하여 스스로
지켜 죄악을 피하였나니
25 그러므로 여호와께서 내 공의대로,
그의 눈앞에서 내 깨끗한 대로 내게
갚으셨도다
26 자비한 자에게는 주의 자비하심을
나타내시며 완전한 자에게는 주의
완전하심을 보이시며
27 깨끗한 자에게는 주의 깨끗하심을
보이시며 사악한 자에게는 주의 거스
르심을 보이시리이다
28 주께서 곤고한 백성은 구원하시고
교만한 자를 살피사 낮추시리이다
29 여호와여 주는 나의 등불이시니 여호
와께서 나의 어둠을 밝히시리이다
30 내가 주를 의뢰하고 적진으로 달리며
내 하나님을 의지하고 성벽을 뛰어넘
나이다
31 하나님의 도는 완전하고 여호와의 말
씀은 진실하니 그는 자기에게 피하
는 모든 자에게 방패시로다
32 여호와 외에 누가 하나님이며 우리
하나님 외에 누가 반석이냐

33 하나님은 나의 견고한 요새시며 나를
안전한 곳으로 인도하시며
34 나의 발로 암사슴 발 같게 하시며 나
를 나의 높은 곳에 세우시며
35 내 손을 가르쳐 싸우게 하시니 내 팔
이 놋 활을 당기도다
36 주께서 또 주의 구원의 방패를 내게
주시며 주의 온유함이 나를 크게 하
셨나이다
37 내 걸음을 넓게 하셨고 내 발이 미끄
러지지 아니하게 하셨나이다
38 내가 내 원수를 뒤쫓아 멸하였사오며
그들을 무찌르기 전에는 돌이키지
아니하였나이다
39 내가 그들을 무찔러 전멸시켰더니 그
들이 내 발 아래에 엎드러지고 능히
일어나지 못하였나이다
40 이는 주께서 내게 전쟁하게 하려고
능력으로 내게 띠 띠우사 일어나 나
를 치는 자를 내게 굴복하게 하셨사
오며
41 주께서 또 내 원수들이 등을 내게로
향하게 하시고 내게 나를 미워하는
자를 끊어 버리게 하셨음이니이다
42 그들이 도움을 구해도 구원할 자가
없었고 여호와께 부르짖어도 대답하
지 아니하셨나이다
43 내가 그들을 땅의 티끌 같이 부스러
뜨리고 거리의 진흙 같이 밟아 헤쳤
나이다
44 주께서 또 나를 내 백성의 다툼에서
건지시고 나를 보전하사 모든 민족의
으뜸으로 삼으셨으니 내가 알지 못
하는 백성이 나를 섬기리이다
45 이방인들이 내게 굴복함이여 그들이
내 소문을 귀로 듣고 곧 내게 순복
하리로다
46 이방인들이 쇠약하여 그들의 견고한
곳에서 떨며 나오리로다
47 여호와의 사심을 두고 나의 반석을
찬송하며 내 구원의 반석이신 하나님
을 높일지로다
48 이 하나님이 나를 위하여 보복하시고
민족들이 내게 복종하게 하시며
49 나를 원수들에게서 이끌어 내시며
나를 대적하는 자 위에 나를 높이시
고 나를 강포한 자에게서 건지시는
도다
50 이러므로 여호와여 내가 모든 민족
중에서 주께 감사하며 주의 이름을
찬양하리이다
51 여호와께서 그의 왕에게 큰 구원을
주시며 기름 부음 받은 자에게 인자
를 베푸심이여 영원하도록 다윗과
그 후손에게로다 하였더라

다윗의 마지막 말

23

이는 다윗의 마지막 말이라 이
새의 아들 다윗이 말함이여 높
이 세워진 자, 야곱의 하나님께로부
터 기름 부음 받은 자, 이스라엘의
노래 잘 하는 자가 말하노라
2 여호와의 영이 나를 통하여 말씀하심
이여 그의 말씀이 내 혀에 있도다
3 이스라엘의 하나님이 말씀하시며 이
스라엘의 반석이 내게 이르시기를 사
람을 공의로 다스리는 자, 하나님을
경외함으로 다스리는 자여
4 그는 돋는 해의 아침 빛 같고 구름
없는 아침 같고 비 내린 후의 광선으
로 땅에서 움이 돋는 새 풀 같으니
라 하시도다
5 내 집이 하나님 앞에 이같지 아니하
냐 하나님이 나와 더불어 영원한 언
약을 세우사 만사에 구비하고 견고
하게 하셨으니 나의 모든 구원과 나
의 모든 소원을 어찌 이루지 아니하
시랴
6 그러나 사악한 자는 다 내버려질 가
시나무 같으니 이는 손으로 잡을 수
없음이로다
7 그것들을 만지는 자는 철과 창자루
를 가져야 하리니 그것들이 당장에
불살리리로다 하니라

다윗의 용사들

8 다윗의 용사들의 이름은 이러하니라
다그몬 사람 요셉밧세벳이라고도
하고 에센 사람 아디노라고도 하는
자는 군지휘관의 두목이라 그가 단
번에 팔백 명을 쳐죽였더라
9 그 다음은 아호아 사람 도대의 아들
엘르아살이니 다윗과 함께 한 세 용
사 중의 한 사람이라 블레셋 사람들
이 싸우려고 거기에 모이매 이스라
엘 사람들이 물러간지라 세 용사가
싸움을 돋우고
10 그가 나가서 손이 피곤하여 그의 손
이 칼에 붙기까지 블레셋 사람을 치
니라 그 날에 여호와께서 크게 이기
게 하셨으므로 백성들은 돌아와 그
의 뒤를 따라가며 노략할 뿐이었더라
11 그 다음은 하랄 사람 아게의 아들
삼마라 블레셋 사람들이 사기가 올
라 거기 녹두나무가 가득한 한쪽 밭
에 모이매 백성들은 블레셋 사람들
앞에서 도망하되
12 그는 그 밭 가운데 서서 막아 블레

365묵상

찬양시를 지어 하나님께 찬양을!

다윗은 자신에게 베풀어진 하나님의 은혜를 잊지 않고 많은 시를 지어 하나님을 찬양하였다. 이제 우리도 사무엘하 22장 47-51절 부분을 본보기 삼아 다윗처럼 5행의 찬양시를 만들어보자. 제1행은 먼저 하나님을 찬양한다. 제2행과 제3행은 하나님께서 자신의 삶에 베푸신 은혜를 언급한다. 제4행은 자신이 어떻게 하나님을 높일 것인지를 말한다. 마지막으로 제5행은 하나님이 베푸신 다른 여러 은총을 언급하면서 시를 마무리 짓는다. 이런 훈련을 받는다면, 우리도 다윗처럼 찬양시를 지어 하나님을 찬양할 수 있다.

셋 사람들을 친지라 여호와께서 큰
구원을 이루시니라
13 또 삼십 두목 중 세 사람이 곡식 벨
때에 아둘람 굴에 내려가 다윗에게
나아갔는데 때에 블레셋 사람의 한
무리가 르바임 골짜기에 진 쳤더라
14 그 때에 다윗은 산성에 있고 그 때
에 블레셋 사람의 요새는 베들레헴
에 있는지라
15 다윗이 소원하여 이르되 베들레헴 성
문 곁 우물 물을 누가 내게 마시게
할까 하매
16 세 용사가 블레셋 사람의 진영을 돌
파하고 지나가서 베들레헴 성문 곁
우물 물을 길어 가지고 다윗에게로
왔으나 다윗이 마시기를 기뻐하지 아
니하고 그 물을 여호와께 부어 드리
며
17 이르되 여호와여 내가 나를 위하여
결단코 이런 일을 하지 아니하리이다
이는 목숨을 걸고 갔던 사람들의 피
가 아니니이까 하고 마시기를 즐겨하
지 아니하니라 세 용사가 이런 일을
행하였더라
18 또 스루야의 아들 요압의 아우 아비
새이니 그는 그 세 사람의 우두머리
라 그가 그의 창을 들어 삼백 명을
죽이고 세 사람 중에 이름을 얻었으
니
19 그는 세 사람 중에 가장 존귀한 자
가 아니냐 그가 그들의 우두머리가
되었으나 그러나 첫 세 사람에게는
미치지 못하였더라
20 또 갑스엘 용사의 손자 여호야다의
아들 브나야이니 그는 용맹스런 일
을 행한 자라 일찍이 모압 아리엘의
아들 둘을 죽였고 또 눈이 올 때에
구덩이에 내려가서 사자 한 마리를
쳐죽였으며
21 또 장대한 애굽 사람을 죽였는데 그
의 손에 창이 있어도 그가 막대기를
가지고 내려가 그 애굽 사람의 손에
서 창을 빼앗아 그 창으로 그를 죽
였더라
22 여호야다의 아들 브나야가 이런 일
을 행하였으므로 세 용사 중에 이름
을 얻고
23 삼십 명보다 존귀하나 그러나 세 사
람에게는 미치지 못하였더라 다윗이
그를 세워 시위대 대장을 삼았더라
24 요압의 아우 아사헬은 삼십 명 중의
하나요 또 베들레헴 도도의 아들 엘
하난과
25 하롯 사람 삼훗과 하롯 사람 엘리가
와
26 발디 사람 헬레스와 드고아 사람 익

게스의 아들 이라와
27 아나돗 사람 아비에셀과 후사 사람
므분내와
28 아호아 사람 살몬과 느도바 사람 마
하래와
29 느도바 사람 바아나의 아들 헬렙과
베냐민 자손에 속한 기브아 사람 리
배의 아들 잇대와
30 비라돈 사람 브나야와 가아스 시냇
가에 사는 힛대와
31 아르바 사람 아비알본과 바르훔 사
람 아스마웻과
32 사알본 사람 엘리아바와 야센의 아
들 요나단과
33 하랄 사람 삼마와 아랄 사람 사랄의
아들 아히암과
34 마아가 사람의 손자 아하스배의 아
들 엘리벨렛과 길로 사람 아히도벨
의 아들 엘리암과
35 갈멜 사람 헤스래와 아랍 사람 바아
래와
36 소바 사람 나단의 아들 이갈과 갓 사
람 바니와
37 암몬 사람 셀렉과 스루야의 아들 요
압의 무기를 잡은 자 브에롯 사람
나하래와
38 이델 사람 이라와 이델 사람 가렙과
39 헷 사람 우리아라 이상 총수가 삼십
칠 명이었더라

인구 조사

24 여호와께서 다시 이스라엘을 향
하여 진노하사 그들을 치시려고
다윗을 격동시키사 가서 이스라엘과
유다의 인구를 조사하라 하신지라
2 이에 왕이 그 곁에 있는 군사령관 요
압에게 이르되 너는 이스라엘 모든
지파 가운데로 다니며 이제 단에서부
터 브엘세바까지 인구를 조사하여
백성의 수를 내게 보고하라 하니
3 요압이 왕께 아뢰되 이 백성이 얼마
든지 왕의 하나님 여호와께서 백 배
나 더하게 하사 내 주 왕의 눈으로
보게 하시기를 원하나이다 그런데 내
주 왕은 어찌하여 이런 일을 기뻐하
시나이까 하되
4 왕의 명령이 요압과 군대 사령관들
을 재촉한지라 요압과 사령관들이
이스라엘 인구를 조사하려고 왕 앞
에서 물러나
5 요단을 건너 갓 골짜기 가운데 성읍
아로엘 오른쪽 곧 야셀 맞은쪽에 이
르러 장막을 치고
6 길르앗에 이르고 닷딤홋시 땅에 이
르고 또 다냐안에 이르러서는 시돈
으로 돌아
7 두로 견고한 성에 이르고 히위 사람

과 가나안 사람의 모든 성읍에 이르
고 유다 남쪽으로 나와 브엘세바에
이르니라
8 그들 무리가 국내를 두루 돌아 아홉
달 스무 날 만에 예루살렘에 이르러
9 요압이 백성의 수를 왕께 보고하니
곧 이스라엘에서 칼을 빼는 담대한
자가 팔십만 명이요 유다 사람이 오
십만 명이었더라
10 다윗이 백성을 조사한 후에 그의 마
음에 자책하고 다윗이 여호와께 아
뢰되 내가 이 일을 행함으로 큰 죄를
범하였나이다 여호와여 이제 간구하
옵나니 종의 죄를 사하여 주옵소서
내가 심히 미련하게 행하였나이다 하
니라
11 다윗이 아침에 일어날 때에 여호와의
말씀이 다윗의 선견자 된 선지자 갓
에게 임하여 이르시되
12 가서 다윗에게 말하기를 여호와께서
이와 같이 말씀하시기를 내가 네게
세 가지를 보이노니 너를 위하여 너
는 그 중에서 하나를 택하라 내가
그것을 네게 행하리라 하셨다 하라
하시니
13 갓이 다윗에게 이르러 아뢰어 이르되
왕의 땅에 칠 년 기근이 있을 것이니
이까 혹은 왕이 왕의 원수에게 쫓겨
석 달 동안 그들 앞에서 도망하실 것
이니이까 혹은 왕의 땅에 사흘 동안
전염병이 있을 것이니이까 왕은 생각
하여 보고 나를 보내신 이에게 무엇
을 대답하게 하소서 하는지라
14 다윗이 갓에게 이르되 내가 고통 중
에 있도다 청하건대 여호와께서는
긍휼이 크시니 우리가 여호와의 손
에 빠지고 내가 사람의 손에 빠지지
아니하기를 원하노라 하는지라
15 이에 여호와께서 그 아침부터 정하신
때까지 전염병을 이스라엘에게 내리
시니 단에서부터 브엘세바까지 백성
의 죽은 자가 칠만 명이라
16 천사가 예루살렘을 향하여 그의 손
을 들어 멸하려 하더니 여호와께서
이 재앙 내리심을 뉘우치사 백성을
멸하는 천사에게 이르시되 족하다 이
제는 네 손을 거두라 하시니 여호와
의 사자가 여부스 사람 아라우나의
타작 마당 곁에 있는지라
17 다윗이 백성을 치는 천사를 보고 곧
여호와께 아뢰어 이르되 나는 범죄하
였고 악을 행하였거니와 이 양 무리
는 무엇을 행하였나이까 청하건대
주의 손으로 나와 내 아버지의 집을
치소서 하니라
18 이 날에 갓이 다윗에게 이르러 그에

게 아뢰되 올라가서 여부스 사람 아
라우나의 타작 마당에서 여호와를
위하여 제단을 쌓으소서 하매
19 다윗이 여호와께서 명령하신 바 갓의
말대로 올라가니라
20 아라우나가 바라보다가 왕과 그의
부하들이 자기를 향하여 건너옴을
보고 나가서 왕 앞에서 얼굴을 땅에
대고 절하며
21 이르되 어찌하여 내 주 왕께서 종에
게 임하시나이까 하니 다윗이 이르되
네게서 타작 마당을 사서 여호와께
제단을 쌓아 백성에게 내리는 재앙
을 그치게 하려 함이라 하는지라
22 아라우나가 다윗에게 아뢰되 원하건
대 내 주 왕은 좋게 여기시는 대로
취하여 드리소서 번제에 대하여는 소
가 있고 땔 나무에 대하여는 마당질
하는 도구와 소의 멍에가 있나이다
23 왕이여 아라우나가 이것을 다 왕께
드리나이다 하고 또 왕께 아뢰되 왕
의 하나님 여호와께서 왕을 기쁘게
받으시기를 원하나이다
24 왕이 아라우나에게 이르되 그렇지
아니하다 내가 값을 주고 네게서 사
리라 값 없이는 내 하나님 여호와께
번제를 드리지 아니하리라 하고 다윗
이 은 오십 세겔로 타작 마당과 소
를 사고
25 그 곳에서 여호와를 위하여 제단을
쌓고 번제와 화목제를 드렸더니 이
에 여호와께서 그 땅을 위한 기도를
들으시매 이스라엘에게 내리는 재앙
이 그쳤더라

열왕기상·하 1·2 Kings

열왕기는 솔로몬의 통치와 그가 성전을 건축한 이야기로 시작한다. 솔로몬 왕이 죽자, 나라는 둘로 분열되고 말았다. 즉, 남왕국 '유다'와 북왕국 '이스라엘'로 나뉘었다. 이후로 두 나라의 왕들에 관한 이야기가 전개된다. 그런데 불순종으로 인해 두 나라는 다 망한다. 먼저 북왕국 이스라엘이 앗수르에 의해 멸망하고(주전 722년경), 그 다음 남왕국 유다가 바벨론에 의해 멸망한다.

제목 본래 히브리어 성경은 열왕기상과 열왕기하를 한 권으로 묶어 '왕들'(믈라킴)이라 칭했다. 하지만 후일 헬라어 역본인 70인역(LXX)은 이 책을 '왕국기 3서'(바실레이온 감마)와 '왕국기 4서'(바실레이온 델타)로 분리했는데, 이를 따라 오늘날 '왕국기 3서'를 열왕기상으로, '왕국기 4서'를 '열왕기하'로 칭했다.

저자 미상. 혹은 '예레미야'로 추정하기도 함.

기록 연대 B.C. 561–537년경.

기록 목적 ① 이스라엘과 유다의 역사를 통해 그 배후에 하나님의 주권이 있음을 보여줌. ② 하나님께 순종하면 흥하고, 불순종하면 망함을 깨우쳐 줌. ③ 왕국의 멸망 원인은 스스로의 범죄에 있음을 보여줌. ④ 인간 왕국의 유한함을 통해 메시야 왕국의 영원함을 대망케 함.

주제 ① 왕들 및 왕국의 흥망성쇠를 통해 역사의 주관자는 오직 하나님 한 분뿐이심을 보여줌. ② 두 왕국(이스라엘, 유다)의 멸망을 통해, 하나님께 대한 거역은 반드시 그에 따른 징벌이 임한다는 것을 보여줌.

특징 ① 하나님께 순종하면 흥하고 불순종하면 망한다는 '신명기적 사상'이 충실히 나타난다. ② 왕들의 타락과 왕국의 멸망을 통해 인간의 한계성을 보여준다. ③ 왕국의 성립과 쇠퇴 및 멸망과 관련해서 구약에 포함된 17권의 예언서와 직접적인 연관을 갖는다.

본서의 내용

I. 통일 왕국
① 솔로몬의 번영 (왕상 1:1–8:66)
② 솔로몬의 쇠퇴 (왕상 9:1–11:43)

II. 분열 왕국
① 왕국의 남북 분열 (왕상 12:1–14:31)
② 남북 왕들과 엘리야 (왕상 15:1–22:53)
③ 남북 왕들의 통치 (왕하 1:1–16:20)
④ 북왕국의 멸망 (왕하 17:1–41)

III. 유다 왕국
① 유다 왕들의 통치 (왕하 18:1–24:20)
② 남왕국 유다의 멸망 (왕하 25:1–30)

연대표

B.C.	
1050년	사울 왕 즉위
1010년	다윗 왕 즉위
970년	다윗의 임종 솔로몬 왕 즉위
959년	성전 완공
946년	궁전 완공
930년	솔로몬의 죽음 왕국의 남북 분열
910년	유다 왕 아사의 통치(910–869년)
874년	이스라엘 왕 아합의 통치(874–853년)
872년	여호사밧의 통치(872–847년)
841년	예후의 통치(~814년)
728년	히스기야의 통치(~687년)
722년	사마리아의 함락 북이스라엘 멸망
640년	요시야의 통치(~609년)
597년	시드기야의 통치(~586년)
586년	예루살렘의 함락 남 유다의 멸망
562년	여호야긴의 출옥

· 열왕기상·하의 주요 무대

열왕기상 1 Kings

다윗이 늙은 때

1 다윗 왕이 나이가 많아 늙으니 이
불을 덮어도 따뜻하지 아니한지라
2 그의 시종들이 왕께 아뢰되 우리 주
왕을 위하여 젊은 처녀 하나를 구하
여 그로 왕을 받들어 모시게 하고
왕의 품에 누워 우리 주 왕으로 따
뜻하시게 하리이다 하고
3 이스라엘 사방 영토 내에 아리따운
처녀를 구하던 중 수넴 여자 아비삭
을 얻어 왕께 데려왔으니
4 이 처녀는 심히 아름다워 그가 왕을
받들어 시중들었으나 왕이 잠자리는
같이 하지 아니하였더라

아도니야가 왕이 되고자 하다

5 그 때에 학깃의 아들 아도니야가 스
스로 높여서 이르기를 내가 왕이 되
리라 하고 자기를 위하여 병거와 기
병과 호위병 오십 명을 준비하니
6 그는 압살롬 다음에 태어난 자요 용
모가 심히 준수한 자라 그의 아버지
가 네가 어찌하여 그리 하였느냐고
하는 말로 한 번도 그를 섭섭하게 한
일이 없었더라
7 아도니야가 스루야의 아들 요압과
제사장 아비아달과 모의하니 그들이
따르고 도우나
8 제사장 사독과 여호야다의 아들 브
나야와 선지자 나단과 시므이와 레이
와 다윗의 용사들은 아도니야와 같
이 하지 아니하였더라
9 아도니야가 에느로겔 근방 소헬렛
바위 곁에서 양과 소와 살찐 송아지
를 잡고 왕자 곧 자기의 모든 동생
과 왕의 신하 된 유다 모든 사람을
다 청하였으나
10 선지자 나단과 브나야와 용사들과
자기 동생 솔로몬은 청하지 아니하
였더라

솔로몬이 왕이 되다

11 나단이 솔로몬의 어머니 밧세바에게
말하여 이르되 학깃의 아들 아도니야
가 왕이 되었음을 듣지 못하였나이까
우리 주 다윗은 알지 못하시나이다
12 이제 내게 당신의 생명과 당신의 아
들 솔로몬의 생명을 구할 계책을 말

365묵상

심령의 상처를 치료받으려면

살아가면서 사람들은 이런저런 실수를 하고 죄를 짓는다. 그것들은 자신과 주변 사람들에게 상처를 남긴다. 다윗과 밧세바 사이의 불륜 죄가 그러했다. 하지만 세월이 흐르고 흘러 다윗 생애의 마지막에 이르러서는 둘 사이의 관계가 성숙해진 것을 느낀다(왕상 1:11-21). 그것은 다윗이 '하나님 앞에서' 자신의 행동에 대해 눈물로 철저히 회개했기 때문에 가능했다. 아픈 상처에 대한 치료는 저절로 얻어지는 것이 아니다. 지은 죄의 상처 위에 회개의 눈물이 뚝뚝 떨어질 때 주님께로부터 치료의 은총이 베풀어진다.

하도록 허락하소서
13 당신은 다윗 왕 앞에 들어가서 아뢰
기를 내 주 왕이여 전에 왕이 여종에
게 맹세하여 이르시기를 네 아들 솔
로몬이 반드시 나를 이어 왕이 되어
내 왕위에 앉으리라 하지 아니하셨나
이까 그런데 아도니야가 무슨 이유
로 왕이 되었나이까 하소서
14 당신이 거기서 왕과 말씀하실 때에
나도 뒤이어 들어가서 당신의 말씀을
확증하리이다
15 밧세바가 이에 침실에 들어가 왕에
게 이르니 왕이 심히 늙었으므로 수
넴 여자 아비삭이 시중들었더라
16 밧세바가 몸을 굽혀 왕께 절하니 왕
이 이르되 어찌 됨이냐
17 그가 왕께 대답하되 내 주여 왕이 전
에 왕의 하나님 여호와를 가리켜 여
종에게 맹세하시기를 네 아들 솔로
몬이 반드시 나를 이어 왕이 되어 내
왕위에 앉으리라 하셨거늘
18 이제 아도니야가 왕이 되었어도 내
주 왕은 알지 못하시나이다
19 그가 수소와 살찐 송아지와 양을 많
이 잡고 왕의 모든 아들과 제사장
아비아달과 군사령관 요압을 청하였
으나 왕의 종 솔로몬은 청하지 아니
하였나이다
20 내 주 왕이여 온 이스라엘이 왕에게
다 주목하고 누가 내 주 왕을 이어
그 왕위에 앉을지를 공포하시기를
기다리나이다
21 그렇지 아니하면 내 주 왕께서 그의
조상들과 함께 잘 때에 나와 내 아
들 솔로몬은 죄인이 되리이다
22 밧세바가 왕과 말할 때에 선지자 나
단이 들어온지라
23 어떤 사람이 왕께 말하여 이르되 선
지자 나단이 여기 있나이다 하니 그
가 왕 앞에 들어와서 얼굴을 땅에 대
고 왕께 절하고
24 이르되 내 주 왕께서 이르시기를 아
도니야가 나를 이어 왕이 되어 내 왕
위에 앉으리라 하셨나이까
25 그가 오늘 내려가서 수소와 살찐 송
아지와 양을 많이 잡고 왕의 모든 아
들과 군사령관들과 제사장 아비아달
을 청하였는데 그들이 아도니야 앞
에서 먹고 마시며 아도니야 왕은 만
세수를 하옵소서 하였나이다
26 그러나 왕의 종 나와 제사장 사독과
여호야다의 아들 브나야와 왕의 종
솔로몬은 청하지 아니하였사오니
27 이것이 내 주 왕께서 정하신 일이니이
까 그런데 왕께서 내 주 왕을 이어
그 왕위에 앉을 자를 종에게 알게

하지 아니하셨나이다
28 다윗 왕이 명령하여 이르되 밧세바를
내 앞으로 부르라 하매 그가 왕의
앞으로 들어가 그 앞에 서는지라
29 왕이 이르되 내 생명을 모든 환난에
서 구하신 여호와께서 살아 계심을
두고 맹세하노라
30 내가 이전에 이스라엘의 하나님 여호
와를 가리켜 네게 맹세하여 이르기를
네 아들 솔로몬이 반드시 나를 이어
왕이 되고 나를 대신하여 내 왕위에
앉으리라 하였으니 내가 오늘 그대
로 행하리라
31 밧세바가 얼굴을 땅에 대고 절하며
내 주 다윗 왕은 만세수를 하옵소서
하니라
32 다윗 왕이 이르되 제사장 사독과 선
지자 나단과 여호야다의 아들 브나
야를 내 앞으로 부르라 하니 그들이
왕 앞에 이른지라
33 왕이 그들에게 이르되 너희는 너희
주의 신하들을 데리고 내 아들 솔로
몬을 내 노새에 태우고 기혼으로 인
도하여 내려가고
34 거기서 제사장 사독과 선지자 나단은
그에게 기름을 부어 이스라엘 왕으
로 삼고 너희는 뿔나팔을 불며 솔로
몬 왕은 만세수를 하옵소서 하고
35 그를 따라 올라오라 그가 와서 내
왕위에 앉아 나를 대신하여 왕이 되
리라 내가 그를 세워 이스라엘과 유
다의 통치자로 지명하였느니라
36 여호야다의 아들 브나야가 왕께 대
답하여 이르되 아멘 내 주 왕의 하나
님 여호와께서도 이렇게 말씀하시기
를 원하오며
37 또 여호와께서 내 주 왕과 함께 계
심 같이 솔로몬과 함께 계셔서 그의
왕위를 내 주 다윗 왕의 왕위보다 더
크게 하시기를 원하나이다 하니라
38 제사장 사독과 선지자 나단과 여호
야다의 아들 브나야와 그렛 사람과
블렛 사람이 내려가서 솔로몬을 다
윗 왕의 노새에 태우고 인도하여 기
혼으로 가서
39 제사장 사독이 성막 가운데에서 기
름 담은 뿔을 가져다가 솔로몬에게
기름을 부으니 이에 뿔나팔을 불고
모든 백성이 솔로몬 왕은 만세수를
하옵소서 하니라
40 모든 백성이 그를 따라 올라와서 피
리를 불며 크게 즐거워하므로 땅이
그들의 소리로 말미암아 갈라질 듯
하니
41 아도니야와 그와 함께 한 손님들이
먹기를 마칠 때에 다 들은지라 요압

이 뿔나팔 소리를 듣고 이르되 어찌
하여 성읍 중에서 소리가 요란하냐
42 말할 때에 제사장 아비아달의 아들
요나단이 오는지라 아도니야가 이르
되 들어오라 너는 용사라 아름다운
소식을 가져오는도다
43 요나단이 아도니야에게 대답하여 이
르되 과연 우리 주 다윗 왕이 솔로몬
을 왕으로 삼으셨나이다
44 왕께서 제사장 사독과 선지자 나단
과 여호야다의 아들 브나야와 그렛
사람과 블렛 사람을 솔로몬과 함께
보내셨는데 그들 무리가 왕의 노새
에 솔로몬을 태웠다가
45 제사장 사독과 선지자 나단이 기혼에
서 기름을 부어 왕으로 삼고 무리가
그 곳에서 올라오며 즐거워하므로
성읍이 진동하였나니 당신들에게 들
린 소리가 이것이라
46 또 솔로몬도 왕좌에 앉아 있고
47 왕의 신하들도 와서 우리 주 다윗 왕
에게 축복하여 이르기를 왕의 하나
님이 솔로몬의 이름을 왕의 이름보
다 더 아름답게 하시고 그의 왕위를
왕의 위보다 크게 하시기를 원하나이
다 하매 왕이 침상에서 몸을 굽히고
48 또한 이르시기를 이스라엘의 하나님
여호와를 찬송하리로다 여호와께서
오늘 내 왕위에 앉을 자를 주사 내
눈으로 보게 하셨도다 하셨나이다
하니
49 아도니야와 함께 한 손님들이 다 놀
라 일어나 각기 갈 길로 간지라
50 아도니야도 솔로몬을 두려워하여 일
어나 가서 제단 뿔을 잡으니
51 어떤 사람이 솔로몬에게 말하여 이
르되 아도니야가 솔로몬 왕을 두려
워하여 지금 제단 뿔을 잡고 말하기
를 솔로몬 왕이 오늘 칼로 자기 종
을 죽이지 않겠다고 내게 맹세하기
를 원한다 하나이다
52 솔로몬이 이르되 그가 만일 선한 사
람일진대 그의 머리털 하나도 땅에
떨어지지 아니하려니와 그에게 악한
것이 보이면 죽으리라 하고
53 사람을 보내어 그를 제단에서 이끌
어 내리니 그가 와서 솔로몬 왕께 절
하매 솔로몬이 이르기를 네 집으로
가라 하였더라

다윗이 솔로몬에게 마지막으로 이르다

2 다윗이 죽을 날이 임박하매 그의
아들 솔로몬에게 명령하여 이르되
2 내가 이제 세상 모든 사람이 가는 길
로 가게 되었노니 너는 힘써 대장부
가 되고
3 네 하나님 여호와의 명령을 지켜 그

길로 행하여 그 법률과 계명과 율례
와 증거를 모세의 율법에 기록된 대
로 지키라 그리하면 네가 무엇을 하
든지 어디로 가든지 형통할지라
4 여호와께서 내 일에 대하여 말씀하
시기를 만일 네 자손들이 그들의 길
을 삼가 마음을 다하고 성품을 다하
여 진실히 내 앞에서 행하면 이스라
엘 왕위에 오를 사람이 네게서 끊어
지지 아니하리라 하신 말씀을 확실히
이루게 하시리라
5 스루야의 아들 요압이 내게 행한 일
곧 이스라엘 군대의 두 사령관 넬의
아들 아브넬과 예델의 아들 아마사
에게 행한 일을 네가 알거니와 그가
그들을 죽여 태평 시대에 전쟁의 피
를 흘리고 전쟁의 피를 자기의 허리
에 띤 띠와 발에 신은 신에 묻혔으니
6 네 지혜대로 행하여 그의 백발이 평
안히 스올에 내려가지 못하게 하라
7 마땅히 길르앗 바르실래의 아들들에
게 은총을 베풀어 그들이 네 상에서
먹는 자 중에 참여하게 하라 내가 네
형 압살롬의 낯을 피하여 도망할 때
에 그들이 내게 나왔느니라
8 바후림 베냐민 사람 게라의 아들 시
므이가 너와 함께 있나니 그는 내가
마하나임으로 갈 때에 악독한 말로
나를 저주하였느니라 그러나 그가
요단에 내려와서 나를 영접하므로
내가 여호와를 두고 맹세하여 이르
기를 내가 칼로 너를 죽이지 아니하
리라 하였노라
9 그러나 그를 무죄한 자로 여기지 말
지어다 너는 지혜 있는 사람이므로
그에게 행할 일을 알지니 그의 백발
이 피 가운데 스올에 내려가게 하라

다윗이 죽다

10 다윗이 그의 조상들과 함께 누워 다
윗 성에 장사되니
11 다윗이 이스라엘 왕이 된 지 사십 년
이라 헤브론에서 칠 년 동안 다스렸
고 예루살렘에서 삼십삼 년 동안 다
스렸더라
12 솔로몬이 그의 아버지 다윗의 왕위에
앉으니 그의 나라가 심히 견고하니라

아도니야가 죽임을 당하다

13 학깃의 아들 아도니야가 솔로몬의
어머니 밧세바에게 나아온지라 밧세
바가 이르되 네가 화평한 목적으로
왔느냐 대답하되 화평한 목적이니이
다
14 또 이르되 내가 말씀드릴 일이 있나
이다 밧세바가 이르되 말하라
15 그가 이르되 당신도 아시는 바이거니
와 이 왕위는 내 것이었고 온 이스라

엘은 다 얼굴을 내게로 향하여 왕으
로 삼으려 하였는데 그 왕권이 돌아
가 내 아우의 것이 되었음은 여호와
께로 말미암음이니이다
16 이제 내가 한 가지 소원을 당신에게
구하오니 내 청을 거절하지 마옵소서
밧세바가 이르되 말하라
17 그가 이르되 청하건대 솔로몬 왕에
게 말씀하여 그가 수넴 여자 아비삭
을 내게 주어 아내를 삼게 하소서
왕이 당신의 청을 거절하지 아니하리
이다
18 밧세바가 이르되 좋다 내가 너를 위
하여 왕께 말하리라
19 밧세바가 이에 아도니야를 위하여
말하려고 솔로몬 왕에게 이르니 왕
이 일어나 영접하여 절한 후에 다시
왕좌에 앉고 그의 어머니를 위하여
자리를 베푸니 그가 그의 오른쪽에
앉는지라
20 밧세바가 이르되 내가 한 가지 작은
일로 왕께 구하오니 내 청을 거절하
지 마소서 왕이 대답하되 내 어머니
여 구하소서 내가 어머니의 청을 거절
하지 아니하리이다
21 이르되 청하건대 수넴 여자 아비삭을
왕의 형 아도니야에게 주어 아내로
삼게 하소서
22 솔로몬 왕이 그의 어머니에게 대답
하여 이르되 어찌하여 아도니야를 위
하여 수넴 여자 아비삭을 구하시나이
까 그는 나의 형이오니 그를 위하여
왕권도 구하옵소서 그뿐 아니라 제
사장 아비아달과 스루야의 아들 요
압을 위해서도 구하옵소서 하고
23 여호와를 두고 맹세하여 이르되 아
도니야가 이런 말을 하였은즉 그의
생명을 잃지 아니하면 하나님은 내게
벌 위에 벌을 내리심이 마땅하니이다
24 그러므로 이제 나를 세워 내 아버지
다윗의 왕위에 오르게 하시고 허락하
신 말씀대로 나를 위하여 집을 세우
신 여호와께서 살아 계심을 두고 맹
세하노니 아도니야는 오늘 죽임을
당하리라 하고
25 여호야다의 아들 브나야를 보내매
그가 아도니야를 쳐서 죽였더라

아비아달의 추방과 요압의 처형

26 왕이 제사장 아비아달에게 이르되
네 고향 아나돗으로 가라 너는 마땅
히 죽을 자이로되 네가 내 아버지 다
윗 앞에서 주 여호와의 궤를 메었고
또 내 아버지가 모든 환난을 받을
때에 너도 환난을 받았은즉 내가 오
늘 너를 죽이지 아니하노라 하고
27 아비아달을 쫓아내어 여호와의 제사

장 직분을 파면하니 여호와께서 실로
에서 엘리의 집에 대하여 하신 말씀
을 응하게 함이더라
28 그 소문이 요압에게 들리매 그가 여
호와의 장막으로 도망하여 제단 뿔
을 잡으니 이는 그가 다윗을 떠나 압
살롬을 따르지 아니하였으나 아도니
야를 따랐음이더라
29 어떤 사람이 솔로몬 왕에게 아뢰되
요압이 여호와의 장막으로 도망하여
제단 곁에 있나이다 솔로몬이 여호
야다의 아들 브나야를 보내며 이르
되 너는 가서 그를 치라
30 브나야가 여호와의 장막에 이르러
그에게 이르되 왕께서 나오라 하시
느니라 그가 대답하되 아니라 내가
여기서 죽겠노라 브나야가 돌아가서
왕께 아뢰어 이르되 요압이 이리이리
내게 대답하더이다
31 왕이 이르되 그의 말과 같이 하여 그
를 죽여 묻으라 요압이 까닭 없이 흘
린 피를 나와 내 아버지의 집에서 네
가 제하리라
32 여호와께서 요압의 피를 그의 머리로
돌려보내실 것은 그가 자기보다 의
롭고 선한 두 사람을 쳤음이니 곧 이
스라엘 군사령관 넬의 아들 아브넬
과 유다 군사령관 예델의 아들 아마
사를 칼로 죽였음이라 이 일을 내 아
버지 다윗은 알지 못하셨나니
33 그들의 피는 영영히 요압의 머리와
그의 자손의 머리로 돌아갈지라도 다
윗과 그의 자손과 그의 집과 그의 왕
위에는 여호와께로 말미암는 평강이
영원히 있으리라
34 여호야다의 아들 브나야가 곧 올라
가서 그를 쳐죽이매 그가 광야에 있
는 자기의 집에 매장되니라
35 왕이 이에 여호야다의 아들 브나야
를 요압을 대신하여 군사령관으로
삼고 또 제사장 사독으로 아비아달
을 대신하게 하니라

시므이가 처형되다

36 왕이 사람을 보내어 시므이를 불러서
이르되 너는 예루살렘에서 너를 위하
여 집을 짓고 거기서 살고 어디든지
나가지 말라
37 너는 분명히 알라 네가 나가서 기드
론 시내를 건너는 날에는 반드시 죽
임을 당하리니 네 피가 네 머리로 돌

365묵상

저주를 뿌리고 죽음을 거두다

압살롬의 반란을 피해 다윗이 예루살렘 왕궁을 떠나 도피 길에 올랐을 때 '시므이'란 자는 악한 말로 다윗 왕을 저주했다(삼하 16:5-8). 다윗이 압살롬의 반란을 진압하고 다시 왕권을 되찾았을 때 그는 처형당해야 마땅하지만 다윗의 용서로 일단 목숨을 건졌다. 그러나 3년 후, 시므이는 약조한 주거제한의 명령을 어겼고, 그 결과 솔로몬 왕은 합당한 명분을 가지고 그를 처형할 수 있었다(왕상 2:36-46). 결국 시므이는 자신이 뿌린 '저주'의 씨앗을 '죽음'으로 거두고 말았다. 저주 대신 축복을 뿌리는 자가 되자.

아가리라
38 시므이가 왕께 대답하되 이 말씀이
좋사오니 내 주 왕의 말씀대로 종이
그리 하겠나이다 하고 이에 날이 오
래도록 예루살렘에 머무니라
39 삼 년 후에 시므이의 두 종이 가드
왕 마아가의 아들 아기스에게로 도
망하여 간지라 어떤 사람이 시므이에
게 말하여 이르되 당신의 종이 가드
에 있나이다
40 시므이가 그 종을 찾으려고 일어나
그의 나귀에 안장을 지우고 가드로
가서 아기스에게 나아가 그의 종을
가드에서 데려왔더니
41 시므이가 예루살렘에서부터 가드에
갔다가 돌아온 일을 어떤 사람이 솔
로몬에게 말한지라
42 왕이 사람을 보내어 시므이를 불러서
이르되 내가 너에게 여호와를 두고
맹세하게 하고 경고하여 이르기를
너는 분명히 알라 네가 밖으로 나가
서 어디든지 가는 날에는 죽임을 당
하리라 하지 아니하였느냐 너도 내게
말하기를 내가 들은 말씀이 좋으니
이다 하였거늘
43 네가 어찌하여 여호와를 두고 한 맹
세와 내가 네게 이른 명령을 지키지
아니하였느냐
44 왕이 또 시므이에게 이르되 네가 네
마음으로 아는 모든 악 곧 내 아버
지에게 행한 바를 네가 스스로 아나
니 여호와께서 네 악을 네 머리로 돌
려보내시리라
45 그러나 솔로몬 왕은 복을 받고 다윗
의 왕위는 영원히 여호와 앞에서 견
고히 서리라 하고
46 여호야다의 아들 브나야에게 명령하
매 그가 나가서 시므이를 치니 그가
죽은지라 이에 나라가 솔로몬의 손
에 견고하여지니라

솔로몬이 지혜를 구하다

3 솔로몬이 애굽의 왕 바로와 더불
어 혼인 관계를 맺어 그의 딸을
맞이하고 다윗 성에 데려다가 두고
자기의 왕궁과 여호와의 성전과 예루
살렘 주위의 성의 공사가 끝나기를
기다리니라
2 그 때까지 여호와의 이름을 위하여
성전을 아직 건축하지 아니하였으므
로 백성들이 산당에서 제사하며
3 솔로몬이 여호와를 사랑하고 그의
아버지 다윗의 법도를 행하였으나 산
당에서 제사하며 분향하더라
4 이에 왕이 제사하러 기브온으로 가
니 거기는 산당이 큼이라 솔로몬이
그 제단에 일천 번제를 드렸더니

5 기브온에서 밤에 여호와께서 솔로몬
의 꿈에 나타나시니라 하나님이 이르
시되 내가 네게 무엇을 줄꼬 너는 구
하라
6 솔로몬이 이르되 주의 종 내 아버지
다윗이 성실과 공의와 정직한 마음으
로 주와 함께 주 앞에서 행하므로
주께서 그에게 큰 은혜를 베푸셨고
주께서 또 그를 위하여 이 큰 은혜를
항상 주사 오늘과 같이 그의 자리에
앉을 아들을 그에게 주셨나이다
7 나의 하나님 여호와여 주께서 종으
로 종의 아버지 다윗을 대신하여 왕
이 되게 하셨사오나 종은 작은 아이
라 출입할 줄을 알지 못하고
8 주께서 택하신 백성 가운데 있나이다
그들은 큰 백성이라 수효가 많아서
셀 수도 없고 기록할 수도 없사오니
9 누가 주의 이 많은 백성을 재판할 수
있사오리이까 듣는 마음을 종에게
주사 주의 백성을 재판하여 선악을
분별하게 하옵소서
10 솔로몬이 이것을 구하매 그 말씀이
주의 마음에 든지라
11 이에 하나님이 그에게 이르시되 네가
이것을 구하도다 자기를 위하여 장
수하기를 구하지 아니하며 부도 구
하지 아니하며 자기 원수의 생명을
멸하기도 구하지 아니하고 오직 송사
를 듣고 분별하는 지혜를 구하였으
니
12 내가 네 말대로 하여 네게 지혜롭고
총명한 마음을 주노니 네 앞에도 너
와 같은 자가 없었거니와 네 뒤에도
너와 같은 자가 일어남이 없으리라
13 내가 또 네가 구하지 아니한 부귀와
영광도 네게 주노니 네 평생에 왕들
중에 너와 같은 자가 없을 것이라
14 네가 만일 네 아버지 다윗이 행함 같
이 내 길로 행하며 내 법도와 명령을
지키면 내가 또 네 날을 길게 하리라
15 솔로몬이 깨어 보니 꿈이더라 이에
예루살렘에 이르러 여호와의 언약궤
앞에 서서 번제와 감사의 제물을 드
리고 모든 신하들을 위하여 잔치하였
더라

솔로몬의 재판

16 그 때에 창기 두 여자가 왕에게 와서
그 앞에 서며
17 한 여자는 말하되 내 주여 나와 이
여자가 한집에서 사는데 내가 그와
함께 집에 있으며 해산하였더니
18 내가 해산한 지 사흘 만에 이 여자도
해산하고 우리가 함께 있었고 우리
둘 외에는 집에 다른 사람이 없었나
이다

19 그런데 밤에 저 여자가 그의 아들 위
에 누우므로 그의 아들이 죽으니
20 그가 밤중에 일어나서 이 여종 내가
잠든 사이에 내 아들을 내 곁에서 가
져다가 자기의 품에 누이고 자기의
죽은 아들을 내 품에 뉘었나이다
21 아침에 내가 내 아들을 젖 먹이려고
일어나 본즉 죽었기로 내가 아침에
자세히 보니 내가 낳은 아들이 아니
더이다 하매
22 다른 여자는 이르되 아니라 산 것은
내 아들이요 죽은 것은 네 아들이라
하고 이 여자는 이르되 아니라 죽은
것이 네 아들이요 산 것이 내 아들이
라 하며 왕 앞에서 그와 같이 쟁론하
는지라
23 왕이 이르되 이 여자는 말하기를 산
것은 내 아들이요 죽은 것은 네 아
들이라 하고 저 여자는 말하기를 아
니라 죽은 것이 네 아들이요 산 것이
내 아들이라 하는도다 하고
24 또 이르되 칼을 내게로 가져오라 하
니 칼을 왕 앞으로 가져온지라
25 왕이 이르되 산 아이를 둘로 나누어
반은 이 여자에게 주고 반은 저 여자
에게 주라
26 그 산 아들의 어머니 되는 여자가 그
아들을 위하여 마음이 불붙는 것 같
아서 왕께 아뢰어 청하건대 내 주여
산 아이를 그에게 주시고 아무쪼록
죽이지 마옵소서 하되 다른 여자는
말하기를 내 것도 되게 말고 네 것도
되게 말고 나누게 하라 하는지라
27 왕이 대답하여 이르되 산 아이를 저
여자에게 주고 결코 죽이지 말라 저
가 그의 어머니이니라 하매
28 온 이스라엘이 왕이 심리하여 판결함
을 듣고 왕을 두려워하였으니 이는
하나님의 지혜가 그의 속에 있어 판
결함을 봄이더라

솔로몬이 거느린 신하들

4 솔로몬 왕이 온 이스라엘의 왕이
되었고
2 그의 신하들은 이러하니라 사독의 아
들 아사리아는 제사장이요
3 시사의 아들 엘리호렙과 아히야는
서기관이요 아힐룻의 아들 여호사밧
은 사관이요
4 여호야다의 아들 브나야는 군사령관
이요 사독과 아비아달은 제사장이요
5 나단의 아들 아사리아는 지방 관장
의 두령이요 나단의 아들 사붓은 제
사장이니 왕의 벗이요
6 아히살은 궁내대신이요 압다의 아들
아도니람은 노동 감독관이더라
7 솔로몬이 또 온 이스라엘에 열두 지

방 관장을 두매 그 사람들이 왕과
왕실을 위하여 양식을 공급하되 각기
일 년에 한 달씩 양식을 공급하였으
니
8 그들의 이름은 이러하니라 에브라임
산지에는 벤훌이요
9 마가스와 사알빔과 벧세메스와 엘
론벧하난에는 벤데겔이요
10 아룹봇에는 벤헤셋이니 소고와 헤
벨 온 땅을 그가 주관하였으며
11 나밧 돌 높은 땅 온 지방에는 벤아
비나답이니 그는 솔로몬의 딸 다밧
을 아내로 삼았으며
12 다아낙과 므깃도와 이스르엘 아래
사르단 가에 있는 벧스안 온 땅은
아힐룻의 아들 바아나가 맡았으니
벧스안에서부터 아벨므홀라에 이르
고 욕느암 바깥까지 미쳤으며
13 길르앗 라못에는 벤게벨이니 그는
길르앗에 있는 므낫세의 아들 야일
의 모든 마을을 주관하였고 또 바산
아르곱 땅의 성벽과 놋빗장 있는 육
십 개의 큰 성읍을 주관하였으며
14 마하나임에는 잇도의 아들 아히나답
이요
15 납달리에는 아히마아스이니 그는 솔
로몬의 딸 바스맛을 아내로 삼았으
며
16 아셀과 아롯에는 후새의 아들 바아
나요
17 잇사갈에는 바루아의 아들 여호사밧
이요
18 베냐민에는 엘라의 아들 시므이요
19 아모리 사람의 왕 시혼과 바산 왕 옥
의 나라 길르앗 땅에는 우리의 아들
게벨이니 그 땅에서는 그 한 사람만
지방 관장이 되었더라

솔로몬의 영화

20 유다와 이스라엘의 인구가 바닷가의
모래 같이 많게 되매 먹고 마시며 즐
거워하였으며
21 솔로몬이 그 강에서부터 블레셋 사
람의 땅에 이르기까지와 애굽 지경에
미치기까지의 모든 나라를 다스리므
로 솔로몬이 사는 동안에 그 나라들
이 조공을 바쳐 섬겼더라
22 솔로몬의 하루의 음식물은 가는 밀
가루가 삼십 고르요 굵은 밀가루가
육십 고르요
23 살진 소가 열 마리요 초장의 소가 스
무 마리요 양이 백 마리이며 그 외에
수사슴과 노루와 암사슴과 살진 새
들이었더라
24 솔로몬이 그 강 건너편을 딥사에서
부터 가사까지 모두, 그 강 건너편의
왕을 모두 다스리므로 그가 사방에

둘린 민족과 평화를 누렸으니
25 솔로몬이 사는 동안에 유다와 이스
라엘이 단에서부터 브엘세바에 이르
기까지 각기 포도나무 아래와 무화
과나무 아래에서 평안히 살았더라
26 솔로몬의 병거의 말 외양간이 사만이
요 마병이 만 이천 명이며
27 그 지방 관장들은 각각 자기가 맡은
달에 솔로몬 왕과 왕의 상에 참여하
는 모든 자를 위하여 먹을 것을 공급
하여 부족함이 없게 하였으며
28 또 그들이 각기 직무를 따라 말과 준
마에게 먹일 보리와 꼴을 그 말들이
있는 곳으로 가져왔더라
29 하나님이 솔로몬에게 지혜와 총명을
심히 많이 주시고 또 넓은 마음을 주
시되 바닷가의 모래 같이 하시니
30 솔로몬의 지혜가 동쪽 모든 사람의
지혜와 애굽의 모든 지혜보다 뛰어
난지라
31 그는 모든 사람보다 지혜로워서 예
스라 사람 에단과 마홀의 아들 헤만
과 갈골과 다르다보다 나으므로 그
의 이름이 사방 모든 나라에 들렸더
라
32 그가 잠언 삼천 가지를 말하였고 그
의 노래는 천다섯 편이며
33 그가 또 초목에 대하여 말하되 레바
논의 백향목으로부터 담에 나는 우
슬초까지 하고 그가 또 짐승과 새와
기어다니는 것과 물고기에 대하여 말
한지라
34 사람들이 솔로몬의 지혜를 들으러
왔으니 이는 그의 지혜의 소문을 들
은 천하 모든 왕들이 보낸 자들이더
라

솔로몬이 성전 건축을 준비하다

5 솔로몬이 기름 부음을 받고 그의
아버지를 이어 왕이 되었다 함을
두로 왕 히람이 듣고 그의 신하들을
솔로몬에게 보냈으니 이는 히람이
평생에 다윗을 사랑하였음이라
2 이에 솔로몬이 히람에게 사람을 보
내어 이르되
3 당신도 알거니와 내 아버지 다윗이
사방의 전쟁으로 말미암아 그의 하
나님 여호와의 이름을 위하여 성전을
건축하지 못하고 여호와께서 그의 원
수들을 그의 발바닥 밑에 두시기를
기다렸나이다
4 이제 내 하나님 여호와께서 내게 사
방의 태평을 주시매 원수도 없고 재
앙도 없도다
5 여호와께서 내 아버지 다윗에게 하신
말씀에 내가 너를 이어 네 자리에 오
르게 할 네 아들 그가 내 이름을 위

하여 성전을 건축하리라 하신 대로
내가 내 하나님 여호와의 이름을 위
하여 성전을 건축하려 하오니
6 당신은 명령을 내려 나를 위하여 레
바논에서 백향목을 베어내게 하소서
내 종과 당신의 종이 함께 할 것이요
또 내가 당신의 모든 말씀대로 당신
의 종의 삯을 당신에게 드리리이다
당신도 알거니와 우리 중에는 시돈
사람처럼 벌목을 잘하는 자가 없나이
다
7 히람이 솔로몬의 말을 듣고 크게 기
뻐하여 이르되 오늘 여호와를 찬양
할지로다 그가 다윗에게 지혜로운
아들을 주사 그 많은 백성을 다스리
게 하셨도다 하고
8 이에 솔로몬에게 사람을 보내어 이
르되 당신이 사람을 보내어 하신 말
씀을 내가 들었거니와 내 백향목 재
목과 잣나무 재목에 대하여는 당신
이 바라시는 대로 할지라
9 내 종이 레바논에서 바다로 운반하
겠고 내가 그것을 바다에서 뗏목으
로 엮어 당신이 지정하는 곳으로 보
내고 거기서 그것을 풀리니 당신은
받으시고 내 원을 이루어 나의 궁정
을 위하여 음식물을 주소서 하고
10 솔로몬의 모든 원대로 백향목 재목
과 잣나무 재목을 주매
11 솔로몬이 히람에게 그의 궁정의 음
식물로 밀 이만 고르와 맑은 기름 이
십 고르를 주고 해마다 그와 같이
주었더라
12 여호와께서 그의 말씀대로 솔로몬에
게 지혜를 주신 고로 히람과 솔로몬
이 친목하여 두 사람이 함께 약조를
맺었더라
13 이에 솔로몬 왕이 온 이스라엘 가운
데서 역군을 불러일으키니 그 역군의
수가 삼만 명이라
14 솔로몬이 그들을 한 달에 만 명씩 번
갈아 레바논으로 보내매 그들이 한
달은 레바논에 있고 두 달은 집에 있
으며 아도니람은 감독이 되었고
15 솔로몬에게 또 짐꾼이 칠만 명이요
산에서 돌을 뜨는 자가 팔만 명이며
16 이 외에 그 사역을 감독하는 관리가
삼천삼백 명이라 그들이 일하는 백성
을 거느렸더라
17 이에 왕이 명령을 내려 크고 귀한 돌

365묵상

지혜를 간구하라

솔로몬 왕이 주님께 일천 번제를 드렸을 때, 주님은 그에게 세상의 어떤 것이라도 구하면 다 주겠다고 말씀하셨다. 이때 솔로몬은 옳고 그름을 분별할 줄 아는 마음, 곧 '지혜'를 구했다. 그런 지혜가 자신을 현군으로 만들어줄 것이라고 생각했기 때문이다(왕상 4:29-34). 솔로몬을 사랑하신 주님은 오늘날 당신도 사랑하신다. 세상을 살아가면서, 혹은 주님의 일을 감당하면서 지혜가 부족한가? 솔로몬처럼 지혜를 구하라. 그러면 주님은 주실 것이고(약 1:5-8), 당신은 선악을 올바로 분별하는 지혜의 사람이 될 것이다.

을 떠다가 다듬어서 성전의 기초석으
로 놓게 하매
18 솔로몬의 건축자와 히람의 건축자와
그발 사람이 그 돌을 다듬고 성전을
건축하기 위하여 재목과 돌들을 갖
추니라

솔로몬이 성전을 건축하다

6 이스라엘 자손이 애굽 땅에서 나
온 지 사백팔십 년이요 솔로몬이
이스라엘 왕이 된 지 사 년 시브월 곧
둘째 달에 솔로몬이 여호와를 위하
여 성전 건축하기를 시작하였더라
2 솔로몬 왕이 여호와를 위하여 건축
한 성전은 길이가 육십 규빗이요 너
비가 이십 규빗이요 높이가 삼십 규
빗이며
3 성전의 성소 앞 주랑의 길이는 성전의
너비와 같이 이십 규빗이요 그 너비
는 성전 앞에서부터 십 규빗이며
4 성전을 위하여 창틀 있는 붙박이 창
문을 내고
5 또 성전의 벽 곧 성소와 지성소의 벽
에 연접하여 돌아가며 다락들을 건축
하되 다락마다 돌아가며 골방들을
만들었으니
6 하층 다락의 너비는 다섯 규빗이요
중층 다락의 너비는 여섯 규빗이요
셋째 층 다락의 너비는 일곱 규빗이
라 성전의 벽 바깥으로 돌아가며 턱
을 내어 골방 들보들로 성전의 벽에
박히지 아니하게 하였으며
7 이 성전은 건축할 때에 돌을 그 뜨는
곳에서 다듬고 가져다가 건축하였으
므로 건축하는 동안에 성전 속에서
는 방망이나 도끼나 모든 철 연장 소
리가 들리지 아니하였으며
8 중층 골방의 문은 성전 오른쪽에 있
는데 나사 모양 층계로 말미암아 하
층에서 중층에 오르고 중층에서 셋
째 층에 오르게 하였더라
9 성전의 건축을 마치니라 그 성전은
백향목 서까래와 널판으로 덮었고
10 또 온 성전으로 돌아가며 높이가 다
섯 규빗 되는 다락방을 건축하되 백
향목 들보로 성전에 연접하게 하였더
라
11 여호와의 말씀이 솔로몬에게 임하여
이르시되
12 네가 지금 이 성전을 건축하니 네가
만일 내 법도를 따르며 내 율례를 행
하며 내 모든 계명을 지켜 그대로 행
하면 내가 네 아버지 다윗에게 한 말
을 네게 확실히 이룰 것이요
13 내가 또한 이스라엘 자손 가운데에
거하며 내 백성 이스라엘을 버리지
아니하리라 하셨더라

성전 내부 장식

14 솔로몬이 성전 건축하기를 마치고
15 백향목 널판으로 성전의 안벽 곧 성
전 마루에서 천장까지의 벽에 입히고
또 잣나무 널판으로 성전 마루를 놓
고
16 또 성전 뒤쪽에서부터 이십 규빗 되
는 곳에 마루에서 천장까지 백향목
널판으로 가로막아 성전의 내소 곧
지성소를 만들었으며
17 내소 앞에 있는 외소 곧 성소의 길이
가 사십 규빗이며
18 성전 안에 입힌 백향목에는 박과 핀
꽃을 아로새겼고 모두 백향목이라
돌이 보이지 아니하며
19 여호와의 언약궤를 두기 위하여 성전
안에 내소를 마련하였는데
20 그 내소의 안은 길이가 이십 규빗이
요 너비가 이십 규빗이요 높이가 이
십 규빗이라 정금으로 입혔고 백향
목 제단에도 입혔더라
21 솔로몬이 정금으로 외소 안에 입히
고 내소 앞에 금사슬로 건너지르고
내소를 금으로 입히고
22 온 성전을 금으로 입히기를 마치고
내소에 속한 제단의 전부를 금으로
입혔더라
23 내소 안에 감람나무로 두 그룹을 만
들었는데 그 높이가 각각 십 규빗이
라
24 한 그룹의 이쪽 날개도 다섯 규빗이
요 저쪽 날개도 다섯 규빗이니 이쪽
날개 끝으로부터 저쪽 날개 끝까지
십 규빗이며
25 다른 그룹도 십 규빗이니 그 두 그
룹은 같은 크기와 같은 모양이요
26 이 그룹의 높이가 십 규빗이요 저 그
룹도 같았더라
27 솔로몬이 내소 가운데에 그룹을 두
었으니 그룹들의 날개가 펴져 있는
데 이쪽 그룹의 날개는 이쪽 벽에 닿
았고 저쪽 그룹의 날개는 저쪽 벽에
닿았으며 두 날개는 성전의 중앙에서
서로 닿았더라
28 그가 금으로 그룹을 입혔더라
29 내 외소 사방 벽에는 모두 그룹들과
종려와 핀 꽃 형상을 아로새겼고
30 내외 성전 마루에는 금으로 입혔으며
31 내소에 들어가는 곳에는 감람나무
로 문을 만들었는데 그 문인방과 문
설주는 벽의 오분의 일이요
32 감람나무로 만든 그 두 문짝에 그룹
과 종려와 핀 꽃을 아로새기고 금으
로 입히되 곧 그룹들과 종려에 금으
로 입혔더라
33 또 외소의 문을 위하여 감람나무로

문설주를 만들었으니 곧 벽의 사분
의 일이며
34 그 두 문짝은 잣나무라 이쪽 문짝도
두 짝으로 접게 되었고 저쪽 문짝도
두 짝으로 접게 되었으며
35 그 문짝에 그룹들과 종려와 핀 꽃을
아로새기고 금으로 입히되 그 새긴
데에 맞게 하였고
36 또 다듬은 돌 세 켜와 백향목 두꺼
운 판자 한 켜로 둘러 안뜰을 만들었
더라
37 넷째 해 시브월에 여호와의 성전 기
초를 쌓았고
38 열한째 해 불월 곧 여덟째 달에 그
설계와 식양대로 성전 건축이 다 끝
났으니 솔로몬이 칠 년 동안 성전을
건축하였더라

솔로몬의 궁

7 솔로몬이 자기의 왕궁을 십삼 년
동안 건축하여 그 전부를 준공하
니라
2 그가 레바논 나무로 왕궁을 지었으
니 길이가 백 규빗이요 너비가 오십
규빗이요 높이가 삼십 규빗이라 백향
목 기둥이 네 줄이요 기둥 위에 백향
목 들보가 있으며
3 기둥 위에 있는 들보 사십오 개를 백
향목으로 덮었는데 들보는 한 줄에
열다섯이요
4 또 창틀이 세 줄로 있는데 창과 창이
세 층으로 서로 마주 대하였고
5 모든 문과 문설주를 다 큰 나무로
네모지게 만들었는데 창과 창이 세
층으로 서로 마주 대하였으며
6 또 기둥을 세워 주랑을 지었으니 길
이가 오십 규빗이요 너비가 삼십 규
빗이며 또 기둥 앞에 한 주랑이 있고
또 그 앞에 기둥과 섬돌이 있으며
7 또 심판하기 위하여 보좌의 주랑 곧
재판하는 주랑을 짓고 온 마루를 백
향목으로 덮었고
8 솔로몬이 거처할 왕궁은 그 주랑 뒤
다른 뜰에 있으니 그 양식이 동일하
며 솔로몬이 또 그가 장가 든 바로의
딸을 위하여 집을 지었는데 이 주랑
과 같더라
9 이 집들은 안팎을 모두 귀하고 다듬
은 돌로 지었으니 크기대로 톱으로
켠 것이라 그 초석에서 처마까지와
외면에서 큰 뜰에 이르기까지 다 그
러하니
10 그 초석은 귀하고 큰 돌 곧 십 규빗
되는 돌과 여덟 규빗 되는 돌이라
11 그 위에는 크기대로 다듬은 귀한 돌
도 있고 백향목도 있으며
12 또 큰 뜰 주위에는 다듬은 돌 세 켜

와 백향목 두꺼운 판자 한 켜를 놓
았으니 마치 여호와의 성전 안뜰과
주랑에 놓은 것 같더라

놋쇠 대장장이 히람과 두 놋기둥

13 솔로몬 왕이 사람을 보내어 히람을
두로에서 데려오니
14 그는 납달리 지파 과부의 아들이요
그의 아버지는 두로 사람이니 놋쇠
대장장이라 이 히람은 모든 놋 일에
지혜와 총명과 재능을 구비한 자이
더니 솔로몬 왕에게 와서 그 모든
공사를 하니라
15 그가 놋기둥 둘을 만들었으니 그 높
이는 각각 십팔 규빗이라 각각 십이
규빗 되는 줄을 두를 만하며
16 또 놋을 녹여 부어서 기둥 머리를 만
들어 기둥 꼭대기에 두었으니 한쪽
머리의 높이도 다섯 규빗이요 다른쪽
머리의 높이도 다섯 규빗이며
17 기둥 꼭대기에 있는 머리를 위하여
바둑판 모양으로 얽은 그물과 사슬
모양으로 땋은 것을 만들었으니 이
머리에 일곱이요 저 머리에 일곱이라
18 기둥을 이렇게 만들었고 또 두 줄 석
류를 한 그물 위에 둘러 만들어서 기
둥 꼭대기에 있는 머리에 두르게 하
였고 다른 기둥 머리에도 그렇게 하
였으며
19 주랑 기둥 꼭대기에 있는 머리의 네
규빗은 백합화 모양으로 만들었으
며
20 이 두 기둥 머리에 있는 그물 결 곧
그 머리의 공 같이 둥근 곳으로 돌아
가며 각기 석류 이백 개가 줄을 지었
더라
21 이 두 기둥을 성전의 주랑 앞에 세우
되 오른쪽 기둥을 세우고 그 이름을
야긴이라 하고 왼쪽의 기둥을 세우
고 그 이름을 보아스라 하였으며
22 그 두 기둥 꼭대기에는 백합화 형상
이 있더라 두 기둥의 공사가 끝나니
라

놋을 부어 만든 바다

23 또 바다를 부어 만들었으니 그 직경
이 십 규빗이요 그 모양이 둥글며 그
높이는 다섯 규빗이요 주위는 삼십
규빗 줄을 두를 만하며
24 그 가장자리 아래에는 돌아가며 박
이 있는데 매 규빗에 열 개씩 있어서
바다 주위에 둘렸으니 그 박은 바다
를 부어 만들 때에 두 줄로 부어 만
들었으며
25 그 바다를 소 열두 마리가 받쳤으니
셋은 북쪽을 향하였고 셋은 서쪽을
향하였고 셋은 남쪽을 향하였고 셋
은 동쪽을 향하였으며 바다를 그 위

에 놓았고 소의 뒤는 다 안으로 두
었으며
26 바다의 두께는 한 손 너비만 하고 그
것의 가는 백합화의 양식으로 잔 가
와 같이 만들었으니 그 바다에는 이
천 밧을 담겠더라

놋 받침 수레와 물두멍

27 또 놋으로 받침 수레 열을 만들었으
니 매 받침 수레의 길이가 네 규빗이
요 너비가 네 규빗이요 높이가 세 규
빗이라
28 그 받침 수레의 구조는 이러하니 사
면 옆 가장자리 가운데에는 판이 있
고
29 가장자리 가운데 판에는 사자와 소
와 그룹들이 있고 또 가장자리 위에
는 놓는 자리가 있고 사자와 소 아
래에는 화환 모양이 있으며
30 그 받침 수레에 각각 네 놋바퀴와
놋축이 있고 받침 수레 네 발 밑에는
어깨 같은 것이 있으며 그 어깨 같은
것은 물두멍 아래쪽에 부어 만들었
고 화환은 각각 그 옆에 있으며
31 그 받침 수레 위로 들이켜 높이가 한
규빗 되게 내민 것이 있고 그 면은 직
경 한 규빗 반 되게 반원형으로 우묵
하며 그 나머지 면에는 아로새긴 것
이 있으며 그 내민 판들은 네모지고
둥글지 아니하며
32 네 바퀴는 옆판 밑에 있고 바퀴 축은
받침 수레에 연결되었는데 바퀴의 높
이는 각각 한 규빗 반이며
33 그 바퀴의 구조는 병거 바퀴의 구조
같은데 그 축과 테와 살과 통이 다
부어 만든 것이며
34 받침 수레 네 모퉁이에 어깨 같은 것
넷이 있는데 그 어깨는 받침 수레와
연결되었고
35 받침 수레 위에 둥근 테두리가 있는
데 높이가 반 규빗이요 또 받침 수레
위의 버팀대와 옆판들이 받침 수레와
연결되었고
36 버팀대 판과 옆판에는 각각 빈 곳을
따라 그룹들과 사자와 종려나무를
아로새겼고 또 그 둘레에 화환 모양
이 있더라
37 이와 같이 받침 수레 열 개를 만들었
는데 그 부어 만든 법과 크기와 양식
을 다 동일하게 만들었더라
38 또 물두멍 열 개를 놋으로 만들었는
데 물두멍마다 각각 사십 밧을 담게
하였으며 매 물두멍의 직경은 네 규
빗이라 열 받침 수레 위에 각각 물두
멍이 하나씩이더라
39 그 받침 수레 다섯은 성전 오른쪽에
두었고 다섯은 성전 왼쪽에 두었고

성전 오른쪽 동남쪽에는 그 바다를
두었더라

성전 기구들

40 히람이 또 물두멍과 부삽과 대접들
을 만들었더라 이와 같이 히람이 솔
로몬 왕을 위하여 여호와의 전의 모
든 일을 마쳤으니
41 곧 기둥 둘과 그 기둥 꼭대기의 공
같은 머리 둘과 또 기둥 꼭대기의 공
같은 머리를 가리는 그물 둘과
42 또 그 그물들을 위하여 만든 바 매
그물에 두 줄씩으로 기둥 위의 공
같은 두 머리를 가리게 한 석류 사백
개와
43 또 열 개의 받침 수레와 받침 수레
위의 열 개의 물두멍과
44 한 바다와 그 바다 아래의 소 열두
마리와
45 솥과 부삽과 대접들이라 히람이 솔
로몬 왕을 위하여 여호와의 성전에
이 모든 그릇을 빛난 놋으로 만드니
라
46 왕이 요단 평지에서 숙곳과 사르단
사이의 차진 흙에 그것들을 부어 내
었더라
47 기구가 심히 많으므로 솔로몬이 다
달아보지 아니하고 두었으니 그 놋
무게를 능히 측량할 수 없었더라
48 솔로몬이 또 여호와의 성전의 모든
기구를 만들었으니 곧 금 단과 진설
병의 금 상과
49 내소 앞에 좌우로 다섯씩 둘 정금
등잔대며 또 금 꽃과 등잔과 불집게
며
50 또 정금 대접과 불집게와 주발과 숟
가락과 불을 옮기는 그릇이며 또 내
소 곧 지성소 문의 금 돌쩌귀와 성전
곧 외소 문의 금 돌쩌귀더라
51 솔로몬 왕이 여호와의 성전을 위하여
만드는 모든 일을 마친지라 이에 솔
로몬이 그의 아버지 다윗이 드린 물
건 곧 은과 금과 기구들을 가져다가
여호와의 성전 곳간에 두었더라

언약궤를 성전으로 옮기다

8 이에 솔로몬이 여호와의 언약궤를
다윗 성 곧 시온에서 메어 올리고
자 하여 이스라엘 장로와 모든 지파
의 우두머리 곧 이스라엘 자손의 족
장들을 예루살렘에 있는 자기에게로
소집하니

365묵상

하나님의 계획에 따라 내 인생을 건축

건축가의 설계도면 없이 빌딩 공사를 시작하려는 시공업자는 아무도 없다. 그럼에도 얼마나 많은 사람들이 고층건물보다 더 복잡하고 중대한 우리 인생을 쉽게 시공하려 하는가? 하나님이 우리를 위해 세밀하게 작성해놓으신 설계도면을 도외시한 채 혼자의 계획으로 세우려 하는가? 솔로몬 왕은 성전을 건축할 때 하나님의 건축 계획에 충실히 따랐고, 그 결과 웅장하고 멋진 성전을 세울 수 있었다(왕상7:13–51). 우리 인생의 성공 비결은 여기에 있다. 하나님의 말씀의 설계도면대로 내 인생을 건축해나가야 한다.

2 이스라엘 모든 사람이 다 에다님월
곧 일곱째 달 절기에 솔로몬 왕에게
모이고
3 이스라엘 장로들이 다 이르매 제사
장들이 궤를 메니라
4 여호와의 궤와 회막과 성막 안의 모
든 거룩한 기구들을 메고 올라가되
제사장과 레위 사람이 그것들을 메
고 올라가매
5 솔로몬 왕과 그 앞에 모인 이스라엘
회중이 그와 함께 그 궤 앞에 있어
양과 소로 제사를 지냈으니 그 수가
많아 기록할 수도 없고 셀 수도 없었
더라
6 제사장들이 여호와의 언약궤를 그
처소로 메어 들였으니 곧 성전의 내
소인 지성소 그룹들의 날개 아래라
7 그룹들이 그 궤 처소 위에서 날개를
펴서 궤와 그 채를 덮었는데
8 채가 길므로 채 끝이 내소 앞 성소에
서 보이나 밖에서는 보이지 아니하며
그 채는 오늘까지 그 곳에 있으며
9 그 궤 안에는 두 돌판 외에 아무것
도 없으니 이것은 이스라엘 자손이
애굽 땅에서 나온 후 여호와께서 저
희와 언약을 맺으실 때에 모세가 호
렙에서 그 안에 넣은 것이더라
10 제사장이 성소에서 나올 때에 구름
이 여호와의 성전에 가득하매
11 제사장이 그 구름으로 말미암아 능
히 서서 섬기지 못하였으니 이는 여호
와의 영광이 여호와의 성전에 가득함
이었더라

솔로몬의 연설

12 그 때에 솔로몬이 이르되 여호와께
서 캄캄한 데 계시겠다 말씀하셨사
오나
13 내가 참으로 주를 위하여 계실 성전
을 건축하였사오니 주께서 영원히 계
실 처소로소이다 하고
14 얼굴을 돌이켜 이스라엘의 온 회중
을 위하여 축복하니 그 때에 이스라
엘의 온 회중이 서 있더라
15 왕이 이르되 이스라엘의 하나님 여호
와를 송축할지로다 여호와께서 그의
입으로 내 아버지 다윗에게 말씀하
신 것을 이제 그의 손으로 이루셨도
다 이르시기를
16 내가 내 백성 이스라엘을 애굽에서
인도하여 낸 날부터 내 이름을 둘 만
한 집을 건축하기 위하여 이스라엘
모든 지파 가운데에서 아무 성읍도
택하지 아니하고 다만 다윗을 택하
여 내 백성 이스라엘을 다스리게 하
였노라 하신지라
17 내 아버지 다윗이 이스라엘의 하나님

여호와의 이름을 위하여 성전을 건축
할 마음이 있었더니
18 여호와께서 내 아버지 다윗에게 이르
시되 네가 내 이름을 위하여 성전을
건축할 마음이 있으니 이 마음이 네
게 있는 것이 좋도다
19 그러나 너는 그 성전을 건축하지 못
할 것이요 네 몸에서 낳을 네 아들
그가 내 이름을 위하여 성전을 건축
하리라 하시더니
20 이제 여호와께서 말씀하신 대로 이
루시도다 내가 여호와께서 말씀하신
대로 내 아버지 다윗을 이어서 일어
나 이스라엘의 왕위에 앉고 이스라
엘의 하나님 여호와의 이름을 위하여
성전을 건축하고
21 내가 또 그 곳에 우리 조상들을 애
굽 땅에서 인도하여 내실 때에 그들
과 세우신 바 여호와의 언약을 넣은
궤를 위하여 한 처소를 설치하였노라

솔로몬의 기도

22 솔로몬이 여호와의 제단 앞에서 이
스라엘의 온 회중과 마주서서 하늘
을 향하여 손을 펴고
23 이르되 이스라엘의 하나님 여호와여
위로 하늘과 아래로 땅에 주와 같은
신이 없나이다 주께서는 온 마음으
로 주의 앞에서 행하는 종들에게 언
약을 지키시고 은혜를 베푸시나이다
24 주께서 주의 종 내 아버지 다윗에게
하신 말씀을 지키사 주의 입으로 말
씀하신 것을 손으로 이루심이 오늘
과 같으니이다
25 이스라엘의 하나님 여호와여 주께서
주의 종 내 아버지 다윗에게 말씀하
시기를 네 자손이 자기 길을 삼가서
네가 내 앞에서 행한 것 같이 내 앞
에서 행하기만 하면 네게서 나서 이
스라엘의 왕위에 앉을 사람이 내 앞
에서 끊어지지 아니하리라 하셨사오
니 이제 다윗을 위하여 그 하신 말씀
을 지키시옵소서
26 그런즉 이스라엘의 하나님이여 원하
건대 주는 주의 종 내 아버지 다윗에
게 하신 말씀이 확실하게 하옵소서
27 하나님이 참으로 땅에 거하시리이까
하늘과 하늘들의 하늘이라도 주를
용납하지 못하겠거든 하물며 내가
건축한 이 성전이오리이까
28 그러나 내 하나님 여호와여 주의 종
의 기도와 간구를 돌아보시며 이 종
이 오늘 주 앞에서 부르짖음과 비는
기도를 들으시옵소서
29 주께서 전에 말씀하시기를 내 이름이
거기 있으리라 하신 곳 이 성전을 향
하여 주의 눈이 주야로 보시오며 주

의 종이 이 곳을 향하여 비는 기도를
들으시옵소서
30 주의 종과 주의 백성 이스라엘이 이
곳을 향하여 기도할 때에 주는 그
간구함을 들으시되 주께서 계신 곳
하늘에서 들으시고 들으시사 사하여
주옵소서
31 만일 어떤 사람이 그 이웃에게 범죄
함으로 맹세시킴을 받고 그가 와서
이 성전에 있는 주의 제단 앞에서 맹
세하거든
32 주는 하늘에서 들으시고 행하시되
주의 종들을 심판하사 악한 자의 죄
를 정하여 그 행위대로 그 머리에 돌
리시고 공의로운 자를 의롭다 하사
그의 의로운 바대로 갚으시옵소서
33 만일 주의 백성 이스라엘이 주께 범
죄하여 적국 앞에 패하게 되므로 주
께로 돌아와서 주의 이름을 인정하
고 이 성전에서 주께 기도하며 간구
하거든
34 주는 하늘에서 들으시고 주의 백성
이스라엘의 죄를 사하시고 그들의
조상들에게 주신 땅으로 돌아오게
하옵소서
35 만일 그들이 주께 범죄함으로 말미
암아 하늘이 닫히고 비가 없어서 주
께 벌을 받을 때에 이 곳을 향하여
기도하며 주의 이름을 찬양하고 그
들의 죄에서 떠나거든
36 주는 하늘에서 들으사 주의 종들과
주의 백성 이스라엘의 죄를 사하시고
그들이 마땅히 행할 선한 길을 가르
쳐 주시오며 주의 백성에게 기업으로
주신 주의 땅에 비를 내리시옵소서
37 만일 이 땅에 기근이나 전염병이 있거
나 곡식이 시들거나 깜부기가 나거나
메뚜기나 황충이 나거나 적국이 와서
성읍을 에워싸거나 무슨 재앙이나
무슨 질병이 있든지 막론하고
38 한 사람이나 혹 주의 온 백성 이스라
엘이 다 각각 자기의 마음에 재앙을
깨닫고 이 성전을 향하여 손을 펴고
무슨 기도나 무슨 간구를 하거든
39 주는 계신 곳 하늘에서 들으시고 사
하시며 각 사람의 마음을 아시오니
그들의 모든 행위대로 행하사 갚으
시옵소서 주만 홀로 사람의 마음을
다 아심이니이다
40 그리하시면 그들이 주께서 우리 조상
들에게 주신 땅에서 사는 동안에 항
상 주를 경외하리이다
41 또 주의 백성 이스라엘에 속하지 아
니한 자 곧 주의 이름을 위하여 먼 지
방에서 온 이방인이라도
42 그들이 주의 크신 이름과 주의 능한

손과 주의 펴신 팔의 소문을 듣고
와서 이 성전을 향하여 기도하거든
43 주는 계신 곳 하늘에서 들으시고 이
방인이 주께 부르짖는 대로 이루사
땅의 만민이 주의 이름을 알고 주의
백성 이스라엘처럼 경외하게 하시오
며 또 내가 건축한 이 성전을 주의 이
름으로 일컫는 줄을 알게 하옵소서
44 주의 백성이 그들의 적국과 더불어
싸우고자 하여 주께서 보내신 길로
나갈 때에 그들이 주께서 택하신 성
읍과 내가 주의 이름을 위하여 건축
한 성전이 있는 쪽을 향하여 여호와
께 기도하거든
45 주는 하늘에서 그들의 기도와 간구
를 들으시고 그들의 일을 돌아보옵
소서
46 범죄하지 아니하는 사람이 없사오니
그들이 주께 범죄함으로 주께서 그
들에게 진노하사 그들을 적국에게
넘기시매 적국이 그들을 사로잡아 원
근을 막론하고 적국의 땅으로 끌어
간 후에
47 그들이 사로잡혀 간 땅에서 스스로
깨닫고 그 사로잡은 자의 땅에서 돌
이켜 주께 간구하기를 우리가 범죄하
여 반역을 행하며 악을 지었나이다
하며
48 자기를 사로잡아 간 적국의 땅에서
온 마음과 온 뜻으로 주께 돌아와서
주께서 그들의 조상들에게 주신 땅
곧 주께서 택하신 성읍과 내가 주의
이름을 위하여 건축한 성전 있는 쪽
을 향하여 주께 기도하거든
49 주는 계신 곳 하늘에서 그들의 기도
와 간구를 들으시고 그들의 일을 돌
아보시오며
50 주께 범죄한 백성을 용서하시며 주
께 범한 그 모든 허물을 사하시고
그들을 사로잡아 간 자 앞에서 그들
로 불쌍히 여김을 얻게 하사 그 사람
들로 그들을 불쌍히 여기게 하옵소
서
51 그들은 주께서 철 풀무 같은 애굽에
서 인도하여 내신 주의 백성, 주의 소
유가 됨이니이다
52 원하건대 주는 눈을 들어 종의 간구
함과 주의 백성 이스라엘의 간구함
을 보시고 주께 부르짖는 대로 들으
시옵소서
53 주 여호와여 주께서 우리 조상을 애
굽에서 인도하여 내실 때에 주의 종
모세를 통하여 말씀하심 같이 주께
서 세상 만민 가운데에서 그들을 구
별하여 주의 기업으로 삼으셨나이다

솔로몬의 축복

54 솔로몬이 무릎을 꿇고 손을 펴서 하
늘을 향하여 이 기도와 간구로 여호
와께 아뢰기를 마치고 여호와의 제
단 앞에서 일어나
55 서서 큰 소리로 이스라엘의 온 회중
을 위하여 축복하며 이르되
56 여호와를 찬송할지로다 그가 말씀하
신 대로 그의 백성 이스라엘에게 태
평을 주셨으니 그 종 모세를 통하여
무릇 말씀하신 그 모든 좋은 약속이
하나도 이루어지지 아니함이 없도다
57 우리 하나님 여호와께서 우리 조상
들과 함께 계시던 것 같이 우리와 함
께 계시옵고 우리를 떠나지 마시오며
버리지 마시옵고
58 우리의 마음을 주께로 향하여 그의
모든 길로 행하게 하시오며 우리 조
상들에게 명령하신 계명과 법도와 율
례를 지키게 하시기를 원하오며
59 여호와 앞에서 내가 간구한 이 말씀
이 주야로 우리 하나님 여호와께 가
까이 있게 하시옵고 또 주의 종의 일
과 주의 백성 이스라엘의 일을 날마
다 필요한 대로 돌아보사
60 이에 세상 만민에게 여호와께서만
하나님이시고 그 외에는 없는 줄을
알게 하시기를 원하노라
61 그런즉 너희의 마음을 우리 하나님
여호와께 온전히 바쳐 완전하게 하여
오늘과 같이 그의 법도를 행하며 그
의 계명을 지킬지어다

성전 봉헌식

62 이에 왕과 및 왕과 함께 한 이스라엘
이 다 여호와 앞에 희생제물을 드리
니라
63 솔로몬이 화목제의 희생제물을 드렸
으니 곧 여호와께 드린 소가 이만 이
천 마리요 양이 십이만 마리라 이와
같이 왕과 모든 이스라엘 자손이 여
호와의 성전의 봉헌식을 행하였는데
64 그 날에 왕이 여호와의 성전 앞뜰 가
운데를 거룩히 구별하고 거기서 번제
와 소제와 감사제물의 기름을 드렸
으니 이는 여호와의 앞 놋 제단이 작
으므로 번제물과 소제물과 화목제
의 기름을 다 용납할 수 없음이라
65 그 때에 솔로몬이 칠 일과 칠 일 도
합 십사 일간을 우리 하나님 여호와
앞에서 절기로 지켰는데 하맛 어귀에
서부터 애굽 강까지의 온 이스라엘의
큰 회중이 모여 그와 함께 하였더니
66 여덟째 날에 솔로몬이 백성을 돌려
보내매 백성이 왕을 위하여 축복하
고 자기 장막으로 돌아가는데 여호
와께서 그의 종 다윗과 그의 백성 이
스라엘에게 베푸신 모든 은혜로 말

미암아 기뻐하며 마음에 즐거워하였
더라

여호와께서 다시 솔로몬에게 나타나시다

9 솔로몬이 여호와의 성전과 왕궁
건축하기를 마치며 자기가 이루기
를 원하던 모든 것을 마친 때에
2 여호와께서 전에 기브온에서 나타나
심 같이 다시 솔로몬에게 나타나사
3 여호와께서 그에게 이르시되 네 기
도와 네가 내 앞에서 간구한 바를
내가 들었은즉 나는 네가 건축한 이
성전을 거룩하게 구별하여 내 이름을
영원히 그 곳에 두며 내 눈길과 내
마음이 항상 거기에 있으리니
4 네가 만일 네 아버지 다윗이 행함 같
이 마음을 온전히 하고 바르게 하여
내 앞에서 행하며 내가 네게 명령한
대로 온갖 일에 순종하여 내 법도와
율례를 지키면
5 내가 네 아버지 다윗에게 말하기를
이스라엘의 왕위에 오를 사람이 네
게서 끊어지지 아니하리라 한 대로
네 이스라엘의 왕위를 영원히 견고하
게 하려니와
6 만일 너희나 너희의 자손이 아주 돌
아서서 나를 따르지 아니하며 내가
너희 앞에 둔 나의 계명과 법도를 지
키지 아니하고 가서 다른 신을 섬겨
그것을 경배하면
7 내가 이스라엘을 내가 그들에게 준
땅에서 끊어 버릴 것이요 내 이름을
위하여 내가 거룩하게 구별한 이 성
전이라도 내 앞에서 던져버리리니 이
스라엘은 모든 민족 가운데에서 속
담거리와 이야기거리가 될 것이며
8 이 성전이 높을지라도 지나가는 자마
다 놀라며 비웃어 이르되 여호와께서
무슨 까닭으로 이 땅과 이 성전에 이
같이 행하셨는고 하면
9 대답하기를 그들이 그들의 조상들을
애굽 땅에서 인도하여 내신 그들의
하나님 여호와를 버리고 다른 신을
따라가서 그를 경배하여 섬기므로 여
호와께서 이 모든 재앙을 그들에게
내리심이라 하리라 하셨더라

솔로몬과 히람의 거래

10 솔로몬이 두 집 곧 여호와의 성전과
왕궁을 이십 년 만에 건축하기를 마
치고
11 갈릴리 땅의 성읍 스무 곳을 히람에

365묵상

약속과 경고

성전 봉헌식 후, 하나님은 꿈에 솔로몬에게 나타나셨다. 이때 솔로몬 왕은 부자였고 지혜로웠으며 이스라엘은 평화로웠다. 꿈에서 하나님은 약속과 경고를 모두 주셨다. 약속은, 말씀에 순종하면 하나님이 성전에 항상 머무를 것이고 왕위를 견고케 하시겠다는 것이다. 경고는, 만일 이방 신들을 숭배하면 왕국을 멸망시켜 백성을 천하에 흩으시겠다는 것이다(왕상9:1-9). 솔로몬에게 주신 약속과 경고는 오늘날 우리에게도 적용된다. 만일 우리가 세상의 헛되고 거짓된 것들을 좇는다면 실패와 멸망의 길을 걷게 될 것이다.

게 주었으니 이는 두로 왕 히람이 솔
로몬에게 그 온갖 소원대로 백향목
과 잣나무와 금을 제공하였음이라
12 히람이 두로에서 와서 솔로몬이 자기
에게 준 성읍들을 보고 눈에 들지
아니하여
13 이르기를 내 형제여 내게 준 이 성읍
들이 이러한가 하고 이름하여 가불
땅이라 하였더니 그 이름이 오늘까지
있느니라
14 히람이 금 일백이십 달란트를 왕에
게 보내었더라

솔로몬의 나머지 업적

15 솔로몬 왕이 역군을 일으킨 까닭은
이러하니 여호와의 성전과 자기 왕궁
과 밀로와 예루살렘 성과 하솔과 므
깃도와 게셀을 건축하려 하였음이라
16 전에 애굽 왕 바로가 올라와서 게셀
을 탈취하여 불사르고 그 성읍에 사
는 가나안 사람을 죽이고 그 성읍을
자기 딸 솔로몬의 아내에게 예물로
주었더니
17 솔로몬이 게셀과 아래 벧호론을 건
축하고
18 또 바알랏과 그 땅의 들에 있는 다
드몰과
19 자기에게 있는 모든 국고성과 병거성
들과 마병의 성들을 건축하고 솔로
몬이 또 예루살렘과 레바논과 그가
다스리는 온 땅에 건축하고자 하던
것을 다 건축하였는데
20 이스라엘 자손이 아닌 아모리 사람
과 헷 사람과 브리스 사람과 히위 사
람과 여부스 사람 중 남아 있는 모
든 사람
21 곧 이스라엘 자손이 다 멸하지 못하
므로 그 땅에 남아 있는 그들의 자
손들을 솔로몬이 노예로 역군을 삼
아 오늘까지 이르렀으되
22 다만 이스라엘 자손은 솔로몬이 노
예를 삼지 아니하였으니 그들은 군
사와 그 신하와 고관과 대장이며 병
거와 마병의 지휘관이 됨이었더라
23 솔로몬에게 일을 감독하는 우두머리
오백오십 명이 있어 일하는 백성을
다스렸더라
24 바로의 딸이 다윗 성에서부터 올라와
솔로몬이 그를 위하여 건축한 궁에
이를 때에 솔로몬이 밀로를 건축하
였더라
25 솔로몬이 여호와를 위하여 쌓은 제
단 위에 해마다 세 번씩 번제와 감사
의 제물을 드리고 또 여호와 앞에 있
는 제단에 분향하니라 이에 성전 짓
는 일을 마치니라
26 솔로몬 왕이 에돔 땅 홍해 물 가의

엘롯 근처 에시온게벨에서 배들을
지은지라
27 히람이 자기 종 곧 바다에 익숙한 사
공들을 솔로몬의 종과 함께 그 배로
보내매
28 그들이 오빌에 이르러 거기서 금 사
백이십 달란트를 얻고 솔로몬 왕에
게로 가져왔더라

스바의 여왕이 솔로몬을 찾아오다

10 스바의 여왕이 여호와의 이름으
로 말미암은 솔로몬의 명성을
듣고 와서 어려운 문제로 그를 시험
하고자 하여
2 예루살렘에 이르니 수행하는 자가
심히 많고 향품과 심히 많은 금과 보
석을 낙타에 실었더라 그가 솔로몬
에게 나아와 자기 마음에 있는 것을
다 말하매
3 솔로몬이 그가 묻는 말에 다 대답하
였으니 왕이 알지 못하여 대답하지
못한 것이 하나도 없었더라
4 스바의 여왕이 솔로몬의 모든 지혜
와 그 건축한 왕궁과
5 그 상의 식물과 그의 신하들의 좌석
과 그의 시종들이 시립한 것과 그들
의 관복과 술 관원들과 여호와의 성
전에 올라가는 층계를 보고 크게 감
동되어
6 왕께 말하되 내가 내 나라에서 당신
의 행위와 당신의 지혜에 대하여 들
은 소문이 사실이로다
7 내가 그 말들을 믿지 아니하였더니
이제 와서 친히 본즉 내게 말한 것은
절반도 못되니 당신의 지혜와 복이
내가 들은 소문보다 더하도다
8 복되도다 당신의 사람들이여 복되도
다 당신의 이 신하들이여 항상 당신
앞에 서서 당신의 지혜를 들음이로다
9 당신의 하나님 여호와를 송축할지로
다 여호와께서 당신을 기뻐하사 이스
라엘 왕위에 올리셨고 여호와께서 영
원히 이스라엘을 사랑하시므로 당신
을 세워 왕으로 삼아 정의와 공의를
행하게 하셨도다 하고
10 이에 그가 금 일백이십 달란트와 심
히 많은 향품과 보석을 왕에게 드렸
으니 스바의 여왕이 솔로몬 왕에게
드린 것처럼 많은 향품이 다시 오지
아니하였더라
11 오빌에서부터 금을 실어온 히람의 배
들이 오빌에서 많은 백단목과 보석
을 운반하여 오매
12 왕이 백단목으로 여호와의 성전과
왕궁의 난간을 만들고 또 노래하는
자를 위하여 수금과 비파를 만들었
으니 이같은 백단목은 전에도 온 일

이 없었고 오늘까지도 보지 못하였더
라
13 솔로몬 왕이 왕의 규례대로 스바의
여왕에게 물건을 준 것 외에 또 그의
소원대로 구하는 것을 주니 이에 그
가 그의 신하들과 함께 본국으로 돌
아갔더라

솔로몬의 재산과 지혜

14 솔로몬의 세입금의 무게가 금 육백
육십육 달란트요
15 그 외에 또 상인들과 무역하는 객상
과 아라비아의 모든 왕들과 나라의
고관들에게서도 가져온지라
16 솔로몬 왕이 쳐서 늘인 금으로 큰 방
패 이백 개를 만들었으니 매 방패에
든 금이 육백 세겔이며
17 또 쳐서 늘인 금으로 작은 방패 삼
백 개를 만들었으니 매 방패에 든
금이 삼 마네라 왕이 이것들을 레바
논 나무 궁에 두었더라
18 왕이 또 상아로 큰 보좌를 만들고
정금으로 입혔으니
19 그 보좌에는 여섯 층계가 있고 보좌
뒤에 둥근 머리가 있고 앉는 자리 양
쪽에는 팔걸이가 있고 팔걸이 곁에
는 사자가 하나씩 서 있으며
20 또 열두 사자가 있어 그 여섯 층계
좌우편에 서 있으니 어느 나라에도
이같이 만든 것이 없었더라
21 솔로몬 왕이 마시는 그릇은 다 금이
요 레바논 나무 궁의 그릇들도 다
정금이라 은 기물이 없으니 솔로몬의
시대에 은을 귀히 여기지 아니함은
22 왕이 바다에 다시스 배들을 두어 히
람의 배와 함께 있게 하고 그 다시스
배로 삼 년에 한 번씩 금과 은과 상
아와 원숭이와 공작을 실어 왔음이더
라
23 솔로몬 왕의 재산과 지혜가 세상의
그 어느 왕보다 큰지라
24 온 세상 사람들이 다 하나님께서 솔
로몬의 마음에 주신 지혜를 들으며
그의 얼굴을 보기 원하여
25 그들이 각기 예물을 가지고 왔으니
곧 은 그릇과 금 그릇과 의복과 갑
옷과 향품과 말과 노새라 해마다 그
리하였더라
26 솔로몬이 병거와 마병을 모으매 병
거가 천사백 대요 마병이 만이천 명
이라 병거성에도 두고 예루살렘 왕
에게도 두었으며
27 왕이 예루살렘에서 은을 돌 같이 흔
하게 하고 백향목을 평지의 뽕나무
같이 많게 하였더라
28 솔로몬의 말들은 애굽에서 들여왔으
니 왕의 상인들이 값주고 산 것이며

29 애굽에서 들여온 병거는 한 대에 은
육백 세겔이요 말은 한 필에 백오십
세겔이라 이와 같이 헷 사람의 모든
왕과 아람 왕들에게 그것들을 되팔
기도 하였더라

솔로몬의 마음이 여호와를 떠나다

11 솔로몬 왕이 바로의 딸 외에 이
방의 많은 여인을 사랑하였으니
곧 모압과 암몬과 에돔과 시돈과 헷
여인이라
2 여호와께서 일찍이 이 여러 백성에
대하여 이스라엘 자손에게 말씀하시
기를 너희는 그들과 서로 통혼하지
말며 그들도 너희와 서로 통혼하게
하지 말라 그들이 반드시 너희의 마
음을 돌려 그들의 신들을 따르게 하
리라 하셨으나 솔로몬이 그들을 사
랑하였더라
3 왕은 후궁이 칠백 명이요 첩이 삼백
명이라 그의 여인들이 왕의 마음을
돌아서게 하였더라
4 솔로몬의 나이가 많을 때에 그의 여
인들이 그의 마음을 돌려 다른 신들
을 따르게 하였으므로 왕의 마음이
그의 아버지 다윗의 마음과 같지 아
니하여 그의 하나님 여호와 앞에 온
전하지 못하였으니
5 이는 시돈 사람의 여신 아스다롯을
따르고 암몬 사람의 가증한 밀곰을
따름이라
6 솔로몬이 여호와의 눈앞에서 악을
행하여 그의 아버지 다윗이 여호와를
온전히 따름 같이 따르지 아니하고
7 모압의 가증한 그모스를 위하여 예
루살렘 앞 산에 산당을 지었고 또 암
몬 자손의 가증한 몰록을 위하여 그
와 같이 하였으며
8 그가 또 그의 이방 여인들을 위하여
다 그와 같이 한지라 그들이 자기의
신들에게 분향하며 제사하였더라
9 솔로몬이 마음을 돌려 이스라엘의
하나님 여호와를 떠나므로 여호와께
서 그에게 진노하시니라 여호와께서
일찍이 두 번이나 그에게 나타나시고
10 이 일에 대하여 명령하사 다른 신을
따르지 말라 하셨으나 그가 여호와
의 명령을 지키지 않았으므로
11 여호와께서 솔로몬에게 말씀하시되
네게 이러한 일이 있었고 또 네가 내
언약과 내가 네게 명령한 법도를 지
키지 아니하였으니 내가 반드시 이
나라를 네게서 빼앗아 네 신하에게
주리라
12 그러나 네 아버지 다윗을 위하여 네
세대에는 이 일을 행하지 아니하고
네 아들의 손에서 빼앗으려니와

13 오직 내가 이 나라를 다 빼앗지 아니
하고 내 종 다윗과 내가 택한 예루
살렘을 위하여 한 지파를 네 아들에
게 주리라 하셨더라

솔로몬의 대적

14 여호와께서 에돔 사람 하닷을 일으
켜 솔로몬의 대적이 되게 하시니 그
는 왕의 자손으로서 에돔에 거하였
더라
15 전에 다윗이 에돔에 있을 때에 군대
지휘관 요압이 가서 죽임을 당한 자
들을 장사하고 에돔의 남자를 다 쳐
서 죽였는데
16 요압은 에돔의 남자를 다 없애기까
지 이스라엘 무리와 함께 여섯 달 동
안 그 곳에 머물렀더라
17 그 때에 하닷은 작은 아이라 그의
아버지 신하 중 에돔 사람 몇몇과 함
께 도망하여 애굽으로 가려 하여
18 미디안을 떠나 바란에 이르고 거기서
사람을 데리고 애굽으로 가서 애굽
왕 바로에게 나아가매 바로가 그에
게 집과 먹을 양식을 주며 또 토지를
주었더라
19 하닷이 바로의 눈 앞에 크게 은총을
얻었으므로 바로가 자기의 처제 곧
왕비 다브네스의 아우를 그의 아내
로 삼으매
20 다브네스의 아우가 그로 말미암아
아들 그누밧을 낳았더니 다브네스가
그 아이를 바로의 궁중에서 젖을 떼
게 하매 그누밧이 바로의 궁에서 바
로의 아들 가운데 있었더라
21 하닷이 애굽에 있어서 다윗이 그의
조상들과 함께 잔 것과 군대 지휘관
요압이 죽은 것을 듣고 바로에게 아
뢰되 나를 보내어 내 고국으로 가게
하옵소서
22 바로가 그에게 이르되 네가 나와 함
께 있어 무슨 부족함이 있기에 네 고
국으로 가기를 구하느냐 대답하되
없나이다 그러나 아무쪼록 나를 보
내옵소서 하였더라
23 하나님이 또 엘리아다의 아들 르손
을 일으켜 솔로몬의 대적자가 되게
하시니 그는 그의 주인 소바 왕 하닷
에셀에게서 도망한 자라
24 다윗이 소바 사람을 죽일 때에 르손
이 사람들을 자기에게 모으고 그 무
리의 괴수가 되어 다메섹으로 가서
살다가 거기서 왕이 되었더라
25 솔로몬의 일평생에 하닷이 끼친 환난
외에 르손이 수리아 왕이 되어 이스
라엘을 대적하고 미워하였더라

여로보암에게 하신 여호와의 말씀

26 솔로몬의 신하 느밧의 아들 여로보

암이 또한 손을 들어 왕을 대적하였
으니 그는 에브라임 족속인 스레다
사람이요 그의 어머니의 이름은 스루
아이니 과부더라
27 그가 손을 들어 왕을 대적하는 까닭
은 이러하니라 솔로몬이 밀로를 건축
하고 그의 아버지 다윗의 성읍이 무
너진 것을 수축하였는데
28 이 사람 여로보암은 큰 용사라 솔로
몬이 이 청년의 부지런함을 보고 세
워 요셉 족속의 일을 감독하게 하였
더니
29 그 즈음에 여로보암이 예루살렘에서
나갈 때에 실로 사람 선지자 아히야
가 길에서 그를 만나니 아히야가 새
의복을 입었고 그 두 사람만 들에 있
었더라
30 아히야가 자기가 입은 새 옷을 잡아
열두 조각으로 찢고
31 여로보암에게 이르되 너는 열 조각
을 가지라 이스라엘의 하나님 여호와
의 말씀이 내가 이 나라를 솔로몬의
손에서 찢어 빼앗아 열 지파를 네게
주고
32 오직 내 종 다윗을 위하고 이스라엘
모든 지파 중에서 택한 성읍 예루살
렘을 위하여 한 지파를 솔로몬에게
주리니
33 이는 그들이 나를 버리고 시돈 사람
의 여신 아스다롯과 모압의 신 그모
스와 암몬 자손의 신 밀곰을 경배하
며 그의 아버지 다윗이 행함 같지 아
니하여 내 길로 행하지 아니하며 나
보기에 정직한 일과 내 법도와 내 율
례를 행하지 아니함이니라
34 그러나 내가 택한 내 종 다윗이 내
명령과 내 법도를 지켰으므로 내가
그를 위하여 솔로몬의 생전에는 온
나라를 그의 손에서 빼앗지 아니하
고 주관하게 하려니와
35 내가 그의 아들의 손에서 나라를 빼
앗아 그 열 지파를 네게 줄 것이요
36 그의 아들에게는 내가 한 지파를 주
어서 내가 거기에 내 이름을 두고자
하여 택한 성읍 예루살렘에서 내 종
다윗이 항상 내 앞에 등불을 가지고
있게 하리라
37 내가 너를 취하리니 너는 네 마음에
원하는 대로 다스려 이스라엘 위에
왕이 되되

365묵상

솔로몬의 지혜와 그의 타락

솔로몬은 하나님께 지혜의 은사를 부여받은 지혜의 왕이었다. 그런데 놀랍게도 말년에 이방 여인들의 말을 듣고 어리석게도 이스라엘에 우상숭배를 허용했다(왕상 11:33). 지혜의 왕인 솔로몬이 왜 그랬을까? 지혜를 소유했다고 해서 그것이 현실 속에서 올바로 적용되리라는 보장은 없다. 말년에 솔로몬은 자신의 지혜를 실천하는 데 실패했다. 지혜가 지식의 적용이라면, 순종은 지혜의 적용이다. 따라서 솔로몬에겐 자신을 올바른 길로 이끌 지혜는 충분했지만, 어리석게도 그 지혜에 따르지(순종하지) 않았던 것이다.

38 네가 만일 내가 명령한 모든 일에 순
종하고 내 길로 행하며 내 눈에 합당
한 일을 하며 내 종 다윗이 행함 같
이 내 율례와 명령을 지키면 내가 너
와 함께 있어 내가 다윗을 위하여 세
운 것 같이 너를 위하여 견고한 집을
세우고 이스라엘을 네게 주리라
39 내가 이로 말미암아 다윗의 자손을
괴롭게 할 것이나 영원히 하지는 아
니하리라 한지라
40 이러므로 솔로몬이 여로보암을 죽이
려 하매 여로보암이 일어나 애굽으
로 도망하여 애굽 왕 시삭에게 이르
러 솔로몬이 죽기까지 애굽에 있으
니라

솔로몬이 죽다

41 솔로몬의 남은 사적과 그의 행한 모
든 일과 그의 지혜는 솔로몬의 실록
에 기록되지 아니하였느냐
42 솔로몬이 예루살렘에서 온 이스라엘
을 다스린 날 수가 사십 년이라
43 솔로몬이 그의 조상들과 함께 자매
그의 아버지 다윗의 성읍에 장사되고
그의 아들 르호보암이 대신하여 왕
이 되니라

북쪽 지파들의 배반

12 르호보암이 세겜으로 갔으니
이는 온 이스라엘이 그를 왕으
로 삼고자 하여 세겜에 이르렀음이
더라
2 느밧의 아들 여로보암이 전에 솔로
몬 왕의 얼굴을 피하여 애굽으로 도
망하여 있었더니 이제 그 소문을 듣
고 여전히 애굽에 있는 중에
3 무리가 사람을 보내 그를 불렀더라
여로보암과 이스라엘의 온 회중이
와서 르호보암에게 말하여 이르되
4 왕의 아버지가 우리의 멍에를 무겁게
하였으나 왕은 이제 왕의 아버지가
우리에게 시킨 고역과 메운 무거운
멍에를 가볍게 하소서 그리하시면 우
리가 왕을 섬기겠나이다
5 르호보암이 대답하되 갔다가 삼 일
후에 다시 내게로 오라 하매 백성이
가니라
6 르호보암 왕이 그의 아버지 솔로몬
의 생전에 그 앞에 모셨던 노인들과
의논하여 이르되 너희는 어떻게 충고
하여 이 백성에게 대답하게 하겠느
냐
7 대답하여 이르되 왕이 만일 오늘 이
백성을 섬기는 자가 되어 그들을 섬
기고 좋은 말로 대답하여 이르시면
그들이 영원히 왕의 종이 되리이다
하나
8 왕이 노인들이 자문하는 것을 버리고

자기 앞에 모셔 있는 자기와 함께 자
라난 어린 사람들과 의논하여
9 이르되 너희는 어떻게 자문하여 이
백성에게 대답하게 하겠느냐 백성이
내게 말하기를 왕의 아버지가 우리에
게 메운 멍에를 가볍게 하라 하였느
니라
10 함께 자라난 소년들이 왕께 아뢰어
이르되 이 백성들이 왕께 아뢰기를
왕의 부친이 우리의 멍에를 무겁게
하였으나 왕은 우리를 위하여 가볍
게 하라 하였은즉 왕은 대답하기를
내 새끼 손가락이 내 아버지의 허리
보다 굵으니
11 내 아버지께서 너희에게 무거운 멍에
를 메게 하였으나 이제 나는 너희의
멍에를 더욱 무겁게 할지라 내 아버
지는 채찍으로 너희를 징계하였으나
나는 전갈 채찍으로 너희를 징계하리
라 하소서
12 삼 일 만에 여로보암과 모든 백성이
르호보암에게 나아왔으니 이는 왕이
명령하여 이르기를 삼 일 만에 내게
로 다시 오라 하였음이라
13 왕이 포학한 말로 백성에게 대답할
새 노인의 자문을 버리고
14 어린 사람들의 자문을 따라 그들에
게 말하여 이르되 내 아버지는 너희
의 멍에를 무겁게 하였으나 나는 너
희의 멍에를 더욱 무겁게 할지라 내
아버지는 채찍으로 너희를 징계하였
으나 나는 전갈 채찍으로 너희를 징
치하리라 하니라
15 왕이 이같이 백성의 말을 듣지 아니
하였으니 이 일은 여호와께로 말미암
아 난 것이라 여호와께서 전에 실로
사람 아히야로 느밧의 아들 여로보
암에게 하신 말씀을 이루게 하심이더
라
16 온 이스라엘이 자기들의 말을 왕이
듣지 아니함을 보고 왕에게 대답하
여 이르되 우리가 다윗과 무슨 관계
가 있느냐 이새의 아들에게서 받을
유산이 없도다 이스라엘아 너희의 장
막으로 돌아가라 다윗이여 이제 너
는 네 집이나 돌아보라 하고 이스라
엘이 그 장막으로 돌아가니라
17 그러나 유다 성읍들에 사는 이스라
엘 자손에게는 르호보암이 그들의
왕이 되었더라
18 르호보암 왕이 역군의 감독 아도람
을 보냈더니 온 이스라엘이 그를 돌
로 쳐죽인지라 르호보암 왕이 급히
수레에 올라 예루살렘으로 도망하
였더라
19 이에 이스라엘이 다윗의 집을 배반하

여 오늘까지 이르렀더라
20 온 이스라엘이 여로보암이 돌아왔다
함을 듣고 사람을 보내 그를 공회로
청하여 온 이스라엘의 왕으로 삼았
으니 유다 지파 외에는 다윗의 집을
따르는 자가 없으니라

스마야가 여호와의 말씀을 전하다

21 르호보암이 예루살렘에 이르러 유다
온 족속과 베냐민 지파를 모으니 택
한 용사가 십팔만 명이라 이스라엘
족속과 싸워 나라를 회복하여 솔로
몬의 아들 르호보암에게 돌리려 하
더니
22 하나님의 말씀이 하나님의 사람 스마
야에게 임하여 이르시되
23 솔로몬의 아들 유다 왕 르호보암과
유다와 베냐민 온 족속과 또 그 남
은 백성에게 말하여 이르기를
24 여호와의 말씀이 너희는 올라가지 말
라 너희 형제 이스라엘 자손과 싸우
지 말고 각기 집으로 돌아가라 이 일
이 나로 말미암아 난 것이라 하셨다
하라 하신지라 그들이 여호와의 말씀
을 듣고 그 말씀을 따라 돌아갔더라

여로보암이 금송아지를 만들다

25 여로보암이 에브라임 산지에 세겜을
건축하고 거기서 살며 또 거기서 나
가서 부느엘을 건축하고
26 그의 마음에 스스로 이르기를 나라
가 이제 다윗의 집으로 돌아가리로다
27 만일 이 백성이 예루살렘에 있는 여
호와의 성전에 제사를 드리고자 하
여 올라가면 이 백성의 마음이 유다
왕 된 그들의 주 르호보암에게로 돌
아가서 나를 죽이고 유다의 왕 르호
보암에게로 돌아가리로다 하고
28 이에 계획하고 두 금송아지를 만들
고 무리에게 말하기를 너희가 다시는
예루살렘에 올라갈 것이 없도다 이
스라엘아 이는 너희를 애굽 땅에서
인도하여 올린 너희의 신들이라 하고
29 하나는 벧엘에 두고 하나는 단에 둔
지라
30 이 일이 죄가 되었으니 이는 백성들이
단까지 가서 그 하나에게 경배함이더
라
31 그가 또 산당들을 짓고 레위 자손
아닌 보통 백성으로 제사장을 삼고
32 여덟째 달 곧 그 달 열다섯째 날로
절기를 정하여 유다의 절기와 비슷하
게 하고 제단에 올라가되 벧엘에서
그와 같이 행하여 그가 만든 송아지
에게 제사를 드렸으며 그가 지은 산
당의 제사장을 벧엘에서 세웠더라
33 그가 자기 마음대로 정한 달 곧 여덟
째 달 열다섯째 날로 이스라엘 자손

을 위하여 절기로 정하고 벧엘에 쌓
은 제단에 올라가서 분향하였더라

벧엘 제단 규탄

13 보라 그 때에 하나님의 사람이
여호와의 말씀으로 말미암아
유다에서부터 벧엘에 이르니 마침 여
로보암이 제단 곁에 서서 분향하는지
라
2 하나님의 사람이 제단을 향하여 여호
와의 말씀으로 외쳐 이르되 제단아
제단아 여호와께서 이와 같이 말씀
하시기를 다윗의 집에 요시야라 이름
하는 아들을 낳으리니 그가 네 위에
분향하는 산당 제사장을 네 위에서
제물로 바칠 것이요 또 사람의 뼈를
네 위에서 사르리라 하셨느니라 하고
3 그 날에 그가 징조를 들어 이르되 이
는 여호와께서 말씀하신 징조라 제
단이 갈라지며 그 위에 있는 재가 쏟
아지리라 하매
4 여로보암 왕이 하나님의 사람이 벧엘
에 있는 제단을 향하여 외쳐 말함을
들을 때에 제단에서 손을 펴며 그를
잡으라 하더라 그를 향하여 편 손이
말라 다시 거두지 못하며
5 하나님의 사람이 여호와의 말씀으로
보인 징조대로 제단이 갈라지며 재가
제단에서 쏟아진지라
6 왕이 하나님의 사람에게 말하여 이르
되 청하건대 너는 나를 위하여 네 하
나님 여호와께 은혜를 구하여 내 손
이 다시 성하게 기도하라 하나님의
사람이 여호와께 은혜를 구하니 왕
의 손이 다시 성하여 전과 같이 되니
라
7 왕이 하나님의 사람에게 이르되 나와
함께 집에 가서 쉬라 내가 네게 예물
을 주리라
8 하나님의 사람이 왕께 대답하되 왕
께서 왕의 집 절반을 내게 준다 할지
라도 나는 왕과 함께 들어가지도 아
니하고 이 곳에서는 떡도 먹지 아니
하고 물도 마시지 아니하리니
9 이는 곧 여호와의 말씀이 내게 명령
하여 이르시기를 떡도 먹지 말며 물
도 마시지 말고 왔던 길로 되돌아가
지 말라 하셨음이니이다 하고
10 이에 다른 길로 가고 자기가 벧엘에
오던 길로 되돌아가지도 아니하니라

벧엘의 늙은 선지자

11 벧엘에 한 늙은 선지자가 살더니 그
의 아들들이 와서 이 날에 하나님의
사람이 벧엘에서 행한 모든 일을 그
에게 말하고 또 그가 왕에게 하신
말씀도 그들이 그들의 아버지에게
말한지라

12 그들의 아버지가 그들에게 이르되
그가 어느 길로 가더냐 하니 그의 아
들들이 유다에서부터 온 하나님의
사람의 간 길을 보았음이라
13 그가 그의 아들들에게 이르되 나를
위하여 나귀에 안장을 지우라 그들
이 나귀에 안장을 지우니 그가 타고
14 하나님의 사람을 뒤따라가서 상수리
나무 아래에 앉은 것을 보고 이르되
그대가 유다에서 온 하나님의 사람
이냐 대답하되 그러하다
15 그가 그 사람에게 이르되 나와 함께
집으로 가서 떡을 먹으라
16 대답하되 나는 그대와 함께 돌아가
지도 못하겠고 그대와 함께 들어가
지도 못하겠으며 내가 이 곳에서 그
대와 함께 떡도 먹지 아니하고 물도
마시지 아니하리니
17 이는 여호와의 말씀이 내게 이르시기
를 네가 거기서 떡도 먹지 말고 물도
마시지 말며 또 네가 오던 길로 되돌
아가지도 말라 하셨음이로다
18 그가 그 사람에게 이르되 나도 그대
와 같은 선지자라 천사가 여호와의
말씀으로 내게 이르기를 그를 네 집
으로 데리고 돌아가서 그에게 떡을
먹이고 물을 마시게 하라 하였느니라
하니 이는 그 사람을 속임이라
19 이에 그 사람이 그와 함께 돌아가서
그의 집에서 떡을 먹으며 물을 마시
니라
20 그들이 상 앞에 앉아 있을 때에 여
호와의 말씀이 그 사람을 데려온 선
지자에게 임하니
21 그가 유다에서부터 온 하나님의 사
람을 향하여 외쳐 이르되 여호와의
말씀에 네가 여호와의 말씀을 어기
며 네 하나님 여호와께서 네게 내리
신 명령을 지키지 아니하고
22 돌아와서 여호와가 너더러 떡도 먹지
말고 물도 마시지 말라 하신 곳에서
떡을 먹고 물을 마셨으니 네 시체가
네 조상들의 묘실에 들어가지 못하
리라 하셨느니라 하니라
23 그리고 자기가 데리고 온 선지자가
떡을 먹고 물을 마신 후에 그를 위하
여 나귀에 안장을 지우니라
24 이에 그 사람이 가더니 사자가 길에
서 그를 만나 물어 죽이매 그의 시체
가 길에 버린 바 되니 나귀는 그 곁에
서 있고 사자도 그 시체 곁에 서 있더
라
25 지나가는 사람들이 길에 버린 시체와
그 시체 곁에 선 사자를 보고 그 늙
은 선지자가 사는 성읍에 가서 말한
지라

26 그 사람을 길에서 데리고 돌아간 선
지자가 듣고 말하되 이는 여호와의
말씀을 어긴 하나님의 사람이로다 여
호와께서 그에게 하신 말씀과 같이
여호와께서 그를 사자에게 넘기시매
사자가 그를 찢어 죽였도다 하고
27 이에 그의 아들들에게 말하여 이르
되 나를 위하여 나귀에 안장을 지우
라 그들이 안장을 지우매
28 그가 가서 본즉 그의 시체가 길에 버
린 바 되었고 나귀와 사자는 그 시체
곁에 서 있는데 사자가 시체를 먹지
도 아니하였고 나귀를 찢지도 아니하
였더라
29 늙은 선지자가 하나님의 사람의 시체
를 들어 나귀에 실어 가지고 돌아와
자기 성읍으로 들어가서 슬피 울며
장사하되
30 곧 그의 시체를 자기의 묘실에 두고
오호라 내 형제여 하며 그를 위하여
슬피우니라
31 그 사람을 장사한 후에 그가 그 아
들들에게 말하여 이르되 내가 죽거
든 하나님의 사람을 장사한 묘실에
나를 장사하되 내 뼈를 그의 뼈 곁에
두라
32 그가 여호와의 말씀으로 벧엘에 있
는 제단을 향하고 또 사마리아 성읍
들에 있는 모든 산당을 향하여 외쳐
말한 것이 반드시 이룰 것임이니라

여로보암의 죄

33 여로보암이 이 일 후에도 그의 악한
길에서 떠나 돌이키지 아니하고 다시
일반 백성을 산당의 제사장으로 삼
되 누구든지 자원하면 그 사람을 산
당의 제사장으로 삼았으므로
34 이 일이 여로보암 집에 죄가 되어 그
집이 땅 위에서 끊어져 멸망하게 되니
라

여로보암의 아들의 죽음

14

그 때에 여로보암의 아들 아비
야가 병든지라
2 여로보암이 자기 아내에게 이르되 청
하건대 일어나 변장하여 사람들이 그
대가 여로보암의 아내임을 알지 못
하게 하고 실로로 가라 거기 선지자
아히야가 있나니 그는 이전에 내가
이 백성의 왕이 될 것을 내게 말한 사
람이니라
3 그대의 손에 떡 열 개와 과자와 꿀

365묵상

하나님의 뜻을 빙자한 그릇된 충고

하나님은 유다의 한 선지자에게 벧엘 땅에서는 무엇도 먹지 말라고 명하셨다. 그러나 그 지방의 한 늙은 선지자는 하나님의 뜻이라고 말하면서 먹을 것을 권했고, 음식을 먹었다. 그 결과는 죽음이었다(왕상13:11–32). 이처럼 하나님의 뜻을 안다고 말하는 자의 충고를 쉽게 따르는 것은 아주 위험한 일이다. 우리 각자는 오직 하나님의 말씀의 내비게이션에 의해 인도되어야 한다. 누군가 "이것이 당신을 향한 하나님의 뜻이다"라고 말할 수 있다. 정말 그런가? 하나님의 말씀으로 꼼꼼하게 그 사실을 점검해보아야 한다.

한 병을 가지고 그에게로 가라 그가
그대에게 이 아이가 어떻게 될지를
알게 하리라
4 여로보암의 아내가 그대로 하여 일
어나 실로로 가서 아히야의 집에 이
르니 아히야는 나이가 많아 눈이 어
두워 보지 못하더라
5 여호와께서 아히야에게 이르시되 여
로보암의 아내가 자기 아들이 병 들
었으므로 네게 물으러 오나니 너는
이러이러하게 대답하라 그가 들어올
때에 다른 사람인 체함이니라
6 그가 문으로 들어올 때에 아히야가
그 발소리를 듣고 말하되 여로보암
의 아내여 들어오라 네가 어찌하여
다른 사람인 체하느냐 내가 명령을
받아 흉한 일을 네게 전하리니
7 가서 여로보암에게 말하라 이스라엘
의 하나님 여호와의 말씀이 내가 너
를 백성 중에서 들어 내 백성 이스라
엘의 주권자가 되게 하고
8 나라를 다윗의 집에서 찢어내어 네게
주었거늘 너는 내 종 다윗이 내 명령
을 지켜 전심으로 나를 따르며 나 보
기에 정직한 일만 행하였음과 같지
아니하고
9 네 이전 사람들보다도 더 악을 행하
고 가서 너를 위하여 다른 신을 만들
며 우상을 부어 만들어 나를 노엽게
하고 나를 네 등 뒤에 버렸도다
10 그러므로 내가 여로보암의 집에 재
앙을 내려 여로보암에게 속한 사내
는 이스라엘 가운데 매인 자나 놓인
자나 다 끊어 버리되 거름 더미를 쓸
어 버림 같이 여로보암의 집을 말갛
게 쓸어 버릴지라
11 여로보암에게 속한 자가 성읍에서
죽은즉 개가 먹고 들에서 죽은즉 공
중의 새가 먹으리니 이는 여호와께서
말씀하셨음이니라 하셨나니
12 너는 일어나 네 집으로 가라 네 발이
성읍에 들어갈 때에 그 아이가 죽을
지라
13 온 이스라엘이 그를 위하여 슬퍼하
며 장사하려니와 여로보암에게 속한
자는 오직 이 아이만 묘실에 들어가
리니 이는 여로보암의 집 가운데에서
그가 이스라엘의 하나님 여호와를
향하여 선한 뜻을 품었음이니라
14 여호와께서 이스라엘 위에 한 왕을
일으키신즉 그가 그 날에 여로보암
의 집을 끊어 버리리라 언제냐 하니
곧 이제라
15 여호와께서 이스라엘을 쳐서 물에서
흔들리는 갈대 같이 되게 하시고 이
스라엘을 그의 조상들에게 주신 이

좋은 땅에서 뽑아 그들을 강 너머로
흩으시리니 그들이 아세라 상을 만
들어 여호와를 진노하게 하였음이니
라
16 여호와께서 여로보암의 죄로 말미암
아 이스라엘을 버리시리니 이는 그도
범죄하고 이스라엘로 범죄하게 하였
음이니라 하니라
17 여로보암의 아내가 일어나 디르사로
돌아가서 집 문지방에 이를 때에 그
아이가 죽은지라
18 온 이스라엘이 그를 장사하고 그를
위하여 슬퍼하니 여호와께서 그의 종
선지자 아히야를 통하여 하신 말씀과
같이 되었더라

여로보암의 죽음

19 여로보암의 그 남은 행적 곧 그가 어
떻게 싸웠는지와 어떻게 다스렸는지
는 이스라엘 왕 역대지략에 기록되니
라
20 여로보암이 왕이 된 지 이십이 년이라
그가 그의 조상들과 함께 자매 그의
아들 나답이 대신하여 왕이 되니라

유다 왕 르호보암

21 솔로몬의 아들 르호보암은 유다 왕
이 되었으니 르호보암이 왕위에 오
를 때에 나이가 사십일 세라 여호와
께서 자기 이름을 두시려고 이스라엘
모든 지파 가운데에서 택하신 성읍
예루살렘에서 십칠 년 동안 다스리니
라 그의 어머니의 이름은 나아마요
암몬 사람이더라
22 유다가 여호와 보시기에 악을 행하
되 그의 조상들이 행한 모든 일보다
뛰어나게 하여 그 범한 죄로 여호와
를 노엽게 하였으니
23 이는 그들도 산 위에와 모든 푸른
나무 아래에 산당과 우상과 아세라
상을 세웠음이라
24 그 땅에 또 남색하는 자가 있었고 여
호와께서 이스라엘 자손 앞에서 쫓
아내신 국민의 모든 가증한 일을 무
리가 본받아 행하였더라
25 르호보암 왕 제오년에 애굽의 왕 시
삭이 올라와서 예루살렘을 치고
26 여호와의 성전의 보물과 왕궁의 보
물을 모두 빼앗고 또 솔로몬이 만든
금 방패를 다 빼앗은지라
27 르호보암 왕이 그 대신 놋으로 방패
를 만들어 왕궁 문을 지키는 시위대
대장의 손에 맡기매
28 왕이 여호와의 성전에 들어갈 때마다
시위하는 자가 그 방패를 들고 갔다
가 시위소로 도로 가져갔더라
29 르호보암의 남은 사적과 그가 행한
모든 일은 유다 왕 역대지략에 기록

되지 아니하였느냐
30 르호보암과 여로보암 사이에 항상
전쟁이 있으니라
31 르호보암이 그의 조상들과 함께 자
니 그의 조상들과 함께 다윗 성에 장
사되니라 그의 어머니의 이름은 나아
마요 암몬 사람이더라 그의 아들 아
비얌이 대신하여 왕이 되니라

유다 왕 아비얌

15 느밧의 아들 여로보암 왕 열여
덟째 해에 아비얌이 유다 왕이
되고
2 예루살렘에서 삼 년 동안 다스리니
라 그의 어머니의 이름은 마아가요
아비살롬의 딸이더라
3 아비얌이 그의 아버지가 이미 행한 모
든 죄를 행하고 그의 마음이 그의 조
상 다윗의 마음과 같지 아니하여 그
의 하나님 여호와 앞에 온전하지 못
하였으나
4 그의 하나님 여호와께서 다윗을 위하
여 예루살렘에서 그에게 등불을 주
시되 그의 아들을 세워 뒤를 잇게 하
사 예루살렘을 견고하게 하셨으니
5 이는 다윗이 헷 사람 우리아의 일 외
에는 평생에 여호와 보시기에 정직
하게 행하고 자기에게 명령하신 모
든 일을 어기지 아니하였음이라
6 르호보암과 여로보암 사이에 사는
날 동안 전쟁이 있었더니
7 아비얌과 여로보암 사이에도 전쟁이
있으니라 아비얌의 남은 사적과 그
행한 모든 일은 유다 왕 역대지략에
기록되지 아니하였느냐
8 아비얌이 그의 조상들과 함께 자니
다윗 성에 장사되고 그 아들 아사가
대신하여 왕이 되니라

유다 왕 아사

9 이스라엘의 여로보암 왕 제이십년에
아사가 유다 왕이 되어
10 예루살렘에서 사십일 년 동안 다스리
니라 그의 어머니의 이름은 마아가라
아비살롬의 딸이더라
11 아사가 그의 조상 다윗 같이 여호와
보시기에 정직하게 행하여
12 남색하는 자를 그 땅에서 쫓아내고
그의 조상들이 지은 모든 우상을 없
애고
13 또 그의 어머니 마아가가 혐오스러운
아세라 상을 만들었으므로 태후의
위를 폐하고 그 우상을 찍어 기드론
시냇가에서 불살랐으나
14 다만 산당은 없애지 아니하니라 그러
나 아사의 마음이 일평생 여호와 앞
에 온전하였으며
15 그가 그의 아버지가 성별한 것과 자

기가 성별한 것을 여호와의 성전에
받들어 드렸으니 곧 은과 금과 그릇
들이더라
16 아사와 이스라엘의 왕 바아사 사이
에 일생 동안 전쟁이 있으니라
17 이스라엘의 왕 바아사가 유다를 치
러 올라와서 라마를 건축하여 사람
을 유다 왕 아사와 왕래하지 못하게
하려 한지라
18 아사가 여호와의 성전 곳간과 왕궁
곳간에 남은 은금을 모두 가져다가
그 신하의 손에 넘겨 다메섹에 거주
하고 있는 아람의 왕 헤시온의 손자
다브림몬의 아들 벤하닷에게 보내며
이르되
19 나와 당신 사이에 약조가 있고 내 아
버지와 당신의 아버지 사이에도 있었
느니라 내가 당신에게 은금 예물을
보냈으니 와서 이스라엘의 왕 바아
사와 세운 약조를 깨뜨려서 그가 나
를 떠나게 하라 하매
20 벤하닷이 아사 왕의 말을 듣고 그의
군대 지휘관들을 보내 이스라엘 성
읍들을 치되 이욘과 단과 아벨벧마
아가와 긴네렛 온 땅과 납달리 온 땅
을 쳤더니
21 바아사가 듣고 라마를 건축하는 일
을 중단하고 디르사에 거주하니라
22 이에 아사 왕이 온 유다에 명령을 내
려 한 사람도 모면하지 못하게 하여
바아사가 라마를 건축하던 돌과 재
목을 가져오게 하고 그것으로 베냐
민의 게바와 미스바를 건축하였더라
23 아사의 남은 사적과 모든 권세와 그
가 행한 모든 일과 성읍을 건축한 일
이 유다 왕 역대지략에 기록되지 아
니하였느냐 그러나 그는 늘그막에
발에 병이 들었더라
24 아사가 그의 조상들과 함께 자매 그
의 조상들과 함께 그의 조상 다윗의
성읍에 장사되고 그의 아들 여호사
밧이 대신하여 왕이 되니라

이스라엘 왕 나답

25 유다의 아사 왕 둘째 해에 여로보암
의 아들 나답이 이스라엘 왕이 되어
이 년 동안 이스라엘을 다스리니라
26 그가 여호와 보시기에 악을 행하되
그의 아버지의 길로 행하며 그가 이
스라엘에게 범하게 한 그 죄 중에
행한지라
27 이에 잇사갈 족속 아히야의 아들 바
아사가 그를 모반하여 블레셋 사람
에게 속한 깁브돈에서 그를 죽였으
니 이는 나답과 온 이스라엘이 깁브
돈을 에워싸고 있었음이더라
28 유다의 아사 왕 셋째 해에 바아사가

나답을 죽이고 대신하여 왕이 되고
29 왕이 될 때에 여로보암의 온 집을 쳐
서 생명 있는 자를 한 사람도 남기지
아니하고 다 멸하였는데 여호와께서
그의 종 실로 사람 아히야를 통하여
하신 말씀과 같이 되었으니
30 이는 여로보암이 범죄하고 또 이스
라엘에게 범하게 한 죄로 말미암음
이며 또 그가 이스라엘의 하나님 여
호와를 노엽게 한 일 때문이었더라
31 나답의 남은 사적과 행한 모든 일은
이스라엘 왕 역대지략에 기록되지 아
니하였느냐
32 아사와 이스라엘의 바아사 왕 사이
에 일생 동안 전쟁이 있으니라

이스라엘 왕 바아사

33 유다의 아사 왕 셋째 해에 아히야의
아들 바아사가 디르사에서 모든 이
스라엘의 왕이 되어 이십사 년 동안
다스리니라
34 바아사가 여호와 보시기에 악을 행
하되 여로보암의 길로 행하며 그가
이스라엘에게 범하게 한 그 죄 중에
행하였더라

16 여호와의 말씀이 하나니의 아들
예후에게 임하여 바아사를 꾸
짖어 이르시되
2 내가 너를 티끌에서 들어 내 백성 이
스라엘 위에 주권자가 되게 하였거늘
네가 여로보암의 길로 행하며 내 백
성 이스라엘에게 범죄하게 하여 그
들의 죄로 나를 노엽게 하였은즉
3 내가 너 바아사와 네 집을 쓸어버려
네 집이 느밧의 아들 여로보암의 집
같이 되게 하리니
4 바아사에게 속한 자가 성읍에서 죽
은즉 개가 먹고 그에게 속한 자가
들에서 죽은즉 공중의 새가 먹으리
라 하셨더라
5 바아사의 남은 사적과 행한 모든 일
과 권세는 이스라엘 왕 역대지략에
기록되지 아니하였느냐
6 바아사가 그의 조상들과 함께 자매
디르사에 장사되고 그의 아들 엘라
가 대신하여 왕이 되니라
7 여호와의 말씀이 하나니의 아들 선지
자 예후에게도 임하사 바아사와 그
의 집을 꾸짖으심은 그가 여로보암
의 집과 같이 여호와 보시기에 모든
악을 행하며 그의 손의 행위로 여호
와를 노엽게 하였음이며 또 그의 집
을 쳤음이더라

이스라엘 왕 엘라

8 유다의 아사 왕 제이십육년에 바아
사의 아들 엘라가 디르사에서 이스
라엘의 왕이 되어 이 년 동안 그 왕위

에 있으니라
9 엘라가 디르사에 있어 왕궁 맡은 자
아르사의 집에서 마시고 취할 때에
그 신하 곧 병거 절반을 통솔한 지휘
관 시므리가 왕을 모반하여
10 시므리가 들어가서 그를 쳐죽이고 그
를 대신하여 왕이 되니 곧 유다의 아
사 왕 제이십칠년이라
11 시므리가 왕이 되어 왕위에 오를 때
에 바아사의 온 집안 사람들을 죽이
되 남자는 그의 친족이든지 그의 친
구든지 한 사람도 남기지 아니하고
12 바아사의 온 집을 멸하였는데 선지자
예후를 통하여 바아사를 꾸짖어 하
신 여호와의 말씀 같이 되었으니
13 이는 바아사의 모든 죄와 그의 아들
엘라의 죄 때문이라 그들이 범죄하고
또 이스라엘에게 범죄하게 하여 그
들의 헛된 것들로 이스라엘의 하나님
여호와를 노하시게 하였더라
14 엘라의 남은 사적과 행한 모든 일은
이스라엘 왕 역대지략에 기록되지 아
니하였느냐

이스라엘 왕 시므리

15 유다의 아사 왕 제이십칠년에 시므리
가 디르사에서 칠 일 동안 왕이 되니
라 그 때에 백성들이 블레셋 사람에
게 속한 깁브돈을 향하여 진을 치고
있더니
16 진 중 백성들이 시므리가 모반하여
왕을 죽였다는 말을 들은지라 그 날
에 이스라엘의 무리가 진에서 군대
지휘관 오므리를 이스라엘의 왕으로
삼으매
17 오므리가 이에 이스라엘의 무리를 거
느리고 깁브돈에서부터 올라와서 디
르사를 에워쌌더라
18 시므리가 성읍이 함락됨을 보고 왕
궁 요새에 들어가서 왕궁에 불을 지
르고 그 가운데에서 죽었으니
19 이는 그가 여호와 보시기에 악을 행
하여 범죄하였기 때문이니라 그가 여
로보암의 길로 행하며 그가 이스라
엘에게 죄를 범하게 한 그 죄 중에
행하였더라
20 시므리의 남은 행위와 그가 반역한
일은 이스라엘 왕 역대지략에 기록되
지 아니하였느냐

이스라엘 왕 오므리

21 그 때에 이스라엘 백성이 둘로 나뉘

365묵상

신앙생활은 긴 마라톤이다

우리의 신앙생활은 100m나 200m의 단거리 경주가 아니고, 42.195km를 달려야 하는 긴 마라톤이다. 남왕국 유다의 아사 왕은 '일평생' 하나님 앞에 신실했다(왕상 15:14). '일평생'이라는 표현에 주목하라. 이 표현은 일평생 동안 한 순간도 어긋나지 않고 완전했다는 의미가 아니다. 살다보면, 모든 인간은 때로는 실수하고 잘못도 한다. 하지만 우리 마음이 대체로 다른 데로 크게 어긋나지 않고 하나님께 충성하는 상태로 있다면, 아사 왕처럼 우리의 일평생 신앙생활 역시 전반적으로 하나님께 인정받을 것이다.

어 그 절반은 기낫의 아들 디브니를
따라 그를 왕으로 삼으려 하고 그
절반은 오므리를 따랐더니
22 오므리를 따른 백성이 기낫의 아들
디브니를 따른 백성을 이긴지라 디브
니가 죽으매 오므리가 왕이 되니라
23 유다의 아사 왕 제삼십일년에 오므리
가 이스라엘의 왕이 되어 십이 년 동
안 왕위에 있으며 디르사에서 육 년
동안 다스리니라
24 그가 은 두 달란트로 세멜에게서 사
마리아 산을 사고 그 산 위에 성읍을
건축하고 그 건축한 성읍 이름을 그
산 주인이었던 세멜의 이름을 따라
사마리아라 일컬었더라
25 오므리가 여호와 보시기에 악을 행
하되 그 전의 모든 사람보다 더욱 악
하게 행하여
26 느밧의 아들 여로보암의 모든 길로
행하며 그가 이스라엘에게 죄를 범
하게 한 그 죄 중에 행하여 그들의
헛된 것들로 이스라엘의 하나님 여호
와를 노하시게 하였더라
27 오므리가 행한 그 남은 사적과 그가
부린 권세는 이스라엘 왕 역대지략
에 기록되지 아니하였느냐
28 오므리가 그의 조상들과 함께 자매
사마리아에 장사되고 그의 아들 아
합이 대신하여 왕이 되니라

이스라엘 왕 아합

29 유다의 아사 왕 제삼십팔년에 오므
리의 아들 아합은 이스라엘의 왕이
되니라 오므리의 아들 아합이 사마리
아에서 이십이 년 동안 이스라엘을
다스리니라
30 오므리의 아들 아합이 그의 이전의
모든 사람보다 여호와 보시기에 악
을 더욱 행하여
31 느밧의 아들 여로보암의 죄를 따라
행하는 것을 오히려 가볍게 여기며
시돈 사람의 왕 엣바알의 딸 이세벨
을 아내로 삼고 가서 바알을 섬겨 예
배하고
32 사마리아에 건축한 바알의 신전 안에
바알을 위하여 제단을 쌓으며
33 또 아세라 상을 만들었으니 그는 그
이전의 이스라엘의 모든 왕보다 심히
이스라엘 하나님 여호와를 노하시게
하였더라
34 그 시대에 벧엘 사람 히엘이 여리고
를 건축하였는데 그가 그 터를 쌓을
때에 맏아들 아비람을 잃었고 그 성
문을 세울 때에 막내 아들 스굽을
잃었으니 여호와께서 눈의 아들 여호
수아를 통하여 하신 말씀과 같이 되
었더라

엘리야와 가뭄

17 길르앗에 우거하는 자 중에 디
셉 사람 엘리야가 아합에게 말
하되 내가 섬기는 이스라엘의 하나님
여호와께서 살아 계심을 두고 맹세
하노니 내 말이 없으면 수 년 동안
비도 이슬도 있지 아니하리라 하니라
2 여호와의 말씀이 엘리야에게 임하여
이르시되
3 너는 여기서 떠나 동쪽으로 가서 요
단 앞 그릿 시냇가에 숨고
4 그 시냇물을 마시라 내가 까마귀들
에게 명령하여 거기서 너를 먹이게 하
리라
5 그가 여호와의 말씀과 같이 하여 곧
가서 요단 앞 그릿 시냇가에 머물매
6 까마귀들이 아침에도 떡과 고기를,
저녁에도 떡과 고기를 가져왔고 그
가 시냇물을 마셨으나
7 땅에 비가 내리지 아니하므로 얼마
후에 그 시내가 마르니라

엘리야와 사르밧 과부

8 여호와의 말씀이 엘리야에게 임하여
이르시되
9 너는 일어나 시돈에 속한 사르밧으
로 가서 거기 머물라 내가 그 곳 과
부에게 명령하여 네게 음식을 주게
하였느니라
10 그가 일어나 사르밧으로 가서 성문
에 이를 때에 한 과부가 그 곳에서
나뭇가지를 줍는지라 이에 불러 이
르되 청하건대 그릇에 물을 조금 가
져다가 내가 마시게 하라
11 그가 가지러 갈 때에 엘리야가 그를
불러 이르되 청하건대 네 손의 떡 한
조각을 내게로 가져오라
12 그가 이르되 당신의 하나님 여호와께
서 살아 계심을 두고 맹세하노니 나
는 떡이 없고 다만 통에 가루 한 움
큼과 병에 기름 조금 뿐이라 내가 나
뭇가지 둘을 주워다가 나와 내 아들
을 위하여 음식을 만들어 먹고 그 후
에는 죽으리라
13 엘리야가 그에게 이르되 두려워하지
말고 가서 네 말대로 하려니와 먼저
그것으로 나를 위하여 작은 떡 한 개
를 만들어 내게로 가져오고 그 후에
너와 네 아들을 위하여 만들라
14 이스라엘의 하나님 여호와의 말씀이
나 여호와가 비를 지면에 내리는 날
까지 그 통의 가루가 떨어지지 아니
하고 그 병의 기름이 없어지지 아니
하리라 하셨느니라
15 그가 가서 엘리야의 말대로 하였더니
그와 엘리야와 그의 식구가 여러 날
먹었으나

16 여호와께서 엘리야를 통하여 하신 말씀 같이 통의 가루가 떨어지지 아니하고 병의 기름이 없어지지 아니하니라

17 이 일 후에 그 집 주인 되는 여인의 아들이 병들어 증세가 심히 위중하다가 숨이 끊어진지라

18 여인이 엘리야에게 이르되 하나님의 사람이여 당신이 나와 더불어 무슨 상관이 있기로 내 죄를 생각나게 하고 또 내 아들을 죽게 하려고 내게 오셨나이까

19 엘리야가 그에게 그의 아들을 달라 하여 그를 그 여인의 품에서 받아 안고 자기가 거처하는 다락에 올라가서 자기 침상에 누이고

20 여호와께 부르짖어 이르되 내 하나님 여호와여 주께서 또 내가 우거하는 집 과부에게 재앙을 내리사 그 아들이 죽게 하셨나이까 하고

21 그 아이 위에 몸을 세 번 펴서 엎드리고 여호와께 부르짖어 이르되 내 하나님 여호와여 원하건대 이 아이의 혼으로 그의 몸에 돌아오게 하옵소서 하니

22 여호와께서 엘리야의 소리를 들으시므로 그 아이의 혼이 몸으로 돌아오고 살아난지라

23 엘리야가 그 아이를 안고 다락에서 방으로 내려가서 그의 어머니에게 주며 이르되 보라 네 아들이 살아났느니라

24 여인이 엘리야에게 이르되 내가 이제야 당신은 하나님의 사람이시요 당신의 입에 있는 여호와의 말씀이 진실한 줄 아노라 하니라

엘리야와 바알 선지자들

18 많은 날이 지나고 제삼년에 여호와의 말씀이 엘리야에게 임하여 이르시되 너는 가서 아합에게 보이라 내가 비를 지면에 내리리라

2 엘리야가 아합에게 보이려고 가니 그 때에 사마리아에 기근이 심하였더라

3 아합이 왕궁 맡은 자 오바댜를 불렀으니 이 오바댜는 여호와를 지극히 경외하는 자라

4 이세벨이 여호와의 선지자들을 멸할 때에 오바댜가 선지자 백 명을 가지고 오십 명씩 굴에 숨기고 떡과 물을 먹였더라

5 아합이 오바댜에게 이르되 이 땅의 모든 물 근원과 모든 내로 가자 혹시 꼴을 얻으리라 그리하면 말과 노새를 살리리니 짐승을 다 잃지 않게 되리라 하고

6 두 사람이 두루 다닐 땅을 나누어 아
합은 홀로 이 길로 가고 오바댜는
홀로 저 길로 가니라
7 오바댜가 길에 있을 때에 엘리야가
그를 만난지라 그가 알아보고 엎드
려 말하되 내 주 엘리야여 당신이시
니이까
8 그가 그에게 대답하되 그러하다 가
서 네 주에게 말하기를 엘리야가 여
기 있다 하라
9 이르되 내가 무슨 죄를 범하였기에
당신이 당신의 종을 아합의 손에 넘
겨 죽이게 하려 하시나이까
10 당신의 하나님 여호와께서 살아 계심
을 두고 맹세하노니 내 주께서 사람
을 보내어 당신을 찾지 아니한 족속
이나 나라가 없었는데 그들이 말하기
를 엘리야가 없다 하면 그 나라와 그
족속으로 당신을 보지 못하였다는
맹세를 하게 하였거늘
11 이제 당신의 말씀이 가서 네 주에게
말하기를 엘리야가 여기 있다 하라
하시나
12 내가 당신을 떠나간 후에 여호와의
영이 내가 알지 못하는 곳으로 당신
을 이끌어 가시리니 내가 가서 아합
에게 말하였다가 그가 당신을 찾지
못하면 내가 죽임을 당하리이다 당신
의 종은 어려서부터 여호와를 경외하
는 자라
13 이세벨이 여호와의 선지자들을 죽일
때에 내가 여호와의 선지자 중에 백
명을 오십 명씩 굴에 숨기고 떡과 물
로 먹인 일이 내 주에게 들리지 아니
하였나이까
14 이제 당신의 말씀이 가서 네 주에게
말하기를 엘리야가 여기 있다 하라
하시니 그리하면 그가 나를 죽이리이
다
15 엘리야가 이르되 내가 섬기는 만군의
여호와께서 살아 계심을 두고 맹세
하노니 내가 오늘 아합에게 보이리
라
16 오바댜가 가서 아합을 만나 그에게
말하매 아합이 엘리야를 만나러 가
다가
17 엘리야를 볼 때에 아합이 그에게 이
르되 이스라엘을 괴롭게 하는 자여
너냐
18 그가 대답하되 내가 이스라엘을 괴
롭게 한 것이 아니라 당신과 당신의
아버지의 집이 괴롭게 하였으니 이는
여호와의 명령을 버렸고 당신이 바알
들을 따랐음이라
19 그런즉 사람을 보내 온 이스라엘과
이세벨의 상에서 먹는 바알의 선지자

사백오십 명과 아세라의 선지자 사백
명을 갈멜 산으로 모아 내게로 나아
오게 하소서
20 아합이 이에 이스라엘의 모든 자손
에게로 사람을 보내 선지자들을 갈
멜 산으로 모으니라
21 엘리야가 모든 백성에게 가까이 나
아가 이르되 너희가 어느 때까지 둘
사이에서 머뭇머뭇 하려느냐 여호와
가 만일 하나님이면 그를 따르고 바
알이 만일 하나님이면 그를 따를지니
라 하니 백성이 말 한마디도 대답하
지 아니하는지라
22 엘리야가 백성에게 이르되 여호와의
선지자는 나만 홀로 남았으나 바알
의 선지자는 사백오십 명이로다
23 그런즉 송아지 둘을 우리에게 가져
오게 하고 그들은 송아지 한 마리를
택하여 각을 떠서 나무 위에 놓고 불
은 붙이지 말며 나도 송아지 한 마리
를 잡아 나무 위에 놓고 불은 붙이
지 않고
24 너희는 너희 신의 이름을 부르라 나
는 여호와의 이름을 부르리니 이에
불로 응답하는 신 그가 하나님이니
라 백성이 다 대답하되 그 말이 옳도
다 하니라
25 엘리야가 바알의 선지자들에게 이르
되 너희는 많으니 먼저 송아지 한 마
리를 택하여 잡고 너희 신의 이름을
부르라 그러나 불을 붙이지 말라
26 그들이 받은 송아지를 가져다가 잡
고 아침부터 낮까지 바알의 이름을
불러 이르되 바알이여 우리에게 응답
하소서 하나 아무 소리도 없고 아무
응답하는 자도 없으므로 그들이 그
쌓은 제단 주위에서 뛰놀더라
27 정오에 이르러는 엘리야가 그들을
조롱하여 이르되 큰 소리로 부르라
그는 신인즉 묵상하고 있는지 혹은
그가 잠깐 나갔는지 혹은 그가 길을
행하는지 혹은 그가 잠이 들어서 깨
워야 할 것인지 하매
28 이에 그들이 큰 소리로 부르고 그들
의 규례를 따라 피가 흐르기까지 칼
과 창으로 그들의 몸을 상하게 하더
라
29 이같이 하여 정오가 지났고 그들이
미친 듯이 떠들어 저녁 소제 드릴 때
까지 이르렀으나 아무 소리도 없고
응답하는 자나 돌아보는 자가 아무
도 없더라
30 엘리야가 모든 백성을 향하여 이르
되 내게로 가까이 오라 백성이 다 그
에게 가까이 가매 그가 무너진 여호
와의 제단을 수축하되

31 야곱의 아들들의 지파의 수효를 따라 엘리야가 돌 열두 개를 취하니 이 야곱은 옛적에 여호와의 말씀이 임하여 이르시기를 네 이름을 이스라엘이라 하리라 하신 자더라

32 그가 여호와의 이름을 의지하여 그 돌로 제단을 쌓고 제단을 돌아가며 곡식 종자 두 스아를 둘 만한 도랑을 만들고

33 또 나무를 벌이고 송아지의 각을 떠서 나무 위에 놓고 이르되 통 넷에 물을 채워다가 번제물과 나무 위에 부으라 하고

34 또 이르되 다시 그리하라 하여 다시 그리하니 또 이르되 세 번째로 그리하라 하여 세 번째로 그리하니

35 물이 제단으로 두루 흐르고 도랑에도 물이 가득 찼더라

36 저녁 소제 드릴 때에 이르러 선지자 엘리야가 나아가서 말하되 아브라함과 이삭과 이스라엘의 하나님 여호와여 주께서 이스라엘 중에서 하나님이신 것과 내가 주의 종인 것과 내가 주의 말씀대로 이 모든 일을 행하는 것을 오늘 알게 하옵소서

37 여호와여 내게 응답하옵소서 내게 응답하옵소서 이 백성에게 주 여호와는 하나님이신 것과 주는 그들의 마음을 되돌이키심을 알게 하옵소서 하매

38 이에 여호와의 불이 내려서 번제물과 나무와 돌과 흙을 태우고 또 도랑의 물을 핥은지라

39 모든 백성이 보고 엎드려 말하되 여호와 그는 하나님이시로다 여호와 그는 하나님이시로다 하니

40 엘리야가 그들에게 이르되 바알의 선지자를 잡되 그들 중 하나도 도망하지 못하게 하라 하매 곧 잡은지라 엘리야가 그들을 기손 시내로 내려다가 거기서 죽이니라

가뭄이 그침

41 엘리야가 아합에게 이르되 올라가서 먹고 마시소서 큰 비 소리가 있나이다

42 아합이 먹고 마시러 올라가니라 엘리야가 갈멜 산 꼭대기로 올라가서 땅에 꿇어 엎드려 그의 얼굴을 무릎 사이에 넣고

43 그의 사환에게 이르되 올라가 바다

365묵상

우리의 시냇물이 마를 때

직장을 잃거나 사업에 실패하는 등 우리 삶의 경제적인 시냇물이 마를 때 우리는 크게 염려한다. 그런데 하나님은 때로 우리의 경제적 상황을 통해 주님을 더욱 신뢰하도록 이끄신다. 우리의 익숙한 환경을 바꾸시어 어떤 새로운 장소나 사역으로 이끄신다. 요단 앞 그릿 시냇물은 엘리야를 위해 하나님이 공급하셨던 것인데, 그분께서 엘리야를 다른 곳으로 인도하실 계획이 생겼을 때 그 시냇물을 마르게 하셨다(왕상17:3-7). 우리의 경제적 시냇물이 마를 때 낙심하지 말자. 그분은 우리를 새로운 물가로 인도하실 것이다.

쪽을 바라보라 그가 올라가 바라보
고 말하되 아무것도 없나이다 이르되
일곱 번까지 다시 가라
44 일곱 번째 이르러서는 그가 말하되
바다에서 사람의 손 만한 작은 구름
이 일어나나이다 이르되 올라가 아합
에게 말하기를 비에 막히지 아니하도
록 마차를 갖추고 내려가소서 하라
하니라
45 조금 후에 구름과 바람이 일어나서
하늘이 캄캄해지며 큰 비가 내리는지
라 아합이 마차를 타고 이스르엘로
가니
46 여호와의 능력이 엘리야에게 임하매
그가 허리를 동이고 이스르엘로 들
어가는 곳까지 아합 앞에서 달려갔더
라

호렙 산의 엘리야

19 아합이 엘리야가 행한 모든 일
과 그가 어떻게 모든 선지자를
칼로 죽였는지를 이세벨에게 말하니
2 이세벨이 사신을 엘리야에게 보내어
이르되 내가 내일 이맘때에는 반드
시 네 생명을 저 사람들 중 한 사람
의 생명과 같게 하리라 그렇게 하지
아니하면 신들이 내게 벌 위에 벌을
내림이 마땅하니라 한지라
3 그가 이 형편을 보고 일어나 자기의
생명을 위해 도망하여 유다에 속한
브엘세바에 이르러 자기의 사환을
그 곳에 머물게 하고
4 자기 자신은 광야로 들어가 하룻길
쯤 가서 한 로뎀 나무 아래에 앉아서
자기가 죽기를 원하여 이르되 여호와
여 넉넉하오니 지금 내 생명을 거두
시옵소서 나는 내 조상들보다 낫지
못하니이다 하고
5 로뎀 나무 아래에 누워 자더니 천사
가 그를 어루만지며 그에게 이르되
일어나서 먹으라 하는지라
6 본즉 머리맡에 숯불에 구운 떡과 한
병 물이 있더라 이에 먹고 마시고 다
시 누웠더니
7 여호와의 천사가 또 다시 와서 어루
만지며 이르되 일어나 먹으라 네가
갈 길을 다 가지 못할까 하노라 하는
지라
8 이에 일어나 먹고 마시고 그 음식물
의 힘을 의지하여 사십 주 사십 야를
가서 하나님의 산 호렙에 이르니라
9 엘리야가 그 곳 굴에 들어가 거기서
머물더니 여호와의 말씀이 그에게 임
하여 이르시되 엘리야야 네가 어찌하
여 여기 있느냐
10 그가 대답하되 내가 만군의 하나님
여호와께 열심이 유별하오니 이는 이

스라엘 자손이 주의 언약을 버리고
주의 제단을 헐며 칼로 주의 선지자
들을 죽였음이오며 오직 나만 남았
거늘 그들이 내 생명을 찾아 빼앗으
려 하나이다
11 여호와께서 이르시되 너는 나가서 여
호와 앞에서 산에 서라 하시더니 여
호와께서 지나가시는데 여호와 앞에
크고 강한 바람이 산을 가르고 바위
를 부수나 바람 가운데에 여호와께
서 계시지 아니하며 바람 후에 지진
이 있으나 지진 가운데에도 여호와
께서 계시지 아니하며
12 또 지진 후에 불이 있으나 불 가운데
에도 여호와께서 계시지 아니하더니
불 후에 세미한 소리가 있는지라
13 엘리야가 듣고 겉옷으로 얼굴을 가
리고 나가 굴 어귀에 서매 소리가 그
에게 임하여 이르시되 엘리야야 네가
어찌하여 여기 있느냐
14 그가 대답하되 내가 만군의 하나님
여호와께 열심이 유별하오니 이는 이
스라엘 자손이 주의 언약을 버리고
주의 제단을 헐며 칼로 주의 선지자
들을 죽였음이오며 오직 나만 남았
거늘 그들이 내 생명을 찾아 빼앗으
려 하나이다
15 여호와께서 그에게 이르시되 너는
네 길을 돌이켜 광야를 통하여 다메
섹에 가서 이르거든 하사엘에게 기
름을 부어 아람의 왕이 되게 하고
16 너는 또 님시의 아들 예후에게 기름
을 부어 이스라엘의 왕이 되게 하고
또 아벨므홀라 사밧의 아들 엘리사
에게 기름을 부어 너를 대신하여 선
지자가 되게 하라
17 하사엘의 칼을 피하는 자를 예후가
죽일 것이요 예후의 칼을 피하는 자
를 엘리사가 죽이리라
18 그러나 내가 이스라엘 가운데에 칠
천 명을 남기리니 다 바알에게 무릎
을 꿇지 아니하고 다 바알에게 입맞
추지 아니한 자니라

엘리야가 엘리사를 부르다

19 엘리야가 거기서 떠나 사밧의 아들
엘리사를 만나니 그가 열두 겨릿소를
앞세우고 밭을 가는데 자기는 열두
째 겨릿소와 함께 있더라 엘리야가
그리로 건너가서 겉옷을 그의 위에
던졌더니
20 그가 소를 버리고 엘리야에게로 달
려가서 이르되 청하건대 나를 내 부
모와 입맞추게 하소서 그리한 후에
내가 당신을 따르리이다 엘리야가
그에게 이르되 돌아가라 내가 네게
어떻게 행하였느냐 하니라

21 엘리사가 그를 떠나 돌아가서 한 겨
릿소를 가져다가 잡고 소의 기구를
불살라 그 고기를 삶아 백성에게 주
어 먹게 하고 일어나 엘리야를 따르
며 수종 들었더라

아람과 이스라엘의 싸움

20 아람의 벤하닷 왕이 그의 군대
를 다 모으니 왕 삼십이 명이 그
와 함께 있고 또 말과 병거들이 있더
라 이에 올라가서 사마리아를 에워
싸고 그 곳을 치며
2 사자들을 성 안에 있는 이스라엘의
아합 왕에게 보내 이르기를 벤하닷
이 그에게 이르되
3 네 은금은 내 것이요 네 아내들과
네 자녀들의 아름다운 자도 내 것이
니라 하매
4 이스라엘의 왕이 대답하여 말하기를
내 주 왕이여 왕의 말씀 같이 나와
내 것은 다 왕의 것이니이다 하였더니
5 사신들이 다시 와서 이르되 벤하닷이
이르노라 내가 이미 네게 사람을 보
내어 말하기를 너는 네 은금과 아내
들과 자녀들을 내게 넘기라 하였거니
와
6 내일 이맘때에 내가 내 신하들을 네
게 보내리니 그들이 네 집과 네 신하
들의 집을 수색하여 네 눈이 기뻐하
는 것을 그들의 손으로 잡아 가져가
리라 한지라
7 이에 이스라엘 왕이 나라의 장로를
다 불러 이르되 너희는 이 사람이 악
을 도모하고 있는 줄을 자세히 알라
그가 내 아내들과 내 자녀들과 내
은금을 빼앗으려고 사람을 내게 보
냈으나 내가 거절하지 못하였노라
8 모든 장로와 백성들이 다 왕께 아뢰
되 왕은 듣지도 말고 허락하지도 마
옵소서 한지라
9 그러므로 왕이 벤하닷의 사신들에게
이르되 너희는 내 주 왕께 말하기를
왕이 처음에 보내 종에게 구하신 것
은 내가 다 그대로 하려니와 이것은
내가 할 수 없나이다 하라 하니 사자
들이 돌아가서 보고하니라
10 그 때에 벤하닷이 다시 그에게 사람
을 보내어 이르되 사마리아의 부스러
진 것이 나를 따르는 백성의 무리의
손에 채우기에 족할 것 같으면 신들
이 내게 벌 위에 벌을 내림이 마땅하
니라 하매
11 이스라엘 왕이 대답하여 이르되 갑옷
입는 자가 갑옷 벗는 자 같이 자랑하
지 못할 것이라 하라 하니라
12 그 때에 벤하닷이 왕들과 장막에서
마시다가 이 말을 듣고 그의 신하들

에게 이르되 너희는 진영을 치라 하
매 곧 성읍을 향하여 진영을 치니라
13 한 선지자가 이스라엘의 아합 왕에
게 나아가서 이르되 여호와의 말씀이
네가 이 큰 무리를 보느냐 내가 오
늘 그들을 네 손에 넘기리니 너는 내
가 여호와인 줄을 알리라 하셨나이다
14 아합이 이르되 누구를 통하여 그렇
게 하시리이까 대답하되 여호와의 말
씀이 각 지방 고관의 청년들로 하리
라 하셨나이다 아합이 이르되 누가
싸움을 시작하리이까 대답하되 왕이
니이다
15 아합이 이에 각 지방 고관의 청년들
을 계수하니 이백삼십이 명이요 그
외에 모든 백성 곧 이스라엘의 모든
자손을 계수하니 칠천 명이더라
16 그들이 정오에 나가니 벤하닷은 장
막에서 돕는 왕 삼십이 명과 더불어
마시고 취한 중이라
17 각 지방의 고관의 청년들이 먼저 나
갔더라 벤하닷이 정탐꾼을 보냈더니
그들이 보고하여 이르되 사마리아에
서 사람들이 나오더이다 하매
18 그가 이르되 화친하러 나올지라도 사
로잡고 싸우러 나올지라도 사로잡으
라 하니라
19 각 지방 고관의 청년들과 그들을 따
르는 군대가 성읍에서 나가서
20 각각 적군을 쳐죽이매 아람 사람이
도망하는지라 이스라엘이 쫓으니 아
람 왕 벤하닷이 말을 타고 마병과 더
불어 도망하여 피하니라
21 이스라엘 왕이 나가서 말과 병거를
치고 또 아람 사람을 쳐서 크게 이겼
더라

아람 군대의 두 번째 공격

22 그 선지자가 이스라엘 왕에게 나아
와 이르되 왕은 가서 힘을 기르고 왕
께서 행할 일을 알고 준비하소서 해
가 바뀌면 아람 왕이 왕을 치러 오리
이다 하니라
23 아람 왕의 신하들이 왕께 아뢰되 그
들의 신은 산의 신이므로 그들이 우
리보다 강하였거니와 우리가 만일 평
지에서 그들과 싸우면 반드시 그들
보다 강할지라
24 또 왕은 이 일을 행하실지니 곧 왕들
을 제하여 각각 그 곳에서 떠나게 하
고 그들 대신에 총독들을 두시고
25 또 왕의 잃어버린 군대와 같은 군대
를 왕을 위하여 보충하고 말은 말대
로, 병거는 병거대로 보충하고 우리
가 평지에서 그들과 싸우면 반드시
그들보다 강하리이다 왕이 그 말을
듣고 그리하니라

26 해가 바뀌니 벤하닷이 아람 사람을
소집하고 아벡으로 올라와서 이스라
엘과 싸우려 하매
27 이스라엘 자손도 소집되어 군량을
받고 마주 나가서 그들 앞에 진영을
치니 이스라엘 자손은 두 무리의 적
은 염소 떼와 같고 아람 사람은 그
땅에 가득하였더라
28 그 때에 하나님의 사람이 이스라엘
왕에게 나아와 말하여 이르되 여호
와의 말씀에 아람 사람이 말하기를
여호와는 산의 신이요 골짜기의 신은
아니라 하는도다 그러므로 내가 이
큰 군대를 다 네 손에 넘기리니 너희
는 내가 여호와인 줄을 알리라 하셨
나이다 하니라
29 진영이 서로 대치한 지 칠 일이라 일
곱째 날에 접전하여 이스라엘 자손
이 하루에 아람 보병 십만 명을 죽이
매
30 그 남은 자는 아벡으로 도망하여 성
읍으로 들어갔더니 그 성벽이 그 남
은 자 이만 칠천 명 위에 무너지고 벤
하닷은 도망하여 성읍에 이르러 골
방으로 들어가니라
31 그의 신하들이 그에게 말하되 우리가
들은즉 이스라엘 집의 왕들은 인자
한 왕이라 하니 만일 우리가 굵은 베
로 허리를 동이고 테두리를 머리에
쓰고 이스라엘의 왕에게로 나아가면
그가 혹시 왕의 생명을 살리리이다
하고
32 그들이 굵은 베로 허리를 동이고 테
두리를 머리에 쓰고 이스라엘의 왕
에게 이르러 이르되 왕의 종 벤하닷
이 청하기를 내 생명을 살려 주옵소
서 하더이다 아합이 이르되 그가 아
직도 살아 있느냐 그는 내 형제이니
라
33 그 사람들이 좋은 징조로 여기고 그
말을 얼른 받아 대답하여 이르되 벤
하닷은 왕의 형제니이다 왕이 이르되
너희는 가서 그를 인도하여 오라 벤
하닷이 이에 왕에게 나아오니 왕이
그를 병거에 올린지라
34 벤하닷이 왕께 아뢰되 내 아버지께서
당신의 아버지에게서 빼앗은 모든
성읍을 내가 돌려보내리이다 또 내
아버지께서 사마리아에서 만든 것 같
이 당신도 다메섹에서 당신을 위하여
거리를 만드소서 아합이 이르되 내가
이 조약으로 인해 당신을 놓으리라
하고 이에 더불어 조약을 맺고 그를
놓았더라

한 선지자가 아합을 규탄하다

35 선지자의 무리 중 한 사람이 여호와

의 말씀을 그의 친구에게 이르되 너
는 나를 치라 하였더니 그 사람이 치
기를 싫어하는지라
36 그가 그 사람에게 이르되 네가 여호
와의 말씀을 듣지 아니하였으니 네
가 나를 떠나갈 때에 사자가 너를 죽
이리라 그 사람이 그의 곁을 떠나가
더니 사자가 그를 만나 죽였더라
37 그가 또 다른 사람을 만나 이르되 너
는 나를 치라 하매 그 사람이 그를
치되 상하도록 친지라
38 선지자가 가서 수건으로 자기의 눈을
가리어 변장하고 길 가에서 왕을 기
다리다가
39 왕이 지나갈 때에 그가 소리 질러 왕
을 불러 이르되 종이 전장 가운데에
나갔더니 한 사람이 돌이켜 어떤 사
람을 끌고 내게로 와서 말하기를 이
사람을 지키라 만일 그를 잃어 버리
면 네 생명으로 그의 생명을 대신하
거나 그렇지 아니하면 네가 은 한 달
란트를 내어야 하리라 하였거늘
40 종이 이리 저리 일을 볼 동안에 그가
없어졌나이다 이스라엘 왕이 그에게
이르되 네가 스스로 결정하였으니 그
대로 당하여야 하리라
41 그가 급히 자기의 눈을 가린 수건을
벗으니 이스라엘 왕이 그는 선지자
중의 한 사람인 줄을 알아본지라
42 그가 왕께 아뢰되 여호와의 말씀이
내가 멸하기로 작정한 사람을 네 손
으로 놓았은즉 네 목숨은 그의 목숨
을 대신하고 네 백성은 그의 백성을
대신하리라 하셨나이다
43 이스라엘 왕이 근심하고 답답하여
그의 왕궁으로 돌아가려고 사마리아
에 이르니라

나봇의 포도원

21 그 후에 이 일이 있으니라 이스
르엘 사람 나봇에게 이스르엘
에 포도원이 있어 사마리아의 왕 아
합의 왕궁에서 가깝더니
2 아합이 나봇에게 말하여 이르되 네
포도원이 내 왕궁 곁에 가까이 있으
니 내게 주어 채소 밭을 삼게 하라
내가 그 대신에 그보다 더 아름다운
포도원을 네게 줄 것이요 만일 네가
좋게 여기면 그 값을 돈으로 네게
주리라
3 나봇이 아합에게 말하되 내 조상의

365묵상

아합 왕의 교만

아합은 악한 왕이었지만, 그래도 하나님은 그를 통해 아람 왕 벤하닷의 교만을 꺾음으로써 오직 이스라엘의 하나님이 역사의 주관자이심을 드러내고자 하셨다. 그러나 벤하닷을 꺾은 아합은 우쭐한 마음으로 벤하닷을 그냥 놓아주었다. 교만 때문에 하나님의 뜻을 거스른 것이다(왕상 20:31-42). 이처럼 교만은 인간의 가장 오래되고 뿌리 깊은 죄악이다. 우리가 교만에서 벗어나는 길은 정녕 없는 것일까? 오직 하나, 스스로를 낮추시어 이 땅에 내려오신 예수 그리스도! 그분을 본받을 때 정녕 겸손의 삶을 살 수 있다.

유산을 왕에게 주기를 여호와께서
금하실지로다 하니
4 이스르엘 사람 나봇이 아합에게 대
답하여 이르기를 내 조상의 유산을
왕께 줄 수 없다 하므로 아합이 근심
하고 답답하여 왕궁으로 돌아와 침
상에 누워 얼굴을 돌리고 식사를 아
니하니
5 그의 아내 이세벨이 그에게 나아와
이르되 왕의 마음에 무엇을 근심하여
식사를 아니하나이까
6 왕이 그에게 이르되 내가 이스르엘
사람 나봇에게 말하여 이르기를 네
포도원을 내게 주되 돈으로 바꾸거
나 만일 네가 좋아하면 내가 그 대신
에 포도원을 네게 주리라 한즉 그가
대답하기를 내가 내 포도원을 네게
주지 아니하겠노라 하기 때문이로다
7 그의 아내 이세벨이 그에게 이르되
왕이 지금 이스라엘 나라를 다스리시
나이까 일어나 식사를 하시고 마음을
즐겁게 하소서 내가 이스르엘 사람
나봇의 포도원을 왕께 드리리이다
하고
8 아합의 이름으로 편지들을 쓰고 그
인을 치고 봉하여 그의 성읍에서 나
봇과 함께 사는 장로와 귀족들에게
보내니
9 그 편지 사연에 이르기를 금식을 선
포하고 나봇을 백성 가운데에 높이
앉힌 후에
10 불량자 두 사람을 그의 앞에 마주
앉히고 그에게 대하여 증거하기를
네가 하나님과 왕을 저주하였다 하
게 하고 곧 그를 끌고 나가서 돌로
쳐죽이라 하였더라
11 그의 성읍 사람 곧 그의 성읍에 사는
장로와 귀족들이 이세벨의 지시 곧
그가 자기들에게 보낸 편지에 쓴 대
로 하여
12 금식을 선포하고 나봇을 백성 가운
데 높이 앉히매
13 때에 불량자 두 사람이 들어와 그의
앞에 앉고 백성 앞에서 나봇에게 대
하여 증언을 하여 이르기를 나봇이
하나님과 왕을 저주하였다 하매 무
리가 그를 성읍 밖으로 끌고 나가서
돌로 쳐죽이고
14 이세벨에게 통보하기를 나봇이 돌에
맞아 죽었나이다 하니
15 이세벨이 나봇이 돌에 맞아 죽었다
함을 듣고 이세벨이 아합에게 이르
되 일어나 그 이스르엘 사람 나봇이
돈으로 바꾸어 주기를 싫어하던 나
봇의 포도원을 차지하소서 나봇이
살아 있지 아니하고 죽었나이다

16 아합은 나봇이 죽었다 함을 듣고 곧
일어나 이스르엘 사람 나봇의 포도
원을 차지하려 그리로 내려갔더라
17 여호와의 말씀이 디셉 사람 엘리야에
게 임하여 이르시되
18 너는 일어나 내려가서 사마리아에 있
는 이스라엘의 아합 왕을 만나라 그
가 나봇의 포도원을 차지하려 그리
로 내려갔나니
19 너는 그에게 말하여 이르기를 여호
와의 말씀이 네가 죽이고 또 빼앗았
느냐고 하셨다 하고 또 그에게 이르
기를 여호와의 말씀이 개들이 나봇
의 피를 핥은 곳에서 개들이 네 피
곧 네 몸의 피도 핥으리라 하였다 하
라
20 아합이 엘리야에게 이르되 내 대적자
여 네가 나를 찾았느냐 대답하되 내
가 찾았노라 네가 네 자신을 팔아 여
호와 보시기에 악을 행하였으므로
21 여호와의 말씀이 내가 재앙을 네게
내려 너를 쓸어 버리되 네게 속한 남
자는 이스라엘 가운데에 매인 자나
놓인 자를 다 멸할 것이요
22 또 네 집이 느밧의 아들 여로보암의
집처럼 되게 하고 아히야의 아들 바
아사의 집처럼 되게 하리니 이는 네
가 나를 노하게 하고 이스라엘이 범
죄하게 한 까닭이니라 하셨고
23 이세벨에게 대하여도 여호와께서 말
씀하여 이르시되 개들이 이스르엘 성
읍 곁에서 이세벨을 먹을지라
24 아합에게 속한 자로서 성읍에서 죽
은 자는 개들이 먹고 들에서 죽은
자는 공중의 새가 먹으리라고 하셨
느니라 하니
25 예로부터 아합과 같이 그 자신을 팔
아 여호와 앞에서 악을 행한 자가 없
음은 그를 그의 아내 이세벨이 충동
하였음이라
26 그가 여호와께서 이스라엘 자손 앞
에서 쫓아내신 아모리 사람의 모든
행함 같이 우상에게 복종하여 심히
가증하게 행하였더라
27 아합이 이 모든 말씀을 들을 때에
그의 옷을 찢고 굵은 베로 몸을 동
이고 금식하고 굵은 베에 누우며 또
풀이 죽어 다니더라
28 여호와의 말씀이 디셉 사람 엘리야에
게 임하여 이르시되
29 아합이 내 앞에서 겸비함을 네가 보
느냐 그가 내 앞에서 겸비하므로 내
가 재앙을 저의 시대에는 내리지 아
니하고 그 아들의 시대에야 그의 집
에 재앙을 내리리라 하셨더라

선지자 미가야가 아합에게 경고하다

22 아람과 이스라엘 사이에 전쟁이
없이 삼 년을 지냈더라
2 셋째 해에 유다의 여호사밧 왕이 이
스라엘의 왕에게 내려가매
3 이스라엘의 왕이 그의 신하들에게 이
르되 길르앗 라못은 본래 우리의 것
인 줄을 너희가 알지 못하느냐 우리
가 어찌 아람의 왕의 손에서 도로 찾
지 아니하고 잠잠히 있으리요 하고
4 여호사밧에게 이르되 당신은 나와
함께 길르앗 라못으로 가서 싸우시
겠느냐 여호사밧이 이스라엘 왕에게
이르되 나는 당신과 같고 내 백성은
당신의 백성과 같고 내 말들도 당신
의 말들과 같으니이다
5 여호사밧이 또 이스라엘의 왕에게
이르되 청하건대 먼저 여호와의 말씀
이 어떠하신지 물어 보소서
6 이스라엘의 왕이 이에 선지자 사백
명쯤 모으고 그들에게 이르되 내가
길르앗 라못에 가서 싸우랴 말랴 그
들이 이르되 올라가소서 주께서 그
성읍을 왕의 손에 넘기시리이다
7 여호사밧이 이르되 이 외에 우리가
물을 만한 여호와의 선지자가 여기
있지 아니하니이까
8 이스라엘의 왕이 여호사밧 왕에게
이르되 아직도 이믈라의 아들 미가야
한 사람이 있으니 그로 말미암아 여
호와께 물을 수 있으나 그는 내게
대하여 길한 일은 예언하지 아니하고
흉한 일만 예언하기로 내가 그를 미
워하나이다 여호사밧이 이르되 왕은
그런 말씀을 마소서
9 이스라엘의 왕이 한 내시를 불러 이
르되 이믈라의 아들 미가야를 속히
오게 하라 하니라
10 이스라엘의 왕과 유다의 여호사밧
왕이 왕복을 입고 사마리아 성문 어
귀 광장에서 각기 왕좌에 앉아 있고
모든 선지자가 그들의 앞에서 예언
을 하고 있는데
11 그나아나의 아들 시드기야는 자기를
위하여 철로 뿔들을 만들어 가지고
말하되 여호와의 말씀이 왕이 이것들
로 아람 사람을 찔러 진멸하리라 하
셨다 하고
12 모든 선지자도 그와 같이 예언하여
이르기를 길르앗 라못으로 올라가
승리를 얻으소서 여호와께서 그 성
읍을 왕의 손에 넘기시리이다 하더라
13 미가야를 부르러 간 사신이 일러 이
르되 선지자들의 말이 하나 같이 왕
에게 길하게 하니 청하건대 당신의
말도 그들 중 한 사람의 말처럼 길하
게 하소서

14 미가야가 이르되 여호와께서 살아 계
심을 두고 맹세하노니 여호와께서
내게 말씀하시는 것 곧 그것을 내가
말하리라 하고
15 이에 왕에게 이르니 왕이 그에게 이
르되 미가야야 우리가 길르앗 라못
으로 싸우러 가랴 또는 말랴 그가
왕께 이르되 올라가서 승리를 얻으
소서 여호와께서 그 성읍을 왕의 손
에 넘기시리이다
16 왕이 그에게 이르되 내가 몇 번이나
네게 맹세하게 하여야 네가 여호와
의 이름으로 진실한 것으로만 내게
말하겠느냐
17 그가 이르되 내가 보니 온 이스라엘
이 목자 없는 양 같이 산에 흩어졌는
데 여호와의 말씀이 이 무리에게 주
인이 없으니 각각 평안히 자기의 집
으로 돌아갈 것이니라 하셨나이다
18 이스라엘의 왕이 여호사밧 왕에게
이르되 저 사람이 내게 대하여 길한
것을 예언하지 아니하고 흉한 것을
예언하겠다고 당신에게 말씀하지 아
니하였나이까
19 미가야가 이르되 그런즉 왕은 여호
와의 말씀을 들으소서 내가 보니 여
호와께서 그의 보좌에 앉으셨고 하
늘의 만군이 그의 좌우편에 모시고
서 있는데
20 여호와께서 말씀하시기를 누가 아합
을 꾀어 그를 길르앗 라못에 올라가
서 죽게 할꼬 하시니 하나는 이렇게
하겠다 하고 또 하나는 저렇게 하겠
다 하였는데
21 한 영이 나아와 여호와 앞에 서서 말
하되 내가 그를 꾀겠나이다
22 여호와께서 그에게 이르시되 어떻게
하겠느냐 이르되 내가 나가서 거짓말
하는 영이 되어 그의 모든 선지자들
의 입에 있겠나이다 여호와께서 이르
시되 너는 꾀겠고 또 이루리라 나가
서 그리하라 하셨은즉
23 이제 여호와께서 거짓말하는 영을 왕
의 이 모든 선지자의 입에 넣으셨고
또 여호와께서 왕에 대하여 화를 말
씀하셨나이다
24 그나아나의 아들 시드기야가 가까이
와서 미가야의 뺨을 치며 이르되 여
호와의 영이 나를 떠나 어디로 가서
네게 말씀하시더냐
25 미가야가 이르되 네가 골방에 들어
가서 숨는 그 날에 보리라
26 이스라엘의 왕이 이르되 미가야를 잡
아 성주 아몬과 왕자 요아스에게로
끌고 돌아가서
27 말하기를 왕의 말씀이 이 놈을 옥에

가두고 내가 평안히 돌아올 때까지
고생의 떡과 고생의 물을 먹이라 하
였다 하라
28 미가야가 이르되 왕이 참으로 평안히
돌아오시게 될진대 여호와께서 나를
통하여 말씀하지 아니하셨으리이다
또 이르되 너희 백성들아 다 들을지
어다 하니라

아합의 죽음

29 이스라엘의 왕과 유다의 여호사밧
왕이 길르앗 라못으로 올라가니라
30 이스라엘의 왕이 여호사밧에게 이르
되 나는 변장하고 전쟁터로 들어가려
하노니 당신은 왕복을 입으소서 하
고 이스라엘의 왕이 변장하고 전쟁터
로 들어가니라
31 아람 왕이 그의 병거의 지휘관 삼십
이 명에게 명령하여 이르기를 너희는
작은 자나 큰 자와 더불어 싸우지 말
고 오직 이스라엘 왕과 싸우라 한지
라
32 병거의 지휘관들이 여호사밧을 보고
그들이 이르되 이가 틀림없이 이스라
엘의 왕이라 하고 돌이켜 그와 싸우
려 한즉 여호사밧이 소리를 지르는지
라
33 병거의 지휘관들이 그가 이스라엘의
왕이 아님을 보고 쫓기를 그치고 돌
이켰더라
34 한 사람이 무심코 활을 당겨 이스라
엘 왕의 갑옷 솔기를 맞힌지라 왕이
그 병거 모는 자에게 이르되 내가 부
상하였으니 네 손을 돌려 내가 전쟁
터에서 나가게 하라 하였으나
35 이 날에 전쟁이 맹렬하였으므로 왕이
병거 가운데에 붙들려 서서 아람 사
람을 막다가 저녁에 이르러 죽었는데
상처의 피가 흘러 병거 바닥에 고였
더라
36 해가 질 녘에 진중에서 외치는 소리
가 있어 이르되 각기 성읍으로 또는
각기 본향으로 가라 하더라
37 왕이 이미 죽으매 그의 시체를 메어
사마리아에 이르러 왕을 사마리아에
장사하니라
38 그 병거를 사마리아 못에서 씻으매
개들이 그의 피를 핥았으니 여호와
께서 하신 말씀과 같이 되었더라 거
기는 창기들이 목욕하는 곳이었더라
39 아합의 남은 행적과 그가 행한 모든
일과 그가 건축한 상아궁과 그가 건
축한 모든 성읍은 이스라엘 왕 역대
지략에 기록되지 아니하였느냐
40 아합이 그의 조상들과 함께 자매 그
의 아들 아하시야가 대신하여 왕이
되니라

유다 왕 여호사밧

41 이스라엘의 아합 왕 제사년에 아사
의 아들 여호사밧이 유다의 왕이 되
니
42 여호사밧이 왕이 될 때에 나이가 삼
십오 세라 예루살렘에서 이십오 년
동안 다스리니라 그의 어머니의 이름
은 아수바라 실히의 딸이더라
43 여호사밧이 그의 아버지 아사의 모든
길로 행하며 돌이키지 아니하고 여호
와 앞에서 정직히 행하였으나 산당은
폐하지 아니하였으므로 백성이 아직
도 산당에서 제사를 드리며 분향하
였더라
44 여호사밧이 이스라엘의 왕과 더불어
화평하니라
45 여호사밧의 남은 사적과 그가 부린
권세와 그가 어떻게 전쟁하였는지는
다 유다 왕 역대지략에 기록되지 아
니하였느냐
46 그가 그의 아버지 아사의 시대에 남
아 있던 남색하는 자들을 그 땅에서
쫓아내었더라
47 그 때에 에돔에는 왕이 없고 섭정 왕
이 있었더라
48 여호사밧이 다시스의 선박을 제조하
고 오빌로 금을 구하러 보내려 하였
더니 그 배가 에시온게벨에서 파선
하였으므로 가지 못하게 되매
49 아합의 아들 아하시야가 여호사밧에
게 이르되 내 종으로 당신의 종과 함
께 배에 가게 하라 하나 여호사밧이
허락하지 아니하였더라
50 여호사밧이 그의 조상들과 함께 자
매 그의 조상 다윗 성에 그의 조상들
과 함께 장사되고 그의 아들 여호람
이 대신하여 왕이 되니라

이스라엘 왕 아하시야

51 유다의 여호사밧 왕 제십칠년에 아합
의 아들 아하시야가 사마리아에서 이
스라엘의 왕이 되어 이 년 동안 이스
라엘을 다스리니라
52 그가 여호와 앞에서 악을 행하여 그
의 아버지의 길과 그의 어머니의 길과
이스라엘에게 범죄하게 한 느밧의
아들 여로보암의 길로 행하며
53 바알을 섬겨 그에게 예배하여 이스
라엘의 하나님 여호와를 노하시게
하기를 그의 아버지의 온갖 행위 같
이 하였더라

365묵상

우리의 삶에 우연이란 없다

아람과의 길르앗 전투에서 아람의 한 병사가 '우연히' 누구를 쏘았는데, 그 화살이 아합 왕을 맞혔다(왕상22:34). 그리고 이 '우연'으로 여겨진 행위가 이스라엘의 강력한 왕 아합을 죽음으로 이끌었다. 그것은 정말로 우연인가? 아니다! 우리의 삶에 '우연'이란 없다. 하나님이 모든 상황과 사건을 항상 통제하며 주관하고 계시기 때문이다. 따라서 우리 삶의 어느 부분이라도 '우연'으로 생각하지 말고, 모든 세부적인 것들을 합력시켜 선(善)을 이루시는 하나님을 의뢰하고, 오직 그분께 영광을 돌리는 삶을 살도록 하자.

열왕기하 2 Kings

엘리야와 아하시야 왕

1 아합이 죽은 후에 모압이 이스라
엘을 배반하였더라
2 아하시야가 사마리아에 있는 그의
다락 난간에서 떨어져 병들매 사자를
보내며 그들에게 이르되 가서 에그
론의 신 바알세붑에게 이 병이 낫겠
나 물어 보라 하니라
3 여호와의 사자가 디셉 사람 엘리야
에게 이르되 너는 일어나 올라가서
사마리아 왕의 사자를 만나 그에게
이르기를 이스라엘에 하나님이 없어
서 너희가 에그론의 신 바알세붑에
게 물으러 가느냐
4 그러므로 여호와의 말씀이 네가 올
라간 침상에서 내려오지 못할지라 네
가 반드시 죽으리라 하셨다 하라 엘
리야가 이에 가니라
5 사자들이 왕에게 돌아오니 왕이 그
들에게 이르되 너희는 어찌하여 돌아
왔느냐 하니
6 그들이 말하되 한 사람이 올라와서
우리를 만나 이르되 너희는 너희를
보낸 왕에게로 돌아가서 그에게 고
하기를 여호와의 말씀이 이스라엘에
하나님이 없어서 네가 에그론의 신
바알세붑에게 물으려고 보내느냐
그러므로 네가 올라간 침상에서 내
려오지 못할지라 네가 반드시 죽으리
라 하셨다 하라 하더이다
7 왕이 그들에게 이르되 올라와서 너희
를 만나 이 말을 너희에게 한 그 사
람은 어떤 사람이더냐
8 그들이 그에게 대답하되 그는 털이
많은 사람인데 허리에 가죽 띠를 띠
었더이다 하니 왕이 이르되 그는 디
셉 사람 엘리야로다
9 이에 오십부장과 그의 군사 오십 명
을 엘리야에게로 보내매 그가 엘리
야에게로 올라가 본즉 산 꼭대기에
앉아 있는지라 그가 엘리야에게 이
르되 하나님의 사람이여 왕의 말씀이
내려오라 하셨나이다
10 엘리야가 오십부장에게 대답하여 이
르되 내가 만일 하나님의 사람이면
불이 하늘에서 내려와 너와 너의 오
십 명을 사를지로다 하매 불이 곧 하
늘에서 내려와 그와 그의 군사 오십
명을 살랐더라
11 왕이 다시 다른 오십부장과 그의 군
사 오십 명을 엘리야에게로 보내니
그가 엘리야에게 말하여 이르되 하

나님의 사람이여 왕의 말씀이 속히
내려오라 하셨나이다 하니
12 엘리야가 그들에게 대답하여 이르되
내가 만일 하나님의 사람이면 불이
하늘에서 내려와 너와 너의 오십 명
을 사를지로다 하매 하나님의 불이
곧 하늘에서 내려와 그와 그의 군사
오십 명을 살랐더라
13 왕이 세 번째 오십부장과 그의 군사
오십 명을 보낸지라 셋째 오십부장
이 올라가서 엘리야 앞에 이르러 그
의 무릎을 꿇어 엎드려 간구하여 이
르되 하나님의 사람이여 원하건대 나
의 생명과 당신의 종인 이 오십 명의
생명을 당신은 귀히 보소서
14 불이 하늘에서 내려와 전번의 오십부
장 둘과 그의 군사 오십 명을 살랐거
니와 나의 생명을 당신은 귀히 보소
서 하매
15 여호와의 사자가 엘리야에게 이르되
너는 그를 두려워하지 말고 함께 내
려가라 하신지라 엘리야가 곧 일어나
그와 함께 내려와 왕에게 이르러
16 말하되 여호와의 말씀이 네가 사자
를 보내 에그론의 신 바알세붑에게
물으려 하니 이스라엘에 그의 말을
물을 만한 하나님이 안 계심이냐 그
러므로 네가 그 올라간 침상에서 내
려오지 못할지라 네가 반드시 죽으리
라 하셨다 하니라
17 왕이 엘리야가 전한 여호와의 말씀대
로 죽고 그가 아들이 없으므로 여호
람이 그를 대신하여 왕이 되니 유다
왕 여호사밧의 아들 여호람의 둘째
해였더라
18 아하시야가 행한 그 남은 사적은 모
두 이스라엘 왕 역대지략에 기록되지
아니하였느냐

엘리야가 하늘로 올라가다

2 여호와께서 회오리 바람으로 엘리
야를 하늘로 올리고자 하실 때에
엘리야가 엘리사와 더불어 길갈에서
나가더니
2 엘리야가 엘리사에게 이르되 청하건
대 너는 여기 머물라 여호와께서 나
를 벧엘로 보내시느니라 하니 엘리
사가 이르되 여호와께서 살아 계심과
당신의 영혼이 살아 있음을 두고 맹
세하노니 내가 당신을 떠나지 아니하
겠나이다 하는지라 이에 두 사람이
벧엘로 내려가니
3 벧엘에 있는 선지자의 제자들이 엘리
사에게로 나아와 그에게 이르되 여
호와께서 오늘 당신의 선생을 당신의
머리 위로 데려가실 줄을 아시나이까
하니 이르되 나도 또한 아노니 너희

는 잠잠하라 하니라
4 엘리야가 그에게 이르되 엘리사야 청
하건대 너는 여기 머물라 여호와께서
나를 여리고로 보내시느니라 엘리사
가 이르되 여호와께서 살아 계심과
당신의 영혼이 살아 있음을 두고 맹
세하노니 내가 당신을 떠나지 아니하
겠나이다 하니라 그들이 여리고에 이
르매
5 여리고에 있는 선지자의 제자들이 엘
리사에게 나아와 이르되 여호와께서
오늘 당신의 선생을 당신의 머리 위
로 데려가실 줄을 아시나이까 하니
엘리사가 이르되 나도 아노니 너희는
잠잠하라
6 엘리야가 또 엘리사에게 이르되 청하
건대 너는 여기 머물라 여호와께서
나를 요단으로 보내시느니라 하니
그가 이르되 여호와께서 살아 계심
과 당신의 영혼이 살아 있음을 두고
맹세하노니 내가 당신을 떠나지 아니
하겠나이다 하는지라 이에 두 사람
이 가니라
7 선지자의 제자 오십 명이 가서 멀리
서서 바라보매 그 두 사람이 요단 가
에 서 있더니
8 엘리야가 겉옷을 가지고 말아 물을
치매 물이 이리 저리 갈라지고 두 사
람이 마른 땅 위로 건너더라
9 건너매 엘리야가 엘리사에게 이르되
나를 네게서 데려감을 당하기 전에
내가 네게 어떻게 할지를 구하라 엘
리사가 이르되 당신의 성령이 하시는
역사가 갑절이나 내게 있게 하소서
하는지라
10 이르되 네가 어려운 일을 구하는도
다 그러나 나를 네게서 데려가시는
것을 네가 보면 그 일이 네게 이루어
지려니와 그렇지 아니하면 이루어지
지 아니하리라 하고
11 두 사람이 길을 가며 말하더니 불수
레와 불말들이 두 사람을 갈라놓고
엘리야가 회오리 바람으로 하늘로
올라가더라
12 엘리사가 보고 소리 지르되 내 아버
지여 내 아버지여 이스라엘의 병거와
그 마병이여 하더니 다시 보이지 아니
하는지라 이에 엘리사가 자기의 옷을
잡아 둘로 찢고
13 엘리야의 몸에서 떨어진 겉옷을 주워
가지고 돌아와 요단 언덕에 서서
14 엘리야의 몸에서 떨어진 그의 겉옷을
가지고 물을 치며 이르되 엘리야의
하나님 여호와는 어디 계시니이까 하
고 그도 물을 치매 물이 이리 저리
갈라지고 엘리사가 건너니라

15 맞은편 여리고에 있는 선지자의 제자
들이 그를 보며 말하기를 엘리야의
성령이 하시는 역사가 엘리사 위에
머물렀다 하고 가서 그에게로 나아
가 땅에 엎드려 그에게 경배하고
16 그에게 이르되 당신의 종들에게 용
감한 사람 오십 명이 있으니 청하건
대 그들이 가서 당신의 주인을 찾게
하소서 염려하건대 여호와의 성령이
그를 들고 가다가 어느 산에나 어느
골짜기에 던지셨을까 하나이다 하니
라 엘리사가 이르되 보내지 말라 하
나
17 무리가 그로 부끄러워하도록 강청하
매 보내라 한지라 그들이 오십 명을
보냈더니 사흘 동안을 찾되 발견하지
못하고
18 엘리사가 여리고에 머무는 중에 무리
가 그에게 돌아오니 엘리사가 그들
에게 이르되 내가 가지 말라고 너희
에게 이르지 아니하였느냐 하였더라

엘리사의 기적

19 그 성읍 사람들이 엘리사에게 말하
되 우리 주인께서 보시는 바와 같이
이 성읍의 위치는 좋으나 물이 나쁘
므로 토산이 익지 못하고 떨어지나이
다
20 엘리사가 이르되 새 그릇에 소금을
담아 내게로 가져오라 하매 곧 가져
온지라
21 엘리사가 물 근원으로 나아가서 소
금을 그 가운데에 던지며 이르되 여
호와의 말씀이 내가 이 물을 고쳤으
니 이로부터 다시는 죽음이나 열매
맺지 못함이 없을지니라 하셨느니라
하니
22 그 물이 엘리사가 한 말과 같이 고쳐
져서 오늘에 이르렀더라
23 엘리사가 거기서 벧엘로 올라가더니
그가 길에서 올라갈 때에 작은 아이
들이 성읍에서 나와 그를 조롱하여
이르되 대머리여 올라가라 대머리여
올라가라 하는지라
24 엘리사가 뒤로 돌이켜 그들을 보고
여호와의 이름으로 저주하매 곧 수
풀에서 암곰 둘이 나와서 아이들 중
의 사십이 명을 찢었더라
25 엘리사가 거기서부터 갈멜 산으로 가
고 거기서 사마리아로 돌아왔더라

이스라엘과 모압의 전쟁

3 유다의 여호사밧 왕 열여덟째 해
에 아합의 아들 여호람이 사마리
아에서 이스라엘을 열두 해 동안 다
스리니라
2 그가 여호와 보시기에 악을 행하였
으나 그의 부모와 같이 하지는 아니

하였으니 이는 그가 그의 아버지가
만든 바알의 주상을 없이하였음이라
3 그러나 그가 느밧의 아들 여로보암
이 이스라엘에게 범하게 한 그 죄를
따라 행하고 떠나지 아니하였더라
4 모압 왕 메사는 양을 치는 자라 새
끼 양 십만 마리의 털과 숫양 십만 마
리의 털을 이스라엘 왕에게 바치더니
5 아합이 죽은 후에 모압 왕이 이스라
엘 왕을 배반한지라
6 그 때에 여호람 왕이 사마리아에서
나가 온 이스라엘을 둘러보고
7 또 가서 유다의 왕 여호사밧에게 사
신을 보내 이르되 모압 왕이 나를 배
반하였으니 당신은 나와 함께 가서
모압을 치시겠느냐 하니 그가 이르
되 내가 올라가리이다 나는 당신과
같고 내 백성은 당신의 백성과 같고
내 말들도 당신의 말들과 같으니이
다 하는지라
8 여호람이 이르되 우리가 어느 길로
올라가리이까 하니 그가 대답하되
에돔 광야 길로니이다 하니라
9 이스라엘 왕과 유다 왕과 에돔 왕이
가더니 길을 둘러 간 지 칠 일에 군사
와 따라가는 가축을 먹일 물이 없는
지라
10 이스라엘 왕이 이르되 슬프다 여호
와께서 이 세 왕을 불러 모아 모압의
손에 넘기려 하시는도다 하니
11 여호사밧이 이르되 우리가 여호와께
물을 만한 여호와의 선지자가 여기
없느냐 하는지라 이스라엘 왕의 신하
들 중의 한 사람이 대답하여 이르되
전에 엘리야의 손에 물을 붓던 사밧
의 아들 엘리사가 여기 있나이다 하
니
12 여호사밧이 이르되 여호와의 말씀이
그에게 있도다 하는지라 이에 이스
라엘 왕과 여호사밧과 에돔 왕이 그
에게로 내려가니라
13 엘리사가 이스라엘 왕에게 이르되
내가 당신과 무슨 상관이 있나이까
당신의 부친의 선지자들과 당신의 모
친의 선지자들에게로 가소서 하니 이
스라엘 왕이 그에게 이르되 그렇지
아니하니이다 여호와께서 이 세 왕을
불러 모아 모압의 손에 넘기려 하시
나이다 하니라
14 엘리사가 이르되 내가 섬기는 만군의
여호와께서 살아 계심을 두고 맹세
하노니 내가 만일 유다의 왕 여호사
밧의 얼굴을 봄이 아니면 그 앞에서
당신을 향하지도 아니하고 보지도
아니하였으리이다
15 이제 내게로 거문고 탈 자를 불러오

소서 하니라 거문고 타는 자가 거문
고를 탈 때에 여호와의 손이 엘리사
위에 있더니
16 그가 이르되 여호와의 말씀이 이 골
짜기에 개천을 많이 파라 하셨나이다
17 여호와께서 이르시기를 너희가 바람
도 보지 못하고 비도 보지 못하되 이
골짜기에 물이 가득하여 너희와 너희
가축과 짐승이 마시리라 하셨나이다
18 이것은 여호와께서 보시기에 작은 일
이라 여호와께서 모압 사람도 당신
의 손에 넘기시리니
19 당신들이 모든 견고한 성읍과 모든
아름다운 성읍을 치고 모든 좋은 나
무를 베고 모든 샘을 메우고 돌로
모든 좋은 밭을 헐리이다 하더니
20 아침이 되어 소제 드릴 때에 물이 에
돔 쪽에서부터 흘러와 그 땅에 가득
하였더라
21 모압의 모든 사람은 왕들이 올라와
서 자기를 치려 한다 함을 듣고 갑옷
입을 만한 자로부터 그 이상이 다 모
여 그 경계에 서 있더라
22 아침에 모압 사람이 일찍이 일어나서
해가 물에 비치므로 맞은편 물이 붉
어 피와 같음을 보고
23 이르되 이는 피라 틀림없이 저 왕들
이 싸워 서로 죽인 것이로다 모압 사
람들아 이제 노략하러 가자 하고
24 이스라엘 진에 이르니 이스라엘 사
람이 일어나 모압 사람을 쳐서 그들
앞에서 도망하게 하고 그 지경에 들
어가며 모압 사람을 치고
25 그 성읍들을 쳐서 헐고 각기 돌을 던
져 모든 좋은 밭에 가득하게 하고
모든 샘을 메우고 모든 좋은 나무
를 베고 길하레셋의 돌들은 남기고
물매꾼이 두루 다니며 치니라
26 모압 왕이 전세가 극렬하여 당하기
어려움을 보고 칼찬 군사 칠백 명을
거느리고 돌파하여 지나서 에돔 왕
에게로 가고자 하되 가지 못하고
27 이에 자기 왕위를 이어 왕이 될 맏아
들을 데려와 성 위에서 번제를 드린
지라 이스라엘에게 크게 격노함이
임하매 그들이 떠나 각기 고국으로
돌아갔더라

과부의 기름 그릇

4 선지자의 제자들의 아내 중의 한
여인이 엘리사에게 부르짖어 이르

365묵상

나가서 그릇을 빌려오라

선지생도였던 남편을 잃고 과부가 된 여인은 빚 때문에 두 아이를 종으로 내어줄 판국이었다. 엘리사는 이 가엾은 여인을 도와주었다. 하지만 엘리사는 그녀에게 뒤로 물러나 있으라고 하지 않았다. 구할 수 있는 대로 많은 빈 그릇을 빌려오라고 했다. 여인은 엘리사의 지시에 순종했고, 하나님은 기적적으로 필요한 것을 공급해 주셨다(왕하 4:1-7). 하나님은 무엇이든지 하실 수 있다. 하지만 그분은 종종 우리에게 우리의 몫을 하도록 요구하신다. 그런 요구에 순종할 때, 우리는 풍성한 기적의 은총을 경험할 수 있다.

되 당신의 종 나의 남편이 이미 죽었
는데 당신의 종이 여호와를 경외한
줄은 당신이 아시는 바니이다 이제
빚 준 사람이 와서 나의 두 아이를
데려가 그의 종을 삼고자 하나이다
하니
2 엘리사가 그에게 이르되 내가 너를
위하여 어떻게 하랴 네 집에 무엇이
있는지 내게 말하라 그가 이르되 계
집종의 집에 기름 한 그릇 외에는 아
무것도 없나이다 하니
3 이르되 너는 밖에 나가서 모든 이웃
에게 그릇을 빌리라 빈 그릇을 빌리
되 조금 빌리지 말고
4 너는 네 두 아들과 함께 들어가서
문을 닫고 그 모든 그릇에 기름을
부어서 차는 대로 옮겨 놓으라 하니
라
5 여인이 물러가서 그의 두 아들과 함
께 문을 닫은 후에 그들은 그릇을
그에게로 가져오고 그는 부었더니
6 그릇에 다 찬지라 여인이 아들에게
이르되 또 그릇을 내게로 가져오라
하니 아들이 이르되 다른 그릇이 없
나이다 하니 기름이 곧 그쳤더라
7 그 여인이 하나님의 사람에게 나아가
서 말하니 그가 이르되 너는 가서 기
름을 팔아 빚을 갚고 남은 것으로
너와 네 두 아들이 생활하라 하였더
라

엘리사와 수넴 여인

8 하루는 엘리사가 수넴에 이르렀더니
거기에 한 귀한 여인이 그를 간권하
여 음식을 먹게 하였으므로 엘리사
가 그 곳을 지날 때마다 음식을 먹으
러 그리로 들어갔더라
9 여인이 그의 남편에게 이르되 항상
우리를 지나가는 이 사람은 하나님의
거룩한 사람인 줄을 내가 아노니
10 청하건대 우리가 그를 위하여 작은
방을 담 위에 만들고 침상과 책상과
의자와 촛대를 두사이다 그가 우리
에게 이르면 거기에 머물리이다 하였
더라
11 하루는 엘리사가 거기에 이르러 그
방에 들어가 누웠더니
12 자기 사환 게하시에게 이르되 이 수
넴 여인을 불러오라 하니 곧 여인을
부르매 여인이 그 앞에 선지라
13 엘리사가 자기 사환에게 이르되 너는
그에게 이르라 네가 이같이 우리를
위하여 세심한 배려를 하는도다 내
가 너를 위하여 무엇을 하랴 왕에게
나 사령관에게 무슨 구할 것이 있느
냐 하니 여인이 이르되 나는 내 백성
중에 거주하나이다 하니라

14 엘리사가 이르되 그러면 그를 위하여
무엇을 하여야 할까 하니 게하시가
대답하되 참으로 이 여인은 아들이
없고 그 남편은 늙었나이다 하니
15 이르되 다시 부르라 하여 부르매 여
인이 문에 서니라
16 엘리사가 이르되 한 해가 지나 이 때
쯤에 네가 아들을 안으리라 하니 여
인이 이르되 아니로소이다 내 주 하
나님의 사람이여 당신의 계집종을 속
이지 마옵소서 하니라
17 여인이 과연 잉태하여 한 해가 지나
이 때쯤에 엘리사가 여인에게 말한
대로 아들을 낳았더라
18 그 아이가 자라매 하루는 추수꾼들
에게 나가서 그의 아버지에게 이르렀
더니
19 그의 아버지에게 이르되 내 머리야
내 머리야 하는지라 그의 아버지가
사환에게 말하여 그의 어머니에게로
데려가라 하매
20 곧 어머니에게로 데려갔더니 낮까지
어머니의 무릎에 앉아 있다가 죽은지
라
21 그의 어머니가 올라가서 아들을 하나
님의 사람의 침상 위에 두고 문을 닫
고 나와
22 그 남편을 불러 이르되 청하건대 사
환 한 명과 나귀 한 마리를 내게로
보내소서 내가 하나님의 사람에게
달려갔다가 돌아오리이다 하니
23 그 남편이 이르되 초하루도 아니요
안식일도 아니거늘 그대가 오늘 어
찌하여 그에게 나아가고자 하느냐
하는지라 여인이 이르되 평안을 비나
이다 하니라
24 이에 나귀에 안장을 지우고 자기 사
환에게 이르되 몰고 가라 내가 말하
지 아니하거든 나를 위하여 달려가기
를 멈추지 말라 하고
25 드디어 갈멜 산으로 가서 하나님의
사람에게로 나아가니라
하나님의 사람이 멀리서 그를 보고 자
기 사환 게하시에게 이르되 저기 수
넴 여인이 있도다
26 너는 달려가서 그를 맞아 이르기를
너는 평안하냐 네 남편이 평안하냐
아이가 평안하냐 하라 하였더니 여인
이 대답하되 평안하다 하고
27 산에 이르러 하나님의 사람에게 나
아가서 그 발을 안은지라 게하시가
가까이 와서 그를 물리치고자 하매
하나님의 사람이 이르되 가만 두라
그의 영혼이 괴로워하지마는 여호와
께서 내게 숨기시고 이르지 아니하셨
도다 하니라

28 여인이 이르되 내가 내 주께 아들을
구하더이까 나를 속이지 말라고 내
가 말하지 아니하더이까 하니
29 엘리사가 게하시에게 이르되 네 허리
를 묶고 내 지팡이를 손에 들고 가
라 사람을 만나거든 인사하지 말며
사람이 네게 인사할지라도 대답하지
말고 내 지팡이를 그 아이 얼굴에 놓
으라 하는지라
30 아이의 어머니가 이르되 여호와께서
살아 계심과 당신의 영혼이 살아 계
심을 두고 맹세하노니 내가 당신을
떠나지 아니하리이다 엘리사가 이에
일어나 여인을 따라가니라
31 게하시가 그들보다 앞서 가서 지팡이
를 그 아이의 얼굴에 놓았으나 소리
도 없고 듣지도 아니하는지라 돌아
와서 엘리사를 맞아 그에게 말하여
아이가 깨지 아니하였나이다 하니라
32 엘리사가 집에 들어가 보니 아이가
죽었는데 자기의 침상에 눕혔는지라
33 들어가서는 문을 닫으니 두 사람 뿐
이라 엘리사가 여호와께 기도하고
34 아이 위에 올라 엎드려 자기 입을 그
의 입에, 자기 눈을 그의 눈에, 자기
손을 그의 손에 대고 그의 몸에 엎
드리니 아이의 살이 차차 따뜻하더라
35 엘리사가 내려서 집 안에서 한 번 이
리 저리 다니고 다시 아이 위에 올라
엎드리니 아이가 일곱 번 재채기 하
고 눈을 뜨는지라
36 엘리사가 게하시를 불러 저 수넴 여
인을 불러오라 하니 곧 부르매 여인
이 들어가니 엘리사가 이르되 네 아
들을 데리고 가라 하니라
37 여인이 들어가서 엘리사의 발 앞에서
땅에 엎드려 절하고 아들을 안고 나
가니라

두 가지 기적

38 엘리사가 다시 길갈에 이르니 그 땅
에 흉년이 들었는데 선지자의 제자들
이 엘리사의 앞에 앉은지라 엘리사가
자기 사환에게 이르되 큰 솥을 걸고
선지자의 제자들을 위하여 국을 끓이
라 하매
39 한 사람이 채소를 캐러 들에 나가 들
포도덩굴을 만나 그것에서 들호박을
따서 옷자락에 채워가지고 돌아와
썰어 국 끓이는 솥에 넣되 그들은 무
엇인지 알지 못한지라
40 이에 퍼다가 무리에게 주어 먹게 하
였더니 무리가 국을 먹다가 그들이
외쳐 이르되 하나님의 사람이여 솥에
죽음의 독이 있나이다 하고 능히 먹
지 못하는지라
41 엘리사가 이르되 그러면 가루를 가져

오라 하여 솥에 던지고 이르되 퍼다
가 무리에게 주어 먹게 하라 하매 이
에 솥 가운데 독이 없어지니라
42 한 사람이 바알 살리사에서부터 와서
처음 만든 떡 곧 보리떡 이십 개와
또 자루에 담은 채소를 하나님의 사
람에게 드린지라 그가 이르되 무리에
게 주어 먹게 하라
43 그 사환이 이르되 내가 어찌 이것을
백 명에게 주겠나이까 하나 엘리사
는 또 이르되 무리에게 주어 먹게 하
라 여호와의 말씀이 그들이 먹고 남
으리라 하셨느니라
44 그가 그들 앞에 주었더니 여호와께
서 말씀하신 대로 먹고 남았더라

나아만이 고침을 받다

5 아람 왕의 군대 장관 나아만은 그
의 주인 앞에서 크고 존귀한 자니
이는 여호와께서 전에 그에게 아람
을 구원하게 하셨음이라 그는 큰 용
사이나 나병환자더라
2 전에 아람 사람이 떼를 지어 나가서
이스라엘 땅에서 어린 소녀 하나를
사로잡으매 그가 나아만의 아내에게
수종들더니
3 그의 여주인에게 이르되 우리 주인이
사마리아에 계신 선지자 앞에 계셨으
면 좋겠나이다 그가 그 나병을 고치
리이다 하는지라
4 나아만이 들어가서 그의 주인께 아뢰
어 이르되 이스라엘 땅에서 온 소녀
의 말이 이러이러하더이다 하니
5 아람 왕이 이르되 갈지어다 이제 내
가 이스라엘 왕에게 글을 보내리라
하더라 나아만이 곧 떠날새 은 십 달
란트와 금 육천 개와 의복 열 벌을
가지고 가서
6 이스라엘 왕에게 그 글을 전하니 일
렀으되 내가 내 신하 나아만을 당신
에게 보내오니 이 글이 당신에게 이
르거든 당신은 그의 나병을 고쳐 주
소서 하였더라
7 이스라엘 왕이 그 글을 읽고 자기 옷
을 찢으며 이르되 내가 사람을 죽이
고 살리는 하나님이냐 그가 어찌하여
사람을 내게로 보내 그의 나병을 고
치라 하느냐 너희는 깊이 생각하고
저 왕이 틈을 타서 나와 더불어 시비
하려 함인줄 알라 하니라
8 하나님의 사람 엘리사가 이스라엘 왕
이 자기의 옷을 찢었다 함을 듣고 왕
에게 보내 이르되 왕이 어찌하여 옷
을 찢었나이까 그 사람을 내게로 오
게 하소서 그가 이스라엘 중에 선지
자가 있는 줄을 알리이다 하니라
9 나아만이 이에 말들과 병거들을 거

느리고 이르러 엘리사의 집 문에 서
니
10 엘리사가 사자를 그에게 보내 이르
되 너는 가서 요단 강에 몸을 일곱
번 씻으라 네 살이 회복되어 깨끗하
리라 하는지라
11 나아만이 노하여 물러가며 이르되 내
생각에는 그가 내게로 나와 서서 그
의 하나님 여호와의 이름을 부르고
그의 손을 그 부위 위에 흔들어 나병
을 고칠까 하였도다
12 다메섹 강 아바나와 바르발은 이스
라엘 모든 강물보다 낫지 아니하냐
내가 거기서 몸을 씻으면 깨끗하게
되지 아니하랴 하고 몸을 돌려 분노
하여 떠나니
13 그의 종들이 나아와서 말하여 이르되
내 아버지여 선지자가 당신에게 큰
일을 행하라 말하였더면 행하지 아니
하였으리이까 하물며 당신에게 이르
기를 씻어 깨끗하게 하라 함이리이까
하니
14 나아만이 이에 내려가서 하나님의 사
람의 말대로 요단 강에 일곱 번 몸을
잠그니 그의 살이 어린 아이의 살 같
이 회복되어 깨끗하게 되었더라
15 나아만이 모든 군대와 함께 하나님
의 사람에게로 도로 와서 그의 앞에
서서 이르되 내가 이제 이스라엘 외
에는 온 천하에 신이 없는 줄을 아나
이다 청하건대 당신의 종에게서 예물
을 받으소서 하니
16 이르되 내가 섬기는 여호와께서 살아
계심을 두고 맹세하노니 내가 그 앞
에서 받지 아니하리라 하였더라 나아
만이 받으라고 강권하되 그가 거절하
니라
17 나아만이 이르되 그러면 청하건대 노
새 두 마리에 실을 흙을 당신의 종에
게 주소서 이제부터는 종이 번제물
과 다른 희생제사를 여호와 외 다른
신에게는 드리지 아니하고 다만 여호
와께 드리겠나이다
18 오직 한 가지 일이 있사오니 여호와
께서 당신의 종을 용서하시기를 원하
나이다 곧 내 주인께서 림몬의 신당
에 들어가 거기서 경배하며 그가 내
손을 의지하시매 내가 림몬의 신당에
서 몸을 굽히오니 내가 림몬의 신당
에서 몸을 굽힐 때에 여호와께서 이
일에 대하여 당신의 종을 용서하시기
를 원하나이다 하니
19 엘리사가 이르되 너는 평안히 가라
하니라 그가 엘리사를 떠나 조금 가
니라
20 하나님의 사람 엘리사의 사환 게하시

가 스스로 이르되 내 주인이 이 아람
사람 나아만에게 면하여 주고 그가
가지고 온 것을 그의 손에서 받지 아
니하였도다 여호와께서 살아 계심을
두고 맹세하노니 내가 그를 쫓아가
서 무엇이든지 그에게서 받으리라 하
고
21 나아만의 뒤를 쫓아가니 나아만이
자기 뒤에 달려옴을 보고 수레에서
내려 맞이하여 이르되 평안이냐 하니
22 그가 이르되 평안하나이다 우리 주인
께서 나를 보내시며 말씀하시기를 지
금 선지자의 제자 중에 두 청년이 에
브라임 산지에서부터 내게로 왔으니
청하건대 당신은 그들에게 은 한 달
란트와 옷 두 벌을 주라 하시더이다
23 나아만이 이르되 바라건대 두 달란
트를 받으라 하고 그를 강권하여 은
두 달란트를 두 전대에 넣어 매고 옷
두 벌을 아울러 두 사환에게 지우매
그들이 게하시 앞에서 지고 가니라
24 언덕에 이르러서는 게하시가 그 물건
을 두 사환의 손에서 받아 집에 감추
고 그들을 보내 가게 한 후
25 들어가 그의 주인 앞에 서니 엘리사
가 이르되 게하시야 네가 어디서 오
느냐 하니 대답하되 당신의 종이 아
무데도 가지 아니하였나이다 하니라
26 엘리사가 이르되 한 사람이 수레에서
내려 너를 맞이할 때에 내 마음이 함
께 가지 아니하였느냐 지금이 어찌
은을 받으며 옷을 받으며 감람원이
나 포도원이나 양이나 소나 남종이
나 여종을 받을 때이냐
27 그러므로 나아만의 나병이 네게 들
어 네 자손에게 미쳐 영원토록 이르
리라 하니 게하시가 그 앞에서 물러
나오매 나병이 발하여 눈같이 되었더
라

쇠도끼를 찾다

6 선지자의 제자들이 엘리사에게 이
르되 보소서 우리가 당신과 함께
거주하는 이 곳이 우리에게는 좁으
니
2 우리가 요단으로 가서 거기서 각각
한 재목을 가져다가 그 곳에 우리가
거주할 처소를 세우사이다 하니 엘리
사가 이르되 가라 하는지라
3 그 하나가 이르되 청하건대 당신도
종들과 함께 하소서 하니 엘리사가

365묵상

어디서든 복음을 전하기

아람 땅에 끌려온 이스라엘의 어린 소녀, 그녀는 전쟁포로에 불과했다. 그녀의 주인은 아람국의 군대장관 '나아만'인데, 그는 큰 용사였지만 당시로서는 불치병인 나병에 걸린 상태였다. 그 사실을 알게 된 소녀는 엘리사 선지자를 소개해주었다(왕하 5:1-4). 그 소녀의 말이 계기가 되어 나아만은 정말로 엘리사를 찾아갔고, 결국 나병을 고침 받았다. 게다가 이스라엘의 살아계신 하나님과 만났다. 소녀는 연약하다. 그러나 그녀가 전한 복음은 강력하다. 그러므로 어디서든 영혼의 나병환자에게 치료자 예수님을 소개하라.

이르되 내가 가리라 하고
4 드디어 그들과 함께 가니라 무리가
요단에 이르러 나무를 베더니
5 한 사람이 나무를 벨 때에 쇠도끼가
물에 떨어진지라 이에 외쳐 이르되
아아, 내 주여 이는 빌려온 것이니이
다 하니
6 하나님의 사람이 이르되 어디 빠졌느
냐 하매 그 곳을 보이는지라 엘리사
가 나뭇가지를 베어 물에 던져 쇠도
끼를 떠오르게 하고
7 이르되 너는 그것을 집으라 하니 그
사람이 손을 내밀어 그것을 집으니라

아람 군대를 물리치다

8 그 때에 아람 왕이 이스라엘과 더불
어 싸우며 그의 신복들과 의논하여
이르기를 우리가 아무데 아무데 진
을 치리라 하였더니
9 하나님의 사람이 이스라엘 왕에게
보내 이르되 왕은 삼가 아무 곳으로
지나가지 마소서 아람 사람이 그 곳
으로 나오나이다 하는지라
10 이스라엘 왕이 하나님의 사람이 자기
에게 말하여 경계한 곳으로 사람을
보내 방비하기가 한두 번이 아닌지
라
11 이러므로 아람 왕의 마음이 불안하
여 그 신복들을 불러 이르되 우리 중
에 누가 이스라엘 왕과 내통하는 것
을 내게 말하지 아니하느냐 하니
12 그 신복 중의 한 사람이 이르되 우리
주 왕이여 아니로소이다 오직 이스라
엘 선지자 엘리사가 왕이 침실에서
하신 말씀을 이스라엘의 왕에게 고
하나이다 하는지라
13 왕이 이르되 너희는 가서 엘리사가
어디 있나 보라 내가 사람을 보내어
그를 잡으리라 왕에게 아뢰어 이르
되 보라 그가 도단에 있도다 하나이
다
14 왕이 이에 말과 병거와 많은 군사를
보내매 그들이 밤에 가서 그 성읍을
에워쌌더라
15 하나님의 사람의 사환이 일찍이 일어
나서 나가보니 군사와 말과 병거가
성읍을 에워쌌는지라 그의 사환이
엘리사에게 말하되 아아, 내 주여 우
리가 어찌하리이까 하니
16 대답하되 두려워하지 말라 우리와 함
께 한 자가 그들과 함께 한 자보다
많으니라 하고
17 기도하여 이르되 여호와여 원하건대
그의 눈을 열어서 보게 하옵소서 하
니 여호와께서 그 청년의 눈을 여시
매 그가 보니 불말과 불병거가 산에
가득하여 엘리사를 둘렀더라

18 아람 사람이 엘리사에게 내려오매
엘리사가 여호와께 기도하여 이르되
원하건대 저 무리의 눈을 어둡게 하
옵소서 하매 엘리사의 말대로 그들
의 눈을 어둡게 하신지라
19 엘리사가 그들에게 이르되 이는 그
길이 아니요 이는 그 성읍도 아니니
나를 따라 오라 내가 너희를 인도하
여 너희가 찾는 사람에게로 나아가리
라 하고 그들을 인도하여 사마리아
에 이르니라
20 사마리아에 들어갈 때에 엘리사가
이르되 여호와여 이 무리의 눈을 열
어서 보게 하옵소서 하니 여호와께서
그들의 눈을 여시매 그들이 보니 자
기들이 사마리아 가운데에 있더라
21 이스라엘 왕이 그들을 보고 엘리사
에게 이르되 내 아버지여 내가 치리
이까 내가 치리이까 하니
22 대답하되 치지 마소서 칼과 활로 사
로잡은 자인들 어찌 치리이까 떡과
물을 그들 앞에 두어 먹고 마시게 하
고 그들의 주인에게로 돌려보내소서
하는지라
23 왕이 위하여 음식을 많이 베풀고 그
들이 먹고 마시매 놓아보내니 그들
이 그들의 주인에게로 돌아가니라
이로부터 아람 군사의 부대가 다시
는 이스라엘 땅에 들어오지 못하니
라

에워싸인 사마리아가 굶주리다

24 이 후에 아람 왕 벤하닷이 그의 온
군대를 모아 올라와서 사마리아를
에워싸니
25 아람 사람이 사마리아를 에워싸므로
성중이 크게 주려서 나귀 머리 하나
에 은 팔십 세겔이요 비둘기 똥 사분
의 일 갑에 은 다섯 세겔이라 하니
26 이스라엘 왕이 성 위로 지나갈 때에
한 여인이 외쳐 이르되 나의 주 왕이
여 도우소서
27 왕이 이르되 여호와께서 너를 돕지
아니하시면 내가 무엇으로 너를 도
우랴 타작 마당으로 말미암아 하겠
느냐 포도주 틀로 말미암아 하겠느
냐 하니라
28 또 이르되 무슨 일이냐 하니 여인이
대답하되 이 여인이 내게 이르기를
네 아들을 내놓아라 우리가 오늘 먹
고 내일은 내 아들을 먹자 하매
29 우리가 드디어 내 아들을 삶아 먹었
더니 이튿날에 내가 그 여인에게 이
르되 네 아들을 내놓아라 우리가 먹
으리라 하나 그가 그의 아들을 숨겼
나이다 하는지라
30 왕이 그 여인의 말을 듣고 자기 옷을

찢으니라 그가 성 위로 지나갈 때에
백성이 본즉 그의 속살에 굵은 베를
입었더라
31 왕이 이르되 사밧의 아들 엘리사의
머리가 오늘 그 몸에 붙어 있으면 하
나님이 내게 벌 위에 벌을 내리실지
로다 하니라
32 그 때에 엘리사가 그의 집에 앉아 있
고 장로들이 그와 함께 앉아 있는데
왕이 자기 처소에서 사람을 보냈더니
그 사자가 이르기 전에 엘리사가 장
로들에게 이르되 너희는 이 살인한
자의 아들이 내 머리를 베려고 사람
을 보내는 것을 보느냐 너희는 보다
가 사자가 오거든 문을 닫고 문 안
에 들이지 말라 그의 주인의 발소리
가 그의 뒤에서 나지 아니하느냐 하
고
33 무리와 말을 할 때에 그 사자가 그
에게 이르니라 왕이 이르되 이 재앙
이 여호와께로부터 나왔으니 어찌 더
여호와를 기다리리요

7 엘리사가 이르되 여호와의 말씀을
들을지어다 여호와께서 이르시되
내일 이맘때에 사마리아 성문에서 고
운 밀가루 한 스아를 한 세겔로 매
매하고 보리 두 스아를 한 세겔로
매매하리라 하셨느니라
2 그 때에 왕이 그의 손에 의지하는 자
곧 한 장관이 하나님의 사람에게 대
답하여 이르되 여호와께서 하늘에
창을 내신들 어찌 이런 일이 있으리
요 하더라 엘리사가 이르되 네가 네
눈으로 보리라 그러나 그것을 먹지
는 못하리라 하니라

아람 군대가 도망하다

3 성문 어귀에 나병환자 네 사람이 있
더니 그 친구에게 서로 말하되 우리
가 어찌하여 여기 앉아서 죽기를 기
다리랴
4 만일 우리가 성읍으로 가자고 말한
다면 성읍에는 굶주림이 있으니 우리
가 거기서 죽을 것이요 만일 우리가
여기서 머무르면 역시 우리가 죽을
것이라 그런즉 우리가 가서 아람 군
대에게 항복하자 그들이 우리를 살
려 두면 살 것이요 우리를 죽이면 죽
을 것이라 하고
5 아람 진으로 가려 하여 해 질 무렵에
일어나 아람 진영 끝에 이르러서 본
즉 그 곳에 한 사람도 없으니
6 이는 주께서 아람 군대로 병거 소리
와 말 소리와 큰 군대의 소리를 듣게
하셨으므로 아람 사람이 서로 말하
기를 이스라엘 왕이 우리를 치려 하
여 헷 사람의 왕들과 애굽 왕들에게

값을 주고 그들을 우리에게 오게 하
였다 하고
7 해질 무렵에 일어나서 도망하되 그
장막과 말과 나귀를 버리고 진영을
그대로 두고 목숨을 위하여 도망하
였음이라
8 그 나병환자들이 진영 끝에 이르자
한 장막에 들어가서 먹고 마시고 거
기서 은과 금과 의복을 가지고 가서
감추고 다시 와서 다른 장막에 들어
가 거기서도 가지고 가서 감추니라
9 나병환자들이 그 친구에게 서로 말
하되 우리가 이렇게 해서는 아니되겠
도다 오늘은 아름다운 소식이 있는
날이거늘 우리가 침묵하고 있도다 만
일 밝은 아침까지 기다리면 벌이 우
리에게 미칠지니 이제 떠나 왕궁에
가서 알리자 하고
10 가서 성읍 문지기를 불러 그들에게
말하여 이르되 우리가 아람 진에 이
르러서 보니 거기에 한 사람도 없고
사람의 소리도 없고 오직 말과 나귀
만 매여 있고 장막들이 그대로 있더
이다 하는지라
11 그가 문지기들을 부르매 그들이 왕
궁에 있는 자에게 말하니
12 왕이 밤에 일어나 그의 신복들에게
이르되 아람 사람이 우리에게 행한
것을 내가 너희에게 알게 하노니 그
들이 우리가 주린 것을 알고 있으므
로 그 진영을 떠나서 들에 매복하고
스스로 이르기를 그들이 성읍에서
나오거든 우리가 사로잡고 성읍에
들어가겠다 한 것이니라 하니
13 그의 신하 중 한 사람이 대답하여 이
르되 청하건대 아직 성중에 남아 있
는 말 다섯 마리를 취하고 사람을 보
내 정탐하게 하소서 그것들이 성중
에 남아 있는 이스라엘 온 무리 곧
멸망한 이스라엘 온 무리와 같으니이
다 하고
14 그들이 병거 둘과 그 말들을 취한지
라 왕이 아람 군대 뒤로 보내며 가서
정탐하라 하였더니
15 그들이 그들의 뒤를 따라 요단에 이
른즉 아람 사람이 급히 도망하느라
고 버린 의복과 병기가 길에 가득하
였더라 사자가 돌아와서 왕에게 알리
니
16 백성들이 나가서 아람 사람의 진영을
노략한지라 이에 고운 밀가루 한 스
아에 한 세겔이 되고 보리 두 스아가
한 세겔이 되니 여호와의 말씀과 같
이 되었고
17 왕이 그의 손에 의지하였던 그의 장
관을 세워 성문을 지키게 하였더니

백성이 성문에서 그를 밟으매 하나
님의 사람의 말대로 죽었으니 곧 왕
이 내려왔을 때에 그가 말한 대로라
18 하나님의 사람이 왕에게 말한 바와
같으니 이르기를 내일 이맘 때에 사
마리아 성문에서 보리 두 스아를 한
세겔로 매매하고 고운 밀가루 한 스
아를 한 세겔로 매매하리라 한즉
19 그 때에 이 장관이 하나님의 사람에
게 대답하여 이르되 여호와께서 하
늘에 창을 내신들 어찌 이 일이 있으
랴 하매 대답하기를 네가 네 눈으로
보리라 그러나 그것을 먹지는 못하리
라 하였더니
20 그의 장관에게 그대로 이루어졌으니
곧 백성이 성문에서 그를 밟으매 죽
었더라

수넴 여인이 돌아오다

8 엘리사가 이전에 아들을 다시 살
려 준 여인에게 이르되 너는 일어
나서 네 가족과 함께 거주할 만한 곳
으로 가서 거주하라 여호와께서 기
근을 부르셨으니 그대로 이 땅에 칠
년 동안 임하리라 하니
2 여인이 일어나서 하나님의 사람의 말
대로 행하여 그의 가족과 함께 가서
블레셋 사람들의 땅에 칠 년을 우거
하다가
3 칠 년이 다하매 여인이 블레셋 사람
들의 땅에서 돌아와 자기 집과 전토
를 위하여 호소하려 하여 왕에게 나
아갔더라
4 그 때에 왕이 하나님의 사람의 사환
게하시와 서로 말하며 이르되 너는
엘리사가 행한 모든 큰 일을 내게 설
명하라 하니
5 게하시가 곧 엘리사가 죽은 자를 다
시 살린 일을 왕에게 이야기할 때에
그 다시 살린 아이의 어머니가 자기
집과 전토를 위하여 왕에게 호소하
는지라 게하시가 이르되 내 주 왕이
여 이는 그 여인이요 저는 그의 아들
이니 곧 엘리사가 다시 살린 자니이
다 하니라
6 왕이 그 여인에게 물으매 여인이 설
명한지라 왕이 그를 위하여 한 관리
를 임명하여 이르되 이 여인에게 속
한 모든 것과 이 땅에서 떠날 때부터
이제까지 그의 밭의 소출을 다 돌려
주라 하였더라

엘리사와 아람 왕 벤하닷

7 엘리사가 다메섹에 갔을 때에 아람
왕 벤하닷이 병들었더니 왕에게 들리
기를 이르되 하나님의 사람이 여기 이
르렀나이다 하니
8 왕이 하사엘에게 이르되 너는 손에

예물을 가지고 가서 하나님의 사람
을 맞이하고 내가 이 병에서 살아나
겠는지 그를 통하여 여호와께 물으
라
9 하사엘이 그를 맞이하러 갈새 다메
섹의 모든 좋은 물품으로 예물을 삼
아 가지고 낙타 사십 마리에 싣고 나
아가서 그의 앞에 서서 이르되 당신
의 아들 아람 왕 벤하닷이 나를 당신
에게 보내 이르되 나의 이 병이 낫겠
나이까 하더이다 하니
10 엘리사가 이르되 너는 가서 그에게
말하기를 왕이 반드시 나으리라 하
라 그러나 여호와께서 그가 반드시
죽으리라고 내게 알게 하셨느니라
하고
11 하나님의 사람이 그가 부끄러워하기
까지 그의 얼굴을 쏘아보다가 우니
12 하사엘이 이르되 내 주여 어찌하여
우시나이까 하는지라 대답하되 네가
이스라엘 자손에게 행할 모든 악을
내가 앎이라 네가 그들의 성에 불을
지르며 장정을 칼로 죽이며 어린 아
이를 메치며 아이 밴 부녀를 가르리
라 하니
13 하사엘이 이르되 당신의 개 같은 종
이 무엇이기에 이런 큰일을 행하오리
이까 하더라 엘리사가 대답하되 여호
와께서 네가 아람 왕이 될 것을 내게
알게 하셨느니라 하더라
14 그가 엘리사를 떠나가서 그의 주인
에게 나아가니 왕이 그에게 묻되 엘
리사가 네게 무슨 말을 하더냐 하니
대답하되 그가 내게 이르기를 왕이
반드시 살아나시리이다 하더이다 하
더라
15 그 이튿날에 하사엘이 이불을 물에
적시어 왕의 얼굴에 덮으매 왕이 죽
은지라 그가 대신하여 왕이 되니라

유다 왕 여호람

16 이스라엘의 왕 아합의 아들 요람 제
오년에 여호사밧이 유다의 왕이었을
때에 유다의 왕 여호사밧의 아들 여
호람이 왕이 되니라
17 여호람이 왕이 될 때에 나이가 삼십
이 세라 예루살렘에서 팔 년 동안 통
치하니라
18 그가 이스라엘 왕들의 길을 가서 아
합의 집과 같이 하였으니 이는 아합
의 딸이 그의 아내가 되었음이라 그

365묵상

기쁜 소식을 함께 나누기

지금 사마리아 성읍 밖에는 아람 군대가 버려두고 간 음식들로 가득 찼다. 하지만 그 시각에 사마리아 성읍 안에는 사람들이 굶주려 죽어가고 있었다. 이 상황을 깨뜨린 것은 4명의 나병환자였다. 풍성한 양식을 발견했을 때, 그들은 그 소식을 자기들만 누리지 않고 자기들이 본대로 성문지기에게 알려 주었다(왕하7:9-16). 이 들 나병환자들은 오늘날 복음 증거의 좋은 본보기다. 지금 사람들은 죄의 성읍 안에 갇혀 죽어가고 있다. 우리가 발견한 풍성한 생명의 양식, 곧 예수 그리스도를 그들에게 당장 말해주어야 한다!

가 여호와 보시기에 악을 행하였으
나
19 여호와께서 그의 종 다윗을 위하여
유다 멸하기를 즐겨하지 아니하셨으
니 이는 그와 그의 자손에게 항상 등
불을 주겠다고 말씀하셨음이더라
20 여호람 때에 에돔이 유다의 손에서
배반하여 자기 위에 왕을 세운 고로
21 여호람이 모든 병거를 거느리고 사일
로 갔더니 밤에 일어나 자기를 에워
싼 에돔 사람과 그 병거의 장관들을
치니 이에 백성이 도망하여 각각 그
들의 장막들로 돌아갔더라
22 이와 같이 에돔이 유다의 수하에서
배반하였더니 오늘까지 그러하였으
며 그 때에 립나도 배반하였더라
23 여호람의 남은 사적과 그가 행한 모
든 일은 유다 왕 역대지략에 기록되
지 아니하였느냐
24 여호람이 그의 조상들과 함께 자매
그의 조상들과 함께 다윗 성에 장사
되고 그의 아들 아하시야가 대신하여
왕이 되니라

유다 왕 아하시야

25 이스라엘의 왕 아합의 아들 요람 제
십이년에 유다 왕 여호람의 아들 아
하시야가 왕이 되니
26 아하시야가 왕이 될 때에 나이가 이
십이 세라 예루살렘에서 일 년을 통
치하니라 그의 어머니의 이름은 아달
랴라 이스라엘 왕 오므리의 손녀이더
라
27 아하시야가 아합의 집 길로 행하여
아합의 집과 같이 여호와 보시기에
악을 행하였으니 그는 아합의 집의
사위가 되었음이러라
28 그가 아합의 아들 요람과 함께 길르
앗 라못으로 가서 아람 왕 하사엘과
더불어 싸우더니 아람 사람들이 요
람에게 부상을 입힌지라
29 요람 왕이 아람 왕 하사엘과 싸울
때에 라마에서 아람 사람에게 당한
부상을 치료하려 하여 이스르엘로
돌아왔더라 유다의 왕 여호람의 아
들 아하시야가 아합의 아들 요람을
보기 위하여 내려갔으니 이는 그에게
병이 생겼음이더라

예후가 이스라엘 왕이 되다

9 선지자 엘리사가 선지자의 제자 중
하나를 불러 이르되 너는 허리를
동이고 이 기름병을 손에 가지고 길
르앗 라못으로 가라
2 거기에 이르거든 님시의 손자 여호사
밧의 아들 예후를 찾아 들어가서 그
의 형제 중에서 일어나게 하고 그를
데리고 골방으로 들어가

3 기름병을 가지고 그의 머리에 부으며
이르기를 여호와의 말씀이 내가 네
게 기름을 부어 이스라엘 왕으로 삼
노라 하셨느니라 하고 곧 문을 열고
도망하되 지체하지 말지니라 하니
4 그 청년 곧 그 선지자의 청년이 길르
앗 라못으로 가니라
5 그가 이르러 보니 군대 장관들이 앉
아 있는지라 소년이 이르되 장관이여
내가 당신에게 할 말이 있나이다 예
후가 이르되 우리 모든 사람 중에 누
구에게 하려느냐 하니 이르되 장관이
여 당신에게니이다 하는지라
6 예후가 일어나 집으로 들어가니 청년
이 그의 머리에 기름을 부으며 그에
게 이르되 이스라엘 하나님 여호와의
말씀이 내가 네게 기름을 부어 여호
와의 백성 곧 이스라엘의 왕으로 삼
노니
7 너는 네 주 아합의 집을 치라 내가
나의 종 곧 선지자들의 피와 여호와
의 종들의 피를 이세벨에게 갚아 주
리라
8 아합의 온 집이 멸망하리니 이스라엘
중에 매인자나 놓인 자나 아합에게
속한 모든 남자는 내가 다 멸절하되
9 아합의 집을 느밧의 아들 여로보암
의 집과 같게 하며 또 아히야의 아들
바아사의 집과 같게 할지라
10 이스르엘 지방에서 개들이 이세벨을
먹으리니 그를 장사할 사람이 없으리
라 하셨느니라 하고 곧 문을 열고 도
망하니라
11 예후가 나와서 그의 주인의 신복들
에게 이르니 한 사람이 그에게 묻되
평안하냐 그 미친 자가 무슨 까닭으
로 그대에게 왔더냐 대답하되 그대
들이 그 사람과 그가 말한 것을 알리
라 하더라
12 무리가 이르되 당치 아니한 말이라
청하건대 그대는 우리에게 이르라
하니 대답하되 그가 이리 이리 내게
말하여 이르기를 여호와의 말씀이 내
가 네게 기름을 부어 이스라엘 왕으
로 삼는다 하셨다 하더라 하는지라
13 무리가 각각 자기의 옷을 급히 가져
다가 섬돌 위 곧 예후의 밑에 깔고
나팔을 불며 이르되 예후는 왕이라
하니라

이스라엘 왕 요람이 살해되다

14 이에 님시의 손자 여호사밧의 아들
예후가 요람을 배반하였으니 곧 요
람이 온 이스라엘과 더불어 아람의
왕 하사엘과 맞서서 길르앗 라못을
지키다가
15 아람의 왕 하사엘과 더불어 싸울 때

에 아람 사람에게 부상한 것을 치료
하려 하여 이스르엘로 돌아왔던 때
라 예후가 이르되 너희 뜻에 합당하
거든 한 사람이라도 이 성에서 도망
하여 이스르엘에 알리러 가지 못하게
하라 하니라
16 예후가 병거를 타고 이스르엘로 가
니 요람 왕이 거기에 누워 있었음이
라 유다의 왕 아하시야는 요람을 보
러 내려왔더라
17 이스르엘 망대에 파수꾼 하나가 서
있더니 예후의 무리가 오는 것을 보
고 이르되 내가 한 무리를 보나이다
하니 요람이 이르되 한 사람을 말에
태워 보내어 맞이하여 평안하냐 묻
게 하라 하는지라
18 한 사람이 말을 타고 가서 만나 이르
되 왕의 말씀이 평안하냐 하시더이다
하매 예후가 이르되 평안이 네게 상
관이 있느냐 내 뒤로 물러나라 하니
라 파수꾼이 전하여 이르되 사자가
그들에게 갔으나 돌아오지 아니하나
이다 하는지라
19 다시 한 사람을 말에 태워 보내었더
니 그들에게 가서 이르되 왕의 말씀
이 평안하냐 하시더이다 하매 예후가
이르되 평안이 네게 상관이 있느냐
내 뒤를 따르라 하더라
20 파수꾼이 또 전하여 이르되 그도 그
들에게까지 갔으나 돌아오지 아니하
고 그 병거 모는 것이 님시의 손자
예후가 모는 것 같이 미치게 모나이
다 하니
21 요람이 이르되 메우라 하매 그의 병
거를 메운지라 이스라엘 왕 요람과
유다 왕 아하시야가 각각 그의 병거
를 타고 가서 예후를 맞을새 이스르
엘 사람 나봇의 토지에서 만나매
22 요람이 예후를 보고 이르되 예후야
평안하냐 하니 대답하되 네 어머니
이세벨의 음행과 술수가 이렇게 많
으니 어찌 평안이 있으랴 하더라
23 요람이 곧 손을 돌이켜 도망하며 아
하시야에게 이르되 아하시야여 반역
이로다 하니
24 예후가 힘을 다하여 활을 당겨 요람
의 두 팔 사이를 쏘니 화살이 그의
염통을 꿰뚫고 나오매 그가 병거 가
운데에 엎드러 진지라
25 예후가 그의 장관 빗갈에게 이르되
그 시체를 가져다가 이스르엘 사람
나봇의 밭에 던지라 네가 기억하려니
와 이전에 너와 내가 함께 타고 그의
아버지 아합을 좇았을 때에 여호와
께서 이같이 그의 일을 예언하셨느니
라

26 여호와께서 말씀하시기를 내가 어제
나봇의 피와 그의 아들들의 피를 분
명히 보았노라 여호와께서 또 말씀
하시기를 이 토지에서 네게 갚으리라
하셨으니 그런즉 여호와의 말씀대로
그의 시체를 가져다가 이 밭에 던질
지니라 하는지라

유다 왕 아하시야가 살해되다

27 유다의 왕 아하시야가 이를 보고 정
원의 정자 길로 도망하니 예후가 그
뒤를 쫓아가며 이르되 그도 병거 가
운데서 죽이라 하매 이블르암 가까
운 구르 비탈에서 치니 그가 므깃도
까지 도망하여 거기서 죽은지라
28 그의 신복들이 그를 병거에 싣고 예
루살렘에 이르러 다윗 성에서 그들의
조상들과 함께 그의 묘실에 장사하
니라
29 아합의 아들 요람의 제십일년에 아하
시야가 유다 왕이 되었었더라

이세벨 왕후가 살해되다

30 예후가 이스르엘에 오니 이세벨이
듣고 눈을 그리고 머리를 꾸미고 창
에서 바라보다가
31 예후가 문에 들어오매 이르되 주인
을 죽인 너 시므리여 평안하냐 하니
32 예후가 얼굴을 들어 창을 향하고 이
르되 내 편이 될 자가 누구냐 누구냐
하니 두어 내시가 예후를 내다보는
지라
33 이르되 그를 내려던지라 하니 내려던
지매 그의 피가 담과 말에게 튀더라
예후가 그의 시체를 밟으니라
34 예후가 들어가서 먹고 마시고 이르되
가서 이 저주 받은 여자를 찾아 장사
하라 그는 왕의 딸이니라 하매
35 가서 장사하려 한즉 그 두골과 발과
그의 손 외에는 찾지 못한지라
36 돌아와서 전하니 예후가 이르되 이는
여호와께서 그 종 디셉 사람 엘리야
를 통하여 말씀하신 바라 이르시기
를 이스르엘 토지에서 개들이 이세
벨의 살을 먹을지라
37 그 시체가 이스르엘 토지에서 거름
같이 밭에 있으리니 이것이 이세벨이
라고 가리켜 말하지 못하게 되리라
하셨느니라 하였더라

아합의 아들들이 살해되다

10 아합의 아들 칠십 명이 사마리
아에 있는지라 예후가 편지들
을 써서 사마리아에 보내서 이스르
엘 귀족들 곧 장로들과 아합의 여러
아들을 교육하는 자들에게 전하니
일렀으되
2 너희 주의 아들들이 너희와 함께 있
고 또 병거와 말과 견고한 성과 무기

가 너희에게 있으니 이 편지가 너희
에게 이르거든
3 너희 주의 아들들 중에서 가장 어질
고 정직한 자를 택하여 그의 아버지
의 왕좌에 두고 너희 주의 집을 위하
여 싸우라 하였더라
4 그들이 심히 두려워하여 이르되 두
왕이 그를 당하지 못하였거든 우리가
어찌 당하리요 하고
5 그 왕궁을 책임지는 자와 그 성읍을
책임지는 자와 장로들과 왕자를 교
육하는 자들이 예후에게 말을 전하
여 이르되 우리는 당신의 종이라 당
신이 말하는 모든 것을 우리가 행하
고 어떤 사람이든지 왕으로 세우지
아니하리니 당신이 보기에 좋은 대로
행하라 한지라
6 예후가 다시 그들에게 편지를 부치
니 일렀으되 만일 너희가 내 편이 되
어 내 말을 너희가 들으려거든 너희
주의 아들된 사람들의 머리를 가지고
내일 이맘때에 이스르엘에 이르러
내게 나아오라 하였더라 왕자 칠십
명이 그 성읍의 귀족들, 곧 그들을
양육하는 자들과 함께 있는 중에
7 편지가 그들에게 이르매 그들이 왕
자 칠십 명을 붙잡아 죽이고 그들의
머리를 광주리에 담아 이스르엘 예
후에게로 보내니라
8 사자가 와서 예후에게 전하여 이르되
그 무리가 왕자들의 머리를 가지고
왔나이다 이르되 두 무더기로 쌓아
내일 아침까지 문 어귀에 두라 하고
9 이튿날 아침에 그가 나가 서서 뭇 백
성에게 이르되 너희는 의롭도다 나는
내 주를 배반하여 죽였거니와 이 여
러 사람을 죽인 자는 누구냐
10 그런즉 이제 너희는 알라 곧 여호와
께서 아합의 집에 대하여 하신 말씀
은 하나도 땅에 떨어지지 아니하리라
여호와께서 그의 종 엘리야를 통하
여 하신 말씀을 이제 이루셨도다 하
니라
11 예후가 아합의 집에 속한 이스르엘
에 남아 있는 자를 다 죽이고 또 그
의 귀족들과 신뢰 받는 자들과 제사
장들을 죽이되 그에게 속한 자를 하
나도 생존자를 남기지 아니하였더라

아하시야 왕의 형제들이 살해되다

12 예후가 일어나서 사마리아로 가더니
도중에 목자가 양털 깎는 집에 이르
러
13 예후가 유다의 왕 아하시야의 형제
들을 만나 묻되 너희는 누구냐 하니
대답하되 우리는 아하시야의 형제라
이제 왕자들과 태후의 아들들에게

문안하러 내려가노라 하는지라
14 이르되 사로잡으라 하매 곧 사로잡
아 목자가 양털 깎는 집 웅덩이 곁에
서 죽이니 사십이 명이 하나도 남지
아니하였더라

아합의 나머지 사람들이 살해되다

15 예후가 거기에서 떠나가다가 자기를
맞이하러 오는 레갑의 아들 여호나
답을 만난지라 그의 안부를 묻고 그
에게 이르되 내 마음이 네 마음을 향
하여 진실함과 같이 네 마음도 진실
하냐 하니 여호나답이 대답하되 그러
하니이다 이르되 그러면 나와 손을
잡자 손을 잡으니 예후가 끌어 병거
에 올리며
16 이르되 나와 함께 가서 여호와를 위
한 나의 열심을 보라 하고 이에 자기
병거에 태우고
17 사마리아에 이르러 거기에 남아 있는
바 아합에게 속한 자들을 죽여 진멸
하였으니 여호와께서 엘리야에게 이
르신 말씀과 같이 되었더라

바알을 섬기는 자들이 살해되다

18 예후가 뭇 백성을 모으고 그들에게
이르되 아합은 바알을 조금 섬겼으
나 예후는 많이 섬기리라
19 그러므로 내가 이제 큰 제사를 바알
에게 드리고자 하노니 바알의 모든
선지자와 모든 섬기는 자와 모든 제
사장들을 한 사람도 빠뜨리지 말고
불러 내게로 나아오게 하라 모든 오
지 아니하는 자는 살려 두지 아니하
리라 하니 이는 예후가 바알 섬기는
자를 멸하려 하여 계책을 씀이라
20 예후가 바알을 위하는 대회를 거룩
히 열라 하매 드디어 공포되었더라
21 예후가 온 이스라엘에 사람을 두루
보냈더니 바알을 섬기는 모든 사람
이 하나도 빠진 자가 없이 다 이르렀
고 무리가 바알의 신당에 들어가매
바알의 신당 이쪽부터 저쪽까지 가득
하였더라
22 예후가 예복 맡은 자에게 이르되 예
복을 내다가 바알을 섬기는 모든 자
에게 주라 하매 그들에게로 예복을
가져온지라
23 예후가 레갑의 아들 여호나답과 더
불어 바알의 신당에 들어가서 바알
을 섬기는 자들에게 이르되 너희는
살펴보아 바알을 섬기는 자들만 여

365묵상

참된 평안의 길

요람 왕이 예후에게 "평안이냐(샬롬)?"라고 물었을 때, 예후의 답변은 요람을 충격 속으로 몰아넣었다. "네 어머니 이세벨의 음행과 술수가 이렇게 많으니 어찌 평안이 있으랴!"(왕하 9:22). 예후가 요람 왕에게 답변한 것처럼, 모든 시대를 관통하여 하나님을 떠나 거짓 우상을 섬기는 자들에게 참된 평안은 없다. 비록 그들이 평안이라고 믿고 있는 것들은 거짓 평안에 불과하다. 참된 평안은 오직 하나님께로부터 온다. 우리가 악한 길에서 돌이켜 하나님의 말씀을 따라 살아갈 때 비로소 참된 평안을 누리게 된다.

기 있게 하고 여호와의 종은 하나도
여기 너희 중에 있지 못하게 하라 하
고
24 무리가 번제와 다른 제사를 드리려
고 들어간 때에 예후가 팔십 명을 밖
에 두며 이르되 내가 너희 손에 넘겨
주는 사람을 한 사람이라도 도망하
게 하는 자는 자기의 생명으로 그 사
람의 생명을 대신하리라 하니라
25 번제 드리기를 다하매 예후가 호위
병과 지휘관들에게 이르되 들어가서
한 사람도 나가지 못하게 하고 죽이
라 하매 호위병과 지휘관들이 칼로
그들을 죽여 밖에 던지고
26 바알의 신당 있는 성으로 가서 바알
의 신당에서 목상들을 가져다가 불
사르고
27 바알의 목상을 헐며 바알의 신당을
헐어서 변소를 만들었더니 오늘까지
이르니라
28 예후가 이와 같이 이스라엘 중에서
바알을 멸하였으나
29 이스라엘에게 범죄하게 한 느밧의
아들 여로보암의 죄 곧 벧엘과 단에
있는 금송아지를 섬기는 죄에서는 떠
나지 아니하였더라
30 여호와께서 예후에게 이르시되 네가
나보기에 정직한 일을 행하되 잘 행
하여 내 마음에 있는 대로 아합 집에
다 행하였은즉 네 자손이 이스라엘
왕위를 이어 사대를 지내리라 하시니
라
31 그러나 예후가 전심으로 이스라엘
하나님 여호와의 율법을 지켜 행하지
아니하며 여로보암이 이스라엘에게
범하게 한 그 죄에서 떠나지 아니하
였더라

예후가 죽다

32 이 때에 여호와께서 이스라엘에서
땅을 잘라 내기 시작하시매 하사엘이
이스라엘의 모든 영토에서 공격하되
33 요단 동쪽 길르앗 온 땅 곧 갓 사람
과 르우벤 사람과 므낫세 사람의 땅
아르논 골짜기에 있는 아로엘에서부
터 길르앗과 바산까지 하였더라
34 예후의 남은 사적과 행한 모든 일과
업적은 이스라엘 왕 역대지략에 기록
되지 아니하였느냐
35 예후가 그의 조상들과 함께 자매 사
마리아에 장사되고 그의 아들 여호
아하스가 그를 대신하여 왕이 되니라
36 예후가 사마리아에서 이스라엘을 다
스린 햇수는 스물여덟 해이더라

유다 여왕 아달랴

11 아하시야의 어머니 아달랴가 그
의 아들이 죽은 것을 보고 일어

나 왕의 자손을 모두 멸절하였으나
2 요람 왕의 딸 아하시야의 누이 여호
세바가 아하시야의 아들 요아스를
왕자들이 죽임을 당하는 중에서 빼
내어 그와 그의 유모를 침실에 숨겨
아달랴를 피하여 죽임을 당하지 아니
하게 한지라
3 요아스가 그와 함께 여호와의 성전
에 육 년을 숨어 있는 동안에 아달랴
가 나라를 다스렸더라
4 일곱째 해에 여호야다가 사람을 보
내 가리 사람의 백부장들과 호위병
의 백부장들을 불러 데리고 여호와
의 성전으로 들어가서 그들과 언약을
맺고 그들에게 여호와의 성전에서
맹세하게 한 후에 왕자를 그들에게
보이고
5 명령하여 이르되 너희가 행할 것이 이
러하니 안식일에 들어온 너희 중 삼
분의 일은 왕궁을 주의하여 지키고
6 삼분의 일은 수르 문에 있고 삼분의
일은 호위대 뒤에 있는 문에 있어서
이와 같이 왕궁을 주의하여 지키고
7 안식일에 나가는 너희 중 두 대는 여
호와의 성전을 주의하여 지켜 왕을
호위하되
8 너희는 각각 손에 무기를 잡고 왕을
호위하며 너희 대열을 침범하는 모든
자는 죽이고 왕이 출입할 때에 시위
할지니라 하니
9 백부장들이 이에 제사장 여호야다의
모든 명령대로 행하여 각기 관할하
는 바 안식일에 들어오는 자와 안식
일에 나가는 자를 거느리고 제사장
여호야다에게 나아오매
10 제사장이 여호와의 성전에 있는 다윗
왕의 창과 방패를 백부장들에게 주
니
11 호위병이 각각 손에 무기를 잡고 왕
을 호위하되 성전 오른쪽에서부터 왼
쪽까지 제단과 성전 곁에 서고
12 여호야다가 왕자를 인도하여 내어
왕관을 씌우며 율법책을 주고 기름
을 부어 왕으로 삼으매 무리가 박수
하며 왕의 만세를 부르니라
13 아달랴가 호위병과 백성의 소리를
듣고 여호와의 성전에 들어가 백성
에게 이르러
14 보매 왕이 규례대로 단 위에 섰고 장
관들과 나팔수가 왕의 곁에 모셔 섰
으며 온 백성이 즐거워하여 나팔을
부는지라 아달랴가 옷을 찢으며 외
치되 반역이로다 반역이로다 하매
15 제사장 여호야다가 군대를 거느린
백부장들에게 명령하여 이르되 그를
대열 밖으로 몰아내라 그를 따르는

자는 모두 칼로 죽이라 하니 제사장
의 이 말은 여호와의 성전에서는 그
를 죽이지 말라 함이라
16 이에 그의 길을 열어 주매 그가 왕궁
의 말이 다니는 길로 가다가 거기서
죽임을 당하였더라

여호야다의 개혁

17 여호야다가 왕과 백성에게 여호와와
언약을 맺어 여호와의 백성이 되게
하고 왕과 백성 사이에도 언약을 세
우게 하매
18 온 백성이 바알의 신당으로 가서 그
신당을 허물고 그 제단들과 우상들
을 철저히 깨뜨리고 그 제단 앞에서
바알의 제사장 맛단을 죽이니라 제
사장이 관리들을 세워 여호와의 성전
을 수직하게 하고
19 또 백부장들과 가리 사람과 호위병
과 온 백성을 거느리고 왕을 인도하
여 여호와의 성전에서 내려와 호위병
의 문 길을 통하여 왕궁에 이르매 그
가 왕의 왕좌에 앉으니
20 온 백성이 즐거워하고 온 성이 평온
하더라 아달랴를 무리가 왕궁에서
칼로 죽였더라
21 요아스가 왕이 될 때에 나이가 칠 세
였더라

유다 왕 요아스

12 예후의 제칠년에 요아스가 왕이
되어 예루살렘에서 사십 년간
통치하니라 그의 어머니의 이름은 시
비아라 브엘세바 사람이더라
2 요아스는 제사장 여호야다가 그를
교훈하는 모든 날 동안에는 여호와
보시기에 정직히 행하였으되
3 다만 산당들을 제거하지 아니하였으
므로 백성이 여전히 산당에서 제사하
며 분향하였더라
4 요아스가 제사장들에게 이르되 여호
와의 성전에 거룩하게 하여 드리는
모든 은 곧 사람이 통용하는 은이나
각 사람의 몸값으로 드리는 은이나
자원하여 여호와의 성전에 드리는 모
든 은을
5 제사장들이 각각 아는 자에게서 받
아들여 성전의 어느 곳이든지 파손된
것을 보거든 그것으로 수리하라 하
였으나
6 요아스 왕 제이십삼년에 이르도록
제사장들이 성전의 파손한 데를 수
리하지 아니하였는지라
7 요아스 왕이 대제사장 여호야다와
제사장들을 불러 이르되 너희가 어찌
하여 성전의 파손한 데를 수리하지
아니하였느냐 이제부터는 너희가 아
는 사람에게서 은을 받지 말고 그들

이 성전의 파손한 데를 위하여 드리
게 하라
8 제사장들이 다시는 백성에게 은을
받지도 아니하고 성전 파손한 것을
수리하지도 아니하기로 동의하니라
9 제사장 여호야다가 한 궤를 가져다
가 그것의 뚜껑에 구멍을 뚫어 여호
와의 전문 어귀 오른쪽 곧 제단 옆에
두매 여호와의 성전에 가져 오는 모
든 은을 다 문을 지키는 제사장들이
그 궤에 넣더라
10 이에 그 궤 가운데 은이 많은 것을
보면 왕의 서기와 대제사장이 올라와
서 여호와의 성전에 있는 대로 그 은
을 계산하여 봉하고
11 그 달아본 은을 일하는 자 곧 여호
와의 성전을 맡은 자의 손에 넘기면
그들은 또 여호와의 성전을 수리하
는 목수와 건축하는 자들에게 주고
12 또 미장이와 석수에게 주고 또 여호
와의 성전 파손한 데를 수리할 재목
과 다듬은 돌을 사게 하며 그 성전을
수리할 모든 물건을 위하여 쓰게 하
였으되
13 여호와의 성전에 드린 그 은으로 그
성전의 은 대접이나 불집게나 주발이
나 나팔이나 아무 금 그릇이나 은
그릇도 만들지 아니하고
14 그 은을 일하는 자에게 주어 그것으
로 여호와의 성전을 수리하게 하였으
며
15 또 그 은을 받아 일꾼에게 주는 사
람들과 회계하지 아니하였으니 이는
그들이 성실히 일을 하였음이라
16 속건제의 은과 속죄제의 은은 여호
와의 성전에 드리지 아니하고 제사장
에게 돌렸더라
17 그 때에 아람 왕 하사엘이 올라와서
가드를 쳐서 점령하고 예루살렘을
향하여 올라오고자 하므로
18 유다의 왕 요아스가 그의 조상들 유
다 왕 여호사밧과 여호람과 아하시
야가 구별하여 드린 모든 성물과 자
기가 구별하여 드린 성물과 여호와의
성전 곳간과 왕궁에 있는 금을 다 가
져다가 아람 왕 하사엘에게 보냈더
니 하사엘이 예루살렘에서 떠나갔더
라
19 요아스의 남은 사적과 그가 행한 모
든 일은 유다 왕 역대지략에 기록되
지 아니하였느냐
20 요아스의 신복들이 일어나 반역하여
실라로 내려가는 길 가의 밀로 궁에
서 그를 죽였고
21 그를 쳐서 죽인 신복은 시므앗의 아
들 요사갈과 소멜의 아들 여호사바

드였더라 그는 다윗 성에 그의 조상
들과 함께 장사되고 그의 아들 아마
샤가 그를 대신하여 왕이 되니라

이스라엘 왕 여호아하스

13 유다의 왕 아하시야의 아들 요
아스의 제이십삼 년에 예후의
아들 여호아하스가 사마리아에서 이
스라엘 왕이 되어 십칠 년간 다스리
며
2 여호와 보시기에 악을 행하여 이스
라엘에게 범죄하게 한 느밧의 아들
여로보암의 죄를 따라가고 거기서 떠
나지 아니하였으므로
3 여호와께서 이스라엘에게 노하사 늘
아람 왕 하사엘의 손과 그의 아들
벤하닷의 손에 넘기셨더니
4 아람 왕이 이스라엘을 학대하므로
여호아하스가 여호와께 간구하매 여
호와께서 들으셨으니 이는 그들이
학대받음을 보셨음이라
5 여호와께서 이에 구원자를 이스라엘
에게 주시매 이스라엘 자손이 아람
사람의 손에서 벗어나 전과 같이 자
기 장막에 거하였으나
6 그들이 이스라엘에게 범죄하게 한
여로보암 집의 죄에서 떠나지 아니하
고 그 안에서 따라 행하며 또 사마리
아에 아세라 목상을 그냥 두었더라
7 아람 왕이 여호아하스의 백성을 멸절
하여 타작 마당의 티끌 같이 되게 하
고 마병 오십 명과 병거 열 대와 보병
만 명 외에는 여호아하스에게 남겨
두지 아니하였더라
8 여호아하스의 남은 사적과 행한 모
든 일과 그의 업적은 이스라엘 왕 역
대지략에 기록되지 아니하였느냐
9 여호아하스가 그의 조상들과 함께
자매 사마리아에 장사되고 그 아들
요아스가 대신하여 왕이 되니라

이스라엘 왕 요아스

10 유다의 왕 요아스의 제삼십칠 년에
여호아하스의 아들 요아스가 사마리
아에서 이스라엘 왕이 되어 십육 년
간 다스리며
11 여호와께서 보시기에 악을 행하여 이
스라엘에게 범죄하게 한 느밧의 아
들 여로보암의 모든 죄에서 떠나지
아니하고 그 가운데 행하였더라
12 요아스의 남은 사적과 행한 모든 일
과 유다 왕 아마샤와 싸운 그의 업적
은 이스라엘 왕 역대지략에 기록되지
아니하였느냐
13 요아스가 그의 조상들과 함께 자매
이스라엘 왕들과 함께 사마리아에
장사되고 여로보암이 그 자리에 앉
으니라

엘리사가 죽다

14 엘리사가 죽을 병이 들매 이스라엘
의 왕 요아스가 그에게로 내려와 자
기의 얼굴에 눈물을 흘리며 이르되
내 아버지여 내 아버지여 이스라엘의
병거와 마병이여 하매
15 엘리사가 그에게 이르되 활과 화살
들을 가져오소서 하는지라 활과 화
살들을 그에게 가져오매
16 또 이스라엘 왕에게 이르되 왕의 손
으로 활을 잡으소서 하매 그가 손으
로 잡으니 엘리사가 자기 손을 왕의
손 위에 얹고
17 이르되 동쪽 창을 여소서 하여 곧 열
매 엘리사가 이르되 쏘소서 하는지라
곧 쏘매 엘리사가 이르되 이는 여호
와를 위한 구원의 화살 곧 아람에 대
한 구원의 화살이니 왕이 아람 사람
을 멸절하도록 아벡에서 치리이다 하
니라
18 또 이르되 화살들을 집으소서 곧 집
으매 엘리사가 또 이스라엘 왕에게
이르되 땅을 치소서 하는지라 이에
세 번 치고 그친지라
19 하나님의 사람이 노하여 이르되 왕이
대여섯 번을 칠 것이니이다 그리하였
더면 왕이 아람을 진멸하기까지 쳤으
리이다 그런즉 이제는 왕이 아람을
세 번만 치리이다 하니라
20 엘리사가 죽으니 그를 장사하였고
해가 바뀌매 모압 도적 떼들이 그 땅
에 온지라
21 마침 사람을 장사하는 자들이 그 도
적 떼를 보고 그의 시체를 엘리사의
묘실에 들이던지매 시체가 엘리사의
뼈에 닿자 곧 회생하여 일어섰더라

이스라엘과 아람의 전쟁

22 여호아하스 왕의 시대에 아람 왕 하
사엘이 항상 이스라엘을 학대하였으
나
23 여호와께서 아브라함과 이삭과 야곱
과 더불어 세우신 언약 때문에 이스
라엘에게 은혜를 베풀며 그들을 불
쌍히 여기시며 돌보사 멸하기를 즐겨
하지 아니하시고 이 때까지 자기 앞
에서 쫓아내지 아니하셨더라
24 아람의 왕 하사엘이 죽고 그의 아들
벤하닷이 대신하여 왕이 되매
25 여호아하스의 아들 요아스가 하사엘
의 아들 벤하닷의 손에서 성읍을 다

365묵상 자기 백성에게 구원자를 보내시는 하나님

북왕국 이스라엘의 후반기 역사에서 아람은 이스라엘을 극심하게 압제했다. 예후의 아들 여호아하스 시대에도 이스라엘은 아람 왕의 학대를 받았다. 이에 이스라엘은 고통 가운데 부르짖었고, 주님은 한 구원자를 일으키시어 아람을 패배시키고 이스라엘을 구원하셨다(왕하 13:4-5). 오늘날에도 하나님은 우리를 죄의 압제로부터 구원하시기 위해 영원한 구원자를 일으키셨는데, 그분은 곧 '예수 그리스도'시다. 우리가 죄의 고통 가운데 주님께 부르짖으면, 주님은 예수 그리스도를 통해 우리에게 기꺼이 구원을 베푸신다.

시 빼앗으니 이 성읍들은 자기 부친
여호아하스가 전쟁 중에 빼앗겼던
것이라 요아스가 벤하닷을 세 번 쳐
서 무찌르고 이스라엘 성읍들을 회
복하였더라

유다 왕 아마샤

14 이스라엘의 왕 여호아하스의 아
들 요아스 제이년에 유다의 왕
요아스의 아들 아마샤가 왕이 되니
2 그가 왕이 된 때에 나이 이십오 세라
예루살렘에서 이십구 년간 다스리니
라 그의 어머니의 이름은 여호앗단이
요 예루살렘 사람이더라
3 아마샤가 여호와 보시기에 정직히 행
하였으나 그의 조상 다윗과는 같지
아니하였으며 그의 아버지 요아스가
행한 대로 다 행하였어도
4 오직 산당들을 제거하지 아니하였으
므로 백성이 여전히 산당에서 제사를
드리며 분향하였더라
5 나라가 그의 손에 굳게 서매 그의 부
왕을 죽인 신복들을 죽였으나
6 왕을 죽인 자의 자녀들은 죽이지 아
니하였으니 이는 모세의 율법책에 기
록된 대로 함이라 곧 여호와께서 명
령하여 이르시기를 자녀로 말미암아
아버지를 죽이지 말 것이요 아버지로
말미암아 자녀를 죽이지 말 것이라
오직 사람마다 자기의 죄로 말미암아
죽을 것이니라 하셨더라
7 아마샤가 소금 골짜기에서 에돔 사
람 만 명을 죽이고 또 전쟁을 하여
셀라를 취하고 이름을 욕드엘이라
하였더니 오늘까지 그러하니라
8 아마샤가 예후의 손자 여호아하스의
아들 이스라엘의 왕 요아스에게 사
자를 보내 이르되 오라 우리가 서로
대면하자 한지라
9 이스라엘의 왕 요아스가 유다의 왕
아마샤에게 사람을 보내 이르되 레
바논 가시나무가 레바논 백향목에게
전갈을 보내어 이르기를 네 딸을 내
아들에게 주어 아내로 삼게 하라 하
였더니 레바논 들짐승이 지나가다가
그 가시나무를 짓밟았느니라
10 네가 에돔을 쳐서 파하였으므로 마
음이 교만하였으니 스스로 영광을
삼아 왕궁에나 네 집으로 돌아가라
어찌하여 화를 자취하여 너와 유다가
함께 망하고자 하느냐 하나
11 아마샤가 듣지 아니하므로 이스라엘
의 왕 요아스가 올라와서 그와 유다
의 왕 아마샤가 유다의 벧세메스에
서 대면하였더니
12 유다가 이스라엘 앞에서 패하여 각
기 장막으로 도망한지라

13 이스라엘 왕 요아스가 벧세메스에서
아하시야의 손자 요아스의 아들 유
다 왕 아마샤를 사로잡고 예루살렘
에 이르러 예루살렘 성벽을 에브라
임 문에서부터 성 모퉁이 문까지 사
백 규빗을 헐고
14 또 여호와의 성전과 왕궁 곳간에 있
는 금 은과 모든 기명을 탈취하고
또 사람을 볼모로 잡고서 사마리아
로 돌아갔더라
15 요아스의 남은 사적과 그의 업적과
또 유다의 왕 아마샤와 싸운 일은 이
스라엘 왕 역대지략에 기록되지 아니
하였느냐
16 요아스가 그의 조상들과 함께 자매
이스라엘 왕들과 사마리아에 함께
장사되고 그의 아들 여로보암이 대
신하여 왕이 되니라

유다 왕 아마샤가 죽다

17 이스라엘의 왕 여호아하스의 아들
요아스가 죽은 후에도 유다의 왕 요
아스의 아들 아마샤가 십오 년간을
생존하였더라
18 아마샤의 남은 행적은 유다 왕 역대
지략에 기록되지 아니하였느냐
19 예루살렘에서 무리가 그를 반역한
고로 그가 라기스로 도망하였더니
반역한 무리가 사람을 라기스로 따
라 보내 그를 거기서 죽이게 하고
20 그 시체를 말에 실어다가 예루살렘
에서 그의 조상들과 함께 다윗 성에
장사하니라
21 유다 온 백성이 아사랴를 그의 아버
지 아마샤를 대신하여 왕으로 삼으
니 그 때에 그의 나이가 십육 세라
22 아마샤가 그의 조상들과 함께 잔 후
에 아사랴가 엘랏을 건축하여 유다
에 복귀시켰더라

이스라엘 왕 여로보암 2세

23 유다의 왕 요아스의 아들 아마샤 제
십오년에 이스라엘의 왕 요아스의
아들 여로보암이 사마리아에서 왕이
되어 사십일 년간 다스렸으며
24 여호와 보시기에 악을 행하여 이스
라엘에게 범죄하게 한 느밧의 아들
여로보암의 모든 죄에서 떠나지 아니
하였더라
25 이스라엘의 하나님 여호와께서 그의
종 가드헤벨 아밋대의 아들 선지자
요나를 통하여 하신 말씀과 같이 여
로보암이 이스라엘 영토를 회복하되
하맛 어귀에서부터 아라바 바다까지
하였으니
26 이는 여호와께서 이스라엘의 고난이
심하여 매인 자도 없고 놓인 자도 없
고 이스라엘을 도울 자도 없음을 보

셨고
27 여호와께서 또 이스라엘의 이름을
천하에서 없이 하겠다고도 아니하셨
으므로 요아스의 아들 여로보암의
손으로 구원하심이었더라
28 여로보암의 남은 사적과 모든 행한
일과 싸운 업적과 다메섹을 회복한
일과 이전에 유다에 속하였던 하맛을
이스라엘에 돌린 일은 이스라엘 왕
역대지략에 기록되지 아니하였느냐
29 여로보암이 그의 조상 이스라엘 왕
들과 함께 자고 그의 아들 스가랴가
대신하여 왕이 되니라

유다 왕 아사랴

15 이스라엘 왕 여로보암 제이십칠
년에 유다 왕 아마샤의 아들 아
사랴가 왕이 되니
2 그가 왕이 될 때에 나이가 십육 세라
예루살렘에서 오십이 년간 다스리니
라 그의 어머니의 이름은 여골리야라
예루살렘 사람이더라
3 아사랴가 그의 아버지 아마샤의 모
든 행위대로 여호와 보시기에 정직히
행하였으나
4 오직 산당은 제거하지 아니하였으므
로 백성이 여전히 그 산당에서 제사
를 드리며 분향하였고
5 여호와께서 왕을 치셨으므로 그가
죽는 날까지 나병환자가 되어 별궁
에 거하고 왕자 요담이 왕궁을 다스
리며 그 땅의 백성을 치리하였더라
6 아사랴의 남은 사적과 행한 모든 일
은 유다 왕 역대지략에 기록되지 아
니하였느냐
7 아사랴가 그의 조상들과 함께 자매
다윗 성에 그의 조상들과 함께 장사
되고 그의 아들 요담이 대신하여 왕
이 되니라

이스라엘 왕 스가랴

8 유다의 왕 아사랴의 제삼십팔년에 여
로보암의 아들 스가랴가 사마리아에
서 여섯 달 동안 이스라엘을 다스리
며
9 그의 조상들의 행위대로 여호와 보
시기에 악을 행하여 이스라엘로 범죄
하게 한 느밧의 아들 여로보암의 죄
에서 떠나지 아니한지라
10 야베스의 아들 살룸이 그를 반역하
여 백성 앞에서 쳐죽이고 대신하여
왕이 되니라
11 스가랴의 남은 사적은 이스라엘 왕
역대지략에 기록되니라
12 여호와께서 예후에게 말씀하여 이르
시기를 네 자손이 사 대 동안 이스라
엘 왕위에 있으리라 하신 그 말씀대
로 과연 그렇게 되니라

이스라엘 왕 살룸

13 유다 왕 웃시야 제삼십구년에 야베
스의 아들 살룸이 사마리아에서 왕
이 되어 한 달 동안 다스리니라
14 가디의 아들 므나헴이 디르사에서부
터 사마리아로 올라가서 야베스의
아들 살룸을 거기에서 쳐죽이고 대신
하여 왕이 되니라
15 살룸의 남은 사적과 그가 반역한 일
은 이스라엘 왕 역대지략에 기록되니
라
16 그 때에 므나헴이 디르사에서 와서
딥사와 그 가운데에 있는 모든 사람
과 그 사방을 쳤으니 이는 그들이 성
문을 열지 아니하였음이라 그러므로
그들이 그 곳을 치고 그 가운데에
아이 밴 부녀를 갈랐더라

이스라엘 왕 므나헴

17 유다 왕 아사랴 제삼십구년에 가디
의 아들 므나헴이 이스라엘 왕이 되
어 사마리아에서 십 년간 다스리며
18 여호와 보시기에 악을 행하여 이스
라엘로 범죄하게 한 느밧의 아들 여
로보암의 죄에서 평생 떠나지 아니하
였더라
19 앗수르 왕 불이 와서 그 땅을 치려
하매 므나헴이 은 천 달란트를 불에
게 주어서 그로 자기를 도와 주게 함
으로 나라를 자기 손에 굳게 세우고
자 하여
20 그 은을 이스라엘 모든 큰 부자에게
서 강탈하여 각 사람에게 은 오십 세
겔씩 내게 하여 앗수르 왕에게 주었
더니 이에 앗수르 왕이 되돌아가 그
땅에 머물지 아니하였더라
21 므나헴의 남은 사적과 그가 행한 모
든 일은 이스라엘 왕 역대지략에 기
록되지 아니하였느냐
22 므나헴이 그의 조상들과 함께 자고
그의 아들 브가히야가 대신하여 왕이
되니라

이스라엘 왕 브가히야

23 유다의 왕 아사랴 제오십년에 므나
헴의 아들 브가히야가 사마리아에서
이스라엘 왕이 되어 이 년간 다스리
며
24 여호와께서 보시기에 악을 행하여 이
스라엘로 범죄하게 한 느밧의 아들
여로보암의 죄에서 떠나지 아니한지
라
25 그 장관 르말랴의 아들 베가가 반역
하여 사마리아 왕궁 호위소에서 왕
과 아르곱과 아리에를 죽이되 길르
앗 사람 오십 명과 더불어 죽이고 대
신하여 왕이 되었더라
26 브가히야의 남은 사적과 그가 행한

모든 일은 이스라엘 왕 역대지략에
기록되니라

이스라엘 왕 베가

27 유다의 왕 아사랴 제오십이년에 르
말랴의 아들 베가가 이스라엘 왕이
되어 사마리아에서 이십 년간 다스리
며
28 여호와께서 보시기에 악을 행하여 이
스라엘로 범죄하게 한 느밧의 아들
여로보암의 죄에서 떠나지 아니하였
더라
29 이스라엘 왕 베가 때에 앗수르 왕
디글랏 빌레셀이 와서 이욘과 아벨
벳 마아가와 야노아와 게데스와 하
솔과 길르앗과 갈릴리와 납달리 온
땅을 점령하고 그 백성을 사로잡아
앗수르로 옮겼더라
30 웃시야의 아들 요담 제이십년에 엘
라의 아들 호세아가 반역하여 르말
랴의 아들 베가를 쳐서 죽이고 대신
하여 왕이 되니라
31 베가의 남은 사적과 그가 행한 모든
일은 이스라엘 왕 역대지략에 기록되
니라

유다 왕 요담

32 이스라엘의 왕 르말랴의 아들 베가
제이년에 유다 왕 웃시야의 아들 요
담이 왕이 되니
33 나이가 이십오 세라 예루살렘에서 십
육 년간 다스리니라 그의 어머니의 이
름은 여루사라 사독의 딸이더라
34 요담이 그의 아버지 웃시야의 모든
행위대로 여호와께서 보시기에 정직
히 행하였으나
35 오직 산당을 제거하지 아니하였으므
로 백성이 여전히 그 산당에서 제사
를 드리며 분향하였더라 요담이 여호
와의 성전의 윗문을 건축하니라
36 요담의 남은 사적과 그가 행한 모든
일은 유다 왕 역대지략에 기록되지
아니하였느냐
37 그 때에 여호와께서 비로소 아람 왕
르신과 르말랴의 아들 베가를 보내
어 유다를 치게 하셨더라
38 요담이 그의 조상들과 함께 자매 그
의 조상 다윗 성에 조상들과 함께 장
사되고 그 아들 아하스가 대신하여
왕이 되니라

유다 왕 아하스

16 르말랴의 아들 베가 제십칠년에
유다의 왕 요담의 아들 아하스
가 왕이 되니
2 아하스가 왕이 될 때에 나이가 이십
세라 예루살렘에서 십육 년간 다스
렸으나 그의 조상 다윗과 갈지 아니
하여 그의 하나님 여호와께서 보시기

에 정직히 행하지 아니하고
3 이스라엘의 여러 왕의 길로 행하며
또 여호와께서 이스라엘 자손 앞에
서 쫓아내신 이방 사람의 가증한 일
을 따라 자기 아들을 불 가운데로
지나가게 하며
4 또 산당들과 작은 산 위와 모든 푸
른 나무 아래에서 제사를 드리며 분
향하였더라
5 이 때에 아람의 왕 르신과 이스라엘
의 왕 르말랴의 아들 베가가 예루살
렘에 올라와서 싸우려 하여 아하스
를 에워쌌으나 능히 이기지 못하니라
6 당시에 아람의 왕 르신이 엘랏을 회
복하여 아람에 돌리고 유다 사람을
엘랏에서 쫓아내었고 아람 사람이
엘랏에 이르러 거기에 거주하여 오늘
까지 이르렀더라
7 아하스가 앗수르 왕 디글랏 빌레셀
에게 사자를 보내 이르되 나는 왕의
신복이요 왕의 아들이라 이제 아람
왕과 이스라엘 왕이 나를 치니 청하
건대 올라와 그 손에서 나를 구원하
소서 하고
8 아하스가 여호와의 성전과 왕궁 곳
간에 있는 은금을 내어다가 앗수르
왕에게 예물로 보냈더니
9 앗수르 왕이 그 청을 듣고 곧 올라
와서 다메섹을 쳐서 점령하여 그 백
성을 사로잡아 기르로 옮기고 또 르
신을 죽였더라
10 아하스 왕이 앗수르의 왕 디글랏 빌
레셀을 만나러 다메섹에 갔다가 거
기 있는 제단을 보고 아하스 왕이
그 제단의 모든 구조와 제도의 양식
을 그려 제사장 우리야에게 보냈더
니
11 아하스 왕이 다메섹에서 돌아오기
전에 제사장 우리야가 아하스 왕이
다메섹에서 보낸 대로 모두 행하여
제사장 우리야가 제단을 만든지라
12 왕이 다메섹에서 돌아와 제단을 보
고 제단 앞에 나아가 그 위에 제사
를 드리되
13 자기의 번제물과 소제물을 불사르고
또 전제물을 붓고 수은제 짐승의 피
를 제단에 뿌리고
14 또 여호와의 앞 곧 성전 앞에 있던
놋 제단을 새 제단과 여호와의 성전
사이에서 옮겨다가 그 제단 북쪽에

365묵상

악한 습관의 틀을 깨뜨리기

열왕기하 15장에서 우리는 부왕(父王)의 길을 뒤따르는 일련의 왕들을 본다. 남왕국 유다의 아사랴는 잘한 일도 많았지만 이교도의 산당을 제거하지 않았다. 아사랴의 아들인 요담도 그런 아버지의 발자취를 따랐다. 북왕국 이스라엘 왕들은 하나같이 악한 습관의 틀에서 벗어나지 못했다. 그들은 부왕들이 했던 것처럼 백성들에게 우상을 숭배하도록 장려했다. 우리는 좋든 나쁘든 부모에게서 어떤 습관들을 물려받는다. 만일 조상의 습관들이 하나님 말씀에 위배되는 것일 때, 우리는 그것들을 과감하게 깨뜨려야 한다.

그것을 두니라
15 아하스 왕이 제사장 우리야에게 명
령하여 이르되 아침 번제물과 저녁
소제물과 왕의 번제물과 그 소제물
과 모든 국민의 번제물과 그 소제물
과 전제물을 다 이 큰 제단 위에 불
사르고 또 번제물의 피와 다른 제물
의 피를 다 그 위에 뿌리라 오직 놋
제단은 내가 주께 여쭐 일에만 쓰게
하라 하매
16 제사장 우리야가 아하스 왕의 모든
명령대로 행하였더라
17 아하스 왕이 물두멍 받침의 옆판을
떼내고 물두멍을 그 자리에서 옮기
고 또 놋바다를 놋소 위에서 내려다
가 돌판 위에 그것을 두며
18 또 안식일에 쓰기 위하여 성전에 건
축한 낭실과 왕이 밖에서 들어가는
낭실을 앗수르 왕을 두려워하여 여
호와의 성전에 옮겨 세웠더라
19 아하스가 행한 그 남은 사적은 유다
왕 역대지략에 기록되지 아니하였느
냐
20 아하스가 그의 조상들과 함께 자매
다윗 성에 그 열조와 함께 장사되고
그의 아들 히스기야가 대신하여 왕이
되니라

이스라엘 왕 호세아

17 유다의 왕 아하스 제십이년에
엘라의 아들 호세아가 사마리
아에서 이스라엘 왕이 되어 구 년간
다스리며
2 여호와께서 보시기에 악을 행하였으
나 다만 그 전 이스라엘 여러 왕들과
같이 하지는 아니하였더라
3 앗수르의 왕 살만에셀이 올라오니
호세아가 그에게 종이 되어 조공을
드리더니
4 그가 애굽의 왕 소에게 사자들을 보
내고 해마다 하던 대로 앗수르 왕에
게 조공을 드리지 아니하매 앗수르
왕이 호세아가 배반함을 보고 그를
옥에 감금하여 두고
5 앗수르 왕이 올라와 그 온 땅에 두
루다니고 사마리아로 올라와 그 곳
을 삼 년간 에워쌌더라
6 호세아 제구년에 앗수르 왕이 사마
리아를 점령하고 이스라엘 사람을
사로잡아 앗수르로 끌어다가 고산
강 가에 있는 할라와 하볼과 메대
사람의 여러 고을에 두었더라

앗수르 왕이 사마리아를 차지하다

7 이 일은 이스라엘 자손이 자기를 애
굽 땅에서 인도하여 내사 애굽의 왕
바로의 손에서 벗어나게 하신 그 하
나님 여호와께 죄를 범하고 또 다른

신들을 경외하며
8 여호와께서 이스라엘 자손 앞에서
쫓아내신 이방 사람의 규례와 이스
라엘 여러 왕이 세운 율례를 행하였
음이라
9 이스라엘의 자손이 점차로 불의를
행하여 그 하나님 여호와를 배역하
여 모든 성읍에 망대로부터 견고한
성에 이르도록 산당을 세우고
10 모든 산 위에와 모든 푸른 나무 아
래에 목상과 아세라 상을 세우고
11 또 여호와께서 그들 앞에서 물리치
신 이방 사람 같이 그 곳 모든 산당
에서 분향하며 또 악을 행하여 여호
와를 격노하게 하였으며
12 또 우상을 섬겼으니 이는 여호와께
서 그들에게 행하지 말라고 말씀하
신 일이라
13 여호와께서 각 선지자와 각 선견자를
통하여 이스라엘과 유다에게 지정하
여 이르시기를 너희는 돌이켜 너희 악
한 길에서 떠나 나의 명령과 율례를
지키되 내가 너희 조상들에게 명령하
고 또 내 종 선지자들을 통하여 너희
에게 전한 모든 율법대로 행하라 하
셨으나
14 그들이 듣지 아니하고 그들의 목을
곧게 하기를 그들의 하나님 여호와
를 믿지 아니하던 그들 조상들의 목
같이 하여
15 여호와의 율례와 여호와께서 그들의
조상들과 더불어 세우신 언약과 경
계하신 말씀을 버리고 허무한 것을
뒤따라 허망하며 또 여호와께서 명령
하사 따르지 말라 하신 사방 이방 사
람을 따라
16 그들의 하나님 여호와의 모든 명령을
버리고 자기들을 위하여 두 송아지
형상을 부어 만들고 또 아세라 목상
을 만들고 하늘의 일월 성신을 경배
하며 또 바알을 섬기고
17 또 자기 자녀를 불 가운데로 지나가
게 하며 복술과 사술을 행하고 스스
로 팔려 여호와 보시기에 악을 행하
여 그를 격노하게 하였으므로
18 여호와께서 이스라엘에게 심히 노하
사 그들을 그의 앞에서 제거하시니
오직 유다 지파 외에는 남은 자가 없
으니라
19 유다도 그들의 하나님 여호와의 명령
을 지키지 아니하고 이스라엘 사람들
이 만든 관습을 행하였으므로
20 여호와께서 이스라엘의 온 족속을
버리사 괴롭게 하시며 노략꾼의 손에
넘기시고 마침내 그의 앞에서 쫓아내
시니라

21 이스라엘을 다윗의 집에서 찢어 나누
시매 그들이 느밧의 아들 여로보암
을 왕으로 삼았더니 여로보암이 이
스라엘을 몰아 여호와를 떠나고 큰
죄를 범하게 하매
22 이스라엘 자손이 여로보암이 행한
모든 죄를 따라 행하여 거기서 떠나
지 아니하므로
23 여호와께서 그의 종 모든 선지자를
통하여 하신 말씀대로 드디어 이스
라엘을 그 앞에서 내쫓으신지라 이
스라엘이 고향에서 앗수르에 사로잡
혀 가서 오늘까지 이르렀더라

앗수르 사람들이 사마리아에 거주하다

24 앗수르 왕이 바벨론과 구다와 아와
와 하맛과 스발와임에서 사람을 옮
겨다가 이스라엘 자손을 대신하여
사마리아 여러 성읍에 두매 그들이
사마리아를 차지하고 그 여러 성읍에
거주하니라
25 그들이 처음으로 거기 거주할 때에
여호와를 경외하지 아니하므로 여호
와께서 사자들을 그들 가운데에 보
내시매 몇 사람을 죽인지라
26 그러므로 어떤 사람이 앗수르 왕에
게 말하여 이르되 왕께서 사마리아
여러 성읍에 옮겨 거주하게 하신 민
족들이 그 땅 신의 법을 알지 못하므
로 그들의 신이 사자들을 그들 가운
데에 보내매 그들을 죽였사오니 이
는 그들이 그 땅 신의 법을 알지 못
함이니이다 하니라
27 앗수르 왕이 명령하여 이르되 너희는
그 곳에서 사로잡아 온 제사장 한
사람을 그 곳으로 데려가되 그가 그
곳에 가서 거주하며 그 땅 신의 법을
무리에게 가르치게 하라 하니
28 이에 사마리아에서 사로잡혀 간 제사
장 중 한 사람이 와서 벧엘에 살며
백성에게 어떻게 여호와 경외할지를
가르쳤더라
29 그러나 각 민족이 각기 자기의 신상
들을 만들어 사마리아 사람이 지은
여러 산당들에 두되 각 민족이 자기
들이 거주한 성읍에서 그렇게 하여
30 바벨론 사람들은 숙곳브놋을 만들
었고 굿 사람들은 네르갈을 만들었
고 하맛 사람들은 아시마를 만들었
고
31 아와 사람들은 닙하스와 다르닥을
만들었고 스발와임 사람들은 그 자
녀를 불살라 그들의 신 아드람멜렉
과 아남멜렉에게 드렸으며
32 그들이 또 여호와를 경외하여 자기
중에서 사람을 산당의 제사장으로
택하여 그 산당들에서 자기를 위하여

제사를 드리게 하니라
33 이와 같이 그들이 여호와도 경외하고
또한 어디서부터 옮겨왔든지 그 민족
의 풍속대로 자기의 신들도 섬겼더라
34 그들이 오늘까지 이전 풍속대로 행
하여 여호와를 경외하지 아니하며 또
여호와께서 이스라엘이라 이름을 주
신 야곱의 자손에게 명령하신 율례와
법도와 율법과 계명을 준행하지 아
니하는도다
35 옛적에 여호와께서 야곱의 자손에게
언약을 세우시고 그들에게 명령하여
이르시되 너희는 다른 신을 경외하지
말며 그를 경배하지 말며 그를 섬기
지 말며 그에게 제사하지 말고
36 오직 큰 능력과 편 팔로 너희를 애굽
에서 인도하여 내신 여호와만 경외하
여 그를 예배하며 그에게 제사를 드
릴 것이며
37 또 여호와가 너희를 위하여 기록한
율례와 법도와 율법과 계명을 지켜
영원히 행하고 다른 신들을 경외하지
말며
38 또 내가 너희와 세운 언약을 잊지 말
며 다른 신들을 경외하지 말고
39 오직 너희 하나님 여호와만을 경외하
라 그가 너희를 모든 원수의 손에서
건져내리라 하셨으나
40 그러나 그들이 듣지 아니하고 오히려
이전 풍속대로 행하였느니라
41 이 여러 민족이 여호와를 경외하고
또 그 아로새긴 우상을 섬기니 그들
의 자자 손손이 그들의 조상들이 행
하던 대로 그들도 오늘까지 행하니
라

유다 왕 히스기야

18 이스라엘의 왕 엘라의 아들 호
세아 제삼년에 유다 왕 아하스
의 아들 히스기야가 왕이 되니
2 그가 왕이 될 때에 나이가 이십오 세
라 예루살렘에서 이십구 년간 다스리
니라 그의 어머니의 이름은 아비요
스가리야의 딸이더라
3 히스기야가 그의 조상 다윗의 모든
행위와 같이 여호와께서 보시기에 정
직하게 행하여
4 그가 여러 산당들을 제거하며 주상
을 깨뜨리며 아세라 목상을 찍으며
모세가 만들었던 놋뱀을 이스라엘
자손이 이때까지 향하여 분향하므로
그것을 부수고 느후스단이라 일컬었
더라
5 히스기야가 이스라엘 하나님 여호와
를 의지하였는데 그의 전후 유다 여
러 왕 중에 그러한 자가 없었으니
6 곧 그가 여호와께 연합하여 그에게

서 떠나지 아니하고 여호와께서 모세
에게 명령하신 계명을 지켰더라
7 여호와께서 그와 함께 하시매 그가
어디로 가든지 형통하였더라 저가 앗
수르 왕을 배반하고 섬기지 아니하
였고
8 그가 블레셋 사람들을 쳐서 가사와
그 사방에 이르고 망대에서부터 견
고한 성까지 이르렀더라
9 히스기야 왕 제사년 곧 이스라엘의
왕 엘라의 아들 호세아 제칠년에 앗
수르의 왕 살만에셀이 사마리아로
올라와서 에워쌌더라
10 삼 년 후에 그 성읍이 함락되니 곧
히스기야 왕의 제육년이요 이스라엘
왕 호세아의 제구년에 사마리아가
함락되매
11 앗수르 왕이 이스라엘을 사로잡아
앗수르에 이르러 고산 강 가에 있는
할라와 하볼과 메대 사람의 여러 성
읍에 두었으니
12 이는 그들이 하나님 여호와의 말씀
을 듣지 아니하고 그의 언약과 여호
와의 종 모세가 명령한 모든 것을 따
르지 아니하였음이더라

앗수르 사람들이 예루살렘을 위협하다

13 히스기야 왕 제십사년에 앗수르의
왕 산헤립이 올라와서 유다 모든 견
고한 성읍들을 쳐서 점령하매
14 유다의 왕 히스기야가 라기스로 사
람을 보내어 앗수르 왕에게 이르되
내가 범죄하였나이다 나를 떠나 돌아
가소서 왕이 내게 지우시는 것을 내
가 당하리이다 하였더니 앗수르 왕이
곧 은 삼백 달란트와 금 삼십 달란
트를 정하여 유다 왕 히스기야에게
내게 한지라
15 히스기야가 이에 여호와의 성전과 왕
궁 곳간에 있는 은을 다 주었고
16 또 그 때에 유다 왕 히스기야가 여호
와의 성전 문의 금과 자기가 모든 기
둥에 입힌 금을 벗겨 모두 앗수르 왕
에게 주었더라
17 앗수르 왕이 다르단과 랍사리스와
랍사게로 하여금 대군을 거느리고
라기스에서부터 예루살렘으로 가서
히스기야 왕을 치게 하매 그들이 예
루살렘으로 올라가니라 그들이 올라
가서 윗못 수도 곁 곧 세탁자의 밭에
있는 큰 길에 이르러 서니라
18 그들이 왕을 부르매 힐기야의 아들
로서 왕궁의 책임자인 엘리야김과 서
기관 셉나와 아삽의 아들 사관 요아
가 그에게 나가니
19 랍사게가 그들에게 이르되 너희는 히
스기야에게 말하라 대왕 앗수르 왕

의 말씀이 네가 의뢰하는 이 의뢰가
무엇이냐
20 네가 싸울 만한 계교와 용력이 있다
고 한다마는 이는 입에 붙은 말 뿐이
라 네가 이제 누구를 의뢰하고 나를
반역하였느냐
21 이제 네가 너를 위하여 저 상한 갈대
지팡이 애굽을 의뢰하도다 사람이
그것을 의지하면 그의 손에 찔려 들
어갈지라 애굽의 왕 바로는 그에게
의뢰하는 모든 자에게 이와 같으니
라
22 너희가 내게 이르기를 우리는 우리
하나님 여호와를 의뢰하노라 하리라
마는 히스기야가 그들의 산당들과
제단을 제거하고 유다와 예루살렘
사람에게 명령하기를 예루살렘 이
제단 앞에서만 예배하라 하지 아니
하였느냐 하셨나니
23 청하건대 이제 너는 내 주 앗수르 왕
과 내기하라 네가 만일 말을 탈 사람
을 낼 수 있다면 나는 네게 말 이천
마리를 주리라
24 네가 어찌 내 주의 신하 중 지극히
작은 지휘관 한 사람인들 물리치며
애굽을 의뢰하고 그 병거와 기병을
얻을 듯하냐
25 내가 어찌 여호와의 뜻이 아니고야
이제 이 곳을 멸하러 올라왔겠느냐
여호와께서 전에 내게 이르시기를 이
땅으로 올라와서 쳐서 멸하라 하셨느
니라 하는지라
26 힐기야의 아들 엘리야김과 셉나와
요아가 랍사게에게 이르되 우리가
알아듣겠사오니 청하건대 아람 말로
당신의 종들에게 말씀하시고 성 위
에 있는 백성이 듣는 데서 유다 말로
우리에게 말씀하지 마옵소서
27 랍사게가 그에게 이르되 내 주께서
네 주와 네게만 이 말을 하라고 나
를 보내신 것이냐 성 위에 앉은 사람
들도 너희와 함께 자기의 대변을 먹
게 하고 자기의 소변을 마시게 하신
것이 아니냐 하고
28 랍사게가 드디어 일어서서 유다 말로
크게 소리 질러 불러 이르되 너희는
대왕 앗수르 왕의 말씀을 들으라
29 왕의 말씀이 너희는 히스기야에게 속
지 말라 그가 너희를 내 손에서 건져
내지 못하리라

365묵상

하나님의 징벌 원칙

불행하게도 북왕국 이스라엘은 호세야 왕 9년에 앗수르에 의해 망했는데(왕하 18:10), 그것은 하나님의 징벌 원칙에 따른 것이다. 먼저 제1단계로, 하나님은 그들에게 해선 안 될 사항들을 일러주셨다(왕하 17:7-12). 다음 제2단계로, 그들이 불순종하여 악을 행할 때 하나님은 거듭거듭 충분히 경고하셨다(왕하 17:13-17). 마지막 제3단계로, 그들이 거듭된 경고를 계속 무시하자 마침내 경고하신 대로 심판하셨다(왕하 18:9-12). 오늘날에도 마찬가지다. 그러므로 늦어도 두 번째 단계에서는 악을 멈추어야 한다.

30 또한 히스기야가 너희에게 여호와를
의뢰하라 함을 듣지 말라 그가 이르
기를 여호와께서 반드시 우리를 건지
실지라 이 성읍이 앗수르 왕의 손에
함락되지 아니하게 하시리라 할지라
도
31 너희는 히스기야의 말을 듣지 말라
앗수르 왕의 말씀이 너희는 내게 항
복하고 내게로 나아오라 그리하고
너희는 각각 그의 포도와 무화과를
먹고 또한 각각 자기의 우물의 물을
마시라
32 내가 장차 와서 너희를 한 지방으로
옮기리니 그 곳은 너희 본토와 같은
지방 곧 곡식과 포도주가 있는 지방
이요 떡과 포도원이 있는 지방이요
기름 나는 감람과 꿀이 있는 지방이
라 너희가 살고 죽지 아니하리라 히
스기야가 너희를 설득하여 이르기를
여호와께서 우리를 건지시리라 하여
도 히스기야에게 듣지 말라
33 민족의 신들 중에 어느 한 신이 그의
땅을 앗수르 왕의 손에서 건진 자가
있느냐
34 하맛과 아르밧의 신들이 어디 있으며
스발와임과 헤나와 아와의 신들이
어디 있느냐 그들이 사마리아를 내
손에서 건졌느냐
35 민족의 모든 신들 중에 누가 그의 땅
을 내 손에서 건졌기에 여호와가 예
루살렘을 내 손에서 건지겠느냐 하
셨느니라
36 그러나 백성이 잠잠하고 한 마디도
그에게 대답하지 아니하니 이는 왕이
명령하여 대답하지 말라 하였음이라
37 이에 힐기야의 아들로서 왕궁 내의
책임자인 엘리야김과 서기관 셉나와
아삽의 아들 사관 요아가 옷을 찢고
히스기야에게 나아가서 랍사게의 말
을 전하니라

왕이 이사야의 충고를 듣고자 하다

19 히스기야 왕이 듣고 그 옷을 찢
고 굵은 베를 두르고 여호와의
전에 들어가서
2 왕궁의 책임자인 엘리야김과 서기관
셉나와 제사장 중 장로들에게 굵은
베를 둘려서 아모스의 아들 선지자
이사야에게로 보내매
3 그들이 이사야에게 이르되 히스기야
의 말씀이 오늘은 환난과 징벌과 모
욕의 날이라 아이를 낳을 때가 되었
으나 해산할 힘이 없도다
4 랍사게가 그의 주 앗수르 왕의 보냄
을 받고 와서 살아 계신 하나님을 비
방하였으니 당신의 하나님 여호와께
서 혹시 그의 말을 들으셨을지라 당

신의 하나님 여호와께서 그 들으신
말 때문에 꾸짖으실 듯하니 당신은
이 남아 있는 자들을 위하여 기도하
소서 하더이다 하니라
5 이와 같이 히스기야 왕의 신복이 이
사야에게 나아가니
6 이사야가 그들에게 이르되 너희는 너
희 주에게 이렇게 말하라 여호와의
말씀이 너는 앗수르 왕의 신복에게
들은 바 나를 모욕하는 말 때문에
두려워하지 말라
7 내가 한 영을 그의 속에 두어 그로
소문을 듣고 그의 본국으로 돌아가
게 하고 또 그의 본국에서 그에게
칼에 죽게 하리라 하셨느니라 하더라

앗수르가 또 위협하다

8 랍사게가 돌아가다가 앗수르 왕이
이미 라기스에서 떠났다 함을 듣고
립나로 가서 앗수르 왕을 만났으니
왕이 거기서 립나와 싸우는 중이더라
9 앗수르 왕은 구스 왕 디르하가가 당
신과 싸우고자 나왔다 함을 듣고 다
시 히스기야에게 사자를 보내며 이
르되
10 너희는 유다의 왕 히스기야에게 이같
이 말하여 이르기를 네가 믿는 네 하
나님이 예루살렘을 앗수르 왕의 손
에 넘기지 아니하겠다 하는 말에 속
지 말라
11 앗수르의 여러 왕이 여러 나라에 행
한 바 진멸한 일을 네가 들었나니 네
가 어찌 구원을 얻겠느냐
12 내 조상들이 멸하신 여러 민족 곧 고
산과 하란과 레셉과 들라살에 있는
에덴 족속을 그 나라들의 신들이 건
졌느냐
13 하맛 왕과 아르밧 왕과 스발와임 성
의 왕과 헤나와 아와의 왕들이 다 어
디 있느냐 하라 하니라
14 히스기야가 사자의 손에서 편지를 받
아보고 여호와의 성전에 올라가서 히
스기야가 그 편지를 여호와 앞에 펴
놓고
15 그 앞에서 히스기야가 기도하여 이르
되 그룹들 위에 계신 이스라엘의 하
나님 여호와여 주는 천하 만국에 홀
로 하나님이시라 주께서 천지를 만드
셨나이다
16 여호와여 귀를 기울여 들으소서 여호
와여 눈을 떠서 보시옵소서 산헤립이
살아 계신 하나님을 비방하러 보낸
말을 들으시옵소서
17 여호와여 앗수르 여러 왕이 과연 여
러 민족과 그들의 땅을 황폐하게 하
고
18 또 그들의 신들을 불에 던졌사오니

이는 그들이 신이 아니요 사람의 손
으로 만든 것 곧 나무와 돌 뿐이므
로 멸하였나이다
19 우리 하나님 여호와여 원하건대 이제
우리를 그의 손에서 구원하옵소서
그리하시면 천하 만국이 주 여호와가
홀로 하나님이신 줄 알리이다 하니라

이사야가 왕에게 보낸 여호와의 말씀

20 아모스의 아들 이사야가 히스기야에
게 보내 이르되 이스라엘 하나님 여
호와의 말씀이 네가 앗수르 왕 산헤
립 때문에 내게 기도하는 것을 내가
들었노라 하셨나이다
21 여호와께서 앗수르 왕에게 대하여
이같이 말씀하시기를 처녀 딸 시온이
너를 멸시하며 너를 비웃었으며 딸
예루살렘이 너를 향하여 머리를 흔
들었느니라
22 네가 누구를 꾸짖었으며 비방하였느
냐 누구를 향하여 소리를 높였으며
눈을 높이 떴느냐 이스라엘의 거룩
한 자에게 그리하였도다
23 네가 사자들을 통하여 주를 비방하
여 이르기를 내가 많은 병거를 거느
리고 여러 산 꼭대기에 올라가며 레
바논 깊은 곳에 이르러 높은 백향목
과 아름다운 잣나무를 베고 내가 그
가장 먼 곳에 들어가며 그의 동산의
무성한 수풀에 이르리라
24 내가 땅을 파서 이방의 물을 마셨고
나의 발바닥으로 애굽의 모든 강들
을 말렸노라 하였도다
25 네가 듣지 못하였느냐 이 일은 내가
태초부터 행하였고 옛날부터 정한
바라 이제 내가 이루어 너로 견고한
성들을 멸하여 무너진 돌무더기가 되
게 함이니라
26 그러므로 거기에 거주하는 백성의 힘
이 약하여 두려워하며 놀랐나니 그들
은 들의 채소와 푸른 풀과 지붕의
잡초와 자라기 전에 시든 곡초 같이
되었느니라
27 네 거처와 네 출입과 네가 내게 향한
분노를 내가 다 아노니
28 네가 내게 향한 분노와 네 교만한
말이 내 귀에 들렸도다 그러므로 내
가 갈고리를 네 코에 꿰고 재갈을
네 입에 물려 너를 오던 길로 끌어
돌이키리라 하셨나이다
29 또 네게 보일 징조가 이러하니 너희
가 금년에는 스스로 자라난 것을 먹
고 내년에는 그것에서 난 것을 먹되
제삼년에는 심고 거두며 포도원을 심
고 그 열매를 먹으리라
30 유다 족속 중에서 피하고 남은 자는
다시 아래로 뿌리를 내리고 위로 열

매를 맺을지라
31 남은 자는 예루살렘에서부터 나올
것이요 피하는 자는 시온 산에서부터
나오리니 여호와의 열심이 이 일을 이
루리라 하셨나이다 하니라
32 그러므로 여호와께서 앗수르 왕을
가리켜 이르시기를 그가 이 성에 이
르지 못하며 이리로 화살을 쏘지 못
하며 방패를 성을 향하여 세우지 못
하며 치려고 토성을 쌓지도 못하고
33 오던 길로 돌아가고 이 성에 이르지
못하리라 하셨으니 이는 여호와의 말
씀이시라
34 내가 나와 나의 종 다윗을 위하여 이
성을 보호하여 구원하리라 하셨나이
다 하였더라

산헤립이 죽다

35 이 밤에 여호와의 사자가 나와서 앗
수르 진영에서 군사 십팔만 오천 명
을 친지라 아침에 일찍이 일어나 보
니 다 송장이 되었더라
36 앗수르 왕 산헤립이 떠나 돌아가서
니느웨에 거주하더니
37 그가 그의 신 니스록의 신전에서 경
배할 때에 아드람멜렉과 사레셀이
그를 칼로 쳐죽이고 아라랏 땅으로
그들이 도망하매 그 아들 에살핫돈
이 대신하여 왕이 되니라

히스기야의 발병과 회복

20 그 때에 히스기야가 병들어 죽
게 되매 아모스의 아들 선지자
이사야가 그에게 나아와서 그에게
이르되 여호와의 말씀이 너는 집을
정리하라 네가 죽고 살지 못하리라
하셨나이다
2 히스기야가 낯을 벽으로 향하고 여
호와께 기도하여 이르되
3 여호와여 구하오니 내가 진실과 전심
으로 주 앞에 행하며 주께서 보시기
에 선하게 행한 것을 기억하옵소서
하고 히스기야가 심히 통곡하더라
4 이사야가 성읍 가운데까지도 이르기
전에 여호와의 말씀이 그에게 임하여
이르시되
5 너는 돌아가서 내 백성의 주권자 히
스기야에게 이르기를 왕의 조상 다
윗의 하나님 여호와의 말씀이 내가
네 기도를 들었고 네 눈물을 보았노
라 내가 너를 낫게 하리니 네가 삼
일 만에 여호와의 성전에 올라가겠
고
6 내가 네 날에 십오 년을 더할 것이며
내가 너와 이 성을 앗수르 왕의 손에
서 구원하고 내가 나를 위하고 또 내
종 다윗을 위하므로 이 성을 보호하
리라 하셨다 하라 하셨더라

7 이사야가 이르되 무화과 반죽을 가
져오라 하매 무리가 가져다가 그 상
처에 놓으니 나으니라
8 히스기야가 이사야에게 이르되 여호
와께서 나를 낫게 하시고 삼 일 만에
여호와의 성전에 올라가게 하실 무
슨 징표가 있나이까 하니
9 이사야가 이르되 여호와께서 하신 말
씀을 응하게 하실 일에 대하여 여호
와께로부터 왕에게 한 징표가 임하
리이다 해 그림자가 십도를 나아갈
것이니이까 혹 십도를 물러갈 것이니
이까 하니
10 히스기야가 대답하되 그림자가 십도
를 나아가기는 쉬우니 그리할 것이
아니라 십도가 뒤로 물러갈 것이니이
다 하니라
11 선지자 이사야가 여호와께 간구하매
아하스의 해시계 위에 나아갔던 해
그림자를 십도 뒤로 물러가게 하셨더
라

바벨론에서 온 사자들

12 그 때에 발라단의 아들 바벨론의 왕
브로닥발라단이 히스기야가 병 들었
다 함을 듣고 편지와 예물을 그에게
보낸지라
13 히스기야가 사자들의 말을 듣고 자
기 보물고의 금은과 향품과 보배로
운 기름과 그의 군기고와 창고의 모
든 것을 다 사자들에게 보였는데 왕
궁과 그의 나라 안에 있는 모든 것
중에서 히스기야가 그에게 보이지
아니한 것이 없더라
14 선지자 이사야가 히스기야 왕에게 나
아와 그에게 이르되 이 사람들이 무
슨 말을 하였으며 어디서부터 왕에게
왔나이까 히스기야가 이르되 먼 지방
바벨론에서 왔나이다 하니
15 이사야가 이르되 그들이 왕궁에서
무엇을 보았나이까 하니 히스기야가
대답하되 내 궁에 있는 것을 그들이
다 보았나니 나의 창고에서 하나도
보이지 아니한 것이 없나이다 하더라

히스기야가 죽다

16 이사야가 히스기야에게 이르되 여호
와의 말씀을 들으소서
17 여호와의 말씀이 날이 이르리니 왕궁
의 모든 것과 왕의 조상들이 오늘까
지 쌓아 두었던 것이 바벨론으로 옮
긴 바 되고 하나도 남지 아니할 것이
요
18 또 왕의 몸에서 날 아들 중에서 사로
잡혀 바벨론 왕궁의 환관이 되리라
하셨나이다 하니
19 히스기야가 이사야에게 이르되 당신
이 전한 바 여호와의 말씀이 선하니

이다 하고 또 이르되 만일 내가 사는
날에 태평과 진실이 있을진대 어찌
선하지 아니하리요 하니라
20 히스기야의 남은 사적과 그의 모든
업적과 저수지와 수도를 만들어 물
을 성 안으로 끌어들인 일은 유다 왕
역대지략에 기록되지 아니하였느냐
21 히스기야가 그의 조상들과 함께 자
고 그의 아들 므낫세가 대신하여 왕
이 되니라

유다 왕 므낫세

21 므낫세가 왕이 될 때에 나이가
십이 세라 예루살렘에서 오십오
년간 다스리니라 그의 어머니의 이름
은 헵시바더라
2 므낫세가 여호와 보시기에 악을 행
하여 여호와께서 이스라엘 자손 앞
에서 쫓아내신 이방 사람의 가증한
일을 따라서
3 그의 아버지 히스기야가 헐어 버린
산당들을 다시 세우며 이스라엘의
왕 아합의 행위를 따라 바알을 위하
여 제단을 쌓으며 아세라 목상을 만
들며 하늘의 일월 성신을 경배하여
섬기며
4 여호와께서 전에 이르시기를 내가 내
이름을 예루살렘에 두리라 하신 여
호와의 성전에 제단들을 쌓고
5 또 여호와의 성전 두 마당에 하늘의
일월 성신을 위하여 제단들을 쌓고
6 또 자기의 아들을 불 가운데로 지나
게 하며 점치며 사술을 행하며 신접
한 자와 박수를 신임하여 여호와께
서 보시기에 악을 많이 행하여 그 진
노를 일으켰으며
7 또 자기가 만든 아로새긴 아세라 목
상을 성전에 세웠더라 옛적에 여호와
께서 이 성전에 대하여 다윗과 그의
아들 솔로몬에게 이르시기를 내가
이스라엘의 모든 지파 중에서 택한
이 성전과 예루살렘에 내 이름을 영
원히 둘지라
8 만일 이스라엘이 나의 모든 명령과
나의 종 모세가 명령한 모든 율법을
지켜 행하면 내가 그들의 발로 다시
는 그의 조상들에게 준 땅에서 떠나
유리하지 아니하게 하리라 하셨으나
9 이 백성이 듣지 아니하였고 므낫세의
꾐을 받고 악을 행한 것이 여호와께
서 이스라엘 자손 앞에서 멸하신 여

365묵상

두려우면 기도하라!

모든 나라들과 민족들을 집어삼킨 강력하고 무자비한 앗수르 군대가 점점 가까이 다가올 때 예루살렘 주민들의 마음이 어떠했겠는가? 그들은 두려워 떨었다. 그렇다면 이때 히스기야 왕은 무얼 했는가? 하나님께 기도했다(왕하 19:14-19)! 그리고 그 결과는? 앗수르 군대는 모두 송장이 되었다(왕하 19:35-37). 자, 이제 당신의 삶에서 당신이 두려워하는 것들의 목록을 만들어보라. 그런 뒤 그 목록을 놓고 히스기야 왕처럼 주님께 기도하라! 당신을 떨게 만든 그 문제들은 더는 문제가 되지 않는 '송장'으로 변할 것이다.

려 민족보다 더 심하였더라
10 여호와께서 그의 종 모든 선지자들
을 통하여 말씀하여 이르시되
11 유다 왕 므낫세가 이 가증한 일과 악
을 행함이 그 전에 있던 아모리 사람
들의 행위보다 더욱 심하였고 또 그
들의 우상으로 유다를 범죄하게 하
였도다
12 그러므로 이스라엘의 하나님 여호와
가 말하노니 내가 이제 예루살렘과
유다에 재앙을 내리리니 듣는 자마
다 두 귀가 울리리라
13 내가 사마리아를 잰 줄과 아합의 집
을 다림 보던 추를 예루살렘에 베풀
고 또 사람이 그릇을 씻어 엎음 같이
예루살렘을 씻어 버릴지라
14 내가 나의 기업에서 남은 자들을 버
려 그들의 원수의 손에 넘긴즉 그들
이 모든 원수에게 노략거리와 겁탈거
리가 되리니
15 이는 애굽에서 나온 그의 조상 때부
터 오늘까지 내가 보기에 악을 행하
여 나의 진노를 일으켰음이니라 하셨
더라
16 므낫세가 유다에게 범죄하게 하여
여호와께서 보시기에 악을 행한 것
외에도 또 무죄한 자의 피를 심히 많
이 흘려 예루살렘 이 끝에서 저 끝까
지 가득하게 하였더라
17 므낫세의 남은 사적과 그가 행한 모
든 일과 범한 죄는 유다 왕 역대지략
에 기록되지 아니하였느냐
18 므낫세가 그의 조상들과 함께 자매
그의 궁궐 동산 곧 웃사의 동산에 장
사되고 그의 아들 아몬이 대신하여
왕이 되니라

유다 왕 아몬

19 아몬이 왕이 될 때에 나이가 이십이
세라 예루살렘에서 이 년간 다스리니
라 그의 어머니의 이름은 므술레멧이
요 욧바 하루스의 딸이더라
20 아몬이 그의 아버지 므낫세의 행함
같이 여호와 보시기에 악을 행하되
21 그의 아버지가 행한 모든 길로 행하
여 그의 아버지가 섬기던 우상을 섬
겨 그것들에게 경배하고
22 그의 조상들의 하나님 여호와를 버리
고 그 길로 행하지 아니하더니
23 그의 신복들이 그에게 반역하여 왕
을 궁중에서 죽이매
24 그 국민이 아몬 왕을 반역한 사람들
을 다 죽이고 그의 아들 요시야를
대신하게 하여 왕을 삼았더라
25 아몬이 행한 바 남은 사적은 유다
왕 역대지략에 기록되지 아니하였느
냐

26 아몬이 웃사의 동산 자기 묘실에 장
사되고 그의 아들 요시야가 대신하
여 왕이 되니라

유다 왕 요시야

22 요시야가 왕위에 오를 때에 나
이가 팔 세라 예루살렘에서 삼
십일 년간 다스리니라 그의 어머니의
이름은 여디다요 보스갓 아다야의
딸이더라
2 요시야가 여호와 보시기에 정직히 행
하여 그의 조상 다윗의 모든 길로 행
하고 좌우로 치우치지 아니하였더라

율법책을 발견하다

3 요시야 왕 열여덟째 해에 왕이 므술
람의 손자 아살리야의 아들 서기관
사반을 여호와의 성전에 보내며 이르
되
4 너는 대제사장 힐기야에게 올라가서
백성이 여호와의 성전에 드린 은 곧
문 지킨 자가 수납한 은을 계산하여
5 여호와의 성전을 맡은 감독자의 손
에 넘겨 그들이 여호와의 성전에 있
는 작업자에게 주어 성전에 부서진
것을 수리하게 하되
6 곧 목수와 건축자와 미장이에게 주
게 하고 또 재목과 다듬은 돌을 사
서 그 성전을 수리하게 하라
7 그러나 그들의 손에 맡긴 은을 회계
하지 말지니 이는 그들이 진실하게
행함이니라
8 대제사장 힐기야가 서기관 사반에게
이르되 내가 여호와의 성전에서 율법
책을 발견하였노라 하고 힐기야가
그 책을 사반에게 주니 사반이 읽으
니라
9 서기관 사반이 왕에게 돌아가서 보
고하여 이르되 왕의 신복들이 성전에
서 찾아낸 돈을 쏟아 여호와의 성전
을 맡은 감독자의 손에 맡겼나이다
하고
10 또 서기관 사반이 왕에게 말하여 이
르되 제사장 힐기야가 내게 책을 주
더이다 하고 사반이 왕의 앞에서 읽
으매
11 왕이 율법책의 말을 듣자 곧 그의 옷
을 찢으니라
12 왕이 제사장 힐기야와 사반의 아들
아히감과 미가야의 아들 악볼과 서기
관 사반과 왕의 시종 아사야에게 명
령하여 이르되
13 너희는 가서 나와 백성과 온 유다를
위하여 이 발견한 책의 말씀에 대하
여 여호와께 물으라 우리 조상들이
이 책의 말씀을 듣지 아니하며 이 책
에 우리를 위하여 기록된 모든 것을
행하지 아니하였으므로 여호와께서

우리에게 내리신 진노가 크도다
14 이에 제사장 힐기야와 또 아히감과
악볼과 사반과 아사야가 여선지 훌
다에게로 나아가니 그는 할하스의
손자 디과의 아들로서 예복을 주관
하는 살룸의 아내라 예루살렘 둘째
구역에 거주하였더라 그들이 그와 더
불어 말하매
15 훌다가 그들에게 이르되 이스라엘
하나님 여호와의 말씀이 너희는 너희
를 내게 보낸 사람에게 말하기를
16 여호와의 말씀이 내가 이 곳과 그 주
민에게 재앙을 내리되 곧 유다 왕이
읽은 책의 모든 말대로 하리니
17 이는 이 백성이 나를 버리고 다른 신
에게 분향하며 그들의 손의 모든 행
위로 나를 격노하게 하였음이라 그
러므로 내가 이 곳을 향하여 내린 진
노가 꺼지지 아니하리라 하라 하셨느
니라
18 너희를 보내 여호와께 묻게 한 유다
왕에게는 너희가 이렇게 말하라 이스
라엘의 하나님 여호와가 이같이 말씀
하셨느니라 네가 들은 말들에 대하
여는
19 내가 이 곳과 그 주민에게 대하여 빈
터가 되고 저주가 되리라 한 말을 네
가 듣고 마음이 부드러워져서 여호와
앞 곧 내 앞에서 겸비하여 옷을 찢고
통곡하였으므로 나도 네 말을 들었
노라 여호와가 말하였느니라
20 그러므로 보라 내가 너로 너의 조상
들에게 돌아가서 평안히 묘실로 들
어가게 하리니 내가 이 곳에 내리는
모든 재앙을 네 눈이 보지 못하리라
하셨느니라 하니 사자들이 왕에게
보고하니라

요시야가 이방 예배를 없애다

23 왕이 보내 유다와 예루살렘의
모든 장로를 자기에게로 모으
고
2 이에 왕이 여호와의 성전에 올라가매
유다 모든 사람과 예루살렘 주민과
제사장들과 선지자들과 모든 백성이
노소를 막론하고 다 왕과 함께 한지
라 왕이 여호와의 성전 안에서 발견
한 언약책의 모든 말씀을 읽어 무리
의 귀에 들리고
3 왕이 단 위에 서서 여호와 앞에서 언
약을 세우되 마음을 다하고 뜻을 다
하여 여호와께 순종하고 그의 계명
과 법도와 율례를 지켜 이 책에 기록
된 이 언약의 말씀을 이루게 하리라
하매 백성이 다 그 언약을 따르기로
하니라
4 왕이 대제사장 힐기야와 모든 부제

사장들과 문을 지킨 자들에게 명령
하여 바알과 아세라와 하늘의 일월
성신을 위하여 만든 모든 그릇들을
여호와의 성전에서 내다가 예루살렘
바깥 기드론 밭에서 불사르고 그것
들의 재를 벧엘로 가져가게 하고
5 옛적에 유다 왕들이 세워서 유다 모
든 성읍과 예루살렘 주위의 산당들
에서 분향하며 우상을 섬기게 한 제
사장들을 폐하며 또 바알과 해와 달
과 별 떼와 하늘의 모든 별에게 분
향하는 자들을 폐하고
6 또 여호와의 성전에서 아세라 상을
내다가 예루살렘 바깥 기드론 시내
로 가져다 거기에서 불사르고 빻아
서 가루를 만들어 그것들의 가루를
평민의 묘지에 뿌리고
7 또 여호와의 성전 가운데 남창의 집
을 헐었으니 그 곳은 여인이 아세라
를 위하여 휘장을 짜는 처소였더라
8 또 유다 각 성읍에서 모든 제사장을
불러오고 또 제사장이 분향하던 산
당을 게바에서부터 브엘세바까지 더
럽게 하고 또 성문의 산당들을 헐어
버렸으니 이 산당들은 그 성읍의 지
도자 여호수아의 대문 어귀 곧 성문
왼쪽에 있었더라
9 산당들의 제사장들은 예루살렘 여호
와의 제단에 올라가지 못하고 다만
그의 형제 중에서 무교병을 먹을 뿐
이었더라
10 왕이 또 힌놈의 아들 골짜기의 도벳
을 더럽게 하여 어떤 사람도 몰록에
게 드리기 위하여 자기의 자녀를 불
로 지나가지 못하게 하고
11 또 유다 여러 왕이 태양을 위하여 드
린 말들을 제하여 버렸으니 이 말들
은 여호와의 성전으로 들어가는 곳
의 근처 내시 나단멜렉의 집 곁에 있
던 것이며 또 태양 수레를 불사르고
12 유다 여러 왕이 아하스의 다락 지붕
에 세운 제단들과 므낫세가 여호와
의 성전 두 마당에 세운 제단들을 왕
이 다 헐고 거기서 빻아내려서 그것
들의 가루를 기드론 시내에 쏟아 버
리고
13 또 예루살렘 앞 멸망의 산 오른쪽에
세운 산당들을 왕이 더럽게 하였으
니 이는 옛적에 이스라엘 왕 솔로몬
이 시돈 사람의 가증한 아스다롯과
모압 사람의 가증한 그모스와 암몬
자손의 가증한 밀곰을 위하여 세웠던
것이며
14 왕이 또 석상들을 깨뜨리며 아세라
목상들을 찍고 사람의 해골로 그 곳
에 채웠더라

15 또한 이스라엘에게 범죄하게 한 느
밧의 아들 여로보암이 벧엘에 세운
제단과 산당들을 왕이 헐고 또 그
산당을 불사르고 빻아서 가루를 만
들며 또 아세라 목상을 불살랐더라
16 요시야가 몸을 돌이켜 산에 있는 무
덤들을 보고 보내어 그 무덤에서 해
골을 가져다가 제단 위에서 불살라
그 제단을 더럽게 하니라 이 일을 하
나님의 사람이 전하였더니 그 전한 여
호와의 말씀대로 되었더라
17 요시야가 이르되 내게 보이는 저것은
무슨 비석이냐 하니 성읍 사람들이
그에게 말하되 왕께서 벧엘의 제단
에 대하여 행하신 이 일을 전하러 유
다에서 왔던 하나님의 사람의 묘실이
니이다 하니라
18 이르되 그대로 두고 그의 뼈를 옮기
지 말라 하매 무리가 그의 뼈와 사마
리아에서 온 선지자의 뼈는 그대로
두었더라
19 전에 이스라엘 여러 왕이 사마리아
각 성읍에 지어서 여호와를 격노하게
한 산당을 요시야가 다 제거하되 벧
엘에서 행한 모든 일대로 행하고
20 또 거기 있는 산당의 제사장들을 다
제단 위에서 죽이고 사람의 해골을
제단 위에서 불사르고 예루살렘으로
돌아왔더라

요시야 왕이 유월절을 지키다

21 왕이 뭇 백성에게 명령하여 이르되
이 언약책에 기록된 대로 너희의 하
나님 여호와를 위하여 유월절을 지키
라 하매
22 사사가 이스라엘을 다스리던 시대부
터 이스라엘 여러 왕의 시대와 유다
여러 왕의 시대에 이렇게 유월절을
지킨 일이 없었더니
23 요시야 왕 열여덟째 해에 예루살렘
에서 여호와 앞에 이 유월절을 지켰
더라

요시야의 나머지 개혁

24 요시야가 또 유다 땅과 예루살렘에
보이는 신접한 자와 점쟁이와 드라빔
과 우상과 모든 가증한 것을 다 제
거하였으니 이는 대제사장 힐기야가
여호와의 성전에서 발견한 책에 기록
된 율법의 말씀을 이루려 함이라
25 요시야와 같이 마음을 다하며 뜻을
다하며 힘을 다하여 모세의 모든 율
법을 따라 여호와께로 돌이킨 왕은
요시야 전에도 없었고 후에도 그와
같은 자가 없었더라
26 그러나 여호와께서 유다를 향하여
내리신 그 크게 타오르는 진노를 돌
이키지 아니하셨으니 이는 므낫세가

여호와를 격노하게 한 그 모든 격노
때문이라
27 여호와께서 이르시되 내가 이스라엘
을 물리친 것 같이 유다도 내 앞에서
물리치며 내가 택한 이 성 예루살렘
과 내 이름을 거기에 두리라 한 이
성전을 버리리라 하셨더라

요시야가 죽다

28 요시야의 남은 사적과 행한 모든 일
은 유다 왕 역대지략에 기록되지 아
니하였느냐
29 요시야 당시에 애굽의 왕 바로 느고
가 앗수르 왕을 치고자 하여 유브라
데 강으로 올라가므로 요시야 왕이
맞서 나갔더니 애굽 왕이 요시야를
므깃도에서 만났을 때에 죽인지라
30 신복들이 그의 시체를 병거에 싣고
므깃도에서 예루살렘으로 돌아와
그의 무덤에 장사하니 백성들이 요시
야의 아들 여호아하스를 데려다가
그에게 기름을 붓고 그의 아버지를
대신하여 왕으로 삼았더라

유다 왕 여호아하스

31 여호아하스가 왕이 될 때에 나이가
이십삼 세라 예루살렘에서 석 달간
다스리니라 그의 어머니의 이름은 하
무달이라 립나 예레미야의 딸이더라
32 여호아하스가 그의 조상들의 모든
행위대로 여호와 보시기에 악을 행
하였더니
33 바로 느고가 그를 하맛 땅 리블라에
가두어 예루살렘에서 왕이 되지 못하
게 하고 또 그 나라로 은 백 달란트
와 금 한 달란트를 벌금으로 내게
하고
34 바로 느고가 요시야의 아들 엘리아
김을 그의 아버지 요시야를 대신하
여 왕으로 삼고 그의 이름을 고쳐
여호야김이라 하고 여호아하스는 애
굽으로 잡아갔더니 그가 거기서 죽
으니라
35 여호야김이 은과 금을 바로에게 주
니라 그가 바로 느고의 명령대로 그
에게 그 돈을 주기 위하여 나라에 부
과하되 백성들 각 사람의 힘대로 액
수를 정하고 은금을 징수하였더라

유다 왕 여호야김

36 여호야김이 왕이 될 때에 나이가 이
십오 세라 예루살렘에서 십일 년간
다스리니라 그의 어머니의 이름은 스

365묵상

먼지 속에 파묻힌 두루마리를 찾아서

퇴락한 성전을 수리하던 요시야 왕은 하나님의 율법이 기록된 두루마리를 발견했다. 그 두루마리를 읽고, 요시야 왕은 나라를 괴롭히고 있는 문제의 근본 원인을 깨닫고 과감하게 개혁을 시작했다(왕하 22:8-13). 이 이야기는 자신의 삶과 가정, 사회와 국가가 무언가 복잡한 문제들로 어려움을 겪고 있을 때 그것을 해결할 수 있는 근본 열쇠가 무엇인지를 깨닫게 해준다. 그 열쇠는 바로 먼지 속에 파묻혀있는 두루마리! 곧 '하나님의 말씀'이다. 그것을 발견하고, 그 말씀대로 따라 행할 때 다시 힘차게 부흥할 수 있다.

비다라 루마 브다야의 딸이더라
37 여호야김이 그의 조상들이 행한 모
든 일을 따라서 여호와 보시기에 악
을 행하였더라

24 여호야김 시대에 바벨론의 왕
느부갓네살이 올라오매 여호야
김이 삼 년간 섬기다가 돌아서 그를
배반하였더니
2 여호와께서 그의 종 선지자들을 통
하여 하신 말씀과 같이 갈대아의 부
대와 아람의 부대와 모압의 부대와
암몬 자손의 부대를 여호야김에게로
보내 유다를 쳐 멸하려 하시니
3 이 일이 유다에 임함은 곧 여호와의
말씀대로 그들을 자기 앞에서 물리
치고자 하심이니 이는 므낫세의 지은
모든 죄 때문이며
4 또 그가 무죄한 자의 피를 흘려 그의
피가 예루살렘에 가득하게 하였음이
라 여호와께서 사하시기를 즐겨하지
아니하시니라
5 여호야김의 남은 사적과 행한 모든
일은 유다 왕 역대지략에 기록되지
아니하였느냐
6 여호야김이 그의 조상들과 함께 자
매 그의 아들 여호야긴이 대신하여
왕이 되니라
7 애굽 왕이 다시는 그 나라에서 나오
지 못하였으니 이는 바벨론 왕이 애
굽 강에서부터 유브라데 강까지 애
굽 왕에게 속한 땅을 다 점령하였음
이더라

유다 왕 여호야긴

8 여호야긴이 왕이 될 때에 나이가 십
팔 세라 예루살렘에서 석 달간 다스
리니라 그의 어머니의 이름은 느후스
다요 예루살렘 엘라단의 딸이더라
9 여호야긴이 그의 아버지의 모든 행위
를 따라서 여호와께서 보시기에 악
을 행하였더라
10 그 때에 바벨론의 왕 느부갓네살의
신복들이 예루살렘에 올라와서 그
성을 에워싸니라
11 그의 신복들이 에워쌀 때에 바벨론
의 왕 느부갓네살도 그 성에 이르니
12 유다의 왕 여호야긴이 그의 어머니와
신복과 지도자들과 내시들과 함께
바벨론 왕에게 나아가매 왕이 잡으
니 때는 바벨론의 왕 여덟째 해이라
13 그가 여호와의 성전의 모든 보물과
왕궁 보물을 집어내고 또 이스라엘
의 왕 솔로몬이 만든 것 곧 여호와의
성전의 금 그릇을 다 파괴하였으니
여호와의 말씀과 같이 되었더라
14 그가 또 예루살렘의 모든 백성과 모
든 지도자와 모든 용사 만 명과 모

든 장인과 대장장이를 사로잡아 가
매 비천한 자 외에는 그 땅에 남은
자가 없었더라
15 그가 여호야긴을 바벨론으로 사로잡
아 가고 왕의 어머니와 왕의 아내들
과 내시들과 나라에 권세 있는 자도
예루살렘에서 바벨론으로 사로잡아
가고
16 또 용사 칠천 명과 장인과 대장장이
천 명 곧 용감하여 싸움을 할 만한
모든 자들을 바벨론 왕이 바벨론으
로 사로잡아 가고
17 바벨론 왕이 또 여호야긴의 숙부 맛
다니야를 대신하여 왕으로 삼고 그
의 이름을 고쳐 시드기야라 하였더
라

유다 왕 시드기야

18 시드기야가 왕이 될 때에 나이가 이
십일 세라 예루살렘에서 십일 년간
다스리니라 그의 어머니의 이름은 하
무달이요 립나인 예레미야의 딸이더
라
19 그가 여호야김의 모든 행위를 따라
여호와 보시기에 악을 행한지라
20 여호와께서 예루살렘과 유다를 진노
하심이 그들을 그 앞에서 쫓아내실
때까지 이르렀더라
시드기야가 바벨론 왕을 배반하니라

예루살렘의 멸망

25 시드기야 제구년 열째 달 십일
에 바벨론의 왕 느부갓네살이
그의 모든 군대를 거느리고 예루살
렘을 치러 올라와서 그 성에 대하여
진을 치고 주위에 토성을 쌓으매
2 그 성이 시드기야 왕 제십일년까지
포위되었더라
3 그 해 넷째 달 구일에 성 중에 기근
이 심하여 그 땅 백성의 양식이 떨어
졌더라
4 그 성벽이 파괴되매 모든 군사가 밤
중에 두 성벽 사이 왕의 동산 곁문
길로 도망하여 갈대아인들이 그 성
읍을 에워쌌으므로 그가 아라바 길
로 가더니
5 갈대아 군대가 그 왕을 뒤쫓아가서
여리고 평지에서 그를 따라 잡으매
왕의 모든 군대가 그를 떠나 흩어진
지라
6 그들이 왕을 사로잡아 그를 리블라
에 있는 바벨론 왕에게로 끌고 가매
그들이 그를 심문하니라
7 그들이 시드기야의 아들들을 그의
눈앞에서 죽이고 시드기야의 두 눈
을 빼고 놋 사슬로 그를 결박하여
바벨론으로 끌고 갔더라

성전 붕괴

8 바벨론 왕 느부갓네살의 열아홉째
해 오월 칠일에 바벨론 왕의 신복 시
위대장 느부사라단이 예루살렘에 이
르러
9 여호와의 성전과 왕궁을 불사르고
예루살렘의 모든 집을 귀인의 집까지
불살랐으며
10 시위대장에게 속한 갈대아 온 군대
가 예루살렘 주위의 성벽을 헐었으며
11 성 중에 남아 있는 백성과 바벨론
왕에게 항복한 자들과 무리 중 남은
자는 시위대장 느부사라단이 모두
사로잡아 가고
12 시위대장이 그 땅의 비천한 자를 남
겨 두어 포도원을 다스리는 자와 농
부가 되게 하였더라
13 갈대아 사람이 또 여호와의 성전의
두 놋 기둥과 받침들과 여호와의 성
전의 놋 바다를 깨뜨려 그 놋을 바
벨론으로 가져가고
14 또 가마들과 부삽들과 부집게들과
숟가락들과 섬길 때에 쓰는 모든 놋
그릇을 다 가져갔으며
15 시위대장이 또 불 옮기는 그릇들과
주발들 곧 금으로 만든 것이나 은으
로 만든 것이나 모두 가져갔으며
16 또 솔로몬이 여호와의 성전을 위하여
만든 두 기둥과 한 바다와 받침들을
가져갔는데 이 모든 기구의 놋 무게
를 헤아릴 수 없었으니
17 그 한 기둥은 높이가 열여덟 규빗이
요 그 꼭대기에 놋 머리가 있어 높이
가 세 규빗이요 그 머리에 둘린 그물
과 석류가 다 놋이라 다른 기둥의 장
식과 그물도 이와 같았더라

유다 백성이 바벨론으로 사로잡혀 가다

18 시위대장이 대제사장 스라야와 부제
사장 스바냐와 성전 문지기 세 사람
을 사로잡고
19 또 성 중에서 사람을 사로잡았으니
곧 군사를 거느린 내시 한 사람과 또
성 중에서 만난 바 왕의 시종 다섯
사람과 백성을 징집하는 장관의 서기
관 한 사람과 성 중에서 만난 바 백
성 육십 명이라
20 시위대장 느부사라단이 그들을 사로
잡아 가지고 리블라 바벨론 왕에게
나아가매
21 바벨론 왕이 하맛 땅 리블라에서 다
쳐죽였더라 이와 같이 유다가 사로잡
혀 본토에서 떠났더라

유다 지도자 그달리야

22 유다 땅에 머물러 있는 백성은 곧 바
벨론 왕 느부갓네살이 남긴 자라 왕
이 사반의 손자 아히감의 아들 그달
리야가 관할하게 하였더라

23 모든 군대 지휘관과 그를 따르는 자
가 바벨론 왕이 그달리야를 지도자
로 삼았다 함을 듣고 이에 느다니야
의 아들 이스마엘과 가레아의 아들
요하난과 느도바 사람 단후멧의 아
들 스라야와 마아가 사람의 아들 야
아사니야와 그를 따르는 사람이 모
두 미스바로 가서 그달리야에게 나
아가매
24 그달리야가 그들과 그를 따르는 군
사들에게 맹세하여 이르되 너희는 갈
대아 인을 섬기기를 두려워하지 말고
이 땅에 살며 바벨론 왕을 섬기라 그
리하면 너희가 평안하리라 하니라
25 칠월에 왕족 엘리사마의 손자 느다니
야의 아들 이스마엘이 부하 열 명을
거느리고 와서 그달리야를 쳐서 죽이
고 또 그와 함께 미스바에 있는 유
다 사람과 갈대아 사람을 죽인지라
26 노소를 막론하고 백성과 군대 장관
들이 다 일어나서 애굽으로 갔으니
이는 갈대아 사람을 두려워함이었더
라

여호야긴이 석방되다

27 유다의 왕 여호야긴이 사로잡혀 간
지 삼십칠 년 곧 바벨론의 왕 에윌므
로닥이 즉위한 원년 십이월 그 달 이
십칠일에 유다의 왕 여호야긴을 옥에
서 내놓아 그 머리를 들게 하고
28 그에게 좋게 말하고 그의 지위를 바
벨론에 그와 함께 있는 모든 왕의
지위보다 높이고
29 그 죄수의 의복을 벗게 하고 그의 일
평생에 항상 왕의 앞에서 양식을 먹
게 하였고
30 그가 쓸 것은 날마다 왕에게서 받는
양이 있어서 종신토록 끊이지 아니하
였더라

역대상·하 1·2 Chronicles

역대기서의 첫 번째 책인 '역대상'은 거의 대부분 다윗 왕에 관한 이야기들로 채워져 있다. 다윗이 이스라엘의 왕으로서 무슨 일을 했고, 예루살렘에서 어떻게 예배 제도를 체계적으로 정비했는지를 보여준다. 두 번째 책인 '역대하'는 솔로몬 왕에서 시드기야 왕까지 남왕국 유다의 왕들에 관한 이야기를 다룬다. 그리고 하나님께 불순종한 유다 백성이 바벨론의 포로가 된 슬픈 이야기로 막을 내린다.

제목 히브리어 성경 표제인 '그날들의 말씀들'(디베레 하야밈)과 헬라어 70인역(LXX)의 표제인 '생략된 일들 1서'(파라레이 포메논 알파) 및 라틴어 불가타역(Vulgata)의 표제인 '거룩한 역사의 연대기'(크로니코룸 리베르)를 각각 반영하여, 본서의 명칭이 정해졌다.

저자 에스라(Ezra). 본서의 마지막 부분(대하 36:22-23)과 에스라의 서론(스 1:1-3)이 일치하는 점, 문체 및 사상이 에스라의 다른 저작들과 유사한 점을 에스라로 봄.

기록 연대 B.C. 450년경.

기록 목적 ① 유다 왕들의 통치를 기록함으로써 남왕국 유다의 정통성을 강조하기 위해. ② 성전 건축 및 제사 제도에 대한 자세한 언급을 통해 신정국가의 면모를 나타내기 위해. ③ 하나님께서 주신 언약의 성취 역사를 보여줌으로써 언약 백성의 영원성을 일깨워주기 위해 기록하였다.

주제 여호와의 통치 및 성전 건축과 파괴. 남왕국 유다의 역사 속에 개입하셔서 자기 백성을 통치하시는 하나님을 보여주고, 성전의 건축과 파괴의 역사를 통해 하나님께 대한 순종의 복과 불순종의 화를 보여주고 있다.

특징 ① 제사장적 입장에서 종교적 사건을 중심으로 성전 건축과 제사 제도 등을 집중적으로 다룸. ② 왕들의 흥망성쇠와 관련해서 하나님께 순종하면 복을 받고 불순종하면 벌을 받는, 신명기적 역사관에 충실함.

본서의 내용

I. 다윗의 왕통
① 다윗 왕조의 계보 (대상 1:1-9:44)
② 다윗의 즉위 (대상 10:1-12:40)

II. 다윗의 통치
① 다윗의 치적 (대상 13:1-27:34)
② 다윗의 말년 (대상 28:1-29:30)

III. 솔로몬의 통치
① 즉위와 성전건축 (대하 1:1-7:22)
② 왕국의 영화 (대하 8:1-9:31)

IV. 유다 왕들의 통치
① 왕국의 분열(대하 10:1-11:4)
② 유다의 왕들 (대하 11:5-36:21)
③ 왕국의 멸망(대하 36:5-23)

연대표

B.C.	
1050년	사울 왕 즉위
1040년	다윗의 출생
1010년	사울의 전사
	다윗의 즉위(헤브론)
1003년	다윗의 통일왕국(예루살렘)
970년	솔로몬의 등극
	다윗의 임종
959년	성전 완공
946년	궁전 완공
930년	왕국의 남북 분열
872년	여호사밧의 통치(~847년)
791년	웃시야의 통치(~739년)
728년	히스기야의 통치(~687년)
722년	북왕국 이스라엘 멸망
640년	요시야의 통치(~609년)
612년	율법책의 발견과 회개
586년	남왕국 유다 멸망
538년	바사왕 고레스의 조서(36:22-23)

· 역대상·하의 주요 무대

역대상 1 Chronicles

아담에서 아브라함까지

1 아담, 셋, 에노스,
2 게난, 마할랄렐, 야렛,
3 에녹, 므두셀라, 라멕,
4 노아, 셈, 함과 야벳은 조상들이라
5 야벳의 자손은 고멜과 마곡과 마대
와 야완과 두발과 메섹과 디라스요
6 고멜의 자손은 아스그나스와 디밧과
도갈마요
7 야완의 자손은 엘리사와 다시스와
깃딤과 도다님이더라
8 함의 자손은 구스와 미스라임과 붓
과 가나안이요
9 구스의 자손은 스바와 하윌라와 삽
다와 라아마와 삽드가요 라아마의
자손은 스바와 드단이요
10 구스가 또 니므롯을 낳았으니 세상
에서 첫 영걸이며
11 미스라임은 루딤과 아나밈과 르하빔
과 납두힘과
12 바드루심과 가슬루힘과 갑도림을 낳
았으니 블레셋 종족은 가슬루힘에게
서 나왔으며
13 가나안은 맏아들 시돈과 헷을 낳고
14 또 여부스 종족과 아모리 종족과 기
르가스 종족과
15 히위 종족과 알가 종족과 신 종족과
16 아르왓 종족과 스말 종족과 하맛 종
족을 낳았더라
17 셈의 자손은 엘람과 앗수르와 아르
박삿과 룻과 아람과 우스와 훌과 게
델과 메섹이라
18 아르박삿은 셀라를 낳고 셀라는 에
벨을 낳고
19 에벨은 두 아들을 낳아 하나의 이름
을 벨렉이라 하였으니 이는 그 때에
땅이 나뉘었음이요 그의 아우의 이름
은 욕단이며
20 욕단이 알모닷과 셀렙과 하살마웻과
예라와
21 하도람과 우살과 디글라와
22 에발과 아비마엘과 스바와
23 오빌과 하윌라와 요밥을 낳았으니
욕단의 자손은 이상과 같으니라
24 셈, 아르박삿, 셀라,
25 에벨, 벨렉, 르우,

365묵상

우리의 이름을 알고 계시는 주님

이름과 이름들. 역대상의 첫 부분은 수많은 이름들로 가득 차 있다(대상 1–8장). 여기에 언급된 이름들은 아주 오래 전에 살았던 사람들인데 아담, 노아, 다윗처럼 우리가 잘 아는 사람들도 있다. 하지만 대부분은 잘 모른다. 하지만 하나님은 이 사람들의 이름만 알고 있는 것이 아니라, 한 사람 한 사람을 다 기억하시고 그들에 관해 모든 것을 다 알고 계신다. 물론 하나님은 오늘날 우리의 이름도 알고 계신다. 하나님은 우리에 관해 모든 것을 다 알고 계시고, 우리를 사랑하시며 우리를 회복시키시고 치유해주신다.

26 스룩, 나홀, 데라,
27 아브람 곧 아브라함은 조상들이요

이스마엘의 세계

28 아브라함의 자손은 이삭과 이스마엘
이라
29 이스마엘의 족보는 이러하니 그의 맏
아들은 느바욧이요 다음은 게달과
앗브엘과 밉삼과
30 미스마와 두마와 맛사와 하닷과 데
마와
31 여둘과 나비스와 게드마라 이들은
이스마엘의 자손들이라
32 아브라함의 소실 그두라가 낳은 자
손은 시므란과 욕산과 므단과 미디
안과 이스박과 수아요 욕산의 자손
은 스바와 드단이요
33 미디안의 자손은 에바와 에벨과 하
녹과 아비다와 엘다아니 이들은 모
두 그두라의 자손들이라

에서의 자손

34 아브라함이 이삭을 낳았으니 이삭의
아들은 에서와 이스라엘이더라
35 에서의 아들은 엘리바스와 르우엘과
여우스와 얄람과 고라요
36 엘리바스의 아들은 데만과 오말과
스비와 가담과 그나스와 딤나와 아
말렉이요
37 르우엘의 아들은 나핫과 세라와 삼
마와 밋사요
38 세일의 아들은 로단과 소발과 시브
온과 아나와 디손과 에셀과 디산이
요
39 로단의 아들은 호리와 호맘이요 로
단의 누이는 딤나요
40 소발의 아들은 알랸과 마나핫과 에
발과 스비와 오남이요 시브온의 아
들은 아야와 아나요
41 아나의 아들은 디손이요 디손의 아
들은 하므란과 에스반과 이드란과
그란이요
42 에셀의 아들은 빌한과 사아완과 야
아간이요 디산의 아들은 우스와 아
란이더라

에돔 땅을 다스린 왕들

43 이스라엘 자손을 다스리는 왕이 있
기 전에 에돔 땅을 다스린 왕은 이러
하니라 브올의 아들 벨라니 그의 도
성 이름은 딘하바이며
44 벨라가 죽으매 보스라 세라의 아들
요밥이 대신하여 왕이 되고
45 요밥이 죽으매 데만 종족의 땅의 사
람 후삼이 대신하여 왕이 되고
46 후삼이 죽으매 브닷의 아들 하닷이
대신하여 왕이 되었으니 하닷은 모압
들에서 미디안을 친 자요 그 도성 이
름은 아윗이며

47 하닷이 죽으매 마스레가의 사믈라가
대신하여 왕이 되고
48 사믈라가 죽으매 강 가의 르호봇 사
울이 대신하여 왕이 되고
49 사울이 죽으매 악볼의 아들 바알하
난이 대신하여 왕이 되고
50 바알하난이 죽으매 하닷이 대신하여
왕이 되었으니 그의 도성 이름은 바
이요 그의 아내의 이름은 므헤다벨
이라 메사합의 손녀요 마드렛의 딸이
더라
51 하닷이 죽으니라 그리고 에돔의 족
장은 이러하니 딤나 족장과 알랴 족
장과 여뎃 족장과
52 오홀리바마 족장과 엘라 족장과 비
논 족장과
53 그나스 족장과 데만 족장과 밉살 족
장과
54 막디엘 족장과 이람 족장이라 에돔
의 족장이 이러하였더라

2 이스라엘의 아들은 이러하니 르우
벤과 시므온과 레위와 유다와 잇
사갈과 스불론과
2 단과 요셉과 베냐민과 납달리와 갓
과 아셀이더라

유다의 자손

3 유다의 아들은 에르와 오난과 셀라
니 이 세 사람은 가나안 사람 수아의
딸이 유다에게 낳아 준 자요 유다의
맏아들 에르는 여호와 보시기에 악
하였으므로 여호와께서 죽이셨고
4 유다의 며느리 다말이 유다에게 베
레스와 세라를 낳아 주었으니 유다
의 아들이 모두 다섯이더라
5 베레스의 아들은 헤스론과 하물이
요
6 세라의 아들은 시므리와 에단과 헤
만과 갈골과 다라니 모두 다섯 사람
이요
7 갈미의 아들은 아갈이니 그는 진멸시
킬 물건을 범하여 이스라엘을 괴롭힌
자이며
8 에단의 아들은 아사랴더라

다윗의 가계

9 헤스론이 낳은 아들은 여라므엘과
람과 글루배라
10 람은 암미나답을 낳고 암미나답은
나손을 낳았으니 나손은 유다 자손
의 방백이며
11 나손은 살마를 낳고 살마는 보아스
를 낳고
12 보아스는 오벳을 낳고 오벳은 이새
를 낳고
13 이새는 맏아들 엘리압과 둘째로 아
비나답과 셋째로 시므아와
14 넷째로 느다넬과 다섯째로 랏대와

15 여섯째로 오셈과 일곱째로 다윗을
낳았으며
16 그들의 자매는 스루야와 아비가일이
라 스루야의 아들은 아비새와 요압
과 아사헬 삼형제요
17 아비가일은 아마사를 낳았으니 아마
사의 아버지는 이스마엘 사람 예델
이었더라

헤스론의 자손

18 헤스론의 아들 갈렙이 그의 아내 아
수바와 여리옷에게서 아들을 낳았으
니 그가 낳은 아들들은 예셀과 소밥
과 아르돈이며
19 아수바가 죽은 후에 갈렙이 또 에브
랏에게 장가 들었더니 에브랏이 그
에게 훌을 낳아 주었고
20 훌은 우리를 낳고 우리는 브살렐을
낳았더라
21 그 후에 헤스론이 육십 세에 길르앗
의 아버지 마길의 딸에게 장가 들어
동침하였더니 그가 스굽을 헤스론에
게 낳아 주었으며
22 스굽은 야일을 낳았고 야일은 길르
앗 땅에서 스물세 성읍을 가졌더니
23 그술과 아람이 야일의 성읍들과 그
낫과 그에 딸린 성읍들 모두 육십을
그들에게서 빼앗았으며 이들은 다
길르앗의 아버지 마길의 자손이었더
라
24 헤스론이 갈렙 에브라다에서 죽은
후에 그의 아내 아비야가 그로 말미
암아 아스훌을 낳았으니 아스훌은
드고아의 아버지더라

여라므엘의 자손

25 헤스론의 맏아들 여라므엘의 아들은
맏아들 람과 그 다음 브나와 오렌과
오셈과 아히야이며
26 여라므엘이 다른 아내가 있었으니 이
름은 아다라라 그는 오남의 어머니
더라
27 여라므엘의 맏아들 람의 아들은 마
아스와 야민과 에겔이요
28 오남의 아들들은 삼매와 야다요 삼
매의 아들은 나답과 아비술이며
29 아비술의 아내의 이름은 아비하일이
라 아비하일이 아반과 몰릿을 그에
게 낳아 주었으며
30 나답의 아들들은 셀렛과 압바임이라
셀렛은 아들이 없이 죽었고
31 압바임의 아들은 이시요 이시의 아들
은 세산이요 세산의 아들은 알래요
32 삼매의 아우 야다의 아들들은 예델
과 요나단이라 예델은 아들이 없이
죽었고
33 요나단의 아들들은 벨렛과 사사라
여라므엘의 자손은 이러하며

34 세산은 아들이 없고 딸뿐이라 그에
게 야르하라 하는 애굽 종이 있으므
로
35 세산이 딸을 그 종 야르하에게 주어
아내를 삼게 하였더니 그가 그로 말
미암아 앗대를 낳고
36 앗대는 나단을 낳고 나단은 사밧을
낳고
37 사밧은 에블랄을 낳고 에블랄은 오
벳을 낳고
38 오벳은 예후를 낳고 예후는 아사랴
를 낳고
39 아사랴는 헬레스를 낳고 헬레스는
엘르아사를 낳고
40 엘르아사는 시스매를 낳고 시스매는
살룸을 낳고
41 살룸은 여가먀를 낳고 여가먀는 엘
리사마를 낳았더라

갈렙의 자손

42 여라므엘의 아우 갈렙의 아들 곧 맏
아들은 메사이니 십의 아버지요 그
아들은 마레사니 헤브론의 아버지이
며
43 헤브론의 아들들은 고라와 답부아
와 레겜과 세마라
44 세마는 라함을 낳았으니 라함은 요
르그암의 아버지이며 레겜은 삼매를
낳았고
45 삼매의 아들은 마온이라 마온은 벧
술의 아버지이며
46 갈렙의 소실 에바는 하란과 모사와
가세스를 낳고 하란은 가세스를 낳
았으며
47 야대의 아들은 레겜과 요단과 게산
과 벨렛과 에바와 사압이며
48 갈렙의 소실 마아가는 세벨과 디르
하나를 낳았고
49 또 맛만나의 아버지 사압을 낳았고
또 막베나와 기브아의 아버지 스와
를 낳았으며 갈렙의 딸은 악사더라
50 갈렙의 자손 곧 에브라다의 맏아들
훌의 아들은 이러하니 기럇여아림의
아버지 소발과
51 베들레헴의 아버지 살마와 벧가델의
아버지 하렙이라
52 기럇여아림의 아버지 소발의 자손은
하로에와 므누홋 사람의 절반이니
53 기럇여아림 족속들은 이델 종족과
붓 종족과 수맛 종족과 미스라 종족
이라 이로 말미암아 소라와 에스다
올 두 종족이 나왔으며
54 살마의 자손들은 베들레헴과 느도
바 종족과 아다롯벳요압과 마나핫
종족의 절반과 소라 종족과
55 야베스에 살던 서기관 종족 곧 디랏
종족과 시므앗 종족과 수갓 종족이

니 이는 다 레갑 가문의 조상 함맛에
게서 나온 겐 종족이더라

다윗 왕의 아들과 딸

3 다윗이 헤브론에서 낳은 아들들
은 이러하니 맏아들은 암논이라
이스르엘 여인 아히노암의 소생이요
둘째는 다니엘이라 갈멜 여인 아비
가일의 소생이요
2 셋째는 압살롬이라 그술 왕 달매의
딸 마아가의 아들이요 넷째는 아도
니야라 학깃의 아들이요
3 다섯째는 스바댜라 아비달의 소생이
요 여섯째는 이드르암이라 다윗의
아내 에글라의 소생이니
4 이 여섯은 헤브론에서 낳았더라 다윗
이 거기서 칠 년 육 개월 다스렸고 또
예루살렘에서 삼십삼 년 다스렸으며
5 예루살렘에서 그가 낳은 아들들은
이러하니 시므아와 소밥과 나단과
솔로몬 네 사람은 다 암미엘의 딸
밧수아의 소생이요
6 또 입할과 엘리사마와 엘리벨렛과
7 노가와 네벡과 야비아와
8 엘리사마와 엘랴다와 엘리벨렛 아홉
사람은
9 다 다윗의 아들이요 그들의 누이는
다말이며 이 외에 또 소실의 아들이
있었더라

솔로몬 왕의 자손

10 솔로몬의 아들은 르호보암이요 그
의 아들은 아비야요 그의 아들은 아
사요 그의 아들은 여호사밧이요
11 그의 아들은 요람이요 그의 아들은
아하시야요 그의 아들은 요아스요
12 그의 아들은 아마샤요 그의 아들은
아사랴요 그의 아들은 요담이요
13 그의 아들은 아하스요 그의 아들은
히스기야요 그의 아들은 므낫세요
14 그의 아들은 아몬이요 그의 아들은
요시야이며
15 요시야의 아들들은 맏아들 요하난과
둘째 여호야김과 셋째 시드기야와
넷째 살룸이요
16 여호야김의 아들들은 그의 아들 여
고냐, 그의 아들 시드기야요
17 사로잡혀 간 여고냐의 아들들은 그
의 아들 스알디엘과
18 말기람과 브다야와 세낫살과 여가먀
와 호사마와 느다뱌요
19 브다야의 아들들은 스룹바벨과 시
므이요 스룹바벨의 아들은 므술람
과 하나냐와 그의 매제 슬로밋과
20 또 하수바와 오헬과 베레갸와 하사
댜와 유삽헤셋 다섯 사람이요
21 하나냐의 아들은 블라댜와 여사야요
또 르바야의 아들 아르난의 아들들,

오바댜의 아들들, 스가냐의 아들들
이니
22 스가냐의 아들은 스마야요 스마야의
아들들은 핫두스와 이갈과 바리야와
느아랴와 사밧 여섯 사람이요
23 느아랴의 아들은 에료에내와 히스기
야와 아스리감 세 사람이요
24 에료에내의 아들들은 호다위야와
엘리아십과 블라야와 악굽과 요하난
과 들라야와 아나니 일곱 사람이더
라

유다의 자손

4 유다의 아들들은 베레스와 헤스
론과 갈미와 훌과 소발이라
2 소발의 아들 르아야는 야핫을 낳고
야핫은 아후매와 라핫을 낳았으니
이는 소라 사람의 종족이며
3 에담 조상의 자손들은 이스르엘과
이스마와 잇바스와 그들의 매제 하
술렐보니와
4 그들의 아버지 브누엘과 후사의 아
버지 에셀이니 이는 다 베들레헴의
아버지 에브라다의 맏아들 훌의 소
생이며
5 드고아의 아버지 아스훌의 두 아내
는 헬라와 나아라라
6 나아라는 그에게 아훗삼과 헤벨과
데므니와 하아하스다리를 낳아 주었
으니 이는 나아라의 소생이요
7 헬라의 아들들은 세렛과 이소할과
에드난이며
8 고스는 아눕과 소베바와 하룸의 아
들 아하헬 종족들을 낳았으며
9 야베스는 그의 형제보다 귀중한 자
라 그의 어머니가 이름하여 이르되
야베스라 하였으니 이는 내가 수고
로이 낳았다 함이었더라
10 야베스가 이스라엘 하나님께 아뢰어
이르되 주께서 내게 복을 주시려거
든 나의 지역을 넓히시고 주의 손으
로 나를 도우사 나로 환난을 벗어나
내게 근심이 없게 하옵소서 하였더니
하나님이 그가 구하는 것을 허락하셨
더라

다른 족보

11 수하의 형 글룹이 므힐을 낳았으니
므힐은 에스돈의 아버지요
12 에스돈은 베드라바와 바세아와 이
르나하스의 아버지 드힌나를 낳았으
니 이는 다 레가 사람이며

365묵상

야베스의 기도

야베스의 이름 뜻은 '고통' 또는 '불행'이다. 이것은 야베스의 환경이 어렵고 힘들었음을 암시한다. 하지만 야베스는 기도의 사람이 되었다. 그는 자신의 어려운 환경을 탓하고 불평하는데 시간을 헛되이 낭비하지 않았다. 대신에 야베스는 큰 비전을 품고 하나님께 기도했다(대상4:9-10). 오늘날 당신이 비극적인 운명의 희생자인 양 느껴지는가? 야베스의 본을 따르라. 무책임하게 삶의 환경이 당신을 지배하도록 허용하지 말고, 불행과 고통을 능히 복으로 바꾸실 수 있는 능력의 하나님께 당신의 비전을 열심히 간구하라.

13 그나스의 아들들은 옷니엘과 스라
야요 옷니엘의 아들은 하닷이며
14 므오노대는 오브라를 낳고 스라야
는 요압을 낳았으니 요압은 게하라
심의 조상이라 그들은 공장이었더라
15 여분네의 아들 갈렙의 자손은 이루
와 엘라와 나암과 엘라의 자손과 그
나스요
16 여할렐렐의 아들은 십과 시바와 디리
아와 아사렐이요
17 에스라의 아들들은 예델과 메렛과
에벨과 얄론이며 메렛은 미리암과
삼매와 에스드모아의 조상 이스바를
낳았으니
18 이는 메렛이 아내로 맞은 바로의 딸
비디아의 아들들이며 또 그의 아내
여후디야는 그돌의 조상 예렛과 소
고의 조상 헤벨과 사노아의 조상 여
구디엘을 낳았으며
19 나함의 누이인 호디야의 아내의 아들
들은 가미 사람 그일라의 아버지와
마아가 사람 에스드모아며
20 시몬의 아들들은 암논과 린나와 벤
하난과 딜론이요 이시의 아들들은
소헷과 벤소헷이더라
21 유다의 아들 셀라의 자손은 레가의
아버지 에르와 마레사의 아버지 라아
다와 세마포 짜는 자의 집 곧 아스
베야의 집 종족과
22 또 요김과 고세바 사람들과 요아스
와 모압을 다스리던 사람과 야수비
네헴이니 이는 다 옛 기록에 의존한
것이라
23 이 모든 사람은 토기장이가 되어 수
풀과 산울 가운데에 거주하는 자로
서 거기서 왕과 함께 거주하면서 왕
의 일을 하였더라

시므온의 자손

24 시므온의 아들들은 느무엘과 야민과
야립과 세라와 사울이요
25 사울의 아들은 살룸이요 그의 아들
은 밉삼이요 그의 아들은 미스마요
26 미스마의 아들은 함무엘이요 그의
아들은 삭굴이요 그의 아들은 시므
이라
27 시므이에게는 아들 열여섯과 딸 여섯
이 있으나 그의 형제에게는 자녀가
몇이 못되니 그들의 온 종족이 유다
자손처럼 번성하지 못하였더라
28 시므온 자손이 거주한 곳은 브엘세
바와 몰라다와 하살수알과
29 빌하와 에셈과 돌랏과
30 브두엘과 호르마와 시글락과
31 벧말가봇과 하살수심과 벧비리와 사
아라임이니 다윗 왕 때까지 이 모든
성읍이 그들에게 속하였으며

32 그들이 사는 곳은 에담과 아인과 림
몬과 도겐과 아산 다섯 성읍이요
33 또 모든 성읍 주위에 살던 주민들의
경계가 바알까지 다다랐으니 시므온
자손의 거주지가 이러하고 각기 계보
가 있더라
34 또 메소밥과 야믈렉과 아마시야의
아들 요사와
35 요엘과 아시엘의 증손 스라야의 손
자 요시비야의 아들 예후와
36 또 엘료에내와 야아고바와 여소하
야와 아사야와 아디엘과 여시미엘과
브나야와
37 또 스마야의 오대 손 시므리의 현손
여다야의 증손 알론의 손자 시비의
아들은 시사이니
38 여기 기록된 것들은 그들의 종족과
그들의 가문의 지도자들의 이름이라
그들이 매우 번성한지라
39 그들이 그들의 양 떼를 위하여 목장
을 구하고자 하여 골짜기 동쪽 그돌
지경에 이르러
40 기름지고 아름다운 목장을 발견하였
는데 그 땅이 넓고 안정 되고 평안하
니 이는 옛적부터 거기에 거주해 온
사람은 함의 자손인 까닭이라
41 이 명단에 기록된 사람들이 유다 왕
히스기야 때에 가서 그들의 장막을
쳐서 무찌르고 거기에 있는 모우님
사람을 쳐서 진멸하고 대신하여 오늘
까지 거기에 살고 있으니 이는 그들
의 양 떼를 먹일 목장이 거기에 있음
이며
42 또 시므온 자손 중에 오백 명이 이시
의 아들 블라댜와 느아랴와 르바야
와 웃시엘을 두목으로 삼고 세일 산
으로 가서
43 피신하여 살아남은 아말렉 사람을
치고 오늘까지 거기에 거주하고 있더
라

르우벤의 자손

5 이스라엘의 장자 르우벤의 아들
들은 이러하니라 (르우벤은 장자
라도 그의 아버지의 침상을 더럽혔으
므로 장자의 명분이 이스라엘의 아
들 요셉의 자손에게로 돌아가서 족
보에 장자의 명분대로 기록되지 못
하였느니라
2 유다는 형제보다 뛰어나고 주권자가
유다에게서 났으나 장자의 명분은
요셉에게 있으니라)
3 이스라엘의 장자 르우벤의 아들들은
하녹과 발루와 헤스론과 갈미요
4 요엘의 아들은 스마야요 그의 아들
은 곡이요 그의 아들은 시므이요
5 그의 아들은 미가요 그의 아들은 르

아야요 그의 아들은 바알이요
6 그의 아들은 브에라이니 그는 르우
벤 자손의 지도자로서 앗수르 왕 디
글랏빌레셀에게 사로잡힌 자라
7 그의 형제가 종족과 계보대로 우두
머리 된 자는 여이엘과 스가랴와
8 벨라니 벨라는 아사스의 아들이요
세마의 손자요 요엘의 증손이라 그
가 아로엘에 살면서 느보와 바알므
온까지 다다랐고
9 또 동으로 가서 거주하면서 유브라
데 강에서부터 광야 지경까지 다다랐
으니 이는 길르앗 땅에서 그 가축이
번식함이라
10 사울 왕 때에 그들이 하갈 사람과 더
불어 싸워 손으로 쳐죽이고 길르앗
동쪽 온 땅에서 장막에 거주하였더
라

갓의 자손

11 갓 자손은 르우벤 사람을 마주 대하
여 바산 땅에 거주하면서 살르가까지
다다랐으니
12 우두머리는 요엘이요 다음은 사밤이
요 또 야내와 바산에 산 사밧이요
13 그 조상의 가문의 형제들은 미가엘
과 므술람과 세바와 요래와 야간과
시아와 에벨 일곱 명이니
14 이는 다 아비하일의 아들들이라 아비
하일은 후리의 아들이요 야로아의
손자요 길르앗의 증손이요 미가엘의
현손이요 여시새의 오대 손이요 야
도의 육대 손이요 부스의 칠대 손이
며
15 또 구니의 손자 압디엘의 아들 아히
가 우두머리가 되었고
16 그들이 바산길르앗과 그 마을과 사
론의 모든 들에 거주하여 그 사방 변
두리에 다다랐더라
17 이상은 유다 왕 요담 때와 이스라엘
왕 여로보암 때에 족보에 기록되었
더라

므낫세 반 지파의 용사

18 르우벤 자손과 갓 사람과 므낫세 반
지파에서 나가 싸울 만한 용사 곧
능히 방패와 칼을 들며 활을 당겨 싸
움에 익숙한 자는 사만 사천칠백육
십 명이라
19 그들이 하갈 사람과 여두르와 나비
스와 노답과 싸우는 중에
20 도우심을 입었으므로 하갈 사람과
그들과 함께 있는 자들이 다 그들의
손에 패하였으니 이는 그들이 싸울
때에 하나님께 의뢰하고 부르짖으므
로 하나님이 그들에게 응답하셨음이
라
21 그들이 대적의 짐승 곧 낙타 오만 마

리와 양 이십오만 마리와 나귀 이천
마리를 빼앗으며 사람 십만 명을 사
로잡았고
22 죽임을 당한 자가 많았으니 이 싸움
이 하나님께로 말미암았음이라 그들
이 그들의 땅에 거주하여 사로잡힐
때까지 이르렀더라

므낫세 반 지파의 자손들

23 므낫세 반 지파 자손들이 그 땅에 거
주하면서 그들이 번성하여 바산에서
부터 바알헤르몬과 스닐과 헤르몬
산까지 다다랐으며
24 그들의 족장은 에벨과 이시와 엘리
엘과 아스리엘과 예레미야와 호다위
야와 야디엘이며 다 용감하고 유명
한 족장이었더라

므낫세 반 지파의 추방

25 그들이 그들의 조상들의 하나님께
범죄하여 하나님이 그들 앞에서 멸하
신 그 땅 백성의 신들을 간음하듯 섬
긴지라
26 그러므로 이스라엘 하나님이 앗수르
왕 불의 마음을 일으키시며 앗수르
왕 디글랏 빌레셀의 마음을 일으키시
매 곧 르우벤과 갓과 므낫세 반 지
파를 사로잡아 할라와 하볼과 하라
와 고산 강 가에 옮긴지라 그들이 오
늘까지 거기에 있으니라

레위의 가계

6 레위의 아들들은 게르손과 그핫
과 므라리요
2 그핫의 아들들은 아므람과 이스할과
헤브론과 웃시엘이요
3 아므람의 자녀는 아론과 모세와 미
리암이요 아론의 자녀는 나답과 아비
후와 엘르아살과 이다말이며
4 엘르아살은 비느하스를 낳고 비느하
스는 아비수아를 낳고
5 아비수아는 북기를 낳고 북기는 웃
시를 낳고
6 웃시는 스라히야를 낳고 스라히야는
므라욧을 낳고
7 므라욧은 아마랴를 낳고 아마랴는
아히둡을 낳고
8 아히둡은 사독을 낳고 사독은 아히
마아스를 낳고
9 아히마아스는 아사랴를 낳고 아사랴
는 요하난을 낳고
10 요하난은 아사랴를 낳았으니 이 아
사랴는 솔로몬이 예루살렘에 세운
성전에서 제사장의 직분을 행한 자이
며
11 아사랴는 아마랴를 낳고 아마랴는
아히둡을 낳고
12 아히둡은 사독을 낳고 사독은 살룸
을 낳고

13 살룸은 힐기야를 낳고 힐기야는 아사랴를 낳고

14 아사랴는 스라야를 낳고 스라야는 여호사닥을 낳았으며

15 여호와께서 느부갓네살의 손으로 유다와 예루살렘 백성을 옮기실 때에 여호사닥도 가니라

레위의 자손

16 레위의 아들들은 게르손과 그핫과 므라리이며

17 게르손의 아들들의 이름은 이러하니 립니와 시므이요

18 그핫의 아들들은 아므람과 이스할과 헤브론과 웃시엘이요

19 므라리의 아들들은 말리와 무시라 그 조상에 따라 레위의 종족은 이러하니

20 게르손에게서 난 자는 곧 그의 아들 립니요 그의 아들은 야핫이요 그의 아들은 심마요

21 그의 아들은 요아요 그의 아들은 잇도요 그의 아들은 세라요 그의 아들은 여아드래이며

22 그핫에게서 난 자는 곧 그 아들은 암미나답이요 그의 아들은 고라요 그의 아들은 앗실이요

23 그의 아들은 엘가나요 그의 아들은 에비아삽이요 그의 아들은 앗실이요

24 그의 아들은 다핫이요 그의 아들은 우리엘이요 그의 아들은 웃시야요 그의 아들은 사울이라

25 엘가나의 아들들은 아마새와 아히못이라

26 엘가나로 말하면 그의 자손은 이러하니 그의 아들은 소배요 그의 아들은 나핫이요

27 그의 아들은 엘리압이요 그의 아들은 여로함이요 그의 아들은 엘가나라

28 사무엘의 아들들은 맏아들 요엘이요 다음은 아비야라

29 므라리에게서 난 자는 말리요 그의 아들은 립니요 그의 아들은 시므이요 그의 아들은 웃사요

30 그의 아들은 시므아요 그의 아들은 학기야요 그의 아들은 아사야더라

회막 앞에서 찬송하는 사람들

31 언약궤가 평안을 얻었을 때에 다윗이 여호와의 성전에서 찬송하는 직분을 맡긴 자들은 아래와 같았더라

32 솔로몬이 예루살렘에서 여호와의 성전을 세울 때까지 그들이 회막 앞에서 찬송하는 일을 행하되 그 계열대로 직무를 행하였더라

33 직무를 행하는 자와 그의 아들들은 이러하니 그핫의 자손 중에 헤만은

찬송하는 자라 그는 요엘의 아들이
요 요엘은 사무엘의 아들이요
34 사무엘은 엘가나의 아들이요 엘가나
는 여로함의 아들이요 여로함은 엘
리엘의 아들이요 엘리엘은 도아의
아들이요
35 도아는 숩의 아들이요 숩은 엘가나
의 아들이요 엘가나는 마핫의 아들
이요 마핫은 아마새의 아들이요
36 아마새는 엘가나의 아들이요 엘가나
는 요엘의 아들이요 요엘은 아사랴
의 아들이요 아사랴는 스바냐의 아
들이요
37 스바냐는 다핫의 아들이요 다핫은
앗실의 아들이요 앗실은 에비아삽의
아들이요 에비아삽은 고라의 아들이
요
38 고라는 이스할의 아들이요 이스할은
그핫의 아들이요 그핫은 레위의 아
들이요 레위는 이스라엘의 아들이라
39 헤만의 형제 아삽은 헤만의 오른쪽
에서 직무를 행하였으니 그는 베레
갸의 아들이요 베레갸는 시므아의
아들이요
40 시므아는 미가엘의 아들이요 미가엘
은 바아세야의 아들이요 바아세야
는 말기야의 아들이요
41 말기야는 에드니의 아들이요 에드니
는 세라의 아들이요 세라는 아다야
의 아들이요
42 아다야는 에단의 아들이요 에단은
심마의 아들이요 심마는 시므이의 아
들이요
43 시므이는 야핫의 아들이요 야핫은
게르손의 아들이요 게르손은 레위의
아들이며
44 그들의 형제 므라리의 자손 중 그의
왼쪽에서 직무를 행하는 자는 에단
이라 에단은 기시의 아들이요 기시는
압디의 아들이요 압디는 말룩의 아
들이요
45 말룩은 하사뱌의 아들이요 하사뱌는
아마시야의 아들이요 아마시야는 힐
기야의 아들이요
46 힐기야는 암시의 아들이요 암시는 바
니의 아들이요 바니는 세멜의 아들
이요
47 세멜은 말리의 아들이요 말리는 무
시의 아들이요 무시는 므라리의 아
들이요 므라리는 레위의 아들이며

365묵상

내가 맡은 역할을 잘 감당하기

이스라엘 12지파 중 레위 지파의 사람들은 하나님께 헌신된 지파로서 그들은 성막에 관한 모든 세부적인 일들을 돌보았다. 어떤 이들은 예배와 찬양을 인도하는 찬양대 사역을, 어떤 이들은 성전의 자질구레한 일들을 맡았다(대상6:31-53). 아무튼 각자 맡은 일을 감당했다. 오늘날 우리 각자도 주님의 교회를 위해 감당해야 할 어떤 일들이 주어졌다. 이 일들을 잘 감당하도록 주님은 각자에게 다른 종류의 여러 은사들과 재능들을 주셨다. 그러므로 주님의 교회를 위해 자신이 맡은 바 역할에 헌신과 충성을 다하자.

48 그들의 형제 레위 사람들은 하나님의
집 장막의 모든 일을 맡았더라

아론의 자손

49 아론과 그의 자손들은 번제단과 향
단 위에 분향하며 제사를 드리며 지
성소의 모든 일을 하여 하나님의 종
모세의 모든 명령대로 이스라엘을
위하여 속죄하니
50 아론의 자손들은 이러하니라 그의
아들은 엘르아살이요 그의 아들은
비느하스요 그의 아들은 아비수아요
51 그의 아들은 북기요 그의 아들은 웃
시요 그의 아들은 스라히야요
52 그의 아들은 므라욧이요 그의 아들
은 아마랴요 그의 아들은 아히둡이
요
53 그의 아들은 사독이요 그의 아들은
아히마아스이더라

레위 사람의 정착지

54 그들의 거주한 곳은 사방 지계 안에
있으니 그들의 마을은 아래와 같으
니라 아론 자손 곧 그핫 종족이 먼저
제비 뽑았으므로
55 그들에게 유다 땅의 헤브론과 그 사
방 초원을 주었고
56 그러나 그 성의 밭과 마을은 여분네
의 아들 갈렙에게 주었으며
57 아론 자손에게 도피성을 주었으니
헤브론과 립나와 그 초원과 얏딜과
에스드모아와 그 초원과
58 힐렌과 그 초원과 드빌과 그 초원과
59 아산과 그 초원과 벧세메스와 그 초
원이며
60 또 베냐민 지파 중에서는 게바와 그
초원과 알레멧과 그 초원과 아나돗
과 그 초원을 주었으니 그들의 종족
이 얻은 성이 모두 열셋이었더라
61 그핫 자손의 남은 자에게는 절반 지
파 즉 므낫세 반 지파 종족 중에서
제비 뽑아 열 성읍을 주었고
62 게르손 자손에게는 그들의 종족대
로 잇사갈 지파와 아셀 지파와 납달
리 지파와 바산에 있는 므낫세 지파
중에서 열세 성읍을 주었고
63 므라리 자손에게는 그 종족대로 르
우벤 지파와 갓 지파와 스불론 지파
중에서 제비 뽑아 열두 성읍을 주었
더라
64 이스라엘 자손이 이 모든 성읍과 그
목초지를 레위 자손에게 주되
65 유다 자손의 지파와 시므온 자손의
지파와 베냐민 자손의 지파 중에서
이 위에 기록한 여러 성읍을 제비 뽑
아 주었더라
66 그핫 자손의 몇 종족은 에브라임 지
파 중에서 성읍을 얻어 영토를 삼았

으며
67 또 그들에게 도피성을 주었으니 에
브라임 산중 세겜과 그 초원과 게셀
과 그 초원과
68 욕므암과 그 초원과 벧호론과 그 초
원과
69 아얄론과 그 초원과 가드림몬과 그
초원이며
70 또 그핫 자손의 남은 종족에게는 므
낫세 반 지파 중에서 아넬과 그 초원
과 빌르암과 그 초원을 주었더라
71 게르손 자손에게는 므낫세 반 지파
종족 중에서 바산의 골란과 그 초원
과 아스다롯과 그 초원을 주고
72 또 잇사갈 지파 중에서 게데스와 그
초원과 다브랏과 그 초원과
73 라못과 그 초원과 아넴과 그 초원을
주고
74 아셀 지파 중에서 마살과 그 초원과
압돈과 그 초원과
75 후곡과 그 초원과 르홉과 그 초원을
주고
76 납달리 지파 중에서 갈릴리의 게데스
와 그 초원과 함몬과 그 초원과 기랴
다임과 그 초원을 주니라
77 므라리 자손의 남은 자에게는 스불
론 지파 중에서 림모노와 그 초원과
다볼과 그 초원을 주었고
78 또 요단 건너 동쪽 곧 여리고 맞은편
르우벤 지파 중에서 광야의 베셀과
그 초원과 야사와 그 초원과
79 그데못과 그 초원과 메바앗과 그 초
원을 주었고
80 또 갓 지파 중에서 길르앗의 라못과
그 초원과 마하나임과 그 초원과
81 헤스본과 그 초원과 야셀과 그 초원
을 주었더라

잇사갈의 자손

7 잇사갈의 아들들은 돌라와 부아
와 야숩과 시므론 네 사람이며
2 돌라의 아들들은 웃시와 르바야와
여리엘과 야매와 입삼과 스므엘이니
다 그의 아버지 돌라의 집 우두머리
라 대대로 용사이더니 다윗 때에 이
르러는 그 수효가 이만 이천육백 명
이었더라
3 웃시의 아들은 이스라히야요 이스라
히야의 아들들은 미가엘과 오바댜와
요엘과 잇시야 다섯 사람이 모두 우
두머리며
4 그들과 함께 있는 자는 그 계보와
종족대로 능히 출전할 만한 군대가
삼만 육천 명이니 이는 그 처자가 많
기 때문이며
5 그의 형제 잇사갈의 모든 종족은 다
용감한 장사라 그 전체를 계수하면

팔만 칠천 명이었더라

베냐민의 자손

6 베냐민의 아들들은 벨라와 베겔과
여디아엘 세 사람이며
7 벨라의 아들들은 에스본과 우시와
웃시엘과 여리못과 이리 다섯 사람이
니 다 그 집의 우두머리요 큰 용사라
그 계보대로 계수하면 이만 이천삼십
사 명이며
8 베겔의 아들들은 스미라와 요아스와
엘리에셀과 엘료에내와 오므리와 여
레못과 아비야와 아나돗과 알레멧이
니 베겔의 아들들은 모두 이러하며
9 그들은 다 그 집의 우두머리요 용감
한 장사라 그 자손을 계보에 의해
계수하면 이만 이백 명이며
10 여디아엘의 아들은 빌한이요 빌한의
아들들은 여우스와 베냐민과 에훗
과 그나아나와 세단과 다시스와 아
히사할이니
11 이 여디아엘의 아들들은 모두 그 집
의 우두머리요 큰 용사라 그들의 자
손 중에 능히 출전할 만한 자가 만
칠천이백 명이며
12 일의 아들은 숩빔과 훕빔이요 아헬
의 아들은 후심이더라

납달리의 자손

13 납달리의 아들들은 야시엘과 구니와
예셀과 살룸이니 이는 빌하의 손자더
라

므낫세의 자손

14 므낫세의 아들들은 그의 아내가 낳
아 준 아스리엘과 그의 소실 아람 여
인이 낳아 준 길르앗의 아버지 마길
이니
15 마길은 훕빔과 숩빔의 누이 마아가
라 하는 이에게 장가 들었더라 므낫
세의 둘째 아들의 이름은 슬로브핫
이니 슬로브핫은 딸들만 낳았으며
16 마길의 아내 마아가는 아들을 낳아
그의 이름을 베레스라 하였으며 그
의 아우의 이름은 세레스이며 세레
스의 아들들은 울람과 라겜이요
17 울람의 아들들은 브단이니 이는 다
길르앗의 자손이라 길르앗은 마길의
아들이요 므낫세의 손자이며
18 그의 누이 함몰레겟은 이스홋과 아
비에셀과 말라를 낳았고
19 스미다의 아들들은 아히안과 세겜과
릭히와 아니암이더라

에브라임의 자손

20 에브라임의 아들은 수델라요 그의
아들은 베렛이요 그의 아들은 다핫
이요 그의 아들은 엘르아다요 그의
아들은 다핫이요
21 그의 아들은 사밧이요 그의 아들은

수델라며 그가 또 에셀과 엘르앗을
낳았으나 그들이 가드 원주민에게
죽임을 당하였으니 이는 그들이 내려
가서 가드 사람의 짐승을 빼앗고자
하였음이라
22 그의 아버지 에브라임이 여러 날 슬
퍼하므로 그의 형제가 가서 위로하였
더라
23 그리고 에브라임이 그의 아내와 동
침하매 임신하여 아들을 낳으니 그
집이 재앙을 받았으므로 그의 이름
을 브리아라 하였더라
24 에브라임의 딸은 세에라이니 그가
아래 윗 성 벧호론과 우센세에라를
건설하였더라
25 브리아의 아들들은 레바와 레셉이요
레셉의 아들은 델라요 그의 아들은
다한이요
26 그의 아들은 라단이요 그의 아들은
암미훗이요 그의 아들은 엘리사마요
27 그의 아들은 눈이요 그의 아들은 여
호수아더라
28 에브라임 자손의 토지와 거주지는
벧엘과 그 주변 마을이요 동쪽으로
는 나아란이요 서쪽에는 게셀과 그
주변 마을이며 또 세겜과 그 주변 마
을이니 아사와 그 주변 마을까지이며
29 또 므낫세 자손의 지계에 가까운 벧
스안과 그 주변 마을과 다아낙과 그
주변 마을과 므깃도와 그 주변 마을
과 돌과 그 주변 마을이라 이스라엘
의 아들 요셉의 자손이 이 여러 곳에
거하였더라

아셀의 자손

30 아셀의 아들들은 임나와 이스와와
이스위와 브리아요 그들의 매제는
세라이며
31 브리아의 아들들은 헤벨과 말기엘이
니 말기엘은 비르사잇의 아버지이며
32 헤벨은 야블렛과 소멜과 호담과 그
들의 매제 수아를 낳았으며
33 야블렛의 아들들은 바삭과 빔할과
아스왓이니 야블렛의 아들은 이러하
며
34 소멜의 아들들은 아히와 로가와 호
바와 아람이요
35 그의 아우 헬렘의 아들들은 소바와
임나와 셀레스와 아말이요
36 소바의 아들들은 수아와 하르네벨
과 수알과 베리와 이므라와
37 베셀과 홋과 사마와 실사와 이드란
과 브에라요
38 예델의 아들들은 여분네와 비스바와
아라요
39 울라의 아들들은 아라와 한니엘과
리시아이니

40 이는 다 아셀의 자손으로 우두머리
요 정선된 용감한 장사요 방백의 우
두머리라 출전할 만한 자를 그들의
계보대로 계수하면 이만 육천 명이었
더라

베냐민의 자손

8 베냐민이 낳은 자는 맏아들 벨라
와 둘째 아스벨과 셋째 아하라와
2 넷째 노하와 다섯째 라바이며
3 벨라에게 아들들이 있으니 곧 앗달
과 게라와 아비훗과
4 아비수아와 나아만과 아호아와
5 게라와 스부반과 후람이라
6 에훗의 아들들은 이러하니라 그들은
게바 주민의 우두머리로서, 사로잡혀
마나핫으로 갔으니
7 곧 나아만과 아히야와 게라이며 게
라는 또 웃사와 아히훗을 낳았으며
8 사하라임은 두 아내 후심과 바아라
를 내보낸 후에 모압 땅에서 자녀
를 낳았으니
9 그의 아내 호데스에게서 낳은 자는
요밥과 시비야와 메사와 말감과
10 여우스와 사갸와 미르마이니 이 아
들들은 우두머리이며
11 또 그의 아내 후심에게서 아비둡과
엘바알을 낳았으며
12 엘바알의 아들들은 에벨과 미삼과
세멧이니 그는 오노와 롯과 그 주변
마을들을 세웠고
13 또 브리아와 세마이니 그들은 아얄
론 주민의 우두머리가 되어 그들이
가드 주민을 쫓아냈더라
14 아히요와 사삭과 여레못과
15 스바댜와 아랏과 에델과
16 미가엘과 이스바와 요하는 다 브리
아의 아들들이요
17 스바댜와 므술람과 히스기와 헤벨과
18 이스므래와 이슬리아와 요밥은 다
엘바알의 아들들이요
19 야김과 시그리와 삽디와
20 엘리에내와 실르대와 엘리엘과
21 아다야와 브라야와 시므랏은 다 시
므이의 아들들이요
22 이스반과 에벨과 엘리엘과
23 압돈과 시그리와 하난과
24 하나냐와 엘람과 안도디야와
25 이브드야와 브누엘은 다 사삭의 아
들들이요
26 삼스래와 스하랴와 아달랴와
27 야아레시야와 엘리야와 시그리는 다
여로함의 아들들이니
28 그들은 다 가문의 우두머리이며 그
들의 족보의 우두머리로서 예루살렘
에 거주하였더라

기브온과 예루살렘의 베냐민 사람들

29 기브온의 조상 여이엘은 기브온에
거주하였으니 그 아내의 이름은 마
아가며
30 장자는 압돈이요 다음은 술과 기스
와 바알과 나답과
31 그돌과 아히오와 세겔이며
32 미글롯은 시므아를 낳았으며 그들은
친족들과 더불어 마주하고 예루살렘
에 거주하였더라
33 넬은 기스를 낳고 기스는 사울을 낳
고 사울은 요나단과 말기수아와 아
비나답과 에스바알을 낳았으며
34 요나단의 아들은 므립바알이라 므립
바알은 미가를 낳았고
35 미가의 아들들은 비돈과 멜렉과 다
레아와 아하스이며
36 아하스는 여호앗다를 낳고 여호앗다
는 알레멧과 아스마웻과 시므리를
낳고 시므리는 모사를 낳고
37 모사는 비느아를 낳았으며 비느아의
아들은 라바요 그의 아들은 엘르아
사요 그의 아들은 아셀이며
38 아셀에게 여섯 아들이 있어 그들의
이름은 이러하니 아스리감과 보그루
와 이스마엘과 스아랴와 오바댜와
하난이라 아셀의 모든 아들이 이러
하며
39 그의 아우 에섹의 아들은 이러하니
그의 맏아들은 울람이요 둘째는 여
우스요 셋째는 엘리벨렛이며
40 울람의 아들은 다 용감한 장사요 활
을 잘 쏘는 자라 아들과 손자가 많
아 모두 백오십 명이었더라 베냐민의
자손들은 이러하였더라

포로 생활에서 돌아온 백성

9 온 이스라엘이 그 계보대로 계수
되어 그들은 이스라엘 왕조실록에
기록되니라 유다가 범죄함으로 말미
암아 바벨론으로 사로잡혀 갔더니
2 그들의 땅 안에 있는 성읍에 처음으
로 거주한 이스라엘 사람들은 제사
장들과 레위 사람들과 느디님 사람
들이라
3 유다 자손과 베냐민 자손과 에브라
임과 므낫세 자손 중에서 예루살렘
에 거주한 자는
4 유다의 아들 베레스 자손 중에 우대
이니 그는 암미훗의 아들이요 오므
리의 손자요 이므리의 증손이요 바니
의 현손이며

365묵상

작아도 큰일을 이루시는 주님

역대상 8장은 베냐민 지파를 소개한다(대상8장). 야곱의 12아들 중 막내인 베냐민의 후손은 한때 거의 소멸될 뻔했었다(삿 20–21장). 하지만 회복되었고, 지파들 중 가장 작았지만 이스라엘 역사 가운데 중요한 역할을 했다. 이스라엘의 초대 왕 사울이 나왔고, 후일에는 위대한 복음 전도자 바울이 나왔다. 오늘날의 시대는 큰 것을 숭배하는 '맘몬주의' 사상이 지배한다. 하지만 하나님은 그렇지 않다. 크든지 작든지를 떠나서, 하나님은 자신에게 순종하는 신실한 인물과 함께 하나님의 크고 위대한 일을 이루어 나가신다.

5 실로 사람 중에서는 맏아들 아사야
와 그의 아들들이요
6 세라 자손 중에서는 여우엘과 그 형
제 육백구십 명이요
7 베냐민 자손 중에서는 핫스누아의
증손 호다위아의 손자 므술람의 아
들 살루요
8 여로함의 아들 이브느야와 미그리의
손자 웃시의 아들 엘라요 이브니야
의 증손 르우엘의 손자 스바댜의 아
들 무술람이요
9 또 그의 형제들이라 그들의 계보대
로 계수하면 구백오십육 명이니 다
종족의 가문의 우두머리들이더라

예루살렘에 정착한 제사장들

10 제사장 중에서는 여다야와 여호야립
과 야긴과
11 하나님의 성전을 맡은 자 아사랴이니
그는 힐기야의 아들이요 므술람의
손자요 사독의 증손이요 므라욧의
현손이요 아히둡의 오대손이며
12 또 아다야이니 그는 여로함의 아들
이요 바스훌의 손자요 말기야의 증
손이며 또 마아새니 그는 아디엘의
아들이요 야세라의 손자요 므술람의
증손이요 므실레밋의 현손이요 임멜
의 오대손이며
13 또 그의 형제들이니 종족의 가문의
우두머리라 하나님의 성전의 임무를
수행할 힘있는 자는 모두 천칠백육
십 명이더라

예루살렘에 정착한 레위 사람들

14 레위 사람 중에서는 므라리 자손 스
마야이니 그는 핫숩의 아들이요 아
스리감의 손자요 하사뱌의 증손이며
15 또 박박갈과 헤레스와 갈랄과 맛다
냐이니 그는 미가의 아들이요 시그리
의 손자요 아삽의 증손이며
16 또 오바댜이니 그는 스마야의 아들
이요 갈랄의 손자요 여두둔의 증손
이며 또 베레갸이니 그는 아사의 아
들이요 엘가나의 손자라 느도바 사
람의 마을에 거주하였더라

예루살렘에 정착한 회막 문지기

17 문지기는 살룸과 악굽과 달몬과 아
히만과 그의 형제들이니 살룸은 그
우두머리라
18 이 사람들은 전에 왕의 문 동쪽 곧
레위 자손의 진영의 문지기이며
19 고라의 증손 에비아삽의 손자 고레
의 아들 살룸과 그의 종족 형제 곧
고라의 자손이 수종 드는 일을 맡아
성막 문들을 지켰으니 그들의 조상
들도 여호와의 진영을 맡고 출입문
을 지켰으며
20 여호와께서 함께 하신 엘르아살의

아들 비느하스가 옛적에 그의 무리
를 거느렸고
21 므셀레먀의 아들 스가랴는 회막 문
지기가 되었더라
22 택함을 입어 문지기 된 자가 모두 이
백열두 명이니 이는 그들의 마을에서
그들의 계보대로 계수된 자요 다윗
과 선견자 사무엘이 전에 세워서 이
직분을 맡긴 자라
23 그들과 그들의 자손이 그 순차를 좇
아 여호와의 성전 곧 성막 문을 지켰
는데
24 이 문지기가 동, 서, 남, 북 사방에 섰
고
25 그들의 마을에 있는 형제들은 이레
마다 와서 그들과 함께 있으니
26 이는 문지기의 우두머리 된 레위 사
람 넷이 중요한 직분을 맡아 하나님
의 성전 모든 방과 곳간을 지켰음이
라
27 그들은 하나님의 성전을 맡은 직분이
있으므로 성전 주위에서 밤을 지내며
아침마다 문을 여는 책임이 그들에
게 있었더라

나머지 레위 사람들

28 그 중에 어떤 자는 섬기는 데 쓰는
기구를 맡아서 그 수효대로 들여가
고 수효대로 내오며
29 또 어떤 자는 성소의 기구와 모든 그
릇과 고운 가루와 포도주와 기름과
유향과 향품을 맡았으며
30 또 제사장의 아들 중의 어떤 자는 향
품으로 향기름을 만들었으며
31 고라 자손 살룸의 맏아들 맛디댜라
하는 레위 사람은 전병을 굽는 일을
맡았으며
32 또 그의 형제 그핫 자손 중에 어떤
자는 진설하는 떡을 맡아 안식일마다
준비하였더라
33 또 찬송하는 자가 있으니 곧 레위 우
두머리라 그들은 골방에 거주하면서
주야로 자기 직분에 전념하므로 다
른 일은 하지 아니하였더라
34 그들은 다 레위 가문의 우두머리이며
그들의 족보의 우두머리로서 예루살
렘에 거주하였더라

사울의 족보

35 기브온의 조상 여이엘은 기브온에
거주하였으니 그의 아내의 이름은 마
아가라
36 그의 맏아들은 압돈이요 다음은 술
과 기스와 바알과 넬과 나답과
37 그돌과 아히오와 스가랴와 미글롯이
며
38 미글롯은 시므암을 낳았으니 그들은
그들의 친족들과 더불어 마주하고

예루살렘에 거주하였더라
39 넬은 기스를 낳고 기스는 사울을 낳
고 사울은 요나단과 말기수아와 아
비나답과 에스바알을 낳았으며
40 요나단의 아들은 므립바알이라 므립
바알은 미가를 낳았고
41 미가의 아들들은 비돈과 멜렉과 다
레아와 아하스이며
42 아하스는 야라를 낳고 야라는 알레
멧과 아스마웻과 시므리를 낳고 시
므리는 모사를 낳고
43 모사는 비느아를 낳았으며 비느아의
아들은 르바야요 그의 아들은 엘르
아사요 그의 아들은 아셀이며
44 아셀이 여섯 아들이 있으니 그들의
이름은 아스리감과 보그루와 이스마
엘과 스아랴와 오바댜와 하난이라
아셀의 아들들이 이러하였더라

사울 왕이 죽다

10 블레셋 사람들과 이스라엘이
싸우더니 이스라엘 사람들이
블레셋 사람들 앞에서 도망하다가
길보아 산에서 죽임을 당하여 엎드러
지니라
2 블레셋 사람들이 사울과 그 아들들
을 추격하여 블레셋 사람들이 사울
의 아들 요나단과 아비나답과 말기
수아를 죽이고
3 사울을 맹렬히 치며 활 쏘는 자가 사
울에게 따라 미치매 사울이 그 쏘는
자로 말미암아 심히 다급하여
4 사울이 자기의 무기를 가진 자에게
이르되 너는 칼을 빼어 그것으로 나
를 찌르라 할례 받지 못한 자들이 와
서 나를 욕되게 할까 두려워하노라
그러나 그의 무기를 가진 자가 심히
두려워하여 행하기를 원하지 아니하
매 사울이 자기 칼을 뽑아서 그 위에
엎드러지니
5 무기 가진 자가 사울이 죽는 것을 보
고 자기도 칼에 엎드러져 죽으니라
6 이와 같이 사울과 그의 세 아들과 그
온 집안이 함께 죽으니라
7 골짜기에 있는 모든 이스라엘 사람
이 그들의 도망한 것과 사울과 그의
아들들이 다 죽은 것을 보고 그 성
읍들을 버리고 도망하매 블레셋 사
람들이 와서 거기에 거주하니라
8 이튿날에 블레셋 사람들이 와서 죽
임을 당한 자의 옷을 벗기다가 사울
과 그의 아들들이 길보아 산에 엎드
러졌음을 보고
9 곧 사울의 옷을 벗기고 그의 머리와
갑옷을 가져다가 사람을 블레셋 땅
사방에 보내 모든 이방 신전과 그
백성에게 소식을 전하고

10 사울의 갑옷을 그들의 신전에 두고
그의 머리를 다곤의 신전에 단지라
11 길르앗야베스 모든 사람이 블레셋
사람들이 사울에게 행한 모든 일을
듣고
12 용사들이 다 일어나서 사울의 시체와
그의 아들들의 시체를 거두어 야베
스로 가져다가 그 곳 상수리나무 아
래에 그 해골을 장사하고 칠 일간
금식하였더라
13 사울이 죽은 것은 여호와께 범죄하
였기 때문이라 그가 여호와의 말씀
을 지키지 아니하고 또 신접한 자에
게 가르치기를 청하고
14 여호와께 묻지 아니하였으므로 여호
와께서 그를 죽이시고 그 나라를 이
새의 아들 다윗에게 넘겨 주셨더라

다윗이 이스라엘과 유다의 왕이 되다

11 온 이스라엘이 헤브론에 모여
다윗을 보고 이르되 우리는 왕
의 가까운 혈족이니이다
2 전에 곧 사울이 왕이 되었을 때에도
이스라엘을 거느리고 출입하게 한
자가 왕이시었고 왕의 하나님 여호와
께서도 왕에게 말씀하시기를 네가
내 백성 이스라엘의 목자가 되며 내
백성 이스라엘의 주권자가 되리라 하
셨나이다 하니라
3 이에 이스라엘의 모든 장로가 헤브
론에 있는 왕에게로 나아가니 헤브
론에서 다윗이 그들과 여호와 앞에
언약을 맺으매 그들이 다윗에게 기
름을 부어 이스라엘의 왕으로 삼으
니 여호와께서 사무엘을 통하여 전
하신 말씀대로 되었더라
4 다윗이 온 이스라엘과 더불어 예루
살렘 곧 여부스에 이르니 여부스 땅
의 주민들이 거기에 거주하였더라
5 여부스 원주민이 다윗에게 이르기를
네가 이리로 들어오지 못하리라 하나
다윗이 시온 산 성을 빼앗았으니 이
는 다윗 성이더라
6 다윗이 이르되 먼저 여부스 사람을
치는 자는 우두머리와 지휘관으로
삼으리라 하였더니 스루야의 아들
요압이 먼저 올라갔으므로 우두머리
가 되었고
7 다윗이 그 산성에 살았으므로 무리
가 다윗 성이라 불렀으며
8 다윗이 밀로에서부터 두루 성을 쌓
았고 그 성의 나머지는 요압이 중수
하였더라
9 만군의 여호와께서 함께 계시니 다윗
이 점점 강성하여 가니라

다윗의 용사들

10 다윗에게 있는 용사의 우두머리는 이

러하니라 이 사람들이 온 이스라엘과
더불어 다윗을 힘껏 도와 나라를 얻
게 하고 그를 세워 왕으로 삼았으니
이는 여호와께서 이스라엘에 대하여
이르신 말씀대로 함이었더라
11 다윗에게 있는 용사의 수효가 이러
하니라 학몬 사람의 아들 야소브암
은 삼십 명의 우두머리라 그가 창을
들어 한꺼번에 삼백 명을 죽였고
12 그 다음은 아호아 사람 도도의 아들
엘르아살이니 세 용사 중 하나이라
13 그가 바스담밈에서 다윗과 함께 있었
더니 블레셋 사람들이 그 곳에 모여
와서 치니 거기에 보리가 많이 난 밭
이 있더라 백성들이 블레셋 사람들
앞에서 도망하되
14 그가 그 밭 가운데에 서서 그 밭을
보호하여 블레셋 사람들을 죽였으니
여호와께서 큰 구원으로 구원하심이
었더라
15 삼십 우두머리 중 세 사람이 바위로
내려가서 아둘람 굴 다윗에게 이를
때에 블레셋 군대가 르바임 골짜기
에 진 쳤더라
16 그 때에 다윗은 산성에 있고 블레셋
사람들의 진영은 베들레헴에 있는지
라
17 다윗이 갈망하여 이르되 베들레헴 성
문 곁 우물 물을 누가 내게 마시게
할꼬 하매
18 이 세 사람이 블레셋 사람들의 군대
를 돌파하고 지나가서 베들레헴 성
문 곁 우물 물을 길어가지고 다윗에
게로 왔으나 다윗이 마시기를 기뻐하
지 아니하고 그 물을 여호와께 부어
드리고
19 이르되 내 하나님이여 내가 결단코
이런 일을 하지 아니하리이다 생명을
돌아보지 아니하고 갔던 이 사람들의
피를 어찌 마시리이까 하고 그들이
자기 생명도 돌보지 아니하고 이것을
가져왔으므로 그것을 마시기를 원하
지 아니하니라 세 용사가 이런 일을
행하였더라
20 요압의 아우 아비새는 그 세 명 중
우두머리라 그가 창을 휘둘러 삼백
명을 죽이고 그 세 명 가운데에 이름
을 얻었으니
21 그는 둘째 세 명 가운데에 가장 뛰
어나 그들의 우두머리가 되었으나 첫
째 세 명에게는 미치지 못하니라
22 갑스엘 용사의 손자 여호야다의 아
들 브나야는 용감한 사람이라 그가
모압 아리엘의 아들 둘을 죽였고 또
눈 올 때에 함정에 내려가서 사자 한
마리를 죽였으며

23 또 키가 큰 애굽 사람을 죽였는데
그 사람의 키가 다섯 규빗이요 그 손
에 든 창이 베틀채 같으나 그가 막
대기를 가지고 내려가서 그 애굽 사
람의 손에서 창을 빼앗아 그 창으로
죽였더라
24 여호야다의 아들 브나야가 이런 일
을 행하였으므로 세 용사 중에 이름
을 얻고
25 삼십 명 중에서는 뛰어나나 첫째 세
사람에게는 미치지 못하니라 다윗이
그를 세워 시위대장을 삼았더라
26 또 군사 중의 큰 용사는 요압의 아
우 아사헬과 베들레헴 사람 도도의
아들 엘하난과
27 하롤 사람 삼훗과 블론 사람 헬레스
와
28 드고아 사람 익게스의 아들 이라와
아나돗 사람 아비에셀과
29 후사 사람 십브개와 아호아 사람 일
래와
30 느도바 사람 마하래와 느도바 사람
바아나의 아들 헬렛과
31 베냐민 자손에 속한 기브아 사람 리
배의 아들 이대와 비라돈 사람 브나
야와
32 가아스 시냇가에 사는 후래와 아르
바 사람 아비엘과
33 바하룸 사람 아스마웻과 사알본 사
람 엘리아바와
34 기손 사람 하셈의 아들들과 하랄 사
람 사게의 아들 요나단과
35 하랄 사람 사갈의 아들 아히암과 울
의 아들 엘리발과
36 므게랏 사람 헤벨과 블론 사람 아히
야와
37 갈멜 사람 헤스로와 에스배의 아들
나아래와
38 나단의 아우 요엘과 하그리의 아들
밉할과
39 암몬 사람 셀렉과 스루야의 아들 요
압의 무기 잡은 자 베롯 사람 나하래
와
40 이델 사람 이라와 이델 사람 가렙과
41 헷 사람 우리아와 알래의 아들 사밧
과
42 르우벤 자손 시사의 아들 곧 르우벤
자손의 우두머리 아디나와 그 추종
자 삼십 명과
43 마아가의 아들 하난과 미덴 사람 요

365묵상

어찌 그 물을 마시랴!

사람은 누구나 이기적인 면모를 지니고 있다. 그래서 다른 사람의 희생을 통해서라도 자신의 이기적 욕망을 추구하려 한다. 그러나 다윗은 달랐다. 충성스런 3명의 용사가 목숨을 걸고 자신이 마시기를 갈망한 베들레헴 성문 곁의 우물물을 길어 왔을 때, 그 물을 마시는 대신에 여호와께 부어드렸다(대상11:15-19). 그리고 다윗은 자신을 위해 그런 큰 위험을 감수하도록 다른 이들에게 요청한 것이 잘못임을 깨달았다. 그렇다. 진정한 사랑은 자신의 이기적 욕망을 채우려고 다른 이들에게 희생을 요구하지 않는 것이다.

사밧과
44 아스드랏 사람 웃시야와 아로엘 사
람 호담의 아들 사마와 여이엘과
45 시므리의 아들 여디아엘과 그의 아우
디스 사람 요하와
46 마하위 사람 엘리엘과 엘라암의 아
들 여리배와 요사위야와 모압 사람
이드마와
47 엘리엘과 오벳과 므소바 사람 야아
시엘이더라

베냐민 지파에서 다윗을 도운 용사들

12 다윗이 기스의 아들 사울로 말
미암아 시글락에 숨어 있을 때
에 그에게 와서 싸움을 도운 용사
중에 든 자가 있었으니
2 그들은 활을 가지며 좌우 손을 놀려
물매도 던지며 화살도 쏘는 자요 베
냐민 지파 사울의 동족인데 그 이름
은 이러하니라
3 그 우두머리는 아히에셀이요 다음은
요아스이니 기브아 사람 스마아의
두 아들이요 또 아스마웻의 아들 여
시엘과 벨렛과 또 브라가와 아나돗
사람 예후와
4 기브온 사람 곧 삼십 명 중에 용사요
삼십 명의 우두머리가 된 이스마야이
며 또 예레미야와 야하시엘과 요하
난과 그데라 사람 요사밧과
5 엘루새와 여리못과 브아랴와 스마랴
와 하룹 사람 스바댜와
6 고라 사람들 엘가나와 잇시야와 아
사렐과 요에셀과 야소브암이며
7 그돌 사람 여로함의 아들 요엘라와
스바댜더라

갓 지파에서 다윗을 도운 용사들

8 갓 사람 중에서 광야에 있는 요새에
이르러 다윗에게 돌아온 자가 있었
으니 다 용사요 싸움에 익숙하여 방
패와 창을 능히 쓰는 자라 그의 얼
굴은 사자 같고 빠르기는 산의 사슴
같으니
9 그 우두머리는 에셀이요 둘째는 오
바댜요 셋째는 엘리압이요
10 넷째는 미스만나요 다섯째는 예레미
야요
11 여섯째는 앗대요 일곱째는 엘리엘이
요
12 여덟째는 요하난이요 아홉째는 엘사
밧이요
13 열째는 예레미야요 열한째는 막반내
라
14 이 갓 자손이 군대 지휘관이 되어 그
작은 자는 백부장이요, 그 큰 자는
천부장이더니
15 정월에 요단 강 물이 모든 언덕에 넘
칠 때에 이 무리가 강물을 건너서 골

짜기에 있는 모든 자에게 동서로 도
망하게 하였더라

베냐민과 유다에서 다윗을 도운 용사들

16 베냐민과 유다 자손 중에서 요새에
이르러 다윗에게 나오매
17 다윗이 나가서 맞아 그들에게 말하
여 이르되 만일 너희가 평화로이 내
게 와서 나를 돕고자 하면 내 마음이
너희 마음과 하나가 되려니와 만일
너희가 나를 속여 내 대적에게 넘기
고자 하면 내 손에 불의함이 없으니
우리 조상들의 하나님이 감찰하시고
책망하시기를 원하노라 하매
18 그 때에 성령이 삼십 명의 우두머리
아마새를 감싸시니 이르되 다윗이여
우리가 당신에게 속하겠고 이새의
아들이여 우리가 당신과 함께 있으리
니 원하건대 평안하소서 당신도 평안
하고 당신을 돕는 자에게도 평안이
있을지니 이는 당신의 하나님이 당신
을 도우심이니이다 한지라 다윗이 그
들을 받아들여 군대 지휘관을 삼았
더라

므낫세 지파에서 다윗을 도운 용사들

19 다윗이 전에 블레셋 사람들과 함께
가서 사울을 치려 할 때에 므낫세 지
파에서 두어 사람이 다윗에게 돌아
왔으나 다윗 등이 블레셋 사람들을
돕지 못하였음은 블레셋 사람들의
방백이 서로 의논하고 보내며 이르기
를 그가 그의 왕 사울에게로 돌아가
리니 우리 머리가 위태할까 하노라
함이라
20 다윗이 시글락으로 갈 때에 므낫세
지파에서 그에게로 돌아온 자는 아
드나와 요사밧과 여디아엘과 미가엘
과 요사밧과 엘리후와 실르대이니
다 므낫세의 천부장이라
21 이 무리가 다윗을 도와 도둑 떼를 쳤
으니 그들은 다 큰 용사요 군대 지
휘관이 됨이었더라
22 그 때에 사람이 날마다 다윗에게로
돌아와서 돕고자 하매 큰 군대를 이
루어 하나님의 군대와 같았더라

다윗의 군사들

23 싸움을 준비한 군대 지휘관들이 헤
브론에 이르러 다윗에게로 나아와서
여호와의 말씀대로 사울의 나라를
그에게 돌리고자 하였으니 그 수효
가 이러하였더라
24 유다 자손 중에서 방패와 창을 들고
싸움을 준비한 자가 육천팔백 명이
요
25 시므온 자손 중에서 싸움하는 큰 용
사가 칠천백 명이요
26 레위 자손 중에서 사천육백 명이요

27 아론의 집 우두머리 여호야다와 그
와 함께 있는 자가 삼천칠백 명이요
28 또 젊은 용사 사독과 그의 가문의 지
휘관이 이십이 명이요
29 베냐민 자손 곧 사울의 동족은 아직
도 태반이나 사울의 집을 따르나 그
중에서 나온 자가 삼천 명이요
30 에브라임 자손 중에서 가족으로서
유명한 큰 용사가 이만 팔백 명이요
31 므낫세 반 지파 중에 이름이 기록된
자로서 와서 다윗을 세워 왕으로 삼
으려 하는 자가 만 팔천 명이요
32 잇사갈 자손 중에서 시세를 알고 이
스라엘이 마땅히 행할 것을 아는 우
두머리가 이백 명이니 그들은 그 모
든 형제를 통솔하는 자이며
33 스불론 중에서 모든 무기를 가지고
전열을 갖추고 두 마음을 품지 아니
하고 능히 진영에 나아가서 싸움을
잘하는 자가 오만 명이요
34 납달리 중에서 지휘관 천 명과 방패
와 창을 가지고 따르는 자가 삼만 칠
천 명이요
35 단 자손 중에서 싸움을 잘하는 자가
이만 팔천육백 명이요
36 아셀 중에서 능히 진영에 나가서 싸
움을 잘하는 자가 사만 명이요
37 요단 저편 르우벤 자손과 갓 자손과
므낫세 반 지파 중에서 모든 무기를
가지고 능히 싸우는 자가 십이만 명
이었더라
38 이 모든 군사가 전열을 갖추고 다 성
심으로 헤브론에 이르러 다윗을 온
이스라엘 왕으로 삼고자 하고 또 이
스라엘의 남은 자도 다 한 마음으로
다윗을 왕으로 삼고자 하여
39 무리가 거기서 다윗과 함께 사흘을
지내며 먹고 마셨으니 이는 그들의
형제가 이미 식물을 준비하였음이며
40 또 그들의 근처에 있는 자로부터 잇
사갈과 스불론과 납달리까지도 나귀
와 낙타와 노새와 소에다 음식을 많
이 실어왔으니 곧 밀가루 과자와 무
화과 과자와 건포도와 포도주와 기
름이요 소와 양도 많이 가져왔으니
이는 이스라엘 가운데에 기쁨이 있
음이었더라

하나님의 궤를 옮기다

13 다윗이 천부장과 백부장 곧 모
든 지휘관과 더불어 의논하고
2 다윗이 이스라엘의 온 회중에게 이르
되 만일 너희가 좋게 여기고 또 우리
의 하나님 여호와께로 말미암았으면
우리가 이스라엘 온 땅에 남아 있는
우리 형제와 또 초원이 딸린 성읍에
사는 제사장과 레위 사람에게 전령

을 보내 그들을 우리에게로 모이게
하고
3 우리가 우리 하나님의 궤를 우리에게
로 옮겨오자 사울 때에는 우리가 궤
앞에서 묻지 아니하였느니라 하매
4 뭇 백성의 눈이 이 일을 좋게 여기므
로 온 회중이 그대로 행하겠다 한지
라
5 이에 다윗이 애굽의 시홀 시내에서부
터 하맛 어귀까지 온 이스라엘을 불
러모으고 기럇여아림에서부터 하나
님의 궤를 메어오고자 할새
6 다윗이 온 이스라엘을 거느리고 바
알라 곧 유다에 속한 기럇여아림에
올라가서 여호와 하나님의 궤를 메어
오려 하니 이는 여호와께서 두 그룹
사이에 계시므로 그러한 이름으로
일컬음을 받았더라
7 하나님의 궤를 새 수레에 싣고 아비
나답의 집에서 나오는데 웃사와 아
히오는 수레를 몰며
8 다윗과 이스라엘 온 무리는 하나님
앞에서 힘을 다하여 뛰놀며 노래하며
수금과 비파와 소고와 제금과 나팔
로 연주하니라
9 기돈의 타작 마당에 이르러서는 소
들이 뛰므로 웃사가 손을 펴서 궤를
붙들었더니
10 웃사가 손을 펴서 궤를 붙듦으로 말
미암아 여호와께서 진노하사 치시매
그가 거기 하나님 앞에서 죽으니라
11 여호와께서 웃사의 몸을 찢으셨으므
로 다윗이 노하여 그 곳을 베레스
웃사라 부르니 그 이름이 오늘까지
이르니라
12 그 날에 다윗이 하나님을 두려워하여
이르되 내가 어떻게 하나님의 궤를
내 곳으로 오게 하리요 하고
13 다윗이 궤를 옮겨 자기가 있는 다윗
성으로 메어들이지 못하고 그 대신
가드 사람 오벧에돔의 집으로 메어
가니라
14 하나님의 궤가 오벧에돔의 집에서
그의 가족과 함께 석 달을 있으니라
여호와께서 오벧에돔의 집과 그의
모든 소유에 복을 내리셨더라

예루살렘에서 다윗이 활동하다

14 두로 왕 히람이 다윗에게 사신
들과 백향목과 석수와 목수를
보내 그의 궁전을 건축하게 하였더
라
2 다윗이 여호와께서 자기를 이스라엘
의 왕으로 삼으신 줄을 깨달았으니
이는 그의 백성 이스라엘을 위하여
그의 나라가 높이 들림을 받았음을
앎이었더라

3 다윗이 예루살렘에서 또 아내들을
맞아 다윗이 다시 아들들과 딸들을
낳았으니
4 예루살렘에서 낳은 아들들의 이름은
삼무아와 소밥과 나단과 솔로몬과
5 입할과 엘리수아와 엘벨렛과
6 노가와 네벡과 야비아와
7 엘리사마와 브엘랴다와 엘리벨렛이
었더라

다윗이 블레셋을 이기다

8 다윗이 기름 부음을 받아 온 이스라
엘의 왕이 되었다 함을 블레셋 사람
들이 듣고 모든 블레셋 사람들이 다
윗을 찾으러 올라오매 다윗이 듣고
대항하러 나갔으나
9 블레셋 사람들이 이미 이르러 르바임
골짜기로 쳐들어온지라
10 다윗이 하나님께 물어 이르되 내가
블레셋 사람들을 치러 올라가리이까
주께서 그들을 내 손에 넘기시겠나
이까 하니 여호와께서 그에게 이르시
되 올라가라 내가 그들을 네 손에
넘기리라 하신지라
11 이에 무리가 바알브라심으로 올라갔
더니 다윗이 거기서 그들을 치고 다
윗이 이르되 하나님이 물을 쪼갬 같
이 내 손으로 내 대적을 흩으셨다 하
므로 그 곳 이름을 바알브라심이라
부르니라
12 블레셋 사람이 그들의 우상을 그 곳
에 버렸으므로 다윗이 명령하여 불에
사르니라
13 블레셋 사람들이 다시 골짜기를 침
범한지라
14 다윗이 또 하나님께 묻자온대 하나
님이 이르시되 마주 올라가지 말고
그들 뒤로 돌아 뽕나무 수풀 맞은편
에서 그들을 기습하되
15 뽕나무 꼭대기에서 걸음 걷는 소리
가 들리거든 곧 나가서 싸우라 너보
다 하나님이 앞서 나아가서 블레셋
사람들의 군대를 치리라 하신지라
16 이에 다윗이 하나님의 명령대로 행하
여 블레셋 사람들의 군대를 쳐서 기
브온에서부터 게셀까지 이르렀더니
17 다윗의 명성이 온 세상에 퍼졌고 여
호와께서 모든 이방 민족으로 그를
두려워하게 하셨더라

하나님의 궤를 옮길 준비

15 다윗이 다윗 성에서 자기를 위하
여 궁전을 세우고 또 하나님의
궤를 둘 곳을 마련하고 그것을 위하
여 장막을 치고
2 다윗이 이르되 레위 사람 외에는 하
나님의 궤를 멜 수 없나니 이는 여호
와께서 그들을 택하사 여호와의 궤

를 메고 영원히 그를 섬기게 하셨음
이라 하고
3 다윗이 이스라엘 온 무리를 예루살
렘으로 모으고 여호와의 궤를 그 마
련한 곳으로 메어 올리고자 하여
4 다윗이 아론 자손과 레위 사람을 모
으니
5 그핫 자손 중에 지도자 우리엘과 그
의 형제가 백이십 명이요
6 므라리 자손 중에 지도자 아사야와
그의 형제가 이백이십 명이요
7 게르솜 자손 중에 지도자 요엘과 그
의 형제가 백삼십 명이요
8 엘리사반 자손 중에 지도자 스마야
와 그의 형제가 이백 명이요
9 헤브론 자손 중에 지도자 엘리엘과
그의 형제가 팔십 명이요
10 웃시엘 자손 중에 지도자 암미나답
과 그의 형제가 백십이 명이라
11 다윗이 제사장 사독과 아비아달을
부르고 또 레위 사람 우리엘과 아사
야와 요엘과 스마야와 엘리엘과 암
미나답을 불러
12 그들에게 이르되 너희는 레위 사람의
지도자이니 너희와 너희 형제는 몸을
성결하게 하고 내가 마련한 곳으로
이스라엘의 하나님 여호와의 궤를
메어 올리라
13 전에는 너희가 메지 아니하였으므로
우리 하나님 여호와께서 우리를 찢
으셨으니 이는 우리가 규례대로 그
에게 구하지 아니하였음이라 하니
14 이에 제사장들과 레위 사람들이 이
스라엘 하나님 여호와의 궤를 메고
올라가려 하여 몸을 성결하게 하고
15 모세가 여호와의 말씀을 따라 명령
한 대로 레위 자손이 채에 하나님의
궤를 꿰어 어깨에 메니라
16 다윗이 레위 사람의 어른들에게 명령
하여 그의 형제들을 노래하는 자들
로 세우고 비파와 수금과 제금 등의
악기를 울려서 즐거운 소리를 크게
내라 하매
17 레위 사람이 요엘의 아들 헤만과 그
의 형제 중 베레야의 아들 아삽과 그
의 형제 므라리 자손 중에 구사야의
아들 에단을 세우고
18 그 다음으로 그들의 형제 스가랴와
벤과 야아시엘과 스미라못과 여히엘
과 운니와 엘리압과 브나야와 마아

365묵상

옳은 방법이 선한 동기를 꽃 피운다

일전에 하나님은 법궤가 예루살렘으로 이동하는 과정에서 '웃사'를 치셨다(대상 13:10). 이 일로 다윗은 크게 당황했지만, 나중에야 법궤는 오직 레위인들에 의해 막대기에 꿰어 운반되어야 한다는 사실을 깨달았다(대상 15:13). 선한 동기라고 해서 모든 방법이 정당화되는 것은 아니다. 선한 일을 하되, 반드시 올바른 방법으로 해야 한다. 그래야만 선한 동기가 꽃을 피우고 열매를 맺을 수 있다. 우리는 모든 일에 선한 동기로 임해야 하지만, 그 일은 하나님의 말씀에 비추어 옳은 방법과 수단에 따라 실행되어야 한다.

세야와 맛디디야와 엘리블레후와 믹
네야와 문지기 오벧에돔과 여이엘을
세우니
19 노래하는 자 헤만과 아삽과 에단은
놋제금을 크게 치는 자요
20 스가랴와 아시엘과 스미라못과 여히
엘과 운니와 엘리압과 마아세야와
브나야는 비파를 타서 알라못에 맞
추는 자요
21 맛디디야와 엘리블레후와 믹네야와
오벧에돔과 여이엘과 아사시야는 수
금을 타서 여덟째 음에 맞추어 인도
하는 자요
22 레위 사람의 지도자 그나냐는 노래
에 익숙하므로 노래를 인도하는 자
요
23 베레갸와 엘가나는 궤 앞에서 문을
지키는 자요
24 제사장 스바냐와 요사밧과 느다넬
과 아미새와 스가랴와 브나야와 엘
리에셀은 하나님의 궤 앞에서 나팔
을 부는 자요 오벧에돔과 여히야는
궤 앞에서 문을 지키는 자이더라

하나님의 궤를 예루살렘으로 옮기다

25 이에 다윗과 이스라엘 장로들과 천
부장들이 가서 여호와의 언약궤를
즐거이 메고 오벧에돔의 집에서 올
라왔는데
26 하나님이 여호와의 언약궤를 멘 레위
사람을 도우셨으므로 무리가 수송아
지 일곱 마리와 숫양 일곱 마리로 제
사를 드렸더라
27 다윗과 및 궤를 멘 레위 사람과 노래
하는 자와 그의 우두머리 그나냐와
모든 노래하는 자도 다 세마포 겉옷
을 입었으며 다윗은 또 베 에봇을 입
었고
28 이스라엘 무리는 크게 부르며 뿔나
팔과 나팔을 불며 제금을 치며 비파
와 수금을 힘있게 타며 여호와의 언
약궤를 메어 올렸더라
29 여호와의 언약궤가 다윗 성으로 들어
올 때에 사울의 딸 미갈이 창으로 내
다보다가 다윗 왕이 춤추며 뛰노는
것을 보고 그 마음에 업신여겼더라

16

하나님의 궤를 메고 들어가서
다윗이 그것을 위하여 친 장막
가운데에 두고 번제와 화목제를 하
나님께 드리니라
2 다윗이 번제와 화목제 드리기를 마치
고 여호와의 이름으로 백성에게 축
복하고
3 이스라엘 무리 중 남녀를 막론하고
각 사람에게 떡 한 덩이와 야자열매
로 만든 과자와 건포도로 만든 과자
하나씩을 나누어 주었더라

4 또 레위 사람을 세워 여호와의 궤 앞
에서 섬기며 이스라엘 하나님 여호와
를 칭송하고 감사하며 찬양하게 하
였으니
5 아삽은 우두머리요 그 다음은 스가
랴와 여이엘과 스미라못과 여히엘과
맛디디아와 엘리압과 브나야와 오벧
에돔과 여이엘이라 비파와 수금을
타고 아삽은 제금을 힘있게 치고
6 제사장 브나야와 야하시엘은 항상
하나님의 언약궤 앞에서 나팔을 부니
라

감사 찬양

7 그 날에 다윗이 아삽과 그의 형제를
세워 먼저 여호와께 감사하게 하여
이르기를
8 너희는 여호와께 감사하며 그의 이름
을 불러 아뢰며 그가 행하신 일을 만
민 중에 알릴지어다
9 그에게 노래하며 그를 찬양하고 그
의 모든 기사를 전할지어다
10 그의 성호를 자랑하라 여호와를 구
하는 자마다 마음이 즐거울지로다
11 여호와와 그의 능력을 구할지어다
항상 그의 얼굴을 찾을지어다
12-13 그의 종 이스라엘의 후손 곧 택하
신 야곱의 자손 너희는 그의 행하신
기사와 그의 이적과 그의 입의 법도
를 기억할지어다
14 그는 여호와 우리 하나님이시라 그의
법도가 온 땅에 있도다
15 너희는 그의 언약 곧 천 대에 명령하
신 말씀을 영원히 기억할지어다
16 이것은 아브라함에게 하신 언약이며
이삭에게 하신 맹세이며
17 이는 야곱에게 세우신 율례 곧 이스
라엘에게 하신 영원한 언약이라
18 이르시기를 내가 가나안 땅을 네게
주어 너희 기업의 지경이 되게 하리라
하셨도다
19 그 때에 너희 사람 수가 적어서 보잘
것없으며 그 땅에 객이 되어
20 이 민족에게서 저 민족에게로, 이 나
라에서 다른 백성에게로 유랑하였도
다
21 여호와께서는 사람이 그들을 해하기
를 용납하지 아니하시고 그들 때문
에 왕들을 꾸짖어
22 이르시기를 나의 기름 부은 자에게
손을 대지 말며 나의 선지자를 해하
지 말라 하셨도다
23 온 땅이여 여호와께 노래하며 그의
구원을 날마다 선포할지어다
24 그의 영광을 모든 민족 중에, 그의
기이한 행적을 만민 중에 선포할지어
다

25 여호와는 위대하시니 극진히 찬양할
것이요 모든 신보다 경외할 것임이여
26 만국의 모든 신은 헛것이나 여호와께
서는 하늘을 지으셨도다
27 존귀와 위엄이 그의 앞에 있으며 능
력과 즐거움이 그의 처소에 있도다
28 여러 나라의 종족들아 영광과 권능
을 여호와께 돌릴지어다 여호와께
돌릴지어다
29 여호와의 이름에 합당한 영광을 그
에게 돌릴지어다 제물을 들고 그 앞
에 들어갈지어다 아름답고 거룩한
것으로 여호와께 경배할지어다
30 온 땅이여 그 앞에서 떨지어다 세계
가 굳게 서고 흔들리지 아니하는도
다
31 하늘은 기뻐하고 땅은 즐거워하며
모든 나라 중에서는 이르기를 여호
와께서 통치하신다 할지로다
32 바다와 거기 충만한 것이 외치며 밭
과 그 가운데 모든 것은 즐거워할지
로다
33 그리 할 때에 숲 속의 나무들이 여호
와 앞에서 즐거이 노래하리니 주께서
땅을 심판하러 오실 것임이로다
34 여호와께 감사하라 그는 선하시며
그의 인자하심이 영원함이로다
35 너희는 이르기를 우리 구원의 하나님
이여 우리를 구원하여 만국 가운데
에서 건져내시고 모으사 우리로 주의
거룩한 이름을 감사하며 주의 영광
을 드높이게 하소서 할지어다
36 여호와 이스라엘의 하나님을 영원부
터 영원까지 송축할지로다 하매 모
든 백성이 아멘 하고 여호와를 찬양
하였더라

기브온에서 번제를 드리다

37 다윗이 아삽과 그의 형제를 여호와의
언약궤 앞에 있게 하며 항상 그 궤
앞에서 섬기게 하되 날마다 그 일대
로 하게 하였고
38 오벧에돔과 그의 형제 육십팔 명과
여두둔의 아들 오벧에돔과 호사를
문지기로 삼았고
39 제사장 사독과 그의 형제 제사장들
에게 기브온 산당에서 여호와의 성
막 앞에 모시게 하여
40 항상 아침 저녁으로 번제단 위에 여
호와께 번제를 드리되 여호와의 율
법에 기록하여 이스라엘에게 명령하
신 대로 다 준행하게 하였고
41 또 여호와의 인자하심이 영원하시므
로 그들과 함께 헤만과 여두둔과 그
리고 택함을 받아 지명된 나머지 사
람을 세워 감사하게 하였고
42 또 그들과 함께 헤만과 여두둔을 세

외 나팔과 제금들과 하나님을 찬송
하는 악기로 소리를 크게 내게 하였
고 또 여두둔의 아들에게 문을 지키
게 하였더라
43 이에 뭇 백성은 각각 그 집으로 돌
아가고 다윗도 자기 집을 위하여 축
복하려고 돌아갔더라

다윗에 대한 여호와의 말씀과 계시

17 다윗이 그의 궁전에 거주할 때
에 다윗이 선지자 나단에게 이
르되 나는 백향목 궁에 거주하거늘
여호와의 언약궤는 휘장 아래에 있
도다
2 나단이 다윗에게 아뢰되 하나님이 왕
과 함께 계시니 마음에 있는 바를 모
두 행하소서
3 그 밤에 하나님의 말씀이 나단에게
임하여 이르시되
4 가서 내 종 다윗에게 말하기를 여호
와의 말씀이 너는 내가 거할 집을 건
축하지 말라
5 내가 이스라엘을 애굽에서 올라오게
한 날부터 오늘까지 집에 있지 아니
하고 오직 이 장막과 저 장막에 있으
며 이 성막과 저 성막에 있었나니
6 이스라엘 무리와 더불어 가는 모든
곳에서 내가 내 백성을 먹이라고 명
령한 이스라엘 어느 사사에게 내가
말하기를 너희가 어찌하여 내 백향목
집을 건축하지 아니하였느냐고 말하
였느냐 하고
7 또한 내 종 다윗에게 이처럼 말하라
만군의 여호와께서 이처럼 말씀하시
기를 내가 너를 목장 곧 양 떼를 따
라다니던 데에서 데려다가 내 백성
이스라엘의 주권자로 삼고
8 네가 어디로 가든지 내가 너와 함께
있어 네 모든 대적을 네 앞에서 멸하
였은즉 세상에서 존귀한 자들의 이
름 같은 이름을 네게 만들어 주리라
9 내가 또 내 백성 이스라엘을 위하여
한 곳을 정하여 그들을 심고 그들이
그 곳에 거주하면서 다시는 옮겨가지
아니하게 하며 악한 사람들에게 전
과 같이 그들을 해치지 못하게 하여
10 전에 내가 사사에게 명령하여 내 백
성 이스라엘을 다스리던 때와 같지
아니하게 하고 또 네 모든 대적으로
네게 복종하게 하리라 또 네게 이르
노니 여호와가 너를 위하여 한 왕조
를 세울지라
11 네 생명의 연한이 차서 네가 조상들
에게로 돌아가면 내가 네 뒤에 네 씨
곧 네 아들 중 하나를 세우고 그 나
라를 견고하게 하리니
12 그는 나를 위하여 집을 건축할 것이

요 나는 그의 왕위를 영원히 견고하
게 하리라
13 나는 그의 아버지가 되고 그는 나의
아들이 되리니 나의 인자를 그에게서
빼앗지 아니하기를 내가 네 전에 있
던 자에게서 빼앗음과 같이 하지 아
니할 것이며
14 내가 영원히 그를 내 집과 내 나라에
세우리니 그의 왕위가 영원히 견고하
리라 하셨다 하라
15 나단이 이 모든 말씀과 이 모든 계시
대로 다윗에게 전하니라

다윗의 감사 기도

16 다윗 왕이 여호와 앞에 들어가 앉아
서 이르되 여호와 하나님이여 나는
누구이오며 내 집은 무엇이기에 나에
게 이에 이르게 하셨나이까
17 하나님이여 주께서 이것을 오히려 작
게 여기시고 또 종의 집에 대하여 먼
장래까지 말씀하셨사오니 여호와 하
나님이여 나를 존귀한 자들 같이 여
기셨나이다
18 주께서 주의 종에게 베푸신 영예에
대하여 이 다윗이 다시 주께 무슨 말
을 하오리이까 주께서는 주의 종을
아시나이다
19 여호와여 주께서 주의 종을 위하여
주의 뜻대로 이 모든 큰 일을 행하
사 이 모든 큰 일을 알게 하셨나이다
20 여호와여 우리 귀로 들은 대로는 주
와 같은 이가 없고 주 외에는 하나님
이 없나이다
21 땅의 어느 한 나라가 주의 백성 이스
라엘과 같으리이까 하나님이 자기 백
성을 구속하시려고 나가사 크고 두
려운 일로 말미암아 이름을 얻으시고
애굽에서 구속하신 자기 백성 앞에
서 모든 민족을 쫓아내셨사오며
22 주께서 주의 백성 이스라엘을 영원히
주의 백성으로 삼으셨사오니 여호와
여 주께서 그들의 하나님이 되셨나이
다
23 여호와여 이제 주의 종과 그의 집에
대하여 말씀하신 것을 영원히 견고하
게 하시며 말씀하신 대로 행하사
24 견고하게 하시고 사람에게 영원히 주
의 이름을 높여 이르기를 만군의 여
호와는 이스라엘의 하나님 곧 이스
라엘에게 하나님이시라 하게 하시며
주의 종 다윗의 왕조가 주 앞에서 견
고히 서게 하옵소서
25 나의 하나님이여 주께서 종을 위하여
왕조를 세우실 것을 이미 듣게 하셨
으므로 주의 종이 주 앞에서 이 기도
로 간구할 마음이 생겼나이다
26 여호와여 오직 주는 하나님이시라 주

께서 이 좋은 것으로 주의 종에게 허
락하시고
27 이제 주께서 종의 왕조에 복을 주사
주 앞에 영원히 두시기를 기뻐하시나
이다 여호와여 주께서 복을 주셨사
오니 이 복을 영원히 누리리이다 하
니라

다윗의 승전 기록

18 그 후에 다윗이 블레셋 사람들
을 쳐서 항복을 받고 블레셋 사
람들의 손에서 가드와 그 동네를 빼
앗고
2 또 모압을 치매 모압 사람이 다윗의
종이 되어 조공을 바치니라
3 소바 왕 하닷에셀이 유브라데 강 가
에서 자기 세력을 펴고자 하매 다윗
이 그를 쳐서 하맛까지 이르고
4 다윗이 그에게서 병거 천 대와 기병
칠천 명과 보병 이만 명을 빼앗고 다
윗이 그 병거 백 대의 말들만 남기고
그 외의 병거의 말은 다 발의 힘줄을
끊었더니
5 다메섹 아람 사람이 소바 왕 하닷에
셀을 도우러 온지라 다윗이 아람 사
람 이만 이천 명을 죽이고
6 다윗이 다메섹 아람에 수비대를 두
매 아람 사람이 다윗의 종이 되어 조
공을 바치니라 다윗이 어디로 가든지
여호와께서 이기게 하시니라
7 다윗이 하닷에셀의 신하들이 가진 금
방패를 빼앗아 예루살렘으로 가져
오고
8 또 하닷에셀의 성읍 디브핫과 군에
서 심히 많은 놋을 빼앗았더니 솔로
몬이 그것으로 놋대야와 기둥과 놋
그릇들을 만들었더라
9 하맛 왕 도우가 다윗이 소바 왕 하닷
에셀의 온 군대를 쳐서 무찔렀다 함
을 듣고
10 그의 아들 하도람을 보내서 다윗 왕
에게 문안하고 축복하게 하니 이는
하닷에셀이 벌써 도우와 맞서 여러
번 전쟁이 있던 터에 다윗이 하닷에
셀을 쳐서 무찔렀음이라 하도람이
금과 은과 놋의 여러 가지 그릇을 가
져온지라
11 다윗 왕이 그것도 여호와께 드리되
에돔과 모압과 암몬 자손과 블레셋
사람들과 아말렉 등 모든 이방 민족
에게서 빼앗아 온 은금과 함께 하여

365묵상

연전연승의 비결

사울 왕에 이어 이스라엘의 제2대 왕이 된 다윗. 그는 이스라엘을 둘러싸고 있는 주변 대적들을 굴복시키고 자신의 왕국을 확장시켜 나갔다. 먼저 다윗은 블레셋의 강력한 성읍 가드를 빼앗음으로써 이스라엘의 오랜 대적인 지중해 연안의 블레셋 족속을 굴복시켰다. 이어 사해 동편에 위치한 모압을 정복하고, 그 위쪽의 암몬도 정복했다. 남쪽으로는 아말렉 족속을 굴복시켰고, 멀리 북쪽으로는 아람을 비롯하여 소바와 하맛까지 정복했다(대상 18:1-13). 그야말로 연전연승! 이 모든 승리의 비결은 '하나님의 도우심'이었다!

드리니라
12 스루야의 아들 아비새가 소금 골짜
기에서 에돔 사람 만 팔천 명을 쳐죽
인지라
13 다윗이 에돔에 수비대를 두매 에돔
사람이 다 다윗의 종이 되니라 다윗
이 어디로 가든지 여호와께서 이기게
하셨더라
14 다윗이 온 이스라엘을 다스려 모든
백성에게 정의와 공의를 행할새
15 스루야의 아들 요압은 군대사령관이
되고 아힐룻의 아들 여호사밧은 행
정장관이 되고
16 아히둡의 아들 사독과 아비아달의
아들 아비멜렉은 제사장이 되고 사
워사는 서기관이 되고
17 여호야다의 아들 브나야는 그렛 사
람과 블렛 사람을 다스리고 다윗의
아들들은 왕을 모시는 사람들의 우
두머리가 되니라

다윗이 암몬과 아람을 치다

19 그 후에 암몬 자손의 왕 나하스
가 죽고 그의 아들이 대신하여
왕이 되니
2 다윗이 이르되 하눈의 아버지 나하스
가 전에 내게 호의를 베풀었으니 이
제 내가 그의 아들 하눈에게 호의를
베풀리라 하고 사절들을 보내서 그
의 아버지 죽음을 문상하게 하니라
다윗의 신하들이 암몬 자손의 땅에
이르러 하눈에게 나아가 문상하매
3 암몬 자손의 방백들이 하눈에게 말
하되 왕은 다윗이 조문사절을 보낸
것이 왕의 부친을 존경함인 줄로 여
기시나이까 그의 신하들이 왕에게 나
아온 것이 이 땅을 엿보고 정탐하여
전복시키고자 함이 아니니이까 하는
지라
4 하눈이 이에 다윗의 신하들을 잡아
그들의 수염을 깎고 그 의복을 볼기
중간까지 자르고 돌려보내매
5 어떤 사람이 다윗에게 가서 그 사람
들이 당한 일을 말하니라 그 사람들
이 심히 부끄러워하므로 다윗이 그들
을 맞으러 보내 왕이 이르기를 너희
는 수염이 자라기까지 여리고에 머물
다가 돌아오라 하니라
6 암몬 자손이 자기가 다윗에게 밉게
한 줄 안지라 하눈과 암몬 자손은 더
불어 은 천 달란트를 아람 나하라임
과 아람마아가와 소바에 보내 병거
와 마병을 삯 내되
7 곧 병거 삼만 이천 대와 마아가 왕과
그의 군대를 고용하였더니 그들이
와서 메드바 앞에 진 치매 암몬 자손
이 그 모든 성읍으로부터 모여 와서

싸우려 한지라
8 다윗이 듣고 요압과 용사의 온 무리
를 보냈더니
9 암몬 자손은 나가서 성문 앞에 진을
치고 도우러 온 여러 왕은 따로 들에
있더라
10 요압이 앞 뒤에 친 적진을 보고 이스
라엘에서 뽑은 자 중에서 또 뽑아
아람 사람을 대하여 진을 치고
11 그 남은 무리는 그의 아우 아비새의
수하에 맡겨 암몬 자손을 대하여 진
을 치게 하고
12 이르되 만일 아람 사람이 나보다 강
하면 네가 나를 돕고 만일 암몬 자손
이 너보다 강하면 내가 너를 도우리
라
13 너는 힘을 내라 우리가 우리 백성과
우리 하나님의 성읍들을 위하여 힘을
내자 여호와께서 선히 여기시는 대로
행하시기를 원하노라 하고
14 요압과 그 추종자가 싸우려고 아람
사람 앞에 나아가니 그들이 그 앞에
서 도망하고
15 암몬 자손은 아람 사람이 도망함을
보고 그들도 요압의 아우 아비새 앞
에서 도망하여 성읍으로 들어간지라
이에 요압이 예루살렘으로 돌아오니
라
16 아람 사람이 자기가 이스라엘 앞에서
패하였음을 보고 사신을 보내 강 건
너편에 있는 아람 사람을 불러내니
하닷에셀의 군대사령관 소박이 그들
을 거느린지라
17 어떤 사람이 다윗에게 전하매 다윗이
온 이스라엘을 모으고 요단을 건너
아람 사람에게 이르러 그들을 향하
여 진을 치니라 다윗이 아람 사람을
향하여 진을 치매 그들이 다윗과 맞
서 싸우더니
18 아람 사람이 이스라엘 앞에서 도망
한지라 다윗이 아람 병거 칠천 대의
군사와 보병 사만 명을 죽이고 또
군대 지휘관 소박을 죽이매
19 하닷에셀의 부하들이 자기가 이스라
엘 앞에서 패하였음을 보고 다윗과
더불어 화친하여 섬기고 그 후로는
아람 사람이 암몬 자손 돕기를 원하
지 아니하였더라

다윗이 랍바를 함락시키다

20 해가 바뀌어 왕들이 출전할 때
가 되매 요압이 그 군대를 거느
리고 나가서 암몬 자손의 땅을 격파
하고 들어가 랍바를 에워싸고 다윗
은 예루살렘에 그대로 있더니 요압
이 랍바를 쳐서 함락시키매
2 다윗이 그 왕의 머리에서 보석 있는

왕관을 빼앗아 중량을 달아보니 금
한 달란트라 그들의 왕관을 자기 머
리에 쓰니라 다윗이 또 그 성에서 노
략한 물건을 무수히 내오고
3 그 가운데 백성을 끌어내어 톱과 쇠
도끼와 돌써래로 일하게 하니라 다
윗이 암몬 자손의 모든 성읍을 이같
이 하고 다윗이 모든 백성과 함께 예
루살렘으로 돌아오니라

블레셋 사람들과 싸우다

4 이 후에 블레셋 사람들과 게셀에서
전쟁할 때에 후사 사람 십브개가 키
가 큰 자의 아들 중에 십배를 쳐죽이
매 그들이 항복하였더라
5 다시 블레셋 사람들과 전쟁할 때에
야일의 아들 엘하난이 가드 사람 골
리앗의 아우 라흐미를 죽였는데 이
사람의 창자루는 베틀채 같았더라
6 또 가드에서 전쟁할 때에 그 곳에 키
큰 자 하나는 손과 발에 가락이 여섯
씩 모두 스물넷이 있는데 그도 키가
큰 자의 소생이라
7 그가 이스라엘을 능욕하므로 다윗의
형 시므아의 아들 요나단이 그를 죽
이니라
8 가드의 키 큰 자의 소생이라도 다윗
의 손과 그 신하의 손에 다 죽었더라

다윗의 인구 조사

21 사탄이 일어나 이스라엘을 대적
하고 다윗을 충동하여 이스라
엘을 계수하게 하니라
2 다윗이 요압과 백성의 지도자들에게
이르되 너희는 가서 브엘세바에서부
터 단까지 이스라엘을 계수하고 돌
아와 내게 보고하여 그 수효를 알게
하라 하니
3 요압이 아뢰되 여호와께서 그 백성
을 지금보다 백 배나 더하시기를 원
하나이다 내 주 왕이여 이 백성이 다
내 주의 종이 아니니이까 내 주께서
어찌하여 이 일을 명령하시나이까 어
찌하여 이스라엘이 범죄하게 하시나
이까 하나
4 왕의 명령이 요압을 재촉한지라 드디
어 요압이 떠나 이스라엘 땅에 두루
다닌 후에 예루살렘으로 돌아와
5 요압이 백성의 수효를 다윗에게 보
고하니 이스라엘 중에 칼을 뺄 만한
자가 백십만 명이요 유다 중에 칼을
뺄 만한 자가 사십칠만 명이라
6 요압이 왕의 명령을 마땅치 않게 여
겨 레위와 베냐민 사람은 계수하지
아니하였더라
7 하나님이 이 일을 악하게 여기사 이
스라엘을 치시매
8 다윗이 하나님께 아뢰되 내가 이 일

을 행함으로 큰 죄를 범하였나이다
이제 간구하옵나니 종의 죄를 용서
하여 주옵소서 내가 심히 미련하게
행하였나이다 하니라
9 여호와께서 다윗의 선견자 갓에게 말
씀하여 이르시되
10 가서 다윗에게 말하여 이르기를 여호
와의 말씀이 내가 네게 세 가지를 내
어 놓으리니 그 중에서 하나를 네가
택하라 내가 그것을 네게 행하리라
하셨다 하라 하신지라
11 갓이 다윗에게 나아가 그에게 말하
되 여호와의 말씀이 너는 마음대로
택하라
12 혹 삼년 기근이든지 혹 네가 석 달을
적군에게 패하여 적군의 칼에 쫓길
일이든지 혹 여호와의 칼 곧 전염병
이 사흘 동안 이 땅에 유행하며 여호
와의 천사가 이스라엘 온 지경을 멸
할 일이든지라고 하셨나니 내가 무슨
말로 나를 보내신 이에게 대답할지
를 결정하소서 하니
13 다윗이 갓에게 이르되 내가 곤경에
빠졌도다 여호와께서는 긍휼이 심히
크시니 내가 그의 손에 빠지고 사람
의 손에 빠지지 아니하기를 원하나이
다 하는지라
14 이에 여호와께서 이스라엘 백성에게
전염병을 내리시매 이스라엘 백성 중
에서 죽은 자가 칠만 명이었더라
15 하나님이 예루살렘을 멸하러 천사를
보내셨더니 천사가 멸하려 할 때에
여호와께서 보시고 이 재앙 내림을
뉘우치사 멸하는 천사에게 이르시되
족하다 이제는 네 손을 거두라 하시
니 그 때에 여호와의 천사가 여부스
사람 오르난의 타작 마당 곁에 선지
라
16 다윗이 눈을 들어 보매 여호와의 천
사가 천지 사이에 섰고 칼을 빼어 손
에 들고 예루살렘 하늘을 향하여 편
지라 다윗이 장로들과 더불어 굵은
베를 입고 얼굴을 땅에 대고 엎드려
17 하나님께 아뢰되 명령하여 백성을 계
수하게 한 자가 내가 아니니이까 범
죄하고 악을 행한 자는 곧 나이니이
다 이 양 떼는 무엇을 행하였나이까
청하건대 나의 하나님 여호와여 주의
손으로 나와 내 아버지의 집을 치시
고 주의 백성에게 재앙을 내리지 마
옵소서 하니라
18 여호와의 천사가 갓에게 명령하여 다
윗에게 이르시기를 다윗은 올라가서
여부스 사람 오르난의 타작 마당에
서 여호와를 위하여 제단을 쌓으라
하신지라

19 이에 갓이 여호와의 이름으로 이른
말씀대로 다윗이 올라가니라
20 그 때에 오르난이 밀을 타작하다가
돌이켜 천사를 보고 오르난이 네 명
의 아들과 함께 숨었더니
21 다윗이 오르난에게 나아가매 오르난
이 내다보다가 다윗을 보고 타작 마
당에서 나와 얼굴을 땅에 대고 다윗
에게 절하매
22 다윗이 오르난에게 이르되 이 타작하
는 곳을 내게 넘기라 너는 상당한 값
으로 내게 넘기라 내가 여호와를 위
하여 여기 한 제단을 쌓으리니 그리
하면 전염병이 백성 중에서 그치리라
하니
23 오르난이 다윗에게 말하되 왕은 취
하소서 내 주 왕께서 좋게 여기시는
대로 행하소서 보소서 내가 이것들
을 드리나이다 소들은 번제물로, 곡
식 떠는 기계는 화목으로, 밀은 소제
물로 삼으시기 위하여 다 드리나이다
하는지라
24 다윗 왕이 오르난에게 이르되 그렇지
아니하다 내가 반드시 상당한 값으
로 사리라 내가 여호와께 드리려고
네 물건을 빼앗지 아니하겠고 값 없
이는 번제를 드리지도 아니하리라 하
니라
25 그리하여 다윗은 그 터 값으로 금 육
백 세겔을 달아 오르난에게 주고
26 다윗이 거기서 여호와를 위하여 제단
을 쌓고 번제와 화목제를 드려 여호
와께 아뢰었더니 여호와께서 하늘에
서부터 번제단 위에 불을 내려 응답
하시고
27 여호와께서 천사를 명령하시매 그가
칼을 칼집에 꽂았더라
28 이 때에 다윗이 여호와께서 여부스
사람 오르난의 타작 마당에서 응답
하심을 보고 거기서 제사를 드렸으니
29 옛적에 모세가 광야에서 지은 여호
와의 성막과 번제단이 그 때에 기브
온 산당에 있었으나
30 다윗이 여호와의 천사의 칼을 두려워
하여 감히 그 앞에 가서 하나님께 묻
지 못하더라

22 다윗이 이르되 이는 여호와 하
나님의 성전이요 이는 이스라엘
의 번제단이라 하였더라

성전 건축 준비

2 다윗이 명령하여 이스라엘 땅에 거류
하는 이방 사람을 모으고 석수를 시
켜 하나님의 성전을 건축할 돌을 다
듬게 하고
3 다윗이 또 문짝 못과 거멀 못에 쓸
철을 많이 준비하고 또 무게를 달

수 없을 만큼 심히 많은 놋을 준비하
고
4 또 백향목을 무수히 준비하였으니
이는 시돈 사람과 두로 사람이 백향
목을 다윗에게로 많이 수운하여 왔
음이라
5 다윗이 이르되 내 아들 솔로몬은 어
리고 미숙하고 여호와를 위하여 건축
할 성전은 극히 웅장하여 만국에 명
성과 영광이 있게 하여야 할지라 그
러므로 내가 이제 그것을 위하여 준
비하리라 하고 다윗이 죽기 전에 많
이 준비하였더라
6 다윗이 그의 아들 솔로몬을 불러 이
스라엘 하나님 여호와를 위하여 성전
건축하기를 부탁하여
7 다윗이 솔로몬에게 이르되 내 아들
아 나는 내 하나님 여호와의 이름을
위하여 성전을 건축할 마음이 있었으
나
8 여호와의 말씀이 내게 임하여 이르시
되 너는 피를 심히 많이 흘렸고 크게
전쟁하였느니라 네가 내 앞에서 땅
에 피를 많이 흘렸은즉 내 이름을 위
하여 성전을 건축하지 못하리라

9 보라 한 아들이 네게서 나리니 그는
온순한 사람이라 내가 그로 주변 모
든 대적에게서 평온을 얻게 하리라
그의 이름을 솔로몬이라 하리니 이
는 내가 그의 생전에 평안과 안일함
을 이스라엘에게 줄 것임이니라
10 그가 내 이름을 위하여 성전을 건축
할지라 그는 내 아들이 되고 나는 그
의 아버지가 되어 그 나라 왕위를 이
스라엘 위에 굳게 세워 영원까지 이
르게 하리라 하셨나니
11 이제 내 아들아 여호와께서 너와 함
께 계시기를 원하며 네가 형통하여
여호와께서 네게 대하여 말씀하신
대로 네 하나님 여호와의 성전을 건
축하며
12 여호와께서 네게 지혜와 총명을 주
사 네게 이스라엘을 다스리게 하시
고 네 하나님 여호와의 율법을 지키
게 하시기를 더욱 원하노라
13 그 때에 네가 만일 여호와께서 모세
를 통하여 이스라엘에게 명령하신
모든 규례와 법도를 삼가 행하면 형
통하리니 강하고 담대하여 두려워하
지 말고 놀라지 말지어다

365묵상

헌신은 싸구려가 아니다

"시간이 허락되면 봉사하도록 하죠." 그런가? 우리가 주님께 헌신한다는 것은 무언가 자기희생을 필요로 하는 일이다. 속죄의 제단을 쌓아야 하는 다윗은 하나님께 희생 제사를 드릴 땅과 제물을 공짜로 제공받았다. 하지만 다윗은 그것을 대가 없이 취하는 것을 거절하고 정당한 값을 지불했다(대상 21:18-27). 그렇다. 우리가 하나님의 일을 해야 한다면 그에 따른 정당한 대가를 치러야 한다. 헌신은 결코 싸구려가 아니다. 남아도는 시간, 필요 없는 물건, 마지못한 헌신 등은 하나님께서 원하는 것이 절대 아니다!

14 내가 환난 중에 여호와의 성전을 위
하여 금 십만 달란트와 은 백만 달란
트와 놋과 철을 그 무게를 달 수 없
을 만큼 심히 많이 준비하였고 또 재
목과 돌을 준비하였으나 너는 더할
것이며
15 또 장인이 네게 많이 있나니 곧 석수
와 목수와 온갖 일에 익숙한 모든
사람이니라
16 금과 은과 놋과 철이 무수하니 너는
일어나 일하라 여호와께서 너와 함께
계실지로다 하니라
17 다윗이 또 이스라엘 모든 방백에게
명령하여 그의 아들 솔로몬을 도우
라 하여 이르되
18 너희 하나님 여호와께서 너희와 함께
계시지 아니하시느냐 사면으로 너희
에게 평온함을 주지 아니하셨느냐
이 땅 주민을 내 손에 넘기사 이 땅
으로 여호와와 그의 백성 앞에 복종
하게 하셨나니
19 이제 너희는 마음과 뜻을 바쳐서 너
희 하나님 여호와를 구하라 그리고
일어나서 여호와 하나님의 성전을 건
축하고 여호와의 언약궤와 하나님 성
전의 기물을 가져다가 여호와의 이름
을 위하여 건축한 성전에 들이게 하
라 하였더라

레위 사람의 일

23 다윗이 나이가 많아 늙으매 아
들 솔로몬을 이스라엘 왕으로
삼고
2 이스라엘 모든 방백과 제사장과 레
위 사람을 모았더라
3 레위 사람은 삼십 세 이상으로 계수
하니 모든 남자의 수가 삼만 팔천 명
인데
4 그 중의 이만 사천 명은 여호와의 성
전의 일을 보살피는 자요 육천 명은
관원과 재판관이요
5 사천 명은 문지기요 사천 명은 그가
여호와께 찬송을 드리기 위하여 만
든 악기로 찬송하는 자들이라
6 다윗이 레위의 아들들을 게르손과
그핫과 므라리에 따라 각 반으로 나
누었더라
7 게르손 자손은 라단과 시므이라
8 라단의 아들들은 우두머리 여히엘과
또 세담과 요엘 세 사람이요
9 시므이의 아들들은 슬로밋과 하시엘
과 하란 세 사람이니 이는 라단의 우
두머리들이며
10 또 시므이의 아들들은 야핫과 시나
와 여우스와 브리아이니 이 네 사람
도 시므이의 아들이라
11 그 우두머리는 야핫이요 그 다음은

시사며 여우스와 브리아는 아들이
많지 아니하므로 그들과 한 조상의
가문으로 계수되었더라
12 그핫의 아들들은 아므람과 이스할과
헤브론과 웃시엘 네 사람이라
13 아므람의 아들들은 아론과 모세이니
아론은 그 자손들과 함께 구별되어
몸을 성결하게 하여 영원토록 심히
거룩한 자가 되어 여호와 앞에 분향
하고 섬기며 영원토록 그 이름으로
축복하게 되었느니라
14 하나님의 사람 모세의 아들들은 레
위 지파 중에 기록되었으니
15 모세의 아들은 게르솜과 엘리에셀이
라
16 게르솜의 아들중에 스브엘이 우두머
리가 되었고
17 엘리에셀의 아들들은 우두머리 르하
뱌라 엘리에셀에게 이 외에는 다른
아들이 없고 르하뱌의 아들들은 심
히 많았으며
18 이스할의 아들들은 우두머리 슬로밋
이요
19 헤브론의 아들들은 우두머리 여리야
와 둘째 아마랴와 셋째 야하시엘과
넷째 여가므암이며
20 웃시엘의 아들들은 우두머리 미가와
그 다음 잇시야더라
21 므라리의 아들들은 마흘리와 무시요
마흘리의 아들들은 엘르아살과 기스
라
22 엘르아살이 아들이 없이 죽고 딸만
있더니 그의 형제 기스의 아들이 그
에게 장가 들었으며
23 무시의 아들들은 마흘리와 에델과
여레못 세 사람이더라
24 이는 다 레위 자손이니 그 조상의 가
문을 따라 계수된 이름이 기록되고
여호와의 성전에서 섬기는 일을 하는
이십세 이상 된 우두머리들이라
25 다윗이 이르기를 이스라엘 하나님 여
호와께서 평강을 그의 백성에게 주
시고 예루살렘에 영원히 거하시나니
26 레위 사람이 다시는 성막과 그 가운
데에서 쓰는 모든 기구를 멜 필요가
없다 한지라
27 다윗의 유언대로 레위 자손이 이십
세 이상으로 계수되었으니
28 그 직분은 아론의 자손을 도와 여호
와의 성전과 뜰과 골방에서 섬기고
또 모든 성물을 정결하게 하는 일 곧
하나님의 성전에서 섬기는 일과
29 또 진설병과 고운 가루의 소제물 곧
무교전병이나 과자를 굽는 것이나
반죽하는 것이나 또 모든 저울과 자
를 맡고

30 아침과 저녁마다 서서 여호와께 감사
하고 찬송하며
31 또 안식일과 초하루와 절기에 모든
번제를 여호와께 드리되 그가 명령하
신 규례의 정한 수효대로 항상 여호
와 앞에 드리며
32 또 회막의 직무와 성소의 직무와 그
들의 형제 아론 자손의 직무를 지켜
여호와의 성전에서 수종드는 것이더
라

제사장 직분을 맡은 사람들

24 아론 자손의 계열들이 이러하니
라 아론의 아들들은 나답과 아
비후와 엘르아살과 이다말이라
2 나답과 아비후가 그들의 아버지보다
먼저 죽고 그들에게 아들이 없으므
로 엘르아살과 이다말이 제사장의
직분을 행하였더라
3 다윗이 엘르아살의 자손 사독과 이
다말의 자손 아히멜렉과 더불어 그
들을 나누어 각각 그 섬기는 직무를
맡겼는데
4 엘르아살의 자손 중에 우두머리가
이다말의 자손보다 많으므로 나눈
것이 이러하니 엘르아살 자손의 우두
머리가 열여섯 명이요 이다말 자손은
그 조상들의 가문을 따라 여덟 명이
라
5 이에 제비 뽑아 피차에 차등이 없이
나누었으니 이는 성전의 일을 다스리
는 자와 하나님의 일을 다스리는 자
가 엘르아살의 자손 중에도 있고 이
다말의 자손 중에도 있음이라
6 레위 사람 느다넬의 아들 서기관 스
마야가 왕과 방백과 제사장 사독과
아비아달의 아들 아히멜렉과 및 제
사장과 레위 사람의 우두머리 앞에서
그 이름을 기록하여 엘르아살의 자
손 중에서 한 집을 뽑고 이다말의 자
손 중에서 한 집을 뽑았으니
7 첫째로 제비 뽑힌 자는 여호야립이
요 둘째는 여다야요
8 셋째는 하림이요 넷째는 스오림이요
9 다섯째는 말기야요 여섯째는 미야민
이요
10 일곱째는 학고스요 여덟째는 아비야
요
11 아홉째는 예수아요 열째는 스가냐
요
12 열한째는 엘리아십이요 열두째는 야
김이요
13 열셋째는 훕바요 열넷째는 예세브
압이요
14 열다섯째는 빌가요 열여섯째는 임멜
이요
15 열일곱째는 헤실이요 열여덟째는 합

비세스요
16 열아홉째는 브다히야요 스무째는
여헤스겔이요
17 스물한째는 야긴이요 스물두째는
가물이요
18 스물셋째는 들라야요 스물넷째는
마아시야라
19 이와 같은 직무에 따라 여호와의 성
전에 들어가서 그의 아버지 아론을
도왔으니 이는 이스라엘의 하나님 여
호와께서 명하신 규례더라

레위 자손 중에 남은 자들

20 레위 자손 중에 남은 자는 이러하니
아므람의 아들들 중에는 수바엘이
요 수바엘의 아들들 중에는 예드야
며
21 르하뱌에게 이르러는 그의 아들들
중에 우두머리 잇시야요
22 이스할의 아들들 중에는 슬로못이요
슬로못의 아들들 중에는 야핫이요
23 헤브론의 아들들은 장자 여리야와
둘째 아마랴와 셋째 야하시엘과 넷
째 여가므암이요
24 웃시엘의 아들들은 미가요 미가의
아들들 중에는 사밀이요
25 미가의 아우는 잇시야라 잇시야의 아
들들 중에는 스가랴이며
26 므라리의 아들들은 마흘리와 무시요
야아시야의 아들들은 브노이니
27 므라리의 자손 야아시야에게서 난
자는 브노와 소함과 삭굴과 이브리
요
28 마흘리의 아들 중에는 엘르아살이니
엘르아살은 아들이 없으며
29 기스에게 이르러는 그의 아들 여라
므엘이요
30 무시의 아들들은 마흘리와 에델과
여리못이니 이는 다 그 조상의 가문
에 따라 기록한 레위 자손이라
31 이 여러 사람도 다윗 왕과 사독과 아
히멜렉과 제사장과 레위 우두머리 앞
에서 그들의 형제 아론 자손처럼 제
비 뽑혔으니 장자의 가문과 막내 동
생의 가문이 다름이 없더라

찬송을 맡은 사람들

25 다윗이 군대 지휘관들과 더불어
아삽과 헤만과 여두둔의 자손
중에서 구별하여 섬기게 하되 수금과
비파와 제금을 잡아 신령한 노래를
하게 하였으니 그 직무대로 일하는
자의 수효는 이러하니라
2 아삽의 아들들은 삭굴과 요셉과 느
다냐와 아사렐라니 이 아삽의 아들
들이 아삽의 지휘 아래 왕의 명령을
따라 신령한 노래를 하며
3 여두둔에게 이르러서는 그의 아들들

그달리야와 스리와 여사야와 시므이
와 하사뱌와 맛디디야 여섯 사람이니
그의 아버지 여두둔의 지휘 아래 수
금을 잡아 신령한 노래를 하며 여호
와께 감사하며 찬양하며
4 헤만에게 이르러는 그의 아들들 북
기야와 맛다냐와 웃시엘과 스브엘과
여리못과 하나냐와 하나니와 엘리아
다와 깃달디와 로맘디에셀과 요스브
가사와 말로디와 호딜과 마하시옷이
라
5 이는 다 헤만의 아들들이니 나팔을
부는 자들이며 헤만은 하나님의 말
씀을 가진 왕의 선견자라 하나님이
헤만에게 열네 아들과 세 딸을 주셨
더라
6 이들이 다 그들의 아버지의 지휘 아
래 제금과 비파와 수금을 잡아 여호
와의 전에서 노래하여 하나님의 전을
섬겼으며 아삽과 여두둔과 헤만은
왕의 지휘 아래 있었으니
7 그들과 모든 형제 곧 여호와 찬송하
기를 배워 익숙한 자의 수효가 이백
팔십팔 명이라
8 이 무리의 큰 자나 작은 자나 스승이
나 제자를 막론하고 다같이 제비 뽑
아 직임을 얻었으니
9 첫째로 제비 뽑힌 자는 아삽의 아들
중 요셉이요 둘째는 그달리야이니
그와 그의 형제들과 아들들 십이 명
이요
10 셋째는 삭굴이니 그의 아들들과 형
제들과 십이 명이요
11 넷째는 이스리이니 그의 아들들과
형제들과 십이 명이요
12 다섯째는 느다냐니 그의 아들들과
형제들과 십이 명이요
13 여섯째는 북기야니 그의 아들들과
형제들과 십이 명이요
14 일곱째는 여사렐라니 그의 아들들과
형제들과 십이 명이요
15 여덟째는 여사야니 그의 아들들과
형제들과 십이 명이요
16 아홉째는 맛다냐니 그의 아들들과
형제들과 십이 명이요
17 열째는 시므이니 그의 아들들과 형
제들과 십이 명이요
18 열한째는 아사렐이니 그의 아들들과
형제들과 십이 명이요
19 열두째는 하사뱌니 그의 아들들과
형제들과 십이 명이요
20 열셋째는 수바엘이니 그의 아들들과
형제들과 십이 명이요
21 열넷째는 맛디디야니 그의 아들들과
형제들과 십이 명이요
22 열다섯째는 여레못이니 그의 아들들

과 형제들과 십이 명이요
23 열여섯째는 하나냐니 그의 아들들과
형제들과 십이 명이요
24 열일곱째는 요스브가사니 그의 아들
들과 형제들과 십이 명이요
25 열여덟째는 하나니니 그의 아들들과
형제들과 십이 명이요
26 열아홉째는 말로디니 그의 아들들과
형제들과 십이 명이요
27 스무째는 엘리아다니 그의 아들들과
형제들과 십이 명이요
28 스물한째는 호딜이니 그의 아들들과
형제들과 십이 명이요
29 스물두째는 깃달디니 그의 아들들과
형제들과 십이 명이요
30 스물셋째는 마하시옷이니 그의 아들
들과 형제들과 십이 명이요
31 스물넷째는 로맘디에셀이니 그의 아
들들과 형제들과 십이 명이었더라

성전 문지기

26 고라 사람들의 문지기 반들은
이러하니라 아삽의 가문 중 고
레의 아들 므셀레먀라
2 므셀레먀의 아들들인 맏아들 스가랴
와 둘째 여디야엘과 셋째 스바댜와
넷째 야드니엘과
3 다섯째 엘람과 여섯째 여호하난과
일곱째 엘여호에내이며
4 오벧에돔의 아들들은 맏아들 스마
야와 둘째 여호사밧과 셋째 요아와
넷째 사갈과 다섯째 느다넬과
5 여섯째 암미엘과 일곱째 잇사갈과 여
덟째 브울래대이니 이는 하나님이 오
벧에돔에게 복을 주셨음이라
6 그의 아들 스마야도 두어 아들을 낳
았으니 그들의 조상의 가문을 다스
리는 자요 큰 용사라
7 스마야의 아들들은 오드니와 르바
엘과 오벳과 엘사밧이며 엘사밧의
형제 엘리후와 스마갸는 능력이 있
는 자이니
8 이는 다 오벧에돔의 자손이라 그들
과 그의 아들들과 그의 형제들은 다
능력이 있어 그 직무를 잘하는 자이
니 오벧에돔에게서 난 자가 육십이
명이며
9 또 므셀레먀의 아들과 형제 열여덟
명은 능력이 있는 자라
10 므라리 자손 중 호사에게도 아들들
이 있으니 그의 장자는 시므리라 시

365묵상

예배는 가슴 설레는 일이다

교회 예배가 따분한가? 그것은 신자의 의무이고, 그래서 빨리 의무를 마치는 데에만 관심을 가진다면 그럴 것이다. 그러나 다윗의 관심사는 '하나님'이었다. 다윗은 새로 지을 성전에서 하나님을 섬길 예배의식을 준비하는데 열정을 가졌다(대상 25장). 교회에 갈 때 우리도 '하나님'께 초점을 맞추어야 한다. 매일의 삶속에서 베풀어지고 있는 하나님의 사랑과 은혜를 생각한다면, 하나님을 만나 그분께 감사와 찬송을 드리는 일이 결코 지겹지 않을 것이다. 오히려 새로운 만남과 교제에 대한 기대로 가슴이 설렐 것이다.

므리는 본래 맏아들이 아니나 그의
아버지가 장자로 삼았고
11 둘째는 힐기야요 셋째는 드발리야
요 넷째는 스가랴이니 호사의 아들
들과 형제들이 열세 명이더라
12 이상은 다 문지기의 반장으로서 그
형제처럼 직임을 얻어 여호와의 성전
에서 섬기는 자들이라
13 각 문을 지키기 위하여 그의 조상의
가문을 따라 대소를 막론하고 다 제
비 뽑혔으니
14 셀레먀는 동쪽을 뽑았고 그의 아들
스가랴는 명철한 모사라 모사를 위
하여 제비 뽑으니 북쪽을 뽑았고
15 오벧에돔은 남쪽을 뽑았고 그의 아
들들은 곳간에 뽑혔으며
16 숩빔과 호사는 서쪽을 뽑아 큰 길로
통한 살래겟 문 곁에 있어 서로 대하
여 파수하였으니
17 동쪽 문에 레위 사람이 여섯이요 북
쪽 문에 매일 네 사람이요 남쪽 문
에 매일 네 사람이요 곳간에는 둘씩
이며
18 서쪽 뜰에 있는 큰 길에 네 사람 그
리고 뜰에 두 사람이라
19 고라와 므라리 자손의 문지기의 직책
은 이러하였더라

성전 곳간을 맡은 사람들

20 레위 사람 중에 아히야는 하나님의
전 곳간과 성물 곳간을 맡았으며
21 라단의 자손은 곧 라단에게 속한 게
르손 사람의 자손이니 게르손 사람
라단에게 속한 가문의 우두머리는
여히엘리라
22 여히엘리의 아들들은 스담과 그의
아우 요엘이니 여호와의 성전 곳간을
맡았고
23 아므람 자손과 이스할 자손과 헤브
론 자손과 웃시엘 자손 중에
24 모세의 아들 게르솜의 자손 스브엘
은 곳간을 맡았고
25 그의 형제 곧 엘리에셀에게서 난 자
는 그의 아들 르하뱌와 그의 아들
여사야와 그의 아들 요람과 그의 아
들 시그리와 그의 아들 슬로못이라
26 이 슬로못과 그의 형제는 성물의 모
든 곳간을 맡았으니 곧 다윗 왕과
가문의 우두머리와 천부장과 백부장
과 군대의 모든 지휘관이 구별하여
드린 성물이라
27 그들이 싸울 때에 노략하여 얻은 물
건 중에서 구별하여 드려 여호와의
성전을 개수한 일과
28 선견자 사무엘과 기스의 아들 사울
과 넬의 아들 아브넬과 스루야의 아
들 요압이 무엇이든지 구별하여 드린

성물은 다 슬로못과 그의 형제의 지
휘를 받았더라

다른 레위 사람들의 직임

29 이스할 자손 중에 그나냐와 그의 아
들들은 성전 밖에서 이스라엘의 일
을 다스리는 관원과 재판관이 되었
고
30 헤브론 자손 중에 하사뱌와 그의 동
족 용사 천칠백 명은 요단 서쪽에서
이스라엘을 주관하여 여호와의 모든
일과 왕을 섬기는 직임을 맡았으며
31 헤브론 자손 중에서는 여리야가 그
의 족보와 종족대로 헤브론 자손의
우두머리가 되었더라 다윗이 왕 위에
있은 지 사십 년에 길르앗 야셀에서
그들 중에 구하여 큰 용사를 얻었으
니
32 그의 형제 중 이천칠백 명이 다 용사
요 가문의 우두머리라 다윗 왕이 그
들로 르우벤과 갓과 므낫세 반 지파
를 주관하여 하나님의 모든 일과 왕
의 일을 다스리게 하였더라

모든 가문의 우두머리와 관원들

27 이스라엘 자손의 모든 가문의
우두머리와 천부장과 백부장과
왕을 섬기는 관원들이 그들의 숫자
대로 반이 나누이니 각 반열이 이만
사천 명씩이라 일 년 동안 달마다 들
어가며 나왔으니
2 첫째 달 반의 반장은 삽디엘의 아들
야소브암이요 그의 반에 이만 사천
명이라
3 그는 베레스의 자손으로서 첫째 달
반의 모든 지휘관의 우두머리가 되었
고
4 둘째 달 반의 반장은 아호아 사람
도대요 또 미글롯이 그의 반의 주장
이 되었으니 그의 반에 이만 사천 명
이요
5 셋째 달 군대의 셋째 지휘관은 대제
사장 여호야다의 아들 브나야요 그
의 반에 이만 사천 명이라
6 이 브나야는 삼십 명 중에 용사요 삼
십 명 위에 있으며 그의 반 중에 그
의 아들 암미사밧이 있으며
7 넷째 달 넷째 지휘관은 요압의 아우
아사헬이요 그 다음은 그의 아들 스
바댜이니 그의 반에 이만 사천 명이
요
8 다섯째 달 다섯째 지휘관은 이스라
사람 삼훗이니 그의 반에 이만 사천
명이요
9 여섯째 달 여섯째 지휘관은 드고아
사람 익게스의 아들 이라이니 그의
반에 이만 사천 명이요
10 일곱째 달 일곱째 지휘관은 에브라

임 자손에 속한 발론 사람 헬레스이
니 그의 반에 이만 사천 명이요
11 여덟째 달 여덟째 지휘관은 세라 족
속 후사 사람 십브개이니 그의 반에
이만 사천 명이요
12 아홉째 달 아홉째 지휘관은 베냐민
자손 아나돗 사람 아비에셀이니 그
의 반에 이만 사천 명이요
13 열째 달 열째 지휘관은 세라 족속 느
도바 사람 마하래이니 그의 반에 이
만 사천 명이요
14 열한째 달 열한째 지휘관은 에브라
임 자손에 속한 비라돈 사람 브나야
이니 그의 반에 이만 사천 명이요
15 열두째 달 열두째 지휘관은 옷니엘
자손에 속한 느도바 사람 헬대니 그
반에 이만 사천 명이었더라

각 지파를 관할하는 자들

16 이스라엘 지파를 관할하는 자는 이
러하니라 르우벤 사람의 지도자는 시
그리의 아들 엘리에셀이요 시므온
사람의 지도자는 마아가의 아들 스
바댜요
17 레위 사람의 지도자는 그무엘의 아
들 하사뱌요 아론 자손의 지도자는
사독이요
18 유다의 지도자는 다윗의 형 엘리후요
잇사갈의 지도자는 미가엘의 아들
오므리요
19 스불론의 지도자는 오바댜의 아들
이스마야요 납달리의 지도자는 아스
리엘의 아들 여레못이요
20 에브라임 자손의 지도자는 아사시야
의 아들 호세아요 므낫세 반 지파의
지도자는 브다야의 아들 요엘이요
21 길르앗에 있는 므낫세 반 지파의 지
도자는 스가랴의 아들 잇도요 베냐
민의 지도자는 아브넬의 아들 야아
시엘이요
22 단은 여로함의 아들 아사렐이니 이
들은 이스라엘 지파의 지휘관이었더
라
23 이스라엘 사람의 이십 세 이하의 수
효는 다윗이 조사하지 아니하였으니
이는 여호와께서 전에 말씀하시기를
이스라엘 사람을 하늘의 별 같이 많
게 하리라 하셨음이라
24 스루야의 아들 요압이 조사하기를
시작하고 끝내지도 못해서 그 일로
말미암아 진노가 이스라엘에게 임한
지라 그 수효를 다윗 왕의 역대지략
에 기록하지 아니하였더라

왕의 재산을 맡은 자들

25 아디엘의 아들 아스마웻은 왕의 곳
간을 맡았고 웃시야의 아들 요나단
은 밭과 성읍과 마을과 망대의 곳간

을 맡았고
26 글룹의 아들 에스리는 밭 가는 농민
을 거느렸고
27 라마 사람 시므이는 포도원을 맡았
고 스밤 사람 삽디는 포도원의 소산
포도주 곳간을 맡았고
28 게델 사람 바알하난은 평야의 감람
나무와 뽕나무를 맡았고 요아스는
기름 곳간을 맡았고
29 사론 사람 시드래는 사론에서 먹이
는 소 떼를 맡았고 아들래의 아들
사밧은 골짜기에 있는 소 떼를 맡았
고
30 이스마엘 사람 오빌은 낙타를 맡았
고 메로놋 사람 예드야는 나귀를 맡
았고 하갈 사람 야시스는 양 떼를
맡았으니
31 다윗 왕의 재산을 맡은 자들이 이러
하였더라

다윗을 섬기는 사람들

32 다윗의 숙부 요나단은 지혜가 있어서
모사가 되며 서기관도 되었고 학모니
의 아들 여히엘은 왕자들의 수종자
가 되었고
33 아히도벨은 왕의 모사가 되었고 아
렉 사람 후새는 왕의 벗이 되었고
34 브나야의 아들 여호야다와 아비아달
은 아히도벨의 뒤를 이었고 요압은
왕의 군대 지휘관이 되었더라

다윗이 성전 건축을 지시하다

28 다윗이 이스라엘 모든 고관들
곧 각 지파의 어른과 왕을 섬기
는 반장들과 천부장들과 백부장들
과 및 왕과 왕자의 모든 소유와 가
축의 감독과 내시와 장사와 모든 용
사를 예루살렘으로 소집하고
2 이에 다윗 왕이 일어서서 이르되 나의
형제들, 나의 백성들아 내 말을 들으
라 나는 여호와의 언약궤 곧 우리 하
나님의 발판을 봉안할 성전을 건축
할 마음이 있어서 건축할 재료를 준
비하였으나
3 하나님이 내게 이르시되 너는 전쟁을
많이 한 사람이라 피를 많이 흘렸으
니 내 이름을 위하여 성전을 건축하
지 못하리라 하셨느니라
4 그러나 이스라엘 하나님 여호와께서
전에 나를 내 부친의 온 집에서 택하
여 영원히 이스라엘 왕이 되게 하셨
나니 곧 하나님이 유다 지파를 택하
사 머리를 삼으시고 유다의 가문에서
내 부친의 집을 택하시고 내 부친의
아들들 중에서 나를 기뻐하사 온 이
스라엘의 왕을 삼으셨느니라
5 여호와께서 내게 여러 아들을 주시
고 그 모든 아들 중에서 내 아들 솔

로몬을 택하사 여호와의 나라 왕 위
에 앉혀 이스라엘을 다스리게 하려
하실새
6 내게 이르시기를 네 아들 솔로몬 그
가 내 성전을 건축하고 내 여러 뜰을
만들리니 이는 내가 그를 택하여 내
아들로 삼고 나는 그의 아버지가 될
것임이라
7 그가 만일 나의 계명과 법도를 힘써
준행하기를 오늘과 같이 하면 내가
그의 나라를 영원히 견고하게 하리라
하셨느니라
8 이제 너희는 온 이스라엘 곧 여호와
의 회중이 보는 데에서와 우리 하나
님이 들으시는 데에서 너희 하나님
여호와의 모든 계명을 구하여 지키기
로 하라 그리하면 너희가 이 아름다
운 땅을 누리고 너희 후손에게 끼쳐
영원한 기업이 되게 하리라
9 내 아들 솔로몬아 너는 네 아버지의
하나님을 알고 온전한 마음과 기쁜
뜻으로 섬길지어다 여호와께서는 모
든 마음을 감찰하사 모든 의도를 아
시나니 네가 만일 그를 찾으면 만날
것이요 만일 네가 그를 버리면 그가
너를 영원히 버리시리라
10 그런즉 이제 너는 삼갈지어다 여호와
께서 너를 택하여 성전의 건물을 건
축하게 하셨으니 힘써 행할지니라 하
니라
11 다윗이 성전의 복도와 그 집들과 그
곳간과 다락과 골방과 속죄소의 설
계도를 그의 아들 솔로몬에게 주고
12 또 그가 영감으로 받은 모든 것 곧
여호와의 성전의 뜰과 사면의 모든
방과 하나님의 성전 곳간과 성물 곳
간의 설계도를 주고
13 또 제사장과 레위 사람의 반열과 여
호와의 성전에서 섬기는 모든 일과
여호와의 성전을 섬기는 데에 쓰는
모든 그릇의 양식을 설명하고
14 또 모든 섬기는 데에 쓰는 금 기구
를 만들 금의 무게와 모든 섬기는
데에 쓰는 은 기구를 만들 은의 무
게를 정하고
15 또 금 등잔대들과 그 등잔 곧 각 등
잔대와 그 등잔을 만들 금의 무게와
은 등잔대와 그 등잔을 만들 은의
무게를 각기 그 기구에 알맞게 하고
16 또 진설병의 각 상을 만들 금의 무게
를 정하고 은상을 만들 은도 그렇게
하고
17 갈고리와 대접과 종지를 만들 순금
과 금 잔 곧 각 잔을 만들 금의 무게
와 또 은 잔 곧 각 잔을 만들 은의
무게를 정하고

18 또 향단에 쓸 순금과 또 수레 곧 금
그룹들의 설계도대로 만들 금의 무
게를 정해 주니 이 그룹들은 날개를
펴서 여호와의 언약궤를 덮는 것이더
라
19 다윗이 이르되 여호와의 손이 내게
임하여 이 모든 일의 설계를 그려 나
에게 알려 주셨느니라
20 또 그의 아들 솔로몬에게 이르되 너
는 강하고 담대하게 이 일을 행하라
두려워하지 말며 놀라지 말라 네가
여호와의 성전 공사의 모든 일을 마
치기까지 여호와 하나님 나의 하나님
이 너와 함께 계시사 네게서 떠나지
아니하시고 너를 버리지 아니하시리
라
21 제사장과 레위 사람의 반이 있으니
하나님의 성전의 모든 공사를 도울
것이요 또 모든 공사에 유능한 기술
자가 기쁜 마음으로 너와 함께 할 것
이요 또 모든 지휘관과 백성이 온전
히 네 명령 아래에 있으리라

성전 건축에 쓸 예물

29 다윗 왕이 온 회중에게 이르되
내 아들 솔로몬이 유일하게 하
나님께서 택하신 바 되었으나 아직
어리고 미숙하며 이 공사는 크도다
이 성전은 사람을 위한 것이 아니요
여호와 하나님을 위한 것이라
2 내가 이미 내 하나님의 성전을 위하
여 힘을 다하여 준비하였나니 곧 기
구를 만들 금과 은과 놋과 철과 나
무와 또 마노와 가공할 검은 보석과
채석과 다른 모든 보석과 옥돌이 매
우 많으며
3 성전을 위하여 준비한 이 모든 것 외
에도 내 마음이 내 하나님의 성전을
사모하므로 내가 사유한 금, 은으로
내 하나님의 성전을 위하여 드렸노니
4 곧 오빌의 금 삼천 달란트와 순은 칠
천 달란트라 모든 성전 벽에 입히며
5 금, 은 그릇을 만들며 장인의 손으로
하는 모든 일에 쓰게 하였노니 오늘
누가 즐거이 손에 채워 여호와께 드
리겠느냐 하는지라
6 이에 모든 가문의 지도자들과 이스
라엘 모든 지파의 지도자들과 천부
장과 백부장과 왕의 사무관이 다 즐
거이 드리되
7 하나님의 성전 공사를 위하여 금 오

365묵상

자녀에게 꼭 들려주어야 할 삶의 원칙

삶의 막바지에 이른 다윗 왕은 이제 자신의 뒤를 잇는 아들 솔로몬에게 일생 동안 꼭 지켜야 할 삶의 원칙들을 일깨워주었다(대상 28:9-10). 그것은 하나님을 섬기는 크리스천 부모라면 누구나 자녀에게 들려주어야 할 소중한 삶의 원칙이다. 귀 기울여 다윗의 말을 새겨듣고, 적절한 시간에 이 같은 말을 사랑하는 자녀에게 꼭 들려주도록 하자! (1) 하나님을 개인적으로 깊이 알도록 하라. (2) 온전한 마음과 기쁜 뜻으로 하나님을 섬겨라. (3) 매사에 하나님을 힘써 찾아라. (4) 주께로부터 받은 사명을 힘써 행하라.

천 달란트와 금 만 다릭 은 만 달란
트와 놋 만 팔천 달란트와 철 십만
달란트를 드리고
8 보석을 가진 모든 사람은 게르손 사
람 여히엘의 손에 맡겨 여호와의 성
전 곳간에 드렸더라
9 백성들은 자원하여 드렸으므로 기뻐
하였으니 곧 그들이 성심으로 여호
와께 자원하여 드렸으므로 다윗 왕
도 심히 기뻐하니라

다윗의 감사 기도

10 다윗이 온 회중 앞에서 여호와를 송
축하여 이르되 우리 조상 이스라엘의
하나님 여호와여 주는 영원부터 영원
까지 송축을 받으시옵소서
11 여호와여 위대하심과 권능과 영광과
승리와 위엄이 다 주께 속하였사오니
천지에 있는 것이 다 주의 것이로소
이다 여호와여 주권도 주께 속하였
사오니 주는 높으사 만물의 머리이심
이니이다
12 부와 귀가 주께로 말미암고 또 주는
만물의 주재가 되사 손에 권세와 능
력이 있사오니 모든 사람을 크게 하
심과 강하게 하심이 주의 손에 있나
이다
13 우리 하나님이여 이제 우리가 주께
감사하오며 주의 영화로운 이름을
찬양하나이다
14 나와 내 백성이 무엇이기에 이처럼
즐거운 마음으로 드릴 힘이 있었나이
까 모든 것이 주께로 말미암았사오
니 우리가 주의 손에서 받은 것으로
주께 드렸을 뿐이니이다
15 우리는 우리 조상들과 같이 주님 앞
에서 이방 나그네와 거류민들이라
세상에 있는 날이 그림자 같아서 희
망이 없나이다
16 우리 하나님 여호와여 우리가 주의
거룩한 이름을 위하여 성전을 건축하
려고 미리 저축한 이 모든 물건이 다
주의 손에서 왔사오니 다 주의 것이
니이다
17 나의 하나님이여 주께서 마음을 감찰
하시고 정직을 기뻐하시는 줄을 내
가 아나이다 내가 정직한 마음으로
이 모든 것을 즐거이 드렸사오며 이
제 내가 또 여기 있는 주의 백성이
주께 자원하여 드리는 것을 보오니
심히 기쁘도소이다
18 우리 조상들 아브라함과 이삭과 이
스라엘의 하나님 여호와여 주께서 이
것을 주의 백성의 심중에 영원히 두
어 생각하게 하시고 그 마음을 준비
하여 주께로 돌아오게 하시오며
19 또 내 아들 솔로몬에게 정성된 마음

을 주사 주의 계명과 권면과 율례를
지켜 이 모든 일을 행하게 하시고 내
가 위하여 준비한 것으로 성전을 건
축하게 하옵소서 하였더라
20 다윗이 온 회중에게 이르되 너희는
너희 하나님 여호와를 송축하라 하
매 회중이 그의 조상들의 하나님 여
호와를 송축하고 머리를 숙여 여호
와와 왕에게 절하고
21 이튿날 여호와께 제사를 드리고 또
여호와께 번제를 드리니 수송아지가
천 마리요 숫양이 천 마리요 어린 양
이 천 마리요 또 그 전제라 온 이스
라엘을 위하여 풍성한 제물을 드리
고
22 이 날에 무리가 크게 기뻐하여 여호
와 앞에서 먹으며 마셨더라 무리가
다윗의 아들 솔로몬을 다시 왕으로
삼아 기름을 부어 여호와께 돌려 주
권자가 되게 하고 사독에게도 기름
을 부어 제사장이 되게 하니라
23 솔로몬이 여호와께서 주신 왕위에
앉아 아버지 다윗을 이어 왕이 되어
형통하니 온 이스라엘이 그의 명령에
순종하며
24 모든 방백과 용사와 다윗 왕의 여러
아들들이 솔로몬 왕에게 복종하니
25 여호와께서 솔로몬을 모든 이스라엘
의 목전에서 심히 크게 하시고 또 왕
의 위엄을 그에게 주사 그전 이스라
엘 모든 왕보다 뛰어나게 하셨더라

다윗의 행적

26 이새의 아들 다윗이 온 이스라엘의
왕이 되어
27 이스라엘을 다스린 기간은 사십 년
이라 헤브론에서 칠 년간 다스렸고
예루살렘에서 삼십삼 년을 다스렸더
라
28 그가 나이 많아 늙도록 부하고 존귀
를 누리다가 죽으매 그의 아들 솔로
몬이 대신하여 왕이 되니라
29 다윗 왕의 행적은 처음부터 끝까지
선견자 사무엘의 글과 선지자 나단의
글과 선견자 갓의 글에 다 기록되고
30 또 그의 왕 된 일과 그의 권세와 그
와 이스라엘과 온 세상 모든 나라의
지난 날의 역사가 다 기록되어 있느
니라

역대하 2 Chronicles

솔로몬 왕이 지혜를 구하다

1 다윗의 아들 솔로몬의 왕위가 견
고하여 가며 그의 하나님 여호와
께서 그와 함께 하사 심히 창대하게
하시니라
2 솔로몬이 온 이스라엘의 천부장들과
백부장들과 재판관들과 온 이스라
엘의 방백들과 족장들에게 명령하여
3 솔로몬이 온 회중과 함께 기브온 산
당으로 갔으니 하나님의 회막 곧 여
호와의 종 모세가 광야에서 지은 것
이 거기에 있음이라
4 다윗이 전에 예루살렘에서 하나님의
궤를 위하여 장막을 쳐 두었으므로
그 궤는 다윗이 이미 기럇여아림에서
부터 그것을 위하여 준비한 곳으로
메어 올렸고
5 옛적에 훌의 손자 우리의 아들 브살
렐이 지은 놋 제단은 여호와의 장막
앞에 있더라 솔로몬이 회중과 더불어
나아가서
6 여호와 앞 곧 회막 앞에 있는 놋 제
단에 솔로몬이 이르러 그 위에 천 마
리 희생으로 번제를 드렸더라
7 그 날 밤에 하나님이 솔로몬에게 나
타나 그에게 이르시되 내가 네게 무
엇을 주랴 너는 구하라 하시니
8 솔로몬이 하나님께 말하되 주께서
전에 큰 은혜를 내 아버지 다윗에게
베푸시고 내가 그를 대신하여 왕이
되게 하셨사오니
9 여호와 하나님이여 원하건대 주는 내
아버지 다윗에게 허락하신 것을 이제
굳게 하옵소서 주께서 나를 땅의 티
끌 같이 많은 백성의 왕으로 삼으셨
사오니
10 주는 이제 내게 지혜와 지식을 주사
이 백성 앞에서 출입하게 하옵소서
이렇게 많은 주의 백성을 누가 능히
재판하리이까 하니
11 하나님이 솔로몬에게 이르시되 이런
마음이 네게 있어서 부나 재물이나
영광이나 원수의 생명 멸하기를 구하
지 아니하며 장수도 구하지 아니하고
오직 내가 네게 다스리게 한 내 백성
을 재판하기 위하여 지혜와 지식을
구하였으니
12 그러므로 내가 네게 지혜와 지식을
주고 부와 재물과 영광도 주리니 네
전의 왕들도 이런 일이 없었거니와 네
후에도 이런 일이 없으리라 하시니라
13 이에 솔로몬이 기브온 산당 회막 앞

에서부터 예루살렘으로 돌아와서 이
스라엘을 다스렸더라

솔로몬의 부귀영화

14 솔로몬이 병거와 마병을 모으매 병
거가 천사백 대요 마병이 만 이천 명
이라 병거성에도 두고 예루살렘 왕
에게도 두었으며
15 왕이 예루살렘에서 은금을 돌 같이
흔하게 하고 백향목을 평지의 뽕나
무 같이 많게 하였더라
16 솔로몬의 말들은 애굽과 구에에서
사들였으니 왕의 무역상들이 떼로
값을 정하여 산 것이며
17 애굽에서 사들인 병거는 한 대에 은
육백 세겔이요 말은 백오십 세겔이
라 이와 같이 헷 사람들의 모든 왕들
과 아람 왕들을 위하여 그들의 손으
로 되팔기도 하였더라

성전 건축을 준비하다

2 솔로몬이 여호와의 이름을 위하여
성전을 건축하고 자기 왕위를 위
하여 궁궐 건축하기를 결심하니라
2 솔로몬이 이에 짐꾼 칠만 명과 산에
서 돌을 떠낼 자 팔만 명과 일을 감
독할 자 삼천육백 명을 뽑고
3 솔로몬이 사절을 두로 왕 후람에게
보내어 이르되 당신이 전에 내 아버
지 다윗에게 백향목을 보내어 그가
거주하실 궁궐을 건축하게 한 것 같
이 내게도 그리 하소서
4 이제 내가 나의 하나님 여호와의 이
름을 위하여 성전을 건축하여 구별하
여 드리고 주 앞에서 향 재료를 사르
며 항상 떡을 차려 놓으며 안식일과
초하루와 우리 하나님 여호와의 절기
에 아침 저녁으로 번제를 드리려 하
오니 이는 이스라엘의 영원한 규례니
이다
5 내가 건축하고자 하는 성전은 크니
우리 하나님은 모든 신들보다 크심
이라
6 누가 능히 하나님을 위하여 성전을
건축하리요 하늘과 하늘들의 하늘이
라도 주를 용납하지 못하겠거든 내
가 누구이기에 어찌 능히 그를 위하
여 성전을 건축하리요 그 앞에 분향
하려 할 따름이니이다
7 이제 청하건대 당신은 금, 은, 동, 철
로 제조하며 자색 홍색 청색 실로 직
조하며 또 아로새길 줄 아는 재주
있는 사람 하나를 내게 보내어 내 아
버지 다윗이 유다와 예루살렘에서
준비한 나의 재주 있는 사람들과 함
께 일하게 하고
8 또 레바논에서 백향목과 잣나무와
백단목을 내게로 보내소서 내가 알

거니와 당신의 종은 레바논에서 벌목
을 잘 하나니 내 종들이 당신의 종들
을 도울지라
9 이와 같이 나를 위하여 재목을 많이
준비하게 하소서 내가 건축하려 하
는 성전은 크고 화려할 것이니이다
10 내가 당신의 벌목하는 종들에게 찧
은 밀 이만 고르와 보리 이만 고르와
포도주 이만 밧과 기름 이만 밧을
주리이다 하였더라
11 두로 왕 후람이 솔로몬에게 답장하
여 이르되 여호와께서 자기 백성을
사랑하시므로 당신을 세워 그들의
왕을 삼으셨도다
12 후람이 또 이르되 천지를 지으신 이
스라엘의 하나님 여호와는 송축을
받으실지로다 다윗 왕에게 지혜로운
아들을 주시고 명철과 총명을 주시
사 능히 여호와를 위하여 성전을 건
축하고 자기 왕위를 위하여 궁궐을
건축하게 하시도다
13 내가 이제 재주 있고 총명한 사람을
보내오니 전에 내 아버지 후람에게
속하였던 자라
14 이 사람은 단의 여자들 중 한 여인의
아들이요 그의 아버지는 두로 사람
이라 능히 금, 은, 동, 철과 돌과 나
무와 자색 청색 홍색 실과 가는 베
로 일을 잘하며 또 모든 아로새기는
일에 익숙하고 모든 기묘한 양식에
능한 자이니 그에게 당신의 재주 있
는 사람들과 당신의 아버지 내 주 다
윗의 재주 있는 사람들과 함께 일하
게 하소서
15 내 주께서 말씀하신 밀과 보리와 기
름과 포도주는 주의 종들에게 보내
소서
16 우리가 레바논에서 당신이 쓰실 만큼
벌목하여 떼를 엮어 바다에 띄워 욥
바로 보내리니 당신은 재목들을 예
루살렘으로 올리소서 하였더라

성전 건축 시작

17 전에 솔로몬의 아버지 다윗이 이스라
엘 땅에 사는 이방 사람들을 조사하
였더니 이제 솔로몬이 다시 조사하매
모두 십오만 삼천육백 명이라
18 그 중에서 칠만 명은 짐꾼이 되게 하
였고 팔만 명은 산에서 벌목하게 하
였고 삼천육백 명은 감독으로 삼아
백성들에게 일을 시키게 하였더라

3 솔로몬이 예루살렘 모리아 산에
여호와의 전 건축하기를 시작하니
그 곳은 전에 여호와께서 그의 아버
지 다윗에게 나타나신 곳이요 여부
스 사람 오르난의 타작 마당에 다윗
이 정한 곳이라

2 솔로몬이 왕위에 오른 지 넷째 해
둘째 달 둘째 날 건축을 시작하였더
라
3 솔로몬이 하나님의 전을 위하여 놓은
지대는 이러하니 옛날에 쓰던 자로
길이가 육십 규빗이요 너비가 이십
규빗이며
4 그 성전 앞에 있는 낭실의 길이가 성
전의 너비와 같이 이십 규빗이요 높
이가 백이십 규빗이니 안에는 순금
으로 입혔으며
5 그 대전 천장은 잣나무로 만들고 또
순금으로 입히고 그 위에 종려나무
와 사슬 형상을 새겼고
6 또 보석으로 성전을 꾸며 화려하게
하였으니 그 금은 바르와임 금이며
7 또 금으로 성전과 그 들보와 문지방
과 벽과 문짝에 입히고 벽에 그룹들
을 아로새겼더라
8 또 지성소를 지었으니 성전 넓이대로
길이가 이십 규빗이요 너비도 이십
규빗이라 순금 육백 달란트로 입혔
으니
9 못 무게가 금 오십 세겔이요 다락들
도 금으로 입혔더라
10 지성소 안에 두 그룹의 형상을 새겨
만들어 금으로 입혔으니
11 두 그룹의 날개 길이가 모두 이십 규
빗이라 왼쪽 그룹의 한 날개는 다섯
규빗이니 성전 벽에 닿았고 그 다른
날개도 다섯 규빗이니 오른쪽 그룹
의 날개에 닿았으며
12 오른쪽 그룹의 한 날개도 다섯 규빗
이니 성전 벽에 닿았고 그 다른 날개
도 다섯 규빗이니 왼쪽 그룹의 날개
에 닿았으며
13 이 두 그룹이 편 날개가 모두 이십
규빗이라 그 얼굴을 내전으로 향하
여 서 있으며
14 청색 자색 홍색 실과 고운 베로 휘장
문을 짓고 그 위에 그룹의 형상을 수
놓았더라

두 기둥

15 성전 앞에 기둥 둘을 만들었으니 높
이가 삼십오 규빗이요 각 기둥 꼭대
기의 머리가 다섯 규빗이라
16 성소 같이 사슬을 만들어 그 기둥 머
리에 두르고 석류 백 개를 만들어
사슬에 달았으며
17 그 두 기둥을 성전 앞에 세웠으니 왼

365묵상

솔로몬 성전의 의미를 찾아서

솔로몬 성전은 이스라엘 백성에게 있어 예배의 유일한 장소였다. 이제부터 이 성전은 하나님이 가르쳐주신 예배 법도에 따라 하나님과의 관계를 이어나갈 수 있는 유일한 통로였다(대하 3-5장). 오늘날 이 성전은 남아있지 않다. 하지만 이 성전이 의미하고 있는 원칙들은 지금도 여전히 남아있다. 첫째, 우리의 예배 중심은 '예수 그리스도'여야 한다는 것이다. 둘째, 이스라엘 백성이 오직 성전을 통해 하나님을 만나고 그분과 교제했듯이, 오늘날 우리도 오직 예수 그리스도를 통해서만 하나님께 나아가 예배드릴 수 있다.

쪽에 하나요 오른쪽에 하나라 오른
쪽 것은 야긴이라 부르고 왼쪽 것은
보아스라 불렀더라

성전 안에 있는 물건들

4 솔로몬이 또 놋으로 제단을 만들
었으니 길이가 이십 규빗이요 너비
가 이십 규빗이요 높이가 십 규빗이
며
2 또 놋을 부어 바다를 만들었으니 지
름이 십 규빗이요 그 모양이 둥글며
그 높이는 다섯 규빗이요 주위는 삼
십 규빗 길이의 줄을 두를 만하며
3 그 가장자리 아래에는 돌아가며 소
형상이 있는데 각 규빗에 소가 열 마
리씩 있어서 바다 주위에 둘렸으니
그 소는 바다를 부어 만들 때에 두
줄로 부어 만들었으며
4 그 바다를 놋쇠 황소 열두 마리가 받
쳤으니 세 마리는 북쪽을 향하였고
세 마리는 서쪽을 향하였고 세 마리
는 남쪽을 향하였고 세 마리는 동쪽
을 향하였으며 바다를 그 위에 놓았
고 소의 엉덩이는 다 안으로 향하였
으며
5 바다의 두께는 한 손 너비만 하고 그
둘레는 잔 둘레와 같이 백합화의 모
양으로 만들었으니 그 바다에는 삼
천 밧을 담겠으며
6 또 물두멍 열 개를 만들어 다섯 개는
오른쪽에 두고 다섯 개는 왼쪽에 두
어 씻게 하되 번제에 속한 물건을 거
기서 씻게 하였으며 그 바다는 제사
장들이 씻기 위한 것이더라
7 또 규례대로 금으로 등잔대 열 개를
만들어 내전 안에 두었으니 왼쪽에
다섯 개요 오른쪽에 다섯 개이며
8 또 상 열 개를 만들어 내전 안에 두
었으니 왼쪽에 다섯 개요 오른쪽에
다섯 개이며 또 금으로 대접 백 개를
만들었고
9 또 제사장의 뜰과 큰 뜰과 뜰 문을
만들고 그 문짝에 놋을 입혔고
10 그 바다는 성전 오른쪽 동남방에 두
었더라
11 후람이 또 솥과 부삽과 대접을 만들
었더라 이와 같이 후람이 솔로몬 왕
을 위하여 하나님의 성전에서 할 일
을 마쳤으니
12 곧 기둥 둘과 그 기둥 꼭대기의 공
같은 머리 둘과 또 기둥 꼭대기의 공
같은 기둥 머리를 가리는 그물 둘과
13 또 그 그물들을 위하여 만든 각 그
물에 두 줄씩으로 기둥 위의 공 같
은 두 머리를 가리는 석류 사백 개와
14 또 받침과 받침 위의 물두멍과
15 한 바다와 그 바다 아래에 소 열두

마리와
16 솥과 부삽과 고기 갈고리와 여호와
의 전의 모든 그릇들이라 후람의 아
버지가 솔로몬 왕을 위하여 빛나는
놋으로 만들 때에
17 왕이 요단 평지에서 숙곳과 스레다
사이의 진흙에 그것들을 부어 내었더
라
18 이와 같이 솔로몬이 이 모든 기구를
매우 많이 만들었으므로 그 놋 무게
를 능히 측량할 수 없었더라
19 솔로몬이 또 하나님의 전의 모든 기
구를 만들었으니 곧 금 제단과 진설
병 상들과
20 지성소 앞에서 규례대로 불을 켤 순
금 등잔대와 그 등잔이며
21 또 순수한 금으로 만든 꽃과 등잔과
부젓가락이며
22 또 순금으로 만든 불집게와 주발과
숟가락과 불 옮기는 그릇이며 또 성
전 문 곧 지성소의 문과 내전의 문을
금으로 입혔더라

5 솔로몬이 여호와의 전을 위하여
만드는 모든 일을 마친지라 이에
솔로몬이 그의 아버지 다윗이 드린
은과 금과 모든 기구를 가져다가 하
나님의 전 곳간에 두었더라

언약궤를 성전으로 옮기다

2 이에 솔로몬이 여호와의 언약궤를
다윗 성 곧 시온에서부터 메어 올리
고자 하여 이스라엘 장로들과 모든
지파의 우두머리 곧 이스라엘 자손의
족장들을 다 예루살렘으로 소집하니
3 일곱째 달 절기에 이스라엘 모든 사
람이 다 왕에게로 모이고
4 이스라엘 장로들이 이르매 레위 사
람들이 궤를 메니라
5 궤와 회막과 장막 안에 모든 거룩한
기구를 메고 올라가되 레위인 제사
장들이 그것들을 메고 올라가매
6 솔로몬 왕과 그 앞에 모인 모든 이
스라엘 회중이 궤 앞에서 양과 소로
제사를 드렸으니 그 수가 많아 기록
할 수도 없고 셀 수도 없었더라
7 제사장들이 여호와의 언약궤를 그
처소로 메어 들였으니 곧 본전 지성
소 그룹들의 날개 아래라
8 그룹들이 궤 처소 위에서 날개를 펴
서 궤와 그 채를 덮었는데
9 그 채가 길어서 궤에서 나오므로 그
끝이 본전 앞에서 보이나 밖에서는
보이지 아니하며 그 궤가 오늘까지
그 곳에 있으며
10 궤 안에는 두 돌판 외에 아무것도
없으니 이것은 이스라엘 자손이 애굽
에서 나온 후 여호와께서 그들과 언

약을 세우실 때에 모세가 호렙에서
그 안에 넣은 것이더라

여호와의 영광

11 이 때에는 제사장들이 그 반열대로
하지 아니하고 스스로 정결하게 하
고 성소에 있다가 나오매
12 노래하는 레위 사람 아삽과 헤만과
여두둔과 그의 아들들과 형제들이
다 세마포를 입고 제단 동쪽에 서서
제금과 비파와 수금을 잡고 또 나팔
부는 제사장 백이십 명이 함께 서 있
다가
13 나팔 부는 자와 노래하는 자들이 일
제히 소리를 내어 여호와를 찬송하
며 감사하는데 나팔 불고 제금 치고
모든 악기를 울리며 소리를 높여 여
호와를 찬송하여 이르되 선하시도다
그의 자비하심이 영원히 있도다 하매
그 때에 여호와의 전에 구름이 가득
한지라
14 제사장들이 그 구름으로 말미암아
능히 서서 섬기지 못하였으니 이는 여
호와의 영광이 하나님의 전에 가득함
이었더라

솔로몬의 축복

6 그 때에 솔로몬이 이르되 여호와
께서 캄캄한 데 계시겠다 말씀하
셨사오나
2 내가 주를 위하여 거하실 성전을 건
축하였사오니 주께서 영원히 계실 처
소로소이다 하고
3 얼굴을 돌려 이스라엘 온 회중을 위
하여 축복하니 그 때에 이스라엘의
온 회중이 서 있더라
4 왕이 이르되 이스라엘 하나님 여호와
를 송축할지로다 여호와께서 그의
입으로 내 아버지 다윗에게 말씀하
신 것을 이제 그의 손으로 이루셨도
다 이르시기를
5 내가 내 백성을 애굽 땅에서 인도하
여 낸 날부터 내 이름을 둘 만한 집
을 건축하기 위하여 이스라엘 모든
지파 가운데서 아무 성읍도 택하지
아니하였으며 내 백성 이스라엘의 주
권자가 될 사람을 아무도 택하지 아
니하였더니
6 예루살렘을 택하여 내 이름을 거기
두고 또 다윗을 택하여 내 백성 이스
라엘을 다스리게 하였노라 하신지라
7 내 아버지 다윗이 이스라엘의 하나님
여호와의 이름을 위하여 성전을 건축
할 마음이 있었더니
8 여호와께서 내 아버지 다윗에게 이르
시되 네가 내 이름을 위하여 성전을
건축할 마음이 있으니 이 마음이 네
게 있는 것이 좋도다

9 그러나 너는 그 성전을 건축하지 못
할 것이요 네 허리에서 나올 네 아들
그가 내 이름을 위하여 성전을 건축
하리라 하시더니
10 이제 여호와께서 말씀하신 대로 이
루셨도다 내가 여호와께서 말씀하신
대로 내 아버지 다윗을 대신하여 일
어나 이스라엘 왕위에 앉고 이스라
엘의 하나님 여호와의 이름을 위하여
성전을 건축하고
11 내가 또 그 곳에 여호와께서 이스라
엘 자손과 더불어 세우신 언약을 넣
은 궤를 두었노라 하니라

솔로몬의 기도

12 솔로몬이 여호와의 제단 앞에서 이
스라엘의 모든 회중과 마주 서서 그
의 손을 펴니라
13 솔로몬이 일찍이 놋으로 대를 만들
었으니 길이가 다섯 규빗이요 너비가
다섯 규빗이요 높이가 세 규빗이라
뜰 가운데에 두었더니 그가 그 위에
서서 이스라엘의 모든 회중 앞에서
무릎을 꿇고 하늘을 향하여 손을 펴
고
14 이르되 이스라엘의 하나님 여호와여
천지에 주와 같은 신이 없나이다 주
께서는 온 마음으로 주의 앞에서 행
하는 주의 종들에게 언약을 지키시
고 은혜를 베푸시나이다
15 주께서 주의 종 내 아버지 다윗에게
허락하신 말씀을 지키시되 주의 입으
로 말씀하신 것을 손으로 이루심이
오늘과 같으니이다
16 이스라엘의 하나님 여호와여 주께서
주의 종 내 아버지 다윗에게 말씀하
시기를 네 자손이 그들의 행위를 삼
가서 네가 내 앞에서 행한 것 같이
내 율법대로 행하기만 하면 네게로
부터 나서 이스라엘 왕위에 앉을 사
람이 내 앞에서 끊어지지 아니하리라
하셨사오니 이제 다윗을 위하여 그
허락하신 말씀을 지키시옵소서
17 그런즉 이스라엘 하나님 여호와여 원
하건대 주는 주의 종 다윗에게 하신
말씀이 확실하게 하옵소서
18 하나님이 참으로 사람과 함께 땅에
계시리이까 보소서 하늘과 하늘들의
하늘이라도 주를 용납하지 못하겠거
든 하물며 내가 건축한 이 성전이오
리이까
19 그러나 나의 하나님 여호와여 주의
종의 기도와 간구를 돌아보시며 주
의 종이 주 앞에서 부르짖는 것과 비
는 기도를 들으시옵소서
20 주께서 전에 말씀하시기를 내 이름
을 거기에 두리라 하신 곳 이 성전을

향하여 주의 눈이 주야로 보시오며
종이 이 곳을 향하여 비는 기도를 들
으시옵소서
21 주의 종과 주의 백성 이스라엘이 이
곳을 향하여 기도할 때에 주는 그
간구함을 들으시되 주께서 계신 곳
하늘에서 들으시고 들으시사 사하여
주옵소서
22 만일 어떤 사람이 그의 이웃에게 범
죄하므로 맹세시킴을 받고 그가 와
서 이 성전에 있는 주의 제단 앞에서
맹세하거든
23 주는 하늘에서 들으시고 행하시되
주의 종들을 심판하사 악한 자의 죄
를 정하여 그의 행위대로 그의 머리
에 돌리시고 공의로운 자를 의롭다
하사 그 의로운 대로 갚으시옵소서
24 만일 주의 백성 이스라엘이 주께 범
죄하여 적국 앞에 패하게 되므로 주
의 이름을 인정하고 주께로 돌아와
서 이 성전에서 주께 빌며 간구하거
든
25 주는 하늘에서 들으시고 주의 백성
이스라엘의 죄를 사하시고 그들과
그들의 조상들에게 주신 땅으로 돌
아오게 하옵소서
26 만일 그들이 주께 범죄함으로 말미
암아 하늘이 닫히고 비가 내리지 않
는 주의 벌을 받을 때에 이 곳을 향
하여 빌며 주의 이름을 인정하고 그
들의 죄에서 떠나거든
27 주께서는 하늘에서 들으사 주의 종
들과 주의 백성 이스라엘의 죄를 사
하시고 그 마땅히 행할 선한 길을 가
르쳐 주시오며 주의 백성에게 기업으
로 주신 주의 땅에 비를 내리시옵소
서
28 만일 이 땅에 기근이나 전염병이 있거
나 곡식이 시들거나 깜부기가 나거나
메뚜기나 황충이 나거나 적국이 와서
성읍들을 에워싸거나 무슨 재앙이나
무슨 질병이 있거나를 막론하고
29 한 사람이나 혹 주의 온 백성 이스라
엘이 다 각각 자기의 마음에 재앙과
고통을 깨닫고 이 성전을 향하여 손
을 펴고 무슨 기도나 무슨 간구를
하거든
30 주는 계신 곳 하늘에서 들으시며 사
유하시되 각 사람의 마음을 아시오니
그의 모든 행위대로 갚으시옵소서
주만 홀로 사람의 마음을 아심이니
이다
31 그리하시면 그들이 주께서 우리 조상
들에게 주신 땅에서 사는 동안에 항
상 주를 경외하며 주의 길로 걸어가
리이다

32 주의 백성 이스라엘에 속하지 않은
이방인에게 대하여도 그들이 주의
큰 이름과 능한 손과 펴신 팔을 위하
여 먼 지방에서 와서 이 성전을 향하
여 기도하거든
33 주는 계신 곳 하늘에서 들으시고 모
든 이방인이 주께 부르짖는 대로 이
루사 땅의 만민이 주의 이름을 알고
주의 백성 이스라엘처럼 경외하게 하
시오며 또 내가 건축한 이 성전을 주
의 이름으로 일컫는 줄을 알게 하옵
소서
34 주의 백성이 그 적국과 더불어 싸우
고자 하여 주께서 보내신 길로 나갈
때에 그들이 주께서 택하신 이 성과
내가 주의 이름을 위하여 건축한 성
전 있는 쪽을 향하여 주께 기도하거
든
35 주는 하늘에서 그들의 기도와 간구
를 들으시고 그들의 일을 돌보시옵
소서
36 주께 범죄하지 아니하는 사람이 없사
오니 그들이 주께 범죄하므로 주께
서 그들에게 진노하사 그들을 적국
에게 넘기시매 적국이 그들을 사로
잡아 땅의 원근을 막론하고 끌고 간
후에
37 그들이 사로잡혀 간 땅에서 스스로
깨닫고 그들을 사로잡은 자들의 땅
에서 돌이켜 주께 간구하기를 우리
가 범죄하여 패역을 행하며 악을 행
하였나이다 하며
38 자기들을 사로잡아 간 적국의 땅에
서 온 마음과 온 뜻으로 주께 돌아
와서 주께서 그들의 조상들에게 주
신 땅과 주께서 택하신 성과 내가 주
의 이름을 위하여 건축한 성전 있는
쪽을 향하여 기도하거든
39 주는 계신 곳 하늘에서 그들의 기도
와 간구를 들으시고 그들의 일을 돌
보시오며 주께 범죄한 주의 백성을
용서하옵소서
40 나의 하나님이여 이제 이 곳에서 하
는 기도에 눈을 드시고 귀를 기울이
소서
41 여호와 하나님이여 일어나 들어가사
주의 능력의 궤와 함께 주의 평안한
처소에 계시옵소서 여호와 하나님이
여 원하옵건대 주의 제사장들에게
구원을 입게 하시고 또 주의 성도들

365묵상

우리가 죄를 지었을 때

죄를 지었을 때 어떻게 해야 할까? 하나님은 나의 기도에 귀를 기울이실까? 그렇다! 우리는 언제라도 하나님께 기도할 수 있다. 특히 죄를 지었을 때, 다른 어느 때보다 하나님의 도우심을 필요로 하고, 회개의 기도를 통해 지은 죄를 반드시 용서받아야 한다. 그러면 하나님은 우리가 다음번에는 죄를 짓지 않도록 도와주신다. 솔로몬의 기도가 그런 희망과 용기를 준다(대하 6:22-31). 만일 떳떳하게 기도할 수 있을 만큼 선해질 때까지 기다렸다가 기도하려 한다면, 우리는 영원히 기도할 수 없게 될는지도 모른다.

에게 은혜를 기뻐하게 하옵소서
42 여호와 하나님이여 주의 기름 부음
받은 자에게서 얼굴을 돌리지 마시
옵고 주의 종 다윗에게 베푸신 은총
을 기억하옵소서 하였더라

성전 낙성식

7 솔로몬이 기도를 마치매 불이 하
늘에서부터 내려와서 그 번제물과
제물들을 사르고 여호와의 영광이
그 성전에 가득하니
2 여호와의 영광이 여호와의 전에 가득
하므로 제사장들이 여호와의 전으로
능히 들어가지 못하였고
3 이스라엘 모든 자손은 불이 내리는
것과 여호와의 영광이 성전 위에 있
는 것을 보고 돌을 깐 땅에 엎드려
경배하며 여호와께 감사하여 이르되
선하시도다 그의 인자하심이 영원하
도다 하니라
4 이에 왕과 모든 백성이 여호와 앞에
제사를 드리니
5 솔로몬 왕이 드린 제물이 소가 이만
이천 마리요 양이 십이만 마리라 이
와 같이 왕과 모든 백성이 하나님의
전의 낙성식을 행하니라
6 그 때에 제사장들은 직분대로 모셔
서고 레위 사람도 여호와의 악기를
가지고 섰으니 이 악기는 전에 다윗
왕이 레위 사람들에게 여호와께 감
사하게 하려고 만들어서 여호와의 인
자하심이 영원함을 찬송하게 하던 것
이라 제사장들은 무리 앞에서 나팔
을 불고 온 이스라엘은 서 있더라
7 솔로몬이 또 여호와의 전 앞뜰 가운
데를 거룩하게 하고 거기서 번제물
과 화목제의 기름을 드렸으니 이는
솔로몬이 지은 놋 제단이 능히 그 번
제물과 소제물과 기름을 용납할 수
없음이더라
8 그 때에 솔로몬이 칠 일 동안 절기를
지켰는데 하맛 어귀에서부터 애굽 강
까지의 온 이스라엘의 심히 큰 회중
이 모여 그와 함께 하였더니
9 여덟째 날에 무리가 한 성회를 여니
라 제단의 낙성식을 칠 일 동안 행한
후 이 절기를 칠 일 동안 지키니라
10 일곱째 달 제이십삼일에 왕이 백성을
그들의 장막으로 돌려보내매 백성이
여호와께서 다윗과 솔로몬과 그의
백성 이스라엘에게 베푸신 은혜로
말미암아 기뻐하며 마음에 즐거워하
였더라

여호와께서 다시 솔로몬에게 나타나시다

11 솔로몬이 여호와의 전과 왕궁 건축
을 마치고 솔로몬의 심중에 여호와
의 전과 자기의 궁궐에 그가 이루고

자 한 것을 다 형통하게 이루니라
12 밤에 여호와께서 솔로몬에게 나타나
사 그에게 이르시되 내가 이미 네 기
도를 듣고 이 곳을 택하여 내게 제
사하는 성전을 삼았으니
13 혹 내가 하늘을 닫고 비를 내리지 아
니하거나 혹 메뚜기들에게 토산을
먹게 하거나 혹 전염병이 내 백성 가
운데에 유행하게 할 때에
14 내 이름으로 일컫는 내 백성이 그들
의 악한 길에서 떠나 스스로 낮추고
기도하여 내 얼굴을 찾으면 내가 하
늘에서 듣고 그들의 죄를 사하고 그
들의 땅을 고칠지라
15 이제 이 곳에서 하는 기도에 내가 눈
을 들고 귀를 기울이리니
16 이는 내가 이미 이 성전을 택하고 거
룩하게 하여 내 이름을 여기에 영원
히 있게 하였음이라 내 눈과 내 마음
이 항상 여기에 있으리라
17 네가 만일 내 앞에서 행하기를 네 아
버지 다윗이 행한 것과 같이 하여 내
가 네게 명령한 모든 것을 행하여 내
율례와 법규를 지키면
18 내가 네 나라 왕위를 견고하게 하되
전에 내가 네 아버지 다윗과 언약하
기를 이스라엘을 다스릴 자가 네게
서 끊어지지 아니하리라 한 대로 하
리라
19 그러나 너희가 만일 돌아서서 내가
너희 앞에 둔 내 율례와 명령을 버리
고 가서 다른 신들을 섬겨 그들을 경
배하면
20 내가 너희에게 준 땅에서 그 뿌리를
뽑아내고 내 이름을 위하여 거룩하
게 한 이 성전을 내 앞에서 버려 모
든 민족 중에 속담거리와 이야깃거리
가 되게 하리니
21 이 성전이 비록 높을지라도 그리로
지나가는 자마다 놀라 이르되 여호
와께서 무슨 까닭으로 이 땅과 이 성
전에 이같이 행하셨는고 하면
22 대답하기를 그들이 자기 조상들을
애굽 땅에서 인도하여 내신 자기 하
나님 여호와를 버리고 다른 신들에
게 붙잡혀서 그것들을 경배하여 섬기
므로 여호와께서 이 모든 재앙을 그
들에게 내리셨다 하리라 하셨더라

솔로몬의 업적

8 솔로몬이 여호와의 전과 자기의
궁궐을 이십 년 동안에 건축하기
를 마치고
2 후람이 솔로몬에게 되돌려 준 성읍
들을 솔로몬이 건축하여 이스라엘
자손에게 거기에 거주하게 하니라
3 솔로몬이 가서 하맛소바를 쳐서 점령

하고
4 또 광야에서 다드몰을 건축하고 하
맛에서 모든 국고성들을 건축하고
5 또 윗 벧호론과 아랫 벧호론을 건축
하되 성벽과 문과 문빗장이 있게 하
여 견고한 성읍으로 만들고
6 또 바알랏과 자기에게 있는 모든 국
고성들과 모든 병거성들과 마병의 성
들을 건축하고 솔로몬이 또 예루살
렘과 레바논과 그가 다스리는 온 땅
에 건축하고자 하던 것을 다 건축하
니라
7 이스라엘이 아닌 헷 족속과 아모리
족속과 브리스 족속과 히위 족속과
여부스 족속의 남아 있는 모든 자
8 곧 이스라엘 자손이 다 멸하지 않았
으므로 그 땅에 남아 있는 그들의
자손들을 솔로몬이 역군으로 삼아
오늘에 이르렀으되
9 오직 이스라엘 자손은 솔로몬이 노
예로 삼아 일을 시키지 아니하였으니
그들은 군사와 지휘관의 우두머리들
과 그의 병거와 마병의 지휘관들이
됨이라
10 솔로몬 왕의 공장을 감독하는 자들
이 이백오십 명이라 그들이 백성을
다스렸더라
11 솔로몬이 바로의 딸을 데리고 다윗
성에서부터 그를 위하여 건축한 왕궁
에 이르러 이르되 내 아내가 이스라
엘 왕 다윗의 왕궁에 살지 못하리니
이는 여호와의 궤가 이른 곳은 다 거
룩함이니라 하였더라
12 솔로몬이 낭실 앞에 쌓은 여호와의
제단 위에 여호와께 번제를 드리되
13 모세의 명령을 따라 매일의 일과대로
안식일과 초하루와 정한 절기 곧 일
년의 세 절기 무교절과 칠칠절과 초
막절에 드렸더라
14 솔로몬이 또 그의 아버지 다윗의 규
례를 따라 제사장들의 반열을 정하
여 섬기게 하고 레위 사람들에게도
그 직분을 맡겨 매일의 일과대로 찬
송하며 제사장들 앞에서 수종들게
하며 또 문지기들에게 그 반열을 따
라 각 문을 지키게 하였으니 이는 하
나님의 사람 다윗이 전에 이렇게 명령
하였음이라
15 제사장들과 레위 사람들이 국고 일
에든지 무슨 일에든지 왕이 명령한
바를 전혀 어기지 아니하였더라
16 솔로몬이 여호와의 전의 기초를 쌓던
날부터 준공하기까지 모든 것을 완
비하였으므로 여호와의 전 공사가 결
점 없이 끝나니라
17 그 때에 솔로몬이 에돔 땅의 바닷가

에시온게벨과 엘롯에 이르렀더니
18 후람이 그의 신복들에게 부탁하여
배와 바닷길을 아는 종들을 보내매
그들이 솔로몬의 종들과 함께 오빌
에 이르러 거기서 금 사백오십 달란
트를 얻어 솔로몬 왕에게로 가져왔
더라

스바 여왕이 솔로몬을 찾아오다

9 스바 여왕이 솔로몬의 명성을 듣
고 와서 어려운 질문으로 솔로몬
을 시험하고자 하여 예루살렘에 이
르니 매우 많은 시종들을 거느리고
향품과 많은 금과 보석을 낙타에 실
었더라 그가 솔로몬에게 나아와 자
기 마음에 있는 것을 다 말하매
2 솔로몬이 그가 묻는 말에 다 대답하
였으니 솔로몬이 몰라서 대답하지
못한 것이 없었더라
3 스바 여왕이 솔로몬의 지혜와 그가
건축한 궁과
4 그의 상의 음식물과 그의 신하들의
좌석과 그의 신하들이 도열한 것과
그들의 공복과 술 관원들과 그들의
공복과 여호와의 전에 올라가는 층
계를 보고 정신이 황홀하여
5 왕께 말하되 내가 내 나라에서 당신
의 행위와 당신의 지혜에 대하여 들
은 소문이 진실하도다
6 내가 그 말들을 믿지 아니하였더니
이제 와서 본즉 당신의 지혜가 크다
한 말이 그 절반도 못 되니 당신은
내가 들은 소문보다 더하도다
7 복되도다 당신의 사람들이여, 복되도
다 당신의 이 신하들이여, 항상 당신
앞에 서서 당신의 지혜를 들음이로다
8 당신의 하나님 여호와를 송축할지로
다 하나님이 당신을 기뻐하시고 그
자리에 올리사 당신의 하나님 여호와
를 위하여 왕이 되게 하셨도다 당신
의 하나님이 이스라엘을 사랑하사 영
원히 견고하게 하시려고 당신을 세워
그들의 왕으로 삼아 정의와 공의를
행하게 하셨도다 하고
9 이에 그가 금 백이십 달란트와 매우
많은 향품과 보석을 왕께 드렸으니
스바 여왕이 솔로몬 왕께 드린 향품
같은 것이 전에는 없었더라
10 (후람의 신하들과 솔로몬의 신하들
도 오빌에서 금을 실어 올 때에 백단
목과 보석을 가져온지라
11 왕이 백단목으로 여호와의 전과 왕
궁의 층대를 만들고 또 노래하는 자
들을 위하여 수금과 비파를 만들었
으니 이같은 것들은 유다 땅에서 전
에는 보지 못하였더라)
12 솔로몬 왕이 스바 여왕이 가져온 대

로 답례하고 그 외에 또 그의 소원
대로 구하는 것을 모두 주니 이에
그가 그의 신하들과 더불어 본국으
로 돌아갔더라

솔로몬의 재산과 지혜

13 솔로몬의 세입금의 무게가 금 육백
육십육 달란트요
14 그 외에 또 무역상과 객상들이 가져
온 것이 있고 아라비아 왕들과 그 나
라 방백들도 금과 은을 솔로몬에게
가져온지라
15 솔로몬 왕이 쳐서 늘인 금으로 큰 방
패 이백 개를 만들었으니 방패 하나
에 든 금이 육백 세겔이며
16 또 쳐서 늘인 금으로 작은 방패 삼
백 개를 만들었으니 방패 하나에 든
금이 삼백 세겔이라 왕이 이것들을
레바논 나무 궁에 두었더라
17 왕이 또 상아로 큰 보좌를 만들고
순금으로 입혔으니
18 그 보좌에는 여섯 층계와 금 발판이
있어 보좌와 이어졌고 앉는 자리 양
쪽에는 팔걸이가 있고 팔걸이 곁에
는 사자가 하나씩 섰으며
19 또 열두 사자가 있어 그 여섯 층계
양쪽에 섰으니 어떤 나라에도 이같이
만든 것이 없었더라
20 솔로몬 왕이 마시는 그릇은 다 금이
요 레바논 나무 궁의 그릇들도 다
순금이라 솔로몬의 시대에 은을 귀
하게 여기지 아니함은
21 왕의 배들이 후람의 종들과 함께 다
시스로 다니며 그 배들이 삼 년에 일
차씩 다시스의 금과 은과 상아와 원
숭이와 공작을 실어옴이더라
22 솔로몬 왕의 재산과 지혜가 천하의
모든 왕들보다 큰지라
23 천하의 열왕이 하나님께서 솔로몬의
마음에 주신 지혜를 들으며 그의 얼
굴을 보기 원하여
24 각기 예물을 가지고 왔으니 곧 은
그릇과 금 그릇과 의복과 갑옷과 향
품과 말과 노새라 해마다 정한 수가
있었더라
25 솔로몬의 병거 메는 말의 외양간은
사천이요 마병은 만 이천 명이라 병거
성에도 두고 예루살렘 왕에게도 두
었으며
26 솔로몬이 유브라데 강에서부터 블레
셋 땅과 애굽 지경까지의 모든 왕을
다스렸으며
27 왕이 예루살렘에서 은을 돌 같이 흔
하게 하고 백향목을 평지의 뽕나무
같이 많게 하였더라
28 솔로몬을 위하여 애굽과 각국에서
말들을 가져왔더라

솔로몬이 죽다

29 이 외에 솔로몬의 시종 행적은 선지
자 나단의 글과 실로 사람 아히야의
예언과 선견자 잇도의 묵시 책 곧 잇
도가 느밧의 아들 여로보암에 대하
여 쓴 책에 기록되지 아니하였느냐
30 솔로몬이 예루살렘에서 온 이스라엘
을 다스린 지 사십 년이라
31 솔로몬이 그의 조상들과 함께 자매
그의 아버지 다윗의 성에 장사되고
그의 아들 르호보암이 대신하여 왕
이 되니라

북쪽 지파들의 배반

10 르호보암이 세겜으로 갔으니
이는 온 이스라엘이 그를 왕으
로 삼고자 하여 세겜에 이르렀음이
더라
2 느밧의 아들 여로보암이 전에 솔로
몬 왕의 낯을 피하여 애굽으로 도망
하여 있었더니 이 일을 듣고 여로보
암이 애굽에서부터 돌아오매
3 무리가 사람을 보내어 그를 불렀더
라 여로보암과 온 이스라엘이 와서
르호보암에게 말하여 이르되
4 왕의 아버지께서 우리의 멍에를 무겁
게 하였으나 왕은 이제 왕의 아버지
께서 우리에게 시킨 고역과 메운 무
거운 멍에를 가볍게 하소서 그리하시
면 우리가 왕을 섬기겠나이다
5 르호보암이 그들에게 대답하되 삼
일 후에 다시 내게로 오라 하매 백성
이 가니라
6 르호보암 왕이 그의 아버지 솔로몬
의 생전에 그 앞에 모셨던 원로들과
의논하여 이르되 너희는 이 백성에게
어떻게 대답하도록 권고하겠느냐 하
니
7 그들이 대답하여 이르되 왕이 만일
이 백성을 후대하여 기쁘게 하고 선
한 말을 하시면 그들이 영원히 왕의
종이 되리이다 하나
8 왕은 원로들이 가르치는 것을 버리
고 그 앞에 모시고 있는 자기와 함
께 자라난 젊은 신하들과 의논하여
9 이르되 너희는 이 백성에게 어떻게
대답하도록 권고하겠느냐 백성이 내
게 말하기를 왕의 아버지께서 우리에
게 메운 멍에를 가볍게 하라 하였느
니라 하니
10 함께 자라난 젊은 신하들이 왕께 말

365묵상

조언에 관한 조언

불행하게도 솔로몬의 아들 르호보암은 조언을 듣고 현명한 결정을 내리는 데 실패했다. 그 결과, 나라가 둘로 쪼개지는 큰 비극을 초래하고 말았다(대하10장). 우리는 어떻게 하면 좋은 조언을 듣고 또 현명한 결정을 내릴 수 있을 것인가? 조언에 관한 실제적 방침이 있다. (1) 요청을 받기 전에는 먼저 나서서 조언하지 말라. (2) 당신이 진정 조언을 원하기 전에는 조언을 구하지 말라. (3) 당신이 말해준 조언을 반드시 따라야 한다고 강요하지 말라. (4) 조언을 들은 후에도 하나님의 말씀으로 충분히 점검한 후에 따르라.

하여 이르되 이 백성들이 왕께 아뢰
기를 왕의 아버지께서 우리의 멍에를
무겁게 하였으나 왕은 우리를 위하
여 가볍게 하라 하였은즉 왕은 대답
하시기를 내 새끼 손가락이 내 아버
지의 허리보다 굵으니
11 내 아버지가 너희에게 무거운 멍에를
메게 하였으나 이제 나는 너희의 멍
에를 더욱 무겁게 할지라 내 아버지
는 가죽 채찍으로 너희를 치셨으나
나는 전갈 채찍으로 하리라 하소서
하더라
12 삼 일 만에 여로보암과 모든 백성이
르호보암에게 나왔으니 이는 왕이
명령하여 이르기를 삼 일 만에 내게
로 다시 오라 하였음이라
13 왕이 포학한 말로 대답할새 르호보
암이 원로들의 가르침을 버리고
14 젊은 신하들의 가르침을 따라 그들
에게 말하여 이르되 내 아버지는 너
희의 멍에를 무겁게 하였으나 나는
더 무겁게 할지라 내 아버지는 가죽
채찍으로 너희를 치셨으나 나는 전갈
채찍으로 치리라 하니라
15 왕이 이같이 백성의 말을 듣지 아니
하였으니 이 일은 하나님께로 말미암
아 난 것이라 여호와께서 전에 실로
사람 아히야로 하여금 느밧의 아들
여로보암에게 이르신 말씀을 응하게
하심이더라
16 온 이스라엘은 왕이 자기들의 말을
듣지 아니함을 보고 왕에게 대답하
여 이르되 우리가 다윗과 무슨 관계
가 있느냐 이새의 아들에게서 받을
유산이 없도다 이스라엘아 각각 너희
의 장막으로 돌아가라 다윗이여 이제
너는 네 집이나 돌보라 하고 온 이스
라엘이 그들의 장막으로 돌아가니라
17 그러나 유다 성읍들에 사는 이스라
엘 자손들에게는 르호보암이 그들
의 왕이 되었더라
18 르호보암 왕이 역군의 감독 하도람
을 보냈더니 이스라엘 자손이 저를
돌로 쳐 죽인지라 르호보암 왕이 급
히 수레에 올라 예루살렘으로 도망
하였더라
19 이에 이스라엘이 다윗의 집을 배반하
여 오늘날까지 이르니라

스마야가 여호와의 말씀을 전하다

11 르호보암이 예루살렘에 이르러
유다와 베냐민 족속을 모으니
택한 용사가 십팔만 명이라 이스라
엘과 싸워 나라를 회복하여 르호보
암에게 돌리려 하더니
2 여호와의 말씀이 하나님의 사람 스마
야에게 임하여 이르시되

3 솔로몬의 아들 유다 왕 르호보암과
유다와 베냐민에 속한 모든 이스라
엘 무리에게 말하여 이르기를
4 여호와께서 이같이 말씀하시기를 너
희는 올라가지 말라 너희 형제와 싸
우지 말고 각기 집으로 돌아가라 이
일이 내게로 말미암아 난 것이라 하
셨다 하라 하신지라 그들이 여호와의
말씀을 듣고 돌아가고 여로보암을
치러 가던 길에서 되돌아왔더라

르호보암이 방비하는 성읍들을 건축하다

5 르호보암이 예루살렘에 살면서 유다
땅에 방비하는 성읍들을 건축하였으
니
6 곧 베들레헴과 에담과 드고아와
7 벧술과 소고와 아둘람과
8 가드와 마레사와 십과
9 아도라임과 라기스와 아세가와
10 소라와 아얄론과 헤브론이니 다 유
다와 베냐민 땅에 있어 견고한 성읍
들이라
11 르호보암이 그 방비하는 성읍들을
더욱 견고하게 하고 지휘관들을 그
가운데에 두고 양식과 기름과 포도
주를 저축하고
12 모든 성읍에 방패와 창을 두어 매우
강하게 하니라 유다와 베냐민이 르
호보암에게 속하였더라

제사장들과 레위 사람들이 유다로 오다

13 온 이스라엘의 제사장들과 레위 사
람들이 그들의 모든 지방에서부터
르호보암에게 돌아오되
14 레위 사람들이 자기들의 마을들과
산업을 떠나 유다와 예루살렘에 이
르렀으니 이는 여로보암과 그의 아
들들이 그들을 해임하여 여호와께
제사장의 직분을 행하지 못하게 하
고
15 여로보암이 여러 산당과 숫염소 우
상과 자기가 만든 송아지 우상을 위
하여 친히 제사장들을 세움이라
16 이스라엘 모든 지파 중에 마음을 굳
게 하여 이스라엘의 하나님 여호와를
찾는 자들이 레위 사람들을 따라 예
루살렘에 이르러 그들의 조상들의
하나님 여호와께 제사하고자 한지라
17 그러므로 삼 년 동안 유다 나라를
도와 솔로몬의 아들 르호보암을 강
성하게 하였으니 이는 무리가 삼 년
동안을 다윗과 솔로몬의 길로 행하
였음이더라

르호보암의 가족

18 르호보암이 다윗의 아들 여리못의 딸
마할랏을 아내로 삼았으니 마할랏은
이새의 아들 엘리압의 딸 아비하일의
소생이라

19 그가 아들들 곧 여우스와 스마랴와
사함을 낳았으며
20 그 후에 압살롬의 딸 마아가에게 장
가 들었더니 그가 아비야와 앗대와
시사와 슬로밋을 낳았더라
21 르호보암은 아내 열여덟 명과 첩 여
순 명을 거느려 아들 스물여덟 명과
딸 예순 명을 낳았으나 압살롬의 딸
마아가를 모든 처첩보다 더 사랑하여
22 르호보암은 마아가의 아들 아비야를
후계자로 세웠으니 이는 그의 형제
들 가운데 지도자로 삼아 왕으로 세
우고자 함이었더라
23 르호보암이 지혜롭게 행하여 그의
모든 아들을 유다와 베냐민의 온 땅
모든 견고한 성읍에 흩어 살게 하고
양식을 후히 주고 아내를 많이 구하
여 주었더라

애굽이 유다를 치다

12

르호보암의 나라가 견고하고
세력이 강해지매 그가 여호와의
율법을 버리니 온 이스라엘이 본받
은지라
2 그들이 여호와께 범죄하였으므로 르
호보암 왕 제오년에 애굽 왕 시삭이
예루살렘을 치러 올라오니
3 그에게 병거가 천이백 대요 마병이
육만 명이며 애굽에서 그와 함께 온
백성 곧 리비아와 숙과 구스 사람이
헤아릴 수 없이 많더라
4 시삭이 유다의 견고한 성읍들을 빼
앗고 예루살렘에 이르니
5 그 때에 유다 방백들이 시삭의 일로
예루살렘에 모였는지라 선지자 스마
야가 르호보암과 방백들에게 나아
와 이르되 여호와께서 이같이 말씀하
시기를 너희가 나를 버렸으므로 나도
너희를 버려 시삭의 손에 넘겼노라
하셨다 한지라
6 이에 이스라엘 방백들과 왕이 스스
로 겸비하여 이르되 여호와는 의로우
시다 하매
7 여호와께서 그들이 스스로 겸비함을
보신지라 여호와의 말씀이 스마야에
게 임하여 이르시되 그들이 스스로
겸비하였으니 내가 멸하지 아니하고
저희를 조금 구원하여 나의 노를 시
삭의 손을 통하여 예루살렘에 쏟지
아니하리라
8 그러나 그들이 시삭의 종이 되어 나
를 섬기는 것과 세상 나라들을 섬기
는 것이 어떠한지 알게 되리라 하셨더
라
9 애굽 왕 시삭이 올라와서 예루살렘
을 치고 여호와의 전 보물과 왕궁의
보물을 모두 빼앗고 솔로몬이 만든

금 방패도 빼앗은지라
10 르호보암 왕이 그 대신에 놋으로 방
패를 만들어 궁문을 지키는 경호 책
임자들의 손에 맡기매
11 왕이 여호와의 전에 들어갈 때마다
경호하는 자가 그 방패를 들고 갔다
가 경호실로 도로 가져갔더라
12 르호보암이 스스로 겸비하였고 유다
에 선한 일도 있으므로 여호와께서
노를 돌이키사 다 멸하지 아니하셨더
라

르호보암이 죽다

13 르호보암 왕은 예루살렘에서 스스
로 세력을 굳게 하여 다스리니라 르
호보암이 왕위에 오를 때에 나이가
사십일 세라 예루살렘 곧 여호와께
서 이스라엘의 모든 지파 중에서 택
하여 그의 이름을 두신 성에서 십칠
년 동안 다스리니라 르호보암의 어머
니의 이름은 나아마요 암몬 여인이더
라
14 르호보암이 악을 행하였으니 이는
그가 여호와를 구하는 마음을 굳게
하지 아니함이었더라
15 르호보암의 처음부터 끝까지의 행적
은 선지자 스마야와 선견자 잇도의
족보책에 기록되지 아니하였느냐 르
호보암과 여로보암 사이에 항상 전
쟁이 있으니라
16 르호보암이 그의 조상들과 함께 누
우매 다윗 성에 장사되고 그의 아들
아비야가 그를 대신하여 왕이 되니라

아비야와 여로보암의 전쟁

13 여로보암 왕 열여덟째 해에 아
비야가 유다의 왕이 되고
2 예루살렘에서 삼 년 동안 다스리니
라 그의 어머니의 이름은 미가야요
기브아 사람 우리엘의 딸이더라 아비
야가 여로보암과 더불어 싸울새
3 아비야는 싸움에 용감한 군사 사십
만 명을 택하여 싸움을 준비하였고
여로보암은 큰 용사 팔십만 명을 택
하여 그와 대진한지라
4 아비야가 에브라임 산 중 스마라임
산 위에 서서 이르되 여로보암과 이
스라엘 무리들아 다 들으라
5 이스라엘 하나님 여호와께서 소금
언약으로 이스라엘 나라를 영원히
다윗과 그의 자손에게 주신 것을 너
희가 알 것 아니냐
6 다윗의 아들 솔로몬의 신하 느밧의
아들 여로보암이 일어나 자기의 주를
배반하고
7 난봉꾼과 잡배가 모여 따르므로 스
스로 강하게 되어 솔로몬의 아들 르
호보암을 대적하였으나 그 때에 르

호보암이 어리고 마음이 연약하여 그
들의 입을 능히 막지 못하였었느니라
8 이제 너희가 또 다윗 자손의 손으로
다스리는 여호와의 나라를 대적하려
하는도다 너희는 큰 무리요 또 여로
보암이 너희를 위하여 신으로 만든
금송아지들이 너희와 함께 있도다
9 너희가 아론 자손인 여호와의 제사장
들과 레위 사람들을 쫓아내고 이방
백성들의 풍속을 따라 제사장을 삼
지 아니하였느냐 누구를 막론하고
어린 수송아지 한 마리와 숫양 일곱
마리를 끌고 와서 장립을 받고자 하
는 자마다 허무한 신들의 제사장이
될 수 있도다
10 우리에게는 여호와께서 우리 하나님
이 되시니 우리가 그를 배반하지 아
니하였고 여호와를 섬기는 제사장들
이 있으니 아론의 자손이요 또 레위
사람들이 수종 들어
11 매일 아침 저녁으로 여호와 앞에 번
제를 드리며 분향하며 또 깨끗한 상
에 진설병을 놓고 또 금 등잔대가 있
어 그 등에 저녁마다 불을 켜나니 우
리는 우리 하나님 여호와의 계명을
지키나 너희는 그를 배반하였느니라
12 하나님이 우리와 함께 하사 우리의
머리가 되시고 그의 제사장들도 우리
와 함께 하여 전쟁의 나팔을 불어 너
희를 공격하느니라 이스라엘 자손들
아 너희 조상들의 하나님 여호와와
싸우지 말라 너희가 형통하지 못하리
라
13 여로보암이 유다의 뒤를 둘러 복병
하였으므로 그 앞에는 이스라엘 사
람들이 있고 그 뒤에는 복병이 있는
지라
14 유다 사람이 뒤를 돌아보고 자기 앞
뒤의 적병으로 말미암아 여호와께 부
르짖고 제사장들은 나팔을 부니라
15 유다 사람이 소리 지르매 유다 사람
이 소리 지를 때에 하나님이 여로보
암과 온 이스라엘을 아비야와 유다
앞에서 치시니
16 이스라엘 자손이 유다 앞에서 도망
하는지라 하나님이 그들의 손에 넘기
셨으므로
17 아비야와 그의 백성이 크게 무찌르
니 이스라엘이 택한 병사들이 죽임을
당하고 엎드러진 자들이 오십만 명이
었더라
18 그 때에 이스라엘 자손이 항복하고
유다 자손이 이겼으니 이는 그들이
그들의 조상들의 하나님 여호와를
의지하였음이라
19 아비야가 여로보암을 쫓아가서 그의

성읍들을 빼앗았으니 곧 벧엘과 그
동네들과 여사나와 그 동네들과 에
브론과 그 동네들이라
20 아비야 때에 여로보암이 다시 강성
하지 못하고 여호와의 치심을 입어
죽었고
21 아비야는 점점 강성하며 아내 열넷을
거느려 아들 스물둘과 딸 열여섯을
낳았더라
22 아비야의 남은 사적과 그의 행위와
그의 말은 선지자 잇도의 주석 책에
기록되니라

아사가 유다 왕이 되다

14 아비야가 그의 조상들과 함께
누우매 다윗 성에 장사되고 그
의 아들 아사가 대신하여 왕이 되니
그의 시대에 그의 땅이 십 년 동안
평안하니라
2 아사가 그의 하나님 여호와 보시기에
선과 정의를 행하여
3 이방 제단과 산당을 없애고 주상을
깨뜨리며 아세라 상을 찍고
4 유다 사람에게 명하여 그 조상들의
하나님 여호와를 찾게 하며 그의 율
법과 명령을 행하게 하고
5 또 유다 모든 성읍에서 산당과 태양
상을 없애매 나라가 그 앞에서 평안
함을 누리니라
6 여호와께서 아사에게 평안을 주셨으
므로 그 땅이 평안하여 여러 해 싸움
이 없은지라 그가 견고한 성읍들을
유다에 건축하니라
7 아사가 일찍이 유다 사람에게 이르
되 우리가 우리 하나님 여호와를 찾
았으므로 이 땅이 아직 우리 앞에 있
나니 우리가 이 성읍들을 건축하고
그 주위에 성곽과 망대와 문과 빗장
을 만들자 우리가 주를 찾았으므로
주께서 우리 사방에 평안을 주셨느
니라 하고 이에 그들이 성읍을 형통
하게 건축하였더라
8 아사의 군대는 유다 중에서 큰 방패
와 창을 잡는 자가 삼십만 명이요 베
냐민 중에서 작은 방패를 잡으며 활
을 당기는 자가 이십팔만 명이라 그
들은 다 큰 용사였더라
9 구스 사람 세라가 그들을 치려 하여
군사 백만 명과 병거 삼백 대를 거느
리고 마레사에 이르매
10 아사가 마주 나가서 마레사의 스바

365묵상

하나님이 우리와 함께 하신다!

믿는 자라는 이유로 신앙의 곤경에 처해본 적이 있는가? 술, 담배를 못한다고 눈치 받거나, 주일예배 참석으로 등반대회에 빠져야 한다거나하는 경우처럼. 이럴 때, 어떻게 하면 신앙의 용기를 잃지 않을 수 있을까? 유다 왕 아비야는 자신의 군대보다 두 배나 더 많은 군대와 싸울 상황에 처했을 때 확신을 잃지 않았다. "하나님이 우리와 함께 하신다"(대하 13:10-12)란 사실을 믿었다. 하나님을 믿는 일로 곤경에 처할지라도, 하나님이 우리와 함께 하시기 때문에 우리는 어떤 경우에도 신앙의 용기를 잃지 않을 수 있다.

다 골짜기에 전열을 갖추고
11 아사가 그의 하나님 여호와께 부르
짖어 이르되 여호와여 힘이 강한 자
와 약한 자 사이에는 주밖에 도와
줄 이가 없사오니 우리 하나님 여호
와여 우리를 도우소서 우리가 주를
의지하오며 주의 이름을 의탁하옵고
이 많은 무리를 치러 왔나이다 여호
와여 주는 우리 하나님이시오니 원하
건대 사람이 주를 이기지 못하게 하
옵소서 하였더니
12 여호와께서 구스 사람들을 아사와
유다 사람들 앞에서 치시니 구스 사
람들이 도망하는지라
13 아사와 그와 함께 한 백성이 구스 사
람들을 추격하여 그랄까지 이르매 이
에 구스 사람들이 엎드러지고 살아
남은 자가 없었으니 이는 여호와 앞
에서와 그의 군대 앞에서 패망하였
음이라 노략한 물건이 매우 많았더라
14 여호와께서 그랄 사면 모든 성읍 백
성을 두렵게 하시니 무리가 그의 모
든 성읍을 치고 그 가운데에 있는
많은 물건을 노략하고
15 또 짐승 지키는 천막을 치고 양과 낙
타를 많이 이끌고 예루살렘으로 돌
아왔더라

아사의 개혁

15 하나님의 영이 오뎃의 아들 아
사랴에게 임하시매
2 그가 나가서 아사를 맞아 이르되 아
사와 및 유다와 베냐민의 무리들아
내 말을 들으라 너희가 여호와와 함
께 하면 여호와께서 너희와 함께 하
실지라 너희가 만일 그를 찾으면 그
가 너희와 만나게 되시려니와 너희가
만일 그를 버리면 그도 너희를 버리
시리라
3 이스라엘에는 참 신이 없고 가르치
는 제사장도 없고 율법도 없은 지가
오래 되었으나
4 그들이 그 환난 때에 이스라엘 하나
님 여호와께로 돌아가서 찾으매 그
가 그들과 만나게 되셨나니
5 그 때에 온 땅의 모든 주민이 크게
요란하여 사람의 출입이 평안하지 못
하며
6 이 나라와 저 나라가 서로 치고 이 성
읍이 저 성읍과 또한 그러하여 피차
상한 바 되었나니 이는 하나님이 여
러 가지 고난으로 요란하게 하셨음
이라
7 그런즉 너희는 강하게 하라 너희의
손이 약하지 않게 하라 너희 행위에
는 상급이 있음이라 하니라
8 아사가 이 말 곧 선지자 오뎃의 예언

을 듣고 마음을 강하게 하여 가증한
물건들을 유다와 베냐민 온 땅에서
없애고 또 에브라임 산지에서 빼앗
은 성읍들에서도 없애고 또 여호와
의 낭실 앞에 있는 여호와의 제단을
재건하고
9 또 유다와 베냐민의 무리를 모으고
에브라임과 므낫세와 시므온 가운데
에서 나와서 저희 중에 머물러 사는
자들을 모았으니 이는 이스라엘 사
람들이 아사의 하나님 여호와께서
그와 함께 하심을 보고 아사에게로
돌아오는 자가 많았음이더라
10 아사 왕 제십오년 셋째 달에 그들이
예루살렘에 모이고
11 그 날에 노략하여 온 물건 중에서 소
칠백 마리와 양 칠천 마리로 여호와
께 제사를 지내고
12 또 마음을 다하고 목숨을 다하여 조
상들의 하나님 여호와를 찾기로 언약
하고
13 이스라엘 하나님 여호와를 찾지 아니
하는 자는 대소 남녀를 막론하고 죽
이는 것이 마땅하다 하고
14 무리가 큰 소리로 외치며 피리와 나
팔을 불어 여호와께 맹세하매
15 온 유다가 이 맹세를 기뻐한지라 무
리가 마음을 다하여 맹세하고 뜻을
다하여 여호와를 찾았으므로 여호와
께서도 그들을 만나 주시고 그들의
사방에 평안을 주셨더라
16 아사 왕의 어머니 마아가가 아세라의
가증한 목상을 만들었으므로 아사
가 그의 태후의 자리를 폐하고 그의
우상을 찍고 빻아 기드론 시냇가에
서 불살랐으니
17 산당은 이스라엘 중에서 제하지 아
니하였으나 아사의 마음이 일평생 온
전하였더라
18 그가 또 그의 아버지가 구별한 물건
과 자기가 구별한 물건 곧 은과 금과
그릇들을 하나님의 전에 드렸더니
19 이 때부터 아사 왕 제삼십오년까지
다시는 전쟁이 없으니라

이스라엘과 유다의 충돌

16 아사 왕 제삼십육년에 이스라
엘 왕 바아사가 유다를 치러 올
라와서 라마를 건축하여 사람을 유
다 왕 아사에게 왕래하지 못하게 하
려 한지라
2 아사가 여호와의 전 곳간과 왕궁 곳
간의 은금을 내어다가 다메섹에 사
는 아람 왕 벤하닷에게 보내며 이르
되
3 내 아버지와 당신의 아버지 사이에와
같이 나와 당신 사이에 약조하자 내

가 당신에게 은금을 보내노니 와서
이스라엘 왕 바아사와 세운 약조를
깨뜨려 그가 나를 떠나게 하라 하매
4 벤하닷이 아사 왕의 말을 듣고 그의
군대 지휘관들을 보내어 이스라엘 성
읍들을 치되 이욘과 단과 아벨마임
과 납달리의 모든 국고성들을 쳤더니
5 바아사가 듣고 라마 건축하는 일을
포기하고 그 공사를 그친지라
6 아사 왕이 온 유다 무리를 거느리고
바아사가 라마를 건축하던 돌과 재
목을 운반하여다가 게바와 미스바를
건축하였더라

선견자 하나니

7 그 때에 선견자 하나니가 유다 왕 아
사에게 나와서 그에게 이르되 왕이
아람 왕을 의지하고 왕의 하나님 여
호와를 의지하지 아니하였으므로 아
람 왕의 군대가 왕의 손에서 벗어났
나이다
8 구스 사람과 룹 사람의 군대가 크지
아니하며 말과 병거가 심히 많지 아니
하더이까 그러나 왕이 여호와를 의지
하였으므로 여호와께서 왕의 손에
넘기셨나이다
9 여호와의 눈은 온 땅을 두루 감찰하
사 전심으로 자기에게 향하는 자들
을 위하여 능력을 베푸시나니 이 일
은 왕이 망령되이 행하였은즉 이 후
부터는 왕에게 전쟁이 있으리이다 하
매
10 아사가 노하여 선견자를 옥에 가두
었으니 이는 그의 말에 크게 노하였
음이며 그 때에 아사가 또 백성 중에
서 몇 사람을 학대하였더라

아사가 죽다

11 아사의 처음부터 끝까지의 행적은 유
다와 이스라엘 열왕기에 기록되니라
12 아사가 왕이 된 지 삼십구 년에 그의
발이 병들어 매우 위독했으나 병이
있을 때에 그가 여호와께 구하지 아
니하고 의원들에게 구하였더라
13 아사가 왕위에 있은 지 사십일 년 후
에 죽어 그의 조상들과 함께 누우매
14 다윗 성에 자기를 위하여 파 두었던
묘실에 무리가 장사하되 그의 시체를
법대로 만든 각양 향 재료를 가득히
채운 상에 두고 또 그것을 위하여 많
이 분향하였더라

여호사밧이 유다의 왕이 되다

17 아사의 아들 여호사밧이 대신하
여 왕이 되어 스스로 강하게 하
여 이스라엘을 방어하되
2 유다 모든 견고한 성읍에 군대를 주
둔시키고 또 유다 땅과 그의 아버지
아사가 정복한 에브라임 성읍들에

영문을 두었더라
3 여호와께서 여호사밧과 함께 하셨으
니 이는 그가 그의 조상 다윗의 처음
길로 행하여 바알들에게 구하지 아
니하고
4 오직 그의 아버지의 하나님께 구하며
그의 계명을 행하고 이스라엘의 행
위를 따르지 아니하였음이라
5 그러므로 여호와께서 나라를 그의
손에서 견고하게 하시매 유다 무리
가 여호사밧에게 예물을 드렸으므로
그가 부귀와 영광을 크게 떨쳤더라
6 그가 전심으로 여호와의 길을 걸어
산당들과 아세라 목상들도 유다에서
제거하였더라
7 그가 왕위에 있은 지 삼 년에 그의
방백들 벤하일과 오바댜와 스가랴
와 느다넬과 미가야를 보내어 유다
여러 성읍에 가서 가르치게 하고
8 또 그들과 함께 레위 사람 스마야와
느다냐와 스바댜와 아사헬과 스미라
못과 여호나단과 아도니야와 도비야
와 도바도니야 등 레위 사람들을 보
내고 또 저희와 함께 제사장 엘리사
마와 여호람을 보내었더니
9 그들이 여호와의 율법책을 가지고
유다에서 가르치되 그 모든 유다 성
읍들로 두루 다니며 백성들을 가르
쳤더라

여호사밧이 강대하여지다

10 여호와께서 유다 사방의 모든 나라
에 두려움을 주사 여호사밧과 싸우
지 못하게 하시매
11 블레셋 사람들 중에서는 여호사밧에
게 예물을 드리며 은으로 조공을 바
쳤고 아라비아 사람들도 짐승 떼 곧
숫양 칠천칠백 마리와 숫염소 칠천칠
백 마리를 드렸더라
12 여호사밧이 점점 강대하여 유다에 견
고한 요새와 국고성을 건축하고
13 유다 여러 성에 공사를 많이 하고 또
예루살렘에 크게 용맹스러운 군사
를 두었으니
14 군사의 수효가 그들의 족속대로 이
러하니라 유다에 속한 천부장 중에
는 아드나가 으뜸이 되어 큰 용사 삼
십만 명을 거느렸고
15 그 다음은 지휘관 여호하난이니 이십
팔만 명을 거느렸고
16 그 다음은 시그리의 아들 아마시야니
그는 자기를 여호와께 즐거이 드린
자라 큰 용사 이십만 명을 거느렸고
17 베냐민에 속한 자 중에 큰 용사 엘
리아다는 활과 방패를 잡은 자 이십
만 명을 거느렸고
18 그 다음은 여호사밧이라 싸움을 준

비한 자 십팔만 명을 거느렸으니
19 이는 다 왕을 모시는 자요 이 외에
또 온 유다 견고한 성읍들에 왕이
군사를 두었더라

선지자 미가야가 아합 왕에게 경고하다

18 여호사밧이 부귀와 영광을 크
게 떨쳤고 아합 가문과 혼인함
으로 인척 관계를 맺었더라
2 이 년 후에 그가 사마리아의 아합에
게 내려갔더니 아합이 그와 시종을
위하여 양과 소를 많이 잡고 함께 가
서 길르앗 라못 치기를 권하였더라
3 이스라엘 왕 아합이 유다 왕 여호사
밧에게 이르되 당신이 나와 함께 길
르앗 라못으로 가시겠느냐 하니 여
호사밧이 대답하되 나는 당신과 다
름이 없고 내 백성은 당신의 백성과
다름이 없으니 당신과 함께 싸우리이
다 하는지라
4 여호사밧이 또 이스라엘 왕에게 이
르되 청하건대 먼저 여호와의 말씀이
어떠하신지 오늘 물어 보소서 하더라
5 이스라엘 왕이 이에 선지자 사백 명
을 모으고 그들에게 이르되 우리가
길르앗 라못에 가서 싸우랴 말랴 하
니 그들이 이르되 올라가소서 하나님
이 그 성읍을 왕의 손에 붙이시리이
다 하더라
6 여호사밧이 이르되 이 외에 우리가
물을 만한 여호와의 선지자가 여기
있지 아니하니이까 하니
7 이스라엘 왕이 여호사밧에게 이르되
아직도 이믈라의 아들 미가야 한 사
람이 있으니 그로 말미암아 여호와
께 물을 수 있으나 그는 내게 대하
여 좋은 일로는 예언하지 아니하고
항상 나쁜 일로만 예언하기로 내가
그를 미워하나이다 하더라 여호사밧
이 이르되 왕은 그런 말씀을 마소서
하니
8 이스라엘 왕이 한 내시를 불러 이르
되 이믈라의 아들 미가야를 속히 오
게 하라 하니라
9 이스라엘 왕과 유다 왕 여호사밧이
왕복을 입고 사마리아 성문 어귀 광
장에서 각기 보좌에 앉았고 여러 선
지자들이 그 앞에서 예언을 하는데
10 그나아나의 아들 시드기야는 철로
뿔들을 만들어 가지고 말하되 여호
와께서 이같이 말씀하시기를 왕이 이
것들로 아람 사람을 찔러 진멸하리라
하셨다 하고
11 여러 선지자들도 그와 같이 예언하여
이르기를 길르앗 라못으로 올라가서
승리를 거두소서 여호와께서 그 성
읍을 왕의 손에 넘기시리이다 하더라

12 미가야를 부르러 간 사자가 그에게
말하여 이르되 선지자들의 말이 하나
같이 왕에게 좋게 말하니 청하건대
당신의 말도 그들 중 한 사람처럼 좋
게 말하소서 하니
13 미가야가 이르되 여호와께서 살아 계
심을 두고 맹세하노니 내 하나님께
서 말씀하시는 것 곧 그것을 내가 말
하리라 하고
14 이에 왕에게 이르니 왕이 그에게 이
르되 미가야야 우리가 길르앗 라못으
로 싸우러 가랴 말랴 하는지라 이르
되 올라가서 승리를 거두소서 그들이
왕의 손에 넘긴 바 되리이다 하니
15 왕이 그에게 이르되 여호와의 이름
으로 진실한 것 이외에는 아무것도
말하지 말라고 내가 몇 번이나 네게
맹세하게 하여야 하겠느냐 하니
16 그가 이르되 내가 보니 온 이스라엘
이 목자 없는 양 같이 산에 흩어졌는
데 여호와의 말씀이 이 무리가 주인
이 없으니 각각 평안히 자기들의 집
으로 돌아갈 것이니라 하셨나이다 하
는지라
17 이스라엘 왕이 여호사밧에게 이르되
저 사람이 내게 대하여 좋은 일로 예
언하지 아니하고 나쁜 일로만 예언할
것이라고 당신에게 말씀하지 아니하
였나이까 하더라
18 미가야가 이르되 그런즉 왕은 여호
와의 말씀을 들으소서 내가 보니 여
호와께서 그의 보좌에 앉으셨고 하
늘의 만군이 그의 좌우편에 모시고
섰는데
19 여호와께서 말씀하시기를 누가 이스
라엘 왕 아합을 꾀어 그에게 길르앗
라못에 올라가서 죽게 할까 하시니
하나는 이렇게 하겠다 하고 하나는
저렇게 하겠다 하였는데
20 한 영이 나와서 여호와 앞에 서서 말
하되 내가 그를 꾀겠나이다 하니 여
호와께서 그에게 이르시되 어떻게 하
겠느냐 하시니
21 그가 이르되 내가 나가서 거짓말하는
영이 되어 그의 모든 선지자들의 입
에 있겠나이다 하니 여호와께서 이르
시되 너는 꾀겠고 또 이루리라 나가
서 그리하라 하셨은즉
22 이제 보소서 여호와께서 거짓말하는
영을 왕의 이 모든 선지자들의 입에

365묵상

믿음의 배우자를 선택하기

유다 왕 여호사밧은 선정을 베푼 훌륭한 왕이었다. 하지만 그는 집안의 결혼문제에 있어서는 실패했다. 우상을 섬기는 북왕국의 아합 집과 통혼했기 때문이다(대하 18:1). 이 일로 후일에 유다는 다윗 왕가가 끊어질 뻔한 비극을 초래하였다. 이 이야기는 우리가 누구와 결혼할 것인가, 혹은 우리 자녀를 누구와 결혼시킬 것인가 하는 선택이 얼마나 중요한 문제인가를 잘 보여준다. 그것은 당사자들뿐 아니라 이후 세대에게도 결정적인 영향을 미치기 때문이다. 요점은, 무엇보다 믿음의 배우자를 선택해야 한다는 것이다!

넣으셨고 또 여호와께서 왕에게 대
하여 재앙을 말씀하셨나이다 하니
23 그나아나의 아들 시드기야가 가까이
와서 미가야의 뺨을 치며 이르되 여
호와의 영이 나를 떠나 어디로 가서
네게 말씀하더냐 하는지라
24 미가야가 이르되 네가 골방에 들어가
서 숨는 바로 그 날에 보리라 하더라
25 이스라엘 왕이 이르되 미가야를 잡
아 시장 아몬과 왕자 요아스에게로
끌고 돌아가서
26 왕이 이같이 말하기를 이 놈을 옥에
가두고 내가 평안히 돌아올 때까지
고난의 떡과 고난의 물을 먹게 하라
하셨나이다 하니
27 미가야가 이르되 왕이 참으로 평안히
돌아오시게 된다면 여호와께서 내게
말씀하지 아니하셨으리이다 하고 또
이르되 너희 백성들아 다 들을지어다
하니라

아합이 죽다

28 이스라엘 왕과 유다 왕 여호사밧이
길르앗 라못으로 올라가니라
29 이스라엘 왕이 여호사밧에게 이르되
나는 변장하고 전쟁터로 들어가려 하
노니 당신은 왕복을 입으소서 하고
이스라엘 왕이 변장하고 둘이 전쟁터
로 들어가니라
30 아람 왕이 그의 병거 지휘관들에게
이미 명령하여 이르기를 너희는 작은
자나 큰 자나 더불어 싸우지 말고 오
직 이스라엘 왕하고만 싸우라 한지
라
31 병거의 지휘관들이 여호사밧을 보고
이르되 이가 이스라엘 왕이라 하고
돌아서서 그와 싸우려 한즉 여호사
밧이 소리를 지르매 여호와께서 그
를 도우시며 하나님이 그들을 감동
시키사 그를 떠나가게 하신지라
32 병거의 지휘관들이 그가 이스라엘 왕
이 아님을 보고 추격을 그치고 돌아
갔더라
33 한 사람이 무심코 활을 당겨 이스라
엘 왕의 갑옷 솔기를 쏜지라 왕이 그
의 병거 모는 자에게 이르되 내가 부
상하였으니 네 손을 돌려 나를 진중
에서 나가게 하라 하였으나
34 이 날의 전쟁이 맹렬하였으므로 이스
라엘 왕이 병거에서 겨우 지탱하며
저녁 때까지 아람 사람을 막다가 해
가 질 즈음에 죽었더라

선견자 예후가 여호사밧을 규탄하다

19 유다 왕 여호사밧이 평안히 예
루살렘에 돌아와서 그의 궁으
로 들어가니라
2 하나니의 아들 선견자 예후가 나가서

여호사밧 왕을 맞아 이르되 왕이 악
한 자를 돕고 여호와를 미워하는 자
들을 사랑하는 것이 옳으니이까 그
러므로 여호와께로부터 진노하심이
왕에게 임하리이다
3 그러나 왕에게 선한 일도 있으니 이
는 왕이 아세라 목상들을 이 땅에서
없애고 마음을 기울여 하나님을 찾
음이니이다 하였더라

여호사밧의 개혁

4 여호사밧이 예루살렘에 살더니 다시
나가서 브엘세바에서부터 에브라임
산지까지 민간에 두루 다니며 그들
을 그들의 조상들의 하나님 여호와
께로 돌아오게 하고
5 또 유다 온 나라의 견고한 성읍에 재
판관을 세우되 성읍마다 있게 하고
6 재판관들에게 이르되 너희가 재판하
는 것이 사람을 위하여 할 것인지 여
호와를 위하여 할 것인지를 잘 살피
라 너희가 재판할 때에 여호와께서
너희와 함께 하심이니라
7 그런즉 너희는 여호와를 두려워하는
마음으로 삼가 행하라 우리의 하나
님 여호와께서는 사람들 앞에서 불
의함도 없으시고 치우침도 없으시고
뇌물을 받는 일도 없으시니라 하니라
8 여호사밧이 또 예루살렘에서 레위
사람들과 제사장들과 이스라엘 족장
들 중에서 사람을 세워 여호와께 속
한 일과 예루살렘 주민의 모든 송사
를 재판하게 하고
9 그들에게 명령하여 이르되 너희는 진
실과 성심을 다하여 여호와를 경외하
라
10 어떤 성읍에 사는 너희 형제가 혹 피
를 흘림이나 혹 율법이나 계명이나
율례나 규례로 말미암아 너희에게
와서 송사하거든 어떤 송사든지 그
들에게 경고하여 여호와께 죄를 범
하지 않게 하여 너희와 너희 형제에
게 진노하심이 임하지 말게 하라 너
희가 이렇게 행하면 죄가 없으리라
11 여호와께 속한 모든 일에는 대제사
장 아마랴가 너희를 다스리고 왕에
게 속한 모든 일은 유다 지파의 어른
이스마엘의 아들 스바댜가 다스리고
레위 사람들은 너희 앞에 관리가 되
리라 너희는 힘써 행하라 여호와께서
선한 자와 함께 하실지로다 하니라

여호사밧과 아람의 전쟁

20 그 후에 모압 자손과 암몬 자
손들이 마온 사람들과 함께 와
서 여호사밧을 치고자 한지라
2 어떤 사람이 와서 여호사밧에게 전하
여 이르되 큰 무리가 바다 저쪽 아람

에서 왕을 치러 오는데 이제 하사손
다말 곧 엔게디에 있나이다 하니
3 여호사밧이 두려워하여 여호와께로
낯을 향하여 간구하고 온 유다 백성
에게 금식하라 공포하매
4 유다 사람이 여호와께 도우심을 구
하려 하여 유다 모든 성읍에서 모여
와서 여호와께 간구하더라
5 여호사밧이 여호와의 전 새 뜰 앞에
서 유다와 예루살렘의 회중 가운데
서서
6 이르되 우리 조상들의 하나님 여호와
여 주는 하늘에서 하나님이 아니시니
이까 이방 사람들의 모든 나라를 다
스리지 아니하시나이까 주의 손에 권
세와 능력이 있사오니 능히 주와 맞
설 사람이 없나이다
7 우리 하나님이시여 전에 이 땅 주민
을 주의 백성 이스라엘 앞에서 쫓아
내시고 그 땅을 주께서 사랑하시는
아브라함의 자손에게 영원히 주지
아니하셨나이까
8 그들이 이 땅에 살면서 주의 이름을
위하여 한 성소를 주를 위해 건축하
고 이르기를
9 만일 재앙이나 난리나 견책이나 전염
병이나 기근이 우리에게 임하면 주의
이름이 이 성전에 있으니 우리가 이
성전 앞과 주 앞에 서서 이 환난 가
운데에서 주께 부르짖은즉 들으시
고 구원하시리라 하였나이다
10 옛적에 이스라엘이 애굽 땅에서 나
올 때에 암몬 자손과 모압 자손과
세일 산 사람들을 침노하기를 주께
서 용납하지 아니하시므로 이에 돌이
켜 그들을 떠나고 멸하지 아니하였거
늘
11 이제 그들이 우리에게 갚는 것을 보
옵소서 그들이 와서 주께서 우리에
게 주신 주의 기업에서 우리를 쫓아
내고자 하나이다
12 우리 하나님이여 그들을 징벌하지 아
니하시나이까 우리를 치러 오는 이
큰 무리를 우리가 대적할 능력이 없
고 어떻게 할 줄도 알지 못하옵고
오직 주만 바라보나이다 하고
13 유다 모든 사람들이 그들의 아내와
자녀와 어린이와 더불어 여호와 앞에
섰더라
14 여호와의 영이 회중 가운데에서 레위
사람 야하시엘에게 임하셨으니 그는
아삽 자손 맛다냐의 현손이요 여이엘
의 증손이요 브나야의 손자요 스가
랴의 아들이더라
15 야하시엘이 이르되 온 유다와 예루
살렘 주민과 여호사밧 왕이여 들을

지어다 여호와께서 이같이 너희에게
말씀하시기를 너희는 이 큰 무리로
말미암아 두려워하거나 놀라지 말라
이 전쟁은 너희에게 속한 것이 아니
요 하나님께 속한 것이니라
16 내일 너희는 그들에게로 내려가라
그들이 시스 고개로 올라올 때에 너
희가 골짜기 어귀 여루엘 들 앞에서
그들을 만나려니와
17 이 전쟁에는 너희가 싸울 것이 없나
니 대열을 이루고 서서 너희와 함께
한 여호와가 구원하는 것을 보라 유
다와 예루살렘아 너희는 두려워하지
말며 놀라지 말고 내일 그들을 맞서
나가라 여호와가 너희와 함께 하리라
하셨느니라 하매
18 여호사밧이 몸을 굽혀 얼굴을 땅에
대니 온 유다와 예루살렘 주민들도
여호와 앞에 엎드려 여호와께 경배
하고
19 그핫 자손과 고라 자손에게 속한 레
위 사람들은 서서 심히 큰 소리로 이
스라엘 하나님 여호와를 찬송하니라
20 이에 백성들이 아침에 일찍이 일어나
서 드고아 들로 나가니라 나갈 때에
여호사밧이 서서 이르되 유다와 예루
살렘 주민들아 내 말을 들을지어다
너희는 너희 하나님 여호와를 신뢰하
라 그리하면 견고히 서리라 그의 선지
자들을 신뢰하라 그리하면 형통하리
라 하고
21 백성과 더불어 의논하고 노래하는
자들을 택하여 거룩한 예복을 입히
고 군대 앞에서 행진하며 여호와를
찬송하여 이르기를 여호와께 감사하
세 그의 인자하심이 영원하도다 하게
하였더니
22 그 노래와 찬송이 시작될 때에 여호
와께서 복병을 두어 유다를 치러 온
암몬 자손과 모압과 세일 산 주민들
을 치게 하시므로 그들이 패하였으
니
23 곧 암몬과 모압 자손이 일어나 세일
산 주민들을 쳐서 진멸하고 세일 주
민들을 멸한 후에는 그들이 서로 쳐
죽였더라
24 유다 사람이 들 망대에 이르러 그 무
리를 본즉 땅에 엎드러진 시체들뿐
이요 한 사람도 피한 자가 없는지라
25 여호사밧과 그의 백성이 가서 적군의
물건을 탈취할새 본즉 그 가운데에
재물과 의복과 보물이 많이 있으므
로 각기 탈취하는데 그 물건이 너무
많아 능히 가져갈 수 없을 만큼 많으
므로 사흘 동안에 거두어들이고
26 넷째 날에 무리가 브라가 골짜기에

모여서 거기서 여호와를 송축한지라
그러므로 오늘날까지 그 곳을 브라
가 골짜기라 일컫더라
27 유다와 예루살렘 모든 사람이 다시
여호사밧을 선두로 하여 즐겁게 예
루살렘으로 돌아왔으니 이는 여호와
께서 그들이 그 적군을 이김으로써
즐거워하게 하셨음이라
28 그들이 비파와 수금과 나팔을 합주
하고 예루살렘에 이르러 여호와의
전에 나아가니라
29 이방 모든 나라가 여호와께서 이스
라엘의 적군을 치셨다 함을 듣고 하
나님을 두려워하므로
30 여호사밧의 나라가 태평하였으니 이
는 그의 하나님이 사방에서 그들에
게 평강을 주셨음이더라

여호사밧의 행적

31 여호사밧이 유다의 왕이 되어 왕위에
오를 때에 나이가 삼십오 세라 예루
살렘에서 이십오 년 동안 다스리니라
그의 어머니의 이름은 아수바라 실히
의 딸이더라
32 여호사밧이 그의 아버지 아사의 길로
행하여 돌이켜 떠나지 아니하고 여호
와 보시기에 정직하게 행하였으나
33 산당만은 철거하지 아니하였으므로
백성이 여전히 마음을 정하여 그들의
조상들의 하나님께로 돌아오지 아니
하였더라
34 이 외에 여호사밧의 시종 행적은 하
나니의 아들 예후의 글에 다 기록되
었고 그 글은 이스라엘 열왕기에 올
랐더라
35 유다 왕 여호사밧이 나중에 이스라
엘 왕 아하시야와 교제하였는데 아
하시야는 심히 악을 행하는 자였더라
36 두 왕이 서로 연합하고 배를 만들어
다시스로 보내고자 하여 에시온게벨
에서 배를 만들었더니
37 마레사 사람 도다와후의 아들 엘리
에셀이 여호사밧을 향하여 예언하여
이르되 왕이 아하시야와 교제하므로
여호와께서 왕이 지은 것들을 파하시
리라 하더니 이에 그 배들이 부서져
서 다시스로 가지 못하였더라

유다 왕 여호람

21 여호사밧이 그의 조상들과 함
께 누우매 그의 조상들과 함께
다윗 성에 장사되고 그의 아들 여호
람이 대신하여 왕이 되니라
2 여호사밧의 아들 여호람의 아우들
아사랴와 여히엘과 스가랴와 아사랴
와 미가엘과 스바댜는 다 유다 왕 여
호사밧의 아들들이라
3 그의 아버지가 그들에게는 은금과

보물과 유다 견고한 성읍들을 선물
로 후히 주었고 여호람은 장자이므
로 왕위를 주었더니
4 여호람이 그의 아버지의 왕국을 다
스리게 되어 세력을 얻은 후에 그의
모든 아우들과 이스라엘 방백들 중
몇 사람을 칼로 죽였더라
5 여호람이 왕위에 오를 때에 나이가
삼십이 세라 예루살렘에서 팔 년 동
안 다스리니라
6 그가 이스라엘 왕들의 길로 행하여
아합의 집과 같이 하였으니 이는 아
합의 딸이 그의 아내가 되었음이라
그가 여호와 보시기에 악을 행하였
으나
7 여호와께서 다윗의 집을 멸하기를 즐
겨하지 아니하셨음은 이전에 다윗과
더불어 언약을 세우시고 또 다윗과
그의 자손에게 항상 등불을 주겠다
고 말씀하셨음이더라
8 여호람 때에 에돔이 배반하여 유다
의 지배하에서 벗어나 자기 위에 왕
을 세우므로
9 여호람이 지휘관들과 모든 병거를 거
느리고 출정하였더니 밤에 일어나서
자기를 에워싼 에돔 사람과 그 병거
의 지휘관들을 쳤더라
10 이와 같이 에돔이 배반하여 유다의
지배하에서 벗어났더니 오늘까지 그
러하였으며 그 때에 립나도 배반하
여 여호람의 지배 하에서 벗어났으니
이는 그가 그의 조상들의 하나님 여
호와를 버렸음이더라
11 여호람이 또 유다 여러 산에 산당을
세워 예루살렘 주민으로 음행하게
하고 또 유다를 미혹하게 하였으므
로
12 선지자 엘리야가 여호람에게 글을
보내어 이르되 왕의 조상 다윗의 하
나님 여호와께서 이같이 말씀하시기
를 네가 네 아비 여호사밧의 길과 유
다 왕 아사의 길로 행하지 아니하고
13 오직 이스라엘 왕들의 길로 행하여
유다와 예루살렘 주민들이 음행하게
하기를 아합의 집이 음행하듯 하며
또 네 아비 집에서 너보다 착한 아우
들을 죽였으니
14 여호와가 네 백성과 네 자녀들과 네
아내들과 네 모든 재물을 큰 재앙으
로 치시리라

365묵상

실패한 인생

유다 왕 여호람은 경건한 부친 여호사밧의 길을 따르지 않고 우상을 섬기는 악한 길을 걸었다. 이렇게 된 데에는 우상을 숭배하는 악한 배우자 아달랴를 만난 게 결정적이었다. 결국 여호람 부부는 함께 유다 국가를 몰락으로 이끌었다. 그리하여 이 왕이 죽었을 때 아무도 그를 위해 슬퍼하지 않았다(대하21장). 여호람은 실패한 인생을 산 것이다. 이제 생각해보라! 당신은 누구를 생의 반려자로 맞이할 것인가? 당신의 삶이 끝났을 때 사람들은 당신에 관해 무엇이라 말할 것인가? 여호람을 반면교사 삼도록 하자.

15 또 너는 창자에 중병이 들고 그 병이
날로 중하여 창자가 빠져나오리라
하셨다 하였더라
16 여호와께서 블레셋 사람들과 구스에
서 가까운 아라비아 사람들의 마음
을 격동시키사 여호람을 치게 하셨으
므로
17 그들이 올라와서 유다를 침략하여
왕궁의 모든 재물과 그의 아들들과
아내들을 탈취하였으므로 막내 아들
여호아하스 외에는 한 아들도 남지
아니하였더라
18 이 모든 일 후에 여호와께서 여호람
을 치사 능히 고치지 못할 병이 그
창자에 들게 하셨으므로
19 여러 날 후 이 년 만에 그의 창자가
그 병으로 말미암아 빠져나오매 그
가 그 심한 병으로 죽으니 백성이 그
들의 조상들에게 분향하던 것 같이
그에게 분향하지 아니하였으며
20 여호람이 삼십이 세에 즉위하고 예
루살렘에서 팔 년 동안 다스리다가
아끼는 자 없이 세상을 떠났으며 무
리가 그를 다윗 성에 장사하였으나
열왕의 묘실에는 두지 아니하였더라

유다 왕 아하시야

22 예루살렘 주민이 여호람의 막내
아들 아하시야에게 왕위를 계
승하게 하였으니 이는 전에 아라비
아 사람들과 함께 와서 진을 치던 부
대가 그의 모든 형들을 죽였음이라
그러므로 유다 왕 여호람의 아들 아
하시야가 왕이 되었더라
2 아하시야가 왕이 될 때에 나이가 사
십이 세라 예루살렘에서 일 년 동안
다스리니라 그의 어머니의 이름은 아
달랴요 오므리의 손녀더라
3 아하시야도 아합의 집 길로 행하였으
니 이는 그의 어머니가 꾀어 악을 행
하게 하였음이라
4 그의 아버지가 죽은 후에 그가 패망
하게 하는 아합의 집의 가르침을 따
라 여호와 보시기에 아합의 집 같이
악을 행하였더라
5 아하시야가 아합의 집의 가르침을 따
라 이스라엘 왕 아합의 아들 요람과
함께 길르앗 라못으로 가서 아람 왕
하사엘과 더불어 싸우더니 아람 사
람들이 요람을 상하게 한지라
6 요람이 아람 왕 하사엘과 싸울 때에
라마에서 맞아 상한 것을 치료하려
하여 이스르엘로 돌아왔더라 아합의
아들 요람이 병이 있으므로 유다 왕
여호람의 아들 아사랴가 이스르엘에
내려가서 방문하였더라
7 아하시야가 요람에게 가므로 해를

입었으니 이는 하나님께로 말미암은
것이라 아하시야가 갔다가 요람과
함께 나가서 님시의 아들 예후를 맞
았으니 그는 여호와께서 기름을 부
으시고 아합의 집을 멸하게 하신 자
이더라
8 예후로 하여금 아합의 집을 심판하
게 하실 때에 유다 방백들과 아하시
야의 형제들의 아들들 곧 아하시야
를 섬기는 자들을 만나서 죽였고
9 아하시야는 사마리아에 숨었더니 예
후가 찾으매 무리가 그를 예후에게
로 잡아가서 죽이고 이르기를 그는
전심으로 여호와를 구하던 여호사밧
의 아들이라 하고 장사하였더라 이에
아하시야의 집이 약하여 왕위를 힘으
로 지키지 못하게 되니라

유다 여왕 아달랴

10 아하시야의 어머니 아달랴가 자기의
아들이 죽은 것을 보고 일어나 유다
집의 왕국의 씨를 모두 진멸하였으나
11 왕의 딸 여호사브앗이 아하시야의
아들 요아스를 왕자들이 죽임을 당
하는 중에서 몰래 빼내어 그와 그의
유모를 침실에 숨겨 아달랴를 피하
게 하였으므로 아달랴가 그를 죽이
지 못하였더라 여호사브앗은 여호람
왕의 딸이요 아하시야의 누이요 제
사장 여호야다의 아내이더라
12 요아스가 그들과 함께 하나님의 전
에 육 년을 숨어 있는 동안에 아달라
가 나라를 다스렸더라

아달랴에 대한 반역

23 제칠년에 여호야다가 용기를 내
어 백부장 곧 여로함의 아들 아
사랴와 여호하난의 아들 이스마엘과
오벳의 아들 아사랴와 아다야의 아
들 마아세야와 시그리의 아들 엘리
사밧 등과 더불어 언약을 세우매
2 그들이 유다를 두루 다니며 유다 모
든 고을에서 레위 사람들과 이스라
엘 족장들을 모아 예루살렘에 이른
지라
3 온 회중이 하나님의 전에서 왕과 언
약을 세우매 여호야다가 무리에게
이르되 여호와께서 다윗의 자손에게
대하여 말씀하신 대로 왕자가 즉위
하여야 할지니
4 이제 너희는 이와 같이 행하라 너희
제사장들과 레위 사람들 곧 안식일
에 당번인 자들의 삼분의 일은 문을
지키고
5 삼분의 일은 왕궁에 있고 삼분의 일
은 기초문에 있고 백성들은 여호와
의 전 뜰에 있을지라
6 제사장들과 수종 드는 레위 사람들

은 거룩한즉 여호와의 전에 들어오
려니와 그 외의 다른 사람은 들어오
지 못할 것이니 모든 백성은 여호와
께 지켜야 할 바를 지킬지며
7 레위 사람들은 각각 손에 무기를 잡
고 왕을 호위하며 다른 사람이 성전
에 들어오거든 죽이고 왕이 출입할
때에 경호할지니라 하니
8 레위 사람들과 모든 유다 사람들이
제사장 여호야다가 명령한 모든 것
을 준행하여 각기 수하에 안식일에
당번인 자와 안식일에 비번인 자들을
거느리고 있었으니 이는 제사장 여호
야다가 비번인 자들을 보내지 아니
함이더라
9 제사장 여호야다가 하나님의 전 안에
있는 다윗 왕의 창과 큰 방패와 작은
방패를 백부장들에게 주고
10 또 백성들에게 각각 손에 무기를 잡
고 왕을 호위하되 성전 오른쪽에서
부터 성전 왼쪽까지 제단과 성전 곁
에 서게 하고
11 무리가 왕자를 인도해 내어 면류관
을 씌우며 율법책을 주고 세워 왕으
로 삼을새 여호야다와 그의 아들들
이 그에게 기름을 붓고 이르기를 왕
이여 만세 수를 누리소서 하니라
12 아달랴가 백성들이 뛰며 왕을 찬송
하는 소리를 듣고 여호와의 전에 들
어가서 백성에게 이르러
13 보매 왕이 성전 문 기둥 곁에 섰고 지
휘관들과 나팔수들이 왕의 곁에 모
셔 서 있으며 그 땅의 모든 백성들이
즐거워하여 나팔을 불며 노래하는
자들은 주악하며 찬송을 인도하는지
라 이에 아달랴가 그의 옷을 찢으며
외치되 반역이로다 반역이로다 하매
14 제사장 여호야다가 군대를 거느린
백부장들을 불러내어 이르되 반열
밖으로 몰아내라 그를 따르는 자는
칼로 죽이라 하니 제사장의 이 말은
여호와의 전에서는 그를 죽이지 말라
함이라
15 이에 무리가 그에게 길을 열어 주고
그가 왕궁 말문 어귀에 이를 때에 거
기서 죽였더라

여호야다의 개혁

16 여호야다가 자기와 모든 백성과 왕
사이에 언약을 세워 여호와의 백성이
되리라 한지라
17 온 국민이 바알의 신당으로 가서 그
신당을 부수고 그의 제단들과 형상
들을 깨뜨리고 그 제단 앞에서 바알
의 제사장 맛단을 죽이니라
18 여호야다가 여호와의 전의 직원들을
세워 레위 제사장의 수하에 맡기니

이들은 다윗이 전에 그들의 반열을
나누어서 여호와의 전에서 모세의
율법에 기록한 대로 여호와께 번제
를 드리며 다윗이 정한 규례대로 즐
거이 부르고 노래하게 하였던 자들
이더라
19 또 문지기를 여호와의 전 여러 문에
두어 무슨 일에든지 부정한 모든 자
는 들어오지 못하게 하고
20 백부장들과 존귀한 자들과 백성의
방백들과 그 땅의 모든 백성을 거느
리고 왕을 인도하여 여호와의 전에서
내려와 윗문으로부터 왕궁에 이르러
왕을 나라 보좌에 앉히매
21 그 땅의 모든 백성이 즐거워하고 성
중이 평온하더라 아달랴를 무리가
칼로 죽였었더라

유다 왕 요아스

24 요아스가 왕위에 오를 때에 나
이가 칠 세라 예루살렘에서 사
십 년 동안 다스리니라 그의 어머니의
이름은 시비아요 브엘세바 사람이더
라
2 제사장 여호야다가 세상에 사는 모
든 날에 요아스가 여호와 보시기에
정직하게 행하였으며
3 여호야다가 그를 두 아내에게 장가
들게 하였더니 자녀를 낳았더라
4 그 후에 요아스가 여호와의 전을 보
수할 뜻을 두고
5 제사장들과 레위 사람들을 모으고
그들에게 이르되 너희는 유다 여러
성읍에 가서 모든 이스라엘에게 해
마다 너희의 하나님의 전을 수리할
돈을 거두되 그 일을 빨리 하라 하였
으나 레위 사람이 빨리 하지 아니한
지라
6 왕이 대제사장 여호야다를 불러 이
르되 네가 어찌하여 레위 사람들을
시켜서 여호와의 종 모세와 이스라엘
의 회중이 성막을 위하여 정한 세를
유다와 예루살렘에서 거두게 하지
아니하였느냐 하니
7 이는 그 악한 여인 아달랴의 아들들
이 하나님의 전을 파괴하고 또 여호
와의 전의 모든 성물들을 바알들을
위하여 사용하였음이었더라
8 이에 왕이 말하여 한 궤를 만들어 여
호와의 전 문 밖에 두게 하고
9 유다와 예루살렘에 공포하여 하나님
의 종 모세가 광야에서 이스라엘에
게 정한 세를 여호와께 드리라 하였
더니
10 모든 방백들과 백성들이 기뻐하여
마치기까지 돈을 가져다가 궤에 던지
니라

11 레위 사람들이 언제든지 궤를 메고
왕의 관리에게 가지고 가서 돈이 많
은 것을 보이면 왕의 서기관과 대제사
장에게 속한 관원이 와서 그 궤를 쏟
고 다시 그 곳에 가져다 두었더라 때
때로 이렇게 하여 돈을 많이 거두매
12 왕과 여호야다가 그 돈을 여호와의
전 감독자에게 주어 석수와 목수를
고용하여 여호와의 전을 보수하며
또 철공과 놋쇠공을 고용하여 여호
와의 전을 수리하게 하였더니
13 기술자들이 맡아서 수리하는 공사가
점점 진척되므로 하나님의 전을 이전
모양대로 견고하게 하니라
14 공사를 마친 후에 그 남은 돈을 왕
과 여호야다 앞으로 가져왔으므로
그것으로 여호와의 전에 쓸 그릇을
만들었으니 곧 섬겨 제사 드리는 그
릇이며 또 숟가락과 금은 그릇들이
라 여호야다가 세상에 사는 모든 날
에 여호와의 전에 항상 번제를 드렸
더라

여호야다의 정책이 뒤집히다

15 여호야다가 나이가 많고 늙어서 죽
으니 죽을 때에 백삼십 세라
16 무리가 다윗 성 여러 왕의 묘실 중에
장사하였으니 이는 그가 이스라엘과
하나님과 그의 성전에 대하여 선을
행하였음이더라
17 여호야다가 죽은 후에 유다 방백들
이 와서 왕에게 절하매 왕이 그들의
말을 듣고
18 그의 조상들의 하나님 여호와의 전을
버리고 아세라 목상과 우상을 섬겼
으므로 그 죄로 말미암아 진노가 유
다와 예루살렘에 임하니라
19 그러나 여호와께서 그들에게 선지자
를 보내사 다시 여호와에게로 돌아
오게 하려 하시매 선지자들이 그들에
게 경고하였으나 듣지 아니하니라
20 이에 하나님의 영이 제사장 여호야다
의 아들 스가랴를 감동시키시매 그
가 백성 앞에 높이 서서 그들에게 이
르되 하나님이 이같이 말씀하시기를
너희가 어찌하여 여호와의 명령을 거
역하여 스스로 형통하지 못하게 하
느냐 하셨나니 너희가 여호와를 버렸
으므로 여호와께서도 너희를 버리셨
느니라 하나
21 무리가 함께 꾀하고 왕의 명령을 따
라 그를 여호와의 전 뜰 안에서 돌로
쳐죽였더라
22 요아스 왕이 이와 같이 스가랴의 아
버지 여호야다가 베푼 은혜를 기억
하지 아니하고 그의 아들을 죽이니
그가 죽을 때에 이르되 여호와는 감

찰하시고 신원하여 주옵소서 하니라

요아스가 죽다

23 일 주년 말에 아람 군대가 요아스를
치려고 올라와서 유다와 예루살렘에
이르러 백성 중에서 모든 방백들을
다 죽이고 노략한 물건을 다메섹 왕
에게로 보내니라
24 아람 군대가 적은 무리로 왔으나 여
호와께서 심히 큰 군대를 그들의 손
에 넘기셨으니 이는 유다 사람들이
그들의 조상들의 하나님 여호와를
버렸음이라 이와 같이 아람 사람들이
요아스를 징벌하였더라
25 요아스가 크게 부상하매 적군이 그
를 버리고 간 후에 그의 신하들이 제
사장 여호야다의 아들들의 피로 말
미암아 반역하여 그를 그의 침상에서
쳐죽인지라 다윗 성에 장사하였으나
왕들의 묘실에는 장사하지 아니하였
더라
26 반역한 자들은 암몬 여인 시므앗의
아들 사밧과 모압 여인 시므릿의 아
들 여호사밧이더라
27 요아스의 아들들의 사적과 요아스가
중대한 경책을 받은 것과 하나님의
전을 보수한 사적은 다 열왕기 주석
에 기록되니라 그의 아들 아마샤가
대신하여 왕이 되니라

유다 왕 아마샤

25 아마샤가 왕위에 오를 때에 나
이가 이십오 세라 예루살렘에서
이십구 년 동안 다스리니라 그의 어
머니의 이름은 여호앗단이요 예루살
렘 사람이더라
2 아마샤가 여호와께서 보시기에 정직
하게 행하기는 하였으나 온전한 마
음으로 행하지 아니하였더라
3 그의 나라가 굳게 서매 그의 부왕을
죽인 신하들을 죽였으나
4 그들의 자녀들은 죽이지 아니하였으
니 이는 모세의 율법책에 기록된 대
로 함이라 곧 여호와께서 명령하여
이르시기를 자녀로 말미암아 아버지
를 죽이지 말 것이요 아버지로 말미
암아 자녀를 죽이지 말 것이라 오직
각 사람은 자기의 죄로 말미암아 죽
을 것이니라 하셨더라

아마샤와 에돔의 전쟁

5 아마샤가 유다 사람들을 모으고 그
여러 족속을 따라 천부장들과 백부

365묵상

반드시 끝나는 악인의 악행

성경에 나오는 가장 악한 인물들 중 하나는 '아달랴'다. 그녀 때문에 하마터면 다윗의 왕가가 끊어질 뻔했다. 그녀가 다윗의 왕손을 몰살시키고자 했을 때 겨우 한 아이만 살아남았다. 그 이후로 6년 동안 아달랴는 혹독하게 나라를 다스렸다. 살아남은 아이가 7살이 되었을 때 유다 백성은 거사를 일으켜 아달랴를 처형시켰다(대하 23:12-15). 악인의 권좌는 오래가지 못한다. 그들의 악행은 반드시 끝날 때가 있다. 때가 되면, 하나님은 악인을 권좌에서 끌어내리신다. 그것은 하나님이 역사를 주관하고 계시기 때문이다.

장들을 세우되 유다와 베냐민을 함
께 그리하고 이십 세 이상으로 계수
하여 창과 방패를 잡고 능히 전장에
나갈 만한 자 삼십만 명을 얻고
6 또 은 백 달란트로 이스라엘 나라에
서 큰 용사 십만 명을 고용하였더니
7 어떤 하나님의 사람이 아마샤에게 나
아와서 이르되 왕이여 이스라엘 군대
를 왕과 함께 가게 하지 마옵소서 여
호와께서는 이스라엘 곧 온 에브라
임 자손과 함께 하지 아니하시나니
8 왕이 만일 가시거든 힘써 싸우소서
하나님이 왕을 적군 앞에 엎드러지
게 하시리이다 하나님은 능히 돕기도
하시고 능히 패하게도 하시나이다
하니
9 아마샤가 하나님의 사람에게 이르되
내가 백 달란트를 이스라엘 군대에
게 주었으니 어찌할까 하나님의 사람
이 말하되 여호와께서 능히 이보다
많은 것을 왕에게 주실 수 있나이다
하니라
10 아마샤가 이에 에브라임에서 자기에
게 온 군대를 나누어 그들의 고향으
로 돌아가게 하였더니 그 무리가 유
다 사람에게 심히 노하여 분연히 고
향으로 돌아갔더라
11 아마샤가 담력을 내어 그의 백성을
거느리고 소금 골짜기에 이르러 세
일 자손 만 명을 죽이고
12 유다 자손이 또 만 명을 사로잡아 가
지고 바위 꼭대기에 올라가서 거기서
밀쳐 내려뜨려서 그들의 온 몸이 부
서지게 하였더라
13 아마샤가 자기와 함께 전장에 나가
지 못하게 하고 돌려보낸 군사들이
사마리아에서부터 벧호론까지 유다
성읍들을 약탈하고 사람 삼천 명을
죽이고 물건을 많이 노략하였더라
14 아마샤가 에돔 사람들을 죽이고 돌
아올 때에 세일 자손의 신들을 가져
와서 자기의 신으로 세우고 그것들
앞에 경배하며 분향한지라
15 그러므로 여호와께서 아마샤에게 진
노하사 한 선지자를 그에게 보내시
니 그가 이르되 저 백성의 신들이 그
들의 백성을 왕의 손에서 능히 구원
하지 못하였거늘 왕은 어찌하여 그
신들에게 구하나이까 하며
16 선지자가 아직 그에게 말할 때에 왕
이 그에게 이르되 우리가 너를 왕의
모사로 삼았느냐 그치라 어찌하여
맞으려 하느냐 하니 선지자가 그치며
이르되 왕이 이 일을 행하고 나의 경
고를 듣지 아니하니 하나님이 왕을
멸하시기로 작정하신 줄 아노라 하였

더라

유다와 이스라엘의 전쟁

17 유다 왕 아마샤가 상의하고 예후의
손자 여호아하스의 아들 이스라엘
왕 요아스에게 사신을 보내어 이르
되 오라 서로 대면하자 한지라
18 이스라엘 왕 요아스가 유다 왕 아마
샤에게 사람을 보내어 이르되 레바
논 가시나무가 레바논 백향목에게
전갈을 보내어 이르기를 네 딸을 내
아들에게 주어 아내로 삼게 하라 하
였더니 레바논 들짐승이 지나가다가
그 가시나무를 짓밟았느니라
19 네가 에돔 사람들을 쳤다고 네 마음
이 교만하여 자긍하는도다 네 궁에
나 있으라 어찌하여 화를 자초하여
너와 유다가 함께 망하고자 하느냐
하나
20 아마샤가 듣지 아니하였으니 이는 하
나님께로 말미암은 것이라 그들이
에돔 신들에게 구하였으므로 그 대
적의 손에 넘기려 하심이더라
21 이스라엘 왕 요아스가 올라와서 유
다 왕 아마샤와 더불어 유다의 벧세
메스에서 대면하였더니
22 유다가 이스라엘 앞에서 패하여 각
기 장막으로 도망한지라
23 이스라엘 왕 요아스가 벧세메스에서
여호아하스의 손자 요아스의 아들
유다 왕 아마샤를 사로잡고 예루살
렘에 이르러 예루살렘 성벽을 에브
라임 문에서부터 성 모퉁이 문까지
사백 규빗을 헐고
24 또 하나님의 전 안에서 오벧에돔이
지키는 모든 금은과 그릇과 왕궁의
재물을 빼앗고 또 사람들을 볼모로
잡아 가지고 사마리아로 돌아갔더라
25 이스라엘 왕 여호아하스의 아들 요
아스가 죽은 후에도 유다 왕 요아스
의 아들 아마샤가 십오 년 간 생존하
였더라
26 아마샤의 이 외의 처음부터 끝까지의
행적은 유다와 이스라엘 열왕기에
기록되지 아니하였느냐
27 아마샤가 돌아서서 여호와를 버린
후로부터 예루살렘에서 무리가 그를
반역하였으므로 그가 라기스로 도망
하였더니 반역한 무리가 사람을 라기
스로 따라 보내어 그를 거기서 죽이
게 하고
28 그의 시체를 말에 실어다가 그의 조
상들과 함께 유다 성읍에 장사하였
더라

유다 왕 웃시야

26 유다 온 백성이 나이가 십육 세
된 웃시야를 세워 그의 아버지

아마샤를 대신하여 왕으로 삼으니
2 아마샤 왕이 그의 열조들의 묘실에
누운 후에 웃시야가 엘롯을 건축하
여 유다에 돌렸더라
3 웃시야가 왕위에 오를 때에 나이가
십육 세라 예루살렘에서 오십이 년
간 다스리니라 그의 어머니의 이름은
여골리아요 예루살렘 사람이더라
4 웃시야가 그의 아버지 아마샤의 모
든 행위대로 여호와 보시기에 정직하
게 행하며
5 하나님의 묵시를 밝히 아는 스가랴
가 사는 날에 하나님을 찾았고 그가
여호와를 찾을 동안에는 하나님이
형통하게 하셨더라
6 웃시야가 나가서 블레셋 사람들과
싸우고 가드 성벽과 야브네 성벽과
아스돗 성벽을 헐고 아스돗 땅과 블
레셋 사람들 가운데에 성읍들을 건
축하매
7 하나님이 그를 도우사 블레셋 사람
들과 구르바알에 거주하는 아라비아
사람들과 마온 사람들을 치게 하신
지라
8 암몬 사람들이 웃시야에게 조공을
바치매 웃시야가 매우 강성하여 이름
이 애굽 변방까지 퍼졌더라
9 웃시야가 예루살렘에서 성 모퉁이
문과 골짜기 문과 성굽이에 망대를
세워 견고하게 하고
10 또 광야에 망대를 세우고 물 웅덩이
를 많이 파고 고원과 평지에 가축을
많이 길렀으며 또 여러 산과 좋은 밭
에 농부와 포도원을 다스리는 자들
을 두었으니 농사를 좋아함이었더라
11 웃시야에게 또 싸우는 군사가 있으
니 서기관 여이엘과 병영장 마아세야
가 직접 조사한 수효대로 왕의 지휘
관 하나냐의 휘하에 속하여 떼를 지
어 나가서 싸우는 자라
12 족장의 총수가 이천육백 명이니 모두
큰 용사요
13 그의 휘하의 군대가 삼십만 칠천오백
명이라 건장하고 싸움에 능하여 왕
을 도와 적을 치는 자이며
14 웃시야가 그의 온 군대를 위하여 방
패와 창과 투구와 갑옷과 활과 물매
돌을 준비하고
15 또 예루살렘에서 재주 있는 사람들
에게 무기를 고안하게 하여 망대와
성곽 위에 두어 화살과 큰 돌을 쏘
고 던지게 하였으니 그의 이름이 멀
리 퍼짐은 기이한 도우심을 얻어 강
성하여짐이었더라

웃시야에게 나병이 생기다

16 그가 강성하여지매 그의 마음이 교만

하여 악을 행하여 그의 하나님 여호
와께 범죄하되 곧 여호와의 성전에
들어가서 향단에 분향하려 한지라
17 제사장 아사랴가 여호와의 용맹한
제사장 팔십 명을 데리고 그의 뒤를
따라 들어가서
18 웃시야 왕 곁에 서서 그에게 이르되
웃시야여 여호와께 분향하는 일은
왕이 할 바가 아니요 오직 분향하기
위하여 구별함을 받은 아론의 자손
제사장들이 할 바니 성소에서 나가
소서 왕이 범죄하였으니 하나님 여호
와에게서 영광을 얻지 못하리이다
19 웃시야가 손으로 향로를 잡고 분향
하려 하다가 화를 내니 그가 제사장
에게 화를 낼 때에 여호와의 전 안
향단 곁 제사장들 앞에서 그의 이마
에 나병이 생긴지라
20 대제사장 아사랴와 모든 제사장이
왕의 이마에 나병이 생겼음을 보고
성전에서 급히 쫓아내고 여호와께서
치시므로 왕도 속히 나가니라
21 웃시야 왕이 죽는 날까지 나병환자
가 되었고 나병환자가 되매 여호와의
전에서 끊어져 별궁에 살았으므로
그의 아들 요담이 왕궁을 관리하며
백성을 다스렸더라
22 웃시야의 남은 시종 행적은 아모스
의 아들 선지자 이사야가 기록하였더
라
23 웃시야가 그의 조상들과 함께 누우
매 그는 나병환자라 하여 왕들의 묘
실에 접한 땅 곧 그의 조상들의 곁에
장사하니라 그의 아들 요담이 대신
하여 왕이 되니라

유다 왕 요담

27 요담이 왕위에 오를 때에 나이
가 이십오 세라 예루살렘에서
십육 년 동안 다스리니라 그의 어머니
의 이름은 여루사요 사독의 딸이더라
2 요담이 그의 아버지 웃시야의 모든
행위대로 여호와 보시기에 정직하게
행하였으나 여호와의 성전에는 들어
가지 아니하였고 백성은 여전히 부패
하였더라
3 그가 여호와의 전 윗문을 건축하고
또 오벨 성벽을 많이 증축하고
4 유다 산중에 성읍들을 건축하며 수
풀 가운데에 견고한 진영들과 망대
를 건축하고
5 암몬 자손의 왕과 더불어 싸워 그들
을 이겼더니 그 해에 암몬 자손이 은
백 달란트와 밀 만 고르와 보리 만
고르를 바쳤고 제이년과 제삼년에도
암몬 자손이 그와 같이 바쳤더라
6 요담이 그의 하나님 여호와 앞에서

바른 길을 걸었으므로 점점 강하여졌
더라
7 요담의 남은 사적과 그의 모든 전쟁
과 행위는 이스라엘과 유다 열왕기
에 기록되니라
8 요담이 왕위에 오를 때에 나이가 이
십오 세요 예루살렘에서 다스린 지
십육 년이라
9 그가 그의 조상들과 함께 누우매 다
윗 성에 장사되고 그의 아들 아하스
가 대신하여 왕이 되니라

유다 왕 아하스

28 아하스가 왕위에 오를 때에 나
이가 이십 세라 예루살렘에서
십육 년 동안 다스렸으나 그의 조상
다윗과 같지 아니하여 여호와 보시기
에 정직하게 행하지 아니하고
2 이스라엘 왕들의 길로 행하여 바알
들의 우상을 부어 만들고
3 또 힌놈의 아들 골짜기에서 분향하
고 여호와께서 이스라엘 자손 앞에
서 쫓아내신 이방 사람들의 가증한
일을 본받아 그의 자녀들을 불사르
고
4 또 산당과 작은 산 위와 모든 푸른
나무 아래에서 제사를 드리며 분향
하니라
5 그러므로 그의 하나님 여호와께서
그를 아람 왕의 손에 넘기시매 그들
이 쳐서 심히 많은 무리를 사로잡아
다메섹으로 갔으며 또 이스라엘 왕
의 손에 넘기시매 그가 쳐서 크게 살
륙하였으니
6 이는 그의 조상들의 하나님 여호와
를 버렸음이라 르말랴의 아들 베가
가 유다에서 하루 동안에 용사 십이
만 명을 죽였으며
7 에브라임의 용사 시그리는 왕의 아
들 마아세야와 궁내대신 아스리감과
총리대신 엘가나를 죽였더라

선지자 오뎃

8 이스라엘 자손이 그들의 형제 중에
서 그들의 아내와 자녀를 합하여 이
십만 명을 사로잡고 그들의 재물을
많이 노략하여 사마리아로 가져가니
9 그 곳에 여호와의 선지자가 있는데
이름은 오뎃이라 그가 사마리아로
돌아오는 군대를 영접하고 그들에
게 이르되 너희 조상의 하나님 여호
와께서 유다에게 진노하셨으므로 너
희 손에 넘기셨거늘 너희의 노기가
충천하여 살륙하고
10 이제 너희가 또 유다와 예루살렘 백
성들을 압제하여 노예로 삼고자 생
각하는도다 그러나 너희는 너희의 하
나님 여호와께 범죄함이 없느냐

11 그런즉 너희는 내 말을 듣고 너희의
형제들 중에서 사로잡아 온 포로를
놓아 돌아가게 하라 여호와의 진노
가 너희에게 임박하였느니라 한지라
12 에브라임 자손의 우두머리 몇 사람
곧 요하난의 아들 아사랴와 무실레
못의 아들 베레갸와 살룸의 아들 여
히스기야와 하들래의 아들 아마사가
일어나서 전장에서 돌아오는 자들을
막으며
13 그들에게 이르되 너희는 이 포로를
이리로 끌어들이지 못하리라 너희가
행하는 일이 우리를 여호와께 허물
이 있게 함이니 우리의 죄와 허물을
더하게 함이로다 우리의 허물이 이미
커서 진노하심이 이스라엘에게 임박
하였느니라 하매
14 이에 무기를 가진 사람들이 포로와
노략한 물건을 방백들과 온 회중 앞
에 둔지라
15 이 위에 이름이 기록된 자들이 일어
나서 포로를 맞고 노략하여 온 것 중
에서 옷을 가져다가 벗은 자들에게
입히며 신을 신기며 먹이고 마시게 하
며 기름을 바르고 그 약한 자들은
모두 나귀에 태워 데리고 종려나무
성 여리고에 이르러 그의 형제에게
돌려준 후에 사마리아로 돌아갔더라

아하스가 앗수르에 도움을 구하다

16 그 때에 아하스 왕이 앗수르 왕에게
사람을 보내어 도와 주기를 구하였
으니
17 이는 에돔 사람들이 다시 와서 유다
를 치고 그의 백성을 사로잡았음이며
18 블레셋 사람들도 유다의 평지와 남
방 성읍들을 침노하여 벧세메스와
아얄론과 그데롯과 소고 및 그 주변
마을들과 딤나 및 그 주변 마을들과
김소 및 그 주변 마을들을 점령하고
거기에 살았으니
19 이는 이스라엘 왕 아하스가 유다에
서 망령되이 행하여 여호와께 크게
범죄하였으므로 여호와께서 유다를
낮추심이라
20 앗수르 왕 디글랏빌레셀이 그에게
이르렀으나 돕지 아니하고 도리어 그
를 공격하였더라
21 아하스가 여호와의 전과 왕궁과 방
백들의 집에서 재물을 가져다가 앗
수르 왕에게 주었으나 그에게 유익

365묵상

자신의 일과 하나님의 일

우리는 때때로 하나님의 일을 행한다는 명분으로 실상은 자신이 하고 싶은 일과 목표를 밀고나가는 경우가 종종 있다. 이처럼 우리가 하나님의 일을 행하고 있다고 생각할지라도, 사실은 거기서 벗어나 자신의 야망과 이익을 위해 일하고 있는 상태일 수가 있는 것이다. 유다 왕 아하스 시대에 오뎃 선지자는 동족 20만 명을 노예로 삼은 이스라엘 군사들에게 그런 잘못에 대해 일깨워주었다(대하 28:8-11). 그러므로 하나님의 일을 할 때, 우리는 매순간 자신의 뜻과 생각을 꺾어서 하나님의 말씀에 굴복시켜야 한다.

이 없었더라

아하스의 범죄

22 이 아하스 왕이 곤고할 때에 더욱 여
호와께 범죄하여
23 자기를 친 다메섹 신들에게 제사하
여 이르되 아람 왕들의 신들이 그들
을 도왔으니 나도 그 신에게 제사하
여 나를 돕게 하리라 하였으나 그 신
이 아하스와 온 이스라엘을 망하게
하였더라
24 아하스가 하나님의 전의 기구들을
모아 하나님의 전의 기구들을 부수
고 또 여호와의 전 문들을 닫고 예
루살렘 구석마다 제단을 쌓고
25 유다 각 성읍에 산당을 세워 다른 신
에게 분향하여 그의 조상들의 하나
님 여호와를 진노하게 하였더라
26 아하스의 남은 시종 사적과 모든 행
위는 유다와 이스라엘 열왕기에 기
록되니라
27 아하스가 그의 조상들과 함께 누우
매 이스라엘 왕들의 묘실에 들이지
아니하고 예루살렘 성에 장사하였더
라 그의 아들 히스기야가 대신하여
왕이 되니라

유다 왕 히스기야의 성전 정화

29 히스기야가 왕위에 오를 때에
나이가 이십오 세라 예루살렘
에서 이십구 년 동안 다스리니라 그
의 어머니의 이름은 아비야요 스가랴
의 딸이더라
2 히스기야가 그의 조상 다윗의 모든
행실과 같이 여호와 보시기에 정직하
게 행하여
3 첫째 해 첫째 달에 여호와의 전 문들
을 열고 수리하고
4 제사장들과 레위 사람들을 동쪽 광
장에 모으고
5 그들에게 이르되 레위 사람들아 내
말을 들으라 이제 너희는 성결하게
하고 또 너희 조상들의 하나님 여호
와의 전을 성결하게 하여 그 더러운
것을 성소에서 없애라
6 우리 조상들이 범죄하여 우리 하나님
여호와 보시기에 악을 행하여 하나님
을 버리고 얼굴을 돌려 여호와의 성
소를 등지고
7 또 낭실 문을 닫으며 등불을 끄고
성소에서 분향하지 아니하며 이스라
엘의 하나님께 번제를 드리지 아니하
므로
8 여호와께서 유다와 예루살렘에 진노
하시고 내버리사 두려움과 놀람과
비웃음거리가 되게 하신 것을 너희가
똑똑히 보는 바라
9 이로 말미암아 우리의 조상들이 칼

에 엎드러지며 우리의 자녀와 아내들
이 사로잡혔느니라
10 이제 이스라엘의 하나님 여호와와 더
불어 언약을 세워 그 맹렬한 노를 우
리에게서 떠나게 할 마음이 내게 있
노니
11 내 아들들아 이제는 게으르지 말라
여호와께서 이미 너희를 택하사 그
앞에 서서 수종들어 그를 섬기며 분
향하게 하셨느니라
12 이에 레위 사람들이 일어나니 곧 그
핫의 자손 중 아마새의 아들 마핫과
아사랴의 아들 요엘과 므라리의 자
손 중 압디의 아들 기스와 여할렐렐
의 아들 아사랴와 게르손 사람 중
심마의 아들 요아와 요아의 아들 에
덴과
13 엘리사반의 자손 중 시므리와 여우
엘과 아삽의 자손 중 스가랴와 맛다
냐와
14 헤만의 자손 중 여후엘과 시므이와
여두둔의 자손 중 스마야와 웃시엘
이라
15 그들이 그들의 형제들을 모아 성결
하게 하고 들어가서 왕이 여호와의
말씀대로 명령한 것을 따라 여호와의
전을 깨끗하게 할새
16 제사장들도 여호와의 전 안에 들어
가서 깨끗하게 하여 여호와의 전에
있는 모든 더러운 것을 끌어내어 여
호와의 전 뜰에 이르매 레위 사람들
이 받아 바깥 기드론 시내로 가져갔
더라
17 첫째 달 초하루에 성결하게 하기를
시작하여 그 달 초팔일에 여호와의
낭실에 이르고 또 팔 일 동안 여호와
의 전을 성결하게 하여 첫째 달 십육
일에 이르러 마치고
18 안으로 들어가서 히스기야 왕을 보
고 이르되 우리가 여호와의 온 전과
번제단과 그 모든 그릇들과 떡을 진
설하는 상과 그 모든 그릇들을 깨끗
하게 하였고
19 또 아하스 왕이 왕위에 있어 범죄할
때에 버린 모든 그릇들도 우리가 정
돈하고 성결하게 하여 여호와의 제단
앞에 두었나이다 하니라

성전의 일이 갖추어지다

20 히스기야 왕이 일찍이 일어나 성읍의
귀인들을 모아 여호와의 전에 올라
가서
21 수송아지 일곱 마리와 숫양 일곱 마
리와 어린 양 일곱 마리와 숫염소 일
곱 마리를 끌어다가 나라와 성소와
유다를 위하여 속죄제물로 삼고 아
론의 자손 제사장들을 명령하여 여

호와의 제단에 드리게 하니
22 이에 수소를 잡으매 제사장들이 그
피를 받아 제단에 뿌리고 또 숫양들
을 잡으매 그 피를 제단에 뿌리고
또 어린 양들을 잡으매 그 피를 제단
에 뿌리고
23 이에 속죄제물로 드릴 숫염소들을
왕과 회중 앞으로 끌어오매 그들이
그 위에 안수하고
24 제사장들이 잡아 그 피를 속죄제로
삼아 제단에 드려 온 이스라엘을 위
하여 속죄하니 이는 왕이 명령하여
온 이스라엘을 위하여 번제와 속죄
제를 드리게 하였음이더라
25 왕이 레위 사람들을 여호와의 전에
두어서 다윗과 왕의 선견자 갓과 선
지자 나단이 명령한 대로 제금과 비
파와 수금을 잡게 하니 이는 여호와
께서 그의 선지자들로 이렇게 명령하
셨음이라
26 레위 사람은 다윗의 악기를 잡고 제
사장은 나팔을 잡고 서매
27 히스기야가 명령하여 번제를 제단에
드릴새 번제 드리기를 시작하는 동시
에 여호와의 시로 노래하고 나팔을
불며 이스라엘 왕 다윗의 악기를 울
리고
28 온 회중이 경배하며 노래하는 자들
은 노래하고 나팔 부는 자들은 나팔
을 불어 번제를 마치기까지 이르니라
29 제사 드리기를 마치매 왕과 그와 함
께 있는 자들이 다 엎드려 경배하니
라
30 히스기야 왕이 귀인들과 더불어 레위
사람을 명령하여 다윗과 선견자 아삽
의 시로 여호와를 찬송하게 하매 그
들이 즐거움으로 찬송하고 몸을 굽
혀 예배하니라
31 이에 히스기야가 말하여 이르되 너희
가 이제 스스로 몸을 깨끗하게 하여
여호와께 드렸으니 마땅히 나아와
제물과 감사제물을 여호와의 전으로
가져오라 하니 회중이 제물과 감사
제물을 가져오되 무릇 마음에 원하
는 자는 또한 번제물도 가져오니
32 회중이 가져온 번제물의 수효는 수
소가 칠십 마리요 숫양이 백 마리요
어린 양이 이백 마리이니 이는 다 여
호와께 번제물로 드리는 것이며
33 또 구별하여 드린 소가 육백 마리요
양이 삼천 마리라
34 그런데 제사장이 부족하여 그 모든
번제 짐승들의 가죽을 능히 벗기지
못하는 고로 그의 형제 레위 사람들
이 그 일을 마치기까지 돕고 다른 제
사장들이 성결하게 하기까지 기다렸

으니 이는 레위 사람들의 성결하게 함
이 제사장들보다 성심이 있었음이라
35 번제와 화목제의 기름과 각 번제에
속한 전제들이 많더라 이와 같이 여
호와의 전에서 섬기는 일이 순서대로
갖추어지니라
36 이 일이 갑자기 되었으나 하나님께서
백성을 위하여 예비하셨으므로 히스
기야가 백성과 더불어 기뻐하였더라

유월절 준비

30 히스기야가 온 이스라엘과 유
다에 사람을 보내고 또 에브라
임과 므낫세에 편지를 보내어 예루
살렘 여호와의 전에 와서 이스라엘
하나님 여호와를 위하여 유월절을 지
키라 하니라
2 왕이 방백들과 예루살렘 온 회중과
더불어 의논하고 둘째 달에 유월절
을 지키려 하였으니
3 이는 성결하게 한 제사장들이 부족
하고 백성도 예루살렘에 모이지 못
하였으므로 그 정한 때에 지킬수 없
었음이라
4 왕과 온 회중이 이 일을 좋게 여기고
5 드디어 왕이 명령을 내려 브엘세바에
서부터 단까지 온 이스라엘에 공포
하여 일제히 예루살렘으로 와서 이
스라엘 하나님 여호와의 유월절을 지
키라 하니 이는 기록한 규례대로 오
랫동안 지키지 못하였음이더라
6 보발꾼들이 왕과 방백들의 편지를
받아 가지고 왕의 명령을 따라 온 이
스라엘과 유다에 두루 다니며 전하
니 일렀으되 이스라엘 자손들아 너희
는 아브라함과 이삭과 이스라엘의
하나님 여호와께로 돌아오라 그리하
면 그가 너희 남은 자 곧 앗수르 왕
의 손에서 벗어난 자에게로 돌아오
시리라
7 너희 조상들과 너희 형제 같이 하지
말라 그들은 그의 조상들의 하나님
여호와께 범죄하였으므로 여호와께
서 멸망하도록 버려 두신 것을 너희
가 똑똑히 보는 바니라
8 그런즉 너희 조상들 같이 목을 곧게
하지 말고 여호와께 돌아와 영원히
거룩하게 하신 전에 들어가서 너희
하나님 여호와를 섬겨 그의 진노가
너희에게서 떠나게 하라
9 너희가 만일 여호와께 돌아오면 너희
형제들과 너희 자녀가 사로잡은 자
들에게서 자비를 입어 다시 이 땅으
로 돌아오리라 너희 하나님 여호와
는 은혜로우시고 자비하신지라 너희
가 그에게로 돌아오면 그의 얼굴을
너희에게서 돌이키지 아니하시리라

하였더라
10 보발꾼이 에브라임과 므낫세 지방
각 성읍으로 두루 다녀서 스불론까
지 이르렀으나 사람들이 그들을 조
롱하며 비웃었더라
11 그러나 아셀과 므낫세와 스불론 중
에서 몇 사람이 스스로 겸손한 마음
으로 예루살렘에 이르렀고
12 하나님의 손이 또한 유다 사람들을
감동시키사 그들에게 왕과 방백들이
여호와의 말씀대로 전한 명령을 한
마음으로 준행하게 하셨더라

유월절을 성대히 지키다

13 둘째 달에 백성이 무교절을 지키려
하여 예루살렘에 많이 모이니 매우
큰 모임이라
14 무리가 일어나 예루살렘에 있는 제
단과 향단들을 모두 제거하여 기드
론 시내에 던지고
15 둘째 달 열넷째 날에 유월절 양을
잡으니 제사장과 레위 사람이 부끄
러워하여 성결하게 하고 번제물을 가
지고 여호와의 전에 이르러
16 규례대로 각각 자기들의 처소에 서
고 하나님의 사람 모세의 율법을 따
라 제사장들이 레위 사람의 손에서
피를 받아 뿌리니라
17 회중 가운데 많은 사람이 자신들을
성결하게 하지 못하였으므로 레위 사
람들이 모든 부정한 사람을 위하여
유월절 양을 잡아 그들로 여호와 앞
에서 성결하게 하였으나
18 에브라임과 므낫세와 잇사갈과 스불
론의 많은 무리는 자기들을 깨끗하
게 하지 아니하고 유월절 양을 먹어
기록한 규례를 어긴지라 히스기야가
그들을 위하여 기도하여 이르되 선하
신 여호와여 사하옵소서
19 결심하고 하나님 곧 그의 조상들의
하나님 여호와를 구하는 사람은 누
구든지 비록 성소의 결례대로 스스
로 깨끗하게 못하였을지라도 사하옵
소서 하였더니
20 여호와께서 히스기야의 기도를 들으
시고 백성을 고치셨더라
21 예루살렘에 모인 이스라엘 자손이
크게 즐거워하며 칠 일 동안 무교절
을 지켰고 레위 사람들과 제사장들
은 날마다 여호와를 칭송하며 큰 소
리 나는 악기를 울려 여호와를 찬양
하였으며
22 히스기야는 여호와를 섬기는 일에
능숙한 모든 레위 사람들을 위로하
였더라 이와 같이 절기 칠 일 동안에
무리가 먹으며 화목제를 드리고 그
의 조상들의 하나님 여호와께 감사

하였더라

두 번째 절기

23 온 회중이 다시 칠 일을 지키기로 결
의하고 이에 또 칠 일을 즐겁게 지켰
더라
24 유다 왕 히스기야가 수송아지 천 마
리와 양 칠천 마리를 회중에게 주었
고 방백들은 수송아지 천 마리와 양
만 마리를 회중에게 주었으며 자신
들을 성결하게 한 제사장들도 많았
더라
25 유다 온 회중과 제사장들과 레위 사
람들과 이스라엘에서 온 모든 회중
과 이스라엘 땅에서 나온 나그네들
과 유다에 사는 나그네들이 다 즐거
워하였으므로
26 예루살렘에 큰 기쁨이 있었으니 이
스라엘 왕 다윗의 아들 솔로몬 때로
부터 이러한 기쁨이 예루살렘에 없었
더라
27 그 때에 제사장들과 레위 사람들이
일어나서 백성을 위하여 축복하였으
니 그 소리가 하늘에 들리고 그 기도
가 여호와의 거룩한 처소 하늘에 이
르렀더라

히스기야의 개혁

31 이 모든 일이 끝나매 거기에 있
는 이스라엘 무리가 나가서 유
다 여러 성읍에 이르러 주상들을 깨
뜨리며 아세라 목상들을 찍으며 유
다와 베냐민과 에브라임과 므낫세
온 땅에서 산당들과 제단들을 제거
하여 없애고 이스라엘 모든 자손이
각각 자기들의 본성 기업으로 돌아
갔더라
2 히스기야가 제사장들과 레위 사람들
의 반열을 정하고 그들의 반열에 따
라 각각 그들의 직임을 행하게 하되
곧 제사장들과 레위 사람들에게 번
제와 화목제를 드리며 여호와의 휘
장 문에서 섬기며 감사하며 찬송하게
하고
3 또 왕의 재산 중에서 얼마를 정하여
여호와의 율법에 기록된 대로 번제
곧 아침과 저녁의 번제와 안식일과
초하루와 절기의 번제에 쓰게 하고
4 또 예루살렘에 사는 백성을 명령하
여 제사장들과 레위 사람들 몫의 음
식을 주어 그들에게 여호와의 율법
을 힘쓰게 하라 하니라

365묵상

절기와 삶

유다 왕 히스기야와 백성들은 진심을 다해 유월절 절기를 올바로 준수했다. 열심히 기도하고 즐겁게 하나님을 찬양했다. 기쁨에 넘쳐 그 절기를 7일 동안 더 연장했다. 그리고 절기를 마친 후에는 자신들 주변에 있는 이교도 제단들과 산당들을 부수었다. 그런 후에 유다 백성은 하나님을 위해 살기로 마음먹고 각자 고향으로 돌아갔다(대하 30:26-3:1). 이처럼 종교집회는 그것 자체로 만족해선 안 된다. 은혜를 받은 것으로 끝나서는 안 된다. 집회를 통해 얻는 새로운 영적 힘으로 일상의 실제적인 삶을 개선해나가야 한다.

5 왕의 명령이 내리자 곧 이스라엘 자
손이 곡식과 포도주와 기름과 꿀과
밭의 모든 소산의 첫 열매들을 풍성
히 드렸고 또 모든 것의 십일조를 많
이 가져왔으며
6 유다 여러 성읍에 사는 이스라엘과
유다 자손들도 소와 양의 십일조를
가져왔고 또 그들의 하나님 여호와
께 구별하여 드릴 성물의 십일조를
가져왔으며 그것을 쌓아 여러 더미를
이루었는데
7 셋째 달에 그 더미들을 쌓기 시작하
여 일곱째 달에 마친지라
8 히스기야와 방백들이 와서 쌓인 더미
들을 보고 여호와를 송축하고 그의
백성 이스라엘을 위하여 축복하니라
9 히스기야가 그 더미들에 대하여 제사
장들과 레위 사람들에게 물으니
10 사독의 족속 대제사장 아사랴가 그
에게 대답하여 이르되 백성이 예물
을 여호와의 전에 드리기 시작함으로
부터 우리가 만족하게 먹었으나 남
은 것이 많으니 이는 여호와께서 그
의 백성에게 복을 주셨음이라 그 남
은 것이 이렇게 많이 쌓였나이다
11 그 때에 히스기야가 명령하여 여호와
의 전 안에 방들을 준비하라 하므로
그렇게 준비하고
12 성심으로 그 예물과 십일조와 구별
한 물건들을 갖다 두고 레위 사람
고나냐가 그 일의 책임자가 되고 그
의 아우 시므이는 부책임자가 되며
13 여히엘과 아사시야와 나핫과 아사헬
과 여리못과 요사밧과 엘리엘과 이
스마갸와 마핫과 브나야는 고나냐
와 그의 아우 시므이의 수하에서 보
살피는 자가 되니 이는 히스기야 왕
과 하나님의 전을 관리하는 아사랴가
명령한 바이며
14 동문지기 레위 사람 임나의 아들 고
레는 즐거이 하나님께 드리는 예물
을 맡아 여호와께 드리는 것과 모든
지성물을 나눠 주며
15 그의 수하의 에덴과 미냐민과 예수
아와 스마야와 아마랴와 스가냐는
제사장들의 성읍들에 있어서 직임을
맡아 그의 형제들에게 반열대로 대
소를 막론하고 나눠 주되
16 삼 세 이상으로 족보에 기록된 남자
외에 날마다 여호와의 전에 들어가서
그 반열대로 직무에 수종드는 자들
에게 다 나눠 주며
17 또 그들의 족속대로 족보에 기록된
제사장들에게 나눠 주며 이십세 이상
에서 그 반열대로 직무를 맡은 레위
사람들에게 나눠 주며

18 또 그 족보에 기록된 온 회중의 어린
아이들 아내들 자녀들에게 나눠 주
었으니 이 회중은 성결하고 충실히
그 직분을 다하는 자며
19 각 성읍에서 등록된 사람이 있어 성
읍 가까운 들에 사는 아론 자손 제
사장들에게도 나눠 주되 제사장들의
모든 남자와 족보에 기록된 레위 사
람들에게 나눠 주었더라
20 히스기야가 온 유다에 이같이 행하되
그의 하나님 여호와 보시기에 선과
정의와 진실함으로 행하였으니
21 그가 행하는 모든 일 곧 하나님의 전
에 수종드는 일에나 율법에나 계명
에나 그의 하나님을 찾고 한 마음으
로 행하여 형통하였더라

앗수르 군대가 예루살렘을 위협하다

32 이 모든 충성된 일을 한 후에
앗수르 왕 산헤립이 유다에 들
어와서 견고한 성읍들을 향하여 진을
치고 쳐서 점령하고자 한지라
2 히스기야가 산헤립이 예루살렘을 치
러 온 것을 보고
3 그의 방백들과 용사들과 더불어 의
논하고 성 밖의 모든 물 근원을 막
고자 하매 그들이 돕더라
4 이에 백성이 많이 모여 모든 물 근원
과 땅으로 흘러가는 시내를 막고 이
르되 어찌 앗수르 왕들이 와서 많은
물을 얻게 하리요 하고
5 히스기야가 힘을 내어 무너진 모든
성벽을 보수하되 망대까지 높이 쌓
고 또 외성을 쌓고 다윗 성의 밀로를
견고하게 하고 무기와 방패를 많이
만들고
6 군대 지휘관들을 세워 백성을 거느리
게 하고 성문 광장에서 자기 앞에 무
리를 모으고 말로 위로하여 이르되
7 너희는 마음을 강하게 하며 담대히
하고 앗수르 왕과 그를 따르는 온
무리로 말미암아 두려워하지 말며 놀
라지 말라 우리와 함께 하시는 이가
그와 함께 하는 자보다 크니
8 그와 함께 하는 자는 육신의 팔이요
우리와 함께 하시는 이는 우리의 하
나님 여호와시라 반드시 우리를 도
우시고 우리를 대신하여 싸우시리라
하매 백성이 유다 왕 히스기야의 말
로 말미암아 안심하니라
9 그 후에 앗수르 왕 산헤립이 그의
온 군대를 거느리고 라기스를 치며
그의 신하들을 예루살렘에 보내어
유다 왕 히스기야와 예루살렘에 있
는 유다 무리에게 말하여 이르기를
10 앗수르 왕 산헤립은 이같이 말하노
라 너희가 예루살렘에 에워싸여 있

으면서 무엇을 의뢰하느냐
11 히스기야가 너희를 꾀어 이르기를 우
리 하나님 여호와께서 우리를 앗수
르 왕의 손에서 건져내시리라 하거니
와 이 어찌 너희를 주림과 목마름으
로 죽게 함이 아니냐
12 이 히스기야가 여호와의 산당들과 제
단들을 제거하여 버리고 유다와 예
루살렘에 명령하여 이르기를 너희는
다만 한 제단 앞에서 예배하고 그 위
에 분향하라 하지 아니하였느냐
13 나와 내 조상들이 이방 모든 백성들
에게 행한 것을 너희가 알지 못하느
냐 모든 나라의 신들이 능히 그들의
땅을 내 손에서 건져낼 수 있었느냐
14 내 조상들이 진멸한 모든 나라의 그
모든 신들 중에 누가 능히 그의 백성
을 내 손에서 건져내었기에 너희 하
나님이 능히 너희를 내 손에서 건지
겠느냐
15 그런즉 이와 같이 너희는 히스기야에
게 속지 말라 꾀임을 받지 말라 그를
믿지도 말라 어떤 백성이나 어떤 나라
의 신도 능히 자기의 백성을 나의 손
과 나의 조상들의 손에서 건져내지 못
하였나니 하물며 너희 하나님이 너희
를 내 손에서 건져내겠느냐 하였더라
16 산헤립의 신하들도 더욱 여호와 하나
님과 그의 종 히스기야를 비방하였으
며
17 산헤립이 또 편지를 써 보내어 이스
라엘 하나님 여호와를 욕하고 비방
하여 이르기를 모든 나라의 신들이
그들의 백성을 내 손에서 구원하여
내지 못한 것 같이 히스기야의 신들
도 그의 백성을 내 손에서 구원하여
내지 못하리라 하고
18 산헤립의 신하가 유다 방언으로 크
게 소리 질러 예루살렘 성 위에 있는
백성을 놀라게 하고 괴롭게 하여 그
성을 점령하려 하였는데
19 그들이 예루살렘의 하나님을 비방하
기를 사람의 손으로 지은 세상 사람
의 신들을 비방하듯 하였더라
20 이러므로 히스기야 왕이 아모스의
아들 선지자 이사야와 더불어 하늘
을 향하여 부르짖어 기도하였더니
21 여호와께서 한 천사를 보내어 앗수
르 왕의 진영에서 모든 큰 용사와 대
장과 지휘관들을 멸하신지라 앗수르
왕이 낯이 뜨거워 그의 고국으로 돌
아갔더니 그의 신의 전에 들어갔을
때에 그의 몸에서 난 자들이 거기서
칼로 죽였더라
22 이와 같이 여호와께서 히스기야와 예
루살렘 주민을 앗수르 왕 산헤립의

손과 모든 적국의 손에서 구원하여
내사 사면으로 보호하시매
23 여러 사람이 예물을 가지고 예루살
렘에 와서 여호와께 드리고 또 보물
을 유다 왕 히스기야에게 드린지라
이 후부터 히스기야가 모든 나라의
눈에 존귀하게 되었더라

히스기야의 병과 교만

24 그 때에 히스기야가 병들어 죽게 되
었으므로 여호와께 기도하매 여호와
께서 그에게 대답하시고 또 이적을
보이셨으나
25 히스기야가 마음이 교만하여 그 받
은 은혜를 보답하지 아니하므로 진
노가 그와 유다와 예루살렘에 내리
게 되었더니
26 히스기야가 마음의 교만함을 뉘우치
고 예루살렘 주민들도 그와 같이 하
였으므로 여호와의 진노가 히스기야
의 생전에는 그들에게 내리지 아니
하니라

히스기야의 부와 영광

27 히스기야가 부와 영광이 지극한지라
이에 은금과 보석과 향품과 방패와
온갖 보배로운 그릇들을 위하여 창
고를 세우며
28 곡식과 새 포도주와 기름의 산물을
위하여 창고를 세우며 온갖 짐승의
외양간을 세우며 양 떼의 우리를 갖
추며
29 양 떼와 많은 소 떼를 위하여 성읍들
을 세웠으니 이는 하나님이 그에게
재산을 심히 많이 주셨음이며
30 이 히스기야가 또 기혼의 윗샘물을
막아 그 아래로부터 다윗 성 서쪽으
로 곧게 끌어들였으니 히스기야가
그의 모든 일에 형통하였더라
31 그러나 바벨론 방백들이 히스기야에
게 사신을 보내어 그 땅에서 나타난
이적을 물을 때에 하나님이 히스기야
를 떠나시고 그의 심중에 있는 것을
다 알고자 하사 시험하셨더라

히스기야가 죽다

32 히스기야의 남은 행적과 그의 모든
선한 일은 아모스의 아들 선지자 이
사야의 묵시 책과 유다와 이스라엘
열왕기에 기록되니라
33 히스기야가 그의 조상들과 함께 누
우매 온 유다와 예루살렘 주민이 그
를 다윗 자손의 묘실 중 높은 곳에
장사하여 그의 죽음에 그에게 경의
를 표하였더라 그의 아들 므낫세가
대신하여 왕이 되니라

유다 왕 므낫세

33 므낫세가 왕위에 오를 때에 나
이가 십이 세라 예루살렘에서

오십오 년 동안 다스리며
2 여호와 보시기에 악을 행하여 여호
와께서 이스라엘 자손 앞에서 쫓아
내신 이방 사람들의 가증한 일을 본
받아
3 그의 아버지 히스기야가 헐어 버린
산당을 다시 세우며 바알들을 위하
여 제단을 쌓으며 아세라 목상을 만
들며 하늘의 모든 일월성신을 경배하
여 섬기며
4 여호와께서 전에 이르시기를 내가 내
이름을 예루살렘에 영원히 두리라
하신 여호와의 전에 제단들을 쌓고
5 또 여호와의 전 두 마당에 하늘의 일
월성신을 위하여 제단들을 쌓고
6 또 힌놈의 아들 골짜기에서 그의 아
들들을 불 가운데로 지나가게 하며
또 점치며 사술과 요술을 행하며 신
접한 자와 박수를 신임하여 여호와
보시기에 악을 많이 행하여 여호와
를 진노하게 하였으며
7 또 자기가 만든 아로새긴 목상을 하
나님의 전에 세웠더라 옛적에 하나님
이 이 성전에 대하여 다윗과 그의 아
들 솔로몬에게 이르시기를 내가 이
스라엘 모든 지파 중에서 택한 이 성
전과 예루살렘에 내 이름을 영원히
둘지라
8 만일 이스라엘 사람이 내가 명령한
일들 곧 모세를 통하여 전한 모든
율법과 율례와 규례를 지켜 행하면
내가 그들의 발로 다시는 그의 조상
들에게 정하여 준 땅에서 옮기지 않
게 하리라 하셨으나
9 유다와 예루살렘 주민이 므낫세의
꾀임을 받고 악을 행한 것이 여호와
께서 이스라엘 자손 앞에서 멸하신
모든 나라보다 더욱 심하였더라

므낫세가 기도하다

10 여호와께서 므낫세와 그의 백성에게
이르셨으나 그들이 듣지 아니하므로
11 여호와께서 앗수르 왕의 군대 지휘
관들이 와서 치게 하시매 그들이 므
낫세를 사로잡고 쇠사슬로 결박하여
바벨론으로 끌고 간지라
12 그가 환난을 당하여 그의 하나님 여
호와께 간구하고 그의 조상들의 하
나님 앞에 크게 겸손하여
13 기도하였으므로 하나님이 그의 기도
를 받으시며 그의 간구를 들으시사
그가 예루살렘에 돌아와서 다시 왕
위에 앉게 하시매 므낫세가 그제서
야 여호와께서 하나님이신 줄을 알
았더라

므낫세가 죽다

14 그 후에 다윗 성 밖 기혼 서쪽 골짜

기 안에 외성을 쌓되 어문 어귀까지
이르러 오벨을 둘러 매우 높이 쌓고
또 유다 모든 견고한 성읍에 군대
지휘관을 두며
15 이방 신들과 여호와의 전의 우상을
제거하며 여호와의 전을 건축한 산에
와 예루살렘에 쌓은 모든 제단들을
다 성 밖에 던지고
16 여호와의 제단을 보수하고 화목제와
감사제를 그 제단 위에 드리고 유다
를 명령하여 이스라엘 하나님 여호와
를 섬기라 하매
17 백성이 그의 하나님 여호와께만 제
사를 드렸으나 아직도 산당에서 제
사를 드렸더라
18 므낫세의 남은 사적과 그가 하나님
께 한 기도와 선견자가 이스라엘 하
나님 여호와의 이름으로 권한 말씀
은 모두 이스라엘 왕들의 행장에 기
록되었고
19 또 그의 기도와 그의 기도를 들으신
것과 그의 모든 죄와 허물과 겸손하
기 전에 산당을 세운 곳과 아세라
목상과 우상을 세운 곳들이 다 호새
의 사기에 기록되니라
20 므낫세가 그의 열조와 함께 누우매
그의 궁에 장사되고 그의 아들 아몬
이 대신하여 왕이 되니라

유다 왕 아몬

21 아몬이 왕위에 오를 때에 나이가 이
십이 세라 예루살렘에서 이 년 동안
다스리며
22 그의 아버지 므낫세의 행함 같이 여
호와 보시기에 악을 행하여 아몬이
그의 아버지 므낫세가 만든 아로새
긴 모든 우상에게 제사하여 섬겼으며
23 이 아몬이 그의 아버지 므낫세가 스
스로 겸손함 같이 여호와 앞에서 스
스로 겸손하지 아니하고 더욱 범죄하
더니
24 그의 신하가 반역하여 왕을 궁중에
서 죽이매
25 백성들이 아몬 왕을 반역한 사람들
을 다 죽이고 그의 아들 요시야를
대신하여 왕으로 삼으니라

유다 왕 요시야의 개혁

34 요시야가 왕위에 오를 때에 나
이가 팔 세라 예루살렘에서 삼
십일 년 동안 다스리며
2 여호와 보시기에 정직하게 행하여 그

365묵상

죄와 은혜와 상처

하나님은 자비롭다. 그분은 은혜로 우리 죄를 용서해주신다. 하지만 은혜로도 어쩔 수 없는 것이 있다. 지난날 지은 죄의 상처다. 유다 왕 므낫세는 지난날 죄악의 삶을 살았다. 마침내 회심했지만 지난날 죄악의 상처는 어쩔 수 없었다(대하33:1–20). 결국 므낫세로 인해 유다는 파멸을 확정짓기에 이르렀다(왕하 21:11–12). 하나님은 가장 악한 자에게도 용서의 은혜를 베푸신다. 그러나 그런 은혜조차도 지난날에 저지른 죄악의 해로운 결과를 바꿀 수는 없다. 그러므로 우리는 죄 짓는 것을 아주 두렵게 여겨야 한다.

의 조상 다윗의 길로 걸으며 좌우로
치우치지 아니하고
3 아직도 어렸을 때 곧 왕위에 있은 지
팔 년에 그의 조상 다윗의 하나님을
비로소 찾고 제십이년에 유다와 예
루살렘을 비로소 정결하게 하여 그
산당들과 아세라 목상들과 아로새긴
우상들과 부어 만든 우상들을 제거
하여 버리매
4 무리가 왕 앞에서 바알의 제단들을
헐었으며 왕이 또 그 제단 위에 높이
달린 태양상들을 찍고 또 아세라 목
상들과 아로새긴 우상들과 부어 만
든 우상들을 빻아 가루를 만들어 제
사하던 자들의 무덤에 뿌리고
5 제사장들의 뼈를 제단 위에서 불살
라 유다와 예루살렘을 정결하게 하
였으며
6 또 므낫세와 에브라임과 시므온과
납달리까지 사면 황폐한 성읍들에도
그렇게 행하여
7 제단들을 허물며 아세라 목상들과
아로새긴 우상들을 빻아 가루를 만
들며 온 이스라엘 땅에 있는 모든
태양상을 찍고 예루살렘으로 돌아
왔더라

율법책의 발견

8 요시야가 왕위에 있은 지 열여덟째
해에 그 땅과 성전을 정결하게 하기
를 마치고 그의 하나님 여호와의 전
을 수리하려 하여 아살랴의 아들 사
반과 시장 마아세야와 서기관 요아
하스의 아들 요아를 보낸지라
9 그들이 대제사장 힐기야에게 나아가
전에 하나님의 전에 헌금한 돈을 그
에게 주니 이 돈은 문을 지키는 레위
사람들이 므낫세와 에브라임과 남아
있는 모든 이스라엘 사람과 온 유다
와 베냐민과 예루살렘 주민들에게서
거둔 것이라
10 그 돈을 여호와의 전 공사를 감독하
는 자들의 손에 넘기니 그들이 여호
와의 전에 있는 일꾼들에게 주어 그
전을 수리하게 하되
11 곧 목수들과 건축하는 자들에게 주
어 다듬은 돌과 연접하는 나무를 사
며 유다 왕들이 헐어버린 성전들을
위하여 들보를 만들게 하매
12 그 사람들이 성실하게 그 일을 하니
라 그의 감독들은 레위 사람들 곧
므라리 자손 중 야핫과 오바댜요 그
핫 자손들 중 스가랴와 무술람이라
다 그 일을 감독하고 또 악기에 익숙
한 레위 사람들이 함께 하였으며
13 그들은 또 목도꾼을 감독하며 모든
공사 담당자를 감독하고 어떤 레위

사람은 서기와 관리와 문지기가 되었
더라
14 무리가 여호와의 전에 헌금한 돈을
꺼낼 때에 제사장 힐기야가 모세가
전한 여호와의 율법책을 발견하고
15 힐기야가 서기관 사반에게 말하여 이
르되 내가 여호와의 전에서 율법책을
발견하였노라 하고 힐기야가 그 책
을 사반에게 주매
16 사반이 책을 가지고 왕에게 나아가
서 복명하여 이르되 왕께서 종들에게
명령하신 것을 종들이 다 준행하였나
이다
17 또 여호와의 전에서 발견한 돈을 쏟
아서 감독자들과 일꾼들에게 주었나
이다 하고
18 서기관 사반이 또 왕에게 아뢰어 이
르되 제사장 힐기야가 내게 책을 주
더이다 하고 사반이 왕 앞에서 그것
을 읽으매
19 왕이 율법의 말씀을 듣자 곧 자기 옷
을 찢더라
20 왕이 힐기야와 사반의 아들 아히감과
미가의 아들 압돈과 서기관 사반과
왕의 시종 아사야에게 명령하여 이르
되
21 너희는 가서 나와 및 이스라엘과 유
다의 남은 자들을 위하여 이 발견한
책의 말씀에 대하여 여호와께 물으
라 우리 조상들이 여호와의 말씀을
지키지 아니하고 이 책에 기록된 모
든 것을 준행하지 아니하였으므로
여호와께서 우리에게 쏟으신 진노가
크도다 하니라
22 이에 힐기야와 왕이 보낸 사람들이
여선지자 훌다에게로 나아가니 그는
하스라의 손자 독핫의 아들로서 예
복을 관리하는 살룸의 아내라 예루
살렘 둘째 구역에 살았더라 그들이
그에게 이 뜻을 전하매
23 훌다가 그들에게 이르되 이스라엘의
하나님 여호와께서 이같이 말씀하시
기를 너희는 너희를 내게 보낸 사람
에게 말하라 하시니라
24 여호와께서 이같이 말씀하시기를 내
가 이 곳과 그 주민에게 재앙을 내리
되 곧 유다 왕 앞에서 읽은 책에 기
록된 모든 저주대로 하리니
25 이는 이 백성들이 나를 버리고 다른
신들에게 분향하며 그의 손의 모든
행위로 나의 노여움을 샀음이라 그러
므로 나의 노여움을 이 곳에 쏟으매
꺼지지 아니하리라 하라 하셨느니라
26 너희를 보내어 여호와께 묻게 한 유
다 왕에게는 너희가 이렇게 전하라
이스라엘의 하나님 여호와께서 이같

이 말씀하시기를 네가 들은 말을 의
논하건대
27 내가 이 곳과 그 주민을 가리켜 말한
것을 네가 듣고 마음이 연약하여 하
나님 앞 곧 내 앞에서 겸손하여 옷을
찢고 통곡하였으므로 나도 네 말을
들었노라 여호와가 말하였느니라
28 그러므로 내가 네게 너의 조상들에
게 돌아가서 평안히 묘실로 들어가
게 하리니 내가 이 곳과 그 주민에게
내리는 모든 재앙을 네가 눈으로 보
지 못하리라 하셨느니라 이에 사신들
이 왕에게 복명하니라

여호와께 순종하기로 하다

29 왕이 사람을 보내어 유다와 예루살
렘의 모든 장로를 불러 모으고
30 여호와의 전에 올라가매 유다 모든
사람과 예루살렘 주민들과 제사장들
과 레위 사람들과 모든 백성이 노소
를 막론하고 다 함께 한지라 왕이 여
호와의 전 안에서 발견한 언약책의
모든 말씀을 읽어 무리의 귀에 들려
주고
31 왕이 자기 처소에 서서 여호와 앞에
서 언약을 세우되 마음을 다하고 목
숨을 다하여 여호와를 순종하고 그
의 계명과 법도와 율례를 지켜 이 책
에 기록된 언약의 말씀을 이루리라
하고
32 예루살렘과 베냐민에 있는 자들이
다 여기에 참여하게 하매 예루살렘
주민이 하나님 곧 그의 조상들의 하
나님의 언약을 따르니라
33 이와 같이 요시야가 이스라엘 자손
에게 속한 모든 땅에서 가증한 것들
을 다 제거하여 버리고 이스라엘의
모든 사람으로 그들의 하나님 여호
와를 섬기게 하였으므로 요시야가
사는 날에 백성이 그들의 조상들의
하나님 여호와께 복종하고 떠나지
아니하였더라

요시야가 유월절을 지키다

35 요시야가 예루살렘에서 여호와
께 유월절을 지켜 첫째 달 열넷
째 날에 유월절 어린 양을 잡으니라
2 왕이 제사장들에게 그들의 직분을
맡기고 격려하여 여호와의 전에서 직
무를 수행하게 하고
3 또 여호와 앞에 구별되어서 온 이스
라엘을 가르치는 레위 사람에게 이
르되 거룩한 궤를 이스라엘 왕 다윗
의 아들 솔로몬이 건축한 전 가운데
두고 다시는 너희 어깨에 메지 말고
마땅히 너희의 하나님 여호와와 그의
백성 이스라엘을 섬길 것이라
4 너희는 이스라엘 왕 다윗의 글과 다

윗의 아들 솔로몬의 글을 준행하여
너희 족속대로 반열을 따라 스스로
준비하고
5 너희 형제 모든 백성의 족속의 서열
대로 또는 레위 족속의 서열대로 성
소에 서서
6 스스로 성결하게 하고 유월절 어린
양을 잡아 너희 형제들을 위하여 준
비하되 여호와께서 모세를 통하여 전
하신 말씀을 따라 행할지니라
7 요시야가 그 모인 모든 이를 위하여
백성들에게 자기의 소유 양 떼 중에
서 어린 양과 어린 염소 삼만 마리와
수소 삼천 마리를 내어 유월절 제물
로 주매
8 방백들도 즐거이 희생을 드려 백성
과 제사장들과 레위 사람들에게 주
었고 하나님의 전을 주장하는 자 힐
기야와 스가랴와 여히엘은 제사장들
에게 양 이천육백 마리와 수소 삼백
마리를 유월절 제물로 주었고
9 또 레위 사람들의 우두머리들 곧 고
나냐와 그의 형제 스마야와 느다넬
과 또 하사뱌와 여이엘과 요사밧은
양 오천 마리와 수소 오백 마리를 레
위 사람들에게 유월절 제물로 주었
더라
10 이와 같이 섬길 일이 구비되매 왕의
명령을 따라 제사장들은 그들의 처
소에 서고 레위 사람들은 그들의 반
열대로 서고
11 유월절 양을 잡으니 제사장들은 그
들의 손에서 피를 받아 뿌리고 또 레
위 사람들은 잡은 짐승의 가죽을 벗
기고
12 그 번제물을 옮겨 족속의 서열대로
모든 백성에게 나누어 모세의 책에
기록된 대로 여호와께 드리게 하고
소도 그와 같이 하고
13 이에 규례대로 유월절 양을 불에 굽
고 그 나머지 성물은 솥과 가마와 냄
비에 삶아 모든 백성들에게 속히 분
배하고
14 그 후에 자기와 제사장들을 위하여
준비하니 이는 아론의 자손 제사장
들이 번제와 기름을 저녁까지 드리므
로 레위 사람들이 자기와 아론의 자
손 제사장들을 위하여 준비함이더라
15 아삽의 자손 노래하는 자들은 다윗
과 아삽과 헤만과 왕의 선견자 여두
둔이 명령한 대로 자기 처소에 있고
문지기들은 각 문에 있고 그 직무에
서 떠날 것이 없었으니 이는 그의 형
제 레위 사람들이 그들을 위하여 준
비하였음이더라
16 이와 같이 당일에 여호와를 섬길 일

이 다 준비되매 요시야 왕의 명령대
로 유월절을 지키며 번제를 여호와의
제단에 드렸으며
17 그 때에 모인 이스라엘 자손이 유월
절을 지키고 이어서 무교절을 칠 일
동안 지켰으니
18 선지자 사무엘 이후로 이스라엘 가
운데서 유월절을 이같이 지키지 못하
였고 이스라엘 모든 왕들도 요시야
가 제사장들과 레위 사람들과 모인
온 유다와 이스라엘 무리와 예루살
렘 주민과 함께 지킨 것처럼은 유월
절을 지키지 못하였더라
19 요시야가 왕위에 있은 지 열여덟째
해에 이 유월절을 지켰더라

요시야가 죽다

20 이 모든 일 후 곧 요시야가 성전을
정돈하기를 마친 후에 애굽 왕 느고
가 유브라데 강 가의 갈그미스를 치
러 올라왔으므로 요시야가 나가서
방비하였더니
21 느고가 요시야에게 사신을 보내어
이르되 유다 왕이여 내가 그대와 무
슨 관계가 있느냐 내가 오늘 그대를
치려는 것이 아니요 나와 더불어 싸
우는 족속을 치려는 것이라 하나님이
나에게 명령하사 속히 하라 하셨은즉
하나님이 나와 함께 계시니 그대는
하나님을 거스르지 말라 그대를 멸
하실까 하노라 하나
22 요시야가 몸을 돌이켜 떠나기를 싫어
하고 오히려 변장하고 그와 싸우고
자 하여 하나님의 입에서 나온 느고
의 말을 듣지 아니하고 므깃도 골짜
기에 이르러 싸울 때에
23 활 쏘는 자가 요시야 왕을 쏜지라
왕이 그의 신하들에게 이르되 내가
중상을 입었으니 나를 도와 나가게
하라
24 그 부하들이 그를 병거에서 내리게
하고 그의 버금 병거에 태워 예루살
렘에 이른 후에 그가 죽으니 그의
조상들의 묘실에 장사되니라 온 유
다와 예루살렘 사람들이 요시야를
슬퍼하고
25 예레미야는 그를 위하여 애가를 지
었으며 모든 노래하는 남자들과 여
자들은 요시야를 슬피 노래하니 이
스라엘에 규례가 되어 오늘까지 이
르렀으며 그 가사는 애가 중에 기록
되었더라
26 요시야의 남은 사적과 여호와의 율법
에 기록된 대로 행한 모든 선한 일과
27 그의 처음부터 끝까지의 행적은 이스
라엘과 유다 열왕기에 기록되니라

유다 왕 여호아하스

36 그 땅의 백성이 요시야의 아들
여호아하스를 세워 그의 아버지
를 대신하여 예루살렘에서 왕으로
삼으니
2 여호아하스가 왕위에 오를 때에 나
이가 이십삼 세더라 그가 예루살렘
에서 다스린 지 석 달에
3 애굽 왕이 예루살렘에서 그의 왕위
를 폐하고 또 그 나라에 은 백 달란
트와 금 한 달란트를 벌금으로 내게
하며
4 애굽 왕 느고가 또 그의 형제 엘리아
김을 세워 유다와 예루살렘 왕으로
삼고 그의 이름을 고쳐 여호야김이
라 하고 그의 형제 여호아하스를 애
굽으로 잡아갔더라

유다 왕 여호야김

5 여호야김이 왕위에 오를 때에 나이
가 이십오 세라 예루살렘에서 십일
년 동안 다스리며 그의 하나님 여호
와 보시기에 악을 행하였더라
6 바벨론 왕 느부갓네살이 올라와서
그를 치고 그를 쇠사슬로 결박하여
바벨론으로 잡아가고
7 느부갓네살이 또 여호와의 전 기구
들을 바벨론으로 가져다가 바벨론
에 있는 자기 신당에 두었더라
8 여호야김의 남은 사적과 그가 행한
모든 가증한 일들과 그에게 발견된
악행이 이스라엘과 유다 열왕기에 기
록되니라 그의 아들 여호야긴이 대신
하여 왕이 되니라

유다 왕 여호야긴

9 여호야긴이 왕위에 오를 때에 나이
가 팔 세라 예루살렘에서 석달 열흘
동안 다스리며 여호와 보시기에 악
을 행하였더라
10 그 해에 느부갓네살 왕이 사람을 보
내어 여호야긴을 바벨론으로 잡아가
고 여호와의 전의 귀한 그릇들도 함
께 가져가고 그의 숙부 시드기야를
세워 유다와 예루살렘 왕으로 삼았
더라

유다 왕 시드기야

11 시드기야가 왕위에 오를 때에 나이
가 이십일 세라 예루살렘에서 십일
년 동안 다스리며
12 그의 하나님 여호와 보시기에 악을
행하고 선지자 예레미야가 여호와의
말씀으로 일러도 그 앞에서 겸손하

365묵상

회복의 때를 소망하며

거듭 경고한 대로, 하나님의 무서운 심판이 유다 땅에 임했다. 약속의 땅은 짓밟혔고 많은 사람들이 죽거나 포로가 되었다. 하지만 진노의 심판으로 벌하실 때조차 하나님은 자기 백성을 소망 없이 내버려두지 않으셨다. 선지자들을 통해 회복의 메시지를 주셨고, 마침내 바사 왕 고레스를 통해 본국 귀환의 조서를 반포케 하셨다(대하 36:20-23). 이처럼 우리 생애의 가장 어두운 순간에도 하나님은 우리를 절망 가운데 버려두시지 않고 위로와 소망의 빛을 비춰주신다. 그 빛으로 인해 우리는 다시 힘차게 일어설 수 있다.

지 아니하였으며
13 또한 느부갓네살 왕이 그를 그의 하
나님을 가리켜 맹세하게 하였으나
그가 왕을 배반하고 목을 곧게 하며
마음을 완악하게 하여 이스라엘 하
나님 여호와께로 돌아오지 아니하였
고
14 모든 제사장들의 우두머리들과 백성
도 크게 범죄하여 이방 모든 가증한
일을 따라서 여호와께서 예루살렘에
거룩하게 두신 그의 전을 더럽게 하
였으며
15 그 조상들의 하나님 여호와께서 그
의 백성과 그 거하시는 곳을 아끼사
부지런히 그의 사신들을 그 백성에게
보내어 이르셨으나
16 그의 백성이 하나님의 사신들을 비웃
고 그의 말씀을 멸시하며 그의 선지
자를 욕하여 여호와의 진노를 그의
백성에게 미치게 하여 회복할 수 없
게 하였으므로
17 하나님이 갈대아 왕의 손에 그들을
다 넘기시매 그가 와서 그들의 성전
에서 칼로 청년들을 죽이며 청년 남
녀와 노인과 병약한 사람을 긍휼히
여기지 아니하였으며
18 또 하나님의 전의 대소 그릇들과 여
호와의 전의 보물과 왕과 방백들의
보물을 다 바벨론으로 가져가고
19 또 하나님의 전을 불사르며 예루살
렘 성벽을 헐며 그들의 모든 궁실을
불사르며 그들의 모든 귀한 그릇들
을 부수고
20 칼에서 살아 남은 자를 그가 바벨론
으로 사로잡아가매 무리가 거기서
갈대아 왕과 그의 자손의 노예가 되
어 바사국이 통치할 때까지 이르니
라
21 이에 토지가 황폐하여 땅이 안식년을
누림 같이 안식하여 칠십 년을 지냈
으니 여호와께서 예레미야의 입으로
하신 말씀이 이루어졌더라

고레스의 귀국 명령

22 바사의 고레스 왕 원년에 여호와께
서 예레미야의 입으로 하신 말씀을
이루시려고 여호와께서 바사의 고레
스 왕의 마음을 감동시키시매 그가
온 나라에 공포도 하고 조서도 내려
이르되
23 바사 왕 고레스가 이같이 말하노니
하늘의 신 여호와께서 세상 만국을
내게 주셨고 나에게 명령하여 유다
예루살렘에 성전을 건축하라 하셨나
니 너희 중에 그의 백성된 자는 다
올라갈지어다 너희 하나님 여호와께
서 함께 하시기를 원하노라 하였더라

에스라 Ezra

역대하의 마지막 부분과 연결되는 본서는 오래 전에 바벨론 땅의 포로가 된 하나님의 백성들이 어떻게 해서 다시 가나안 땅으로 돌아오게 되었고, 또 하나님의 성전을 건축하게 되었는지를 보여준다. 특히 하나님의 성전을 다시 건축할 때 방해하는 자들이 많았지만, 모든 어려움을 극복하고 마침내 성전을 건축한 사실이 감동적이다.

제목 원래 히브리어 성경에서는 본서와 느헤미야를 한 권의 책으로 묶어 본서의 주인공인 저자의 이름을 따라 '에즈라'로 붙였다. 그러다 헬라어 70인역에서 본서를 '에스라 1서(에스드라스 알파)'로, 라틴어 불가타역에서도 오늘날과 같이 이를 분리하여 '에스라'로 칭했다.

저자 에스라. 탈무드의 기록과 본서에 나타나는 일인칭 화법(7:28-9:15) 및 사건 묘사의 치밀성으로 보아 본서의 주인공으로서 당시 사회 변혁에 주도적 역할을 담당했고 '모세의 율법에 익숙한 학사'(7:6)였던 에스라가 가장 유력하다.

기록 연대 B.C. 444년 이후. 느헤미야 귀국 이후, 에스라 생애 말기로 추정된다.

기록 목적 ① 바벨론 포로 귀환 이후 유다인 사회에 있었던 성전 건축 역사를 보여 주려고. ② 바벨론 포로 귀환과 성전 재건을 통해 드러난 언약에 신실하신 하나님의 역사하심을 보여 주려고.

주제 유다인의 귀환과 성전 재건. 예레미야의 예언대로 포로 귀환이 이루어졌으며 하나님 임재의 상징인 성전이 예루살렘에 재건됨으로써 선민 이스라엘이 다시 구속사의 주역으로 부각되고 있다.

특징 ① 포로 후기 역사서-느헤미야와 더불어 귀환 이후의 사건을 다루는 구약의 마지막 역사서이나 히브리어 성경에서는 성문서로 분류된다. ② 제사장적 문서-역대기 · 느헤미야서와 유사하게 이스라엘 전통 종교의 회복을 염원하는 제사장적 관점의 기록이다.

본서의 내용

I. 성전 재건	II. 종교 개혁
① 제1차 포로귀환 (1:1-2:70)	① 제2차 포로귀환 (7:1-8:36)
② 성전 건축(3:1-6:22)	② 개혁과 부흥(9:1-10:44)

연대표

B.C.	
1586년	남왕국 유다 멸망 바벨론 포로 생활
559년	바사 왕 고레스의 즉위
539년	고레스의 바벨론 점령
538년	고레스의 1차 귀환 조서
537년	제 1차 포로 귀환(스룹바벨 인솔)
536년	성전 재건 사역 및 대적들의 방해
534년	성전 재건 사역의 중단
?	학개와 스가랴의 사역
520년	성전 재건 사역의 재개
516년	제 2성전 완공(스룹바벨 성전)
485년	아하수에로의 통치(~464년)
473년	부림절 제정 아닥사스다 1세의 통치(~424년)
458년	에스라 인솔하의 제 2차 포로 귀환
?	종교 개혁 및 성곽 중건
444년	제 3차 포로 귀환(느헤미야 인솔)

· 에스라의 주요 무대

에스라 Ezra

여호와께서 고레스의 마음을 감동시키다

1 바사 왕 고레스 원년에 여호와께
서 예레미야의 입을 통하여 하신
말씀을 이루게 하시려고 바사 왕 고
레스의 마음을 감동시키시매 그가
온 나라에 공포도 하고 조서도 내려
이르되
2 바사 왕 고레스는 말하노니 하늘의
하나님 여호와께서 세상 모든 나라
를 내게 주셨고 나에게 명령하사 유
다 예루살렘에 성전을 건축하라 하
셨나니
3 이스라엘의 하나님은 참 신이시라 너
희 중에 그의 백성 된 자는 다 유다
예루살렘으로 올라가서 이스라엘의
하나님 여호와의 성전을 건축하라 그
는 예루살렘에 계신 하나님이시라
4 그 남아 있는 백성이 어느 곳에 머물
러 살든지 그 곳 사람들이 마땅히 은
과 금과 그 밖의 물건과 짐승으로
도와 주고 그 외에도 예루살렘에 세
울 하나님의 성전을 위하여 예물을
기쁘게 드릴지니라 하였더라

사로잡혀 간 백성이 돌아오다

5 이에 유다와 베냐민 족장들과 제사
장들과 레위 사람들과 그 마음이 하
나님께 감동을 받고 올라가서 예루
살렘에 여호와의 성전을 건축하고자
하는 자가 다 일어나니
6 그 사면 사람들이 은 그릇과 금과
물품들과 짐승과 보물로 돕고 그 외
에도 예물을 기쁘게 드렸더라
7 고레스 왕이 또 여호와의 성전 그릇
을 꺼내니 옛적에 느부갓네살이 예
루살렘에서 옮겨다가 자기 신들의 신
당에 두었던 것이라
8 바사 왕 고레스가 창고지기 미드르
닷에게 명령하여 그 그릇들을 꺼내
어 세어서 유다 총독 세스바살에게
넘겨주니
9 그 수는 금 접시가 서른 개요 은 접
시가 천 개요 칼이 스물아홉 개요
10 금 대접이 서른 개요 그보다 못한
은 대접이 사백열 개요 그밖의 그릇
이 천 개이니
11 금, 은 그릇이 모두 오천사백 개라
사로잡힌 자를 바벨론에서 예루살렘
으로 데리고 갈 때에 세스바살이 그
그릇들을 다 가지고 갔더라

돌아온 사람들

2 옛적에 바벨론 왕 느부갓네살에
게 사로잡혀 바벨론으로 갔던 자

들의 자손들 중에서 놓임을 받고 예
루살렘과 유다 도로 돌아와 각기 각
자의 성읍으로 돌아간 자
2 곧 스룹바벨과 예수아와 느헤미야
와 스라야와 르엘라야와 모르드개
와 빌산과 미스발과 비그왜와 르훔
과 바아나 등과 함께 나온 이스라엘
백성의 명수가 이러하니
3 바로스 자손이 이천백칠십이 명이요
4 스바댜 자손이 삼백칠십이 명이요
5 아라 자손이 칠백칠십오 명이요
6 바핫모압 자손 곧 예수아와 요압 자
손이 이천팔백십이 명이요
7 엘람 자손이 천이백오십사 명이요
8 삿두 자손이 구백사십오 명이요
9 삭개 자손이 칠백육십 명이요
10 바니 자손이 육백사십이 명이요
11 브배 자손이 육백이십삼 명이요
12 아스갓 자손이 천이백이십이 명이요
13 아도니감 자손이 육백육십육 명이요
14 비그왜 자손이 이천오십육 명이요
15 아딘 자손이 사백오십사 명이요
16 아델 자손 곧 히스기야 자손이 구십
팔 명이요
17 베새 자손이 삼백이십삼 명이요
18 요라 자손이 백십이 명이요
19 하숨 자손이 이백이십삼 명이요
20 깁발 자손이 구십오 명이요
21 베들레헴 사람이 백이십삼 명이요
22 느도바 사람이 오십육 명이요
23 아나돗 사람이 백이십팔 명이요
24 아스마웻 자손이 사십이 명이요
25 기랴다림과 그비라와 브에롯 자손이
칠백사십삼 명이요
26 라마와 게바 자손이 육백이십일 명이
요
27 믹마스 사람이 백이십이 명이요
28 벧엘과 아이 사람이 이백이십삼 명이
요
29 느보 자손이 오십이 명이요
30 막비스 자손이 백오십육 명이요
31 다른 엘람 자손이 천이백오십사 명이
요
32 하림 자손이 삼백이십 명이요
33 로드와 하딧과 오노 자손이 칠백이
십오 명이요
34 여리고 자손이 삼백사십오 명이요
35 스나아 자손이 삼천육백삼십 명이었
더라
36 제사장들은 예수아의 집 여다야 자
손이 구백칠십삼 명이요
37 임멜 자손이 천오십이 명이요
38 바스훌 자손이 천이백사십칠 명이요
39 하림 자손이 천십칠 명이었더라
40 레위 사람은 호다위야 자손 곧 예수
아와 갓미엘 자손이 칠십사 명이요

41 노래하는 자들은 아삽 자손이 백이
십팔 명이요
42 문지기의 자손들은 살룸과 아델과
달문과 악굽과 하디다와 소배 자손
이 모두 백삼십구 명이었더라
43 느디님 사람들은 시하 자손과 하수
바 자손과 답바옷 자손과
44 게로스 자손과 시아하 자손과 바돈
자손과
45 르바나 자손과 하가바 자손과 악굽
자손과
46 하갑 자손과 사믈래 자손과 하난 자
손과
47 깃델 자손과 가할 자손과 르아야 자
손과
48 르신 자손과 느고다 자손과 갓삼 자
손과
49 웃사 자손과 바세아 자손과 베새 자
손과
50 아스나 자손과 므우님 자손과 느부
심 자손과
51 박북 자손과 하그바 자손과 할훌 자
손과
52 바슬룻 자손과 므히다 자손과 하르
사 자손과
53 바르고스 자손과 시스라 자손과 데
마 자손과
54 느시야 자손과 하디바 자손이었더라

55 솔로몬의 신하의 자손은 소대 자손
과 하소베렛 자손과 브루다 자손과
56 야알라 자손과 다르곤 자손과 깃델
자손과
57 스바댜 자손과 하딜 자손과 보게렛
하스바임 자손과 아미 자손이니
58 모든 느디님 사람과 솔로몬의 신하
의 자손이 삼백구십이 명이었더라
59 델멜라와 델하르사와 그룹과 앗단
과 임멜에서 올라온 자가 있으나 그
들의 조상의 가문과 선조가 이스라
엘에 속하였는지 밝힐 수 없었더라
60 그들은 들라야 자손과 도비야 자손
과 느고다 자손이라 모두 육백오십
이 명이요
61 제사장 중에는 하바야 자손과 학고
스 자손과 바르실래 자손이니 바르
실래는 길르앗 사람 바르실래의 딸
중의 한 사람을 아내로 삼고 바르실
래의 이름을 따른 자라
62 이 사람들은 계보 중에서 자기 이름
을 찾아도 얻지 못하므로 그들을 부
정하게 여겨 제사장의 직분을 행하지
못하게 하고
63 방백이 그들에게 명령하여 우림과
둠밈을 가진 제사장이 일어나기 전에
는 지성물을 먹지 말라 하였느니라
64 온 회중의 합계가 사만 이천삼백육십

명이요
65 그 외에 남종과 여종이 칠천삼백삼십
칠 명이요 노래하는 남녀가 이백 명
이요
66 말이 칠백삼십육이요 노새가 이백사
십오요
67 낙타가 사백삼십오요 나귀가 육천칠
백이십이었더라
68 어떤 족장들이 예루살렘에 있는 여
호와의 성전 터에 이르러 하나님의 전
을 그 곳에 다시 건축하려고 예물을
기쁘게 드리되
69 힘 자라는 대로 공사하는 금고에 들
이니 금이 육만 천 다릭이요 은이 오
천 마네요 제사장의 옷이 백 벌이었
더라
70 이에 제사장들과 레위 사람들과 백
성 몇과 노래하는 자들과 문지기들
과 느디님 사람들이 각자의 성읍에
살았고 이스라엘 무리도 각자의 성
읍에 살았더라

비로소 여호와께 번제를 드리다

3 이스라엘 자손이 각자의 성읍에
살았더니 일곱째 달에 이르러 일
제히 예루살렘에 모인지라
2 요사닥의 아들 예수아와 그의 형제
제사장들과 스알디엘의 아들 스룹바
벨과 그의 형제들이 다 일어나 이스
라엘 하나님의 제단을 만들고 하나
님의 사람 모세의 율법에 기록한 대
로 번제를 그 위에서 드리려 할새
3 무리가 모든 나라 백성을 두려워하
여 제단을 그 터에 세우고 그 위에서
아침 저녁으로 여호와께 번제를 드
리며
4 기록된 규례대로 초막절을 지켜 번제
를 매일 정수대로 날마다 드리고
5 그 후에는 항상 드리는 번제와 초하
루와 여호와의 모든 거룩한 절기의
번제와 사람이 여호와께 기쁘게 드
리는 예물을 드리되
6 일곱째 달 초하루부터 비로소 여호
와께 번제를 드렸으나 그 때에 여호
와의 성전 지대는 미처 놓지 못한지라
7 이에 석수와 목수에게 돈을 주고 또
시돈 사람과 두로 사람에게 먹을 것
과 마실 것과 기름을 주고 바사 왕
고레스의 명령대로 백향목을 레바논
에서 욥바 해변까지 운송하게 하였
더라

365묵상

새로운 출발을 위하여

모든 일이 엉망일 때가 있다. 처음부터 다시 시작하고 싶다. 먼 옛날, 유다 백성이 하나님을 떠나 엉망진창의 삶을 살았던 때가 있었다. 그들은 큰 죄를 지었다. 그 결과 나라는 망했고 집은 불탔으며 가족은 뿔뿔이 흩어졌다. 그러나 마침내 그들은 고국으로 다시 돌아왔다(스2장). 그때 가장 먼저 한 일은 하나님께 예배드리는 것이었다. 그렇다! 우리가 지난날의 실패와 상처를 딛고 새 출발을 할 수 있는 길은 '하나님께 돌아가는 것'이다. 일이 엉망진창일 때 하나님을 찾아라! 그러면 남은 시간은 새로운 시간이 될 것이다.

성전 건축을 시작하다

8 예루살렘에 있는 하나님의 성전에 이
른 지 이 년 둘째 달에 스알디엘의
아들 스룹바벨과 요사닥의 아들 예
수아와 다른 형제 제사장들과 레위
사람들과 무릇 사로잡혔다가 예루살
렘에 돌아온 자들이 공사를 시작하
고 이십 세 이상의 레위 사람들을 세
워 여호와의 성전 공사를 감독하게
하매
9 이에 예수아와 그의 아들들과 그의
형제들과 갓미엘과 그의 아들들과
유다 자손과 헤나닷 자손과 그의 형
제 레위 사람들이 일제히 일어나 하
나님의 성전 일꾼들을 감독하니라
10 건축자가 여호와의 성전의 기초를 놓
을 때에 제사장들은 예복을 입고 나
팔을 들고 아삽 자손 레위 사람들은
제금을 들고 서서 이스라엘 왕 다윗
의 규례대로 여호와를 찬송하되
11 찬양으로 화답하며 여호와께 감사하
여 이르되 주는 지극히 선하시므로
그의 인자하심이 이스라엘에게 영원
하시도다 하니 모든 백성이 여호와의
성전 기초가 놓임을 보고 여호와를
찬송하며 큰 소리로 즐거이 부르며
12 제사장들과 레위 사람들과 나이 많
은 족장들은 첫 성전을 보았으므로
이제 이 성전의 기초가 놓임을 보고
대성통곡하였으나 여러 사람은 기쁨
으로 크게 함성을 지르니
13 백성이 크게 외치는 소리가 멀리 들
리므로 즐거이 부르는 소리와 통곡
하는 소리를 백성들이 분간하지 못
하였더라

성전 건축을 방해하는 사람들

4 사로잡혔던 자들의 자손이 이스라
엘의 하나님 여호와의 성전을 건축
한다 함을 유다와 베냐민의 대적이
듣고
2 스룹바벨과 족장들에게 나아와 이
르되 우리도 너희와 함께 건축하게
하라 우리도 너희 같이 너희 하나님
을 찾노라 앗수르 왕 에살핫돈이 우
리를 이리로 오게 한 날부터 우리가
하나님께 제사를 드리노라 하니
3 스룹바벨과 예수아와 기타 이스라엘
족장들이 이르되 우리 하나님의 성전
을 건축하는 데 너희는 우리와 상관
이 없느니라 바사 왕 고레스가 우리
에게 명령하신 대로 우리가 이스라엘
의 하나님 여호와를 위하여 홀로 건
축하리라 하였더니
4 이로부터 그 땅 백성이 유다 백성의
손을 약하게 하여 그 건축을 방해하
되

5 바사 왕 고레스의 시대부터 바사 왕
다리오가 즉위할 때까지 관리들에게
뇌물을 주어 그 계획을 막았으며
6 또 아하수에로가 즉위할 때에 그들
이 글을 올려 유다와 예루살렘 주민
을 고발하니라
7 아닥사스다 때에 비슬람과 미드르닷
과 다브엘과 그의 동료들이 바사 왕
아닥사스다에게 글을 올렸으니 그
글은 아람 문자와 아람 방언으로 써
서 진술하였더라
8 방백 르훔과 서기관 심새가 아닥사
스다 왕에게 올려 예루살렘 백성을
고발한 그 글에
9 방백 르훔과 서기관 심새와 그의 동
료 디나 사람과 아바삿 사람과 다블
래 사람과 아바새 사람과 아렉 사람
과 바벨론 사람과 수산 사람과 데해
사람과 엘람 사람과
10 그 밖에 백성 곧 존귀한 오스납발이
사마리아 성과 유브라데 강 건너편
다른 땅에 옮겨 둔 자들과 함께 고
발한다 하였더라
11 아닥사스다 왕에게 올린 그 글의 초
본은 이러하니 강 건너편에 있는 신
하들은
12 왕에게 아뢰나이다 당신에게서 우리
에게로 올라온 유다 사람들이 예루
살렘에 이르러 이 패역하고 악한 성
읍을 건축하는데 이미 그 기초를 수
축하고 성곽을 건축하오니
13 이제 왕은 아시옵소서 만일 이 성읍
을 건축하고 그 성곽을 완공하면 저
무리가 다시는 조공과 관세와 통행
세를 바치지 아니하리니 결국 왕들에
게 손해가 되리이다
14 우리가 이제 왕궁의 소금을 먹으므
로 왕이 수치 당함을 차마 보지 못하
여 사람을 보내어 왕에게 아뢰오니
15 왕은 조상들의 사기를 살펴보시면
그 사기에서 이 성읍은 패역한 성읍
이라 예로부터 그 중에서 항상 반역
하는 일을 행하여 왕들과 각 도에
손해가 된 것을 보시고 아실지라 이
성읍이 무너짐도 이 때문이니이다
16 이제 감히 왕에게 아뢰오니 이 성읍
이 중건되어 성곽이 준공되면 이로
말미암아 왕의 강 건너편 영지가 없어
지리이다 하였더라
17 왕이 방백 르훔과 서기관 심새와 사
마리아에 거주하는 그들 동관들과
강 건너편 다른 땅 백성에게 조서를
내리니 일렀으되 너희는 평안할지어
다
18 너희가 올린 글을 내 앞에서 낭독시
키고

19 명령하여 살펴보니 과연 이 성읍이
예로부터 왕들을 거역하며 그 중에
서 항상 패역하고 반역하는 일을 행
하였으며
20 옛적에는 예루살렘을 다스리는 큰
군왕들이 있어서 강 건너편 모든 땅
이 그들에게 조공과 관세와 통행세
를 다 바쳤도다
21 이제 너희는 명령을 전하여 그 사람
들에게 공사를 그치게 하여 그 성을
건축하지 못하게 하고 내가 다시 조
서 내리기를 기다리라
22 너희는 삼가서 이 일에 게으르지 말
라 어찌하여 화를 더하여 왕들에게
손해가 되게 하랴 하였더라
23 아닥사스다 왕의 조서 초본이 르훔
과 서기관 심새와 그의 동료 앞에서
낭독되매 그들이 예루살렘으로 급히
가서 유다 사람들을 보고 권력으로
억제하여 그 공사를 그치게 하니
24 이에 예루살렘에서 하나님의 성전 공
사가 바사 왕 다리오 제이년까지 중
단되니라

성전 건축을 다시 시작하다

5 선지자들 곧 선지자 학개와 잇도
의 손자 스가랴가 이스라엘의 하
나님의 이름으로 유다와 예루살렘에
거주하는 유다 사람들에게 예언하였
더니
2 이에 스알디엘의 아들 스룹바벨과
요사닥의 아들 예수아가 일어나 예
루살렘에 있던 하나님의 성전을 다시
건축하기 시작하매 하나님의 선지자
들이 함께 있어 그들을 돕더니
3 그 때에 유브라데 강 건너편 총독
닷드내와 스달보스내와 그들의 동
관들이 다 나아와 그들에게 이르되
누가 너희에게 명령하여 이 성전을 건
축하고 이 성곽을 마치게 하였느냐
하기로
4 우리가 이 건축하는 자의 이름을 아
뢰었으나
5 하나님이 유다 장로들을 돌보셨으므
로 그들이 능히 공사를 막지 못하고
이 일을 다리오에게 아뢰고 그 답장
이 오기를 기다렸더라
6 유브라데 강 건너편 총독 닷드내와
스달보스내와 그들의 동관인 유브
라데 강 건너편 아바삭 사람이 다리
오 왕에게 올린 글의 초본은 이러하
니라
7 그 글에 일렀으되 다리오 왕은 평안
하옵소서
8 왕께 아뢰옵나이다 우리가 유다 도
에 가서 지극히 크신 하나님의 성전
에 나아가 본즉 성전을 큰 돌로 세

우며 벽에 나무를 얹고 부지런히 일
하므로 공사가 그 손에서 형통하옵
기에
9 우리가 그 장로들에게 물어보기를
누가 너희에게 명령하여 이 성전을 건
축하고 이 성곽을 마치라고 하였느
냐 하고
10 우리가 또 그 우두머리들의 이름을
적어 왕에게 아뢰고자 하여 그들의
이름을 물은즉
11 그들이 우리에게 대답하여 이르기를
우리는 천지의 하나님의 종이라 예전
에 건축되었던 성전을 우리가 다시 건
축하노라 이는 본래 이스라엘의 큰
왕이 건축하여 완공한 것이었으나
12 우리 조상들이 하늘에 계신 하나님
을 노엽게 하였으므로 하나님이 그
들을 갈대아 사람 바벨론 왕 느부갓
네살의 손에 넘기시매 그가 이 성전
을 헐며 이 백성을 사로잡아 바벨론
으로 옮겼더니
13 바벨론 왕 고레스 원년에 고레스 왕
이 조서를 내려 하나님의 이 성전을
다시 건축하게 하고
14 또 느부갓네살이 예루살렘 하나님의
성전 안에서 금, 은 그릇을 옮겨다가
바벨론 신당에 두었던 것을 고레스
왕이 그 신당에서 꺼내어 그가 세운
총독 세스바살이라고 부르는 자에
게 내주고
15 일러 말하되 너는 이 그릇들을 가지
고 가서 예루살렘 성전에 두고 하나
님의 전을 제자리에 건축하라 하매
16 이에 이 세스바살이 이르러 예루살
렘 하나님의 성전 지대를 놓았고 그
때로부터 지금까지 건축하여 오나
아직도 마치지 못하였다 하였사오니
17 이제 왕께서 좋게 여기시거든 바벨
론에서 왕의 보물전각에서 조사하사
과연 고레스 왕이 조서를 내려 하나
님의 이 성전을 예루살렘에 다시 건
축하라 하셨는지 보시고 왕은 이 일
에 대하여 왕의 기쁘신 뜻을 우리에
게 보이소서 하였더라

고레스의 조서와 다리오 왕의 명령

6 이에 다리오 왕이 조서를 내려 문
서창고 곧 바벨론의 보물을 쌓아
둔 보물전각에서 조사하게 하여
2 메대도 악메다 궁성에서 한 두루마
리를 찾았으니 거기에 기록하였으되
3 고레스 왕 원년에 조서를 내려 이르
기를 예루살렘에 있는 하나님의 성전
에 대하여 이르노니 이 성전 곧 제사
드리는 처소를 건축하되 지대를 견고
히 쌓고 그 성전의 높이는 육십 규빗
으로, 너비도 육십 규빗으로 하고

4 큰 돌 세 켜에 새 나무 한 켜를 놓으
라 그 경비는 다 왕실에서 내리라
5 또 느부갓네살이 예루살렘 성전에서
탈취하여 바벨론으로 옮겼던 하나님
의 성전 금, 은 그릇들을 돌려보내어
예루살렘 성전에 가져다가 하나님의
성전 안 각기 제자리에 둘지니라 하
였더라
6 이제 유브라데 강 건너편 총독 닷드
내와 스달보스내와 너희 동관 유브
라데 강 건너편 아바삭 사람들은 그
곳을 멀리하여
7 하나님의 성전 공사를 막지 말고 유
다 총독과 장로들이 하나님의 이 성
전을 제자리에 건축하게 하라
8 내가 또 조서를 내려서 하나님의 이
성전을 건축함에 대하여 너희가 유다
사람의 장로들에게 행할 것을 알리
노니 왕의 재산 곧 유브라데 강 건너
편에서 거둔 세금 중에서 그 경비를
이 사람들에게 끊임없이 주어 그들
로 멈추지 않게 하라
9 또 그들이 필요로 하는 것 곧 하늘의
하나님께 드릴 번제의 수송아지와
숫양과 어린 양과 또 밀과 소금과 포
도주와 기름을 예루살렘 제사장의
요구대로 어김없이 날마다 주어
10 그들이 하늘의 하나님께 향기로운
제물을 드려 왕과 왕자들의 생명을
위하여 기도하게 하라
11 내가 또 명령을 내리노니 누구를 막
론하고 이 명령을 변조하면 그의 집
에서 들보를 빼내고 그를 그 위에
매어달게 하고 그의 집은 이로 말미
암아 거름더미가 되게 하라
12 만일 왕들이나 백성이 이 명령을 변
조하고 손을 들어 예루살렘 하나님
의 성전을 헐진대 그 곳에 이름을 두
신 하나님이 그들을 멸하시기를 원하
노라 나 다리오가 조서를 내렸노니
신속히 행할지어다 하였더라

성전 봉헌

13 다리오 왕의 조서가 내리매 유브라
데 강 건너편 총독 닷드내와 스달보
스내와 그들의 동관들이 신속히 준
행하니라
14 유다 사람의 장로들이 선지자 학개
와 잇도의 손자 스가랴의 권면을 따
랐으므로 성전 건축하는 일이 형통한
지라 이스라엘 하나님의 명령과 바사
왕 고레스와 다리오와 아닥사스다의
조서를 따라 성전을 건축하며 일을
끝내되
15 다리오 왕 제육년 아달월 삼일에 성
전 일을 끝내니라
16 이스라엘 자손과 제사장들과 레위

사람들과 기타 사로잡혔던 자의 자손
이 즐거이 하나님의 성전 봉헌식을
행하니
17 하나님의 성전 봉헌식을 행할 때에
수소 백 마리와 숫양 이백 마리와 어
린 양 사백 마리를 드리고 또 이스라
엘 지파의 수를 따라 숫염소 열두 마
리로 이스라엘 전체를 위하여 속죄제
를 드리고
18 제사장을 그 분반대로, 레위 사람을
그 순차대로 세워 예루살렘에서 하
나님을 섬기게 하되 모세의 책에 기
록된 대로 하게 하니라

유월절

19 사로잡혔던 자의 자손이 첫째 달 십
사일에 유월절을 지키되
20 제사장들과 레위 사람들이 일제히
몸을 정결하게 하여 다 정결하매 사
로잡혔던 자들의 모든 자손과 자기
형제 제사장들과 자기를 위하여 유월
절 양을 잡으니
21 사로잡혔다가 돌아온 이스라엘 자손
과 자기 땅에 사는 이방 사람의 더러
운 것으로부터 스스로를 구별한 모
든 이스라엘 사람들에게 속하여 이
스라엘의 하나님 여호와를 찾는 자
들이 다 먹고
22 즐거움으로 이레 동안 무교절을 지
켰으니 이는 여호와께서 그들을 즐
겁게 하시고 또 앗수르 왕의 마음을
그들에게로 돌려 이스라엘의 하나님
이신 하나님의 성전 건축하는 손을
힘 있게 하도록 하셨음이었더라

에스라가 예루살렘에 이르다

7 이 일 후에 바사 왕 아닥사스다가
왕위에 있을 때에 에스라라 하는
자가 있으니라 그는 스라야의 아들
이요 아사랴의 손자요 힐기야의 증
손이요
2 살룸의 현손이요 사독의 오대 손이
요 아히둡의 육대 손이요
3 아마랴의 칠대 손이요 아사랴의 팔
대 손이요 므라욧의 구대 손이요
4 스라히야의 십대 손이요 웃시엘의 십
일대 손이요 북기의 십이대 손이요
5 아비수아의 십삼대 손이요 비느하스
의 십사대 손이요 엘르아살의 십오
대 손이요 대제사장 아론의 십육대
손이라
6 이 에스라가 바벨론에서 올라왔으니

365묵상

국가와 정부를 통한 하나님의 은총

조사를 통해 모든 사실을 알게 된 바사 왕 다리오는 선왕 고레스의 뜻을 좇아 유다 백성의 성전건축을 허락했고, 게다가 나라의 세금을 사용하여 건축 경비까지 보조했다. 이런 다리오 왕의 전폭적인 도움으로 제2성전은 성전건축을 재개한 지 4년 만에 완공되었다(스 6:1-15). 우리는 흔히 정부와 종교는 분리되어야 한다고 생각한다. 그러나 하나님은 언제, 어디서든 하시고자 한다면 주님의 일을 돕는 데 정부 기관들이나 공무원들을 얼마든지 사용하실 수 있다. 세상의 모든 것이 하나님의 주관 아래 있기 때문이다.

그는 이스라엘의 하나님 여호와께서
주신 모세의 율법에 익숙한 학자로
서 그의 하나님 여호와의 도우심을
입음으로 왕에게 구하는 것은 다 받
는 자이더니
7 아닥사스다 왕 제칠년에 이스라엘
자손과 제사장들과 레위 사람들과
노래하는 자들과 문지기들과 느디님
사람들 중에 몇 사람이 예루살렘으
로 올라올 때에
8 이 에스라가 올라왔으니 왕의 제칠년
다섯째 달이라
9 첫째 달 초하루에 바벨론에서 길을
떠났고 하나님의 선한 손의 도우심을
입어 다섯째 달 초하루에 예루살렘
에 이르니라
10 에스라가 여호와의 율법을 연구하여
준행하며 율례와 규례를 이스라엘에
게 가르치기로 결심하였었더라

아닥사스다 왕이 내린 조서

11 여호와의 계명의 말씀과 이스라엘에
게 주신 율례 학자요 학자 겸 제사장
인 에스라에게 아닥사스다 왕이 내
린 조서의 초본은 아래와 같으니라
12 모든 왕의 왕 아닥사스다는 하늘의
하나님의 율법에 완전한 학자 겸 제
사장 에스라에게
13 조서를 내리노니 우리 나라에 있는
이스라엘 백성과 그들 제사장들과
레위 사람들 중에 예루살렘으로 올
라갈 뜻이 있는 자는 누구든지 너와
함께 갈지어다
14 너는 네 손에 있는 네 하나님의 율법
을 따라 유다와 예루살렘의 형편을
살피기 위하여 왕과 일곱 자문관의
보냄을 받았으니
15 왕과 자문관들이 예루살렘에 거하시
는 이스라엘 하나님께 성심으로 드
리는 은금을 가져가고
16 또 네가 바벨론 온 도에서 얻을 모
든 은금과 및 백성과 제사장들이 예
루살렘에 있는 그들의 하나님의 성전
을 위하여 기쁘게 드릴 예물을 가져
다가
17 그들의 돈으로 수송아지와 숫양과
어린 양과 그 소제와 그 전제의 물품
을 신속히 사서 예루살렘 네 하나님
의 성전 제단 위에 드리고
18 그 나머지 은금은 너와 너의 형제가
좋게 여기는 일에 너희 하나님의 뜻
을 따라 쓸지며
19 네 하나님의 성전에서 섬기는 일을 위
하여 네게 준 그릇은 예루살렘 하나
님 앞에 드리고
20 그 외에도 네 하나님의 성전에 쓰일
것이 있어서 네가 드리고자 하거든

무엇이든지 궁중창고에서 내다가 드
릴지니라
21 나 곧 아닥사스다 왕이 유브라데 강
건너편 모든 창고지기에게 조서를
내려 이르기를 하늘의 하나님의 율법
학자 겸 제사장 에스라가 무릇 너희
에게 구하는 것을 신속히 시행하되
22 은은 백 달란트까지, 밀은 백 고르
까지, 포도주는 백 밧까지, 기름도
백 밧까지 하고 소금은 정량 없이 하
라
23 무릇 하늘의 하나님의 전을 위하여
하늘의 하나님이 명령하신 것은 삼가
행하라 어찌하여 진노가 왕과 왕자의
나라에 임하게 하랴
24 내가 너희에게 이르노니 제사장들이
나 레위 사람들이나 노래하는 자들
이나 문지기들이나 느디님 사람들이
나 혹 하나님의 성전에서 일하는 자
들에게 조공과 관세와 통행세를 받
는 것이 옳지 않으니라 하였노라
25 에스라여 너는 네 손에 있는 네 하나
님의 지혜를 따라 네 하나님의 율법
을 아는 자를 법관과 재판관을 삼아
강 건너편 모든 백성을 재판하게 하
고 그 중 알지 못하는 자는 너희가
가르치라
26 무릇 네 하나님의 명령과 왕의 명령
을 준행하지 아니하는 자는 속히 그
죄를 정하여 혹 죽이거나 귀양 보내
거나 가산을 몰수하거나 옥에 가둘
지니라 하였더라

에스라가 여호와를 송축하다

27 우리 조상들의 하나님 여호와를 송
축할지로다 그가 왕의 마음에 예루
살렘 여호와의 성전을 아름답게 할
뜻을 두시고
28 또 나로 왕과 그의 보좌관들 앞과
왕의 권세 있는 모든 방백의 앞에서
은혜를 얻게 하셨도다 내 하나님 여
호와의 손이 내 위에 있으므로 내가
힘을 얻어 이스라엘 중에 우두머리들
을 모아 나와 함께 올라오게 하였노
라

에스라와 함께 돌아온 백성들

8 아닥사스다 왕이 왕위에 있을 때
에 나와 함께 바벨론에서 올라온
족장들과 그들의 계보는 이러하니라
2 비느하스 자손 중에서는 게르솜이요
이다말 자손 중에서는 다니엘이요
다윗 자손 중에서는 핫두스요
3 스가냐 자손 곧 바로스 자손 중에서
는 스가랴니 그와 함께 족보에 기록
된 남자가 백오십 명이요
4 바핫모압 자손 중에서는 스라히야의
아들 엘여호에내니 그와 함께 있는

남자가 이백 명이요
5 스가냐 자손 중에서는 야하시엘의
아들이니 그와 함께 있는 남자가 삼
백 명이요
6 아딘 자손 중에서는 요나단의 아들
에벳이니 그와 함께 있는 남자가 오
십 명이요
7 엘람 자손 중에서는 아달리야의 아
들 여사야니 그와 함께 있는 남자가
칠십 명이요
8 스바댜 자손 중에서는 미가엘의 아
들 스바댜니 그와 함께 있는 남자가
팔십 명이요
9 요압 자손 중에서는 여히엘의 아들
오바댜니 그와 함께 있는 남자가 이
백십팔 명이요
10 슬로밋 자손 중에서는 요시뱌의 아
들이니 그와 함께 있는 남자가 백육
십 명이요
11 베배 자손 중에서는 베배의 아들 스
가랴니 그와 함께 있는 남자가 이십
팔 명이요
12 아스갓 자손 중에서는 학가단의 아
들 요하난이니 그와 함께 있는 남자
가 백십 명이요
13 아도니감 자손 중에 나중된 자의 이
름은 엘리벨렛과 여우엘과 스마야니
그와 함께 있는 남자가 육십 명이요
14 비그왜 자손 중에서는 우대와 사붓
이니 그와 함께 있는 남자가 칠십 명
이었느니라

에스라가 레위 사람을 찾다

15 내가 무리를 아하와로 흐르는 강 가
에 모으고 거기서 삼 일 동안 장막에
머물며 백성과 제사장들을 살핀즉
그 중에 레위 자손이 한 사람도 없는
지라
16 이에 모든 족장 곧 엘리에셀과 아리
엘과 스마야와 엘라단과 야립과 엘
라단과 나단과 스가랴와 므술람을
부르고 또 명철한 사람 요야립과 엘
라단을 불러
17 가시뱌 지방으로 보내어 그 곳 족장
잇도에게 나아가게 하고 잇도와 그
의 형제 곧 가시뱌 지방에 사는 느디
님 사람들에게 할 말을 일러 주고 우
리 하나님의 성전을 위하여 섬길 자를
데리고 오라 하였더니
18 우리 하나님의 선한 손의 도우심을
입고 그들이 이스라엘의 손자 레위의
아들 말리의 자손 중에서 한 명철한
사람을 데려오고 또 세레뱌와 그의
아들들과 형제 십팔 명과
19 하사뱌와 므라리 자손 중 여사야와
그의 형제와 그의 아들들 이십 명을
데려오고

20 다윗과 방백들이 레위 사람들을 섬
기라고 준 느디님 사람 중 성전 일꾼
은 이백이십 명이었는데 그들은 모
두 지명 받은 이들이었더라

에스라가 금식하며 간구하다

21 그 때에 내가 아하와 강 가에서 금식
을 선포하고 우리 하나님 앞에서 스
스로 겸비하여 우리와 우리 어린 아
이와 모든 소유를 위하여 평탄한 길
을 그에게 간구하였으니
22 이는 우리가 전에 왕에게 아뢰기를
우리 하나님의 손은 자기를 찾는 모
든 자에게 선을 베푸시고 자기를 배
반하는 모든 자에게는 권능과 진노
를 내리신다 하였으므로 길에서 적군
을 막고 우리를 도울 보병과 마병을
왕에게 구하기를 부끄러워 하였음이
라
23 그러므로 우리가 이를 위하여 금식하
며 우리 하나님께 간구하였더니 그의
응낙하심을 입었느니라

성전에 바친 예물

24 그 때에 내가 제사장의 우두머리들
중 열두 명 곧 세레뱌와 하사뱌와
그의 형제 열 명을 따로 세우고
25 그들에게 왕과 모사들과 방백들과
또 그 곳에 있는 이스라엘 무리가
우리 하나님의 성전을 위하여 드린
은과 금과 그릇들을 달아서 주었으
니
26 내가 달아서 그들 손에 준 것은 은
이 육백오십 달란트요 은 그릇이 백
달란트요 금이 백 달란트며
27 또 금잔이 스무 개라 그 무게는 천
다릭이요 또 아름답고 빛나 금 같이
보배로운 놋 그릇이 두 개라
28 내가 그들에게 이르되 너희는 여호
와께 거룩한 자요 이 그릇들도 거룩
하고 그 은과 금은 너희 조상들의 하
나님 여호와께 즐거이 드린 예물이니
29 너희는 예루살렘 여호와의 성전 골방
에 이르러 제사장들과 레위 사람의
우두머리들과 이스라엘의 족장들 앞
에서 이 그릇을 달기까지 삼가 지키
라
30 이에 제사장들과 레위 사람들이 은
과 금과 그릇을 예루살렘 우리 하나
님의 성전으로 가져가려 하여 그 무
게대로 받으니라

에스라가 예루살렘으로 돌아오다

31 첫째 달 십이 일에 우리가 아하와 강
을 떠나 예루살렘으로 갈새 우리 하
나님의 손이 우리를 도우사 대적과
길에 매복한 자의 손에서 건지신지라
32 이에 예루살렘에 이르러 거기서 삼
일 간 머물고

33 제사일에 우리 하나님의 성전에서 은
과 금과 그릇을 달아서 제사장 우리
야의 아들 므레못의 손에 넘기니 비
느하스의 아들 엘르아살과 레위 사
람 예수아의 아들 요사밧과 빈누이
의 아들 노아댜가 함께 있어
34 모든 것을 다 세고 달아 보고 그 무
게의 총량을 그 때에 기록하였느니
라
35 사로잡혔던 자의 자손 곧 이방에서
돌아온 자들이 이스라엘의 하나님께
번제를 드렸는데 이스라엘 전체를
위한 수송아지가 열두 마리요 또 숫
양이 아흔여섯 마리요 어린 양이 일
흔일곱 마리요 또 속죄제의 숫염소
가 열두 마리니 모두 여호와께 드린
번제물이라
36 무리가 또 왕의 조서를 왕의 총독들
과 유브라데 강 건너편 총독들에게
넘겨 주매 그들이 백성과 하나님의
성전을 도왔느니라

에스라의 회개 기도

9 이 일 후에 방백들이 내게 나아와
이르되 이스라엘 백성과 제사장들
과 레위 사람들이 이 땅 백성들에게
서 떠나지 아니하고 가나안 사람들과
헷 사람들과 브리스 사람들과 여부
스 사람들과 암몬 사람들과 모압 사
람들과 애굽 사람들과 아모리 사람
들의 가증한 일을 행하여
2 그들의 딸을 맞이하여 아내와 며느
리로 삼아 거룩한 자손이 그 지방 사
람들과 서로 섞이게 하는데 방백들
과 고관들이 이 죄에 더욱 으뜸이 되
었다 하는지라
3 내가 이 일을 듣고 속옷과 겉옷을
찢고 머리털과 수염을 뜯으며 기가
막혀 앉으니
4 이에 이스라엘의 하나님의 말씀으로
말미암아 떠는 자가 사로잡혔던 이
사람들의 죄 때문에 다 내게로 모여
오더라 내가 저녁 제사 드릴 때까지
기가 막혀 앉았더니
5 저녁 제사를 드릴 때에 내가 근심 중
에 일어나서 속옷과 겉옷을 찢은 채
무릎을 꿇고 나의 하나님 여호와를
향하여 손을 들고
6 말하기를 나의 하나님이여 내가 부끄
럽고 낯이 뜨거워서 감히 나의 하나
님을 향하여 얼굴을 들지 못하오니
이는 우리 죄악이 많아 정수리에 넘
치고 우리 허물이 커서 하늘에 미침
이니이다
7 우리 조상들의 때로부터 오늘까지
우리의 죄가 심하매 우리의 죄악으로
말미암아 우리와 우리 왕들과 우리

제사장들을 여러 나라 왕들의 손에
넘기사 칼에 죽으며 사로잡히며 노략
을 당하며 얼굴을 부끄럽게 하심이
오늘날과 같으니이다
8 이제 우리 하나님 여호와께서 우리에
게 잠시 동안 은혜를 베푸사 얼마를
남겨 두어 피하게 하신 우리를 그 거
룩한 처소에 박힌 못과 같게 하시고
우리 하나님이 우리 눈을 밝히사 우
리가 종노릇 하는 중에서 조금 소생
하게 하셨나이다
9 우리가 비록 노예가 되었사오나 우
리 하나님이 우리를 그 종살이하는
중에 버려 두지 아니하시고 바사 왕
들 앞에서 우리가 불쌍히 여김을 입
고 소생하여 우리 하나님의 성전을
세우게 하시며 그 무너진 것을 수리
하게 하시며 유다와 예루살렘에서
우리에게 울타리를 주셨나이다
10 우리 하나님이여 이렇게 하신 후에도
우리가 주의 계명을 저버렸사오니 이
제 무슨 말씀을 하오리이까
11 전에 주께서 주의 종 선지자들에게
명령하여 이르시되 너희가 가서 얻으
려 하는 땅은 더러운 땅이니 이는 이
방 백성들이 더럽고 가증한 일을 행
하여 이 끝에서 저 끝까지 그 더러움
으로 채웠음이라
12 그런즉 너희 여자들을 그들의 아들
들에게 주지 말고 그들의 딸들을 너
희 아들들을 위하여 데려오지 말며
그들을 위하여 평화와 행복을 영원
히 구하지 말라 그리하면 너희가 왕
성하여 그 땅의 아름다운 것을 먹으
며 그 땅을 자손에게 물려 주어 영원
한 유산으로 물려 주게 되리라 하셨
나이다
13 우리의 악한 행실과 큰 죄로 말미암
아 이 모든 일을 당하였사오나 우리
하나님이 우리 죄악보다 형벌을 가볍
게 하시고 이만큼 백성을 남겨 주셨
사오니
14 우리가 어찌 다시 주의 계명을 거역
하고 이 가증한 백성들과 통혼하오
리이까 그리하면 주께서 어찌 우리를
멸하시고 남아 피할 자가 없도록 진
노하시지 아니하시리이까
15 이스라엘의 하나님 여호와여 주는 의
로우시니 우리가 남아 피한 것이 오
늘날과 같사옵거늘 도리어 주께 범

365묵상

죄를 놓고 함께 울라!

만일 누군가가 자신의 죄가 지적하면, 대부분의 사람들은 불쾌한 심정으로 자신을 방어하려는 경향이 있다. 어찌해야 할까? 에스라는 죄 지은 형제에게 소리치거나 자기의 도덕적 우월성을 바탕으로 그들을 정죄하지 않았다. 다만 울면서 기도했다. 그런 까닭은, 오직 하나님만이 사람의 마음을 바꾸실 수 있다고 믿었기 때문이다. 죄를 '너희' 문제가 아니라 '우리' 문제로 본 에스라의 통성 기도는 공동체를 회개로 이끌었다(스 9장). 이처럼 형제들의 죄를 놓고 함께 울며 기도한다면 굳어진 그들의 마음을 녹일 수 있다.

죄하였사오니 이로 말미암아 주 앞에
한 사람도 감히 서지 못하겠나이다
하니라

이방 아내와 그 소생을 내쫓기로 하다

10 에스라가 하나님의 성전 앞에
엎드려 울며 기도하여 죄를 자
복할 때에 많은 백성이 크게 통곡하
매 이스라엘 중에서 백성의 남녀와
어린 아이의 큰 무리가 그 앞에 모인
지라
2 엘람 자손 중 여히엘의 아들 스가냐
가 에스라에게 이르되 우리가 우리
하나님께 범죄하여 이 땅 이방 여자
를 맞이하여 아내로 삼았으나 이스
라엘에게 아직도 소망이 있나니
3 곧 내 주의 교훈을 따르며 우리 하나
님의 명령을 떨며 준행하는 자의 가
르침을 따라 이 모든 아내와 그들의
소생을 다 내보내기로 우리 하나님
과 언약을 세우고 율법대로 행할 것
이라
4 이는 당신이 주장할 일이니 일어나소
서 우리가 도우리니 힘써 행하소서
하니라
5 이에 에스라가 일어나 제사장들과
레위 사람들과 온 이스라엘에게 이
말대로 행하기를 맹세하게 하매 무
리가 맹세하는지라
6 이에 에스라가 하나님의 성전 앞에서
일어나 엘리아십의 아들 여호하난의
방으로 들어가니라 그가 들어가서
사로잡혔던 자들의 죄를 근심하여 음
식도 먹지 아니하며 물도 마시지 아
니하더니
7 유다와 예루살렘에 사로잡혔던 자들
의 자손들에게 공포하기를 너희는
예루살렘으로 모이라
8 누구든지 방백들과 장로들의 훈시를
따라 삼일 내에 오지 아니하면 그의
재산을 적몰하고 사로잡혔던 자의
모임에서 쫓아내리라 하매
9 유다와 베냐민 모든 사람들이 삼 일
내에 예루살렘에 모이니 때는 아홉
째 달 이십일이라 무리가 하나님의
성전 앞 광장에 앉아서 이 일과 큰
비 때문에 떨고 있더니
10 제사장 에스라가 일어나 그들에게
이르되 너희가 범죄하여 이방 여자를
아내로 삼아 이스라엘의 죄를 더하
게 하였으니
11 이제 너희 조상들의 하나님 앞에서
죄를 자복하고 그의 뜻대로 행하여
그 지방 사람들과 이방 여인을 끊어
버리라 하니
12 모든 회중이 큰 소리로 대답하여 이
르되 당신의 말씀대로 우리가 마땅히

행할 것이니이다
13 그러나 백성이 많고 또 큰 비가 내리
는 때니 능히 밖에 서지 못할 것이요
우리가 이 일로 크게 범죄하였은즉
하루 이틀에 할 일이 아니오니
14 이제 온 회중을 위하여 우리의 방백
들을 세우고 우리 모든 성읍에 이방
여자에게 장가든 자는 다 기한에 각
고을의 장로들과 재판장과 함께 오
게 하여 이 일로 인한 우리 하나님의
진노가 우리에게서 떠나게 하소서 하
나
15 오직 아사헬의 아들 요나단과 디과
의 아들 야스야가 일어나 그 일을 반
대하고 므술람과 레위 사람 삽브대
가 그들을 돕더라
16 사로잡혔던 자들의 자손이 그대로
한지라 제사장 에스라가 그 종족을
따라 각각 지명된 족장들 몇 사람을
선임하고 열째 달 초하루에 앉아 그
일을 조사하여
17 첫째 달 초하루에 이르러 이방 여인
을 아내로 맞이한 자의 일 조사하기
를 마치니라

이방 여자와 결혼한 남자들

18 제사장의 무리 중에 이방 여인을 아
내로 맞이한 자는 예수아 자손 중
요사닥의 아들과 그의 형제 마아세
야와 엘리에셀과 야립과 그달랴라
19 그들이 다 손을 잡아 맹세하여 그들
의 아내를 내보내기로 하고 또 그
죄로 말미암아 숫양 한 마리를 속건
제로 드렸으며
20 또 임멜 자손 중에서는 하나니와 스
바댜요
21 하림 자손 중에서는 마아세야와 엘
리야와 스마야와 여히엘과 웃시야요
22 바스훌 자손 중에서는 엘료에내와
마아세야와 이스마엘과 느다넬과 요
사밧과 엘라사였더라
23 레위 사람 중에서는 요사밧과 시므
이와 글라야라 하는 글리다와 브다
히야와 유다와 엘리에셀이었더라
24 노래하는 자 중에서는 엘리아십이요
문지기 중에서는 살룸과 델렘과 우
리였더라
25 이스라엘 중에서는 바로스 자손 중
에서는 라마와 잇시야와 말기야와 미
야민과 엘르아살과 말기야와 브나야
요
26 엘람 자손 중에서는 맛다냐와 스가
랴와 여히엘과 압디와 여레못과 엘리
야요
27 삿두 자손 중에서는 엘료에내와 엘
리아십과 맛다냐와 여레못과 사밧과
아시사요

28 베배 자손 중에서는 여호하난과 하
나냐와 삽배와 아들래요
29 바니 자손 중에서는 므술람과 말룩
과 아다야와 야숩과 스알과 여레못
이요
30 바핫모압 자손 중에서는 앗나와 글
랄과 브나야와 마아세야와 맛다냐와
브살렐과 빈누이와 므낫세요
31 하림 자손 중에서는 엘리에셀과 잇
시야와 말기야와 스마야와 시므온과
32 베냐민과 말룩과 스마랴요
33 하숨 자손 중에서는 맛드내와 맛닷
다와 사밧과 엘리벨렛과 여레매와
므낫세와 시므이요
34 바니 자손 중에서는 마아대와 아므
람과 우엘과
35 브나야와 베드야와 글루히와
36 와냐와 므레못과 에랴십과
37 맛다냐와 맛드내와 야아수와
38 바니와 빈누이와 시므이와
39 셀레먀와 나단과 아다야와
40 막나드배와 사새와 사래와
41 아사렐과 셀레먀와 스마랴와
42 살룸과 아마랴와 요셉이요
43 느보 자손 중에서는 여이엘과 맛디
디야와 사밧과 스비내와 잇도와 요
엘과 브나야더라
44 이상은 모두 이방 여인을 아내로 맞
이한 자라 그 중에는 자녀를 낳은 여
인도 있었더라

느헤미야 Nehemiah

무너진 예루살렘 성벽의 재건을 통해 유다 귀환민들의 정치적, 사회적 안정과 부흥을 주된 내용으로 다루고 있는 본서는 그 일을 주도한 느헤미야가 어떻게 성벽 재건과 참된 예배 제도를 확립하려고 애썼는지를 묘사하고 있다. 이 같은 과정에서 나타난 느헤미야의 탁월한 지도력은 오늘날 교회의 지도자들이 본받아야 할 모범이다.

제목 히브리어 성경에서는 에스라와 더불어 한 권의 책으로 꾸며졌다가 헬라어 70인역에서 분리되어 본서 주인공의 이름을 따라 '느헤미야'로 붙여졌다.

저자 느헤미야. 혹자는 에스라의 저작으로 보기도 하나, 본서에 일인칭 화법이 사용되었고 체험적 내용이 기록되었다는 점에서 느헤미야가 더 유력하다.

기록 연대 B.C. 420년경. 느헤미야의 총독 재직 시기를 B.C. 444-425년경으로 볼 수 있으나 본서는 은퇴 이후의 기록인 듯하다.

기록 목적 ① 3차 포로 귀환의 과정과 성벽 재건의 역사를 보여 주기 위하여. ② 이스라엘의 예루살렘 정착과 종교적 정황을 보여 주기 위하여. ③ 언약에 신실하신 하나님의 사랑과 이에 대한 인간 복종의 당위성을 강조하기 위하여.

주제 예루살렘의 회복. 제3차 포로 귀환 이후에 있었던 예루살렘 성벽 재건 작업은 물론, 이스라엘 민족의 사회 · 정치적 개혁과 언약 갱신을 통한 종교 부흥을 기술함으로써 예루살렘의 현실적 회복과 영적 회복을 보여 준다.

특징 ① 회복의 책-포로로부터의 회복, 무너짐으로부터의 성벽 재건, 잃었던 신앙의 회복, 언약의 갱신 등이 기록되어 있다. ② 분리의 책-이교도로부터의 분리, 잡혼으로부터의 분리 등 이스라엘 백성의 성결에 큰 비중을 둔다.

연대표

B.C.	
586년	남왕국 유다 멸망과 바벨론 포로 생활
539년	바사왕 고레스의 바벨론 정복
538년	고레스의 귀환 조서
537년	제 1차 포로 귀환(스룹바벨 인솔)
516년	제 2성전 완공(스룹바벨 성전)
485년	아하수에로의 통치(~464년)
473년	부림절 제정
464년	아닥사스다 1세의 통치(~424년)
458년	제 2차 포로 귀환(에스라 인솔)
444년	제 3차 포로 귀환(느헤미야 인솔)
	예루살렘 성벽의 중건 사역 필역
435년	말라기의 활동(~425년)
433년	느헤미야의 바벨론 귀환
432년	느헤미야의 예루살렘 귀국

· 느헤미야의 주요 무대

본서의 내용

I. 성벽 재건
① 준비 작업(1:1-2:20)
② 성벽 재건(3:1-7:73)

II. 신앙 회복
① 언약의 갱신(8:1-10:39)
② 언약의 충성(11:1-13:31)

느헤미야 Nehemiah

느헤미야가 예루살렘을 두고 기도하다

1 하가랴의 아들 느헤미야의 말이라
아닥사스다 왕 제이십년 기슬르월
에 내가 수산 궁에 있는데
2 내 형제들 가운데 하나인 하나니가
두어 사람과 함께 유다에서 내게 이
르렀기로 내가 그 사로잡힘을 면하
고 남아 있는 유다와 예루살렘 사람
들의 형편을 물은즉
3 그들이 내게 이르되 사로잡힘을 면
하고 남아 있는 자들이 그 지방 거기
에서 큰 환난을 당하고 능욕을 받으
며 예루살렘 성은 허물어지고 성문들
은 불탔다 하는지라
4 내가 이 말을 듣고 앉아서 울고 수일
동안 슬퍼하며 하늘의 하나님 앞에
금식하며 기도하여
5 이르되 하늘의 하나님 여호와 크고
두려우신 하나님이여 주를 사랑하고
주의 계명을 지키는 자에게 언약을
지키시며 긍휼을 베푸시는 주여 간
구하나이다
6 이제 종이 주의 종들인 이스라엘 자
손을 위하여 주야로 기도하오며 우
리 이스라엘 자손이 주께 범죄한 죄
들을 자복하오니 주는 귀를 기울이
시며 눈을 여시사 종의 기도를 들으
시옵소서 나와 내 아버지의 집이 범
죄하여
7 주를 향하여 크게 악을 행하여 주께
서 주의 종 모세에게 명령하신 계명
과 율례와 규례를 지키지 아니하였나
이다
8 옛적에 주께서 주의 종 모세에게 명
령하여 이르시되 만일 너희가 범죄하
면 내가 너희를 여러 나라 가운데에
흩을 것이요
9 만일 내게로 돌아와 내 계명을 지켜
행하면 너희 쫓긴 자가 하늘 끝에 있
을지라도 내가 거기서부터 그들을
모아 내 이름을 두려고 택한 곳에
돌아오게 하리라 하신 말씀을 이제
청하건대 기억하옵소서
10 이들은 주께서 일찍이 큰 권능과 강
한 손으로 구속하신 주의 종들이요
주의 백성이니이다
11 주여 구하오니 귀를 기울이사 종의
기도와 주의 이름을 경외하기를 기뻐
하는 종들의 기도를 들으시고 오늘
종이 형통하여 이 사람들 앞에서 은
혜를 입게 하옵소서 하였나니 그 때
에 내가 왕의 술 관원이 되었느니라

느헤미야가 예루살렘으로 가다

2 아닥사스다 왕 제이십년 니산월에
왕 앞에 포도주가 있기로 내가 그
포도주를 왕에게 드렸는데 이전에는
내가 왕 앞에서 수심이 없었더니
2 왕이 내게 이르시되 네가 병이 없거
늘 어찌하여 얼굴에 수심이 있느냐
이는 필연 네 마음에 근심이 있음이
로다 하더라 그 때에 내가 크게 두
려워하여
3 왕께 대답하되 왕은 만세수를 하옵
소서 내 조상들의 묘실이 있는 성읍
이 이제까지 황폐하고 성문이 불탔
사오니 내가 어찌 얼굴에 수심이 없
사오리이까 하니
4 왕이 내게 이르시되 그러면 네가 무
엇을 원하느냐 하시기로 내가 곧 하
늘의 하나님께 묵도하고
5 왕에게 아뢰되 왕이 만일 좋게 여기
시고 종이 왕의 목전에서 은혜를 얻
었사오면 나를 유다 땅 나의 조상들
의 묘실이 있는 성읍에 보내어 그 성
을 건축하게 하옵소서 하였는데
6 그 때에 왕후도 왕 곁에 앉아 있었더
라 왕이 내게 이르시되 네가 몇 날에
다녀올 길이며 어느 때에 돌아오겠
느냐 하고 왕이 나를 보내기를 좋게
여기시기로 내가 기한을 정하고
7 내가 또 왕에게 아뢰되 왕이 만일 좋
게 여기시거든 강 서쪽 총독들에게
내리시는 조서를 내게 주사 그들이
나를 용납하여 유다에 들어가기까지
통과하게 하시고
8 또 왕의 삼림 감독 아삽에게 조서를
내리사 그가 성전에 속한 영문의 문
과 성곽과 내가 들어갈 집을 위하여
들보로 쓸 재목을 내게 주게 하옵소
서 하매 내 하나님의 선한 손이 나를
도우시므로 왕이 허락하고
9 군대 장관과 마병을 보내어 나와 함
께 하게 하시기로 내가 강 서쪽에 있
는 총독들에게 이르러 왕의 조서를
전하였더니
10 호론 사람 산발랏과 종이었던 암몬
사람 도비야가 이스라엘 자손을 흥
왕하게 하려는 사람이 왔다 함을 듣
고 심히 근심하더라
11 내가 예루살렘에 이르러 머무른 지
사흘 만에
12 내 하나님께서 예루살렘을 위해 무

365묵상

네가 무엇을 원하느냐?

"네가 무엇을 원하느냐?"(느 2:4). 아닥사스다 왕이 얼굴에 수심이 깊은 느헤미야를 보고 물은 말이다. 느헤미야는 크게 성공한 사람이었다. 그러나 만족하지 못했다. 그의 꿈은 예루살렘 성읍을 재건하는 것이었기 때문이다. 그가 진정 원한 것은 그 꿈을 실현하는 것이었다. 하나님은 우리에게도 꿈을 주신다. "당신은 무엇을 원하는가?" 당신 삶을 가장 의미 있게 만드는 것은 과연 무엇인가? '하나님 안에서' 꿈을 가져라. 그리고 그 꿈이 실현되도록 힘쓰라. 그것으로 하여금 당신 인생의 흔들림 없는 비전이 되게 하라.

엇을 할 것인지 내 마음에 주신 것을
내가 아무에게도 말하지 아니하고
밤에 일어나 몇몇 사람과 함께 나갈
새 내가 탄 짐승 외에는 다른 짐승이
없더라
13 그 밤에 골짜기 문으로 나가서 용정
으로 분문에 이르는 동안에 보니 예
루살렘 성벽이 다 무너졌고 성문은
불탔더라
14 앞으로 나아가 샘문과 왕의 못에 이
르러서는 탄 짐승이 지나갈 곳이 없
는지라
15 그 밤에 시내를 따라 올라가서 성벽
을 살펴본 후에 돌아서 골짜기 문으
로 들어와 돌아왔으나
16 방백들은 내가 어디 갔었으며 무엇
을 하였는지 알지 못하였고 나도 그
일을 유다 사람들에게나 제사장들에
게나 귀족들에게나 방백들에게나
그 외에 일하는 자들에게 알리지 아
니하다가
17 후에 그들에게 이르기를 우리가 당
한 곤경은 너희도 보고 있는 바라 예
루살렘이 황폐하고 성문이 불탔으니
자, 예루살렘 성을 건축하여 다시 수
치를 당하지 말자 하고
18 또 그들에게 하나님의 선한 손이 나
를 도우신 일과 왕이 내게 이른 말씀
을 전하였더니 그들의 말이 일어나
건축하자 하고 모두 힘을 내어 이 선
한 일을 하려 하매
19 호론 사람 산발랏과 종이었던 암몬
사람 도비야와 아라비아 사람 게셈
이 이 말을 듣고 우리를 업신여기고
우리를 비웃어 이르되 너희가 하는
일이 무엇이냐 너희가 왕을 배반하고
자 하느냐 하기로
20 내가 그들에게 대답하여 이르되 하
늘의 하나님이 우리를 형통하게 하시
리니 그의 종들인 우리가 일어나 건
축하려니와 오직 너희에게는 예루살
렘에서 아무 기업도 없고 권리도 없
고 기억되는 바도 없다 하였느니라

예루살렘 성벽 중수

3 그 때에 대제사장 엘리아십이 그
의 형제 제사장들과 함께 일어나
양문을 건축하여 성별하고 문짝을
달고 또 성벽을 건축하여 함메아 망
대에서부터 하나넬 망대까지 성별하
였고
2 그 다음은 여리고 사람들이 건축하
였고 또 그 다음은 이므리의 아들 삭
굴이 건축하였으며
3 어문은 하스나아의 자손들이 건축하
여 그 들보를 얹고 문짝을 달고 자
물쇠와 빗장을 갖추었고

4 그 다음은 학고스의 손자 우리야의
아들 므레못이 중수하였고 그 다음
은 므세사벨의 손자 베레갸의 아들
므술람이 중수하였고 그 다음은 바
아나의 아들 사독이 중수하였고
5 그 다음은 드고아 사람들이 중수하
였으나 그 귀족들은 그들의 주인들
의 공사를 분담하지 아니하였으며
6 옛 문은 바세아의 아들 요야다와 브
소드야의 아들 므술람이 중수하여
그 들보를 얹고 문짝을 달고 자물쇠
와 빗장을 갖추었고
7 그 다음은 기브온 사람 믈라댜와 메
로놋 사람 야돈이 강 서쪽 총독의 관
할에 속한 기브온 사람들 및 미스바
사람들과 더불어 중수하였고
8 그 다음은 금장색 할해야의 아들 웃
시엘 등이 중수하였고 그 다음은 향
품 장사 하나냐 등이 중수하되 그들
이 예루살렘의 넓은 성벽까지 하였고
9 그 다음은 예루살렘 지방의 절반을
다스리는 후르의 아들 르바야가 중
수하였고
10 그 다음은 하루맙의 아들 여다야가
자기 집과 마주 대한 곳을 중수하였
고 그 다음은 하삽느야의 아들 핫두
스가 중수하였고
11 하림의 아들 말기야와 바핫모압의
아들 핫숩이 한 부분과 화덕 망대를
중수하였고
12 그 다음은 예루살렘 지방 절반을 다
스리는 할로헤스의 아들 살룸과 그
의 딸들이 중수하였고
13 골짜기 문은 하눈과 사노아 주민이
중수하여 문을 세우며 문짝을 달고
자물쇠와 빗장을 갖추고 또 분문까
지 성벽 천 규빗을 중수하였고
14 분문은 벧학게렘 지방을 다스리는
레갑의 아들 말기야가 중수하여 문
을 세우며 문짝을 달고 자물쇠와 빗
장을 갖추었고
15 샘문은 미스바 지방을 다스리는 골
호세의 아들 살룬이 중수하여 문을
세우고 덮었으며 문짝을 달고 자물
쇠와 빗장을 갖추고 또 왕의 동산 근
처 셀라 못 가의 성벽을 중수하여 다
윗 성에서 내려오는 층계까지 이르렀
고
16 그 다음은 벧술 지방 절반을 다스리
는 아스북의 아들 느헤미야가 중수
하여 다윗의 묘실과 마주 대한 곳에
이르고 또 파서 만든 못을 지나 용
사의 집까지 이르렀고
17 그 다음은 레위 사람 바니의 아들 르
훔이 중수하였고 그 다음은 그일라
지방 절반을 다스리는 하사뱌가 그

지방을 대표하여 중수하였고
18 그 다음은 그들의 형제들 가운데 그
일라 지방 절반을 다스리는 헤나닷의
아들 바왜가 중수하였고
19 그 다음은 미스바를 다스리는 예수
아의 아들 에셀이 한 부분을 중수하
여 성 굽이에 있는 군기고 맞은편까
지 이르렀고
20 그 다음은 삽배의 아들 바룩이 한
부분을 힘써 중수하여 성 굽이에서
부터 대제사장 엘리아십의 집 문에
이르렀고
21 그 다음은 학고스의 손자 우리야의
아들 므레못이 한 부분을 중수하여
엘리아십의 집 문에서부터 엘리아십
의 집 모퉁이에 이르렀고
22 그 다음은 평지에 사는 제사장들이
중수하였고
23 그 다음은 베냐민과 핫숩이 자기 집
맞은편 부분을 중수하였고 그 다음
은 아나냐의 손자 마아세야의 아들
아사랴가 자기 집에서 가까운 부분
을 중수하였고
24 그 다음은 헤나닷의 아들 빈누이가
한 부분을 중수하되 아사랴의 집에
서부터 성 굽이를 지나 성 모퉁이에
이르렀고
25 우새의 아들 발랄은 성 굽이 맞은편
과 왕의 윗 궁에서 내민 망대 맞은편
곧 시위청에서 가까운 부분을 중수
하였고 그 다음은 바로스의 아들 브
다야가 중수하였고
26 (그 때에 느디님 사람은 오벨에 거
주하여 동쪽 수문과 마주 대한 곳에
서부터 내민 망대까지 이르렀느니라)
27 그 다음은 드고아 사람들이 한 부분
을 중수하여 내민 큰 망대와 마주
대한 곳에서부터 오벨 성벽까지 이
르렀느니라
28 마문 위로부터는 제사장들이 각각
자기 집과 마주 대한 부분을 중수하
였고
29 그 다음은 임멜의 아들 사독이 자기
집과 마주 대한 부분을 중수하였고
그 다음은 동문지기 스가냐의 아들
스마야가 중수하였고
30 그 다음은 셀레먀의 아들 하나냐와
살랍의 여섯째 아들 하눈이 한 부분
을 중수하였고 그 다음은 베레갸의
아들 므술람이 자기의 방과 마주 대
한 부분을 중수하였고
31 그 다음은 금장색 말기야가 함밉갓
문과 마주 대한 부분을 중수하여 느
디님 사람과 상인들의 집에서부터 성
모퉁이 성루에 이르렀고
32 성 모퉁이 성루에서 양문까지는 금

장색과 상인들이 중수하였느니라

방해를 물리치다

4 산발랏이 우리가 성을 건축한다
함을 듣고 크게 분노하여 유다 사
람들을 비웃으며
2 자기 형제들과 사마리아 군대 앞에
서 일러 말하되 이 미약한 유다 사람
들이 하는 일이 무엇인가, 스스로 견
고하게 하려는가, 제사를 드리려는
가, 하루에 일을 마치려는가 불탄 돌
을 흙 무더기에서 다시 일으키려는가
하고
3 암몬 사람 도비야는 곁에 있다가 이
르되 그들이 건축하는 돌 성벽은 여
우가 올라가도 곧 무너지리라 하더
라
4 우리 하나님이여 들으시옵소서 우리
가 업신여김을 당하나이다 원하건대
그들이 욕하는 것을 자기들의 머리에
돌리사 노략거리가 되어 이방에 사로
잡히게 하시고
5 주 앞에서 그들의 악을 덮어 두지 마
시며 그들의 죄를 도말하지 마옵소서
그들이 건축하는 자 앞에서 주를 노
하시게 하였음이니이다 하고
6 이에 우리가 성을 건축하여 전부가
연결되고 높이가 절반에 이르렀으니
이는 백성이 마음 들여 일을 하였음
이니라
7 산발랏과 도비야와 아라비아 사람들
과 암몬 사람들과 아스돗 사람들이
예루살렘 성이 중수되어 그 허물어진
틈이 메꾸어져 간다 함을 듣고 심히
분노하여
8 다 함께 꾀하기를 예루살렘으로 가
서 치고 그 곳을 요란하게 하자 하기
로
9 우리가 우리 하나님께 기도하며 그들
로 말미암아 파수꾼을 두어 주야로
방비하는데
10 유다 사람들은 이르기를 흙 무더기
가 아직도 많거늘 짐을 나르는 자의
힘이 다 빠졌으니 우리가 성을 건축
하지 못하리라 하고
11 우리의 원수들은 이르기를 그들이
알지 못하고 보지 못하는 사이에 우
리가 그들 가운데 달려 들어가서 살
륙하여 역사를 그치게 하리라 하고
12 그 원수들의 근처에 거주하는 유다
사람들도 그 각처에서 와서 열 번이
나 우리에게 말하기를 너희가 우리에
게로 와야 하리라 하기로
13 내가 성벽 뒤의 낮고 넓은 곳에 백성
이 그들의 종족을 따라 칼과 창과
활을 가지고 서 있게 하고
14 내가 돌아본 후에 일어나서 귀족들

과 민장들과 남은 백성에게 말하기
를 너희는 그들을 두려워하지 말고
지극히 크시고 두려우신 주를 기억하
고 너희 형제와 자녀와 아내와 집을
위하여 싸우라 하였느니라
15 우리의 대적이 우리가 그들의 의도를
눈치챘다 함을 들으니라 하나님이
그들의 꾀를 폐하셨으므로 우리가
다 성에 돌아와서 각각 일하였는데
16 그 때로부터 내 수하 사람들의 절반
은 일하고 절반은 갑옷을 입고 창과
방패와 활을 가졌고 민장은 유다 온
족속의 뒤에 있었으며
17 성을 건축하는 자와 짐을 나르는 자
는 다 각각 한 손으로 일을 하며 한
손에는 병기를 잡았는데
18 건축하는 자는 각각 허리에 칼을 차
고 건축하며 나팔 부는 자는 내 곁에
섰었느니라
19 내가 귀족들과 민장들과 남은 백성
에게 이르기를 이 공사는 크고 넓으
므로 우리가 성에서 떨어져 거리가 먼
즉
20 너희는 어디서든지 나팔 소리를 듣거
든 그리로 모여서 우리에게로 나아
오라 우리 하나님이 우리를 위하여
싸우시리라 하였느니라
21 우리가 이같이 공사하는데 무리의 절
반은 동틀 때부터 별이 나기까지 창
을 잡았으며
22 그 때에 내가 또 백성에게 말하기를
사람마다 그 종자와 함께 예루살렘
안에서 잘지니 밤에는 우리를 위하여
파수하겠고 낮에는 일하리라 하고
23 나나 내 형제들이나 종자들이나 나
를 따라 파수하는 사람들이나 우리
가 다 우리의 옷을 벗지 아니하였으
며 물을 길으러 갈 때에도 각각 병기
를 잡았느니라

가난한 백성이 부르짖다

5 그 때에 백성들이 그들의 아내와
함께 크게 부르짖어 그들의 형제
인 유다 사람들을 원망하는데
2 어떤 사람은 말하기를 우리와 우리
자녀가 많으니 양식을 얻어 먹고 살
아야 하겠다 하고
3 어떤 사람은 말하기를 우리가 밭과
포도원과 집이라도 저당 잡히고 이
흉년에 곡식을 얻자 하고
4 어떤 사람은 말하기를 우리는 밭과
포도원으로 돈을 빚내서 왕에게 세
금을 바쳤도다
5 우리 육체도 우리 형제의 육체와 같
고 우리 자녀도 그들의 자녀와 같거
늘 이제 우리 자녀를 종으로 파는도
다 우리 딸 중에 벌써 종된 자가 있

고 우리의 밭과 포도원이 이미 남의
것이 되었으나 우리에게는 아무런 힘
이 없도다 하더라
6 내가 백성의 부르짖음과 이런 말을
듣고 크게 노하였으나
7 깊이 생각하고 귀족들과 민장들을
꾸짖어 그들에게 이르기를 너희가 각
기 형제에게 높은 이자를 취하는도
다 하고 대회를 열고 그들을 쳐서
8 그들에게 이르기를 우리는 이방인의
손에 팔린 우리 형제 유다 사람들을
우리의 힘을 다하여 도로 찾았거늘
너희는 너희 형제를 팔고자 하느냐
더구나 우리의 손에 팔리게 하겠느
냐 하매 그들이 잠잠하여 말이 없기
로
9 내가 또 이르기를 너희의 소행이 좋
지 못하도다 우리의 대적 이방 사람
의 비방을 생각하고 우리 하나님을
경외하는 가운데 행할 것이 아니냐
10 나와 내 형제와 종자들도 역시 돈과
양식을 백성에게 꾸어 주었거니와 우
리가 그 이자 받기를 그치자
11 그런즉 너희는 그들에게 오늘이라도
그들의 밭과 포도원과 감람원과 집
이며 너희가 꾸어 준 돈이나 양식이
나 새 포도주나 기름의 백분의 일을
돌려보내라 하였더니
12 그들이 말하기를 우리가 당신의 말씀
대로 행하여 돌려보내고 그들에게서
아무것도 요구하지 아니하리이다 하
기로 내가 제사장들을 불러 그들에
게 그 말대로 행하겠다고 맹세하게
하고
13 내가 옷자락을 털며 이르기를 이 말
대로 행하지 아니하는 자는 모두 하
나님이 또한 이와 같이 그 집과 산업
에서 털어 버리실지니 그는 곧 이렇
게 털려서 빈손이 될지로다 하매 회
중이 다 아멘 하고 여호와를 찬송하
고 백성들이 그 말한 대로 행하였느
니라

느헤미야가 총독의 녹을 받지 아니하다

14 또한 유다 땅 총독으로 세움을 받은
때 곧 아닥사스다 왕 제이십년부터
제삼십이년까지 십이 년 동안은 나와
내 형제들이 총독의 녹을 먹지 아니
하였느니라
15 나보다 먼저 있었던 총독들은 백성에
게서, 양식과 포도주와 또 은 사십

365묵상

힘써 기도하고, 철저하게 준비하라

예루살렘 성벽을 쌓고 있던 느헤미야와 귀환민들은 힘써 기도하는 가운데 철저하게 준비했다. 그들은 가장 취약한 지역에 보초를 두었을 뿐만 아니라, 한쪽 손에는 무기를 잡고 다른 손에는 연장을 들고 일했다(느 4:17). 전능하신 하나님을 의지하고 그분을 믿는다는 것은 현실 상황에 눈을 감아버리는 것을 뜻하지 않는다. 믿는 자들을 공격하는 사탄의 세력과 위협은 구체적이고 실제적이다. 따라서 믿는 자들도 그에 대처해서 기도하고 행동해야 한다. 기도하는 것과 행동하는 것은 어깨동무를 하고 서로 나란히 간다.

세겔을 그들에게서 빼앗았고 또한
그들의 종자들도 백성을 압제하였으
나 나는 하나님을 경외하므로 이같이
행하지 아니하고
16 도리어 이 성벽 공사에 힘을 다하며
땅을 사지 아니하였고 내 모든 종자
들도 모여서 일을 하였으며
17 또 내 상에는 유다 사람들과 민장들
백오십 명이 있고 그 외에도 우리 주
위에 있는 이방 족속들 중에서 우리
에게 나아온 자들이 있었는데
18 매일 나를 위하여 소 한 마리와 살진
양 여섯 마리를 준비하며 닭도 많이
준비하고 열흘에 한 번씩은 각종 포
도주를 갖추었나니 비록 이같이 하였
을지라도 내가 총독의 녹을 요구하
지 아니하였음은 이 백성의 부역이
중함이었더라
19 내 하나님이여 내가 이 백성을 위하
여 행한 모든 일을 기억하사 내게 은
혜를 베푸시옵소서

느헤미야에 대한 음모

6 산발랏과 도비야와 아라비아 사람
게셈과 그 나머지 우리의 원수들
이 내가 성벽을 건축하여 허물어진
틈을 남기지 아니하였다 함을 들었
는데 그 때는 내가 아직 성문에 문
짝을 달지 못한 때였더라
2 산발랏과 게셈이 내게 사람을 보내
어 이르기를 오라 우리가 오노 평지
한 촌에서 서로 만나자 하니 실상은
나를 해하고자 함이었더라
3 내가 곧 그들에게 사자들을 보내어
이르기를 내가 이제 큰 역사를 하니
내려가지 못하겠노라 어찌하여 역사
를 중지하게 하고 너희에게로 내려
가겠느냐 하매
4 그들이 네 번이나 이같이 내게 사람
을 보내되 나는 꼭 같이 대답하였더
니
5 산발랏이 다섯 번째는 그 종자의 손
에 봉하지 않은 편지를 들려 내게 보
냈는데
6 그 글에 이르기를 이방 중에도 소문
이 있고 가스무도 말하기를 너와 유
다 사람들이 모반하려 하여 성벽을
건축한다 하나니 네가 그 말과 같이
왕이 되려 하는도다
7 또 네가 선지자를 세워 예루살렘에
서 너를 들어 선전하기를 유다에 왕
이 있다 하게 하였으니 지금 이 말이
왕에게 들릴지라 그런즉 너는 이제
오라 함께 의논하자 하였기로
8 내가 사람을 보내어 그에게 이르기
를 네가 말한 바 이런 일은 없는 일
이요 네 마음에서 지어낸 것이라 하

였나니
9 이는 그들이 다 우리를 두렵게 하고
자 하여 말하기를 그들의 손이 피곤
하여 역사를 중지하고 이루지 못하리
라 함이라 이제 내 손을 힘있게 하옵
소서 하였노라
10 이 후에 므헤다벨의 손자 들라야의
아들 스마야가 두문불출 하기로 내
가 그 집에 가니 그가 이르기를 그들
이 너를 죽이러 올 터이니 우리가 하
나님의 전으로 가서 외소 안에 머물
고 그 문을 닫자 저들이 반드시 밤
에 와서 너를 죽이리라 하기로
11 내가 이르기를 나 같은 자가 어찌 도
망하며 나 같은 몸이면 누가 외소에
들어가서 생명을 보존하겠느냐 나는
들어가지 않겠노라 하고
12 깨달은즉 그는 하나님께서 보내신
바가 아니라 도비야와 산발랏에게
뇌물을 받고 내게 이런 예언을 함이
라
13 그들이 뇌물을 준 까닭은 나를 두렵
게 하고 이렇게 함으로 범죄하게 하
고 악한 말을 지어 나를 비방하려 함
이었느니라
14 내 하나님이여 도비야와 산발랏과 여
선지 노아댜와 그 남은 선지자들 곧
나를 두렵게 하고자 한 자들의 소행
을 기억하옵소서 하였노라

성벽 공사가 끝나다

15 성벽 역사가 오십이 일 만인 엘룰월
이십오일에 끝나매
16 우리의 모든 대적과 주위에 있는 이
방 족속들이 이를 듣고 다 두려워하
여 크게 낙담하였으니 그들이 우리
하나님께서 이 역사를 이루신 것을
앎이니라
17 또한 그 때에 유다의 귀족들이 여러
번 도비야에게 편지하였고 도비야의
편지도 그들에게 이르렀으니
18 도비야는 아라의 아들 스가냐의 사
위가 되었고 도비야의 아들 여호하난
도 베레갸의 아들 므술람의 딸을 아
내로 맞이하였으므로 유다에서 그와
동맹한 자가 많음이라
19 그들이 도비야의 선행을 내 앞에 말
하고 또 내 말도 그에게 전하매 도
비야가 내게 편지하여 나를 두렵게
하고자 하였느니라

느헤미야가 지도자들을 세우다

7 성벽이 건축되매 문짝을 달고 문
지기와 노래하는 자들과 레위 사
람들을 세운 후에
2 내 아우 하나니와 영문의 관원 하나
냐가 함께 예루살렘을 다스리게 하
였는데 하나냐는 충성스러운 사람이

요 하나님을 경외함이 무리 중에서
뛰어난 자라
3 내가 그들에게 이르기를 해가 높이
뜨기 전에는 예루살렘 성문을 열지
말고 아직 파수할 때에 곧 문을 닫
고 빗장을 지르며 또 예루살렘 주민
이 각각 자기가 지키는 곳에서 파수
하되 자기 집 맞은편을 지키게 하라
하였노니
4 그 성읍은 광대하고 그 주민은 적으
며 가옥은 미처 건축하지 못하였음이
니라

포로에서 돌아온 사람들

5 내 하나님이 내 마음을 감동하사 귀
족들과 민장들과 백성을 모아 그 계
보대로 등록하게 하시므로 내가 처
음으로 돌아온 자의 계보를 얻었는
데 거기에 기록된 것을 보면
6 옛적에 바벨론 왕 느부갓네살에게
사로잡혀 갔던 자들 중에서 놓임을
받고 예루살렘과 유다에 돌아와 각
기 자기들의 성읍에 이른 자들 곧
7 스룹바벨과 예수아와 느헤미야와
아사랴와 라아먀와 나하마니와 모르
드개와 빌산과 미스베렛과 비그왜와
느훔과 바아나와 함께 나온 이스라
엘 백성의 명수가 이러하니라
8 바로스 자손이 이천백칠십이 명이요
9 스바댜 자손이 삼백칠십이 명이요
10 아라 자손이 육백오십이 명이요
11 바핫모압 자손 곧 예수아와 요압 자
손이 이천팔백십팔 명이요
12 엘람 자손이 천이백오십사 명이요
13 삿두 자손이 팔백사십오 명이요
14 삭개 자손이 칠백육십 명이요
15 빈누이 자손이 육백사십팔 명이요
16 브배 자손이 육백이십팔 명이요
17 아스갓 자손이 이천삼백이십이 명이
요
18 아도니감 자손이 육백육십칠 명이요
19 비그왜 자손이 이천육십칠 명이요
20 아딘 자손이 육백오십오 명이요
21 아델 자손 곧 히스기야 자손이 구십
팔 명이요
22 하숨 자손이 삼백이십팔 명이요
23 베새 자손이 삼백이십사 명이요
24 하립 자손이 백십이 명이요
25 기브온 사람이 구십오 명이요
26 베들레헴과 느도바 사람이 백팔십팔
명이요
27 아나돗 사람이 백이십팔 명이요
28 벧아스마웻 사람이 사십이 명이요
29 기랴여아림과 그비라와 브에롯 사람
이 칠백사십삼 명이요
30 라마와 게바 사람이 육백이십일 명이
요

31 믹마스 사람이 백이십이 명이요
32 벧엘과 아이 사람이 백이십삼 명이요
33 기타 느보 사람이 오십이 명이요
34 기타 엘람 자손이 천이백오십사 명이
요
35 하림 자손이 삼백이십 명이요
36 여리고 자손이 삼백사십오 명이요
37 로드와 하딧과 오노 자손이 칠백이
십일 명이요
38 스나아 자손이 삼천구백삼십 명이었
느니라
39 제사장들은 예수아의 집 여다야 자
손이 구백칠십삼 명이요
40 임멜 자손이 천오십이 명이요
41 바스훌 자손이 천이백사십칠 명이요
42 하림 자손이 천십칠 명이었느니라
43 레위 사람들은 호드야 자손 곧 예수
아와 갓미엘 자손이 칠십사 명이요
44 노래하는 자들은 아삽 자손이 백사
십팔 명이요
45 문지기들은 살룸 자손과 아델 자손
과 달문 자손과 악굽 자손과 하디다
자손과 소배 자손이 모두 백삼십팔
명이었느니라
46 느디님 사람들은 시하 자손과 하수
바 자손과 답바옷 자손과
47 게로스 자손과 시아 자손과 바돈 자
손과
48 르바나 자손과 하가바 자손과 살매
자손과
49 하난 자손과 깃델 자손과 가할 자손
과
50 르아야 자손과 르신 자손과 느고다
자손과
51 갓삼 자손과 웃사 자손과 바세아 자
손과
52 베새 자손과 므우님 자손과 느비스
심 자손과
53 박북 자손과 하그바 자손과 할훌 자
손과
54 바슬릿 자손과 므히다 자손과 하르
사 자손과
55 바르고스 자손과 시스라 자손과 데
마 자손과
56 느시야 자손과 하디바 자손이었느니
라
57 솔로몬의 신하의 자손은 소대 자손
과 소베렛 자손과 브리다 자손과
58 야알라 자손과 다르곤 자손과 깃델
자손과
59 스바댜 자손과 핫딜 자손과 보게렛
하스바임 자손과 아몬 자손이니
60 모든 느디님 사람과 솔로몬의 신하
의 자손이 삼백구십이 명이었느니라
61 델멜라와 델하르사와 그룹과 앗돈
과 임멜로부터 올라온 자가 있으나

그들의 종족이나 계보가 이스라엘에
속하였는지는 증거할 수 없으니
62 그들은 들라야 자손과 도비야 자손
과 느고다 자손이라 모두가 육백사
십이 명이요
63 제사장 중에는 호바야 자손과 학고
스 자손과 바르실래 자손이니 바르
실래는 길르앗 사람 바르실래의 딸
중의 하나로 아내를 삼고 바르실래
의 이름으로 불린 자라
64 이 사람들은 계보 중에서 자기 이름
을 찾아도 찾지 못하였으므로 그들
을 부정하게 여겨 제사장의 직분을
행하지 못하게 하고
65 총독이 그들에게 명령하여 우림과
둠밈을 가진 제사장이 일어나기 전에
는 지성물을 먹지 말라 하였느니라
66 온 회중의 합계는 사만 이천삼백육
십 명이요
67 그 외에 노비가 칠천삼백삼십칠 명이
요 그들에게 노래하는 남녀가 이백
사십오 명이 있었고
68 말이 칠백삼십육 마리요 노새가 이
백사십오 마리요
69 낙타가 사백삼십오 마리요 나귀가
육천칠백이십 마리였느니라
70 어떤 족장들은 역사를 위하여 보조
하였고 총독은 금 천 드라크마와 대
접 오십과 제사장의 의복 오백삼십
벌을 보물 곳간에 드렸고
71 또 어떤 족장들은 금 이만 드라크마
와 은 이천이백 마네를 역사 곳간에
드렸고
72 그 나머지 백성은 금 이만 드라크마
와 은 이천 마네와 제사장의 의복 육
십칠 벌을 드렸느니라

백성 앞에서 율법책을 읽다

73 이와 같이 제사장들과 레위 사람들
과 문지기들과 노래하는 자들과 백
성 몇 명과 느디님 사람들과 온 이스
라엘 자손이 다 자기들의 성읍에 거
주하였느니라

8 이스라엘 자손이 자기들의 성읍에
거주하였더니 일곱째 달에 이르러
모든 백성이 일제히 수문 앞 광장에
모여 학사 에스라에게 여호와께서
이스라엘에게 명령하신 모세의 율법
책을 가져오기를 청하매
2 일곱째 달 초하루에 제사장 에스라
가 율법책을 가지고 회중 앞 곧 남자
나 여자나 알아들을 만한 모든 사람
앞에 이르러
3 수문 앞 광장에서 새벽부터 정오까
지 남자나 여자나 알아들을 만한 모
든 사람 앞에서 읽으매 뭇 백성이 그
율법책에 귀를 기울였는데

4 그 때에 학사 에스라가 특별히 지은
나무 강단에 서고 그의 곁 오른쪽에
선 자는 맛디댜와 스마와 아나야와
우리야와 힐기야와 마아세야요 그의
왼쪽에 선 자는 브다야와 미사엘과
말기야와 하숨과 하스밧다나와 스가
랴와 므술람이라
5 에스라가 모든 백성 위에 서서 그들
목전에 책을 펴니 책을 펼 때에 모
든 백성이 일어서니라
6 에스라가 위대하신 하나님 여호와를
송축하매 모든 백성이 손을 들고 아
멘 아멘 하고 응답하고 몸을 굽혀
얼굴을 땅에 대고 여호와께 경배하
니라
7 예수아와 바니와 세레뱌와 야민과
악굽과 사브대와 호디야와 마아세야
와 그리다와 아사랴와 요사밧과 하
난과 블라야와 레위 사람들은 백성
이 제자리에 서 있는 동안 그들에게
율법을 깨닫게 하였는데
8 하나님의 율법책을 낭독하고 그 뜻
을 해석하여 백성에게 그 낭독하는
것을 다 깨닫게 하니
9 백성이 율법의 말씀을 듣고 다 우는
지라 총독 느헤미야와 제사장 겸 학
사 에스라와 백성을 가르치는 레위
사람들이 모든 백성에게 이르기를
오늘은 너희 하나님 여호와의 성일이
니 슬퍼하지 말며 울지 말라 하고
10 느헤미야가 또 그들에게 이르기를
너희는 가서 살진 것을 먹고 단 것을
마시되 준비하지 못한 자에게는 나
누어 주라 이 날은 우리 주의 성일이
니 근심하지 말라 여호와로 인하여
기뻐하는 것이 너희의 힘이니라 하고
11 레위 사람들도 모든 백성을 정숙하
게 하여 이르기를 오늘은 성일이니
마땅히 조용하고 근심하지 말라 하
니
12 모든 백성이 곧 가서 먹고 마시며 나
누어 주고 크게 즐거워하니 이는 그
들이 그 읽어 들려 준 말을 밝히 앎
이라
13 그 이튿날 뭇 백성의 족장들과 제사
장들과 레위 사람들이 율법의 말씀
을 밝히 알고자 하여 학사 에스라에
게 모여서
14 율법에 기록된 바를 본즉 여호와께
서 모세를 통하여 명령하시기를 이스

365묵상

통곡이 변하여 기쁨이 되고

절기를 맞아 하나님의 말씀이 낭독될 때, 그 말씀에 대한 이스라엘 백성의 첫 반응은 통곡이었다. 하나님의 말씀을 통해 그들은 자기 선조들의 죄악과 자신들의 죄를 깨달았던 것이다. 그렇지만 느헤미야와 에스라가 그날은 경축의 날임을 알려주자 그들의 슬픔은 기쁨으로 바뀌었다(느8:1-12). 이처럼 우리가 우리의 마음속에 하나님의 말씀이 들려지도록 허용할 때, 우리의 최초 반응은 죄에 대한 깨달음에서 오는 통곡이다. 그런 후에 죄 사함의 은총을 확신할 때, 우리는 통곡의 슬픔을 딛고 참된 기쁨을 누릴 수 있다.

라엘 자손은 일곱째 달 절기에 초막
에서 거할지니라 하였고
15 또 일렀으되 모든 성읍과 예루살렘
에 공포하여 이르기를 너희는 산에
가서 감람나무 가지와 들감람나무
가지와 화석류나무 가지와 종려나무
가지와 기타 무성한 나무 가지를 가
져다가 기록한 바를 따라 초막을 지
으라 하라 한지라
16 백성이 이에 나가서 나뭇가지를 가져
다가 혹은 지붕 위에, 혹은 뜰 안에,
혹은 하나님의 전 뜰에, 혹은 수문
광장에, 혹은 에브라임 문 광장에
초막을 짓되
17 사로잡혔다가 돌아온 회중이 다 초
막을 짓고 그 안에서 거하니 눈의 아
들 여호수아 때로부터 그 날까지 이
스라엘 자손이 이같이 행한 일이 없
었으므로 이에 크게 기뻐하며
18 에스라는 첫날부터 끝날까지 날마다
하나님의 율법책을 낭독하고 무리가
이레 동안 절기를 지키고 여덟째 날
에 규례를 따라 성회를 열었느니라

백성들이 죄를 자복하다

9 그 달 스무나흗 날에 이스라엘 자
손이 다 모여 금식하며 굵은 베
옷을 입고 티끌을 무릅쓰며
2 모든 이방 사람들과 절교하고 서서
자기의 죄와 조상들의 허물을 자복
하고
3 이 날에 낮 사분의 일은 그 제자리에
서서 그들의 하나님 여호와의 율법책
을 낭독하고 낮 사분의 일은 죄를 자
복하며 그들의 하나님 여호와께 경
배하는데
4 레위 사람 예수아와 바니와 갓미엘
과 스바냐와 분니와 세레뱌와 바니
와 그나니는 단에 올라서서 큰 소리
로 그들의 하나님 여호와께 부르짖
고
5 또 레위 사람 예수아와 갓미엘과 바
니와 하삽느야와 세레뱌와 호디야와
스바냐와 브다히야는 이르기를 너희
무리는 마땅히 일어나 영원부터 영원
까지 계신 너희 하나님 여호와를 송
축할지어다 주여 주의 영화로운 이름
을 송축하올 것은 주의 이름이 존귀
하여 모든 송축이나 찬양에서 뛰어
남이니이다
6 오직 주는 여호와시라 하늘과 하늘
들의 하늘과 일월 성신과 땅과 땅 위
의 만물과 바다와 그 가운데 모든
것을 지으시고 다 보존하시오니 모
든 천군이 주께 경배하나이다
7 주는 하나님 여호와시라 옛적에 아
브람을 택하시고 갈대아 우르에서

인도하여 내시고 아브라함이라는 이
름을 주시고
8 그의 마음이 주 앞에서 충성됨을 보
시고 그와 더불어 언약을 세우사 가
나안 족속과 헷 족속과 아모리 족속
과 브리스 족속과 여부스 족속과 기
르가스 족속의 땅을 그의 씨에게 주
리라 하시더니 그 말씀대로 이루셨사
오매 주는 의로우심이로소이다
9 주께서 우리 조상들이 애굽에서 고
난 받는 것을 감찰하시며 홍해에서
그들의 부르짖음을 들으시고
10 이적과 기사를 베푸사 바로와 그의
모든 신하와 그의 나라 온 백성을 치
셨사오니 이는 그들이 우리의 조상들
에게 교만하게 행함을 아셨음이라
주께서 오늘과 같이 명예를 얻으셨
나이다
11 또 주께서 우리 조상들 앞에서 바다
를 갈라지게 하사 그들이 바다 가운
데를 육지 같이 통과하게 하시고 쫓
아오는 자들을 돌을 큰 물에 던짐
같이 깊은 물에 던지시고
12 낮에는 구름 기둥으로 인도하시고
밤에는 불 기둥으로 그들이 행할 길
을 그들에게 비추셨사오며
13 또 시내 산에 강림하시고 하늘에서
부터 그들과 말씀하사 정직한 규례
와 진정한 율법과 선한 율례와 계명
을 그들에게 주시고
14 거룩한 안식일을 그들에게 알리시며
주의 종 모세를 통하여 계명과 율례
와 율법을 그들에게 명령하시고
15 그들의 굶주림 때문에 하늘에서 그
들에게 양식을 주시며 그들의 목마
름 때문에 그들에게 반석에서 물을
내시고 또 주께서 옛적에 손을 들어
맹세하시고 주겠다고 하신 땅을 들
어가서 차지하라 말씀하셨사오나
16 그들과 우리 조상들이 교만하고 목
을 굳게 하여 주의 명령을 듣지 아니
하고
17 거역하며 주께서 그들 가운데에서
행하신 기사를 기억하지 아니하고 목
을 굳게 하며 패역하여 스스로 한
우두머리를 세우고 종 되었던 땅으
로 돌아가고자 하였나이다 그러나
주께서는 용서하시는 하나님이시라
은혜로우시며 긍휼히 여기시며 더디
노하시며 인자가 풍부하시므로 그들
을 버리지 아니하셨나이다
18 또 그들이 자기들을 위하여 송아지
를 부어 만들고 이르기를 이는 곧 너
희를 인도하여 애굽에서 나오게 한
신이라 하여 하나님을 크게 모독하였
사오나

19 주께서는 주의 크신 긍휼로 그들을
광야에 버리지 아니하시고 낮에는
구름 기둥이 그들에게서 떠나지 아니
하고 길을 인도하며 밤에는 불 기둥
이 그들이 갈 길을 비추게 하셨사오
며
20 또 주의 선한 영을 주사 그들을 가
르치시며 주의 만나가 그들의 입에서
끊어지지 않게 하시고 그들의 목마
름을 인하여 그들에게 물을 주어
21 사십 년 동안 들에서 기르시되 부족
함이 없게 하시므로 그 옷이 해어지
지 아니하였고 발이 부르트지 아니하
였사오며
22 또 나라들과 족속들을 그들에게 각
각 나누어 주시매 그들이 시혼의 땅
곧 헤스본 왕의 땅과 바산 왕 옥의
땅을 차지하였나이다
23 주께서 그들의 자손을 하늘의 별같
이 많게 하시고 전에 그들의 열조에
게 들어가서 차지하라고 말씀하신
땅으로 인도하여 이르게 하셨으므로
24 그 자손이 들어가서 땅을 차지하되
주께서 그 땅 가나안 주민들이 그들
앞에 복종하게 하실 때에 가나안 사
람들과 그들의 왕들과 본토 여러 족
속들을 그들의 손에 넘겨 임의로 행
하게 하시매
25 그들이 견고한 성읍들과 기름진 땅
을 점령하고 모든 아름다운 물건이
가득한 집과 판 우물과 포도원과 감
람원과 허다한 과목을 차지하여 배
불리 먹어 살찌고 주의 큰 복을 즐겼
사오나
26 그들은 순종하지 아니하고 주를 거
역하며 주의 율법을 등지고 주께로
돌아오기를 권면하는 선지자들을 죽
여 주를 심히 모독하였나이다
27 그러므로 주께서 그들을 대적의 손
에 넘기사 그들이 곤고를 당하게 하
시매 그들이 환난을 당하여 주께 부
르짖을 때에 주께서 하늘에서 들으
시고 주의 크신 긍휼로 그들에게 구
원자들을 주어 그들을 대적의 손에
서 구원하셨거늘
28 그들이 평강을 얻은 후에 다시 주 앞
에서 악을 행하므로 주께서 그들을
원수들의 손에 버려 두사 원수들에
게 지배를 당하게 하시다가 그들이
돌이켜 주께 부르짖으매 주께서 하
늘에서 들으시고 여러 번 주의 긍휼
로 건져내시고
29 다시 주의 율법을 복종하게 하시려
고 그들에게 경계하셨으나 그들이
교만하여 사람이 준행하면 그 가운
데에서 삶을 얻는 주의 계명을 듣지

아니하며 주의 규례를 범하여 고집하
는 어깨를 내밀며 목을 굳게 하여 듣
지 아니하였나이다
30 그러나 주께서 그들을 여러 해 동안
참으시고 또 주의 선지자들을 통하
여 주의 영으로 그들을 경계하시되
그들이 듣지 아니하므로 열방 사람
들의 손에 넘기시고도
31 주의 크신 긍휼로 그들을 아주 멸하
지 아니하시며 버리지도 아니하셨사
오니 주는 은혜로우시고 불쌍히 여
기시는 하나님이심이니이다
32 우리 하나님이여 광대하시고 능하시
고 두려우시며 언약과 인자하심을 지
키시는 하나님이여 우리와 우리 왕들
과 방백들과 제사장들과 선지자들과
조상들과 주의 모든 백성이 앗수르
왕들의 때로부터 오늘까지 당한 모
든 환난을 이제 작게 여기지 마옵소
서
33 그러나 우리가 당한 모든 일에 주는
공의로우시니 우리는 악을 행하였사
오나 주께서는 진실하게 행하셨음이
니이다
34 우리 왕들과 방백들과 제사장들과
조상들이 주의 율법을 지키지 아니하
며 주의 명령과 주께서 그들에게 경
계하신 말씀을 순종하지 아니하고
35 그들이 그 나라와 주께서 그들에게
베푸신 큰 복과 자기 앞에 주신 넓고
기름진 땅을 누리면서도 주를 섬기지
아니하며 악행을 그치지 아니하였으
므로
36 우리가 오늘날 종이 되었는데 곧 주
께서 우리 조상들에게 주사 그것의
열매를 먹고 그것의 아름다운 소산
을 누리게 하신 땅에서 우리가 종이
되었나이다
37 우리의 죄로 말미암아 주께서 우리
위에 세우신 이방 왕들이 이 땅의 많
은 소산을 얻고 그들이 우리의 몸과
가축을 임의로 관할하오니 우리의
곤란이 심하오며
38 우리가 이 모든 일로 말미암아 이제
견고한 언약을 세워 기록하고 우리의
방백들과 레위 사람들과 제사장들이
다 인봉하나이다 하였느니라

언약에 인봉한 사람들

10 그 인봉한 자는 하가랴의 아들
총독 느헤미야와 시드기야,
2 스라야, 아사랴, 예레미야,
3 바스훌, 아마랴, 말기야,
4 핫두스, 스바냐, 말룩,
5 하림, 므레못, 오바댜,
6 다니엘, 긴느돈, 바룩,
7 므술람, 아비야, 미야민,

8 마아시야, 빌개, 스마야이니 이는 제
사장들이요
9 또 레위 사람 곧 아사냐의 아들 예
수아, 헤나닷의 자손 중 빈누이, 갓
미엘과
10 그의 형제 스바냐, 호디야, 그리다,
블라야, 하난,
11 미가, 르홉, 하사뱌,
12 삭굴, 세레뱌, 스바냐,
13 호디야, 바니, 브니누요
14 또 백성의 우두머리들 곧 바로스, 바
핫모압, 엘람, 삿두, 바니,
15 분니, 아스갓, 베배,
16 아도니야, 비그왜, 아딘,
17 아델, 히스기야, 앗술,
18 호디야, 하숨, 베새,
19 하립, 아나돗, 노배,
20 막비아스, 므술람, 헤실,
21 므세사벨, 사독, 얏두아,
22 블라댜, 하난, 아나야,
23 호세아, 하나냐, 핫숩,
24 할르헤스, 빌하, 소벡,
25 르훔, 하삽나, 마아세야,
26 아히야, 하난, 아난,
27 말룩, 하림, 바아나이니라
28 그 남은 백성과 제사장들과 레위 사
람들과 문지기들과 노래하는 자들과
느디님 사람들과 및 이방 사람과 절
교하고 하나님의 율법을 준행하는
모든 자와 그들의 아내와 그들의 자
녀들 곧 지식과 총명이 있는 자들은
29 다 그들의 형제 귀족들을 따라 저주
로 맹세하기를 우리가 하나님의 종
모세를 통하여 주신 하나님의 율법
을 따라 우리 주 여호와의 모든 계명
과 규례와 율례를 지켜 행하여
30 우리의 딸들을 이 땅 백성에게 주지
아니하고 우리의 아들들을 위하여
그들의 딸들을 데려오지 아니하며
31 혹시 이 땅 백성이 안식일에 물품이
나 온갖 곡물을 가져다가 팔려고 할
지라도 우리가 안식일이나 성일에는
그들에게서 사지 않겠고 일곱째 해
마다 땅을 쉬게 하고 모든 빚을 탕
감하리라 하였고
32 우리가 또 스스로 규례를 정하기를
해마다 각기 세겔의 삼분의 일을 수
납하여 하나님의 전을 위하여 쓰게
하되
33 곧 진설병과 항상 드리는 소제와 항
상 드리는 번제와 안식일과 초하루
와 정한 절기에 쓸 것과 성물과 이스
라엘을 위하는 속죄제와 우리 하나
님의 전의 모든 일을 위하여 쓰게 하
였고
34 또 우리 제사장들과 레위 사람들과

백성들이 제비 뽑아 각기 종족대로
해마다 정한 시기에 나무를 우리 하
나님의 전에 바쳐 율법에 기록한 대
로 우리 하나님 여호와의 제단에 사
르게 하였고
35 해마다 우리 토지 소산의 맏물과 각
종 과목의 첫 열매를 여호와의 전에
드리기로 하였고
36 또 우리의 맏아들들과 가축의 처음
난 것과 소와 양의 처음 난 것을 율
법에 기록된 대로 우리 하나님의 전
으로 가져다가 우리 하나님의 전에서
섬기는 제사장들에게 주고
37 또 처음 익은 밀의 가루와 거제물과
각종 과목의 열매와 새 포도주와 기
름을 제사장들에게로 가져다가 우리
하나님의 전의 여러 방에 두고 또 우
리 산물의 십일조를 레위 사람들에
게 주리라 하였나니 이 레위 사람들
은 우리의 모든 성읍에서 산물의 십
일조를 받는 자임이며
38 레위 사람들이 십일조를 받을 때에
는 아론의 자손 제사장 한 사람이 함
께 있을 것이요 레위 사람들은 그 십
일조의 십분의 일을 가져다가 우리
하나님의 전 곳간의 여러 방에 두되
39 곧 이스라엘 자손과 레위 자손이 거
제로 드린 곡식과 새 포도주와 기름
을 가져다가 성소의 그릇들을 두는
골방 곧 섬기는 제사장들과 문지기
들과 노래하는 자들이 있는 골방에
둘 것이라 그리하여 우리가 우리 하
나님의 전을 버려 두지 아니하리라

예루살렘에 거주하는 백성들

11 백성의 지도자들은 예루살렘에
거주하였고 그 남은 백성은 제
비 뽑아 십분의 일은 거룩한 성 예루
살렘에서 거주하게 하고 그 십분의
구는 다른 성읍에 거주하게 하였으
며
2 예루살렘에 거주하기를 자원하는 모
든 자를 위하여 백성들이 복을 빌었
느니라
3 이스라엘과 제사장들과 레위 사람들
과 느디님 사람들과 솔로몬의 신하
들의 자손은 유다 여러 성읍에서 각
각 자기 성읍 자기 기업에 거주하였
느니라 예루살렘에 거주한 그 지방
의 지도자들은 이러하니
4 예루살렘에 거주한 자는 유다 자손

365묵상

선행 계획서 만들기

본국으로 돌아온 유다 백성은 자신들의 죄를 고백했다. 그런 후에 그들은 하나님께 앞으로는 올바로 살 것임을 약속했고 자신들의 약속을 기록으로 남겼다. 유다 백성이 하나님께 무얼 실천하겠다고 약속했는지를 알고 싶다면 느헤미야 10:28-39 부분을 읽어보라. 죄를 범했을 때, 우리가 하나님께 죄를 고백하고 용서를 구하는 일은 중요하다. 하지만 거기서 한 걸음 더 나아가 죄 사함을 받은 우리가 앞으로 어떻게 선과 의를 행하며 하나님의 백성답게 살아갈 것인지에 대해 구체적인 계획을 갖는 것이 더욱 중요하다.

과 베냐민 자손 몇 명이라 유다 자손
중에는 베레스 자손 아다야이니 그
는 웃시야의 아들이요 스가랴의 손
자요 아마랴의 증손이요 스바댜의
현손이요 마할랄렐의 오대 손이며
5 또 마아세야니 그는 바룩의 아들이
요 골호세의 손자요 하사야의 증손
이요 아다야의 현손이요 요야립의 오
대 손이요 스가랴의 육대 손이요 실
로 사람의 칠대 손이라
6 예루살렘에 거주한 베레스 자손은
모두 사백육십팔 명이니 다 용사였
느니라
7 베냐민 자손은 살루이니 그는 므술
람의 아들이요 요엣의 손자요 브다
야의 증손이요 골라야의 현손이요
마아세야의 오대 손이요 이디엘의
육대 손이요 여사야의 칠대 손이며
8 그 다음은 갑배와 살래 등이니 모두
구백이십팔 명이라
9 시그리의 아들 요엘이 그들의 감독
이 되었고 핫스누아의 아들 유다는
버금이 되어 성읍을 다스렸느니라
10 제사장 중에는 요야립의 아들 여다
야와 야긴이며
11 또 하나님의 전을 맡은 자 스라야이
니 그는 힐기야의 아들이요 므술람
의 손자요 사독의 증손이요 므라욧
의 현손이요 아히둡의 오대 손이며
12 또 전에서 일하는 그들의 형제니 모
두 팔백이십이 명이요 또 아다야이니
그는 여로함의 아들이요 블라야의
손자요 암시의 증손이요 스가랴의
현손이요 바스훌의 오대 손이요 말
기야의 육대 손이며
13 또 그 형제의 족장된 자이니 모두 이
백사십이 명이요 또 아맛새이니 그는
아사렐의 아들이요 아흐새의 손자요
므실레못의 증손이요 임멜의 현손이
며
14 또 그들의 형제의 큰 용사들이니 모
두 백이십팔 명이라 하그돌림의 아
들 삽디엘이 그들의 감독이 되었느
니라
15 레위 사람 중에는 스마야이니 그는
핫숩의 아들이요 아스리감의 손자
요 하사뱌의 증손이요 분니의 현손
이며
16 또 레위 사람의 족장 삽브대와 요사
밧이니 그들은 하나님의 전 바깥 일
을 맡았고
17 또 아삽의 증손 삽디의 손자 미가의
아들 맛다냐이니 그는 기도할 때에
감사하는 말씀을 인도하는 자가 되
었고 형제 중에 박부갸가 버금이 되
었으며 또 여두둔의 증손 갈랄의 손

자 삽무아의 아들 압다니
18 거룩한 성에 레위 사람은 모두 이백
팔십사 명이었느니라
19 성 문지기는 악굽과 달몬과 그 형제
이니 모두 백칠십이 명이며
20 그 나머지 이스라엘 백성과 제사장
과 레위 사람은 유다 모든 성읍에
흩어져 각각 자기 기업에 살았고
21 느디님 사람은 오벨에 거주하니 시하
와 기스바가 그들의 책임자가 되었
느니라
22 노래하는 자들인 아삽 자손 중 미가
의 현손 맛다냐의 증손 하사뱌의 손
자 바니의 아들 웃시는 예루살렘에
거주하는 레위 사람의 감독이 되어
하나님의 전 일을 맡아 다스렸으니
23 이는 왕의 명령대로 노래하는 자들
에게 날마다 할 일을 정해 주었기 때
문이며
24 유다의 아들 세라의 자손 곧 므세사
벨의 아들 브다히야는 왕의 수하에
서 백성의 일을 다스렸느니라

마을과 주변 동네들에 거주하는 백성들

25 마을과 들로 말하면 유다 자손의 일
부는 기럇 아르바와 그 주변 동네들
과 디본과 그 주변 동네들과 여갑스
엘과 그 마을들에 거주하며
26 또 예수아와 몰라다와 벧벨렛과
27 하살수알과 브엘세바와 그 주변 동
네들에 거주하며
28 또 시글락과 므고나와 그 주변 동네
들에 거주하며
29 또 에느림몬과 소라와 야르뭇에 거
주하며
30 또 사노아와 아둘람과 그 마을들과
라기스와 그 들판과 아세가와 그 주
변 동네들에 살았으니 그들은 브엘
세바에서부터 힌놈의 골짜기까지 장
막을 쳤으며
31 또 베냐민 자손은 게바에서부터 믹
마스와 아야와 벧엘과 그 주변 동네
들에 거주하며
32 아나돗과 놉과 아나냐와
33 하솔과 라마와 깃다임과
34 하딧과 스보임과 느발랏과
35 로드와 오노와 장인들의 골짜기에
거주하였으며
36 유다에 있던 레위 사람의 일부는 베
냐민과 합하였느니라

제사장과 레위 사람들

12 스알디엘의 아들 스룹바벨과
예수아와 함께 돌아온 제사장
들과 레위 사람들은 이러하니라 제
사장들은 스라야와 예레미야와 에스
라와
2 아마랴와 말룩과 핫두스와

3 스가냐와 르훔과 므레못과
4 잇도와 긴느도이와 아비야와
5 미야민과 마아댜와 빌가와
6 스마야와 요야립과 여다야와
7 살루와 아목과 힐기야와 여다야니 이
상은 예수아 때에 제사장들과 그들
의 형제의 지도자들이었느니라

대제사장 예수아의 자손들

8 레위 사람들은 예수아와 빈누이와
갓미엘과 세레뱌와 유다와 맛다냐니
이 맛다냐는 그의 형제와 함께 찬송
하는 일을 맡았고
9 또 그들의 형제 박부갸와 운노는 직
무를 따라 그들의 맞은편에 있으며
10 예수아는 요야김을 낳고 요야김은
엘리아십을 낳고 엘리아십은 요야다
를 낳고
11 요야다는 요나단을 낳고 요나단은
얏두아를 낳았느니라

제사장의 족장들

12 요야김 때에 제사장, 족장 된 자는
스라야 족속에는 므라야요 예레미
야 족속에는 하나냐요
13 에스라 족속에는 므술람이요 아마
랴 족속에는 여호하난이요
14 말루기 족속에는 요나단이요 스바냐
족속에는 요셉이요
15 하림 족속에는 아드나요 므라욧 족
속에는 헬개요
16 잇도 족속에는 스가랴요 긴느돈 족
속에는 므술람이요
17 아비야 족속에는 시그리요 미냐민
곧 모아댜 족속에는 빌대요
18 빌가 족속에는 삼무아요 스마야 족
속에는 여호나단이요
19 요야립 족속에는 맛드내요 여다야
족속에는 웃시요
20 살래 족속에는 갈래요 아목 족속에
는 에벨이요
21 힐기야 족속에는 하사뱌요 여다야
족속에는 느다넬이었느니라

제사장과 레위 사람들에 관한 기록

22 엘리아십과 요야다와 요하난과 얏두
아 때에 레위 사람의 족장이 모두 책
에 기록되었고 바사 왕 다리오 때에
제사장도 책에 기록되었고
23 레위 자손의 족장들은 엘리아십의
아들 요하난 때까지 역대지략에 기
록되었으며
24 레위 족속의 지도자들은 하사뱌와
세레뱌와 갓미엘의 아들 예수아라
그들은 그들의 형제의 맞은편에 있
어 하나님의 사람 다윗의 명령대로
순서를 따라 주를 찬양하며 감사하
고
25 맛다냐와 박부갸와 오바댜와 므술

랍과 달몬과 악굽은 다 문지기로서
순서대로 문안의 곳간을 파수하였나
니
26 이상의 모든 사람들은 요사닥의 손
자 예수아의 아들 요야김과 총독 느
헤미야와 제사장 겸 학사 에스라 때
에 있었느니라

느헤미야가 성벽을 봉헌하다

27 예루살렘 성벽을 봉헌하게 되니 각처
에서 레위 사람들을 찾아 예루살렘
으로 데려다가 감사하며 노래하며
제금을 치며 비파와 수금을 타며 즐
거이 봉헌식을 행하려 하매
28 이에 노래하는 자들이 예루살렘 사
방 들과 느도바 사람의 마을에서 모
여들고
29 또 벧길갈과 게바와 아스마웻 들에
서 모여들었으니 이 노래하는 자들
은 자기들을 위하여 예루살렘 사방
에 마을들을 이루었음이라
30 제사장들과 레위 사람들이 몸을 정
결하게 하고 또 백성과 성문과 성벽
을 정결하게 하니라
31 이에 내가 유다의 방백들을 성벽 위
에 오르게 하고 또 감사 찬송하는
자의 큰 무리를 둘로 나누어 성벽 위
로 대오를 지어 가게 하였는데 한 무
리는 오른쪽으로 분문을 향하여 가
게 하니
32 그들의 뒤를 따르는 자는 호세야와
유다 지도자의 절반이요
33 또 아사랴와 에스라와 므술람과
34 유다와 베냐민과 스마야와 예레미야
이며
35 또 제사장들의 자손 몇 사람이 나팔
을 잡았으니 요나단의 아들 스마야
의 손자 맛다냐의 증손 미가야의 현
손 삭굴의 오대 손 아삽의 육대 손
스가랴와
36 그의 형제들인 스마야와 아사렐과
밀랄래와 길랄래와 마애와 느다넬과
유다와 하나니라 다 하나님의 사람
다윗의 악기를 잡았고 학사 에스라
가 앞서서
37 샘문으로 전진하여 성벽으로 올라가
는 곳에 이르러 다윗 성의 층계로 올
라가서 다윗의 궁 윗 길에서 동쪽으
로 향하여 수문에 이르렀고
38 감사 찬송하는 다른 무리는 왼쪽으
로 행진하는데 내가 백성의 절반과
더불어 그 뒤를 따라 성벽 위로 가서
화덕 망대 윗 길로 성벽 넓은 곳에 이
르고
39 에브라임 문 위로 옛문과 어문과 하
나넬 망대와 함메아 망대를 지나 양
문에 이르러 감옥 문에 멈추매

40 이에 감사 찬송하는 두 무리가 하나
님의 전에 섰고 또 나와 민장의 절반
도 함께 하였고
41 제사장 엘리아김과 마아세야와 미냐
민과 미가야와 엘료에내와 스가랴와
하나냐는 다 나팔을 잡았고
42 또 마아세야와 스마야와 엘르아살
과 웃시와 여호하난과 말기야와 엘
람과 에셀이 함께 있으며 노래하는
자는 크게 찬송하였는데 그 감독은
예스라히야라
43 이 날에 무리가 큰 제사를 드리고 심
히 즐거워하였으니 이는 하나님이 크
게 즐거워하게 하셨음이라 부녀와 어
린 아이도 즐거워하였으므로 예루살
렘이 즐거워하는 소리가 멀리 들렸느
니라

제사장과 레위 사람에게 준 몫

44 그 날에 사람을 세워 곳간을 맡기고
제사장들과 레위 사람들에게 돌릴
것 곧 율법에 정한 대로 거제물과 처
음 익은 것과 십일조를 모든 성읍 밭
에서 거두어 이 곳간에 쌓게 하였노
니 이는 유다 사람이 섬기는 제사장
들과 레위 사람들로 말미암아 즐거
워하기 때문이라
45 그들은 하나님을 섬기는 일과 결례의
일을 힘썼으며 노래하는 자들과 문
지기들도 그러하여 모두 다윗과 그의
아들 솔로몬의 명령을 따라 행하였
으니
46 옛적 다윗과 아삽의 때에는 노래하
는 자의 지도자가 있어서 하나님께
찬송하는 노래와 감사하는 노래를
하였음이며
47 스룹바벨 때와 느헤미야 때에는 온
이스라엘이 노래하는 자들과 문지기
들에게 날마다 쓸 몫을 주되 그들이
성별한 것을 레위 사람들에게 주고
레위 사람들은 그것을 또 성별하여
아론 자손에게 주었느니라

느헤미야의 개혁

13 그 날 모세의 책을 낭독하여 백
성에게 들렸는데 그 책에 기록
하기를 암몬 사람과 모압 사람은 영
원히 하나님의 총회에 들어오지 못하
리니
2 이는 그들이 양식과 물로 이스라엘
자손을 영접하지 아니하고 도리어 발
람에게 뇌물을 주어 저주하게 하였
음이라 그러나 우리 하나님이 그 저
주를 돌이켜 복이 되게 하셨다 하였
는지라
3 백성이 이 율법을 듣고 곧 섞인 무리
를 이스라엘 가운데에서 모두 분리
하였느니라

4 이전에 우리 하나님의 전의 방을 맡
은 제사장 엘리아십이 도비야와 연락
이 있었으므로
5 도비야를 위하여 한 큰 방을 만들었
으니 그 방은 원래 소제물과 유향과
그릇과 또 레위 사람들과 노래하는
자들과 문지기들에게 십일조로 주는
곡물과 새 포도주와 기름과 또 제사
장들에게 주는 거제물을 두는 곳이
라
6 그 때에는 내가 예루살렘에 있지 아
니하였느니라 바벨론 왕 아닥사스다
삼십이년에 내가 왕에게 나아갔다가
며칠 후에 왕에게 말미를 청하고
7 예루살렘에 이르러서야 엘리아십이
도비야를 위하여 하나님의 전 뜰에
방을 만든 악한 일을 안지라
8 내가 심히 근심하여 도비야의 세간을
그 방 밖으로 다 내어 던지고
9 명령하여 그 방을 정결하게 하고 하
나님의 전의 그릇과 소제물과 유향
을 다시 그리로 들여놓았느니라
10 내가 또 알아본즉 레위 사람들이 받
을 몫을 주지 아니하였으므로 그 직
무를 행하는 레위 사람들과 노래하
는 자들이 각각 자기 밭으로 도망하
였기로
11 내가 모든 민장들을 꾸짖어 이르기
를 하나님의 전이 어찌하여 버린 바
되었느냐 하고 곧 레위 사람을 불러
모아 다시 제자리에 세웠더니
12 이에 온 유다가 곡식과 새 포도주와
기름의 십일조를 가져다가 곳간에
들이므로
13 내가 제사장 셀레먀와 서기관 사독
과 레위 사람 브다야를 창고지기로
삼고 맛다냐의 손자 삭굴의 아들 하
난을 버금으로 삼았나니 이는 그들
이 충직한 자로 인정됨이라 그 직분
은 형제들에게 분배하는 일이었느니
라
14 내 하나님이여 이 일로 말미암아 나
를 기억하옵소서 내 하나님의 전과
그 모든 직무를 위하여 내가 행한 선
한 일을 도말하지 마옵소서
15 그 때에 내가 본즉 유다에서 어떤 사
람이 안식일에 술틀을 밟고 곡식단
을 나귀에 실어 운반하며 포도주와
포도와 무화과와 여러 가지 짐을 지
고 안식일에 예루살렘에 들어와서

365묵상

그 일로 인해 저를 기억해 주옵소서!

느헤미야 13장에서, 느헤미야는 자신의 선한 행위들을 구체적으로 설명하면서, 그것들을 기억해달라고 하나님께 요청하고 있다. 그것은 자기자랑이나 교만이 아니다. 느헤미야처럼 우리도 지난 행동들을 되돌아보며 그것들을 하나님 앞에 떳떳하게 아뢰며 기억해 달라고 말할 수 있다면, 그것은 얼마나 큰 보람과 기쁨이 될 것인가! 그렇다. 오늘날 우리도 지난 행위를 회고하는 중에 신앙양심으로 잘 살펴 "주님, 그 일로 인해 저를 기억해 주십시오."라고 말할 수 있다면, 참으로 멋지고 바람직한 신앙의 삶이 아닐 수 없다.

음식물을 팔기로 그 날에 내가 경계
하였고
16 또 두로 사람이 예루살렘에 살며 물
고기와 각양 물건을 가져다가 안식일
에 예루살렘에서도 유다 자손에게
팔기로
17 내가 유다의 모든 귀인들을 꾸짖어
그들에게 이르기를 너희가 어찌 이
악을 행하여 안식일을 범하느냐
18 너희 조상들이 이같이 행하지 아니하
였느냐 그래서 우리 하나님이 이 모
든 재앙을 우리와 이 성읍에 내리신
것이 아니냐 그럼에도 불구하고 너희
가 안식일을 범하여 진노가 이스라엘
에게 더욱 심하게 임하도록 하는도
다 하고
19 안식일 전 예루살렘 성문이 어두워갈
때에 내가 성문을 닫고 안식일이 지
나기 전에는 열지 말라 하고 나를 따
르는 종자 몇을 성문마다 세워 안식
일에는 아무 짐도 들어오지 못하게
하였으므로
20 장사꾼들과 각양 물건 파는 자들이
한두 번 예루살렘 성 밖에서 자므로
21 내가 그들에게 경계하여 이르기를
너희가 어찌하여 성 밑에서 자느냐
다시 이같이 하면 내가 잡으리라 하
였더니 그후부터는 안식일에 그들이
다시 오지 아니하였느니라
22 내가 또 레위 사람들에게 몸을 정결
하게 하고 와서 성문을 지켜서 안식
일을 거룩하게 하라 하였느니라 내
하나님이여 나를 위하여 이 일도 기억
하시옵고 주의 크신 은혜대로 나를
아끼시옵소서
23 그 때에 내가 또 본즉 유다 사람이
아스돗과 암몬과 모압 여인을 맞아
아내로 삼았는데
24 그들의 자녀가 아스돗 방언을 절반
쯤은 하여도 유다 방언은 못하니 그
하는 말이 각 족속의 방언이므로
25 내가 그들을 책망하고 저주하며 그
들 중 몇 사람을 때리고 그들의 머리
털을 뽑고 이르되 너희는 너희 딸들
을 그들의 아들들에게 주지 말고 너
희 아들들이나 너희를 위하여 그들의
딸을 데려오지 아니하겠다고 하나님
을 가리켜 맹세하라 하고
26 또 이르기를 옛적에 이스라엘 왕 솔
로몬이 이 일로 범죄하지 아니하였느
냐 그는 많은 나라 중에 비길 왕이
없이 하나님의 사랑을 입은 자라 하
나님이 그를 왕으로 삼아 온 이스라
엘을 다스리게 하셨으나 이방 여인이
그를 범죄하게 하였나니
27 너희가 이방 여인을 아내로 맞아 이

모든 큰 악을 행하여 우리 하나님께
범죄하는 것을 우리가 어찌 용납하겠
느냐
28 대제사장 엘리아십의 손자 요야다의
아들 하나가 호론 사람 산발랏의 사
위가 되었으므로 내가 쫓아내어 나
를 떠나게 하였느니라
29 내 하나님이여 그들이 제사장의 직분
을 더럽히고 제사장의 직분과 레위
사람에 대한 언약을 어겼사오니 그
들을 기억하옵소서
30 내가 이와 같이 그들에게 이방 사람
을 떠나게 하여 그들을 깨끗하게 하
고 또 제사장과 레위 사람의 반열을
세워 각각 자기의 일을 맡게 하고
31 또 정한 기한에 나무와 처음 익은 것
을 드리게 하였사오니 내 하나님이여
나를 기억하사 복을 주옵소서

에스더 Esther

주전 5세기 말엽, 바사의 수산 궁을 배경으로 하는 본서는 '에스더'라는 한 유대인 소녀가 어떻게 해서 바사 제국의 왕후가 되었고, 또 어떻게 해서 자기 민족을 파멸로부터 구출해 냈는지에 대해 보여주고 있는 놀라운 구원의 이야기이다. 본서에는 '하나님'이란 말이 직접 등장하고 있지 않지만, 곳곳에서 그분의 손길을 느낄 수 있다.

제목 '별'이라는 의미를 지닌 본서 여주인공의 바사식 이름을 따랐다.

저자 미상. 유대인 역사가 요세푸스는 모르드개를 저자로 추정했으나 확실하지 않다. 단지 본서의 사건이 일어났을 때 바사에 거주했고, 궁중의 문서를 접할 수 있는 지위에 있었으며, 민족을 깊이 사랑한 유다인이었음이 분명하다.

기록 연대 B.C. 464-436년. 아하수에로의 통치(B.C. 485-464년)가 과거형으로 기록되어 있고, 수산궁 화재 사건(B.C. 435년)이 기록에서 누락된 것으로 보아 그 중간 어느 시점이었을 것으로 추정된다.

기록 목적 ① 하나님께서 온 세계를 다스리시는 역사의 주체가 되심을 보여 주기 위하여. ② 하나님을 믿으며 바른길을 걷는 자가 결국 승리함을 보여 주기 위하여. ③ 부림절의 기원을 보여 주기 위하여.

주제 이스라엘을 보호하시는 하나님의 섭리. 인종적 증오감이나 권력자의 횡포를 능가하시는 하나님의 섭리에 의해 역사는 진행된다.

특징 ① 이방적 내용-지리적 무대뿐 아니라 내용상 하나님의 이름, 종교, 제의 등의 기록이 없음으로 인해 정경화 과정에서 우여곡절을 겪었다. 그러나 하나님의 한 속성인 공의와 택한 자에 대한 사랑이 강조되는 정경이다. ② 부림절의 기원-모세의 율법이나 다른 성경에는 언급이 없으나 유대인의 주요 절기인 부림절의 기원이 설명되어 있다(3:7;9:24).

본서의 내용

I. 유다인들의 위기	II. 유다인들의 승리
① 왕후로 뽑힌 에스더 (1:1-2:23)	① 하만을 이긴 모르드개 (5:1-8:2)
② 하만의 흉계 (3:1-4:17)	② 대적을 이긴 이스라엘 (8:3-10:3)

연대표

B.C.	
586년	남왕국 유다 멸망과 포로 생활
539년	바사왕 고레스의 바벨론 정복과 통치 (~529년)
538년	고레스의 귀환 조서
537년	제 1차 포로 귀환(스룹바벨 인솔)
516년	제 2 성전 완공
485년	아하수에로의 통치(~464년)
480년	헬라와 바사간의 살라미 전투 (헬라 승리)
479년	왕후가 된 에스더
474년	하만의 흉계
473년	처형된 하만과 유대인의 승리 (부림절 제정)
464년	아닥사스다 1세의 통치(~424년)
458년	제 2차 포로 귀환(에스라 인솔)
444년	제 3차 포로 귀환(느헤미야 인솔) 예루살렘 성벽 중건

· 에스더의 주요 무대

에스더 Esther

와스디 왕후가 폐위되다

1 이 일은 아하수에로 왕 때에 있었
던 일이니 아하수에로는 인도로부
터 구스까지 백이십칠 지방을 다스리
는 왕이라
2 당시에 아하수에로 왕이 수산 궁에
서 즉위하고
3 왕위에 있은 지 제삼년에 그의 모든
지방관과 신하들을 위하여 잔치를
베푸니 바사와 메대의 장수와 각 지
방의 귀족과 지방관들이 다 왕 앞에
있는지라
4 왕이 여러 날 곧 백팔십 일 동안에
그의 영화로운 나라의 부함과 위엄의
혁혁함을 나타내니라
5 이 날이 지나매 왕이 또 도성 수산에
있는 귀천간의 백성을 위하여 왕궁
후원 뜰에서 칠 일 동안 잔치를 베풀
새
6 백색, 녹색, 청색 휘장을 자색 가는
베 줄로 대리석 기둥 은고리에 매고
금과 은으로 만든 걸상을 화반석, 백
석, 운모석, 흑석을 깐 땅에 진설하고
7 금 잔으로 마시게 하니 잔의 모양이
각기 다르고 왕이 풍부하였으므로
어주가 한이 없으며
8 마시는 것도 법도가 있어 사람으로
억지로 하지 않게 하니 이는 왕이 모
든 궁내 관리에게 명령하여 각 사람
이 마음대로 하게 함이더라
9 왕후 와스디도 아하수에로 왕궁에서
여인들을 위하여 잔치를 베푸니라
10 제칠일에 왕이 주흥이 일어나서 어전
내시 므후만과 비스다와 하르보나와
빅다와 아박다와 세달과 가르가스
일곱 사람을 명령하여
11 왕후 와스디를 청하여 왕후의 관을
정제하고 왕 앞으로 나아오게 하여
그의 아리따움을 뭇 백성과 지방관
들에게 보이게 하라 하니 이는 왕후
의 용모가 보기에 좋음이라
12 그러나 왕후 와스디는 내시가 전하
는 왕명을 따르기를 싫어하니 왕이
진노하여 마음속이 불 붙는 듯하더
라
13 왕이 사례를 아는 현자들에게 묻되
(왕이 규례와 법률을 아는 자에게
묻는 전례가 있는데
14 그 때에 왕에게 가까이 하여 왕의 기
색을 살피며 나라 첫 자리에 앉은 자
는 바사와 메대의 일곱 지방관 곧 가
르스나와 세달과 아드마다와 다시스

와 메레스와 마르스나와 므무간이
라)
15 왕후 와스디가 내시가 전하는 아하
수에로 왕의 명령을 따르지 아니하니
규례대로 하면 어떻게 처치할까
16 므무간이 왕과 지방관 앞에서 대답
하여 이르되 왕후 와스디가 왕에게
만 잘못했을 뿐 아니라 아하수에로
왕의 각 지방의 관리들과 뭇 백성에
게도 잘못하였나이다
17 아하수에로 왕이 명령하여 왕후 와
스디를 청하여도 오지 아니하였다 하
는 왕후의 행위의 소문이 모든 여인
들에게 전파되면 그들도 그들의 남
편을 멸시할 것인즉
18 오늘이라도 바사와 메대의 귀부인들
이 왕후의 행위를 듣고 왕의 모든 지
방관들에게 그렇게 말하리니 멸시와
분노가 많이 일어나리이다
19 왕이 만일 좋게 여기실진대 와스디가
다시는 왕 앞에 오지 못하게 하는
조서를 내리되 바사와 메대의 법률
에 기록하여 변개함이 없게 하고 그
왕후의 자리를 그보다 나은 사람에
게 주소서
20 왕의 조서가 이 광대한 전국에 반포
되면 귀천을 막론하고 모든 여인들이
그들의 남편을 존경하리이다 하니라
21 왕과 지방관들이 그 말을 옳게 여긴
지라 왕이 므무간의 말대로 행하여
22 각 지방 각 백성의 문자와 언어로 모
든 지방에 조서를 내려 이르기를 남
편이 자기의 집을 주관하게 하고 자
기 민족의 언어로 말하게 하라 하였
더라

에스더가 왕후가 되다

2 그 후에 아하수에로 왕의 노가 그
치매 와스디와 그가 행한 일과 그
에 대하여 내린 조서를 생각하거늘
2 왕의 측근 신하들이 아뢰되 왕은 왕
을 위하여 아리따운 처녀들을 구하
게 하시되
3 전국 각 지방에 관리를 명령하여 아
리따운 처녀를 다 도성 수산으로 모
아 후궁으로 들여 궁녀를 주관하는
내시 헤개의 손에 맡겨 그 몸을 정결
하게 하는 물품을 주게 하시고
4 왕의 눈에 아름다운 처녀를 와스디
대신 왕후로 삼으소서 하니 왕이 그
말을 좋게 여겨 그대로 행하니라
5 도성 수산에 한 유다인이 있으니 이
름은 모르드개라 그는 베냐민 자손
이니 기스의 증손이요 시므이의 손자
요 야일의 아들이라
6 전에 바벨론 왕 느부갓네살이 예루
살렘에서 유다 왕 여고냐와 백성을

사로잡아 갈 때에 모르드개도 함께
사로잡혔더라
7 그의 삼촌의 딸 하닷사 곧 에스더는
부모가 없었으나 용모가 곱고 아리
따운 처녀라 그의 부모가 죽은 후에
모르드개가 자기 딸 같이 양육하더
라
8 왕의 조서와 명령이 반포되매 처녀들
이 도성 수산에 많이 모여 헤개의 수
하에 나아갈 때에 에스더도 왕궁으
로 이끌려 가서 궁녀를 주관하는 헤
개의 수하에 속하니
9 헤개가 이 처녀를 좋게 보고 은혜를
베풀어 몸을 정결하게 할 물품과 일
용품을 곧 주며 또 왕궁에서 으레
주는 일곱 궁녀를 주고 에스더와 그
궁녀들을 후궁 아름다운 처소로 옮
기더라
10 에스더가 자기의 민족과 종족을 말
하지 아니하니 이는 모르드개가 명령
하여 말하지 말라 하였음이라
11 모르드개가 날마다 후궁 뜰 앞으로
왕래하며 에스더의 안부와 어떻게 될
지를 알고자 하였더라
12 처녀마다 차례대로 아하수에로 왕에
게 나아가기 전에 여자에 대하여 정
한 규례대로 열두 달 동안을 행하되
여섯 달은 몰약 기름을 쓰고 여섯 달
은 향품과 여자에게 쓰는 다른 물품
을 써서 몸을 정결하게 하는 기한을
마치며
13 처녀가 왕에게 나아갈 때에는 그가
구하는 것을 다 주어 후궁에서 왕궁
으로 가지고 가게 하고
14 저녁이면 갔다가 아침에는 둘째 후
궁으로 돌아와서 비빈을 주관하는
내시 사아스가스의 수하에 속하고
왕이 그를 기뻐하여 그의 이름을 부
르지 아니하면 다시 왕에게 나아가지
못하더라
15 모르드개의 삼촌 아비하일의 딸 곧
모르드개가 자기의 딸 같이 양육하
는 에스더가 차례대로 왕에게 나아
갈 때에 궁녀를 주관하는 내시 헤개
가 정한 것 외에는 다른 것을 구하지
아니하였으나 모든 보는 자에게 사
랑을 받더라
16 아하수에로 왕의 제칠년 시월 곧 데
벳월에 에스더가 왕궁에 인도되어
들어가서 왕 앞에 나가니

365묵상

평범하지만 특별한 당신

에스더는 부모 없이 사촌오빠에 의해 양육된 소녀였다. 그녀가 성장하고 있을 때, 누구도 그녀가 특별하다고 생각한 사람은 없었을 것이다. 그러나 후일에 그녀는 아주 특별한 사람이 되었다(에 2:1-18). 당신은 스스로가 특별한 사람이 아니라고 느낄 수 있다. 그러나 하나님께서 보시기에 당신은 특별하다. 옛적 에스더를 위해 특별한 계획을 가지고 계셨듯이, 오늘날 하나님은 당신을 위해 특별한 계획을 가지고 계신다. 당신을 위한 하나님의 그 특별한 계획으로 인해 당신도 에스더처럼 특별한 사람이 되는 것이다.

17 왕이 모든 여자보다 에스더를 더 사
랑하므로 그가 모든 처녀보다 왕 앞
에 더 은총을 얻은지라 왕이 그의 머
리에 관을 씌우고 와스디를 대신하
여 왕후로 삼은 후에
18 왕이 크게 잔치를 베푸니 이는 에스
더를 위한 잔치라 모든 지방관과 신
하들을 위하여 잔치를 베풀고 또 각
지방의 세금을 면제하고 왕의 이름
으로 큰 상을 주니라

모르드개가 왕의 목숨을 구하다

19 처녀들을 다시 모을 때에는 모르드
개가 대궐 문에 앉았더라
20 에스더는 모르드개가 명령한 대로
그 종족과 민족을 말하지 아니하니
그가 모르드개의 명령을 양육 받을
때와 같이 따름이더라
21 모르드개가 대궐 문에 앉았을 때에
문을 지키던 왕의 내시 빅단과 데레
스 두 사람이 원한을 품고 아하수에
로 왕을 암살하려는 음모를 꾸미는
것을
22 모르드개가 알고 왕후 에스더에게
알리니 에스더가 모르드개의 이름으
로 왕에게 아뢴지라
23 조사하여 실증을 얻었으므로 두 사
람을 나무에 달고 그 일을 왕 앞에
서 궁중 일기에 기록하니라

하만이 유다 사람을 멸하고자 하다

3 그 후에 아하수에로 왕이 아각 사
람 함므다다의 아들 하만의 지위
를 높이 올려 함께 있는 모든 대신
위에 두니
2 대궐 문에 있는 왕의 모든 신하들이
다 왕의 명령대로 하만에게 꿇어 절
하되 모르드개는 꿇지도 아니하고
절하지도 아니하니
3 대궐 문에 있는 왕의 신하들이 모르
드개에게 이르되 너는 어찌하여 왕의
명령을 거역하느냐 하고
4 날마다 권하되 모르드개가 듣지 아
니하고 자기는 유다인임을 알렸더니
그들이 모르드개의 일이 어찌 되나
보고자 하여 하만에게 전하였더라
5 하만이 모르드개가 무릎을 꿇지도
아니하고 절하지도 아니함을 보고
매우 노하더니
6 그들이 모르드개의 민족을 하만에게
알리므로 하만이 모르드개만 죽이는
것이 부족하다고 생각하고 아하수에
로의 온 나라에 있는 유다인 곧 모르
드개의 민족을 다 멸하고자 하더라
7 아하수에로 왕 제십이년 첫째 달 곧
니산월에 무리가 하만 앞에서 날과
달에 대하여 부르 곧 제비를 뽑아
열두째 달 곧 아달월을 얻은지라

8 하만이 아하수에로 왕에게 아뢰되
한 민족이 왕의 나라 각 지방 백성
중에 흩어져 거하는데 그 법률이 만
민의 것과 달라서 왕의 법률을 지키지
아니하오니 용납하는 것이 왕에게
무익하니이다
9 왕이 옳게 여기시거든 조서를 내려
그들을 진멸하소서 내가 은 일만 달
란트를 왕의 일을 맡은 자의 손에 맡
겨 왕의 금고에 드리리이다 하니
10 왕이 반지를 손에서 빼어 유다인의
대적 곧 아각 사람 함므다다의 아들
하만에게 주며
11 이르되 그 은을 네게 주고 그 백성
도 그리하노니 너의 소견에 좋을 대
로 행하라 하더라
12 첫째 달 십삼일에 왕의 서기관이 소
집되어 하만의 명령을 따라 왕의 대
신과 각 지방의 관리와 각 민족의 관
원에게 아하수에로 왕의 이름으로
조서를 쓰되 곧 각 지방의 문자와 각
민족의 언어로 쓰고 왕의 반지로 인
치니라
13 이에 그 조서를 역졸에게 맡겨 왕의
각 지방에 보내니 열두째 달 곧 아달
월 십삼일 하루 동안에 모든 유다인
을 젊은이 늙은이 어린이 여인들을
막론하고 죽이고 도륙하고 진멸하고
또 그 재산을 탈취하라 하였고
14 이 명령을 각 지방에 전하기 위하여
조서의 초본을 모든 민족에게 선포
하여 그 날을 위하여 준비하게 하라
하였더라
15 역졸이 왕의 명령을 받들어 급히 나
가매 그 조서가 도성 수산에도 반포
되니 왕은 하만과 함께 앉아 마시되
수산 성은 어지럽더라

에스더가 백성을 구원하겠다고 하다

4 모르드개가 이 모든 일을 알고 자
기의 옷을 찢고 굵은 베 옷을 입
고 재를 뒤집어쓰고 성중에 나가서
대성 통곡하며
2 대궐 문 앞까지 이르렀으니 굵은 베
옷을 입은 자는 대궐 문에 들어가지
못함이라
3 왕의 명령과 조서가 각 지방에 이르
매 유다인이 크게 애통하여 금식하
며 울며 부르짖고 굵은 베 옷을 입고
재에 누운 자가 무수하더라
4 에스더의 시녀와 내시가 나아와 전하
니 왕후가 매우 근심하여 입을 의복
을 모르드개에게 보내어 그 굵은 베
옷을 벗기고자 하나 모르드개가 받
지 아니하는지라
5 에스더가 왕의 어명으로 자기에게 가
까이 있는 내시 하닥을 불러 명령하

여 모르드개에게 가서 이것이 무슨
일이며 무엇 때문인가 알아보라 하매
6 하닥이 대궐 문 앞 성 중 광장에 있
는 모르드개에게 이르니
7 모르드개가 자기가 당한 모든 일과
하만이 유다인을 멸하려고 왕의 금
고에 바치기로 한 은의 정확한 액수
를 하닥에게 말하고
8 또 유다인을 진멸하라고 수산 궁에
서 내린 조서 초본을 하닥에게 주어
에스더에게 보여 알게 하고 또 그에
게 부탁하여 왕에게 나아가서 그 앞
에서 자기 민족을 위하여 간절히 구
하라 하니
9 하닥이 돌아와 모르드개의 말을 에
스더에게 알리매
10 에스더가 하닥에게 이르되 너는 모
르드개에게 전하기를
11 왕의 신하들과 왕의 각 지방 백성이
다 알거니와 남녀를 막론하고 부름
을 받지 아니하고 안뜰에 들어가서
왕에게 나가면 오직 죽이는 법이요
왕이 그 자에게 금 규를 내밀어야 살
것이라 이제 내가 부름을 입어 왕에
게 나가지 못한 지가 이미 삼십 일이
라 하라 하니라
12 그가 에스더의 말을 모르드개에게
전하매
13 모르드개가 그를 시켜 에스더에게
회답하되 너는 왕궁에 있으니 모든
유다인 중에 홀로 목숨을 건지리라
생각하지 말라
14 이 때에 네가 만일 잠잠하여 말이 없
으면 유다인은 다른 데로 말미암아
놓임과 구원을 얻으려니와 너와 네
아버지 집은 멸망하리라 네가 왕후의
자리를 얻은 것이 이 때를 위함이 아
닌지 누가 알겠느냐 하니
15 에스더가 모르드개에게 회답하여 이
르되
16 당신은 가서 수산에 있는 유다인을
다 모으고 나를 위하여 금식하되 밤
낮 삼 일을 먹지도 말고 마시지도 마
소서 나도 나의 시녀와 더불어 이렇
게 금식한 후에 규례를 어기고 왕에
게 나아가리니 죽으면 죽으리이다 하
니라
17 모르드개가 가서 에스더가 명령한
대로 다 행하니라

에스더가 왕과 하만을 잔치에 청하다

5 제삼일에 에스더가 왕후의 예복
을 입고 왕궁 안 뜰 곧 어전 맞은
편에 서니 왕이 어전에서 전 문을 대
하여 왕좌에 앉았다가
2 왕후 에스더가 뜰에 선 것을 본즉
매우 사랑스러우므로 손에 잡았던

금 규를 그에게 내미니 에스더가 가
까이 가서 금 규 끝을 만진지라
3 왕이 이르되 왕후 에스더여 그대의
소원이 무엇이며 요구가 무엇이냐 나
라의 절반이라도 그대에게 주겠노라
하니
4 에스더가 이르되 오늘 내가 왕을 위
하여 잔치를 베풀었사오니 왕이 좋
게 여기시거든 하만과 함께 오소서
하니
5 왕이 이르되 에스더가 말한 대로 하
도록 하만을 급히 부르라 하고 이에
왕이 하만과 함께 에스더가 베푼 잔
치에 가니라
6 잔치의 술을 마실 때에 왕이 에스더
에게 이르되 그대의 소청이 무엇이뇨
곧 허락하겠노라 그대의 요구가 무
엇이뇨 나라의 절반이라 할지라도 시
행하겠노라 하니
7 에스더가 대답하여 이르되 나의 소
청, 나의 요구가 이러하니이다
8 내가 만일 왕의 목전에서 은혜를 입
었고 왕이 내 소청을 허락하시며 내
요구를 시행하시기를 좋게 여기시면
내가 왕과 하만을 위하여 베푸는 잔
치에 또 오소서 내일은 왕의 말씀대
로 하리이다 하니라

하만의 음모

9 그 날 하만이 마음이 기뻐 즐거이 나
오더니 모르드개가 대궐 문에 있어
일어나지도 아니하고 몸을 움직이지
도 아니하는 것을 보고 매우 노하나
10 참고 집에 돌아와서 사람을 보내어
그의 친구들과 그의 아내 세레스를
청하여
11 자기의 큰 영광과 자녀가 많은 것과
왕이 자기를 들어 왕의 모든 지방관
이나 신하들보다 높인 것을 다 말하
고
12 또 하만이 이르되 왕후 에스더가 그
베푼 잔치에 왕과 함께 오기를 허락
받은 자는 나밖에 없었고 내일도 왕
과 함께 청함을 받았느니라
13 그러나 유다 사람 모르드개가 대궐
문에 앉은 것을 보는 동안에는 이
모든 일이 만족하지 아니하도다 하니
14 그의 아내 세레스와 모든 친구들이
이르되 높이가 오십 규빗 되는 나무
를 세우고 내일 왕에게 모르드개를
그 나무에 매달기를 구하고 왕과 함
께 즐거이 잔치에 가소서 하니 하만
이 그 말을 좋게 여기고 명령하여 나
무를 세우니라

왕이 모르드개를 존귀하게 하다

6 그 날 밤에 왕이 잠이 오지 아니하
므로 명령하여 역대 일기를 가져다

가 자기 앞에서 읽히더니
2 그 속에 기록하기를 문을 지키던 왕
의 두 내시 빅다나와 데레스가 아하
수에로 왕을 암살하려는 음모를 모
르드개가 고발하였다 하였는지라
3 왕이 이르되 이 일에 대하여 무슨 존
귀와 관작을 모르드개에게 베풀었
느냐 하니 측근 신하들이 대답하되
아무것도 베풀지 아니하였나이다 하
니라
4 왕이 이르되 누가 뜰에 있느냐 하매
마침 하만이 자기가 세운 나무에 모
르드개 달기를 왕께 구하고자 하여
왕궁 바깥뜰에 이른지라
5 측근 신하들이 아뢰되 하만이 뜰에
섰나이다 하니 왕이 이르되 들어오게
하라 하니
6 하만이 들어오거늘 왕이 묻되 왕이
존귀하게 하기를 원하는 사람에게
어떻게 하여야 하겠느냐 하만이 심중
에 이르되 왕이 존귀하게 하기를 원
하시는 자는 나 외에 누구리요 하고
7 왕께 아뢰되 왕께서 사람을 존귀하
게 하시려면
8 왕께서 입으시는 왕복과 왕께서 타
시는 말과 머리에 쓰시는 왕관을 가
져다가
9 그 왕복과 말을 왕의 신하 중 가장
존귀한 자의 손에 맡겨서 왕이 존귀
하게 하시기를 원하시는 사람에게
옷을 입히고 말을 태워서 성 중 거리
로 다니며 그 앞에서 반포하여 이르
기를 왕이 존귀하게 하기를 원하시는
사람에게는 이같이 할 것이라 하게
하소서 하니라
10 이에 왕이 하만에게 이르되 너는 네
말대로 속히 왕복과 말을 가져다가
대궐 문에 앉은 유다 사람 모르드개
에게 행하되 무릇 네가 말한 것에서
조금도 빠짐이 없이 하라
11 하만이 왕복과 말을 가져다가 모르
드개에게 옷을 입히고 말을 태워 성
중 거리로 다니며 그 앞에서 반포하
되 왕이 존귀하게 하시기를 원하시는
사람에게는 이같이 할 것이라 하니라
12 모르드개는 다시 대궐 문으로 돌아
오고 하만은 번뇌하여 머리를 싸고
급히 집으로 돌아가서
13 자기가 당한 모든 일을 그의 아내 세
레스와 모든 친구에게 말하매 그 중
지혜로운 자와 그의 아내 세레스가
이르되 모르드개가 과연 유다 사람
의 후손이면 당신이 그 앞에서 굴욕
을 당하기 시작하였으니 능히 그를
이기지 못하고 분명히 그 앞에 엎드
러지리이다

14 아직 말이 그치지 아니하여서 왕의 내시들이 이르러 하만을 데리고 에스더가 베푼 잔치에 빨리 나아가니라

하만의 몰락

7 왕이 하만과 함께 또 왕후 에스더의 잔치에 가니라

2 왕이 이 둘째 날 잔치에 술을 마실 때에 다시 에스더에게 물어 이르되 왕후 에스더여 그대의 소청이 무엇이냐 곧 허락하겠노라 그대의 요구가 무엇이냐 곧 나라의 절반이라 할지라도 시행하겠노라

3 왕후 에스더가 대답하여 이르되 왕이여 내가 만일 왕의 목전에서 은혜를 입었으며 왕이 좋게 여기시면 내 소청대로 내 생명을 내게 주시고 내 요구대로 내 민족을 내게 주소서

4 나와 내 민족이 팔려서 죽임과 도륙함과 진멸함을 당하게 되었나이다 만일 우리가 노비로 팔렸더라면 내가 잠잠하였으리이다 그래도 대적이 왕의 손해를 보충하지 못하였으리이다 하니

5 아하수에로 왕이 왕후 에스더에게 말하여 이르되 감히 이런 일을 심중에 품은 자가 누구며 그가 어디 있느냐 하니

6 에스더가 이르되 대적과 원수는 이 악한 하만이니이다 하니 하만이 왕과 왕후 앞에서 두려워하거늘

7 왕이 노하여 일어나서 잔치 자리를 떠나 왕궁 후원으로 들어가니라 하만이 일어서서 왕후 에스더에게 생명을 구하니 이는 왕이 자기에게 벌을 내리기로 결심한 줄 앎이더라

8 왕이 후원으로부터 잔치 자리에 돌아오니 하만이 에스더가 앉은 걸상 위에 엎드렸거늘 왕이 이르되 저가 궁중 내 앞에서 왕후를 강간까지 하고자 하는가 하니 이 말이 왕의 입에서 나오매 무리가 하만의 얼굴을 싸더라

9 왕을 모신 내시 중에 하르보나가 왕에게 아뢰되 왕을 위하여 충성된 말로 고발한 모르드개를 달고자 하여 하만이 높이가 오십 규빗 되는 나무를 준비하였는데 이제 그 나무가 하만의 집에 섰나이다 왕이 이르되 하만을 그 나무에 달라 하매

365묵상

자신을 파괴하는 교만

바사 제국의 총리 하만은 교만한 인물이었다. 그는 자신의 높은 지위와 막강한 권세에 대해 대단한 자만심을 갖고 있었다. 그래서 한낱 대궐 문지기에 불과한 모르드개가 자신에게 무릎을 꿇지 않았을 때 그토록 크게 분개했다. 그 결과로 하만은 모르드개 한 사람뿐만 아니라 그의 민족인 유대인 전부를 말살시킬 무시무시한 계획을 세웠다(에5:9-14). 하지만 그런 하만의 교만이 결국 파괴시키는 것은 남이 아니라 자기 자신이었다. 그래서 하만이 세운 높은 장대에 매달려 죽은 자는 모르드개가 아니라 하만이었다.

10 모르드개를 매달려고 한 나무에 하
만을 다니 왕의 노가 그치니라

유다 사람에게 살 길이 열리다

8 그 날 아하수에로 왕이 유다인의
대적 하만의 집을 왕후 에스더에
게 주니라 에스더가 모르드개는 자
기에게 어떻게 관계됨을 왕께 아뢰었
으므로 모르드개가 왕 앞에 나오니
2 왕이 하만에게서 거둔 반지를 빼어
모르드개에게 준지라 에스더가 모르
드개에게 하만의 집을 관리하게 하
니라
3 에스더가 다시 왕 앞에서 말씀하며
왕의 발 아래 엎드려 아각 사람 하만
이 유다인을 해하려 한 악한 꾀를 제
거하기를 울며 구하니
4 왕이 에스더를 향하여 금 규를 내미
는지라 에스더가 일어나 왕 앞에 서
서
5 이르되 왕이 만일 즐거워하시며 내가
왕의 목전에 은혜를 입었고 또 왕이
이 일을 좋게 여기시며 나를 좋게 보
실진대 조서를 내리사 아각 사람 함
므다다의 아들 하만이 왕의 각 지방
에 있는 유다인을 진멸하려고 꾀하고
쓴 조서를 철회하소서
6 내가 어찌 내 민족이 화 당함을 차마
보며 내 친척의 멸망함을 차마 보리
이까 하니
7 아하수에로 왕이 왕후 에스더와 유
다인 모르드개에게 이르되 하만이
유다인을 살해하려 하므로 나무에
매달렸고 내가 그 집을 에스더에게
주었으니
8 너희는 왕의 명의로 유다인에게 조서
를 뜻대로 쓰고 왕의 반지로 인을 칠
지어다 왕의 이름을 쓰고 왕의 반지
로 인친 조서는 누구든지 철회할 수
없음이니라 하니라
9 그 때 시완월 곧 삼월 이십삼일에 왕
의 서기관이 소집되고 모르드개가 시
키는 대로 조서를 써서 인도로부터
구스까지의 백이십칠 지방 유다인과
대신과 지방관과 관원에게 전할새
각 지방의 문자와 각 민족의 언어와
유다인의 문자와 언어로 쓰되
10 아하수에로 왕의 명의로 쓰고 왕의
반지로 인을 치고 그 조서를 역졸들
에게 부쳐 전하게 하니 그들은 왕궁
에서 길러서 왕의 일에 쓰는 준마를
타는 자들이라
11 조서에는 왕이 여러 고을에 있는 유
다인에게 허락하여 그들이 함께 모
여 스스로 생명을 보호하여 각 지방
의 백성 중 세력을 가지고 그들을 치
려하는 자들과 그들의 처자를 죽이

고 도륙하고 진멸하고 그 재산을 탈
취하게 하되
12 아하수에로 왕의 각 지방에서 아달
월 곧 십이월 십삼일 하루 동안에 하
게 하였고
13 이 조서 초본을 각 지방에 전하고 각
민족에게 반포하고 유다인들에게 준
비하였다가 그 날에 대적에게 원수
를 갚게 한지라
14 왕의 어명이 매우 급하매 역졸이 왕
의 일에 쓰는 준마를 타고 빨리 나가
고 그 조서가 도성 수산에도 반포되
니라
15 모르드개가 푸르고 흰 조복을 입고
큰 금관을 쓰고 자색 가는 베 겉옷
을 입고 왕 앞에서 나오니 수산 성이
즐거이 부르며 기뻐하고
16 유다인에게는 영광과 즐거움과 기쁨
과 존귀함이 있는지라
17 왕의 어명이 이르는 각 지방, 각 읍에
서 유다인들이 즐기고 기뻐하여 잔치
를 베풀고 그 날을 명절로 삼으니
본토 백성이 유다인을 두려워하여
유다인 되는 자가 많더라

유다 사람이 대적들을 진멸하다

9 아달월 곧 열두째 달 십삼일은 왕
의 어명을 시행하게 된 날이라 유
다인의 대적들이 그들을 제거하기를
바랐더니 유다인이 도리어 자기들을
미워하는 자들을 제거하게 된 그 날
에
2 유다인들이 아하수에로 왕의 각 지
방, 각 읍에 모여 자기들을 해하고자
한 자를 죽이려 하니 모든 민족이 그
들을 두려워하여 능히 막을 자가 없
고
3 각 지방 모든 지방관과 대신들과 총
독들과 왕의 사무를 보는 자들이 모
르드개를 두려워하므로 다 유다인을
도우니
4 모르드개가 왕궁에서 존귀하여 점점
창대하매 이 사람 모르드개의 명성이
각 지방에 퍼지더라
5 유다인이 칼로 그 모든 대적들을 쳐
서 도륙하고 진멸하고 자기를 미워하
는 자에게 마음대로 행하고
6 유다인이 또 도성 수산에서 오백 명
을 죽이고 진멸하고
7 또 바산다다와 달본과 아스바다와
8 보라다와 아달리야와 아리다다와
9 바마스다와 아리새와 아리대와 왜사
다
10 곧 함므다다의 손자요 유다인의 대
적 하만의 열 아들을 죽였으나 그들
의 재산에는 손을 대지 아니하였더라
11 그 날에 도성 수산에서 도륙한 자의

수효를 왕께 아뢰니
12 왕이 왕후 에스더에게 이르되 유다
인이 도성 수산에서 이미 오백 명을
죽이고 멸하고 또 하만의 열 아들을
죽였으니 왕의 다른 지방에서는 어떠
하였겠느냐 이제 그대의 소청이 무엇
이냐 곧 허락하겠노라 그대의 요구
가 무엇이냐 또한 시행하겠노라 하
니
13 에스더가 이르되 왕이 만일 좋게 여
기시면 수산에 사는 유다인들이 내일
도 오늘 조서대로 행하게 하시고 하
만의 열 아들의 시체를 나무에 매달
게 하소서 하니
14 왕이 그대로 행하기를 허락하고 조
서를 수산에 내리니 하만의 열 아들
의 시체가 매달리니라
15 아달월 십사일에도 수산에 있는 유
다인이 모여 또 삼백 명을 수산에서
도륙하되 그들의 재산에는 손을 대
지 아니하였고
16 왕의 각 지방에 있는 다른 유다인들
이 모여 스스로 생명을 보호하여 대
적들에게서 벗어나며 자기들을 미워
하는 자 칠만 오천 명을 도륙하되 그
들의 재산에는 손을 대지 아니하였
더라
17 아달월 십삼일에 그 일을 행하였고
십사일에 쉬며 그 날에 잔치를 베풀
어 즐겼고
18 수산에 사는 유다인들은 십삼일과
십사일에 모였고 십오일에 쉬며 이
날에 잔치를 베풀어 즐긴지라
19 그러므로 시골의 유다인 곧 성이 없
는 고을고을에 사는 자들이 아달월
십사일을 명절로 삼아 잔치를 베풀
고 즐기며 서로 예물을 주더라

부림일

20 모르드개가 이 일을 기록하고 아하
수에로 왕의 각 지방에 있는 모든
유다인에게 원근을 막론하고 글을
보내어 이르기를
21 한 규례를 세워 해마다 아달월 십사
일과 십오일을 지키라
22 이 달 이 날에 유다인들이 대적에게
서 벗어나서 평안함을 얻어 슬픔이
변하여 기쁨이 되고 애통이 변하여
길한 날이 되었으니 이 두 날을 지켜
잔치를 베풀고 즐기며 서로 예물을
주며 가난한 자를 구제하라 하매
23 유다인이 자기들이 이미 시작한 대로
또한 모르드개가 보낸 글대로 계속
하여 행하였으니
24 곧 아각 사람 함므다다의 아들 모든
유다인의 대적 하만이 유다인을 진멸
하기를 꾀하고 부르 곧 제비를 뽑아

그들을 죽이고 멸하려 하였으나
25 에스더가 왕 앞에 나아감으로 말미
암아 왕이 조서를 내려 하만이 유다
인을 해하려던 악한 꾀를 그의 머리
에 돌려보내어 하만과 그의 여러 아
들을 나무에 달게 하였으므로
26 무리가 부르의 이름을 따라 이 두 날
을 부림이라 하고 유다인이 이 글의
모든 말과 이 일에 보고 당한 것으로
말미암아
27 뜻을 정하고 자기들과 자손과 자기
들과 화합한 자들이 해마다 그 기록
하고 정해 놓은 때 이 두 날을 이어
서 지켜 폐하지 아니하기로 작정하고
28 각 지방, 각 읍, 각 집에서 대대로 이
두 날을 기념하여 지키되 이 부림일
을 유다인 중에서 폐하지 않게 하고
그들의 후손들이 계속해서 기념하게
하였더라
29 아비하일의 딸 왕후 에스더와 유다
인 모르드개가 전권으로 글을 쓰고
부림에 대한 이 둘째 편지를 굳게 지
키게 하되
30 화평하고 진실한 말로 편지를 써서
아하수에로의 나라 백이십칠 지방에
있는 유다 모든 사람에게 보내어
31 정한 기간에 이 부림일을 지키게 하
였으니 이는 유다인 모르드개와 왕
후 에스더가 명령한 바와 유다인이
금식하며 부르짖은 것으로 말미암아
자기와 자기 자손을 위하여 정한 바
가 있음이더라
32 에스더의 명령이 이 부림에 대한 일
을 견고하게 하였고 그 일이 책에 기
록되었더라

왕과 모르드개가 높임을 받다

10 아하수에로 왕이 그의 본토와
바다 섬들로 하여금 조공을 바
치게 하였더라
2 왕의 능력 있는 모든 행적과 모르드
개를 높여 존귀하게 한 사적이 메대
와 바사 왕들의 일기에 기록되지 아
니하였느냐
3 유다인 모르드개가 아하수에로 왕의
다음이 되고 유다인 중에 크게 존경
받고 그의 허다한 형제에게 사랑을
받고 그의 백성의 이익을 도모하며
그의 모든 종족을 안위하였더라

욥기 Job

족장 시대를 배경으로 하는 본서는 경건한 욥의 고통을 통해서 "신은 과연 정의로운가?"라는 이른바 신정론(神正論, Theodicy)의 문제를 다루고 있는 문학 양식의 신학적인 책이다. 이 문제를 놓고 본서는 욥과 그의 세 친구 및 엘리후와의 긴 토론을 통해서, 그리고 마침내 하나님의 계시를 통해서 그 해답을 제시해 주고 있다.

제목 주인공의 이름을 따라 붙여졌다.

저자 미상. 족장 시대의 역사를 담고 있다는 점에서 모세가, 이스라엘 문화의 최전성기에 활약했으며 잠언 8장과 본서 28장이 유사하다는 점에서 솔로몬이, 문체가 유사하다는 점에서 예레미야가, 그 밖에도 시편 88편의 저자인 헤만이나 욥 등이 저자로 거론되지만 확실하지는 않다.

기록 연대 미상. 저자가 누구인가에 따라 B.C. 2000년경부터 1400년, 1000년, 700년, 500년, 200년경까지로 추정될 수 있다.

기록 목적 ① 고통이 반드시 죄에 대한 하나님의 진노가 아니라 하나님 섭리의 방편이기도 하다는 사실을 보여 주기 위하여. ② 고통 가운데서도 하나님을 신뢰하며 찬양하는 자세의 가치를 밝히기 위하여. ③ 이 세상의 역사와 인간의 생사화복이 하나님의 주권에 따라 움직임을 보여 주기 위하여.

주제 하나님의 주권. 하나님은 절대 선하시며 전지전능하시므로 사탄의 공격이나 인간의 논리에 지배받지 않는다. 즉 인간의 지혜가 미치지 못하는 곳에서 인간의 고통까지 선하게 이용하며 이 세상의 역사와 인간 운명을 결정하신다.

특징 ① 국제적 성격–지리적 배경과 등장 인물 등에서 이방적 요소가 나타나지만 사상적 배경은 유다적이다. ② 신정론 문제의 해결–인과응보적 사상이 풍미했던 시대에 의인이 고난받는 문제를 하나님의 섭리와 조화시켜 설명했다.

본서의 내용

I. 욥의 고난
① 욥의 경건(1:1–5)
② 욥이 시험 당함(1:6–2:13)

II. 욥의 논쟁
① 첫 번째 논쟁(3:1–14:22)
② 두 번째 논쟁(15:1–21:34)
③ 세 번째 논쟁(22:1–31:40)
④ 엘리후의 개입(32:1–37:24)

III. 욥의 회복
① 하나님의 등장(38:1–41:34)
② 욥의 회개와 회복(42:1–17)

연대표

B.C.	
?	천지 창조
?	노아 시대
2166년	족장 시대
2166년	아브라함 출생
2066년	이삭의 출생
2006년	야곱의 출생
1915년	요셉의 출생
1806년	욥기의 이야기
1446년	출애굽(Exodus)
1405년	가나안 입성
1010년	다윗의 등극
970년	솔로몬의 등극

· 욥기의 주요 무대

욥기 Job

사탄이 욥을 시험하다

1 우스 땅에 욥이라 불리는 사람이
있었는데 그 사람은 온전하고 정
직하여 하나님을 경외하며 악에서 떠
난 자더라
2 그에게 아들 일곱과 딸 셋이 태어나
니라
3 그의 소유물은 양이 칠천 마리요 낙
타가 삼천 마리요 소가 오백 겨리요
암나귀가 오백 마리이며 종도 많이
있었으니 이 사람은 동방 사람 중에
가장 훌륭한 자라
4 그의 아들들이 자기 생일에 각각 자
기의 집에서 잔치를 베풀고 그의 누
이 세 명도 청하여 함께 먹고 마시더
라
5 그들이 차례대로 잔치를 끝내면 욥
이 그들을 불러다가 성결하게 하되
아침에 일어나서 그들의 명수대로 번
제를 드렸으니 이는 욥이 말하기를
혹시 내 아들들이 죄를 범하여 마음
으로 하나님을 욕되게 하였을까 함
이라 욥의 행위가 항상 이러하였더라
6 하루는 하나님의 아들들이 와서 여
호와 앞에 섰고 사탄도 그들 가운데
에 온지라
7 여호와께서 사탄에게 이르시되 네가
어디서 왔느냐 사탄이 여호와께 대답
하여 이르되 땅을 두루 돌아 여기저
기 다녀왔나이다
8 여호와께서 사탄에게 이르시되 네가
내 종 욥을 주의하여 보았느냐 그와
같이 온전하고 정직하여 하나님을 경
외하며 악에서 떠난 자는 세상에 없
느니라
9 사탄이 여호와께 대답하여 이르되
욥이 어찌 까닭 없이 하나님을 경외
하리이까
10 주께서 그와 그의 집과 그의 모든 소
유물을 울타리로 두르심 때문이 아
니니이까 주께서 그의 손으로 하는
바를 복되게 하사 그의 소유물이 땅
에 넘치게 하셨음이니이다
11 이제 주의 손을 펴서 그의 모든 소유
물을 치소서 그리하시면 틀림없이 주
를 향하여 욕하지 않겠나이까

365묵상

해답은 '하나님의 사랑'이다

욥이 겪었던 것처럼(욥 1:13-19), 세상을 살아가면서 이해할 수 없는 일들 중 하나는 선하게 살아가는데도 불행하고 끔찍한 일이 일어난다는 것이다. 그럴 때면 이렇게 묻고 싶어진다. "왜 하나님은 제게 이런 일들이 일어나게 그냥 두시는 거죠?" 그러나 모든 불행한 일들을 통해서도 한 가지 분명한 사실이 있다. 그것은, 하나님은 여전히 우리를 사랑하고 계신다는 것이다. 행복한 때에도, 괴로운 때에도, 언제나 하나님은 우리를 사랑하고 계신다는 것이다. 그 사실이 우리에게 닥친 불행을 이해하는 가장 확실한 해답이다.

12 여호와께서 사탄에게 이르시되 내가
그의 소유물을 다 네 손에 맡기노라
다만 그의 몸에는 네 손을 대지 말지
니라 사탄이 곧 여호와 앞에서 물러
가니라

욥이 자녀와 재산을 잃다

13 하루는 욥의 자녀들이 그 맏아들의
집에서 음식을 먹으며 포도주를 마실
때에
14 사환이 욥에게 와서 아뢰되 소는 밭
을 갈고 나귀는 그 곁에서 풀을 먹는
데
15 스바 사람이 갑자기 이르러 그것들
을 빼앗고 칼로 종들을 죽였나이다
나만 홀로 피하였으므로 주인께 아
뢰러 왔나이다
16 그가 아직 말하는 동안에 또 한 사
람이 와서 아뢰되 하나님의 불이 하
늘에서 떨어져서 양과 종들을 살라
버렸나이다 나만 홀로 피하였으므로
주인께 아뢰러 왔나이다
17 그가 아직 말하는 동안에 또 한 사
람이 와서 아뢰되 갈대아 사람이 세
무리를 지어 갑자기 낙타에게 달려들
어 그것을 빼앗으며 칼로 종들을 죽
였나이다 나만 홀로 피하였으므로
주인께 아뢰러 왔나이다
18 그가 아직 말하는 동안에 또 한 사
람이 와서 아뢰되 주인의 자녀들이
그들의 맏형의 집에서 음식을 먹으며
포도주를 마시는데
19 거친 들에서 큰 바람이 와서 집 네
모퉁이를 치매 그 청년들 위에 무너
지므로 그들이 죽었나이다 나만 홀
로 피하였으므로 주인께 아뢰러 왔
나이다 한지라
20 욥이 일어나 겉옷을 찢고 머리털을
밀고 땅에 엎드려 예배하며
21 이르되 내가 모태에서 알몸으로 나
왔사온즉 또한 알몸이 그리로 돌아
가올지라 주신 이도 여호와시요 거두
신 이도 여호와시오니 여호와의 이름
이 찬송을 받으실지니이다 하고
22 이 모든 일에 욥이 범죄하지 아니하
고 하나님을 향하여 원망하지 아니하
니라

사탄이 다시 욥을 시험하다

2 또 하루는 하나님의 아들들이 와
서 여호와 앞에 서고 사탄도 그들
가운데에 와서 여호와 앞에 서니
2 여호와께서 사탄에게 이르시되 네가
어디서 왔느냐 사탄이 여호와께 대답
하여 이르되 땅을 두루 돌아 여기 저
기 다녀 왔나이다
3 여호와께서 사탄에게 이르시되 네가
내 종 욥을 주의하여 보았느냐 그와

같이 온전하고 정직하여 하나님을 경
외하며 악에서 떠난 자가 세상에 없
느니라 네가 나를 충동하여 까닭 없
이 그를 치게 하였어도 그가 여전히
자기의 온전함을 굳게 지켰느니라
4 사탄이 여호와께 대답하여 이르되 가
죽으로 가죽을 바꾸오니 사람이 그
의 모든 소유물로 자기의 생명을 바
꾸올지라
5 이제 주의 손을 펴서 그의 뼈와 살을
치소서 그리하시면 틀림없이 주를 향
하여 욕하지 않겠나이까
6 여호와께서 사탄에게 이르시되 내가
그를 네 손에 맡기노라 다만 그의
생명은 해하지 말지니라
7 사탄이 이에 여호와 앞에서 물러가서
욥을 쳐서 그의 발바닥에서 정수리까
지 종기가 나게 한지라
8 욥이 재 가운데 앉아서 질그릇 조각
을 가져다가 몸을 긁고 있더니
9 그의 아내가 그에게 이르되 당신이
그래도 자기의 온전함을 굳게 지키
느냐 하나님을 욕하고 죽으라
10 그가 이르되 그대의 말이 한 어리석
은 여자의 말 같도다 우리가 하나님
께 복을 받았은즉 화도 받지 아니하
겠느냐 하고 이 모든 일에 욥이 입술
로 범죄하지 아니하니라

친구들이 욥을 위로하러 오다

11 그 때에 욥의 친구 세 사람이 이 모
든 재앙이 그에게 내렸다 함을 듣고
각각 자기 지역에서부터 이르렀으니
곧 데만 사람 엘리바스와 수아 사람
빌닷과 나아마 사람 소발이라 그들
이 욥을 위문하고 위로하려 하여 서
로 약속하고 오더니
12 눈을 들어 멀리 보매 그가 욥인 줄
알기 어렵게 되었으므로 그들이 일제
히 소리 질러 울며 각각 자기의 겉옷
을 찢고 하늘을 향하여 티끌을 날려
자기 머리에 뿌리고
13 밤낮 칠 일 동안 그와 함께 땅에 앉
았으나 욥의 고통이 심함을 보므로
그에게 한마디도 말하는 자가 없었
더라

욥이 자기 생일을 저주하다

3 그 후에 욥이 입을 열어 자기의 생
일을 저주하니라
2 욥이 입을 열어 이르되
3 내가 난 날이 멸망하였더라면, 사내
아이를 배었다 하던 그 밤도 그러하
였더라면,
4 그 날이 캄캄하였더라면, 하나님이 위
에서 돌아보지 않으셨더라면, 빛도
그 날을 비추지 않았더라면,
5 어둠과 죽음의 그늘이 그 날을 자기

의 것이라 주장하였더라면, 구름이
그 위에 덮였더라면, 흑암이 그 날을
덮었더라면,
6 그 밤이 캄캄한 어둠에 잡혔더라면,
해의 날 수와 달의 수에 들지 않았더
라면,
7 그 밤에 자식을 배지 못하였더라면,
그 밤에 즐거운 소리가 나지 않았더
라면,
8 날을 저주하는 자들 곧 리워야단을
격동시키기에 익숙한 자들이 그 밤을
저주하였더라면,
9 그 밤에 새벽 별들이 어두웠더라면,
그 밤이 광명을 바랄지라도 얻지 못
하며 동틈을 보지 못하였더라면 좋
았을 것을,
10 이는 내 모태의 문을 닫지 아니하여
내 눈으로 환난을 보게 하였음이로
구나
11 어찌하여 내가 태에서 죽어 나오지
아니하였던가 어찌하여 내 어머니가
해산할 때에 내가 숨지지 아니하였던
가
12 어찌하여 무릎이 나를 받았던가 어찌
하여 내가 젖을 빨았던가
13 그렇지 아니하였던들 이제는 내가 평
안히 누워서 자고 쉬었을 것이니
14 자기를 위하여 폐허를 일으킨 세상
임금들과 모사들과 함께 있었을 것
이요
15 혹시 금을 가지며 은으로 집을 채운
고관들과 함께 있었을 것이며
16 또는 낙태되어 땅에 묻힌 아이처럼
나는 존재하지 않았겠고 빛을 보지
못한 아이들 같았을 것이라
17 거기서는 악한 자가 소요를 그치며
거기서는 피곤한 자가 쉼을 얻으며
18 거기서는 갇힌 자가 다 함께 평안히
있어 감독자의 호통 소리를 듣지 아
니하며
19 거기서는 작은 자와 큰 자가 함께 있
고 종이 상전에게서 놓이느니라
20 어찌하여 고난 당하는 자에게 빛을
주셨으며 마음이 아픈 자에게 생명
을 주셨는고
21 이러한 자는 죽기를 바라도 오지 아
니하니 땅을 파고 숨긴 보배를 찾음
보다 죽음을 구하는 것을 더하다가
22 무덤을 찾아 얻으면 심히 기뻐하고
즐거워하나니
23 하나님에게 둘러 싸여 길이 아득한
사람에게 어찌하여 빛을 주셨는고
24 나는 음식 앞에서도 탄식이 나며 내
가 앓는 소리는 물이 쏟아지는 소리
같구나
25 내가 두려워하는 그것이 내게 임하

고 내가 무서워하는 그것이 내 몸에
미쳤구나
26 나에게는 평온도 없고 안일도 없고
휴식도 없고 다만 불안만이 있구나

엘리바스의 첫번째 말

4 데만 사람 엘리바스가 대답하여
이르되
2 누가 네게 말하면 네가 싫증을 내겠
느냐, 누가 참고 말하지 아니하겠느
냐
3 보라 전에 네가 여러 사람을 훈계하
였고 손이 늘어진 자를 강하게 하였
고
4 넘어지는 자를 말로 붙들어 주었고
무릎이 약한 자를 강하게 하였거늘
5 이제 이 일이 네게 이르매 네가 힘들
어 하고 이 일이 네게 닥치매 네가
놀라는구나
6 네 경외함이 네 자랑이 아니냐 네 소
망이 네 온전한 길이 아니냐
7 생각하여 보라 죄 없이 망한 자가 누
구인가 정직한 자의 끊어짐이 어디 있
는가
8 내가 보건대 악을 밭 갈고 독을 뿌
리는 자는 그대로 거두나니
9 다 하나님의 입 기운에 멸망하고 그
의 콧김에 사라지느니라
10 사자의 우는 소리와 젊은 사자의 소
리가 그치고 어린 사자의 이가 부러
지며
11 사자는 사냥한 것이 없어 죽어 가고
암사자의 새끼는 흩어지느니라
12 어떤 말씀이 내게 가만히 이르고 그
가느다란 소리가 내 귀에 들렸었나니
13 사람이 깊이 잠들 즈음 내가 그 밤에
본 환상으로 말미암아 생각이 번거
로울 때에
14 두려움과 떨림이 내게 이르러서 모든
뼈마디가 흔들렸느니라
15 그 때에 영이 내 앞으로 지나매 내
몸에 털이 주뼛하였느니라
16 그 영이 서 있는데 나는 그 형상을
알아보지는 못하여도 오직 한 형상
이 내 눈 앞에 있었느니라 그 때에
내가 조용한 중에 한 목소리를 들으
니
17 사람이 어찌 하나님보다 의롭겠느냐
사람이 어찌 그 창조하신 이보다 깨
끗하겠느냐
18 하나님은 그의 종이라도 그대로 믿
지 아니하시며 그의 천사라도 미련하
다 하시나니
19 하물며 흙 집에 살며 티끌로 터를 삼
고 하루살이 앞에서라도 무너질 자이
겠느냐
20 아침과 저녁 사이에 부스러져 가루가

되며 영원히 사라지되 기억하는 자가
없으리라
21 장막 줄이 그들에게서 뽑히지 아니
하겠느냐 그들은 지혜가 없이 죽느
니라

5 너는 부르짖어 보라 네게 응답할
자가 있겠느냐 거룩한 자 중에 네
가 누구에게로 향하겠느냐
2 분노가 미련한 자를 죽이고 시기가
어리석은 자를 멸하느니라
3 내가 미련한 자가 뿌리 내리는 것을
보고 그의 집을 당장에 저주하였노
라
4 그의 자식들은 구원에서 멀고 성문
에서 억눌리나 구하는 자가 없으며
5 그가 추수한 것은 주린 자가 먹되 덫
에 걸린 것도 빼앗으며 올무가 그의
재산을 향하여 입을 벌리느니라
6 재난은 티끌에서 일어나는 것이 아니
며 고생은 흙에서 나는 것이 아니니
라
7 사람은 고생을 위하여 났으니 불꽃
이 위로 날아 가는 것 같으니라
8 나라면 하나님을 찾겠고 내 일을 하
나님께 의탁하리라
9 하나님은 헤아릴 수 없이 큰 일을 행
하시며 기이한 일을 셀 수 없이 행하
시나니
10 비를 땅에 내리시고 물을 밭에 보내
시며
11 낮은 자를 높이 드시고 애곡하는 자
를 일으키사 구원에 이르게 하시느니
라
12 하나님은 교활한 자의 계교를 꺾으
사 그들의 손이 성공하지 못하게 하
시며
13 지혜로운 자가 자기의 계략에 빠지
게 하시며 간교한 자의 계략을 무너
뜨리시므로
14 그들은 낮에도 어두움을 만나고 대
낮에도 더듬기를 밤과 같이 하느니
라
15 하나님은 가난한 자를 강한 자의 칼
과 그 입에서, 또한 그들의 손에서
구출하여 주시나니
16 그러므로 가난한 자가 희망이 있고
악행이 스스로 입을 다무느니라
17 볼지어다 하나님께 징계 받는 자에
게는 복이 있나니 그런즉 너는 전능
자의 징계를 업신여기지 말지니라
18 하나님은 아프게 하시다가 싸매시며
상하게 하시다가 그의 손으로 고치
시나니
19 여섯 가지 환난에서 너를 구원하시며
일곱 가지 환난이라도 그 재앙이 네
게 미치지 않게 하시며

20 기근 때에 죽음에서, 전쟁 때에 칼의
위협에서 너를 구원하실 터인즉
21 네가 혀의 채찍을 피하여 숨을 수가
있고 멸망이 올 때에도 두려워하지
아니할 것이라
22 너는 멸망과 기근을 비웃으며 들짐승
을 두려워하지 말라
23 들에 있는 돌이 너와 언약을 맺겠고
들짐승이 너와 화목하게 살 것이니라
24 네가 네 장막의 평안함을 알고 네
우리를 살펴도 잃은 것이 없을 것이
며
25 네 자손이 많아지며 네 후손이 땅의
풀과 같이 될 줄을 네가 알 것이라
26 네가 장수하다가 무덤에 이르리니
마치 곡식단을 제 때에 들어올림 같
으니라
27 볼지어다 우리가 연구한 바가 이와
같으니 너는 들어 보라 그러면 네가
알리라

욥의 대답

6 욥이 대답하여 이르되
2 나의 괴로움을 달아 보며 나의
파멸을 저울 위에 모두 놓을 수 있다
면
3 바다의 모래보다도 무거울 것이라
그러므로 나의 말이 경솔하였구나
4 전능자의 화살이 내게 박히매 나의
영이 그 독을 마셨나니 하나님의 두
려움이 나를 엄습하여 치는구나
5 들나귀가 풀이 있으면 어찌 울겠으며
소가 꼴이 있으면 어찌 울겠느냐
6 싱거운 것이 소금 없이 먹히겠느냐
닭의 알 흰자위가 맛이 있겠느냐
7 내 마음이 이런 것을 만지기도 싫어
하나니 꺼리는 음식물 같이 여김이니
라
8 나의 간구를 누가 들어 줄 것이며 나
의 소원을 하나님이 허락하시랴
9 이는 곧 나를 멸하시기를 기뻐하사
하나님이 그의 손을 들어 나를 끊어
버리실 것이라
10 그러할지라도 내가 오히려 위로를
받고 그칠 줄 모르는 고통 가운데서
도 기뻐하는 것은 내가 거룩하신 이
의 말씀을 거역하지 아니하였음이라
11 내가 무슨 기력이 있기에 기다리겠느
냐 내 마지막이 어떠하겠기에 그저
참겠느냐
12 나의 기력이 어찌 돌의 기력이겠느냐

365묵상

주님은 징계하시고 또 고치신다

욥의 친구 엘리바스가 고통 중에 처한 욥에게 충고할 때 여러 오해가 있었지만, 몇 가지는 진리를 이해했다. 그중 하나가 하나님은 자기 백성을 징계하시고 또 치료하신다는 것이다(욥 5:17-18). 징계를 당할 때, 징계의 출처를 아는 것은 매우 중요하다. 거기에 치료의 근원이 있기 때문이다. 징계의 근원은 우리를 사랑하시는 하나님이시다. 그분은 잘못을 깨달아 돌이키도록 우리를 징계하신다. 그런 후에 탕자의 돌아옴을 반기는 아버지처럼, 주님은 우리가 돌아옴을 환영하시고 우리를 기꺼이 치료하시고 회복시키신다.

나의 살이 어찌 놋쇠겠느냐
13 나의 도움이 내 속에 없지 아니하냐
나의 능력이 내게서 쫓겨나지 아니하
였느냐
14 낙심한 자가 비록 전능자를 경외하기
를 저버릴지라도 그의 친구로부터 동
정을 받느니라
15 내 형제들은 개울과 같이 변덕스럽
고 그들은 개울의 물살 같이 지나가
누나
16 얼음이 녹으면 물이 검어지며 눈이
그 속에 감추어질지라도
17 따뜻하면 마르고 더우면 그 자리에서
아주 없어지나니
18 대상들은 그들의 길을 벗어나서 삭
막한 들에 들어가 멸망하느니라
19 데마의 떼들이 그것을 바라보고 스
바의 행인들도 그것을 사모하다가
20 거기 와서는 바라던 것을 부끄러워하
고 낙심하느니라
21 이제 너희는 아무것도 아니로구나 너
희가 두려운 일을 본즉 겁내는구나
22 내가 언제 너희에게 무엇을 달라고
말했더냐 나를 위하여 너희 재물을
선물로 달라고 하더냐
23 내가 언제 말하기를 원수의 손에서
나를 구원하라 하더냐 폭군의 손에
서 나를 구원하라 하더냐
24 내게 가르쳐서 나의 허물된 것을 깨
닫게 하라 내가 잠잠하리라
25 옳은 말이 어찌 그리 고통스러운고,
너희의 책망은 무엇을 책망함이냐
26 너희가 남의 말을 꾸짖을 생각을 하
나 실망한 자의 말은 바람에 날아가
느니라
27 너희는 고아를 제비 뽑으며 너희 친
구를 팔아 넘기는구나
28 이제 원하건대 너희는 내게로 얼굴을
돌리라 내가 너희를 대면하여 결코
거짓말하지 아니하리라
29 너희는 돌이켜 행악자가 되지 말라
아직도 나의 의가 건재하니 돌아오라
30 내 혀에 어찌 불의한 것이 있으랴 내
미각이 어찌 속임을 분간하지 못하랴

7 이 땅에 사는 인생에게 힘든 노동
이 있지 아니하겠느냐 그의 날이
품꾼의 날과 같지 아니하겠느냐
2 종은 저녁 그늘을 몹시 바라고 품꾼
은 그의 삯을 기다리나니
3 이와 같이 내가 여러 달째 고통을 받
으니 고달픈 밤이 내게 작정되었구
나
4 내가 누울 때면 말하기를 언제나 일
어날까, 언제나 밤이 갈까 하며 새벽
까지 이리 뒤척, 저리 뒤척 하는구나
5 내 살에는 구더기와 흙 덩이가 의복

처럼 입혀졌고 내 피부는 굳어졌다가
터지는구나
6 나의 날은 베틀의 북보다 빠르니 희
망 없이 보내는구나
7 내 생명이 한날 바람 같음을 생각하
옵소서 나의 눈이 다시는 행복을 보
지 못하리이다
8 나를 본 자의 눈이 다시는 나를 보지
못할 것이고 주의 눈이 나를 향하실
지라도 내가 있지 아니하리이다
9 구름이 사라져 없어짐 같이 스올로
내려가는 자는 다시 올라오지 못할
것이오니
10 그는 다시 자기 집으로 돌아가지 못
하겠고 자기 처소도 다시 그를 알지
못하리이다
11 그런즉 내가 내 입을 금하지 아니하
고 내 영혼의 아픔 때문에 말하며 내
마음의 괴로움 때문에 불평하리이다
12 내가 바다니이까 바다 괴물이니이까
주께서 어찌하여 나를 지키시나이까
13 혹시 내가 말하기를 내 잠자리가 나
를 위로하고 내 침상이 내 수심을 풀
리라 할 때에
14 주께서 꿈으로 나를 놀라게 하시고
환상으로 나를 두렵게 하시나이다
15 이러므로 내 마음이 뼈를 깎는 고통
을 겪느니 차라리 숨이 막히는 것과
죽는 것을 택하리이다
16 내가 생명을 싫어하고 영원히 살기를
원하지 아니하오니 나를 놓으소서
내 날은 헛 것이니이다
17 사람이 무엇이기에 주께서 그를 크
게 만드사 그에게 마음을 두시고
18 아침마다 권징하시며 순간마다 단련
하시나이까
19 주께서 내게서 눈을 돌이키지 아니하
시며 내가 침을 삼킬 동안도 나를 놓
지 아니하시기를 어느 때까지 하시리
이까
20 사람을 감찰하시는 이여 내가 범죄하
였던들 주께 무슨 해가 되오리이까
어찌하여 나를 당신의 과녁으로 삼으
셔서 내게 무거운 짐이 되게 하셨나
이까
21 주께서 어찌하여 내 허물을 사하여
주지 아니하시며 내 죄악을 제거하여
버리지 아니하시나이까 내가 이제 흙
에 누우리니 주께서 나를 애써 찾으
실지라도 내가 남아 있지 아니하리이
다

빌닷의 첫번째 말

8 수아 사람 빌닷이 대답하여 이르
되
2 네가 어느 때까지 이런 말을 하겠으
며 어느 때까지 네 입의 말이 거센 바

랍과 같겠는가
3 하나님이 어찌 정의를 굽게 하시겠으
며 전능하신 이가 어찌 공의를 굽게
하시겠는가
4 네 자녀들이 주께 죄를 지었으므로
주께서 그들을 그 죄에 버려두셨나
니
5 네가 만일 하나님을 찾으며 전능하신
이에게 간구하고
6 또 청결하고 정직하면 반드시 너를
돌보시고 네 의로운 처소를 평안하
게 하실 것이라
7 네 시작은 미약하였으나 네 나중은
심히 창대하리라
8 청하건대 너는 옛 시대 사람에게 물
으며 조상들이 터득한 일을 배울지어
다
9 (우리는 어제부터 있었을 뿐이라 우
리는 아는 것이 없으며 세상에 있는
날이 그림자와 같으니라)
10 그들이 네게 가르쳐 이르지 아니하
겠느냐 그 마음에서 나오는 말을 하
지 아니하겠느냐
11 왕골이 진펄 아닌 데서 크게 자라겠
으며 갈대가 물 없는 데서 크게 자라
겠느냐
12 이런 것은 새 순이 돋아 아직 뜯을
때가 되기 전에 다른 풀보다 일찍이
마르느니라
13 하나님을 잊어버리는 자의 길은 다
이와 같고 저속한 자의 희망은 무너
지리니
14 그가 믿는 것이 끊어지고 그가 의지
하는 것이 거미줄 같은즉
15 그 집을 의지할지라도 집이 서지 못
하고 굳게 붙잡아 주어도 집이 보존
되지 못하리라
16 그는 햇빛을 받고 물이 올라 그 가
지가 동산에 뻗으며
17 그 뿌리가 돌무더기에 서리어서 돌
가운데로 들어갔을지라도
18 그 곳에서 뽑히면 그 자리도 모르는
체하고 이르기를 내가 너를 보지 못
하였다 하리니
19 그 길의 기쁨은 이와 같고 그 후에
다른 것이 흙에서 나리라
20 하나님은 순전한 사람을 버리지 아니
하시고 악한 자를 붙들어 주지 아니
하시므로
21 웃음을 네 입에, 즐거운 소리를 네
입술에 채우시리니
22 너를 미워하는 자는 부끄러움을 당
할 것이라 악인의 장막은 없어지리라

욥의 대답

9 욥이 대답하여 이르되
2 진실로 내가 이 일이 그런 줄을

알거니와 인생이 어찌 하나님 앞에
의로우랴
3 사람이 하나님께 변론하기를 좋아할
지라도 천 마디에 한 마디도 대답하
지 못하리라
4 그는 마음이 지혜로우시고 힘이 강
하시니 그를 거슬러 스스로 완악하
게 행하고도 형통할 자가 누구이랴
5 그가 진노하심으로 산을 무너뜨리시
며 옮기실지라도 산이 깨닫지 못하며
6 그가 땅을 그 자리에서 움직이시니
그 기둥들이 흔들리도다
7 그가 해를 명령하여 뜨지 못하게 하
시며 별들을 가두시도다
8 그가 홀로 하늘을 펴시며 바다 물결
을 밟으시며
9 북두성과 삼성과 묘성과 남방의 밀실
을 만드셨으며
10 측량할 수 없는 큰 일을, 셀 수 없는
기이한 일을 행하시느니라
11 그가 내 앞으로 지나시나 내가 보지
못하며 그가 내 앞에서 움직이시나
내가 깨닫지 못하느니라
12 하나님이 빼앗으시면 누가 막을 수
있으며 무엇을 하시나이까 하고 누
가 물을 수 있으랴
13 하나님이 진노를 돌이키지 아니하시
나니 라합을 돕는 자들이 그 밑에 굴
복하겠거든
14 하물며 내가 감히 대답하겠으며 그
앞에서 무슨 말을 택하랴
15 가령 내가 의로울지라도 대답하지
못하겠고 나를 심판하실 그에게 간
구할 뿐이며
16 가령 내가 그를 부르므로 그가 내게
대답하셨을지라도 내 음성을 들으셨
다고는 내가 믿지 아니하리라
17 그가 폭풍으로 나를 치시고 까닭 없
이 내 상처를 깊게 하시며
18 나를 숨 쉬지 못하게 하시며 괴로움
을 내게 채우시는구나
19 힘으로 말하면 그가 강하시고 심판
으로 말하면 누가 그를 소환하겠느
냐
20 가령 내가 의로울지라도 내 입이 나
를 정죄하리니 가령 내가 온전할지라
도 나를 정죄하시리라
21 나는 온전하다마는 내가 나를 돌아
보지 아니하고 내 생명을 천히 여기
는구나
22 일이 다 같은 것이라 그러므로 나는
말하기를 하나님이 온전한 자나 악한
자나 멸망시키신다 하나니
23 갑자기 재난이 닥쳐 죽을지라도 무죄
한 자의 절망도 그가 비웃으시리라
24 세상이 악인의 손에 넘어갔고 재판

관의 얼굴도 가려졌나니 그렇게 되게
한 이가 그가 아니시면 누구냐
25 나의 날이 경주자보다 빨리 사라져
버리니 복을 볼 수 없구나
26 그 지나가는 것이 빠른 배 같고 먹이
에 날아 내리는 독수리와도 같구나
27 가령 내가 말하기를 내 불평을 잊고
얼굴 빛을 고쳐 즐거운 모양을 하자
할지라도
28 내 모든 고통을 두려워하오니 주께
서 나를 죄 없다고 여기지 않으실 줄
을 아나이다
29 내가 정죄하심을 당할진대 어찌 헛되
이 수고하리이까
30 내가 눈 녹은 물로 몸을 씻고 잿물
로 손을 깨끗하게 할지라도
31 주께서 나를 개천에 빠지게 하시리니
내 옷이라도 나를 싫어하리이다
32 하나님은 나처럼 사람이 아니신즉 내
가 그에게 대답할 수 없으며 함께
들어가 재판을 할 수도 없고
33 우리 사이에 손을 얹을 판결자도 없
구나
34 주께서 그의 막대기를 내게서 떠나
게 하시고 그의 위엄이 나를 두렵게
하지 아니하시기를 원하노라
35 그리하시면 내가 두려움 없이 말하리
라 나는 본래 그렇게 할 수 있는 자
가 아니니라

10

내 영혼이 살기에 곤비하니 내
불평을 토로하고 내 마음이 괴
로운 대로 말하리라
2 내가 하나님께 아뢰오리니 나를 정죄
하지 마시옵고 무슨 까닭으로 나와
더불어 변론하시는지 내게 알게 하
옵소서
3 주께서 주의 손으로 지으신 것을 학
대하시며 멸시하시고 악인의 꾀에 빛
을 비추시기를 선히 여기시나이까
4 주께도 육신의 눈이 있나이까 주께
서 사람처럼 보시나이까
5 주의 날이 어찌 사람의 날과 같으며
주의 해가 어찌 인생의 해와 같기로
6 나의 허물을 찾으시며 나의 죄를 들
추어내시나이까
7 주께서는 내가 악하지 않은 줄을 아
시나이다 주의 손에서 나를 벗어나게
할 자도 없나이다
8 주의 손으로 나를 빚으셨으며 만드
셨는데 이제 나를 멸하시나이다
9 기억하옵소서 주께서 내 몸 지으시기
를 흙을 뭉치듯 하셨거늘 다시 나를
티끌로 돌려보내려 하시나이까
10 주께서 나를 젖과 같이 쏟으셨으며
엉긴 젖처럼 엉기게 하지 아니하셨나
이까

11 피부와 살을 내게 입히시며 뼈와 힘
줄로 나를 엮으시고
12 생명과 은혜를 내게 주시고 나를 보
살피심으로 내 영을 지키셨나이다
13 그러한데 주께서 이것들을 마음에
품으셨나이다 이 뜻이 주께 있는 줄
을 내가 아나이다
14 내가 범죄하면 주께서 나를 죄인으로
인정하시고 내 죄악을 사하지 아니하
시나이다
15 내가 악하면 화가 있을 것이오며 내
가 의로울지라도 머리를 들지 못하
는 것은 내 속에 부끄러움이 가득하
고 내 환난을 내 눈이 보기 때문이니
이다
16 내가 머리를 높이 들면 주께서 젊은
사자처럼 나를 사냥하시며 내게 주의
놀라움을 다시 나타내시나이다
17 주께서 자주자주 증거하는 자를 바
꾸어 나를 치시며 나를 향하여 진노
를 더하시니 군대가 번갈아서 치는
것 같으니이다
18 주께서 나를 태에서 나오게 하셨음
은 어찌함이니이까 그렇지 아니하셨
더라면 내가 기운이 끊어져 아무 눈
에도 보이지 아니하였을 것이라
19 있어도 없던 것 같이 되어서 태에서
바로 무덤으로 옮겨졌으리이다
20 내 날은 적지 아니하니이까 그런즉
그치시고 나를 버려두사 잠시나마 평
안하게 하시되
21 내가 돌아오지 못할 땅 곧 어둡고
죽음의 그늘진 땅으로 가기 전에 그
리하옵소서
22 땅은 어두워서 흑암 같고 죽음의 그
늘이 져서 아무 구별이 없고 광명도
흑암 같으니이다

소발의 첫번째 말

11 나아마 사람 소발이 대답하여
이르되
2 말이 많으니 어찌 대답이 없으랴 말
이 많은 사람이 어찌 의롭다 함을 얻
겠느냐
3 네 자랑하는 말이 어떻게 사람으로
잠잠하게 하겠으며 네가 비웃으면
어찌 너를 부끄럽게 할 사람이 없겠
느냐
4 네 말에 의하면 내 도는 정결하고 나
는 주께서 보시기에 깨끗하다 하는
구나

365묵상

하나님은 우리를 만드시고 돌보신다

위대한 장인(匠人)이 최선을 다해 훌륭한 작품을 만들었다면, 그는 그것을 내팽개칠 것인가? 아니다! 그는 그 작품을 애지중지하면서 정성껏 돌볼 것이다. 마찬가지다. 하나님은 천지창조의 모든 작품들 중에서 인간을 가장 훌륭한 작품으로 만드셨다. 이런 사실에 근거하여 욥은 큰 고통 중에서도 하나님께 자비를 호소했다(욥 10:8-12). 이처럼 욥의 한탄과 불평 뒤에는 창조주 하나님께 대한 깊은 소망을 간직하고 있었다. 욥처럼 우리도 고통스러운 환경에 처할 때 창조주 하나님을 믿고 그분께 간구하기를 멈추지 말자.

5 하나님은 말씀을 내시며 너를 향하여
입을 여시고
6 지혜의 오묘함으로 네게 보이시기를
원하노니 이는 그의 지식이 광대하심
이라 하나님께서 너로 하여금 너의
죄를 잊게 하여 주셨음을 알라
7 네가 하나님의 오묘함을 어찌 능히
측량하며 전능자를 어찌 능히 완전히
알겠느냐
8 하늘보다 높으시니 네가 무엇을 하
겠으며 스올보다 깊으시니 네가 어찌
알겠느냐
9 그의 크심은 땅보다 길고 바다보다
넓으니라
10 하나님이 두루 다니시며 사람을 잡아
가두시고 재판을 여시면 누가 능히
막을소냐
11 하나님은 허망한 사람을 아시나니 악
한 일은 상관하지 않으시는 듯하나
다 보시느니라
12 허망한 사람은 지각이 없나니 그의
출생함이 들나귀 새끼 같으니라
13 만일 네가 마음을 바로 정하고 주를
향하여 손을 들 때에
14 네 손에 죄악이 있거든 멀리 버리라
불의가 네 장막에 있지 못하게 하라
15 그리하면 네가 반드시 흠 없는 얼굴
을 들게 되고 굳게 서서 두려움이 없
으리니
16 곧 네 환난을 잊을 것이라 네가 기억
할지라도 물이 흘러감 같을 것이며
17 네 생명의 날이 대낮보다 밝으리니
어둠이 있다 할지라도 아침과 같이
될 것이요
18 네가 희망이 있으므로 안전할 것이며
두루 살펴보고 평안히 쉬리라
19 네가 누워도 두렵게 할 자가 없겠고
많은 사람이 네게 은혜를 구하리라
20 그러나 악한 자들은 눈이 어두워서
도망할 곳을 찾지 못하리니 그들의
희망은 숨을 거두는 것이니라

욥의 대답

12 욥이 대답하여 이르되
2 너희만 참으로 백성이로구나
너희가 죽으면 지혜도 죽겠구나
3 나도 너희 같이 생각이 있어 너희만
못하지 아니하니 그같은 일을 누가
알지 못하겠느냐
4 하나님께 불러 아뢰어 들으심을 입은
내가 이웃에게 웃음거리가 되었으니
의롭고 온전한 자가 조롱거리가 되었
구나
5 평안한 자의 마음은 재앙을 멸시하
나 재앙이 실족하는 자를 기다리는
구나
6 강도의 장막은 형통하고 하나님을

진노하게 하는 자는 평안하니 하나
님이 그의 손에 후히 주심이니라
7 이제 모든 짐승에게 물어 보라 그것
들이 네게 가르치리라 공중의 새에
게 물어 보라 그것들이 또한 네게 말
하리라
8 땅에게 말하라 네게 가르치리라 바
다의 고기도 네게 설명하리라
9 이것들 중에 어느 것이 여호와의 손
이 이를 행하신 줄을 알지 못하랴
10 모든 생물의 생명과 모든 사람의 육
신의 목숨이 다 그의 손에 있느니라
11 입이 음식의 맛을 구별함 같이 귀가
말을 분간하지 아니하느냐
12 늙은 자에게는 지혜가 있고 장수하
는 자에게는 명철이 있느니라
13 지혜와 권능이 하나님께 있고 계략과
명철도 그에게 속하였나니
14 그가 헐으신즉 다시 세울 수 없고 사
람을 가두신즉 놓아주지 못하느니라
15 그가 물을 막으신즉 곧 마르고 물을
보내신즉 곧 땅을 뒤집나니
16 능력과 지혜가 그에게 있고 속은 자
와 속이는 자가 다 그에게 속하였으
므로
17 모사를 벌거벗겨 끌어 가시며 재판장
을 어리석은 자가 되게 하시며
18 왕들이 맨 것을 풀어 그들의 허리를
동이시며
19 제사장들을 벌거벗겨 끌어 가시고 권
력이 있는 자를 넘어뜨리시며
20 충성된 사람들의 말을 물리치시며 늙
은 자들의 판단을 빼앗으시며
21 귀인들에게 멸시를 쏟으시며 강한 자
의 띠를 푸시며
22 어두운 가운데에서 은밀한 것을 드
러내시며 죽음의 그늘을 광명한 데
로 나오게 하시며
23 민족들을 커지게도 하시고 다시 멸하
기도 하시며 민족들을 널리 퍼지게도
하시고 다시 끌려가게도 하시며
24 만민의 우두머리들의 총명을 빼앗으
시고 그들을 길 없는 거친 들에서 방
황하게 하시며
25 빛 없이 캄캄한 데를 더듬게 하시며
취한 사람 같이 비틀거리게 하시느니
라

13 나의 눈이 이것을 다 보았고 나
의 귀가 이것을 듣고 깨달았느
니라
2 너희 아는 것을 나도 아노니 너희만
못하지 않으니라
3 참으로 나는 전능자에게 말씀하려
하며 하나님과 변론하려 하노라
4 너희는 거짓말을 지어내는 자요 다
쓸모 없는 의원이니라

5 너희가 참으로 잠잠하면 그것이 너희
의 지혜일 것이니라
6 너희는 나의 변론을 들으며 내 입술
의 변명을 들어 보라
7 너희가 하나님을 위하여 불의를 말하
려느냐 그를 위하여 속임을 말하려
느냐
8 너희가 하나님의 낯을 따르려느냐 그
를 위하여 변론하려느냐
9 하나님이 너희를 감찰하시면 좋겠느
냐 너희가 사람을 속임 같이 그를 속
이려느냐
10 만일 너희가 몰래 낯을 따를진대 그
가 반드시 책망하시리니
11 그의 존귀가 너희를 두렵게 하지 않
겠으며 그의 두려움이 너희 위에 임
하지 않겠느냐
12 너희의 격언은 재 같은 속담이요 너
희가 방어하는 것은 토성이니라
13 너희는 잠잠하고 나를 버려두어 말하
게 하라 무슨 일이 닥치든지 내가 당
하리라
14 내가 어찌하여 내 살을 내 이로 물고
내 생명을 내 손에 두겠느냐
15 그가 나를 죽이시리니 내가 희망이
없노라 그러나 그의 앞에서 내 행위
를 아뢰리라
16 경건하지 않은 자는 그 앞에 이르지
못하나니 이것이 나의 구원이 되리라
17 너희들은 내 말을 분명히 들으라 내
가 너희 귀에 알려 줄 것이 있느니라
18 보라 내가 내 사정을 진술하였거니와
내가 정의롭다 함을 얻을 줄 아노라
19 나와 변론할 자가 누구이랴 그러면
내가 잠잠하고 기운이 끊어지리라

욥의 기도

20 오직 내게 이 두 가지 일을 행하지
마옵소서 그리하시면 내가 주의 얼굴
을 피하여 숨지 아니하오리니
21 곧 주의 손을 내게 대지 마시오며 주
의 위엄으로 나를 두렵게 하지 마실
것이니이다
22 그리하시고 주는 나를 부르소서 내
가 대답하리이다 혹 내가 말씀하게
하옵시고 주는 내게 대답하옵소서
23 나의 죄악이 얼마나 많으니이까 나의
허물과 죄를 내게 알게 하옵소서
24 주께서 어찌하여 얼굴을 가리시고 나
를 주의 원수로 여기시나이까
25 주께서 어찌하여 날리는 낙엽을 놀라
게 하시며 마른 검불을 뒤쫓으시나이
까
26 주께서 나를 대적하사 괴로운 일들
을 기록하시며 내가 젊었을 때에 지
은 죄를 내가 받게 하시오며
27 내 발을 차꼬에 채우시며 나의 모든

길을 살피사 내 발자취를 점검하시나
이다
28 나는 썩은 물건의 낡아짐 같으며 좀
먹은 의복 같으니이다

14

여인에게서 태어난 사람은 생애
가 짧고 걱정이 가득하며
2 그는 꽃과 같이 자라나서 시들며 그
림자 같이 지나가며 머물지 아니하거
늘
3 이와 같은 자를 주께서 눈여겨 보시
나이까 나를 주 앞으로 이끌어서 재
판하시나이까
4 누가 깨끗한 것을 더러운 것 가운데
에서 낼 수 있으리이까 하나도 없나
이다
5 그의 날을 정하셨고 그의 달 수도 주
께 있으므로 그의 규례를 정하여 넘
어가지 못하게 하셨사온즉
6 그에게서 눈을 돌이켜 그가 품꾼 같
이 그의 날을 마칠 때까지 그를 홀로
있게 하옵소서
7 나무는 희망이 있나니 찍힐지라도 다
시 움이 나서 연한 가지가 끊이지 아
니하며
8 그 뿌리가 땅에서 늙고 줄기가 흙에
서 죽을지라도
9 물 기운에 움이 돋고 가지가 뻗어서
새로 심은 것과 같거니와
10 장정이라도 죽으면 소멸되나니 인생
이 숨을 거두면 그가 어디 있느냐
11 물이 바다에서 줄어들고 강물이 잦
아서 마름 같이
12 사람이 누우면 다시 일어나지 못하고
하늘이 없어지기까지 눈을 뜨지 못하
며 잠을 깨지 못하느니라
13 주는 나를 스올에 감추시며 주의 진
노를 돌이키실 때까지 나를 숨기시
고 나를 위하여 규례를 정하시고 나
를 기억하옵소서
14 장정이라도 죽으면 어찌 다시 살리이
까 나는 나의 모든 고난의 날 동안
을 참으면서 풀려나기를 기다리겠나
이다
15 주께서는 나를 부르시겠고 나는 대
답하겠나이다 주께서는 주의 손으로
지으신 것을 기다리시겠나이다
16 그러하온데 이제 주께서 나의 걸음
을 세시오니 나의 죄를 감찰하지 아
니하시나이까
17 주는 내 허물을 주머니에 봉하시고
내 죄악을 싸매시나이다
18 무너지는 산은 반드시 흩어지고 바
위는 그 자리에서 옮겨가고
19 물은 돌을 닳게 하고 넘치는 물은
땅의 티끌을 씻어버리나이다 이와 같
이 주께서는 사람의 희망을 끊으시

나이다
20 주께서 사람을 영원히 이기셔서 떠나
게 하시며 그의 얼굴 빛을 변하게 하
시고 쫓아보내시오니
21 그의 아들들이 존귀하게 되어도 그
가 알지 못하며 그들이 비천하게 되
어도 그가 깨닫지 못하나이다
22 다만 그의 살이 아프고 그의 영혼이
애곡할 뿐이니이다

엘리바스의 두 번째 말

15 데만 사람 엘리바스가 대답하
여 이르되
2 지혜로운 자가 어찌 헛된 지식으로
대답하겠느냐 어찌 동풍을 그의 복
부에 채우겠느냐
3 어찌 도움이 되지 아니하는 이야기,
무익한 말로 변론하겠느냐
4 참으로 네가 하나님 경외하는 일을
그만두어 하나님 앞에 묵도하기를
그치게 하는구나
5 네 죄악이 네 입을 가르치나니 네가
간사한 자의 혀를 좋아하는구나
6 너를 정죄한 것은 내가 아니요 네 입
이라 네 입술이 네게 불리하게 증언
하느니라
7 네가 제일 먼저 난 사람이냐 산들이
있기 전에 네가 출생하였느냐
8 하나님의 오묘하심을 네가 들었느냐
지혜를 홀로 가졌느냐
9 네가 아는 것을 우리가 알지 못하는
것이 무엇이냐 네가 깨달은 것을 우
리가 소유하지 못한 것이 무엇이냐
10 우리 중에는 머리가 흰 사람도 있고
연로한 사람도 있고 네 아버지보다
나이가 많은 사람도 있느니라
11 하나님의 위로와 은밀하게 하시는 말
씀이 네게 작은 것이냐
12 어찌하여 네 마음에 불만스러워하며
네 눈을 번뜩거리며
13 네 영이 하나님께 분노를 터뜨리며
네 입을 놀리느냐
14 사람이 어찌 깨끗하겠느냐 여인에게
서 난 자가 어찌 의롭겠느냐
15 하나님은 거룩한 자들을 믿지 아니하
시나니 하늘이라도 그가 보시기에
부정하거든
16 하물며 악을 저지르기를 물 마심 같
이 하는 가증하고 부패한 사람을 용
납하시겠느냐
17 내가 네게 보이리니 내게서 들으라
내가 본 것을 설명하리라
18 이는 곧 지혜로운 자들이 전하여 준
것이니 그들의 조상에게서 숨기지 아
니하였느니라
19 이 땅은 그들에게만 주셨으므로 외
인은 그들 중에 왕래하지 못하였느

니라
20 그 말에 이르기를 악인은 그의 일평
생에 고통을 당하며 포악자의 햇수
는 정해졌으므로
21 그의 귀에는 무서운 소리가 들리고
그가 평안할 때에 멸망시키는 자가
그에게 이르리니
22 그가 어두운 데서 나오기를 바라지
못하고 칼날이 숨어서 기다리느니라
23 그는 헤매며 음식을 구하여 이르기
를 어디 있느냐 하며 흑암의 날이 가
까운 줄을 스스로 아느니라
24 환난과 역경이 그를 두렵게 하며 싸
움을 준비한 왕처럼 그를 쳐서 이기
리라
25 이는 그의 손을 들어 하나님을 대적
하며 교만하여 전능자에게 힘을 과시
하였음이니라
26 그는 목을 세우고 방패를 들고 하
나님께 달려드니
27 그의 얼굴에는 살이 찌고 허리에는
기름이 엉기었고
28 그는 황폐한 성읍, 사람이 살지 아니
하는 집, 돌무더기가 될 곳에 거주하
였음이니라
29 그는 부요하지 못하고 재산이 보존
되지 못하고 그의 소유가 땅에서 증
식되지 못할 것이라
30 어두운 곳을 떠나지 못하리니 불꽃이
그의 가지를 말릴 것이라 하나님의
입김으로 그가 불려가리라
31 그가 스스로 속아 허무한 것을 믿지
아니할 것은 허무한 것이 그의 보응
이 될 것임이라
32 그의 날이 이르기 전에 그 일이 이루
어질 것인즉 그의 가지가 푸르지 못
하리니
33 포도 열매가 익기 전에 떨어짐 같고
감람 꽃이 곧 떨어짐 같으리라
34 경건하지 못한 무리는 자식을 낳지
못할 것이며 뇌물을 받는 자의 장막
은 불탈 것이라
35 그들은 재난을 잉태하고 죄악을 낳
으며 그들의 뱃속에 속임을 준비하
느니라

욥의 대답

16 욥이 대답하여 이르되
2 이런 말은 내가 많이 들었나니
너희는 다 재난을 주는 위로자들이
로구나

365묵상

신실한 크리스천으로 산다는 것

하나님의 말씀에 순종하여 선하게 살면 행복한 삶을 누릴 수 있다고 우리는 들어왔다. 적어도 욥의 친구들은 그렇게 생각했다. 하지만 욥에게 있어 결과는 반대로 나타났다(욥 14:1-6). 어찌된 일인가? 신실한 크리스천이란 사실이 모든 고통에서 면제된다는 것을 의미하진 않는다. 사실 하나님은 우리의 '행복'보다 우리의 '거룩함'에 더욱 관심을 가지신다. 예수님은 크리스천으로서의 삶이 쉬울 것이라고 약속하신 적이 없다. 하지만 우리가 어떤 형편에 처하든지 언제나 '우리와 함께하실 것'이란 약속은 분명히 하셨다.

3 헛된 말이 어찌 끝이 있으랴 네가 무
엇에 자극을 받아 이같이 대답하는
가
4 나도 너희처럼 말할 수 있나니 가령
너희 마음이 내 마음 자리에 있다 하
자 나도 그럴 듯한 말로 너희를 치며
너희를 향하여 머리를 흔들 수 있느
니라
5 그래도 입으로 너희를 강하게 하며
입술의 위로로 너희의 근심을 풀었으
리라
6 내가 말하여도 내 근심이 풀리지 아
니하고 잠잠하여도 내 아픔이 줄어
들지 않으리라
7 이제 주께서 나를 피로하게 하시고
나의 온 집안을 패망하게 하셨나이다
8 주께서 나를 시들게 하셨으니 이는
나를 향하여 증거를 삼으심이라 나의
파리한 모습이 일어나서 대면하여 내
앞에서 증언하리이다
9 그는 진노하사 나를 찢고 적대시 하
시며 나를 향하여 이를 갈고 원수가
되어 날카로운 눈초리로 나를 보시
고
10 무리들은 나를 향하여 입을 크게 벌
리며 나를 모욕하여 뺨을 치며 함께
모여 나를 대적하는구나
11 하나님이 나를 악인에게 넘기시며 행
악자의 손에 던지셨구나
12 내가 평안하더니 그가 나를 꺾으시며
내 목을 잡아 나를 부서뜨리시며 나
를 세워 과녁을 삼으시고
13 그의 화살들이 사방에서 날아와 사
정 없이 나를 쏨으로 그는 내 콩팥
들을 꿰뚫고 그는 내 쓸개가 땅에
흘러나오게 하시는구나
14 그가 나를 치고 다시 치며 용사 같이
내게 달려드시니
15 내가 굵은 베를 꿰매어 내 피부에
덮고 내 뿔을 티끌에 더럽혔구나
16 내 얼굴은 울음으로 붉었고 내 눈꺼
풀에는 죽음의 그늘이 있구나
17 그러나 내 손에는 포학이 없고 나의
기도는 정결하니라
18 땅아 내 피를 가리지 말라 나의 부르
짖음이 쉴 자리를 잡지 못하게 하라
19 지금 나의 증인이 하늘에 계시고 나
의 중보자가 높은 데 계시니라
20 나의 친구는 나를 조롱하고 내 눈은
하나님을 향하여 눈물을 흘리니
21 사람과 하나님 사이에와 인자와 그
이웃 사이에 중재하시기를 원하노니
22 수년이 지나면 나는 돌아오지 못할
길로 갈 것임이니라

17

나의 기운이 쇠하였으며 나의 날
이 다하였고 무덤이 나를 위하

여 준비되었구나
2 나를 조롱하는 자들이 나와 함께 있
으므로 내 눈이 그들의 충동함을 항
상 보는구나
3 청하건대 나에게 담보물을 주소서
나의 손을 잡아 줄 자가 누구리이까
4 주께서 그들의 마음을 가리어 깨닫
지 못하게 하셨사오니 그들을 높이
지 마소서
5 보상을 얻으려고 친구를 비난하는
자는 그의 자손들의 눈이 멀게 되리
라
6 하나님이 나를 백성의 속담거리가 되
게 하시니 그들이 내 얼굴에 침을 뱉
는구나
7 내 눈은 근심 때문에 어두워지고 나
의 온 지체는 그림자 같구나
8 정직한 자는 이로 말미암아 놀라고
죄 없는 자는 경건하지 못한 자 때문
에 분을 내나니
9 그러므로 의인은 그 길을 꾸준히 가
고 손이 깨끗한 자는 점점 힘을 얻느
니라
10 너희는 모두 다시 올지니라 내가 너
희 중에서 지혜자를 찾을 수 없느니
라
11 나의 날이 지나갔고 내 계획, 내 마
음의 소원이 다 끊어졌구나
12 그들은 밤으로 낮을 삼고 빛 앞에서
어둠이 가깝다 하는구나
13 내가 스올이 내 집이 되기를 희망하
여 내 침상을 흑암에 펴놓으매
14 무덤에게 너는 내 아버지라, 구더기
에게 너는 내 어머니, 내 자매라 할지
라도
15 나의 희망이 어디 있으며 나의 희망을
누가 보겠느냐
16 우리가 흙 속에서 쉴 때에는 희망이
스올의 문으로 내려갈 뿐이니라

빌닷의 두 번째 말

18 수아 사람 빌닷이 대답하여 이
르되
2 너희가 어느 때에 가서 말의 끝을 맺
겠느냐 깨달으라 그 후에야 우리가
말하리라
3 어찌하여 우리를 짐승으로 여기며 부
정하게 보느냐
4 울분을 터뜨리며 자기 자신을 찢는
사람아 너 때문에 땅이 버림을 받겠
느냐 바위가 그 자리에서 옮겨지겠느
냐
5 악인의 빛은 꺼지고 그의 불꽃은 빛
나지 않을 것이요
6 그의 장막 안의 빛은 어두워지고 그
위의 등불은 꺼질 것이요
7 그의 활기찬 걸음이 피곤하여지고 그

가 마련한 꾀에 스스로 빠질 것이니
8 이는 그의 발이 그물에 빠지고 올가
미에 걸려들며
9 그의 발 뒤꿈치는 덫에 치이고 그의
몸은 올무에 얽힐 것이며
10 그를 잡을 덫이 땅에 숨겨져 있고 그
를 빠뜨릴 함정이 길목에 있으며
11 무서운 것이 사방에서 그를 놀라게
하고 그 뒤를 쫓아갈 것이며
12 그의 힘은 기근으로 말미암아 쇠하
고 그 곁에는 재앙이 기다릴 것이며
13 질병이 그의 피부를 삼키리니 곧 사
망의 장자가 그의 지체를 먹을 것이
며
14 그가 의지하던 것들이 장막에서 뽑히
며 그는 공포의 왕에게로 잡혀가고
15 그에게 속하지 않은 자가 그의 장막
에 거하리니 유황이 그의 처소에 뿌
려질 것이며
16 밑으로 그의 뿌리가 마르고 위로는
그의 가지가 시들 것이며
17 그를 기념함이 땅에서 사라지고 거리
에서는 그의 이름이 전해지지 않을
것이며
18 그는 광명으로부터 흑암으로 쫓겨
들어가며 세상에서 쫓겨날 것이며
19 그는 그의 백성 가운데 후손도 없고
후예도 없을 것이며 그가 거하던 곳
에는 남은 자가 한 사람도 없을 것이
라
20 그의 운명에 서쪽에서 오는 자와 동
쪽에서 오는 자가 깜짝 놀라리라
21 참으로 불의한 자의 집이 이러하고
하나님을 알지 못하는 자의 처소도
이러하니라

욥의 대답

19 욥이 대답하여 이르되
2 너희가 내 마음을 괴롭히며 말
로 나를 짓부수기를 어느 때까지 하
겠느냐
3 너희가 열 번이나 나를 학대하고도
부끄러워 아니하는구나
4 비록 내게 허물이 있다 할지라도 그
허물이 내게만 있느냐
5 너희가 참으로 나를 향하여 자만하며
내게 수치스러운 행위가 있다고 증
언하려면 하려니와
6 하나님이 나를 억울하게 하시고 자기
그물로 나를 에워싸신 줄을 알아야
할지니라
7 내가 폭행을 당한다고 부르짖으나
응답이 없고 도움을 간구하였으나
정의가 없구나
8 그가 내 길을 막아 지나가지 못하게
하시고 내 앞길에 어둠을 두셨으며
9 나의 영광을 거두어가시며 나의 관모

를 머리에서 벗기시고
10 사면으로 나를 헐으시니 나는 죽었
구나 내 희망을 나무 뽑듯 뽑으시고
11 나를 향하여 진노하시고 원수 같이
보시는구나
12 그 군대가 일제히 나아와서 길을 돋
우고 나를 치며 내 장막을 둘러 진을
쳤구나
13 나의 형제들이 나를 멀리 떠나게 하
시니 나를 아는 모든 사람이 내게 낯
선 사람이 되었구나
14 내 친척은 나를 버렸으며 가까운 친
지들은 나를 잊었구나
15 내 집에 머물러 사는 자와 내 여종들
은 나를 낯선 사람으로 여기니 내가
그들 앞에서 타국 사람이 되었구나
16 내가 내 종을 불러도 대답하지 아니
하니 내 입으로 그에게 간청하여야
하겠구나
17 내 아내도 내 숨결을 싫어하며 내 허
리의 자식들도 나를 가련하게 여기는
구나
18 어린 아이들까지도 나를 업신여기고
내가 일어나면 나를 조롱하는구나
19 나의 가까운 친구들이 나를 미워하며
내가 사랑하는 사람들이 돌이켜 나
의 원수가 되었구나
20 내 피부와 살이 뼈에 붙었고 남은 것
은 겨우 잇몸 뿐이로구나
21 나의 친구야 너희는 나를 불쌍히 여
겨다오 나를 불쌍히 여겨다오 하나님
의 손이 나를 치셨구나
22 너희가 어찌하여 하나님처럼 나를 박
해하느냐 내 살로도 부족하냐
23 나의 말이 곧 기록되었으면, 책에 씌
어졌으면,
24 철필과 납으로 영원히 돌에 새겨졌으
면 좋겠노라
25 내가 알기에는 나의 대속자가 살아
계시니 마침내 그가 땅 위에 서실 것
이라
26 내 가죽이 벗김을 당한 뒤에도 내가
육체 밖에서 하나님을 보리라
27 내가 그를 보리니 내 눈으로 그를
보기를 낯선 사람처럼 하지 않을 것
이라 내 마음이 초조하구나
28 너희가 만일 이르기를 우리가 그를
어떻게 칠까 하며 또 이르기를 일의
뿌리가 그에게 있다 할진대
29 너희는 칼을 두려워할지니라 분노는
칼의 형벌을 부르나니 너희가 심판장
이 있는 줄을 알게 되리라

소발의 두 번째 말

20 나아마 사람 소발이 대답하여
이르되
2 그러므로 내 초조한 마음이 나로 하

여금 대답하게 하나니 이는 내 중심
이 조급함이니라
3 내가 나를 부끄럽게 하는 책망을 들
었으므로 나의 슬기로운 마음이 나
로 하여금 대답하게 하는구나
4 네가 알지 못하느냐 예로부터 사람
이 이 세상에 생긴 때로부터
5 악인이 이긴다는 자랑도 잠시요 경건
하지 못한 자의 즐거움도 잠깐이니라
6 그 존귀함이 하늘에 닿고 그 머리가
구름에 미칠지라도
7 자기의 똥처럼 영원히 망할 것이라 그
를 본 자가 이르기를 그가 어디 있느
냐 하리라
8 그는 꿈 같이 지나가니 다시 찾을 수
없을 것이요 밤에 보이는 환상처럼
사라지리라
9 그를 본 눈이 다시 그를 보지 못할
것이요 그의 처소도 다시 그를 보지
못할 것이며
10 그의 아들들은 가난한 자에게 은혜
를 구하겠고 그도 얻은 재물을 자기
손으로 도로 줄 것이며
11 그의 기골이 청년 같이 강장하나 그
기세가 그와 함께 흙에 누우리라
12 그는 비록 악을 달게 여겨 혀 밑에
감추며
13 아껴서 버리지 아니하고 입천장에 물
고 있을지라도
14 그의 음식이 창자 속에서 변하며 뱃
속에서 독사의 쓸개가 되느니라
15 그가 재물을 삼켰을지라도 토할 것
은 하나님이 그의 배에서 도로 나오
게 하심이니
16 그는 독사의 독을 빨며 뱀의 혀에 죽
을 것이라
17 그는 강 곧 꿀과 엉긴 젖이 흐르는
강을 보지 못할 것이요
18 수고하여 얻은 것을 삼키지 못하고
돌려 주며 매매하여 얻은 재물로 즐
거움을 삼지 못하리니
19 이는 그가 가난한 자를 학대하고 버
렸음이요 자기가 세우지 않은 집을
빼앗음이니라
20 그는 마음에 평안을 알지 못하니 그
가 기뻐하는 것을 하나도 보존하지
못하겠고
21 남기는 것이 없이 모두 먹으니 그런
즉 그 행복이 오래 가지 못할 것이라
22 풍족할 때에도 괴로움이 이르리니
모든 재난을 주는 자의 손이 그에게
임하리라
23 그가 배를 불리려 할 때에 하나님이
맹렬한 진노를 내리시리니 음식을 먹
을 때에 그의 위에 비 같이 쏟으시리
라

24 그가 철 병기를 피할 때에는 놋화살
을 쏘아 꿰뚫을 것이요
25 몸에서 그의 화살을 빼낸즉 번쩍번
쩍하는 촉이 그의 쓸개에서 나오고
큰 두려움이 그에게 닥치느니라
26 큰 어둠이 그를 위하여 예비되어 있
고 사람이 피우지 않은 불이 그를 멸
하며 그 장막에 남은 것을 해치리라
27 하늘이 그의 죄악을 드러낼 것이요
땅이 그를 대항하여 일어날 것인즉
28 그의 가산이 떠나가며 하나님의 진노
의 날에 끌려가리라
29 이는 악인이 하나님께 받을 분깃이요
하나님이 그에게 정하신 기업이니라

욥의 대답

21 욥이 대답하여 이르되
2 너희는 내 말을 자세히 들으
라 이것이 너희의 위로가 될 것이니라
3 나를 용납하여 말하게 하라 내가 말
한 후에 너희가 조롱할지니라
4 나의 원망이 사람을 향하여 하는 것
이냐 내 마음이 어찌 조급하지 아니
하겠느냐
5 너희가 나를 보면 놀라리라 손으로
입을 가리리라
6 내가 기억하기만 하여도 불안하고
두려움이 내 몸을 잡는구나
7 어찌하여 악인이 생존하고 장수하며
세력이 강하냐
8 그들의 후손이 앞에서 그들과 함께
굳게 서고 자손이 그들의 목전에서
그러하구나
9 그들의 집이 평안하여 두려움이 없고
하나님의 매가 그들 위에 임하지 아
니하며
10 그들의 수소는 새끼를 배고 그들의
암소는 낙태하는 일이 없이 새끼를
낳는구나
11 그들은 아이들을 양 떼 같이 내보내
고 그들의 자녀들은 춤추는구나
12 그들은 소고와 수금으로 노래하고
피리 불어 즐기며
13 그들의 날을 행복하게 지내다가 잠
깐 사이에 스올에 내려가느니라
14 그러할지라도 그들은 하나님께 말하
기를 우리를 떠나소서 우리가 주의
도리 알기를 바라지 아니하나이다
15 전능자가 누구이기에 우리가 섬기며
우리가 그에게 기도한들 무슨 소용
이 있으랴 하는구나

365묵상

참된 위로는 하나님께 있다

소발은 자신의 신학으로 욥을 질타했다. 그는 "의로운 자는 상을 받고, 악인은 처벌을 받는다."라고 주장했고(욥 20장), 그런 자신의 신학을 받아들이지 않는 욥을 이해할 수 없었다. 우리도 고통당하는 사람을 보면 종종 소발 같은 신학으로 접근한다. 그러나 사람이 만든 모든 신학은 절대적인 진리가 아니라 종종 상대적이고 단편적인 것이다. 따라서 우리는 신학에 의존하지 말고, 그림 전체를 다 보고 계시는 하나님을 의지해야 한다. 그럴 때 우리는 가장 어두운 고통의 시간 가운데서도 참된 위로를 받을 수 있다.

16 그러나 그들의 행복이 그들의 손 안
에 있지 아니하니 악인의 계획은 나
에게서 멀구나
17 악인의 등불이 꺼짐과 재앙이 그들
에게 닥침과 하나님이 진노하사 그
들을 곤고하게 하심이 몇 번인가
18 그들이 바람 앞에 검불 같이, 폭풍에
날려가는 겨 같이 되었도다
19 하나님은 그의 죄악을 그의 자손들
을 위하여 쌓아 두시며 그에게 갚으
실 것을 알게 하시기를 원하노라
20 자기의 멸망을 자기의 눈으로 보게
하며 전능자의 진노를 마시게 할 것
이니라
21 그의 달 수가 다하면 자기 집에 대하
여 무슨 관계가 있겠느냐
22 그러나 하나님께서는 높은 자들을
심판하시나니 누가 능히 하나님께 지
식을 가르치겠느냐
23 어떤 사람은 죽도록 기운이 충실하여
안전하며 평안하고
24 그의 그릇에는 젖이 가득하며 그의
골수는 윤택하고
25 어떤 사람은 마음에 고통을 품고 죽
으므로 행복을 맛보지 못하는도다
26 이 둘이 매 한 가지로 흙 속에 눕고
그들 위에 구더기가 덮이는구나
27 내가 너희의 생각을 알고 너희가 나
를 해하려는 속셈도 아노라
28 너희의 말이 귀인의 집이 어디 있으며
악인이 살던 장막이 어디 있느냐 하
는구나
29 너희가 길 가는 사람들에게 묻지 아
니하였느냐 그들의 증거를 알지 못
하느냐
30 악인은 재난의 날을 위하여 남겨둔
바 되었고 진노의 날을 향하여 끌려
가느니라
31 누가 능히 그의 면전에서 그의 길을
알려 주며 누가 그의 소행을 보응하
랴
32 그를 무덤으로 메어 가고 사람이 그
무덤을 지키리라
33 그는 골짜기의 흙덩이를 달게 여기리
니 많은 사람들이 그보다 앞서 갔으
며 모든 사람이 그의 뒤에 줄지었느
니라
34 그런데도 너희는 나를 헛되이 위로하
려느냐 너희 대답은 거짓일 뿐이니라

엘리바스의 세 번째 말

22 데만 사람 엘리바스가 대답하
여 이르되
2 사람이 어찌 하나님께 유익하게 하겠
느냐 지혜로운 자도 자기에게 유익
할 따름이니라
3 네가 의로운들 전능자에게 무슨 기

뿐이 있겠으며 네 행위가 온전한들
그에게 무슨 이익이 되겠느냐
4 하나님이 너를 책망하시며 너를 심문
하심이 너의 경건함 때문이냐
5 네 악이 크지 아니하냐 네 죄악이 끝
이 없느니라
6 까닭 없이 형제를 볼모로 잡으며 헐
벗은 자의 의복을 벗기며
7 목마른 자에게 물을 마시게 하지 아
니하며 주린 자에게 음식을 주지 아
니하였구나
8 권세 있는 자는 토지를 얻고 존귀한
자는 거기에서 사는구나
9 너는 과부를 빈손으로 돌려보내며
고아의 팔을 꺾는구나
10 그러므로 올무들이 너를 둘러 있고
두려움이 갑자기 너를 엄습하며
11 어둠이 너로 하여금 보지 못하게 하
고 홍수가 너를 덮느니라
12 하나님은 높은 하늘에 계시지 아니
하냐 보라 우두머리 별이 얼마나 높
은가
13 그러나 네 말은 하나님이 무엇을 아
시며 흑암 중에서 어찌 심판하실 수
있으랴
14 빽빽한 구름이 그를 가린즉 그가 보
지 못하시고 둥근 하늘을 거니실 뿐
이라 하는구나
15 네가 악인이 밟던 옛적 길을 지키려
느냐
16 그들은 때가 이르기 전에 끊겨 버렸
고 그들의 터는 강물로 말미암아 함
몰되었느니라
17 그들이 하나님께 말하기를 우리를
떠나소서 하며 또 말하기를 전능자가
우리를 위하여 무엇을 하실 수 있으
랴 하였으나
18 하나님이 좋은 것으로 그들의 집에
채우셨느니라 악인의 계획은 나에게
서 머니라
19 의인은 보고 기뻐하고 죄 없는 자는
그들을 비웃기를
20 우리의 원수가 망하였고 그들의 남
은 것을 불이 삼켰느니라 하리라
21 너는 하나님과 화목하고 평안하라
그리하면 복이 네게 임하리라
22 청하건대 너는 하나님의 입에서 교훈
을 받고 하나님의 말씀을 네 마음에
두라
23 네가 만일 전능자에게로 돌아가면
네가 지음을 받을 것이며 또 네 장막
에서 불의를 멀리 하리라
24 네 보화를 티끌로 여기고 오빌의 금
을 계곡의 돌로 여기라
25 그리하면 전능자가 네 보화가 되시며
네게 고귀한 은이 되시리니

26 이에 네가 전능자를 기뻐하여 하나님
께로 얼굴을 들 것이라
27 너는 그에게 기도하겠고 그는 들으
실 것이며 너의 서원을 네가 갚으리라
28 네가 무엇을 결정하면 이루어질 것이
요 네 길에 빛이 비치리라
29 사람들이 너를 낮추거든 너는 교만
했노라고 말하라 하나님은 겸손한
자를 구원하시리라
30 죄 없는 자가 아니라도 건지시리니
네 손이 깨끗함으로 말미암아 건지
심을 받으리라

욥의 대답

23 욥이 대답하여 이르되
2 오늘도 내게 반항하는 마음
과 근심이 있나니 내가 받는 재앙이
탄식보다 무거움이라
3 내가 어찌하면 하나님을 발견하고 그
의 처소에 나아가랴
4 어찌하면 그 앞에서 내가 호소하며
변론할 말을 내 입에 채우고
5 내게 대답하시는 말씀을 내가 알며
내게 이르시는 것을 내가 깨달으랴
6 그가 큰 권능을 가지시고 나와 더불
어 다투시겠느냐 아니로다 도리어 내
말을 들으시리라
7 거기서는 정직한 자가 그와 변론할
수 있은즉 내가 심판자에게서 영원히
벗어나리라
8 그런데 내가 앞으로 가도 그가 아니
계시고 뒤로 가도 보이지 아니하며
9 그가 왼쪽에서 일하시나 내가 만날
수 없고 그가 오른쪽으로 돌이키시
나 뵈올 수 없구나
10 그러나 내가 가는 길을 그가 아시나
니 그가 나를 단련하신 후에는 내가
순금 같이 되어 나오리라
11 내 발이 그의 걸음을 바로 따랐으며
내가 그의 길을 지켜 치우치지 아니
하였고
12 내가 그의 입술의 명령을 어기지 아
니하고 정한 음식보다 그의 입의 말
씀을 귀히 여겼도다
13 그는 뜻이 일정하시니 누가 능히 돌
이키랴 그의 마음에 하고자 하시는
것이면 그것을 행하시나니
14 그런즉 내게 작정하신 것을 이루실
것이라 이런 일이 그에게 많이 있느
니라
15 그러므로 내가 그 앞에서 떨며 지각
을 얻어 그를 두려워하리라
16 하나님이 나의 마음을 약하게 하시며
전능자가 나를 두렵게 하셨나니
17 이는 내가 두려워하는 것이 어둠 때
문이나 흑암이 내 얼굴을 가렸기 때
문이 아니로다

24 어찌하여 전능자는 때를 정해
놓지 아니하셨는고 그를 아는
자들이 그의 날을 보지 못하는고
2 어떤 사람은 땅의 경계표를 옮기며
양 떼를 빼앗아 기르며
3 고아의 나귀를 몰아 가며 과부의 소
를 볼모 잡으며
4 가난한 자를 길에서 몰아내나니 세
상에서 학대 받는 자가 다 스스로
숨는구나
5 그들은 거친 광야의 들나귀 같아서
나가서 일하며 먹을 것을 부지런히
구하니 빈 들이 그들의 자식을 위하
여 그에게 음식을 내는구나
6 밭에서 남의 꼴을 베며 악인이 남겨
둔 포도를 따며
7 의복이 없어 벗은 몸으로 밤을 지내
며 추워도 덮을 것이 없으며
8 산중에서 만난 소나기에 젖으며 가릴
것이 없어 바위를 안고 있느니라
9 어떤 사람은 고아를 어머니의 품에서
빼앗으며 가난한 자의 옷을 볼모 잡
으므로
10 그들이 옷이 없어 벌거벗고 다니며
곡식 이삭을 나르나 굶주리고
11 그 사람들의 담 사이에서 기름을 짜
며 목말라 하면서 술 틀을 밟느니라
12 성 중에서 죽어가는 사람들이 신음
하며 상한 자가 부르짖으나 하나님이
그들의 참상을 보지 아니하시느니라
13 또 광명을 배반하는 사람들은 이러
하니 그들은 그 도리를 알지 못하며
그 길에 머물지 아니하는 자라
14 사람을 죽이는 자는 밝을 때에 일어
나서 학대 받는 자나 가난한 자를 죽
이고 밤에는 도둑 같이 되며
15 간음하는 자의 눈은 저물기를 바라
며 아무 눈도 나를 보지 못하리라 하
고 얼굴을 가리며
16 어둠을 틈타 집을 뚫는 자는 낮에는
잠그고 있으므로 광명을 알지 못하
나니
17 그들은 아침을 죽음의 그늘 같이 여
기니 죽음의 그늘의 두려움을 앎이니
라
18 그들은 물 위에 빨리 흘러가고 그들
의 소유는 세상에서 저주를 받나니
그들이 다시는 포도원 길로 다니지
못할 것이라
19 가뭄과 더위가 눈 녹은 물을 곧 빼
앗나니 스올이 범죄자에게도 그와
같이 하느니라
20 모태가 그를 잊어버리고 구더기가 그
를 달게 먹을 것이라 그는 다시 기억
되지 않을 것이니 불의가 나무처럼
꺾이리라

21 그는 임신하지 못하는 여자를 박대
하며 과부를 선대하지 아니하는도다
22 그러나 하나님이 그의 능력으로 강
포한 자들을 끌어내시나니 일어나는
자는 있어도 살아남을 확신은 없으
리라
23 하나님은 그에게 평안을 주시며 지
탱해 주시나 그들의 길을 살피시도
다
24 그들은 잠깐 동안 높아졌다가 천대
를 받을 것이며 잘려 모아진 곡식 이
삭처럼 되리라
25 가령 그렇지 않을지라도 능히 내 말
을 거짓되다고 지적하거나 내 말을
헛되게 만들 자 누구랴

빌닷의 세 번째 말

25 수아 사람 빌닷이 대답하여 이
르되
2 하나님은 주권과 위엄을 가지셨고 높
은 곳에서 화평을 베푸시느니라
3 그의 군대를 어찌 계수할 수 있으랴
그가 비추는 광명을 받지 않은 자가
누구냐
4 그런즉 하나님 앞에서 사람이 어찌
의롭다 하며 여자에게서 난 자가 어
찌 깨끗하다 하랴
5 보라 그의 눈에는 달이라도 빛을 발
하지 못하고 별도 빛나지 못하거든
6 하물며 구더기 같은 사람, 벌레 같은
인생이랴

욥의 대답

26 욥이 대답하여 이르되
2 네가 힘 없는 자를 참 잘도 도
와 주는구나 기력 없는 팔을 참 잘도
구원하여 주는구나
3 지혜 없는 자를 참 잘도 가르치는구
나 큰 지식을 참 잘도 자랑하는구나
4 네가 누구를 향하여 말하느냐 누구
의 정신이 네게서 나왔느냐
5 죽은 자의 영들이 물 밑에서 떨며 물
에서 사는 것들도 그러하도다
6 하나님 앞에서는 스올도 벗은 몸으
로 드러나며 멸망도 가림이 없음이
라
7 그는 북쪽을 허공에 펴시며 땅을 아
무것도 없는 곳에 매다시며
8 물을 빽빽한 구름에 싸시나 그 밑의
구름이 찢어지지 아니하느니라
9 그는 보름달을 가리시고 자기의 구
름을 그 위에 펴시며
10 수면에 경계를 그으시니 빛과 어둠이
함께 끝나는 곳이니라
11 그가 꾸짖으신즉 하늘 기둥이 흔들
리며 놀라느니라
12 그는 능력으로 바다를 잔잔하게 하
시며 지혜로 라합을 깨뜨리시며

13 그의 입김으로 하늘을 맑게 하시고
손으로 날렵한 뱀을 무찌르시나니
14 보라 이런 것들은 그의 행사의 단편
일 뿐이요 우리가 그에게서 들은 것
도 속삭이는 소리일 뿐이니 그의 큰
능력의 우렛소리를 누가 능히 헤아
리랴

27 세 친구에 대한 욥의 말

욥이 또 풍자하여 이르되
2 나의 정당함을 물리치신 하나님, 나의
영혼을 괴롭게 하신 전능자의 사심을
두고 맹세하노니
3 (나의 호흡이 아직 내 속에 완전히
있고 하나님의 숨결이 아직도 내 코
에 있느니라)
4 결코 내 입술이 불의를 말하지 아니
하며 내 혀가 거짓을 말하지 아니하
리라
5 나는 결코 너희를 옳다 하지 아니하
겠고 내가 죽기 전에는 나의 온전함
을 버리지 아니할 것이라
6 내가 내 공의를 굳게 잡고 놓지 아니
하리니 내 마음이 나의 생애를 비웃
지 아니하리라
7 나의 원수는 악인 같이 되고 일어나
나를 치는 자는 불의한 자 같이 되기
를 원하노라
8 불경건한 자가 이익을 얻었으나 하나
님이 그의 영혼을 거두실 때에는 무
슨 희망이 있으랴
9 환난이 그에게 닥칠 때에 하나님이
어찌 그의 부르짖음을 들으시랴
10 그가 어찌 전능자를 기뻐하겠느냐
항상 하나님께 부르짖겠느냐
11 하나님의 솜씨를 내가 너희에게 가
르칠 것이요 전능자에게 있는 것을
내가 숨기지 아니하리라
12 너희가 다 이것을 보았거늘 어찌하여
그토록 무익한 사람이 되었는고
13 악인이 하나님께 얻을 분깃, 포악자
가 전능자에게서 받을 산업은 이것이
라
14 그의 자손은 번성하여도 칼을 위함이
요 그의 후손은 음식물로 배부르지
못할 것이며
15 그 남은 자들은 죽음의 병이 돌 때
에 묻히리니 그들의 과부들이 울지
못할 것이며
16 그가 비록 은을 티끌 같이 쌓고 의복
을 진흙 같이 준비할지라도

365묵상 고통 중에 있는 친구를 위로하기

욥은 큰 고통 가운데서 괴로워하고 있었지만 친구들에게서 위로를 받지 못했다(욥 26:1-4). 친구들은 자신들의 논리로 지적하고 충고하느라 바빴기 때문이다. 그러면 우리는 고통 중에 처한 친구를 어떻게 위로할 수 있을까? 제1단계: 함께 있어라! 혼자서만 외롭게 고통을 겪도록 내버려두지 말라. 제2단계: 조용히 있어주어라! 충고를 하려들지 말고, 그의 이야기를 조용히 들어주어라. 제3단계: 진실한 친구가 되어주어라! 곤경을 당하기 전에도 친구였듯이, 곤경을 겪고 있을 때라도 끝까지 진실한 친구로 남아있도록 하라.

17 그가 준비한 것을 의인이 입을 것이
요 그의 은은 죄 없는 자가 차지할
것이며
18 그가 지은 집은 좀의 집 같고 파수꾼
의 초막 같을 것이며
19 부자로 누우려니와 다시는 그렇지
못할 것이요 눈을 뜬즉 아무것도 없
으리라
20 두려움이 물 같이 그에게 닥칠 것이
요 폭풍이 밤에 그를 앗아갈 것이며
21 동풍이 그를 들어올리리니 그는 사
라질 것이며 그의 처소에서 그를 몰
아내리라
22 하나님은 그를 아끼지 아니하시고 던
져 버릴 것이니 그의 손에서 도망치려
고 힘쓰리라
23 사람들은 그를 바라보며 손뼉치고
그의 처소에서 그를 비웃으리라

지혜와 명철

28 은이 나는 곳이 있고 금을 제련
하는 곳이 있으며
2 철은 흙에서 캐내고 동은 돌에서 녹
여 얻느니라
3 사람은 어둠을 뚫고 모든 것을 끝까
지 탐지하여 어둠과 죽음의 그늘에
있는 광석도 탐지하되
4 그는 사람이 사는 곳에서 멀리 떠나
갱도를 깊이 뚫고 발길이 닿지 않는
곳 사람이 없는 곳에 매달려 흔들리
느니라
5 음식은 땅으로부터 나오나 그 밑은
불처럼 변하였도다
6 그 돌에는 청옥이 있고 사금도 있으
며
7 그 길은 솔개도 알지 못하고 매의
눈도 보지 못하며
8 용맹스러운 짐승도 밟지 못하였고
사나운 사자도 그리로 지나가지 못
하였느니라
9 사람이 굳은 바위에 손을 대고 산을
뿌리까지 뒤엎으며
10 반석에 수로를 터서 각종 보물을 눈
으로 발견하고
11 누수를 막아 스며 나가지 않게 하고
감추어져 있던 것을 밝은 데로 끌어
내느니라
12 그러나 지혜는 어디서 얻으며 명철이
있는 곳은 어디인고
13 그 길을 사람이 알지 못하나니 사람
사는 땅에서는 찾을 수 없구나
14 깊은 물이 이르기를 내 속에 있지 아
니하다 하며 바다가 이르기를 나와
함께 있지 아니하다 하느니라
15 순금으로도 바꿀 수 없고 은을 달아
도 그 값을 당하지 못하리니
16 오빌의 금이나 귀한 청옥수나 남보석

으로도 그 값을 당하지 못하겠고
17 황금이나 수정이라도 비교할 수 없
고 정금 장식품으로도 바꿀 수 없으
며
18 진주와 벽옥으로도 비길 수 없나니
지혜의 값은 산호보다 귀하구나
19 구스의 황옥으로도 비교할 수 없고
순금으로도 그 값을 헤아리지 못하
리라
20 그런즉 지혜는 어디서 오며 명철이 머
무는 곳은 어디인고
21 모든 생물의 눈에 숨겨졌고 공중의
새에게 가려졌으며
22 멸망과 사망도 이르기를 우리가 귀로
그 소문은 들었다 하느니라
23 하나님이 그 길을 아시며 있는 곳을
아시나니
24 이는 그가 땅 끝까지 감찰하시며 온
천하를 살피시며
25 바람의 무게를 정하시며 물의 분량
을 정하시며
26 비 내리는 법칙을 정하시고 비구름의
길과 우레의 법칙을 만드셨음이라
27 그 때에 그가 보시고 선포하시며 굳
게 세우시며 탐구하셨고
28 또 사람에게 말씀하셨도다 보라 주
를 경외함이 지혜요 악을 떠남이 명
철이니라

욥의 마지막 말

29 욥이 풍자하여 이르되
2 나는 지난 세월과 하나님이 나
를 보호하시던 때가 다시 오기를 원
하노라
3 그 때에는 그의 등불이 내 머리에 비
치었고 내가 그의 빛을 힘입어 암흑
에서도 걸어다녔느니라
4 내가 원기 왕성하던 날과 같이 지내
기를 원하노라 그 때에는 하나님이
내 장막에 기름을 발라 주셨도다
5 그 때에는 전능자가 아직도 나와 함
께 계셨으며 나의 젊은이들이 나를
둘러 있었으며
6 젖으로 내 발자취를 씻으며 바위가
나를 위하여 기름 시내를 쏟아냈으
며
7 그 때에는 내가 나가서 성문에 이르
기도 하며 내 자리를 거리에 마련하
기도 하였느니라
8 나를 보고 젊은이들은 숨으며 노인
들은 일어나서 서며
9 유지들은 말을 삼가고 손으로 입을
가리며
10 지도자들은 말소리를 낮추었으니 그
들의 혀가 입천장에 붙었느니라
11 귀가 들은즉 나를 축복하고 눈이 본
즉 나를 증언하였나니

12 이는 부르짖는 빈민과 도와 줄 자 없
는 고아를 내가 건졌음이라
13 망하게 된 자도 나를 위하여 복을 빌
었으며 과부의 마음이 나로 말미암아
기뻐 노래하였느니라
14 내가 의를 옷으로 삼아 입었으며 나
의 정의는 겉옷과 모자 같았느니라
15 나는 맹인의 눈도 되고 다리 저는 사
람의 발도 되고
16 빈궁한 자의 아버지도 되며 내가 모
르는 사람의 송사를 돌보아 주었으
며
17 불의한 자의 턱뼈를 부수고 노획한
물건을 그 잇새에서 빼내었느니라
18 내가 스스로 말하기를 나는 내 보금
자리에서 숨을 거두며 나의 날은 모
래알 같이 많으리라 하였느니라
19 내 뿌리는 물로 뻗어나가고 이슬이
내 가지에서 밤을 지내고 갈 것이며
20 내 영광은 내게 새로워지고 내 손에
서 내 화살이 끊이지 않았노라
21 무리는 내 말을 듣고 희망을 걸었으
며 내가 가르칠 때에 잠잠하였노라
22 내가 말한 후에는 그들이 말을 거듭
하지 못하였나니 나의 말이 그들에게
스며들었음이라
23 그들은 비를 기다리듯 나를 기다렸으
며 봄비를 맞이하듯 입을 벌렸느니라
24 그들이 의지 없을 때에 내가 미소하
면 그들이 나의 얼굴 빛을 무색하게
아니하였느니라
25 내가 그들의 길을 택하여 주고 으뜸
되는 자리에 앉았나니 왕이 군대 중
에 있는 것과도 같았고 애곡하는 자
를 위로하는 사람과도 같았느니라

30 그러나 이제는 나보다 젊은 자
들이 나를 비웃는구나 그들의
아비들은 내가 보기에 내 양 떼를 지
키는 개 중에도 둘 만하지 못한 자
들이니라
2 그들의 기력이 쇠잔하였으니 그들의
손의 힘이 내게 무슨 소용이 있으랴
3 그들은 곧 궁핍과 기근으로 인하여
파리하며 캄캄하고 메마른 땅에서
마른 흙을 씹으며
4 떨기나무 가운데에서 짠 나물을 꺾
으며 대싸리 뿌리로 먹을 거리를 삼
느니라
5 무리가 그들에게 소리를 지름으로
도둑 같이 사람들 가운데에서 쫓겨
나서
6 침침한 골짜기와 흙 구덩이와 바위
굴에서 살며
7 떨기나무 가운데에서 부르짖으며 가
시나무 아래에 모여 있느니라
8 그들은 본래 미련한 자의 자식이요

이름 없는 자들의 자식으로서 고토
에서 쫓겨난 자들이니라
9 이제는 그들이 나를 노래로 조롱하
며 내가 그들의 놀림거리가 되었으며
10 그들이 나를 미워하여 멀리 하고 서
슴지 않고 내 얼굴에 침을 뱉는도다
11 이는 하나님이 내 활시위를 늘어지게
하시고 나를 곤고하게 하심으로 무
리가 내 앞에서 굴레를 벗었음이니라
12 그들이 내 오른쪽에서 일어나 내 발
에 덫을 놓으며 나를 대적하여 길을
에워싸며
13 그들이 내 길을 헐고 내 재앙을 재
촉하는데도 도울 자가 없구나
14 그들은 성을 파괴하고 그 파괴한 가
운데로 몰려드는 것 같이 내게로 달
려드니
15 순식간에 공포가 나를 에워싸고 그
들이 내 품위를 바람 같이 날려 버리
니 나의 구원은 구름 같이 지나가 버
렸구나
16 이제는 내 생명이 내 속에서 녹으니
환난 날이 나를 사로잡음이라
17 밤이 되면 내 뼈가 쑤시니 나의 아픔
이 쉬지 아니하는구나
18 그가 큰 능력으로 나의 옷을 떨쳐 버
리시며 나의 옷깃처럼 나를 휘어잡으
시는구나
19 하나님이 나를 진흙 가운데 던지셨고
나를 티끌과 재 같게 하셨구나
20 내가 주께 부르짖으나 주께서 대답
하지 아니하시오며 내가 섰사오나 주
께서 나를 돌아보지 아니하시나이다
21 주께서 돌이켜 내게 잔혹하게 하시
고 힘 있는 손으로 나를 대적하시나
이다
22 나를 바람 위에 들어 불려가게 하시
며 무서운 힘으로 나를 던져 버리시
나이다
23 내가 아나이다 주께서 나를 죽게 하
사 모든 생물을 위하여 정한 집으로
돌려보내시리이다
24 그러나 사람이 넘어질 때에 어찌 손
을 펴지 아니하며 재앙을 당할 때에
어찌 도움을 부르짖지 아니하리이까
25 고생의 날을 보내는 자를 위하여 내
가 울지 아니하였는가 빈궁한 자를
위하여 내 마음에 근심하지 아니하였
는가
26 내가 복을 바랐더니 화가 왔고 광명
을 기다렸더니 흑암이 왔구나
27 내 마음이 들끓어 고요함이 없구나
환난 날이 내게 임하였구나
28 나는 햇볕에 쬐지 않고도 검어진 피
부를 가지고 걸으며 회중 가운데 서
서 도움을 부르짖고 있느니라

29 나는 이리의 형제요 타조의 벗이로구
나
30 나를 덮고 있는 피부는 검어졌고 내
뼈는 열기로 말미암아 탔구나
31 내 수금은 통곡이 되었고 내 피리는
애곡이 되었구나

31

내가 내 눈과 약속하였나니 어
찌 처녀에게 주목하랴
2 그리하면 위에 계신 하나님께서 내리
시는 분깃이 무엇이겠으며 높은 곳의
전능자께서 주시는 기업이 무엇이겠
느냐
3 불의한 자에게는 환난이 아니겠느냐
행악자에게는 불행이 아니겠느냐
4 그가 내 길을 살피지 아니하시느냐
내 걸음을 다 세지 아니하시느냐
5 만일 내가 허위와 함께 동행하고 내
발이 속임수에 빨랐다면
6 하나님께서 나를 공평한 저울에 달
아보시고 그가 나의 온전함을 아시
기를 바라노라
7 만일 내 걸음이 길에서 떠났거나 내
마음이 내 눈을 따랐거나 내 손에 더
러운 것이 묻었다면
8 내가 심은 것을 타인이 먹으며 나의
소출이 뿌리째 뽑히기를 바라노라
9 만일 내 마음이 여인에게 유혹되어
이웃의 문을 엿보아 문에서 숨어 기
다렸다면
10 내 아내가 타인의 맷돌을 돌리며 타
인과 더불어 동침하기를 바라노라
11 그것은 참으로 음란한 일이니 재판
에 회부할 죄악이요
12 멸망하도록 사르는 불이니 나의 모
든 소출을 뿌리째 뽑기를 바라노라
13 만일 남종이나 여종이 나와 더불어
쟁론할 때에 내가 그의 권리를 저버
렸다면
14 하나님이 일어나실 때에 내가 어떻게
하겠느냐 하나님이 심판하실 때에
내가 무엇이라 대답하겠느냐
15 나를 태 속에 만드신 이가 그도 만
들지 아니하셨느냐 우리를 뱃속에
지으신 이가 한 분이 아니시냐
16 내가 언제 가난한 자의 소원을 막았
거나 과부의 눈으로 하여금 실망하
게 하였던가
17 나만 혼자 내 떡덩이를 먹고 고아에
게 그 조각을 먹이지 아니하였던가
18 실상은 내가 젊었을 때부터 고아 기
르기를 그의 아비처럼 하였으며 내가
어렸을 때부터 과부를 인도하였노라
19 만일 내가 사람이 의복이 없이 죽어
가는 것이나 가난한 자가 덮을 것이
없는 것을 못본 체 했다면
20 만일 나의 양털로 그의 몸을 따뜻하

게 입혀서 그의 허리가 나를 위하여
복을 빌게 하지 아니하였다면
21 만일 나를 도와 주는 자가 성문에 있
음을 보고 내가 주먹을 들어 고아를
향해 휘둘렀다면
22 내 팔이 어깨 뼈에서 떨어지고 내 팔
뼈가 그 자리에서 부스러지기를 바라
노라
23 나는 하나님의 재앙을 심히 두려워하
고 그의 위엄으로 말미암아 그런 일
을 할 수 없느니라
24 만일 내가 내 소망을 금에다 두고
순금에게 너는 내 의뢰하는 바라 하
였다면
25 만일 재물의 풍부함과 손으로 얻은
것이 많음으로 기뻐하였다면
26 만일 해가 빛남과 달이 밝게 뜬 것을
보고
27 내 마음이 슬며시 유혹되어 내 손에
입맞추었다면
28 그것도 재판에 회부할 죄악이니 내
가 그리하였으면 위에 계신 하나님을
속이는 것이리라
29 내가 언제 나를 미워하는 자의 멸망
을 기뻐하고 그가 재난을 당함으로
즐거워하였던가
30 실상은 나는 그가 죽기를 구하는 말
로 그의 생명을 저주하여 내 입이 범
죄하게 하지 아니하였노라
31 내 장막 사람들은 주인의 고기에 배
부르지 않은 자가 어디 있느뇨 하지
아니하였는가
32 실상은 나그네가 거리에서 자지 아니
하도록 나는 행인에게 내 문을 열어
주었노라
33 내가 언제 다른 사람처럼 내 악행을
숨긴 일이 있거나 나의 죄악을 나의
품에 감추었으며
34 내가 언제 큰 무리와 여러 종족의 수
모가 두려워서 대문 밖으로 나가지
못하고 잠잠하였던가
35 누구든지 나의 변명을 들어다오 나의
서명이 여기 있으니 전능자가 내게
대답하시기를 바라노라 나를 고발하
는 자가 있다면 그에게 고소장을 쓰
게 하라
36 내가 그것을 어깨에 메기도 하고 왕
관처럼 머리에 쓰기도 하리라
37 내 걸음의 수효를 그에게 알리고 왕
족처럼 그를 가까이 하였으리라

365묵상

욥에게 닥친 시련의 의미

욥은 신실하게 살아온 자신에게 왜 혹독한 시련이 닥쳤는지 그 이유를 알 수 없었다. 욥이 실제로 시련을 겪은 원인은 무엇일까? 욥기 첫 부분은 하나님이 욥을 자랑스러워하셨기 때문이라고 말해준다(욥 1:8). 하나님이 사탄에게 자랑할 정도로 욥이 경건했다는 것! 바로 그것이 욥에게 시련이 닥친 이유였다. 그렇다! 하나님이 우리를 사랑하신다는 이유 말고는 우리가 시련을 겪을 이유가 없다. 하나님은 믿는 자들이 시련을 통해 더욱 하나님을 신뢰하고, 그런 참된 신앙을 다른 이들에게 보여주기를 원하신다(욥 31장).

38 만일 내 밭이 나를 향하여 부르짖고
밭이랑이 함께 울었다면
39 만일 내가 값을 내지 않고 그 소출
을 먹고 그 소유주가 생명을 잃게 하
였다면
40 밀 대신에 가시나무가 나고 보리 대
신에 독보리가 나는 것이 마땅하니라
하고 욥의 말이 그치니라

엘리후가 화를 내다

32

욥이 자신을 의인으로 여기므로
그 세 사람이 말을 그치니
2 람 종족 부스 사람 바라겔의 아들
엘리후가 화를 내니 그가 욥에게 화
를 냄은 욥이 하나님보다 자기가 의
롭다 함이요
3 또 세 친구에게 화를 냄은 그들이
능히 대답하지 못하면서도 욥을 정죄
함이라
4 엘리후는 그들의 나이가 자기보다
여러 해 위이므로 욥에게 말하기를
참고 있다가
5 세 사람의 입에 대답이 없음을 보고
화를 내니라

엘리후의 말

6 부스 사람 바라겔의 아들 엘리후가
대답하여 이르되 나는 연소하고 당신
들은 연로하므로 뒷전에서 나의 의견
을 감히 내놓지 못하였노라
7 내가 말하기를 나이가 많은 자가 말
할 것이요 연륜이 많은 자가 지혜를
가르칠 것이라 하였노라
8 그러나 사람의 속에는 영이 있고 전
능자의 숨결이 사람에게 깨달음을
주시나니
9 어른이라고 지혜롭거나 노인이라고
정의를 깨닫는 것이 아니니라
10 그러므로 내가 말하노니 내 말을 들
으라 나도 내 의견을 말하리라
11 보라 나는 당신들의 말을 기다렸노
라 당신들의 슬기와 당신들의 말에
귀 기울이고 있었노라
12 내가 자세히 들은즉 당신들 가운데
욥을 꺾어 그의 말에 대답하는 자가
없도다
13 당신들이 말하기를 우리가 진상을 파
악했으나 그를 추궁할 자는 하나님
이시요 사람이 아니라 하지 말지니라
14 그가 내게 자기 이론을 제기하지 아
니하였으니 나도 당신들의 이론으로
그에게 대답하지 아니하리라
15 그들이 놀라서 다시 대답하지 못하니
할 말이 없음이었더라
16 당신들이 말 없이 가만히 서서 다시
대답하지 아니한즉 내가 어찌 더 기
다리랴
17 나는 내 본분대로 대답하고 나도 내

의견을 보이리라
18 내 속에는 말이 가득하니 내 영이 나
를 압박함이니라
19 보라 내 배는 봉한 포도주통 같고
터지게 된 새 가죽 부대 같구나
20 내가 말을 하여야 시원할 것이라 내
입을 열어 대답하리라
21 나는 결코 사람의 낯을 보지 아니하
며 사람에게 영광을 돌리지 아니하리
니
22 이는 아첨할 줄을 알지 못함이라 만
일 그리하면 나를 지으신 이가 속히
나를 데려가시리로다

엘리후가 욥에게 하는 말

33 그런즉 욥이여 내 말을 들으며
내 모든 말에 귀를 기울이기를
원하노라
2 내가 입을 여니 내 혀가 입에서 말하
는구나
3 내 마음의 정직함이 곧 내 말이며 내
입술이 아는 바가 진실을 말하느니라
4 하나님의 영이 나를 지으셨고 전능자
의 기운이 나를 살리시느니라
5 그대가 할 수 있거든 일어서서 내게
대답하고 내 앞에 진술하라
6 나와 그대가 하나님 앞에서 동일하
니 나도 흙으로 지으심을 입었은즉
7 내 위엄으로는 그대를 두렵게 하지
못하고 내 손으로는 그대를 누르지
못하느니라
8 그대는 실로 내가 듣는 데서 말하였
고 나는 그대의 말소리를 들었느니
라
9 이르기를 나는 깨끗하여 악인이 아니
며 순전하고 불의도 없거늘
10 참으로 하나님이 나에게서 잘못을
찾으시며 나를 자기의 원수로 여기사
11 내 발을 차꼬에 채우시고 나의 모든
길을 감시하신다 하였느니라
12 내가 그대에게 대답하리라 이 말에
그대가 의롭지 못하니 하나님은 사
람보다 크심이니라
13 하나님께서 사람의 말에 대답하지 않
으신다 하여 어찌 하나님과 논쟁하겠
느냐
14 하나님은 한 번 말씀하시고 다시 말
씀하시되 사람은 관심이 없도다
15 사람이 침상에서 졸며 깊이 잠들 때
에나 꿈에나 밤에 환상을 볼 때에
16 그가 사람의 귀를 여시고 경고로써
두렵게 하시니
17 이는 사람에게 그의 행실을 버리게
하려 하심이며 사람의 교만을 막으려
하심이라
18 그는 사람의 혼을 구덩이에 빠지지
않게 하시며 그 생명을 칼에 맞아 멸

망하지 않게 하시느니라
19 혹은 사람이 병상의 고통과 뼈가 늘
쑤심의 징계를 받나니
20 그의 생명은 음식을 싫어하고 그의
마음은 별미를 싫어하며
21 그의 살은 파리하여 보이지 아니하고
보이지 않던 뼈가 드러나서
22 그의 마음은 구덩이에, 그의 생명은
멸하는 자에게 가까워지느니라
23 만일 일천 천사 가운데 하나가 그 사
람의 중보자로 함께 있어서 그의 정
당함을 보일진대
24 하나님이 그 사람을 불쌍히 여기사
그를 건져서 구덩이에 내려가지 않게
하라 내가 대속물을 얻었다 하시리
라
25 그런즉 그의 살이 청년보다 부드러워
지며 젊음을 회복하리라
26 그는 하나님께 기도하므로 하나님이
은혜를 베푸사 그로 말미암아 기뻐
외치며 하나님의 얼굴을 보게 하시고
사람에게 그의 공의를 회복시키시느
니라
27 그가 사람 앞에서 노래하여 이르기
를 내가 범죄하여 옳은 것을 그르쳤
으나 내게 무익하였구나
28 하나님이 내 영혼을 건지사 구덩이에
내려가지 않게 하셨으니 내 생명이
빛을 보겠구나 하리라
29 실로 하나님이 사람에게 이 모든 일
을 재삼 행하심은
30 그들의 영혼을 구덩이에서 이끌어 생
명의 빛을 그들에게 비추려 하심이니
라
31 욥이여 내 말을 귀담아 들으라 잠잠
하라 내가 말하리라
32 만일 할 말이 있거든 대답하라 내가
기쁜 마음으로 그대를 의롭다 하리
니 그대는 말하라
33 만일 없으면 내 말을 들으라 잠잠하
라 내가 지혜로 그대를 가르치리라

34

엘리후가 말하여 이르되
2 지혜 있는 자들아 내 말을 들
으며 지식 있는 자들아 내게 귀를 기
울이라
3 입이 음식물의 맛을 분별함 같이 귀
가 말을 분별하나니
4 우리가 정의를 가려내고 무엇이 선한
가 우리끼리 알아보자
5 욥이 말하기를 내가 의로우나 하나
님이 내 의를 부인하셨고
6 내가 정당함에도 거짓말쟁이라 하였
고 나는 허물이 없으나 화살로 상처
를 입었노라 하니
7 어떤 사람이 욥과 같으랴 욥이 비방
하기를 물마시듯 하며

8 악한 일을 하는 자들과 한패가 되어
악인과 함께 다니면서
9 이르기를 사람이 하나님을 기뻐하나
무익하다 하는구나
10 그러므로 너희 총명한 자들아 내 말
을 들으라 하나님은 악을 행하지 아
니하시며 전능자는 결코 불의를 행하
지 아니하시고
11 사람의 행위를 따라 갚으사 각각 그
의 행위대로 받게 하시나니
12 진실로 하나님은 악을 행하지 아니하
시며 전능자는 공의를 굽히지 아니하
시느니라
13 누가 땅을 그에게 맡겼느냐 누가 온
세상을 그에게 맡겼느냐
14 그가 만일 뜻을 정하시고 그의 영과
목숨을 거두실진대
15 모든 육체가 다 함께 죽으며 사람은
흙으로 돌아가리라
16 만일 네가 총명이 있거든 이것을 들
으며 내 말소리에 귀를 기울이라
17 정의를 미워하시는 이시라면 어찌 그
대를 다스리시겠느냐 의롭고 전능하
신 이를 그대가 정죄하겠느냐
18 그는 왕에게라도 무용지물이라 하시
며 지도자들에게라도 악하다 하시며
19 고관을 외모로 대하지 아니하시며 가
난한 자들 앞에서 부자의 낯을 세워
주지 아니하시나니 이는 그들이 다
그의 손으로 지으신 바가 됨이라
20 그들은 한밤중에 순식간에 죽나니
백성은 떨며 사라지고 세력 있는 자
도 사람의 손을 빌리지 않고 제거함
을 당하느니라
21 그는 사람의 길을 주목하시며 사람의
모든 걸음을 감찰하시나니
22 행악자는 숨을 만한 흑암이나 사망
의 그늘이 없느니라
23 하나님은 사람을 심판하시기에 오래
생각하실 것이 없으시니
24 세력 있는 자를 조사할 것 없이 꺾으
시고 다른 사람을 세워 그를 대신하
게 하시느니라
25 그러므로 그는 그들의 행위를 아시
고 그들을 밤 사이에 뒤집어엎어 흩
으시는도다
26 그들을 악한 자로 여겨 사람의 눈 앞
에서 치심은
27 그들이 그를 떠나고 그의 모든 길을
깨달아 알지 못함이라
28 그들이 이와 같이 하여 가난한 자의
부르짖음이 그에게 상달하게 하며
빈궁한 사람의 부르짖음이 그에게
들리게 하느니라
29 주께서 침묵하신다고 누가 그를 정
죄하며 그가 얼굴을 가리신다면 누가

그를 뵈올 수 있으랴 그는 민족에게
나 인류에게나 동일하시니
30 이는 경건하지 못한 자가 권세를 잡
아 백성을 옭아매지 못하게 하려 하
심이니라
31 그대가 하나님께 아뢰기를 내가 죄
를 지었사오니 다시는 범죄하지 아니
하겠나이다
32 내가 깨닫지 못하는 것을 내게 가르
치소서 내가 악을 행하였으나 다시
는 아니하겠나이다 하였는가
33 하나님께서 그대가 거절한다고 하여
그대의 뜻대로 속전을 치르시겠느냐
그러면 그대가 스스로 택할 것이요
내가 할 것이 아니니 그대는 아는 대
로 말하라
34 슬기로운 자와 내 말을 듣는 지혜 있
는 사람은 반드시 내게 말하기를
35 욥이 무식하게 말하니 그의 말이 지
혜롭지 못하도다 하리라
36 나는 욥이 끝까지 시험 받기를 원하
노니 이는 그 대답이 악인과 같음이
라
37 그가 그의 죄에 반역을 더하며 우리
와 어울려 손뼉을 치며 하나님을 거
역하는 말을 많이 하는구나

35 엘리후가 말을 이어 이르되
2 그대는 이것을 합당하게 여기
느냐 그대는 그대의 의가 하나님께
로부터 왔다는 말이냐
3 그대는 그것이 내게 무슨 소용이 있
으며 범죄하지 않는 것이 내게 무슨
유익이 있겠느냐고 묻지마는
4 내가 그대와 및 그대와 함께 있는
그대의 친구들에게 대답하리라
5 그대는 하늘을 우러러보라 그대보다
높이 뜬 구름을 바라보라
6 그대가 범죄한들 하나님께 무슨 영
향이 있겠으며 그대의 악행이 가득한
들 하나님께 무슨 상관이 있겠으며
7 그대가 의로운들 하나님께 무엇을
드리겠으며 그가 그대의 손에서 무
엇을 받으시겠느냐
8 그대의 악은 그대와 같은 사람에게
나 있는 것이요 그대의 공의는 어떤
인생에게도 있느니라
9 사람은 학대가 많으므로 부르짖으며
군주들의 힘에 눌려 소리치나
10 나를 지으신 하나님은 어디 계시냐고
하며 밤에 노래를 주시는 자가 어디
계시냐고 말하는 자가 없구나
11 땅의 짐승들보다도 우리를 더욱 가
르치시고 하늘의 새들보다도 우리를
더욱 지혜롭게 하시는 이가 어디 계
시냐고 말하는 이도 없구나
12 그들이 악인의 교만으로 말미암아

거기에서 부르짖으나 대답하는 자가
없음은
13 헛된 것은 하나님이 결코 듣지 아니
하시며 전능자가 돌아보지 아니하심
이라
14 하물며 말하기를 하나님은 뵈올 수
없고 일의 판단하심은 그 앞에 있으
니 나는 그를 기다릴 뿐이라 말하는
그대일까보냐
15 그러나 지금은 그가 진노하심으로
벌을 주지 아니하셨고 악행을 끝까
지 살피지 아니하셨으므로
16 욥이 헛되이 입을 열어 지식 없는 말
을 많이 하는구나

36

엘리후가 말을 이어 이르되
2 나를 잠깐 용납하라 내가 그
대에게 보이리니 이는 내가 하나님을
위하여 아직도 할 말이 있음이라
3 내가 먼 데서 지식을 얻고 나를 지으
신 이에게 의를 돌려보내리라
4 진실로 내 말은 거짓이 아니라 온전
한 지식을 가진 이가 그대와 함께 있
느니라
5 하나님은 능하시나 아무도 멸시하지
아니하시며 그의 지혜가 무궁하사
6 악인을 살려두지 아니하시며 고난 받
는 자에게 공의를 베푸시며
7 그의 눈을 의인에게서 떼지 아니하시
고 그를 왕들과 함께 왕좌에 앉히사
영원토록 존귀하게 하시며
8 혹시 그들이 족쇄에 매이거나 환난
의 줄에 얽혔으면
9 그들의 소행과 악행과 자신들의 교
만한 행위를 알게 하시고
10 그들의 귀를 열어 교훈을 듣게 하시
며 명하여 죄악에서 돌이키게 하시나
니
11 만일 그들이 순종하여 섬기면 형통한
날을 보내며 즐거운 해를 지낼 것이
요
12 만일 그들이 순종하지 아니하면 칼에
망하며 지식 없이 죽을 것이니라
13 마음이 경건하지 아니한 자들은 분
노를 쌓으며 하나님이 속박할지라도
도움을 구하지 아니하나니
14 그들의 몸은 젊어서 죽으며 그들의
생명은 남창과 함께 있도다
15 하나님은 곤고한 자를 그 곤고에서
구원하시며 학대 당할 즈음에 그의
귀를 여시나니

365묵상

반드시 실현되는 하나님의 공의

욥과의 변론에서 엘리후는 '하나님의 공의'를 강조했다. 욥의 고난과 관련해서 그 사실을 적용시킨 것은 적절하지 않지만, 세상의 악인에 대한 심판과 관련해서는 적절하다(욥 34:16-30). 불의한 자들이 득세하고 의로운 자들이 억울하게 피해를 보는 이 세상의 현실에서 하나님의 공의가 실현되고 있다고 믿기란 쉽지 않다. 그러나 하나님은 공의로운 분이시고 반드시 공의를 실현하신다. 다만 우리는 하나님의 공의가 실현되는 시간 스케줄을 모르고 있을 뿐이다. 그래도 때가 되면 반드시 실현된다는 것은 분명하다.

16 그러므로 하나님이 그대를 환난에서
이끌어 내사 좁지 않고 넉넉한 곳으
로 옮기려 하셨은즉 무릇 그대의 상
에는 기름진 것이 놓이리라
17 이제는 악인의 받을 벌이 그대에게
가득하였고 심판과 정의가 그대를
잡았나니
18 그대는 분노하지 않도록 조심하며
많은 뇌물이 그대를 그릇된 길로 가
게 할까 조심하라
19 그대의 부르짖음이나 그대의 능력이
어찌 능히 그대가 곤고한 가운데에
서 그대를 유익하게 하겠느냐
20 그대는 밤을 사모하지 말라 인생들
이 밤에 그들이 있는 곳에서 끌려 가
리라
21 삼가 악으로 치우치지 말라 그대가
환난보다 이것을 택하였느니라
22 하나님은 그의 권능으로 높이 계시
나니 누가 그같이 교훈을 베풀겠느
냐
23 누가 그를 위하여 그의 길을 정하였
느냐 누가 말하기를 주께서 불의를
행하셨나이다 할 수 있으랴
24 그대는 하나님께서 하신 일을 기억하
고 높이라 잊지 말지니라 인생이 그
의 일을 찬송하였느니라
25 그의 일을 모든 사람이 우러러보나니
먼 데서도 보느니라
26 하나님은 높으시니 우리가 그를 알
수 없고 그의 햇수를 헤아릴 수 없느
니라
27 그가 물방울을 가늘게 하시며 빗방
울이 증발하여 안개가 되게 하시도
다
28 그것이 구름에서 내려 많은 사람에
게 쏟아지느니라
29 겹겹이 쌓인 구름과 그의 장막의 우
렛소리를 누가 능히 깨달으랴
30 보라 그가 번갯불을 자기의 사면에
펼치시며 바다 밑까지 비치시고
31 이런 것들로 만민을 심판하시며 음식
을 풍성하게 주시느니라
32 그가 번갯불을 손바닥 안에 넣으시
고 그가 번갯불을 명령하사 과녁을
치시도다
33 그의 우레가 다가오는 풍우를 알려
주니 가축들도 그 다가옴을 아느니
라

37 이로 말미암아 내 마음이 떨며
그 자리에서 흔들렸도다
2 하나님의 음성 곧 그의 입에서 나오
는 소리를 똑똑히 들으라
3 그 소리를 천하에 펼치시며 번갯불을
땅 끝까지 이르게 하시고
4 그 후에 음성을 발하시며 그의 위엄

찬 소리로 천둥을 치시며 그 음성이
들릴 때에 번개를 멈추게 아니하시
느니라
5 하나님은 놀라운 음성을 내시며 우
리가 헤아릴 수 없는 큰 일을 행하시
느니라
6 눈을 명하여 땅에 내리라 하시며 적
은 비와 큰 비도 내리게 명하시느니
라
7 그가 모든 사람의 손에 표를 주시어
모든 사람이 그가 지으신 것을 알게
하려 하심이라
8 그러나 짐승들은 땅 속에 들어가 그
처소에 머무느니라
9 폭풍우는 그 밀실에서 나오고 추위
는 북풍을 타고 오느니라
10 하나님의 입김이 얼음을 얼게 하고
물의 너비를 줄어들게 하느니라
11 또한 그는 구름에 습기를 실으시고
그의 번개로 구름을 흩어지게 하시
느니라
12 그는 감싸고 도시며 그들의 할 일을
조종하시느니라 그는 땅과 육지 표
면에 있는 모든 자들에게 명령하시
느니라
13 혹은 징계를 위하여 혹은 땅을 위하
여 혹은 긍휼을 위하여 그가 이런 일
을 생기게 하시느니라
14 욥이여 이것을 듣고 가만히 서서 하
나님의 오묘한 일을 깨달으라
15 하나님이 이런 것들에게 명령하셔서
그 구름의 번개로 번쩍거리게 하시는
것을 그대가 아느냐
16 그대는 겹겹이 쌓인 구름과 완전한
지식의 경이로움을 아느냐
17 땅이 고요할 때에 남풍으로 말미암
아 그대의 의복이 따뜻한 까닭을 그
대가 아느냐
18 그대는 그를 도와 구름장들을 두들
겨 넓게 만들어 녹여 부어 만든 거울
같이 단단하게 할 수 있겠느냐
19 우리가 그에게 할 말을 그대는 우리
에게 가르치라 우리는 아둔하여 아
뢰지 못하겠노라
20 내가 말하고 싶은 것을 어찌 그에게
고할 수 있으랴 삼켜지기를 바랄 자
가 어디 있으랴
21 그런즉 바람이 불어 하늘이 말끔하
게 되었을 때 그 밝은 빛을 아무도
볼 수 없느니라
22 북쪽에서는 황금 같은 빛이 나오고
하나님께는 두려운 위엄이 있느니라
23 전능자를 우리가 찾을 수 없나니 그
는 권능이 지극히 크사 정의나 무한
한 공의를 굽히지 아니하심이니라
24 그러므로 사람들은 그를 경외하고

그는 스스로 지혜롭다 하는 모든 자
를 무시하시느니라

여호와께서 욥에게 말씀하시다

38 그 때에 여호와께서 폭풍우 가
운데에서 욥에게 말씀하여 이
르시되
2 무지한 말로 생각을 어둡게 하는 자
가 누구냐
3 너는 대장부처럼 허리를 묶고 내가
네게 묻는 것을 대답할지니라
4 내가 땅의 기초를 놓을 때에 네가 어
디 있었느냐 네가 깨달아 알았거든
말할지니라
5 누가 그것의 도량법을 정하였는지,
누가 그 줄을 그것의 위에 띄웠는지
네가 아느냐
6 그것의 주추는 무엇 위에 세웠으며
그 모퉁잇돌을 누가 놓았느냐
7 그 때에 새벽 별들이 기뻐 노래하며
하나님의 아들들이 다 기뻐 소리를
질렀느니라
8 바다가 그 모태에서 터져 나올 때에
문으로 그것을 가둔 자가 누구냐
9 그 때에 내가 구름으로 그 옷을 만
들고 흑암으로 그 강보를 만들고
10 한계를 정하여 문빗장을 지르고
11 이르기를 네가 여기까지 오고 더 넘
어가지 못하리니 네 높은 파도가 여
기서 그칠지니라 하였노라
12 네가 너의 날에 아침에게 명령하였느
냐 새벽에게 그 자리를 일러 주었느
냐
13 그것으로 땅 끝을 붙잡고 악한 자들
을 그 땅에서 떨쳐 버린 일이 있었느
냐
14 땅이 변하여 진흙에 인친 것 같이 되
었고 그들은 옷 같이 나타나되
15 악인에게는 그 빛이 차단되고 그들
의 높이 든 팔이 꺾이느니라
16 네가 바다의 샘에 들어갔었느냐 깊
은 물 밑으로 걸어 다녀 보았느냐
17 사망의 문이 네게 나타났느냐 사망
의 그늘진 문을 네가 보았느냐
18 땅의 너비를 네가 측량할 수 있느냐
네가 그 모든 것들을 다 알거든 말
할지니라
19 어느 것이 광명이 있는 곳으로 가는
길이냐 어느 것이 흑암이 있는 곳으
로 가는 길이냐
20 너는 그의 지경으로 그를 데려갈 수
있느냐 그의 집으로 가는 길을 알고
있느냐
21 네가 아마도 알리라 네가 그 때에
태어났으리니 너의 햇수가 많음이니
라
22 네가 눈 곳간에 들어갔었느냐 우박

창고를 보았느냐
23 내가 환난 때와 교전과 전쟁의 날을
위하여 이것을 남겨 두었노라
24 광명이 어느 길로 뻗치며 동풍이 어
느 길로 땅에 흩어지느냐
25 누가 홍수를 위하여 물길을 터 주었
으며 우레와 번개 길을 내어 주었느
냐
26 누가 사람 없는 땅에, 사람 없는 광
야에 비를 내리며
27 황무하고 황폐한 토지를 흡족하게
하여 연한 풀이 돋아나게 하였느냐
28 비에게 아비가 있느냐 이슬방울은
누가 낳았느냐
29 얼음은 누구의 태에서 났느냐 공중
의 서리는 누가 낳았느냐
30 물은 돌 같이 굳어지고 깊은 바다의
수면은 얼어붙느니라
31 네가 묘성을 매어 묶을 수 있으며 삼
성의 띠를 풀 수 있겠느냐
32 너는 별자리들을 각각 제 때에 이끌
어 낼 수 있으며 북두성을 다른 별들
에게로 이끌어 갈 수 있겠느냐
33 네가 하늘의 궤도를 아느냐 하늘로
하여금 그 법칙을 땅에 베풀게 하겠
느냐
34 네가 목소리를 구름에까지 높여 넘
치는 물이 네게 덮이게 하겠느냐
35 네가 번개를 보내어 가게 하되 번개
가 네게 우리가 여기 있나이다 하게
하겠느냐
36 가슴 속의 지혜는 누가 준 것이냐 수
탉에게 슬기를 준 자가 누구냐
37 누가 지혜로 구름의 수를 세겠느냐
누가 하늘의 물주머니를 기울이겠느
냐
38 티끌이 덩어리를 이루며 흙덩이가 서
로 붙게 하겠느냐
39 네가 사자를 위하여 먹이를 사냥하겠
느냐 젊은 사자의 식욕을 채우겠느
냐
40 그것들이 굴에 엎드리며 숲에 앉아
숨어 기다리느니라
41 까마귀 새끼가 하나님을 향하여 부
르짖으며 먹을 것이 없어서 허우적거
릴 때에 그것을 위하여 먹이를 마련
하는 이가 누구냐

39

산 염소가 새끼 치는 때를 네가
아느냐 암사슴이 새끼 낳는 것
을 네가 본 적이 있느냐
2 그것이 몇 달 만에 만삭되는지 아느
냐 그 낳을 때를 아느냐
3 그것들은 몸을 구푸리고 새끼를 낳
으니 그 괴로움이 지나가고
4 그 새끼는 강하여져서 빈 들에서 크
다가 나간 후에는 다시 돌아오지 아

니하느니라
5 누가 들나귀를 놓아 자유롭게 하였
느냐 누가 빠른 나귀의 매인 것을 풀
었느냐
6 내가 들을 그것의 집으로, 소금 땅을
그것이 사는 처소로 삼았느니라
7 들나귀는 성읍에서 지껄이는 소리를
비웃나니 나귀 치는 사람이 지르는
소리는 그것에게 들리지 아니하며
8 초장 언덕으로 두루 다니며 여러 가
지 푸른 풀을 찾느니라
9 들소가 어찌 기꺼이 너를 위하여 일
하겠으며 네 외양간에 머물겠느냐
10 네가 능히 줄로 매어 들소가 이랑을
갈게 하겠느냐 그것이 어찌 골짜기
에서 너를 따라 써레를 끌겠느냐
11 그것이 힘이 세다고 네가 그것을 의
지하겠느냐 네 수고를 그것에게 맡
기겠느냐
12 그것이 네 곡식을 집으로 실어 오며
네 타작 마당에 곡식 모으기를 그것
에게 의탁하겠느냐
13 타조는 즐거이 날개를 치나 학의 깃
털과 날개 같겠느냐
14 그것이 알을 땅에 버려두어 흙에서
더워지게 하고
15 발에 깨어질 것이나 들짐승에게 밟힐
것을 생각하지 아니하고
16 그 새끼에게 모질게 대함이 제 새끼
가 아닌 것처럼 하며 그 고생한 것이
헛되게 될지라도 두려워하지 아니하
나니
17 이는 하나님이 지혜를 베풀지 아니하
셨고 총명을 주지 아니함이라
18 그러나 그것이 몸을 떨쳐 뛰어갈 때
에는 말과 그 위에 탄 자를 우습게
여기느니라
19 말의 힘을 네가 주었느냐 그 목에 흩
날리는 갈기를 네가 입혔느냐
20 네가 그것으로 메뚜기처럼 뛰게 하였
느냐 그 위엄스러운 콧소리가 두려
우니라
21 그것이 골짜기에서 발굽질하고 힘 있
음을 기뻐하며 앞으로 나아가서 군
사들을 맞되
22 두려움을 모르고 겁내지 아니하며
칼을 대할지라도 물러나지 아니하니
23 그의 머리 위에서는 화살통과 빛나는
창과 투창이 번쩍이며
24 땅을 삼킬 듯이 맹렬히 성내며 나팔
소리에 머물러 서지 아니하고
25 나팔 소리가 날 때마다 힝힝 울며 멀
리서 싸움 냄새를 맡고 지휘관들의
호령과 외치는 소리를 듣느니라
26 매가 떠올라서 날개를 펼쳐 남쪽으
로 향하는 것이 어찌 네 지혜로 말미

암음이냐
27 독수리가 공중에 떠서 높은 곳에 보
금자리를 만드는 것이 어찌 네 명령
을 따름이냐
28 그것이 낭떠러지에 집을 지으며 뾰족
한 바위 끝이나 험준한 데 살며
29 거기서 먹이를 살피나니 그 눈이 멀리
봄이며
30 그 새끼들도 피를 빠나니 시체가 있
는 곳에는 독수리가 있느니라

40 여호와께서 또 욥에게 일러 말
씀하시되
2 트집 잡는 자가 전능자와 다투겠느
냐 하나님을 탓하는 자는 대답할지
니라
3 욥이 여호와께 대답하여 이르되
4 보소서 나는 비천하오니 무엇이라 주
께 대답하리이까 손으로 내 입을 가
릴 뿐이로소이다
5 내가 한 번 말하였사온즉 다시는 더
대답하지 아니하겠나이다
6 그 때에 여호와께서 폭풍우 가운데
에서 욥에게 일러 말씀하시되
7 너는 대장부처럼 허리를 묶고 내가
네게 묻겠으니 내게 대답할지니라
8 네가 내 공의를 부인하려느냐 네 의
를 세우려고 나를 악하다 하겠느냐
9 네가 하나님처럼 능력이 있느냐 하나
님처럼 천둥 소리를 내겠느냐
10 너는 위엄과 존귀로 단장하며 영광과
영화를 입을지니라
11 너의 넘치는 노를 비우고 교만한 자
를 발견하여 모두 낮추되
12 모든 교만한 자를 발견하여 낮아지
게 하며 악인을 그들의 처소에서 짓
밟을지니라
13 그들을 함께 진토에 묻고 그들의 얼
굴을 싸서 은밀한 곳에 둘지니라
14 그리하면 네 오른손이 너를 구원할
수 있다고 내가 인정하리라
15 이제 소 같이 풀을 먹는 베헤못을
볼지어다 내가 너를 지은 것 같이 그
것도 지었느니라
16 그것의 힘은 허리에 있고 그 뚝심은
배의 힘줄에 있고
17 그것이 꼬리 치는 것은 백향목이 흔
들리는 것 같고 그 넓적다리 힘줄은
서로 얽혀 있으며
18 그 뼈는 놋관 같고 그 뼈대는 쇠 막
대기 같으니

365묵상

매와 독수리는 잘 알고 있다!

저명한 조류학자 피터 우드에 의하면, 오늘날 지구상에 존재하는 조류는 약 9,000종이라고 한다. 이처럼 다양한 종류의 새들이 각자의 환경에서 잘 적응해 살아간다. 새의 특징은 날개라고 할 수 있는데, 새의 날개를 살펴보면 어쩌면 그토록 각각에게 알맞도록 설계되어 있는지 그저 놀라울 따름이다. 동물의 세계를 연구하면 연구할수록 우리는 감탄과 놀라움을 금치 못한다. 이 모든 것들이 저절로 된 우연인가? 결코 아니다! 하나님께서 그렇게 창조하신 것이다. 공중의 새들은 그런 사실을 잘 알고 있다(욥 39:26-30).

19 그것은 하나님이 만드신 것 중에 으
뜸이라 그것을 지으신 이가 자기의
칼을 가져 오기를 바라노라
20 모든 들 짐승들이 뛰노는 산은 그것
을 위하여 먹이를 내느니라
21 그것이 연 잎 아래에나 갈대 그늘에
서나 늪 속에 엎드리니
22 연 잎 그늘이 덮으며 시내 버들이 그
를 감싸는도다
23 강물이 소용돌이칠지라도 그것이 놀
라지 않고 요단 강 물이 쏟아져 그
입으로 들어가도 태연하니
24 그것이 눈을 뜨고 있을 때 누가 능히
잡을 수 있겠으며 갈고리로 그것의
코를 꿸 수 있겠느냐

41 네가 낚시로 리워야단을 끌어낼
수 있겠느냐 노끈으로 그 혀를
맬 수 있겠느냐
2 너는 밧줄로 그 코를 꿸 수 있겠느
냐 갈고리로 그 아가미를 꿸 수 있겠
느냐
3 그것이 어찌 네게 계속하여 간청하겠
느냐 부드럽게 네게 말하겠느냐
4 어찌 그것이 너와 계약을 맺고 너는
그를 영원히 종으로 삼겠느냐
5 네가 어찌 그것을 새를 가지고 놀 듯
하겠으며 네 여종들을 위하여 그것
을 매어두겠느냐
6 어찌 장사꾼들이 그것을 놓고 거래
하겠으며 상인들이 그것을 나누어
가지겠느냐
7 네가 능히 많은 창으로 그 가죽을
찌르거나 작살을 그 머리에 꽂을 수
있겠느냐
8 네 손을 그것에게 얹어 보라 다시는
싸울 생각을 못하리라
9 참으로 잡으려는 그의 희망은 헛된
것이니라 그것의 모습을 보기만 해도
그는 기가 꺾이리라
10 아무도 그것을 격동시킬 만큼 담대
하지 못하거든 누가 내게 감히 대항
할 수 있겠느냐
11 누가 먼저 내게 주고 나로 하여금 갚
게 하겠느냐 온 천하에 있는 것이 다
내 것이니라
12 내가 그것의 지체와 그것의 큰 용맹
과 늠름한 체구에 대하여 잠잠하지
아니하리라
13 누가 그것의 겉가죽을 벗기겠으며 그
것에게 겹재갈을 물릴 수 있겠느냐
14 누가 그것의 턱을 벌릴 수 있겠느냐
그의 둥근 이틀은 심히 두렵구나
15 그의 즐비한 비늘은 그의 자랑이로
다 튼튼하게 봉인하듯이 닫혀 있구
나
16 그것들이 서로 달라붙어 있어 바람이

그 사이로 지나가지 못하는구나
17 서로 이어져 붙었으니 능히 나눌 수
도 없구나
18 그것이 재채기를 한즉 빛을 발하고
그것의 눈은 새벽의 눈꺼풀 빛 같으
며
19 그것의 입에서는 횃불이 나오고 불
꽃이 튀어 나오며
20 그것의 콧구멍에서는 연기가 나오니
마치 갈대를 태울 때에 솥이 끓는 것
과 같구나
21 그의 입김은 숯불을 지피며 그의 입
은 불길을 뿜는구나
22 그것의 힘은 그의 목덜미에 있으니
그 앞에서는 절망만 감돌 뿐이구나
23 그것의 살껍질은 서로 밀착되어 탄탄
하며 움직이지 않는구나
24 그것의 가슴은 돌처럼 튼튼하며 맷
돌 아래짝 같이 튼튼하구나
25 그것이 일어나면 용사라도 두려워하
며 달아나리라
26 칼이 그에게 꽂혀도 소용이 없고 창
이나 투창이나 화살촉도 꽂히지 못
하는구나
27 그것이 쇠를 지푸라기 같이, 놋을 썩
은 나무 같이 여기니
28 화살이라도 그것을 물리치지 못하겠
고 물맷돌도 그것에게는 겨 같이 되
는구나
29 그것은 몽둥이도 지푸라기 같이 여기
고 창이 날아오는 소리를 우습게 여
기며
30 그것의 아래쪽에는 날카로운 토기
조각 같은 것이 달려 있고 그것이 지
나갈 때는 진흙 바닥에 도리깨로 친
자국을 남기는구나
31 깊은 물을 솥의 물이 끓음 같게 하며
바다를 기름병 같이 다루는도다
32 그것의 뒤에서 빛나는 물줄기가 나오
니 그는 깊은 바다를 백발로 만드는
구나
33 세상에는 그것과 비할 것이 없으니
그것은 두려움이 없는 것으로 지음
받았구나
34 그것은 모든 높은 자를 내려다보며
모든 교만한 자들에게 군림하는 왕
이니라

욥의 회개

42 욥이 여호와께 대답하여 이르되
2 주께서는 못 하실 일이 없사오
며 무슨 계획이든지 못 이루실 것이
없는 줄 아오니
3 무지한 말로 이치를 가리는 자가 누
구니이까 나는 깨닫지도 못한 일을
말하였고 스스로 알 수도 없고 헤아
리기도 어려운 일을 말하였나이다

4 내가 말하겠사오니 주는 들으시고
내가 주께 묻겠사오니 주여 내게 알
게 하옵소서
5 내가 주께 대하여 귀로 듣기만 하였
사오나 이제는 눈으로 주를 뵈옵나
이다
6 그러므로 내가 스스로 거두어들이고
티끌과 재 가운데에서 회개하나이다

결론

7 여호와께서 욥에게 이 말씀을 하신
후에 여호와께서 데만 사람 엘리바
스에게 이르시되 내가 너와 네 두 친
구에게 노하나니 이는 너희가 나를
가리켜 말한 것이 내 종 욥의 말 같이
옳지 못함이니라
8 그런즉 너희는 수소 일곱과 숫양 일
곱을 가지고 내 종 욥에게 가서 너희
를 위하여 번제를 드리라 내 종 욥이
너희를 위하여 기도할 것인즉 내가
그를 기쁘게 받으리니 너희가 우매
한 만큼 너희에게 갚지 아니하리라
이는 너희가 나를 가리켜 말한 것이
내 종 욥의 말 같이 옳지 못함이라
9 이에 데만 사람 엘리바스와 수아 사
람 빌닷과 나아마 사람 소발이 가서
여호와께서 자기들에게 명령하신 대
로 행하니라 여호와께서 욥을 기쁘
게 받으셨더라

여호와께서 욥에게 복을 주시다

10 욥이 그의 친구들을 위하여 기도할
때 여호와께서 욥의 곤경을 돌이키시
고 여호와께서 욥에게 이전 모든 소
유보다 갑절이나 주신지라
11 이에 그의 모든 형제와 자매와 이전
에 알던 이들이 다 와서 그의 집에서
그와 함께 음식을 먹고 여호와께서
그에게 내리신 모든 재앙에 관하여
그를 위하여 슬퍼하며 위로하고 각
각 케쉬타 하나씩과 금 고리 하나씩
을 주었더라
12 여호와께서 욥의 말년에 욥에게 처
음보다 더 복을 주시니 그가 양 만
사천과 낙타 육천과 소 천 겨리와 암
나귀 천을 두었고
13 또 아들 일곱과 딸 셋을 두었으며
14 그가 첫째 딸은 여미마라 이름하였
고 둘째 딸은 긋시아라 이름하였고
셋째 딸은 게렌합북이라 이름하였으
니
15 모든 땅에서 욥의 딸들처럼 아리따
운 여자가 없었더라 그들의 아버지가
그들에게 그들의 오라비들처럼 기업
을 주었더라
16 그 후에 욥이 백사십 년을 살며 아들
과 손자 사 대를 보았고
17 욥이 늙어 나이가 차서 죽었더라

시편 Psalms

전체 150편의 영감된 시(詩)가 모두 5권으로 편집된 본서는 모세로부터 에스라에 이르기까지 1천여 년의 기간 동안 다양한 저자들에 의해 하나님을 찬양한 노래시들의 모음집이다. 본서에서 각 시편의 저자들은 하나님에 대하여 무엇을 어떻게 느꼈으며, 또 자신들의 삶 속에서 무엇이 일어났는지를 아름답고 영감된 시로써 노래했다.

제목 원래 히브리어 성경의 표제는 '찬양의 책(세페르 데힐림)'이었으나 한글 개역은 '시들(프살모이)'이란 헬라어 70인역 표제를 따랐다.

저자 다윗 외 여러 명. 전체 150편 가운데 저자가 밝혀진 100편은 다윗(73편), 아삽(12편), 고라 자손(10편), 솔로몬(2편), 모세(1편), 헤만(1편), 에단(1편) 등이고, 나머지 저자가 밝혀지지 않은 50편 가운데서도 다윗의 저작이 많을 것으로 추정된다.

기록 연대 B.C. 15-5세기. 저자가 밝혀진 것 중 연대가 가장 빠른 모세의 작품은(90편) B.C. 15세기경에 쓰여졌다. 또한 본서 4, 5권은 B.C. 5세기경에 활약한 에스라, 느헤미야에 의해 편집된 것으로 추정되므로 시편의 저작 및 편집 시기는 상당히 광범위하다.

기록 목적 ① 개인의 내적인 기쁨이나 슬픔을 찬양, 또는 고백하기 위하여. ② 종교 행사 때 하나님을 높이는 신앙 공감대를 확산시키기 위하여. ③ 일상 생활이나 종교 행위에 있어 교훈을 주기 위하여.

주제 하나님에 대한 찬양과 경배. 각 시에 따라 여러 주제로 분류될 수 있으나 하나님의 품성과 섭리에 대한 찬양으로 귀결된다.

특징 ① 성경 중 가장 광범위한 시대적 배경과 가장 깊은 신학적 내용과 가장 넓은 독자층을 가진다. ② 주제면에서 국가시, 역사시, 왕의 시, 회개시, 저주시 등 다양성을 지닌다.

본서의 내용

I. 제1권	1-41편	IV. 제4권	90-106편
II. 제2권	42-72편	V. 제5권	107-150편
III. 제3권	73-89편		

연대표

B.C.	
1527년	모세의 출생
?	모세의 시편(90년)
1406년	모세의 죽음
1040년~	다윗 시대
970년	다윗의 시편들(도합 73편)
	아삽의 시편들(도합 12편)
	고라 자손의 시편(도합 10편)
	헤만의 시편(88장)
	에단의 시편(89장)
	익명의 저자의 시편들(도합50편)
970년~	솔로몬의 시대
930년	솔로몬의 시편들 (도합 2편-72,127장)
930년	왕국 남북분열
586년	예루살렘 함락과 바벨론 유수(幽囚)
458년	에스라의 2차 포로 귀환
	에스라의 시편들(?)

· 시편의 주요 무대

시편 Psalms

제일권

1 복 있는 사람은 악인들의 꾀를 따
르지 아니하며 죄인들의 길에 서지
아니하며 오만한 자들의 자리에 앉지
아니하고
2 오직 여호와의 율법을 즐거워하여 그
의 율법을 주야로 묵상하는도다
3 그는 시냇가에 심은 나무가 철을 따
라 열매를 맺으며 그 잎사귀가 마르
지 아니함 같으니 그가 하는 모든 일
이 다 형통하리로다
4 악인들은 그렇지 아니함이여 오직 바
람에 나는 겨와 같도다
5 그러므로 악인들은 심판을 견디지
못하며 죄인들이 의인들의 모임에 들
지 못하리로다
6 무릇 의인들의 길은 여호와께서 인
정하시나 악인들의 길은 망하리로
다

2 어찌하여 이방 나라들이 분노하며
민족들이 헛된 일을 꾸미는가
2 세상의 군왕들이 나서며 관원들이 서
로 꾀하여 여호와와 그의 기름 부음
받은 자를 대적하며
3 우리가 그들의 맨 것을 끊고 그의 결
박을 벗어 버리자 하는도다
4 하늘에 계신 이가 웃으심이여 주께서
그들을 비웃으시리로다
5 그 때에 분을 발하며 진노하사 그들
을 놀라게 하여 이르시기를
6 내가 나의 왕을 내 거룩한 산 시온에
세웠다 하시리로다
7 내가 여호와의 명령을 전하노라 여호
와께서 내게 이르시되 너는 내 아들
이라 오늘 내가 너를 낳았도다
8 내게 구하라 내가 이방 나라를 네
유업으로 주리니 네 소유가 땅 끝까
지 이르리로다
9 네가 철장으로 그들을 깨뜨림이여
질그릇 같이 부수리라 하시도다
10 그런즉 군왕들아 너희는 지혜를 얻
으며 세상의 재판관들아 너희는 교
훈을 받을지어다
11 여호와를 경외함으로 섬기고 떨며 즐
거워할지어다
12 그의 아들에게 입맞추라 그렇지 아
니하면 진노하심으로 너희가 길에서
망하리니 그의 진노가 급하심이라 여
호와께 피하는 모든 사람은 다 복이
있도다

[다윗이 그의 아들 압살롬을 피할 때에
지은 시]

3

여호와여 나의 대적이 어찌 그리
많은지요 일어나 나를 치는 자가
많으니이다
2 많은 사람이 나를 대적하여 말하기
를 그는 하나님께 구원을 받지 못한
다 하나이다 (셀라)
3 여호와여 주는 나의 방패시요 나의
영광이시요 나의 머리를 드시는 자이
시니이다
4 내가 나의 목소리로 여호와께 부르
짖으니 그의 성산에서 응답하시는도
다 (셀라)
5 내가 누워 자고 깨었으니 여호와께
서 나를 붙드심이로다
6 천만인이 나를 에워싸 진 친다 하
여도 나는 두려워하지 아니하리이
다
7 여호와여 일어나소서 나의 하나님이
여 나를 구원하소서 주께서 나의 모
든 원수의 뺨을 치시며 악인의 이를
꺾으셨나이다
8 구원은 여호와께 있사오니 주의 복
을 주의 백성에게 내리소서 (셀라)

[다윗의 시, 인도자를 따라 현악에 맞춘 노래]

4

내 의의 하나님이여 내가 부를 때
에 응답하소서 곤란 중에 나를 너
그럽게 하셨사오니 내게 은혜를 베
푸사 나의 기도를 들으소서
2 인생들아 어느 때까지 나의 영광을
바꾸어 욕되게 하며 헛된 일을 좋아
하고 거짓을 구하려는가 (셀라)
3 여호와께서 자기를 위하여 경건한 자
를 택하신 줄 너희가 알지어다 내가
그를 부를 때에 여호와께서 들으시
리로다
4 너희는 떨며 범죄하지 말지어다 자리
에 누워 심중에 말하고 잠잠할지어
다 (셀라)
5 의의 제사를 드리고 여호와를 의지할
지어다
6 여러 사람의 말이 우리에게 선을 보
일 자 누구뇨 하오니 여호와여 주의
얼굴을 들어 우리에게 비추소서
7 주께서 내 마음에 두신 기쁨은 그들
의 곡식과 새 포도주가 풍성할 때보
다 더하니이다
8 내가 평안히 눕고 자기도 하리니 나
를 안전히 살게 하시는 이는 오직 여
호와이시니이다

365묵상

영혼의 달콤한 휴식

당신은 취침을 위해 침대로 가면서 안식의 달콤함을 느낀 적이 있는가? 이때 당신이 침대의 안정성을 의심한다면 편히 쉴 수 있겠는가? 언제 침대가 무너질는지 모른다는 불안감으로 더 피곤하지 않겠는가? 이런 생각을 통해 당신이 주님 안에서 쉰다는 것이 무엇인지 배우라. 당신의 영혼을 '주님'이란 소파 위에 편히 눕게 하라. 모든 긴장을 풀고 모든 짐을 내려놓으라. 주님이 당신을 견고하고 떠받치고 계신다. 그처럼 보호하시는 주님의 역할을 의심치 말라. 오직 그분 안에서 영혼의 달콤한 휴식을 취하라(시 4:8).

[다윗의 시, 인도자를 따라 관악에 맞
춘 노래]

5 여호와여 나의 말에 귀를 기울이
사 나의 심정을 헤아려 주소서
2 나의 왕, 나의 하나님이여 내가 부르
짖는 소리를 들으소서 내가 주께 기
도하나이다
3 여호와여 아침에 주께서 나의 소리를
들으시리니 아침에 내가 주께 기도
하고 바라리이다
4 주는 죄악을 기뻐하는 신이 아니시니
악이 주와 함께 머물지 못하며
5 오만한 자들이 주의 목전에 서지 못
하리이다 주는 모든 행악자를 미워
하시며
6 거짓말하는 자들을 멸망시키시리이다
여호와께서는 피 흘리기를 즐기는
자와 속이는 자를 싫어하시나이다
7 오직 나는 주의 풍성한 사랑을 힘입
어 주의 집에 들어가 주를 경외함으
로 성전을 향하여 예배하리이다
8 여호와여 나의 원수들로 말미암아
주의 의로 나를 인도하시고 주의 길
을 내 목전에 곧게 하소서
9 그들의 입에 신실함이 없고 그들의
심중이 심히 악하며 그들의 목구멍은
열린 무덤 같고 그들의 혀로는 아첨
하나이다
10 하나님이여 그들을 정죄하사 자기 꾀
에 빠지게 하시고 그 많은 허물로 말
미암아 그들을 쫓아내소서 그들이
주를 배역함이니이다
11 그러나 주께 피하는 모든 사람은 다
기뻐하며 주의 보호로 말미암아 영원
히 기뻐 외치고 주의 이름을 사랑하
는 자들은 주를 즐거워하리이다
12 여호와여 주는 의인에게 복을 주시
고 방패로 함 같이 은혜로 그를 호
위하시리이다

[다윗의 시, 인도자를 따라 현악 여덟째
줄에 맞춘 노래]

6 여호와여 주의 분노로 나를 책망
하지 마시오며 주의 진노로 나를
징계하지 마옵소서
2 여호와여 내가 수척하였사오니 내게
은혜를 베푸소서 여호와여 나의 뼈
가 떨리오니 나를 고치소서
3 나의 영혼도 매우 떨리나이다 여호와
여 어느 때까지니이까
4 여호와여 돌아와 나의 영혼을 건지시
며 주의 사랑으로 나를 구원하소서
5 사망 중에서는 주를 기억하는 일이
없사오니 스올에서 주께 감사할 자
누구리이까
6 내가 탄식함으로 피곤하여 밤마다
눈물로 내 침상을 띄우며 내 요를 적

시나이다
7 내 눈이 근심으로 말미암아 쇠하며
내 모든 대적으로 말미암아 어두워
졌나이다
8 악을 행하는 너희는 다 나를 떠나라
여호와께서 내 울음 소리를 들으셨
도다
9 여호와께서 내 간구를 들으셨음이
여 여호와께서 내 기도를 받으시리
로다
10 내 모든 원수들이 부끄러움을 당하
고 심히 떪이여 갑자기 부끄러워 물
러가리로다

[다윗의 식가욘, 베냐민인 구시의 말에
따라 여호와께 드린 노래]

7 여호와 내 하나님이여 내가 주께
피하오니 나를 쫓아오는 모든 자
들에게서 나를 구원하여 내소서
2 건져낼 자가 없으면 그들이 사자 같
이 나를 찢고 뜯을까 하나이다
3 여호와 내 하나님이여 내가 이런 일
을 행하였거나 내 손에 죄악이 있거
나
4 화친한 자를 악으로 갚았거나 내 대
적에게서 까닭 없이 빼앗았거든
5 원수가 나의 영혼을 쫓아 잡아 내 생
명을 땅에 짓밟게 하고 내 영광을 먼
지 속에 살게 하소서 (셀라)
6 여호와여 진노로 일어나사 내 대적들
의 노를 막으시며 나를 위하여 깨소
서 주께서 심판을 명령하셨나이다
7 민족들의 모임이 주를 두르게 하시
고 그 위 높은 자리에 돌아오소서
8 여호와께서 만민에게 심판을 행하시
오니 여호와여 나의 의와 나의 성실
함을 따라 나를 심판하소서
9 악인의 악을 끊고 의인을 세우소서
의로우신 하나님이 사람의 마음과 양
심을 감찰하시나이다
10 나의 방패는 마음이 정직한 자를 구
원하시는 하나님께 있도다
11 하나님은 의로우신 재판장이심이여
매일 분노하시는 하나님이시로다
12 사람이 회개하지 아니하면 그가 그의
칼을 가심이여 그의 활을 이미 당기
어 예비하셨도다
13 죽일 도구를 또한 예비하심이여 그
가 만든 화살은 불화살들이로다
14 악인이 죄악을 낳음이여 재앙을 배어
거짓을 낳았도다
15 그가 웅덩이를 파 만듦이여 제가 만
든 함정에 빠졌도다
16 그의 재앙은 자기 머리로 돌아가고
그의 포악은 자기 정수리에 내리리로
다
17 내가 여호와께 그의 의를 따라 감사

함이여 지존하신 여호와의 이름을 찬
양하리로다

[다윗의 시, 인도자를 따라 깃딧에 맞춘 노래]

8 여호와 우리 주여 주의 이름이 온
땅에 어찌 그리 아름다운지요 주
의 영광이 하늘을 덮었나이다
2 주의 대적으로 말미암아 어린 아이들
과 젖먹이들의 입으로 권능을 세우심
이여 이는 원수들과 보복자들을 잠
잠하게 하려 하심이니이다
3 주의 손가락으로 만드신 주의 하늘
과 주께서 베풀어 두신 달과 별들을
내가 보오니
4 사람이 무엇이기에 주께서 그를 생
각하시며 인자가 무엇이기에 주께서
그를 돌보시나이까
5 그를 하나님보다 조금 못하게 하시
고 영화와 존귀로 관을 씌우셨나이
다
6 주의 손으로 만드신 것을 다스리게
하시고 만물을 그의 발 아래 두셨으
니
7 곧 모든 소와 양과 들짐승이며
8 공중의 새와 바다의 물고기와 바닷
길에 다니는 것이니이다
9 여호와 우리 주여 주의 이름이 온 땅
에 어찌 그리 아름다운지요

[다윗의 시, 인도자를 따라 뭇랍벤에 맞춘 노래]

9 내가 전심으로 여호와께 감사하오
며 주의 모든 기이한 일들을 전하
리이다
2 내가 주를 기뻐하고 즐거워하며 지
존하신 주의 이름을 찬송하리니
3 내 원수들이 물러갈 때에 주 앞에서
넘어져 망함이니이다
4 주께서 나의 의와 송사를 변호하셨
으며 보좌에 앉으사 의롭게 심판하
셨나이다
5 이방 나라들을 책망하시고 악인을
멸하시며 그들의 이름을 영원히 지우
셨나이다
6 원수가 끊어져 영원히 멸망하였사오
니 주께서 무너뜨린 성읍들을 기억할
수 없나이다
7 여호와께서 영원히 앉으심이여 심판
을 위하여 보좌를 준비하셨도다
8 공의로 세계를 심판하심이여 정직으
로 만민에게 판결을 내리시리로다
9 여호와는 압제를 당하는 자의 요새
이시요 환난 때의 요새이시로다
10 여호와여 주의 이름을 아는 자는 주
를 의지하오리니 이는 주를 찾는 자
들을 버리지 아니하심이니이다
11 너희는 시온에 계신 여호와를 찬송

하며 그의 행사를 백성 중에 선포할
지어다
12 피 흘림을 심문하시는 이가 그들을
기억하심이여 가난한 자의 부르짖음
을 잊지 아니하시도다
13 여호와여 내게 은혜를 베푸소서 나
를 사망의 문에서 일으키시는 주여
나를 미워하는 자에게서 받는 나의
고통을 보소서
14 그리하시면 내가 주의 찬송을 다 전
할 것이요 딸 시온의 문에서 주의 구
원을 기뻐하리이다
15 이방 나라들은 자기가 판 웅덩이에
빠짐이여 자기가 숨긴 그물에 자기
발이 걸렸도다
16 여호와께서 자기를 알게 하사 심판
을 행하셨음이여 악인은 자기가 손
으로 행한 일에 스스로 얽혔도다 (힉
가욘, 셀라)
17 악인들이 스올로 돌아감이여 하나님
을 잊어버린 모든 이방 나라들이 그
리하리로다
18 궁핍한 자가 항상 잊어버림을 당하지
아니함이여 가난한 자들이 영원히 실
망하지 아니하리로다
19 여호와여 일어나사 인생으로 승리를
얻지 못하게 하시며 이방 나라들이
주 앞에서 심판을 받게 하소서
20 여호와여 그들을 두렵게 하시며 이방
나라들이 자기는 인생일 뿐인 줄 알
게 하소서 (셀라)

10 여호와여 어찌하여 멀리 서시며
어찌하여 환난 때에 숨으시나이
까
2 악한 자가 교만하여 가련한 자를 심
히 압박하오니 그들이 자기가 베푼
꾀에 빠지게 하소서
3 악인은 그의 마음의 욕심을 자랑하
며 탐욕을 부리는 자는 여호와를 배
반하여 멸시하나이다
4 악인은 그의 교만한 얼굴로 말하기
를 여호와께서 이를 감찰하지 아니
하신다 하며 그의 모든 사상에 하나
님이 없다 하나이다
5 그의 길은 언제든지 견고하고 주의
심판은 높아서 그에게 미치지 못하
오니 그는 그의 모든 대적들을 멸시
하며
6 그의 마음에 이르기를 나는 흔들리
지 아니하며 대대로 환난을 당하지
아니하리라 하나이다
7 그의 입에는 저주와 거짓과 포악이
충만하며 그의 혀 밑에는 잔해와 죄
악이 있나이다
8 그가 마을 구석진 곳에 앉으며 그 은
밀한 곳에서 무죄한 자를 죽이며 그

의 눈은 가련한 자를 엿보나이다
9 사자가 자기의 굴에 엎드림 같이 그
가 은밀한 곳에 엎드려 가련한 자를
잡으려고 기다리며 자기 그물을 끌어
당겨 가련한 자를 잡나이다
10 그가 구푸려 엎드리니 그의 포악으
로 말미암아 가련한 자들이 넘어지나
이다
11 그가 그의 마음에 이르기를 하나님
이 잊으셨고 그의 얼굴을 가리셨으니
영원히 보지 아니하시리라 하나이다
12 여호와여 일어나옵소서 하나님이여
손을 드옵소서 가난한 자들을 잊지
마옵소서
13 어찌하여 악인이 하나님을 멸시하여
그의 마음에 이르기를 주는 감찰하
지 아니하리라 하나이까
14 주께서는 보셨나이다 주는 재앙과
원한을 감찰하시고 주의 손으로 갚
으려 하시오니 외로운 자가 주를 의
지하나이다 주는 벌써부터 고아를
도우시는 이시니이다
15 악인의 팔을 꺾으소서 악한 자의 악
을 더 이상 찾아낼 수 없을 때까지
찾으소서
16 여호와께서는 영원무궁하도록 왕이
시니 이방 나라들이 주의 땅에서 멸
망하였나이다
17 여호와여 주는 겸손한 자의 소원을
들으셨사오니 그들의 마음을 준비하
시며 귀를 기울여 들으시고
18 고아와 압제 당하는 자를 위하여 심
판하사 세상에 속한 자가 다시는 위
협하지 못하게 하시리이다

[다윗의 시, 인도자를 따라 부르는 노
래]

11 내가 여호와께 피하였거늘 너희
가 내 영혼에게 새 같이 네 산
으로 도망하라 함은 어찌함인가
2 악인이 활을 당기고 화살을 시위에
먹임이여 마음이 바른 자를 어두운
데서 쏘려 하는도다
3 터가 무너지면 의인이 무엇을 하랴
4 여호와께서는 그의 성전에 계시고 여
호와의 보좌는 하늘에 있음이여 그
의 눈이 인생을 통촉하시고 그의 안
목이 그들을 감찰하시도다
5 여호와는 의인을 감찰하시고 악인과
폭력을 좋아하는 자를 마음에 미워
하시도다
6 악인에게 그물을 던지시리니 불과 유
황과 태우는 바람이 그들의 잔의 소
득이 되리로다
7 여호와는 의로우사 의로운 일을 좋
아하시나니 정직한 자는 그의 얼굴을
뵈오리로다

[다윗의 시, 인도자를 따라 여덟째 줄에
맞춘 노래]

12 여호와여 도우소서 경건한 자가
끊어지며 충실한 자들이 인생
중에 없어지나이다
2 그들이 이웃에게 각기 거짓을 말함이
여 아첨하는 입술과 두 마음으로 말
하는도다
3 여호와께서 모든 아첨하는 입술과
자랑하는 혀를 끊으시리니
4 그들이 말하기를 우리의 혀가 이기리
라 우리 입술은 우리 것이니 우리를
주관할 자 누구리요 함이로다
5 여호와의 말씀에 가련한 자들의 눌림
과 궁핍한 자들의 탄식으로 말미암
아 내가 이제 일어나 그를 그가 원하
는 안전한 지대에 두리라 하시도다
6 여호와의 말씀은 순결함이여 흙 도
가니에 일곱 번 단련한 은 같도다
7 여호와여 그들을 지키사 이 세대로
부터 영원까지 보존하시리이다
8 비열함이 인생 중에 높임을 받는 때
에 악인들이 곳곳에서 날뛰는도다

[다윗의 시, 인도자를 따라 부르는 노
래]

13 여호와여 어느 때까지니이까 나
를 영원히 잊으시나이까 주의
얼굴을 나에게서 어느 때까지 숨기시
겠나이까
2 나의 영혼이 번민하고 종일토록 마음
에 근심하기를 어느 때까지 하오며
내 원수가 나를 치며 자랑하기를 어
느 때까지 하리이까
3 여호와 내 하나님이여 나를 생각하
사 응답하시고 나의 눈을 밝히소서
두렵건대 내가 사망의 잠을 잘까 하
오며
4 두렵건대 나의 원수가 이르기를 내가
그를 이겼다 할까 하오며 내가 흔들
릴 때에 나의 대적들이 기뻐할까 하
나이다
5 나는 오직 주의 사랑을 의지하였사
오니 나의 마음은 주의 구원을 기뻐
하리이다
6 내가 여호와를 찬송하리니 이는 주
께서 내게 은덕을 베푸심이로다

[다윗의 시, 인도자를 따라 부르는 노
래]

14 어리석은 자는 그의 마음에 이
르기를 하나님이 없다 하는도다

365묵상

세상에서 가장 어리석은 자들

성경은 어떤 자를 '가장 어리석은 자'라고 말하고 있을까? 시편 14장 1절에 쓰인 '어리석은 자'란 말은 '큰 죄를 짓고 있는 자'를 가리킨다. 그들은 도대체 얼마나 큰 죄를 지은 자들인가? 살인죄? 유괴죄? 성폭행 죄? 그런 것이 아니다. 그들은 바로 '하나님이 없다고 하는 자' 곧 하나님의 존재를 부인하는 자들이다. 자신이 하나님에 의해 창조되었고, 그분이 창조하신 세상에 살면서, 그분의 능력을 증언하고 있는 자연만물을 보면서도 "하나님은 없다!"라고 말하는 자의 죄가 얼마나 크고, 그 어리석음이 얼마나 큰가!

그들은 부패하고 그 행실이 가증하
니 선을 행하는 자가 없도다
2 여호와께서 하늘에서 인생을 굽어살
피사 지각이 있어 하나님을 찾는 자
가 있는가 보려 하신즉
3 다 치우쳐 함께 더러운 자가 되고 선
을 행하는 자가 없으니 하나도 없도
다
4 죄악을 행하는 자는 다 무지하냐 그
들이 떡 먹듯이 내 백성을 먹으면서
여호와를 부르지 아니하는도다
5 그러나 거기서 그들은 두려워하고 두
려워하였으니 하나님이 의인의 세대
에 계심이로다
6 너희가 가난한 자의 계획을 부끄럽게
하나 오직 여호와는 그의 피난처가
되시도다
7 이스라엘의 구원이 시온에서 나오기
를 원하도다 여호와께서 그의 백성
을 포로된 곳에서 돌이키실 때에 야
곱이 즐거워하고 이스라엘이 기뻐하
리로다

[다윗의 시]

15

여호와여 주의 장막에 머무를
자 누구오며 주의 성산에 사는
자 누구오니이까
2 정직하게 행하며 공의를 실천하며 그
의 마음에 진실을 말하며
3 그의 혀로 남을 허물하지 아니하고
그의 이웃에게 악을 행하지 아니하며
그의 이웃을 비방하지 아니하며
4 그의 눈은 망령된 자를 멸시하며 여
호와를 두려워하는 자들을 존대하며
그의 마음에 서원한 것은 해로울지
라도 변하지 아니하며
5 이자를 받으려고 돈을 꾸어 주지 아
니하며 뇌물을 받고 무죄한 자를 해
하지 아니하는 자이니 이런 일을 행
하는 자는 영원히 흔들리지 아니하리
이다

[다윗의 믹담]

16

하나님이여 나를 지켜 주소서
내가 주께 피하나이다
2 내가 여호와께 아뢰되 주는 나의 주
님이시오니 주 밖에는 나의 복이 없
다 하였나이다
3 땅에 있는 성도들은 존귀한 자들이
니 나의 모든 즐거움이 그들에게 있
도다
4 다른 신에게 예물을 드리는 자는 괴
로움이 더할 것이라 나는 그들이 드
리는 피의 전제를 드리지 아니하며
내 입술로 그 이름도 부르지 아니하
리로다
5 여호와는 나의 산업과 나의 잔의 소
득이시니 나의 분깃을 지키시나이다

6 내게 줄로 재어 준 구역은 아름다운
곳에 있음이여 나의 기업이 실로 아
름답도다
7 나를 훈계하신 여호와를 송축할지라
밤마다 내 양심이 나를 교훈하도다
8 내가 여호와를 항상 내 앞에 모심이
여 그가 나의 오른쪽에 계시므로 내
가 흔들리지 아니하리로다
9 이러므로 나의 마음이 기쁘고 나의
영도 즐거워하며 내 육체도 안전히
살리니
10 이는 주께서 내 영혼을 스올에 버리
지 아니하시며 주의 거룩한 자를 멸
망시키지 않으실 것임이니이다
11 주께서 생명의 길을 내게 보이시리니
주의 앞에는 충만한 기쁨이 있고 주
의 오른쪽에는 영원한 즐거움이 있
나이다

[다윗의 기도]

17

여호와여 의의 호소를 들으소
서 나의 울부짖음에 주의하소서
거짓 되지 아니한 입술에서 나오는
나의 기도에 귀를 기울이소서
2 주께서 나를 판단하시며 주의 눈으
로 공평함을 살피소서
3 주께서 내 마음을 시험하시고 밤에
내게 오시어서 나를 감찰하셨으나
흠을 찾지 못하셨사오니 내가 결심하
고 입으로 범죄하지 아니하리이다
4 사람의 행사로 논하면 나는 주의 입
술의 말씀을 따라 스스로 삼가서 포
악한 자의 길을 가지 아니하였사오며
5 나의 걸음이 주의 길을 굳게 지키고
실족하지 아니하였나이다
6 하나님이여 내게 응답하시겠으므로
내가 불렀사오니 내게 귀를 기울여
내 말을 들으소서
7 주께 피하는 자들을 그 일어나 치는
자들에게서 오른손으로 구원하시는
주여 주의 기이한 사랑을 나타내소서
8 나를 눈동자 같이 지키시고 주의 날
개 그늘 아래에 감추사
9 내 앞에서 나를 압제하는 악인들과
나의 목숨을 노리는 원수들에게서
벗어나게 하소서
10 그들의 마음은 기름에 잠겼으며 그
들의 입은 교만하게 말하나이다
11 이제 우리가 걸어가는 것을 그들이
에워싸서 노려보고 땅에 넘어뜨리려
하나이다
12 그는 그 움킨 것을 찢으려 하는 사자
같으며 은밀한 곳에 엎드린 젊은 사
자 같으니이다
13 여호와여 일어나 그를 대항하여 넘어
뜨리시고 주의 칼로 악인에게서 나의
영혼을 구원하소서

14 여호와여 이 세상에 살아 있는 동안
그들의 분깃을 받은 사람들에게서
주의 손으로 나를 구하소서 그들은
주의 재물로 배를 채우고 자녀로 만
족하고 그들의 남은 산업을 그들의
어린 아이들에게 물려 주는 자니이다
15 나는 의로운 중에 주의 얼굴을 뵈오
리니 깰 때에 주의 형상으로 만족하
리이다

[여호와의 종 다윗의 시, 인도자를 따라
부르는 노래, 여호와께서 다윗을 그
모든 원수들의 손에서와 사울의 손에
서 건져 주신 날에 다윗이 이 노래의
말로 여호와께 아뢰어 이르되]

18

나의 힘이신 여호와여 내가 주
를 사랑하나이다
2 여호와는 나의 반석이시요 나의 요새
시요 나를 건지시는 이시요 나의 하
나님이시요 내가 그 안에 피할 나의
바위시요 나의 방패시요 나의 구원의
뿔이시요 나의 산성이시로다
3 내가 찬송 받으실 여호와께 아뢰리
니 내 원수들에게서 구원을 얻으리
로다
4 사망의 줄이 나를 얽고 불의의 창수
가 나를 두렵게 하였으며
5 스올의 줄이 나를 두르고 사망의 올
무가 내게 이르렀도다
6 내가 환난 중에서 여호와께 아뢰며
나의 하나님께 부르짖었더니 그가 그
의 성전에서 내 소리를 들으심이여
그의 앞에서 나의 부르짖음이 그의
귀에 들렸도다
7 이에 땅이 진동하고 산들의 터도 요
동하였으니 그의 진노로 말미암음이
로다
8 그의 코에서 연기가 오르고 입에서
불이 나와 사름이여 그 불에 숯이 피
었도다
9 그가 또 하늘을 드리우시고 강림하
시니 그의 발 아래는 어두캄캄하도
다
10 그룹을 타고 다니심이여 바람 날개
를 타고 높이 솟아오르셨도다
11 그가 흑암을 그의 숨는 곳으로 삼으
사 장막 같이 자기를 두르게 하심이
여 곧 물의 흑암과 공중의 빽빽한
구름으로 그리하시도다
12 그 앞에 광채로 말미암아 빽빽한 구
름이 지나며 우박과 숯불이 내리도다
13 여호와께서 하늘에서 우렛소리를 내
시고 지존하신 이가 음성을 내시며
우박과 숯불을 내리시도다
14 그의 화살을 날려 그들을 흩으심이
여 많은 번개로 그들을 깨뜨리셨도
다

15 이럴 때에 여호와의 꾸지람과 콧김으
로 말미암아 물 밑이 드러나고 세상
의 터가 나타났도다
16 그가 높은 곳에서 손을 펴사 나를
붙잡아 주심이여 많은 물에서 나를
건져내셨도다
17 나를 강한 원수와 미워하는 자에게
서 건지셨음이여 그들은 나보다 힘이
세기 때문이로다
18 그들이 나의 재앙의 날에 내게 이르
렀으나 여호와께서 나의 의지가 되셨
도다
19 나를 넓은 곳으로 인도하시고 나를
기뻐하시므로 나를 구원하셨도다
20 여호와께서 내 의를 따라 상 주시며
내 손의 깨끗함을 따라 내게 갚으셨
으니
21 이는 내가 여호와의 도를 지키고 악
하게 내 하나님을 떠나지 아니하였으
며
22 그의 모든 규례가 내 앞에 있고 내
게서 그의 율례를 버리지 아니하였음
이로다
23 또한 나는 그의 앞에 완전하여 나의
죄악에서 스스로 자신을 지켰나니
24 그러므로 여호와께서 내 의를 따라
갚으시되 그의 목전에서 내 손이 깨
끗한 만큼 내게 갚으셨도다
25 자비로운 자에게는 주의 자비로우심
을 나타내시며 완전한 자에게는 주
의 완전하심을 보이시며
26 깨끗한 자에게는 주의 깨끗하심을
보이시며 사악한 자에게는 주의 거스
르심을 보이시리니
27 주께서 곤고한 백성은 구원하시고
교만한 눈은 낮추시리이다
28 주께서 나의 등불을 켜심이여 여호와
내 하나님이 내 흑암을 밝히시리이다
29 내가 주를 의뢰하고 적군을 향해 달
리며 내 하나님을 의지하고 담을 뛰
어넘나이다
30 하나님의 도는 완전하고 여호와의 말
씀은 순수하니 그는 자기에게 피하
는 모든 자의 방패시로다
31 여호와 외에 누가 하나님이며 우리
하나님 외에 누가 반석이냐
32 이 하나님이 힘으로 내게 띠 띠우시
며 내 길을 완전하게 하시며
33 나의 발을 암사슴 발 같게 하시며 나
를 나의 높은 곳에 세우시며
34 내 손을 가르쳐 싸우게 하시니 내 팔
이 놋 활을 당기도다
35 또 주께서 주의 구원하는 방패를 내
게 주시며 주의 오른손이 나를 붙들
고 주의 온유함이 나를 크게 하셨나
이다

36 내 걸음을 넓게 하셨고 나를 실족하지 않게 하셨나이다

37 내가 내 원수를 뒤쫓아가리니 그들이 망하기 전에는 돌아서지 아니하리이다

38 내가 그들을 쳐서 능히 일어나지 못하게 하리니 그들이 내 발 아래에 엎드러지리이다

39 주께서 나를 전쟁하게 하려고 능력으로 내게 띠 띠우사 일어나 나를 치는 자들이 내게 굴복하게 하셨나이다

40 또 주께서 내 원수들에게 등을 내게로 향하게 하시고 나를 미워하는 자들을 내가 끊어 버리게 하셨나이다

41 그들이 부르짖으나 구원할 자가 없었고 여호와께 부르짖어도 그들에게 대답하지 아니하셨나이다

42 내가 그들을 바람 앞에 티끌 같이 부서뜨리고 거리의 진흙 같이 쏟아 버렸나이다

43 주께서 나를 백성의 다툼에서 건지시고 여러 민족의 으뜸으로 삼으셨으니 내가 알지 못하는 백성이 나를 섬기리이다

44 그들이 내 소문을 들은 즉시로 내게 청종함이여 이방인들이 내게 복종하리로다

45 이방 자손들이 쇠잔하여 그 견고한 곳에서 떨며 나오리로다

46 여호와는 살아 계시니 나의 반석을 찬송하며 내 구원의 하나님을 높일지로다

47 이 하나님이 나를 위하여 보복해 주시고 민족들이 내게 복종하게 해 주시도다

48 주께서 나를 내 원수들에게서 구조하시니 주께서 나를 대적하는 자들의 위에 나를 높이 드시고 나를 포악한 자에게서 건지시나이다

49 여호와여 이러므로 내가 이방 나라들 중에서 주께 감사하며 주의 이름을 찬송하리이다

50 여호와께서 그 왕에게 큰 구원을 주시며 기름 부음 받은 자에게 인자를 베푸심이여 영원토록 다윗과 그 후손에게로다

[다윗의 시, 인도자를 따라 부르는 노래]

19 하늘이 하나님의 영광을 선포하고 궁창이 그의 손으로 하신 일을 나타내는도다

2 날은 날에게 말하고 밤은 밤에게 지식을 전하니

3 언어도 없고 말씀도 없으며 들리는 소리도 없으나

4 그의 소리가 온 땅에 통하고 그의 말
씀이 세상 끝까지 이르도다 하나님
이 해를 위하여 하늘에 장막을 베푸
셨도다
5 해는 그의 신방에서 나오는 신랑과
같고 그의 길을 달리기 기뻐하는 장
사 같아서
6 하늘 이 끝에서 나와서 하늘 저 끝까
지 운행함이여 그의 열기에서 피할
자가 없도다
7 여호와의 율법은 완전하여 영혼을
소성시키며 여호와의 증거는 확실하
여 우둔한 자를 지혜롭게 하며
8 여호와의 교훈은 정직하여 마음을 기
쁘게 하고 여호와의 계명은 순결하
여 눈을 밝게 하시도다
9 여호와를 경외하는 도는 정결하여 영
원까지 이르고 여호와의 법도 진실하
여 다 의로우니
10 금 곧 많은 순금보다 더 사모할 것이
며 꿀과 송이꿀보다 더 달도다
11 또 주의 종이 이것으로 경고를 받고
이것을 지킴으로 상이 크니이다
12 자기 허물을 능히 깨달을 자 누구리
요 나를 숨은 허물에서 벗어나게 하
소서
13 또 주의 종에게 고의로 죄를 짓지 말
게 하사 그 죄가 나를 주장하지 못하
게 하소서 그리하면 내가 정직하여
큰 죄과에서 벗어나겠나이다
14 나의 반석이시요 나의 구속자이신 여
호와여 내 입의 말과 마음의 묵상이
주님 앞에 열납되기를 원하나이다

[다윗의 시, 인도자를 따라 부르는 노
래]

20 환난 날에 여호와께서 네게 응
답하시고 야곱의 하나님의 이름
이 너를 높이 드시며
2 성소에서 너를 도와 주시고 시온에
서 너를 붙드시며
3 네 모든 소제를 기억하시며 네 번제
를 받아 주시기를 원하노라 (셀라)
4 네 마음의 소원대로 허락하시고 네
모든 계획을 이루어 주시기를 원하
노라
5 우리가 너의 승리로 말미암아 개가를
부르며 우리 하나님의 이름으로 우리
의 깃발을 세우리니 여호와께서 네
모든 기도를 이루어 주시기를 원하
노라

365묵상

나의 길을 넓혀주시는 주님

가파르며 좁은 절벽을 따라 나아가는 당신의 모습을 상상해 보라! 맹렬하게 쫓아오는 대적을 피해 서둘러 도망칠 때, 당신은 자칫 발을 헛디뎌 미끄러지면 천길 아래의 낭떠러지로 떨어지게 될 것이다. 그러나 조금도 염려하지 마라! 하나님이 우리의 길을 넓혀 주시므로 우리가 결코 미끄러져 추락하지 않을 것이다(시 18:36). 현재 자신의 삶이나 상황, 관계가 아주 좁고 위험한 절벽에 처해 있는 것 같은가? 하나님을 의지하라. 당신의 길을 넓혀주시고, 당신의 발이 실족하지 않도록 굳게 붙들어주시는 주님을 신뢰하라!

6 여호와께서 자기에게 기름 부음 받은 자를 구원하시는 줄 이제 내가 아노니 그의 오른손의 구원하는 힘으로 그의 거룩한 하늘에서 그에게 응답하시리로다

7 어떤 사람은 병거, 어떤 사람은 말을 의지하나 우리는 여호와 우리 하나님의 이름을 자랑하리로다

8 그들은 비틀거리며 엎드러지고 우리는 일어나 바로 서도다

9 여호와여 왕을 구원하소서 우리가 부를 때에 우리에게 응답하소서

[다윗의 시, 인도자를 따라 부르는 노래]

21

여호와여 왕이 주의 힘으로 말미암아 기뻐하며 주의 구원으로 말미암아 크게 즐거워하리이다

2 그의 마음의 소원을 들어 주셨으며 그의 입술의 요구를 거절하지 아니하셨나이다 (셀라)

3 주의 아름다운 복으로 그를 영접하시고 순금 관을 그의 머리에 씌우셨나이다

4 그가 생명을 구하매 주께서 그에게 주셨으니 곧 영원한 장수로소이다

5 주의 구원이 그의 영광을 크게 하시고 존귀와 위엄을 그에게 입히시나이다

6 그가 영원토록 지극한 복을 받게 하시며 주 앞에서 기쁘고 즐겁게 하시나이다

7 왕이 여호와를 의지하오니 지존하신 이의 인자함으로 흔들리지 아니하리이다

8 왕의 손이 왕의 모든 원수들을 찾아냄이여 왕의 오른손이 왕을 미워하는 자들을 찾아내리로다

9 왕이 노하실 때에 그들을 풀무불 같게 할 것이라 여호와께서 진노하사 그들을 삼키시리니 불이 그들을 소멸하리로다

10 왕이 그들의 후손을 땅에서 멸함이여 그들의 자손을 사람 중에서 끊으리로다

11 비록 그들이 왕을 해하려 하여 음모를 꾸몄으나 이루지 못하도다

12 왕이 그들로 돌아서게 함이여 그들의 얼굴을 향하여 활시위를 당기리로다

13 여호와여 주의 능력으로 높임을 받으소서 우리가 주의 권능을 노래하고 찬송하게 하소서

[다윗의 시, 인도자를 따라 아얠렛샤할에 맞춘 노래]

22

내 하나님이여 내 하나님이여 어찌 나를 버리셨나이까 어찌 나

를 멀리 하여 돕지 아니하시오며 내
신음 소리를 듣지 아니하시나이까
2 내 하나님이여 내가 낮에도 부르짖
고 밤에도 잠잠하지 아니하오나 응
답하지 아니하시나이다
3 이스라엘의 찬송 중에 계시는 주여
주는 거룩하시니이다
4 우리 조상들이 주께 의뢰하고 의뢰하
였으므로 그들을 건지셨나이다
5 그들이 주께 부르짖어 구원을 얻고
주께 의뢰하여 수치를 당하지 아니하
였나이다
6 나는 벌레요 사람이 아니라 사람의
비방 거리요 백성의 조롱 거리니이다
7 나를 보는 자는 다 나를 비웃으며 입
술을 비쭉거리고 머리를 흔들며 말하
되
8 그가 여호와께 의탁하니 구원하실
걸, 그를 기뻐하시니 건지실 걸 하나
이다
9 오직 주께서 나를 모태에서 나오게
하시고 내 어머니의 젖을 먹을 때에
의지하게 하셨나이다
10 내가 날 때부터 주께 맡긴 바 되었고
모태에서 나올 때부터 주는 나의 하
나님이 되셨나이다
11 나를 멀리 하지 마옵소서 환난이 가
까우나 도울 자 없나이다
12 많은 황소가 나를 에워싸며 바산의
힘센 소들이 나를 둘러쌌으며
13 내게 그 입을 벌림이 찢으며 부르짖
는 사자 같으니이다
14 나는 물 같이 쏟아졌으며 내 모든 뼈
는 어그러졌으며 내 마음은 밀랍 같
아서 내 속에서 녹았으며
15 내 힘이 말라 질그릇 조각 같고 내
혀가 입천장에 붙었나이다 주께서 또
나를 죽음의 진토 속에 두셨나이다
16 개들이 나를 에워쌌으며 악한 무리
가 나를 둘러 내 수족을 찔렀나이다
17 내가 내 모든 뼈를 셀 수 있나이다
그들이 나를 주목하여 보고
18 내 겉옷을 나누며 속옷을 제비 뽑나
이다
19 여호와여 멀리 하지 마옵소서 나의
힘이시여 속히 나를 도우소서
20 내 생명을 칼에서 건지시며 내 유일
한 것을 개의 세력에서 구하소서
21 나를 사자의 입에서 구하소서 주께
서 내게 응답하시고 들소의 뿔에서
구원하셨나이다
22 내가 주의 이름을 형제에게 선포하
고 회중 가운데에서 주를 찬송하리
이다
23 여호와를 두려워하는 너희여 그를 찬
송할지어다 야곱의 모든 자손이여

그에게 영광을 돌릴지어다 너희 이스
라엘 모든 자손이여 그를 경외할지어
다
24 그는 곤고한 자의 곤고를 멸시하거
나 싫어하지 아니하시며 그의 얼굴을
그에게서 숨기지 아니하시고 그가
울부짖을 때에 들으셨도다
25 큰 회중 가운데에서 나의 찬송은 주
께로부터 온 것이니 주를 경외하는
자 앞에서 나의 서원을 갚으리이다
26 겸손한 자는 먹고 배부를 것이며 여
호와를 찾는 자는 그를 찬송할 것이
라 너희 마음은 영원히 살지어다
27 땅의 모든 끝이 여호와를 기억하고
돌아오며 모든 나라의 모든 족속이
주의 앞에 예배하리니
28 나라는 여호와의 것이요 여호와는
모든 나라의 주재심이로다
29 세상의 모든 풍성한 자가 먹고 경배
할 것이요 진토 속으로 내려가는 자
곧 자기 영혼을 살리지 못할 자도 다
그 앞에 절하리로다
30 후손이 그를 섬길 것이요 대대에 주
를 전할 것이며
31 와서 그의 공의를 태어날 백성에게
전함이여 주께서 이를 행하셨다 할
것이로다

[다윗의 시]

23

여호와는 나의 목자시니 내게
부족함이 없으리로다
2 그가 나를 푸른 풀밭에 누이시며 쉴
만한 물 가로 인도하시는도다
3 내 영혼을 소생시키시고 자기 이름
을 위하여 의의 길로 인도하시는도다
4 내가 사망의 음침한 골짜기로 다닐지
라도 해를 두려워하지 않을 것은 주
께서 나와 함께 하심이라 주의 지팡
이와 막대기가 나를 안위하시나이다
5 주께서 내 원수의 목전에서 내게 상
을 차려 주시고 기름을 내 머리에 부
으셨으니 내 잔이 넘치나이다
6 내 평생에 선하심과 인자하심이 반드
시 나를 따르리니 내가 여호와의 집
에 영원히 살리로다

[다윗의 시]

24

땅과 거기에 충만한 것과 세계
와 그 가운데에 사는 자들은
다 여호와의 것이로다
2 여호와께서 그 터를 바다 위에 세우
심이여 강들 위에 건설하셨도다
3 여호와의 산에 오를 자가 누구며 그
의 거룩한 곳에 설 자가 누구인가
4 곧 손이 깨끗하며 마음이 청결하며
뜻을 허탄한 데에 두지 아니하며 거
짓 맹세하지 아니하는 자로다
5 그는 여호와께 복을 받고 구원의 하

나님께 의를 얻으리니
6 이는 여호와를 찾는 족속이요 야곱
의 하나님의 얼굴을 구하는 자로다
(셀라)
7 문들아 너희 머리를 들지어다 영원한
문들아 들릴지어다 영광의 왕이 들어
가시리로다
8 영광의 왕이 누구시냐 강하고 능한
여호와시요 전쟁에 능한 여호와시로
다
9 문들아 너희 머리를 들지어다 영원한
문들아 들릴지어다 영광의 왕이 들어
가시리로다
10 영광의 왕이 누구시냐 만군의 여호와
께서 곧 영광의 왕이시로다 (셀라)

[다윗의 시]

25 여호와여 나의 영혼이 주를 우
러러보나이다
2 나의 하나님이여 내가 주께 의지하였
사오니 나를 부끄럽지 않게 하시고
나의 원수들이 나를 이겨 개가를 부
르지 못하게 하소서
3 주를 바라는 자들은 수치를 당하지
아니하려니와 까닭 없이 속이는 자들
은 수치를 당하리이다
4 여호와여 주의 도를 내게 보이시고
주의 길을 내게 가르치소서
5 주의 진리로 나를 지도하시고 교훈
하소서 주는 내 구원의 하나님이시니
내가 종일 주를 기다리나이다
6 여호와여 주의 긍휼하심과 인자하심
이 영원부터 있었사오니 주여 이것들
을 기억하옵소서
7 여호와여 내 젊은 시절의 죄와 허물
을 기억하지 마시고 주의 인자하심을
따라 주께서 나를 기억하시되 주의
선하심으로 하옵소서
8 여호와는 선하시고 정직하시니 그러
므로 그의 도로 죄인들을 교훈하시
리로다
9 온유한 자를 정의로 지도하심이여 온
유한 자에게 그의 도를 가르치시리
로다
10 여호와의 모든 길은 그의 언약과 증
거를 지키는 자에게 인자와 진리로
다
11 여호와여 나의 죄악이 크오니 주의
이름으로 말미암아 사하소서
12 여호와를 경외하는 자 누구냐 그가
택할 길을 그에게 가르치시리로다
13 그의 영혼은 평안히 살고 그의 자손
은 땅을 상속하리로다
14 여호와의 친밀하심이 그를 경외하는
자들에게 있음이여 그의 언약을 그
들에게 보이시리로다
15 내 눈이 항상 여호와를 바라봄은 내

발을 그물에서 벗어나게 하실 것임이
로다
16 주여 나는 외롭고 괴로우니 내게 돌
이키사 나에게 은혜를 베푸소서
17 내 마음의 근심이 많사오니 나를 고
난에서 끌어내소서
18 나의 곤고와 환난을 보시고 내 모든
죄를 사하소서
19 내 원수를 보소서 그들의 수가 많고
나를 심히 미워하나이다
20 내 영혼을 지켜 나를 구원하소서 내
가 주께 피하오니 수치를 당하지 않
게 하소서
21 내가 주를 바라오니 성실과 정직으
로 나를 보호하소서
22 하나님이여 이스라엘을 그 모든 환
난에서 속량하소서

[다윗의 시]

26 내가 나의 완전함에 행하였사오
며 흔들리지 아니하고 여호와를
의지하였사오니 여호와여 나를 판단
하소서
2 여호와여 나를 살피시고 시험하사 내
뜻과 내 양심을 단련하소서
3 주의 인자하심이 내 목전에 있나이다
내가 주의 진리 중에 행하여
4 허망한 사람과 같이 앉지 아니하였사
오니 간사한 자와 동행하지도 아니
하리이다
5 내가 행악자의 집회를 미워하오니 악
한 자와 같이 앉지 아니하리이다
6 여호와여 내가 무죄하므로 손을 씻
고 주의 제단에 두루 다니며
7 감사의 소리를 들려 주고 주의 기이
한 모든 일을 말하리이다
8 여호와여 내가 주께서 계신 집과 주
의 영광이 머무는 곳을 사랑하오니
9 내 영혼을 죄인과 함께, 내 생명을
살인자와 함께 거두지 마소서
10 그들의 손에 사악함이 있고 그들의
오른손에 뇌물이 가득하오나
11 나는 나의 완전함에 행하오리니 나
를 속량하시고 내게 은혜를 베푸소
서
12 내 발이 평탄한 데에 섰사오니 무리
가운데에서 여호와를 송축하리이다

[다윗의 시]

27 여호와는 나의 빛이요 나의 구
원이시니 내가 누구를 두려워하
리요 여호와는 내 생명의 능력이시니
내가 누구를 무서워하리요
2 악인들이 내 살을 먹으려고 내게로
왔으나 나의 대적들, 나의 원수들인
그들은 실족하여 넘어졌도다
3 군대가 나를 대적하여 진 칠지라도
내 마음이 두렵지 아니하며 전쟁이

일어나 나를 치려 할지라도 나는 여
전히 태연하리로다
4 내가 여호와께 바라는 한 가지 일 그
것을 구하리니 곧 내가 내 평생에 여
호와의 집에 살면서 여호와의 아름다
움을 바라보며 그의 성전에서 사모
하는 그것이라
5 여호와께서 환난 날에 나를 그의 초
막 속에 비밀히 지키시고 그의 장막
은밀한 곳에 나를 숨기시며 높은 바
위 위에 두시리로다
6 이제 내 머리가 나를 둘러싼 내 원수
위에 들리리니 내가 그의 장막에서
즐거운 제사를 드리겠고 노래하며
여호와를 찬송하리로다
7 여호와여 내가 소리 내어 부르짖을
때에 들으시고 또한 나를 긍휼히 여
기사 응답하소서
8 너희는 내 얼굴을 찾으라 하실 때에
내가 마음으로 주께 말하되 여호와
여 내가 주의 얼굴을 찾으리이다 하
였나이다
9 주의 얼굴을 내게서 숨기지 마시고
주의 종을 노하여 버리지 마소서 주
는 나의 도움이 되셨나이다 나의 구
원의 하나님이시여 나를 버리지 마시
고 떠나지 마소서
10 내 부모는 나를 버렸으나 여호와는
나를 영접하시리이다
11 여호와여 주의 도를 내게 가르치시
고 내 원수를 생각하셔서 평탄한 길
로 나를 인도하소서
12 내 생명을 내 대적에게 맡기지 마소
서 위증자와 악을 토하는 자가 일어
나 나를 치려 함이니이다
13 내가 산 자들의 땅에서 여호와의 선
하심을 보게 될 줄 확실히 믿었도다
14 너는 여호와를 기다릴지어다 강하고
담대하며 여호와를 기다릴지어다

[다윗의 시]

28 여호와여 내가 주께 부르짖으
오니 나의 반석이여 내게 귀를
막지 마소서 주께서 내게 잠잠하시면
내가 무덤에 내려가는 자와 같을까
하나이다
2 내가 주의 지성소를 향하여 나의 손
을 들고 주께 부르짖을 때에 나의
간구하는 소리를 들으소서
3 악인과 악을 행하는 자들과 함께 나
를 끌어내지 마옵소서 그들은 그 이

365묵상

여호와는 나의 빛

캄캄한 밤길을 걸을 때, 혹은 한밤중에 전기가 갑자기 나갔을 때, 우리는 빛의 중요성을 새삼 깨닫게 된다. 사실 빛 없는 세상은 생각조차 할 수 없다. 그런데 만일 내 삶과 내 영혼을 인도하고 비춰주는 빛이 없다면? 다윗은 삶의 생생한 체험을 통해 하나님을 우리의 '빛'으로 소개한다(시27:1). 우리 삶과 영혼의 빛이 되셔서 우리의 갈 길을 밝히 비춰주고, 또한 우리 주변의 모든 위험 상황을 일러주시는 분은 하나님뿐이라고 소개한다. 그러므로 우리가 빛 되신 하나님을 굳게 의지하고 따라갈 때 실족하지 않는다.

웃에게 화평을 말하나 그들의 마음
에는 악독이 있나이다
4 그들이 하는 일과 그들의 행위가 악
한 대로 갚으시며 그들의 손이 지은
대로 그들에게 갚아 그 마땅히 받을
것으로 그들에게 갚으소서
5 그들은 여호와께서 행하신 일과 손
으로 지으신 것을 생각하지 아니하
므로 여호와께서 그들을 파괴하고
건설하지 아니하시리로다
6 여호와를 찬송함이여 내 간구하는
소리를 들으심이로다
7 여호와는 나의 힘과 나의 방패이시니
내 마음이 그를 의지하여 도움을 얻
었도다 그러므로 내 마음이 크게 기
뻐하며 내 노래로 그를 찬송하리로
다
8 여호와는 그들의 힘이시요 그의 기름
부음 받은 자의 구원의 요새이시로
다
9 주의 백성을 구원하시며 주의 산업에
복을 주시고 또 그들의 목자가 되시
어 영원토록 그들을 인도하소서

[다윗의 시]

29 너희 권능 있는 자들아 영광과
능력을 여호와께 돌리고 돌릴지
어다
2 여호와께 그의 이름에 합당한 영광
을 돌리며 거룩한 옷을 입고 여호와
께 예배할지어다
3 여호와의 소리가 물 위에 있도다 영
광의 하나님이 우렛소리를 내시니 여
호와는 많은 물 위에 계시도다
4 여호와의 소리가 힘 있음이여 여호와
의 소리가 위엄차도다
5 여호와의 소리가 백향목을 꺾으심이
여 여호와께서 레바논 백향목을 꺾
어 부수시도다
6 그 나무를 송아지 같이 뛰게 하심이
여 레바논과 시룐으로 들송아지 같
이 뛰게 하시도다
7 여호와의 소리가 화염을 가르시도다
8 여호와의 소리가 광야를 진동하심이
여 여호와께서 가데스 광야를 진동
시키시도다
9 여호와의 소리가 암사슴을 낙태하게
하시고 삼림을 말갛게 벗기시니 그의
성전에서 그의 모든 것들이 말하기를
영광이라 하도다
10 여호와께서 홍수 때에 좌정하셨음이
여 여호와께서 영원하도록 왕으로
좌정하시도다
11 여호와께서 자기 백성에게 힘을 주심
이여 여호와께서 자기 백성에게 평강
의 복을 주시리로다

[다윗의 시, 곧 성전 낙성가]

30 여호와여 내가 주를 높일 것은
주께서 나를 끌어내사 내 원수
로 하여금 나로 말미암아 기뻐하지
못하게 하심이니이다
2 여호와 내 하나님이여 내가 주께 부
르짖으매 나를 고치셨나이다
3 여호와여 주께서 내 영혼을 스올에
서 끌어내어 나를 살리사 무덤으로
내려가지 아니하게 하셨나이다
4 주의 성도들아 여호와를 찬송하며
그의 거룩함을 기억하며 감사하라
5 그의 노염은 잠깐이요 그의 은총은
평생이로다 저녁에는 울음이 깃들일
지라도 아침에는 기쁨이 오리로다
6 내가 형통할 때에 말하기를 영원히
흔들리지 아니하리라 하였도다
7 여호와여 주의 은혜로 나를 산 같이
굳게 세우셨더니 주의 얼굴을 가리시
매 내가 근심하였나이다
8 여호와여 내가 주께 부르짖고 여호
와께 간구하기를
9 내가 무덤에 내려갈 때에 나의 피가
무슨 유익이 있으리요 진토가 어떻게
주를 찬송하며 주의 진리를 선포하리
이까
10 여호와여 들으시고 내게 은혜를 베
푸소서 여호와여 나를 돕는 자가 되
소서 하였나이다
11 주께서 나의 슬픔이 변하여 내게 춤
이 되게 하시며 나의 베옷을 벗기고
기쁨으로 띠 띠우셨나이다
12 이는 잠잠하지 아니하고 내 영광으
로 주를 찬송하게 하심이니 여호와
나의 하나님이여 내가 주께 영원히
감사하리이다

[다윗의 시, 인도자를 따라 부르는 노
래]

31 여호와여 내가 주께 피하오니
나를 영원히 부끄럽게 하지 마
시고 주의 공의로 나를 건지소서
2 내게 귀를 기울여 속히 건지시고 내
게 견고한 바위와 구원하는 산성이
되소서
3 주는 나의 반석과 산성이시니 그러므
로 주의 이름을 생각하셔서 나를 인
도하시고 지도하소서
4 그들이 나를 위하여 비밀히 친 그물
에서 빼내소서 주는 나의 산성이시니
이다
5 내가 나의 영을 주의 손에 부탁하나
이다 진리의 하나님 여호와여 나를
속량하셨나이다
6 내가 허탄한 거짓을 숭상하는 자들
을 미워하고 여호와를 의지하나이다
7 내가 주의 인자하심을 기뻐하며 즐거
워할 것은 주께서 나의 고난을 보시

고 환난 중에 있는 내 영혼을 아셨
으며
8 나를 원수의 수중에 가두지 아니하
셨고 내 발을 넓은 곳에 세우셨음이
니이다
9 여호와여 내가 고통 중에 있사오니
내게 은혜를 베푸소서 내가 근심 때
문에 눈과 영혼과 몸이 쇠하였나이
다
10 내 일생을 슬픔으로 보내며 나의 연
수를 탄식으로 보냄이여 내 기력이
나의 죄악 때문에 약하여지며 나의
뼈가 쇠하도소이다
11 내가 모든 대적들 때문에 욕을 당하
고 내 이웃에게서는 심히 당하니 내
친구가 놀라고 길에서 보는 자가 나
를 피하였나이다
12 내가 잊어버린 바 됨이 죽은 자를 마
음에 두지 아니함 같고 깨진 그릇과
같으니이다
13 내가 무리의 비방을 들었으므로 사
방이 두려움으로 감싸였나이다 그들
이 나를 치려고 함께 의논할 때에 내
생명을 빼앗기로 꾀하였나이다
14 여호와여 그러하여도 나는 주께 의
지하고 말하기를 주는 내 하나님이시
라 하였나이다
15 나의 앞날이 주의 손에 있사오니 내
원수들과 나를 핍박하는 자들의 손
에서 나를 건져 주소서
16 주의 얼굴을 주의 종에게 비추시고
주의 사랑하심으로 나를 구원하소서
17 여호와여 내가 주를 불렀사오니 나
를 부끄럽게 하지 마시고 악인들을
부끄럽게 하사 스올에서 잠잠하게
하소서
18 교만하고 완악한 말로 무례히 의인
을 치는 거짓 입술이 말 못하는 자
되게 하소서
19 주를 두려워하는 자를 위하여 쌓아
두신 은혜 곧 주께 피하는 자를 위
하여 인생 앞에 베푸신 은혜가 어찌
그리 큰지요
20 주께서 그들을 주의 은밀한 곳에 숨
기사 사람의 꾀에서 벗어나게 하시고
비밀히 장막에 감추사 말 다툼에서
면하게 하시리이다
21 여호와를 찬송할지어다 견고한 성에
서 그의 놀라운 사랑을 내게 보이셨
음이로다
22 내가 놀라서 말하기를 주의 목전에서
끊어졌다 하였사오나 내가 주께 부
르짖을 때에 주께서 나의 간구하는
소리를 들으셨나이다
23 너희 모든 성도들아 여호와를 사랑
하라 여호와께서 진실한 자를 보호

하시고 교만하게 행하는 자에게 엄
중히 갚으시느니라
24 여호와를 바라는 너희들아 강하고
담대하라

[다윗의 마스길]

32 허물의 사함을 받고 자신의 죄
가 가려진 자는 복이 있도다
2 마음에 간사함이 없고 여호와께 정
죄를 당하지 아니하는 자는 복이 있
도다
3 내가 입을 열지 아니할 때에 종일 신
음하므로 내 뼈가 쇠하였도다
4 주의 손이 주야로 나를 누르시오니
내 진액이 빠져서 여름 가뭄에 마름
같이 되었나이다 (셀라)
5 내가 이르기를 내 허물을 여호와께
자복하리라 하고 주께 내 죄를 아뢰
고 내 죄악을 숨기지 아니하였더니
곧 주께서 내 죄악을 사하셨나이다
(셀라)
6 이로 말미암아 모든 경건한 자는 주
를 만날 기회를 얻어서 주께 기도할
지라 진실로 홍수가 범람할지라도 그
에게 미치지 못하리이다
7 주는 나의 은신처이오니 환난에서 나
를 보호하시고 구원의 노래로 나를
두르시리이다 (셀라)
8 내가 네 갈 길을 가르쳐 보이고 너를
주목하여 훈계하리로다
9 너희는 무지한 말이나 노새 같이 되
지 말지어다 그것들은 재갈과 굴레
로 단속하지 아니하면 너희에게 가까
이 가지 아니하리로다
10 악인에게는 많은 슬픔이 있으나 여
호와를 신뢰하는 자에게는 인자하심
이 두르리로다
11 너희 의인들아 여호와를 기뻐하며 즐
거워할지어다 마음이 정직한 너희들
아 다 즐거이 외칠지어다

33 너희 의인들아 여호와를 즐거워
하라 찬송은 정직한 자들이 마
땅히 할 바로다
2 수금으로 여호와께 감사하고 열 줄
비파로 찬송할지어다
3 새 노래로 그를 노래하며 즐거운 소
리로 아름답게 연주할지어다
4 여호와의 말씀은 정직하며 그가 행하
시는 일은 다 진실하시도다
5 그는 공의와 정의를 사랑하심이여 세
상에는 여호와의 인자하심이 충만하
도다
6 여호와의 말씀으로 하늘이 지음이 되
었으며 그 만상을 그의 입 기운으로
이루었도다
7 그가 바닷물을 모아 무더기 같이 쌓
으시며 깊은 물을 곳간에 두시도다

8 온 땅은 여호와를 두려워하며 세상
의 모든 거민들은 그를 경외할지어다
9 그가 말씀하시매 이루어졌으며 명령
하시매 견고히 섰도다
10 여호와께서 나라들의 계획을 폐하시
며 민족들의 사상을 무효하게 하시
도다
11 여호와의 계획은 영원히 서고 그의
생각은 대대에 이르리로다
12 여호와를 자기 하나님으로 삼은 나
라 곧 하나님의 기업으로 선택된 백
성은 복이 있도다
13 여호와께서 하늘에서 굽어보사 모든
인생을 살피심이여
14 곧 그가 거하시는 곳에서 세상의 모
든 거민들을 굽어살피시는도다
15 그는 그들 모두의 마음을 지으시며
그들이 하는 일을 굽어살피시는 이
로다
16 많은 군대로 구원 얻은 왕이 없으며
용사가 힘이 세어도 스스로 구원하
지 못하는도다
17 구원하는 데에 군마는 헛되며 군대
가 많다 하여도 능히 구하지 못하는
도다
18 여호와는 그를 경외하는 자 곧 그의
인자하심을 바라는 자를 살피사
19 그들의 영혼을 사망에서 건지시며 그
들이 굶주릴 때에 그들을 살리시는
도다
20 우리 영혼이 여호와를 바람이여 그
는 우리의 도움과 방패시로다
21 우리 마음이 그를 즐거워함이여 우리
가 그의 성호를 의지하였기 때문이로
다
22 여호와여 우리가 주께 바라는 대로
주의 인자하심을 우리에게 베푸소서

[다윗이 아비멜렉 앞에서 미친 체하다
가 쫓겨나서 지은 시]

34 내가 여호와를 항상 송축함이
여 내 입술로 항상 주를 찬양하
리이다
2 내 영혼이 여호와를 자랑하리니 곤
고한 자들이 이를 듣고 기뻐하리로
다
3 나와 함께 여호와를 광대하시다 하
며 함께 그의 이름을 높이세
4 내가 여호와께 간구하매 내게 응답
하시고 내 모든 두려움에서 나를 건
지셨도다
5 그들이 주를 앙망하고 광채를 내었
으니 그들의 얼굴은 부끄럽지 아니
하리로다
6 이 곤고한 자가 부르짖으매 여호와
께서 들으시고 그의 모든 환난에서
구원하셨도다

7 여호와의 천사가 주를 경외하는 자
를 둘러 진 치고 그들을 건지시는도
다
8 너희는 여호와의 선하심을 맛보아 알
지어다 그에게 피하는 자는 복이 있
도다
9 너희 성도들아 여호와를 경외하라 그
를 경외하는 자에게는 부족함이 없
도다
10 젊은 사자는 궁핍하여 주릴지라도 여
호와를 찾는 자는 모든 좋은 것에
부족함이 없으리로다
11 너희 자녀들아 와서 내 말을 들으라
내가 여호와를 경외하는 법을 너희에
게 가르치리로다
12 생명을 사모하고 연수를 사랑하여
복 받기를 원하는 사람이 누구뇨
13 네 혀를 악에서 금하며 네 입술을 거
짓말에서 금할지어다
14 악을 버리고 선을 행하며 화평을 찾
아 따를지어다
15 여호와의 눈은 의인을 향하시고 그
의 귀는 그들의 부르짖음에 기울이시
는도다
16 여호와의 얼굴은 악을 행하는 자를
향하사 그들의 자취를 땅에서 끊으
려 하시는도다
17 의인이 부르짖으매 여호와께서 들으
시고 그들의 모든 환난에서 건지셨도
다
18 여호와는 마음이 상한 자를 가까이
하시고 충심으로 통회하는 자를 구
원하시는도다
19 의인은 고난이 많으나 여호와께서
그의 모든 고난에서 건지시는도다
20 그의 모든 뼈를 보호하심이여 그 중
에서 하나도 꺾이지 아니하도다
21 악이 악인을 죽일 것이라 의인을 미
워하는 자는 벌을 받으리로다
22 여호와께서 그의 종들의 영혼을 속
량하시나니 그에게 피하는 자는 다
벌을 받지 아니하리로다

[다윗의 시]

35 여호와여 나와 다투는 자와 다
투시고 나와 싸우는 자와 싸우
소서
2 방패와 손 방패를 잡으시고 일어나
나를 도우소서
3 창을 빼사 나를 쫓는 자의 길을 막
으시고 또 내 영혼에게 나는 네 구

365묵상

우리를 둘러 진치고 있는 천사들

성경에서 '천사'는 우리의 관심을 끄는 매력적인 존재다. 성경에서 하나님의 충성스런 천사들은 하나님의 백성을 보호하고 인도하며 지키는 존재로 묘사되어 있다. 우리는 영적 존재인 천사를 볼 수 없다. 하지만 천사들은 자신들의 임무를 수행하기 위해 항상 우리 주변에 둘러 진치고 있다(시편 34:7). 이런 천사들로 인해 우리가 일상사에서 깨닫지 못했던 위험들을 모면하게 해준 일이 얼마나 자주 있었는지 누가 알겠는가! 이 거친 세상에서 주의 천사들이 우리를 둘러 진치고 있다는 사실은 그 얼마나 위안이 되는가!

원이라 이르소서
4 내 생명을 찾는 자들이 부끄러워 수
치를 당하게 하시며 나를 상해하려
하는 자들이 물러가 낭패를 당하게
하소서
5 그들을 바람 앞에 겨와 같게 하시고
여호와의 천사가 그들을 몰아내게
하소서
6 그들의 길을 어둡고 미끄럽게 하시며
여호와의 천사가 그들을 뒤쫓게 하
소서
7 그들이 까닭 없이 나를 잡으려고 그
들의 그물을 웅덩이에 숨기며 까닭
없이 내 생명을 해하려고 함정을 팠
사오니
8 멸망이 순식간에 그에게 닥치게 하시
며 그가 숨긴 그물에 자기가 잡히게
하시며 멸망 중에 떨어지게 하소서
9 내 영혼이 여호와를 즐거워함이여 그
의 구원을 기뻐하리로다
10 내 모든 뼈가 이르기를 여호와와 같
은 이가 누구냐 그는 가난한 자를
그보다 강한 자에게서 건지시고 가
난하고 궁핍한 자를 노략하는 자에
게서 건지시는 이라 하리로다
11 불의한 증인들이 일어나서 내가 알지
못하는 일로 내게 질문하며
12 내게 선을 악으로 갚아 나의 영혼을
외롭게 하나
13 나는 그들이 병 들었을 때에 굵은
베 옷을 입으며 금식하여 내 영혼을
괴롭게 하였더니 내 기도가 내 품으
로 돌아왔도다
14 내가 나의 친구와 형제에게 행함 같
이 그들에게 행하였으며 내가 몸을
굽히고 슬퍼하기를 어머니를 곡함 같
이 하였도다
15 그러나 내가 넘어지매 그들이 기뻐하
여 서로 모임이여 불량배가 내가 알
지 못하는 중에 모여서 나를 치며 찢
기를 마지아니하도다
16 그들은 연회에서 망령되이 조롱하는
자 같이 나를 향하여 그들의 이를 갈
도다
17 주여 어느 때까지 관망하시려 하나이
까 내 영혼을 저 멸망자에게서 구원
하시며 내 유일한 것을 사자들에게서
건지소서
18 내가 대회 중에서 주께 감사하며 많
은 백성 중에서 주를 찬송하리이다
19 부당하게 나의 원수된 자가 나로 말
미암아 기뻐하지 못하게 하시며 까닭
없이 나를 미워하는 자들이 서로 눈
짓하지 못하게 하소서
20 무릇 그들은 화평을 말하지 아니하
고 오히려 평안히 땅에 사는 자들을

거짓말로 모략하며
21 또 그들이 나를 향하여 입을 크게 벌
리고 하하 우리가 목격하였다 하나이
다
22 여호와여 주께서 이를 보셨사오니 잠
잠하지 마옵소서 주여 나를 멀리하지
마옵소서
23 나의 하나님, 나의 주여 떨치고 깨셔
서 나를 공판하시며 나의 송사를 다
스리소서
24 여호와 나의 하나님이여 주의 공의대
로 나를 판단하사 그들이 나로 말미
암아 기뻐하지 못하게 하소서
25 그들이 마음속으로 이르기를 아하
소원을 성취하였다 하지 못하게 하시
며 우리가 그를 삼켰다 말하지 못하
게 하소서
26 나의 재난을 기뻐하는 자들이 함께
부끄러워 낭패를 당하게 하시며 나
를 향하여 스스로 뽐내는 자들이 수
치와 욕을 당하게 하소서
27 나의 의를 즐거워하는 자들이 기꺼이
노래 부르고 즐거워하게 하시며 그
의 종의 평안함을 기뻐하시는 여호와
는 위대하시다 하는 말을 그들이 항
상 말하게 하소서
28 나의 혀가 주의 의를 말하며 종일토
록 주를 찬송하리이다

[여호와의 종 다윗의 시, 인도자를 따라
부르는 노래]

36 악인의 죄가 그의 마음속으로
이르기를 그의 눈에는 하나님
을 두려워하는 빛이 없다 하니
2 그가 스스로 자랑하기를 자기의 죄
악은 드러나지 아니하고 미워함을 받
지도 아니하리라 함이로다
3 그의 입에서 나오는 말은 죄악과 속
임이라 그는 지혜와 선행을 그쳤도
다
4 그는 그의 침상에서 죄악을 꾀하며
스스로 악한 길에 서고 악을 거절하
지 아니하는도다
5 여호와여 주의 인자하심이 하늘에 있
고 주의 진실하심이 공중에 사무쳤으
며
6 주의 의는 하나님의 산들과 같고 주
의 심판은 큰 바다와 같으니이다 여
호와여 주는 사람과 짐승을 구하여
주시나이다
7 하나님이여 주의 인자하심이 어찌 그
리 보배로우신지요 사람들이 주의
날개 그늘 아래에 피하나이다
8 그들이 주의 집에 있는 살진 것으로
풍족할 것이라 주께서 주의 복락의
강물을 마시게 하시리이다
9 진실로 생명의 원천이 주께 있사오니

주의 빛 안에서 우리가 빛을 보리이
다
10 주를 아는 자들에게 주의 인자하심
을 계속 베푸시며 마음이 정직한 자
에게 주의 공의를 베푸소서
11 교만한 자의 발이 내게 이르지 못하
게 하시며 악인들의 손이 나를 쫓아
내지 못하게 하소서
12 악을 행하는 자들이 거기서 넘어졌으
니 엎드러지고 다시 일어날 수 없으
리이다

[다윗의 시]

37 악을 행하는 자들 때문에 불평
하지 말며 불의를 행하는 자들
을 시기하지 말지어다
2 그들은 풀과 같이 속히 베임을 당할
것이며 푸른 채소 같이 쇠잔할 것임
이로다
3 여호와를 의뢰하고 선을 행하라 땅
에 머무는 동안 그의 성실을 먹을 거
리로 삼을지어다
4 또 여호와를 기뻐하라 그가 네 마음
의 소원을 네게 이루어 주시리로다
5 네 길을 여호와께 맡기라 그를 의지
하면 그가 이루시고
6 네 의를 빛 같이 나타내시며 네 공의
를 정오의 빛 같이 하시리로다
7 여호와 앞에 잠잠하고 참고 기다리
라 자기 길이 형통하며 악한 꾀를 이
루는 자 때문에 불평하지 말지어다
8 분을 그치고 노를 버리며 불평하지
말라 오히려 악을 만들 뿐이라
9 진실로 악을 행하는 자들은 끊어질
것이나 여호와를 소망하는 자들은
땅을 차지하리로다
10 잠시 후에는 악인이 없어지리니 네가
그 곳을 자세히 살필지라도 없으리
로다
11 그러나 온유한 자들은 땅을 차지하
며 풍성한 화평으로 즐거워하리로다
12 악인이 의인 치기를 꾀하고 그를 향
하여 그의 이를 가는도다
13 그러나 주께서 그를 비웃으시리니
그의 날이 다가옴을 보심이로다
14 악인이 칼을 빼고 활을 당겨 가난하
고 궁핍한 자를 엎드러뜨리며 행위가
정직한 자를 죽이고자 하나
15 그들의 칼은 오히려 그들의 양심을
찌르고 그들의 활은 부러지리로다
16 의인의 적은 소유가 악인의 풍부함
보다 낫도다
17 악인의 팔은 부러지나 의인은 여호와
께서 붙드시는도다
18 여호와께서 온전한 자의 날을 아시
나니 그들의 기업은 영원하리로다
19 그들은 환난 때에 부끄러움을 당하

지 아니하며 기근의 날에도 풍족할
것이나
20 악인들은 멸망하고 여호와의 원수들
은 어린 양의 기름 같이 타서 연기가
되어 없어지리로다
21 악인은 꾸고 갚지 아니하나 의인은
은혜를 베풀고 주는도다
22 주의 복을 받은 자들은 땅을 차지하
고 주의 저주를 받은 자들은 끊어지
리로다
23 여호와께서 사람의 걸음을 정하시고
그의 길을 기뻐하시나니
24 그는 넘어지나 아주 엎드러지지 아니
함은 여호와께서 그의 손으로 붙드
심이로다
25 내가 어려서부터 늙기까지 의인이 버
림을 당하거나 그의 자손이 걸식함을
보지 못하였도다
26 그는 종일토록 은혜를 베풀고 꾸어
주니 그의 자손이 복을 받는도다
27 악에서 떠나 선을 행하라 그리하면
영원히 살리니
28 여호와께서 정의를 사랑하시고 그의
성도를 버리지 아니하심이로다 그들
은 영원히 보호를 받으나 악인의 자
손은 끊어지리로다
29 의인이 땅을 차지함이여 거기서 영원
히 살리로다
30 의인의 입은 지혜로우며 그의 혀는
정의를 말하며
31 그의 마음에는 하나님의 법이 있으니
그의 걸음은 실족함이 없으리로다
32 악인이 의인을 엿보아 살해할 기회를
찾으나
33 여호와는 그를 악인의 손에 버려 두
지 아니하시고 재판 때에도 정죄하지
아니하시리로다
34 여호와를 바라고 그의 도를 지키라
그리하면 네가 땅을 차지하게 하실
것이라 악인이 끊어질 때에 네가 똑
똑히 보리로다
35 내가 악인의 큰 세력을 본즉 그 본
래의 땅에 서 있는 나무 잎이 무성함
과 같으나
36 내가 지나갈 때에 그는 없어졌나니
내가 찾아도 발견하지 못하였도다
37 온전한 사람을 살피고 정직한 자를
볼지어다 모든 화평한 자의 미래는
평안이로다
38 범죄자들은 함께 멸망하리니 악인의
미래는 끊어질 것이나
39 의인들의 구원은 여호와로부터 오나
니 그는 환난 때에 그들의 요새이시
로다
40 여호와께서 그들을 도와 건지시되
악인들에게서 건져 구원하심은 그를

의지한 까닭이로다

[다윗의 기념하는 시]

38 여호와여 주의 노하심으로 나
를 책망하지 마시고 주의 분노
하심으로 나를 징계하지 마소서
2 주의 화살이 나를 찌르고 주의 손이
나를 심히 누르시나이다
3 주의 진노로 말미암아 내 살에 성한
곳이 없사오며 나의 죄로 말미암아
내 뼈에 평안함이 없나이다
4 내 죄악이 내 머리에 넘쳐서 무거운
짐 같으니 내가 감당할 수 없나이다
5 내 상처가 썩어 악취가 나오니 내가
우매한 까닭이로소이다
6 내가 아프고 심히 구부러졌으며 종일
토록 슬픔 중에 다니나이다
7 내 허리에 열기가 가득하고 내 살에
성한 곳이 없나이다
8 내가 피곤하고 심히 상하였으매 마
음이 불안하여 신음하나이다
9 주여 나의 모든 소원이 주 앞에 있사
오며 나의 탄식이 주 앞에 감추이지
아니하나이다
10 내 심장이 뛰고 내 기력이 쇠하여 내
눈의 빛도 나를 떠났나이다
11 내가 사랑하는 자와 내 친구들이 내
상처를 멀리하고 내 친척들도 멀리
섰나이다
12 내 생명을 찾는 자가 올무를 놓고
나를 해하려는 자가 괴악한 일을 말
하여 종일토록 음모를 꾸미오나
13 나는 못 듣는 자 같이 듣지 아니하고
말 못하는 자 같이 입을 열지 아니하
오니
14 나는 듣지 못하는 자 같아서 내 입에
는 반박할 말이 없나이다
15 여호와여 내가 주를 바랐사오니 내
주 하나님이 내게 응답하시리이다
16 내가 말하기를 두렵건대 그들이 나
때문에 기뻐하며 내가 실족할 때에
나를 향하여 스스로 교만할까 하였
나이다
17 내가 넘어지게 되었고 나의 근심이
항상 내 앞에 있사오니
18 내 죄악을 아뢰고 내 죄를 슬퍼함이
니이다
19 내 원수가 활발하며 강하고 부당하
게 나를 미워하는 자가 많으며
20 또 악으로 선을 대신하는 자들이 내
가 선을 따른다는 것 때문에 나를
대적하나이다
21 여호와여 나를 버리지 마소서 나의
하나님이여 나를 멀리하지 마소서
22 속히 나를 도우소서 주 나의 구원이
시여

[다윗의 시, 인도자를 따라 여두둔 형식

으로 부르는 노래]

39 내가 말하기를 나의 행위를 조
심하여 내 혀로 범죄하지 아니하
리니 악인이 내 앞에 있을 때에 내가
내 입에 재갈을 먹이리라 하였도다
2 내가 잠잠하여 선한 말도 하지 아니
하니 나의 근심이 더 심하도다
3 내 마음이 내 속에서 뜨거워서 작은
소리로 읊조릴 때에 불이 붙으니 나
의 혀로 말하기를
4 여호와여 나의 종말과 연한이 언제까
지인지 알게 하사 내가 나의 연약함
을 알게 하소서
5 주께서 나의 날을 한 뼘 길이만큼 되
게 하시매 나의 일생이 주 앞에는 없
는 것 같사오니 사람은 그가 든든히
서 있는 때에도 진실로 모두가 허사
뿐이니이다 (셀라)
6 진실로 각 사람은 그림자 같이 다니
고 헛된 일로 소란하며 재물을 쌓으
나 누가 거둘는지 알지 못하나이다
7 주여 이제 내가 무엇을 바라리요 나
의 소망은 주께 있나이다
8 나를 모든 죄에서 건지시며 우매한
자에게서 욕을 당하지 아니하게 하
소서
9 내가 잠잠하고 입을 열지 아니함은
주께서 이를 행하신 까닭이니이다
10 주의 징벌을 나에게서 옮기소서 주의
손이 치심으로 내가 쇠망하였나이다
11 주께서 죄악을 책망하사 사람을 징
계하실 때에 그 영화를 좀먹음 같이
소멸하게 하시니 참으로 인생이란 모
두 헛될 뿐이니이다 (셀라)
12 여호와여 나의 기도를 들으시며 나의
부르짖음에 귀를 기울이소서 내가
눈물 흘릴 때에 잠잠하지 마옵소서
나는 주와 함께 있는 나그네이며 나
의 모든 조상들처럼 떠도나이다
13 주는 나를 용서하사 내가 떠나 없어
지기 전에 나의 건강을 회복시키소서

[다윗의 시, 인도자를 따라 부르는 노
래]

40 내가 여호와를 기다리고 기다렸
더니 귀를 기울이사 나의 부르
짖음을 들으셨도다
2 나를 기가 막힐 웅덩이와 수렁에서
끌어올리시고 내 발을 반석 위에 두
사 내 걸음을 견고하게 하셨도다
3 새 노래 곧 우리 하나님께 올릴 찬송

365묵상

내 영혼의 상처를 치료하시는 분

당신은 당신의 영혼을 사랑하는가? 그런데 놀랍게도 당신보다 더 당신의 영혼을 사랑하는 분이 있다. 그분은 당신의 영혼을 만드신 하나님이시다. 그러므로 만일 당신의 영혼이 상처받으면, 하나님은 당신의 영혼을 힘써 회복시키신다. 세상에는 너무도 다양한 종류의 상처들이 있지만, 그분께는 치료가 불가능한 상처가 있을 수 없다(시 38장). 이제 당신의 소중한 시간을 절약하라. 다른 데서 헛되이 구하지 말라. 오직 주님만이 당신의 상처를 치료하실 수 있다. 당신의 상처가 어떤 형태의 것이든, 그분께 즉시 나아가라.

을 내 입에 두셨으니 많은 사람이 보
고 두려워하여 여호와를 의지하리로
다
4 여호와를 의지하고 교만한 자와 거짓
에 치우치는 자를 돌아보지 아니하
는 자는 복이 있도다
5 여호와 나의 하나님이여 주께서 행하
신 기적이 많고 우리를 향하신 주의
생각도 많아 누구도 주와 견줄 수가
없나이다 내가 널리 알려 말하고자
하나 너무 많아 그 수를 셀 수도 없
나이다
6 주께서 내 귀를 통하여 내게 들려 주
시기를 제사와 예물을 기뻐하지 아니
하시며 번제와 속죄제를 요구하지
아니하신다 하신지라
7 그 때에 내가 말하기를 내가 왔나이
다 나를 가리켜 기록한 것이 두루마
리 책에 있나이다
8 나의 하나님이여 내가 주의 뜻 행하
기를 즐기오니 주의 법이 나의 심중
에 있나이다 하였나이다
9 내가 많은 회중 가운데에서 의의 기
쁜 소식을 전하였나이다 여호와여 내
가 내 입술을 닫지 아니할 줄을 주께
서 아시나이다
10 내가 주의 공의를 내 심중에 숨기지
아니하고 주의 성실과 구원을 선포하
였으며 내가 주의 인자와 진리를 많
은 회중 가운데에서 감추지 아니하
였나이다
11 여호와여 주의 긍휼을 내게서 거두
지 마시고 주의 인자와 진리로 나를
항상 보호하소서
12 수많은 재앙이 나를 둘러싸고 나의
죄악이 나를 덮치므로 우러러볼 수
도 없으며 죄가 나의 머리털보다 많
으므로 내가 낙심하였음이니이다
13 여호와여 은총을 베푸사 나를 구원
하소서 여호와여 속히 나를 도우소
서
14 내 생명을 찾아 멸하려 하는 자는 다
수치와 낭패를 당하게 하시며 나의
해를 기뻐하는 자는 다 물러가 욕을
당하게 하소서
15 나를 향하여 하하 하하 하며 조소하
는 자들이 자기 수치로 말미암아 놀
라게 하소서
16 주를 찾는 자는 다 주 안에서 즐거워
하고 기뻐하게 하시며 주의 구원을
사랑하는 자는 항상 말하기를 여호
와는 위대하시다 하게 하소서
17 나는 가난하고 궁핍하오나 주께서는
나를 생각하시오니 주는 나의 도움
이시요 나를 건지시는 이시라 나의
하나님이여 지체하지 마소서

[다윗의 시, 인도자를 따라 부르는 노
래]

41 가난한 자를 보살피는 자에게
복이 있음이여 재앙의 날에 여
호와께서 그를 건지시리로다
2 여호와께서 그를 지키사 살게 하시리
니 그가 이 세상에서 복을 받을 것이
라 주여 그를 그 원수들의 뜻에 맡기
지 마소서
3 여호와께서 그를 병상에서 붙드시고
그가 누워 있을 때마다 그의 병을 고
쳐 주시나이다
4 내가 말하기를 여호와여 내게 은혜
를 베푸소서 내가 주께 범죄하였사
오니 나를 고치소서 하였나이다
5 나의 원수가 내게 대하여 악담하기
를 그가 어느 때에나 죽고 그의 이
름이 언제나 없어질까 하며
6 나를 보러 와서는 거짓을 말하고 그
의 중심에 악을 쌓았다가 나가서는
이를 널리 선포하오며
7 나를 미워하는 자가 다 하나같이 내
게 대하여 수군거리고 나를 해하려
고 꾀하며
8 이르기를 악한 병이 그에게 들었으
니 이제 그가 눕고 다시 일어나지 못
하리라 하오며
9 내가 신뢰하여 내 떡을 나눠 먹던 나
의 가까운 친구도 나를 대적하여 그
의 발꿈치를 들었나이다
10 그러하오나 주 여호와여 내게 은혜
를 베푸시고 나를 일으키사 내가 그
들에게 보응하게 하소서 이로써
11 내 원수가 나를 이기지 못하오니 주
께서 나를 기뻐하시는 줄을 내가 알
았나이다
12 주께서 나를 온전한 중에 붙드시고
영원히 주 앞에 세우시나이다
13 이스라엘의 하나님 여호와를 영원부
터 영원까지 송축할지로다 아멘 아
멘

제이권

[고라 자손의 마스길, 인도자를 따라
부르는 노래]

42 하나님이여 사슴이 시냇물을 찾
기에 갈급함 같이 내 영혼이 주
를 찾기에 갈급하니이다
2 내 영혼이 하나님 곧 살아 계시는 하
나님을 갈망하나니 내가 어느 때에
나아가서 하나님의 얼굴을 뵈올까
3 사람들이 종일 내게 하는 말이 네 하
나님이 어디 있느뇨 하오니 내 눈물
이 주야로 내 음식이 되었도다
4 내가 전에 성일을 지키는 무리와 동
행하여 기쁨과 감사의 소리를 내며
그들을 하나님의 집으로 인도하였더

니 이제 이 일을 기억하고 내 마음이
상하는도다
5 내 영혼아 네가 어찌하여 낙심하며
어찌하여 내 속에서 불안해 하는가
너는 하나님께 소망을 두라 그가 나
타나 도우심으로 말미암아 내가 여
전히 찬송하리로다
6 내 하나님이여 내 영혼이 내 속에서
낙심이 되므로 내가 요단 땅과 헤르
몬과 미살 산에서 주를 기억하나이다
7 주의 폭포 소리에 깊은 바다가 서로
부르며 주의 모든 파도와 물결이 나
를 휩쓸었나이다
8 낮에는 여호와께서 그의 인자하심을
베푸시고 밤에는 그의 찬송이 내게
있어 생명의 하나님께 기도하리로다
9 내 반석이신 하나님께 말하기를 어찌
하여 나를 잊으셨나이까 내가 어찌하
여 원수의 압제로 말미암아 슬프게
다니나이까 하리로다
10 내 뼈를 찌르는 칼 같이 내 대적이
나를 비방하여 늘 내게 말하기를 네
하나님이 어디 있느냐 하도다
11 내 영혼아 네가 어찌하여 낙심하며
어찌하여 내 속에서 불안해 하는가
너는 하나님께 소망을 두라 나는 그
가 나타나 도우심으로 말미암아 내
하나님을 여전히 찬송하리로다

43

하나님이여 나를 판단하시되 경
건하지 아니한 나라에 대하여
내 송사를 변호하시며 간사하고 불
의한 자에게서 나를 건지소서
2 주는 나의 힘이 되신 하나님이시거늘
어찌하여 나를 버리셨나이까 내가 어
찌하여 원수의 억압으로 말미암아 슬
프게 다니나이까
3 주의 빛과 주의 진리를 보내시어 나
를 인도하시고 주의 거룩한 산과 주
께서 계시는 곳에 이르게 하소서
4 그런즉 내가 하나님의 제단에 나아
가 나의 큰 기쁨의 하나님께 이르리
이다 하나님이여 나의 하나님이여 내
가 수금으로 주를 찬양하리이다
5 내 영혼아 네가 어찌하여 낙심하며
어찌하여 내 속에서 불안해 하는가
너는 하나님께 소망을 두라 그가 나
타나 도우심으로 말미암아 내 하나
님을 여전히 찬송하리로다

[고라 자손의 마스길, 인도자를 따라
부르는 노래]

44

하나님이여 주께서 우리 조상들
의 날 곧 옛날에 행하신 일을
그들이 우리에게 일러 주매 우리가
우리 귀로 들었나이다
2 주께서 주의 손으로 뭇 백성을 내쫓
으시고 우리 조상들을 이 땅에 뿌리

박게 하시며 주께서 다른 민족들은
고달프게 하시고 우리 조상들은 번
성하게 하셨나이다
3 그들이 자기 칼로 땅을 얻어 차지함
이 아니요 그들의 팔이 그들을 구원
함도 아니라 오직 주의 오른손과 주
의 팔과 주의 얼굴의 빛으로 하셨으
니 주께서 그들을 기뻐하신 까닭이니
이다
4 하나님이여 주는 나의 왕이시니 야곱
에게 구원을 베푸소서
5 우리가 주를 의지하여 우리 대적을
누르고 우리를 치러 일어나는 자를
주의 이름으로 밟으리이다
6 나는 내 활을 의지하지 아니할 것이라
내 칼이 나를 구원하지 못하리이다
7 오직 주께서 우리를 우리 원수들에
게서 구원하시고 우리를 미워하는 자
로 수치를 당하게 하셨나이다
8 우리가 종일 하나님을 자랑하였나이
다 우리는 하나님의 이름에 영원히
감사하리이다 (셀라)
9 그러나 이제는 주께서 우리를 버려
욕을 당하게 하시고 우리 군대와 함
께 나아가지 아니하시나이다
10 주께서 우리를 대적들에게서 돌아서
게 하시니 우리를 미워하는 자가 자
기를 위하여 탈취하였나이다
11 주께서 우리를 잡아먹힐 양처럼 그들
에게 넘겨 주시고 여러 민족 중에 우
리를 흩으셨나이다
12 주께서 주의 백성을 헐값으로 파심
이여 그들을 판 값으로 이익을 얻지
못하셨나이다
13 주께서 우리로 하여금 이웃에게 욕
을 당하게 하시니 그들이 우리를 둘
러싸고 조소하고 조롱하나이다
14 주께서 우리를 뭇 백성 중에 이야기
거리가 되게 하시며 민족 중에서 머리
흔듦을 당하게 하셨나이다
15 나의 능욕이 종일 내 앞에 있으며 수
치가 내 얼굴을 덮었으니
16 나를 비방하고 욕하는 소리 때문이
요 나의 원수와 나의 복수자 때문이
니이다
17 이 모든 일이 우리에게 임하였으나
우리가 주를 잊지 아니하며 주의 언
약을 어기지 아니하였나이다
18 우리의 마음은 위축되지 아니하고 우
리 걸음도 주의 길을 떠나지 아니하
였으나
19 주께서 우리를 승냥이의 처소에 밀어
넣으시고 우리를 사망의 그늘로 덮
으셨나이다
20 우리가 우리 하나님의 이름을 잊어버
렸거나 우리 손을 이방 신에게 향하

여 폈더면
21 하나님이 이를 알아내지 아니하셨으
리이까 무릇 주는 마음의 비밀을 아
시나이다
22 우리가 종일 주를 위하여 죽임을 당
하게 되며 도살할 양 같이 여김을 받
았나이다
23 주여 깨소서 어찌하여 주무시나이까
일어나시고 우리를 영원히 버리지 마
소서
24 어찌하여 주의 얼굴을 가리시고 우리
의 고난과 압제를 잊으시나이까
25 우리 영혼은 진토 속에 파묻히고 우
리 몸은 땅에 붙었나이다
26 일어나 우리를 도우소서 주의 인자하
심으로 말미암아 우리를 구원하소서

[고라 자손의 마스길, 사랑의 노래, 인
도자를 따라 소산님에 맞춘 것]

45 내 마음이 좋은 말로 왕을 위하
여 지은 것을 말하리니 내 혀는
글솜씨가 뛰어난 서기관의 붓끝과 같
도다
2 왕은 사람들보다 아름다워 은혜를
입술에 머금으니 그러므로 하나님이
왕에게 영원히 복을 주시도다
3 용사여 칼을 허리에 차고 왕의 영화
와 위엄을 입으소서
4 왕은 진리와 온유와 공의를 위하여
왕의 위엄을 세우시고 병거에 오르
소서 왕의 오른손이 왕에게 놀라운
일을 가르치리이다
5 왕의 화살은 날카로워 왕의 원수의
염통을 뚫으니 만민이 왕의 앞에 엎
드러지는도다
6 하나님이여 주의 보좌는 영원하며 주
의 나라의 규는 공평한 규이니이다
7 왕은 정의를 사랑하고 악을 미워하시
니 그러므로 하나님 곧 왕의 하나님
이 즐거움의 기름을 왕에게 부어 왕
의 동료보다 뛰어나게 하셨나이다
8 왕의 모든 옷은 몰약과 침향과 육계
의 향기가 있으며 상아궁에서 나오는
현악은 왕을 즐겁게 하도다
9 왕이 가까이 하는 여인들 중에는 왕
들의 딸이 있으며 왕후는 오빌의 금
으로 꾸미고 왕의 오른쪽에 서도다
10 딸이여 듣고 보고 귀를 기울일지어다
네 백성과 네 아버지의 집을 잊어버
릴지어다
11 그리하면 왕이 네 아름다움을 사모
하실지라 그는 네 주인이시니 너는
그를 경배할지어다
12 두로의 딸은 예물을 드리고 백성 중
부한 자도 네 얼굴 보기를 원하리로
다
13 왕의 딸은 궁중에서 모든 영화를 누

리니 그의 옷은 금으로 수 놓았도다
14 수 놓은 옷을 입은 그는 왕께로 인
도함을 받으며 시종하는 친구 처녀
들도 왕께로 이끌려 갈 것이라
15 그들은 기쁨과 즐거움으로 인도함을
받고 왕궁에 들어가리로다
16 왕의 아들들은 왕의 조상들을 계승
할 것이라 왕이 그들로 온 세계의 군
왕을 삼으리로다
17 내가 왕의 이름을 만세에 기억하게
하리니 그러므로 만민이 왕을 영원히
찬송하리로다

[고라 자손의 시, 인도자를 따라 알라
못에 맞춘 노래]

46 하나님은 우리의 피난처시요 힘
이시니 환난 중에 만날 큰 도움
이시라
2 그러므로 땅이 변하든지 산이 흔들려
바다 가운데에 빠지든지
3 바닷물이 솟아나고 뛰놀든지 그것이
넘침으로 산이 흔들릴지라도 우리는
두려워하지 아니하리로다 (셀라)
4 한 시내가 있어 나뉘어 흘러 하나님
의 성 곧 지존하신 이의 성소를 기쁘
게 하도다
5 하나님이 그 성 중에 계시매 성이 흔
들리지 아니할 것이라 새벽에 하나님
이 도우시리로다
6 뭇 나라가 떠들며 왕국이 흔들렸더니
그가 소리를 내시매 땅이 녹았도다
7 만군의 여호와께서 우리와 함께 하
시니 야곱의 하나님은 우리의 피난처
시로다 (셀라)
8 와서 여호와의 행적을 볼지어다 그가
땅을 황무지로 만드셨도다
9 그가 땅 끝까지 전쟁을 쉬게 하심이
여 활을 꺾고 창을 끊으며 수레를
불사르시는도다
10 이르시기를 너희는 가만히 있어 내가
하나님 됨을 알지어다 내가 뭇 나라
중에서 높임을 받으리라 내가 세계
중에서 높임을 받으리라 하시도다
11 만군의 여호와께서 우리와 함께 하
시니 야곱의 하나님은 우리의 피난처
시로다 (셀라)

[고라 자손의 시, 인도자를 따라 부르
는 노래]

47 너희 만민들아 손바닥을 치고
즐거운 소리로 하나님께 외칠지
어다

365묵상

땅이 요동할지라도

지진을 한 번도 경험하지 못한 사람들은 지진이 자주 일어나는 지역에 살고 있는 사람들의 심정을 이해할 수 없다. 정말로 안전하다고 여겼던 것들, 예컨대 산이나 큰 건물이나 고속도로나 견고한 다리가 순식간에 와르르 무너지고 쩍-하고 갈라지는 장면은 가히 충격적이다. 실제로 지상의 어느 곳도 참으로 안전한 데는 없다. 그렇지만 바닷물이 흉용하며 산이 요동할지라도 전혀 흔들림 없는 분이 계신다. 바로 하나님이시다. 그분께서 우리의 피난처와 도움이 되신다는 것은 얼마나 놀랍고 감사한 일인가(시46:1-3)!

2 지존하신 여호와는 두려우시고 온
땅에 큰 왕이 되심이로다
3 여호와께서 만민을 우리에게, 나라
들을 우리 발 아래에 복종하게 하시
며
4 우리를 위하여 기업을 택하시나니 곧
사랑하신 야곱의 영화로다 (셀라)
5 하나님께서 즐거운 함성 중에 올라
가심이여 여호와께서 나팔 소리 중에
올라가시도다
6 찬송하라 하나님을 찬송하라 찬송하
라 우리 왕을 찬송하라
7 하나님은 온 땅의 왕이심이라 지혜의
시로 찬송할지어다
8 하나님이 뭇 백성을 다스리시며 하나
님이 그의 거룩한 보좌에 앉으셨도
다
9 뭇 나라의 고관들이 모임이여 아브
라함의 하나님의 백성이 되도다 세상
의 모든 방패는 하나님의 것임이여
그는 높임을 받으시리로다

[고라 자손의 시 곧 노래]

48 여호와는 위대하시니 우리 하나
님의 성, 거룩한 산에서 극진히
찬양 받으시리로다
2 터가 높고 아름다워 온 세계가 즐거
워함이여 큰 왕의 성 곧 북방에 있는
시온 산이 그러하도다
3 하나님이 그 여러 궁중에서 자기를
요새로 알리셨도다
4 왕들이 모여서 함께 지나갔음이여
5 그들이 보고 놀라고 두려워 빨리 지
나갔도다
6 거기서 떨림이 그들을 사로잡으니 고
통이 해산하는 여인의 고통 같도다
7 주께서 동풍으로 다시스의 배를 깨
뜨리시도다
8 우리가 들은 대로 만군의 여호와의
성, 우리 하나님의 성에서 보았나니
하나님이 이를 영원히 견고하게 하시
리로다 (셀라)
9 하나님이여 우리가 주의 전 가운데에
서 주의 인자하심을 생각하였나이다
10 하나님이여 주의 이름과 같이 찬송도
땅 끝까지 미쳤으며 주의 오른손에
는 정의가 충만하였나이다
11 주의 심판으로 말미암아 시온 산은
기뻐하고 유다의 딸들은 즐거워할지
어다
12 너희는 시온을 돌면서 그 곳을 둘러
보고 그 망대들을 세어 보라
13 그의 성벽을 자세히 보고 그의 궁전
을 살펴서 후대에 전하라
14 이 하나님은 영원히 우리 하나님이시
니 그가 우리를 죽을 때까지 인도하
시리로다

[고라 자손의 시, 인도자를 따라 부르는 노래]

49 뭇 백성들아 이를 들으라 세상의 거민들아 모두 귀를 기울이라
2 귀천 빈부를 막론하고 다 들을지어다
3 내 입은 지혜를 말하겠고 내 마음은 명철을 작은 소리로 읊조리리로다
4 내가 비유에 내 귀를 기울이고 수금으로 나의 오묘한 말을 풀리로다
5 죄악이 나를 따라다니며 나를 에워싸는 환난의 날을 내가 어찌 두려워하랴
6 자기의 재물을 의지하고 부유함을 자랑하는 자는
7 아무도 자기의 형제를 구원하지 못하며 그를 위한 속전을 하나님께 바치지도 못할 것은
8 그들의 생명을 속량하는 값이 너무 엄청나서 영원히 마련하지 못할 것임이니라
9 그가 영원히 살아서 죽음을 보지 않을 것인가
10 그러나 그는 지혜 있는 자도 죽고 어리석고 무지한 자도 함께 망하며 그들의 재물은 남에게 남겨 두고 떠나는 것을 보게 되리로다
11 그러나 그들의 속 생각에 그들의 집은 영원히 있고 그들의 거처는 대대에 이르리라 하여 그들의 토지를 자기 이름으로 부르도다
12 사람은 존귀하나 장구하지 못함이여 멸망하는 짐승 같도다
13 이것이 바로 어리석은 자들의 길이며 그들의 말을 기뻐하는 자들의 종말이로다 (셀라)
14 그들은 양 같이 스올에 두기로 작정되었으니 사망이 그들의 목자일 것이라 정직한 자들이 아침에 그들을 다스리리니 그들의 아름다움은 소멸하고 스올이 그들의 거처가 되리라
15 그러나 하나님은 나를 영접하시리니 이러므로 내 영혼을 스올의 권세에서 건져내시리로다 (셀라)
16 사람이 치부하여 그의 집의 영광이 더할 때에 너는 두려워하지 말지어다
17 그가 죽으매 가져가는 것이 없고 그의 영광이 그를 따라 내려가지 못함이로다
18 그가 비록 생시에 자기를 축하하며 스스로 좋게 함으로 사람들에게 칭찬을 받을지라도
19 그들은 그들의 역대 조상들에게로 돌아가리니 영원히 빛을 보지 못하리로다

20 존귀하나 깨닫지 못하는 사람은 멸
망하는 짐승 같도다

[아삽의 시]

50 전능하신 이 여호와 하나님께서
말씀하사 해 돋는 데서부터 지
는 데까지 세상을 부르셨도다
2 온전히 아름다운 시온에서 하나님이
빛을 비추셨도다
3 우리 하나님이 오사 잠잠하지 아니하
시니 그 앞에는 삼키는 불이 있고 그
사방에는 광풍이 불리로다
4 하나님이 자기의 백성을 판결하시려
고 위 하늘과 아래 땅에 선포하여
5 이르시되 나의 성도들을 내 앞에 모
으라 그들은 제사로 나와 언약한 이
들이니라 하시도다
6 하늘이 그의 공의를 선포하리니 하나
님 그는 심판장이심이로다 (셀라)
7 내 백성아 들을지어다 내가 말하리
라 이스라엘아 내가 네게 증언하리
라 나는 하나님 곧 네 하나님이로다
8 나는 네 제물 때문에 너를 책망하지
는 아니하리니 네 번제가 항상 내 앞
에 있음이로다
9 내가 네 집에서 수소나 네 우리에서
숫염소를 가져가지 아니하리니
10 이는 삼림의 짐승들과 뭇 산의 가축
이 다 내 것이며
11 산의 모든 새들도 내가 아는 것이며
들의 짐승도 내 것임이로다
12 내가 가령 주려도 네게 이르지 아니
할 것은 세계와 거기에 충만한 것이
내 것임이로다
13 내가 수소의 고기를 먹으며 염소의
피를 마시겠느냐
14 감사로 하나님께 제사를 드리며 지
존하신 이에게 네 서원을 갚으며
15 환난 날에 나를 부르라 내가 너를 건
지리니 네가 나를 영화롭게 하리로다
16 악인에게는 하나님이 이르시되 네가
어찌하여 내 율례를 전하며 내 언약
을 네 입에 두느냐
17 네가 교훈을 미워하고 내 말을 네 뒤
로 던지며
18 도둑을 본즉 그와 연합하고 간음하
는 자들과 동료가 되며
19 네 입을 악에게 내어 주고 네 혀로
거짓을 꾸미며
20 앉아서 네 형제를 공박하며 네 어머
니의 아들을 비방하는도다
21 네가 이 일을 행하여도 내가 잠잠하
였더니 네가 나를 너와 같은 줄로 생
각하였도다 그러나 내가 너를 책망
하여 네 죄를 네 눈 앞에 낱낱이 드
러내리라 하시는도다
22 하나님을 잊어버린 너희여 이제 이를

생각하라 그렇지 아니하면 내가 너희
를 찢으리니 건질 자 없으리라
23 감사로 제사를 드리는 자가 나를 영
화롭게 하나니 그의 행위를 옳게 하
는 자에게 내가 하나님의 구원을 보
이리라

[다윗의 시, 인도자를 따라 부르는 노
래, 다윗이 밧세바와 동침한 후 선지자
나단이 그에게 왔을 때]

51 하나님이여 주의 인자를 따라
내게 은혜를 베푸시며 주의 많
은 긍휼을 따라 내 죄악을 지워 주
소서
2 나의 죄악을 말갛게 씻으시며 나의
죄를 깨끗이 제하소서
3 무릇 나는 내 죄과를 아오니 내 죄가
항상 내 앞에 있나이다
4 내가 주께만 범죄하여 주의 목전에
악을 행하였사오니 주께서 말씀하실
때에 의로우시다 하고 주께서 심판
하실 때에 순전하시다 하리이다
5 내가 죄악 중에서 출생하였음이여 어
머니가 죄 중에서 나를 잉태하였나이
다
6 보소서 주께서는 중심이 진실함을 원
하시오니 내게 지혜를 은밀히 가르치
시리이다
7 우슬초로 나를 정결하게 하소서 내
가 정하리이다 나의 죄를 씻어 주소
서 내가 눈보다 희리이다
8 내게 즐겁고 기쁜 소리를 들려 주시
사 주께서 꺾으신 뼈들도 즐거워하
게 하소서
9 주의 얼굴을 내 죄에서 돌이키시고
내 모든 죄악을 지워 주소서
10 하나님이여 내 속에 정한 마음을 창
조하시고 내 안에 정직한 영을 새롭
게 하소서
11 나를 주 앞에서 쫓아내지 마시며 주
의 성령을 내게서 거두지 마소서
12 주의 구원의 즐거움을 내게 회복시켜
주시고 자원하는 심령을 주사 나를
붙드소서
13 그리하면 내가 범죄자에게 주의 도
를 가르치리니 죄인들이 주께 돌아
오리이다
14 하나님이여 나의 구원의 하나님이여
피 흘린 죄에서 나를 건지소서 내 혀
가 주의 의를 높이 노래하리이다
15 주여 내 입술을 열어 주소서 내 입이
주를 찬송하여 전파하리이다
16 주께서는 제사를 기뻐하지 아니하시
나니 그렇지 아니하면 내가 드렸을
것이라 주는 번제를 기뻐하지 아니하
시나이다
17 하나님께서 구하시는 제사는 상한

심령이라 하나님이여 상하고 통회하
는 마음을 주께서 멸시하지 아니하시
리이다
18 주의 은택으로 시온에 선을 행하시
고 예루살렘 성을 쌓으소서
19 그 때에 주께서 의로운 제사와 번제
와 온전한 번제를 기뻐하시리니 그
때에 그들이 수소를 주의 제단에 드
리리이다

[다윗의 마스길, 인도자를 따라 부르는 노래, 에돔인 도엑이 사울에게 이르러 다윗이 아히멜렉의 집에 왔다고 그에게 말하던 때에]

52

포악한 자여 네가 어찌하여 악
한 계획을 스스로 자랑하는가
하나님의 인자하심은 항상 있도다
2 네 혀가 심한 악을 꾀하여 날카로운
삭도 같이 간사를 행하는도다
3 네가 선보다 악을 사랑하며 의를 말
함보다 거짓을 사랑하는도다 (셀라)
4 간사한 혀여 너는 남을 해치는 모든
말을 좋아하는도다
5 그런즉 하나님이 영원히 너를 멸하심
이여 너를 붙잡아 네 장막에서 뽑아
내며 살아 있는 땅에서 네 뿌리를 빼
시리로다 (셀라)
6 의인이 보고 두려워하며 또 그를 비
웃어 말하기를
7 이 사람은 하나님을 자기 힘으로 삼
지 아니하고 오직 자기 재물의 풍부
함을 의지하며 자기의 악으로 스스
로 든든하게 하던 자라 하리로다
8 그러나 나는 하나님의 집에 있는 푸
른 감람나무 같음이여 하나님의 인자
하심을 영원히 의지하리로다
9 주께서 이를 행하셨으므로 내가 영
원히 주께 감사하고 주의 이름이 선
하시므로 주의 성도 앞에서 내가 주
의 이름을 사모하리이다

[다윗의 마스길, 인도자를 따라 마할랏에 맞춘 노래]

53

어리석은 자는 그의 마음에 이
르기를 하나님이 없다 하도다
그들은 부패하며 가증한 악을 행함
이여 선을 행하는 자가 없도다
2 하나님이 하늘에서 인생을 굽어살피
사 지각이 있는 자와 하나님을 찾는
자가 있는가 보려 하신즉
3 각기 물러가 함께 더러운 자가 되고
선을 행하는 자 없으니 한 사람도 없
도다
4 죄악을 행하는 자들은 무지하냐 그
들이 떡 먹듯이 내 백성을 먹으면서
하나님을 부르지 아니하는도다
5 그들이 두려움이 없는 곳에서 크게
두려워하였으니 너를 대항하여 진 친

그들의 뼈를 하나님이 흩으심이라
하나님이 그들을 버리셨으므로 네가
그들에게 수치를 당하게 하였도다
6 시온에서 이스라엘을 구원하여 줄
자 누구인가 하나님이 자기 백성의
포로된 것을 돌이키실 때에 야곱이
즐거워하며 이스라엘이 기뻐하리로
다

[다윗의 마스길, 인도자를 따라 현악에 맞춘 노래, 십 사람이 사울에게 이르러 말하기를 다윗이 우리가 있는 곳에 숨지 아니하였나이까 하던 때에]

54 하나님이여 주의 이름으로 나를
구원하시고 주의 힘으로 나를
변호하소서
2 하나님이여 내 기도를 들으시며 내
입의 말에 귀를 기울이소서
3 낯선 자들이 일어나 나를 치고 포악
한 자들이 나의 생명을 수색하며 하
나님을 자기 앞에 두지 아니하였음이
니이다 (셀라)
4 하나님은 나를 돕는 이시며 주께서
는 내 생명을 붙들어 주시는 이시니
이다
5 주께서는 내 원수에게 악으로 갚으
시리니 주의 성실하심으로 그들을 멸
하소서
6 내가 낙헌제로 주께 제사하리이다
여호와여 주의 이름에 감사하오리니
주의 이름이 선하심이니이다
7 참으로 주께서는 모든 환난에서 나
를 건지시고 내 원수가 보응 받는 것
을 내 눈이 똑똑히 보게 하셨나이다

[다윗의 마스길, 인도자를 따라 현악에 맞춘 노래]

55 하나님이여 내 기도에 귀를 기
울이시고 내가 간구할 때에 숨
지 마소서
2 내게 굽히사 응답하소서 내가 근심
으로 편하지 못하여 탄식하오니
3 이는 원수의 소리와 악인의 압제 때
문이라 그들이 죄악을 내게 더하며
노하여 나를 핍박하나이다
4 내 마음이 내 속에서 심히 아파하며
사망의 위험이 내게 이르렀도다
5 두려움과 떨림이 내게 이르고 공포
가 나를 덮었도다
6 나는 말하기를 만일 내게 비둘기 같
이 날개가 있다면 날아가서 편히 쉬리
로다

365묵상

하나님이 없다고 하는 무신론자에 대해

시편 53장은 무신론의 어리석음을 일깨우는 일종의 지혜시다. 일반적으로 말할 때 무신론이란 하나님의 존재를 이성적으로 부인하는 사상이다. 하지만 많은 이들은 사실상 '실천적인 무신론자'다. 그들은 하나님의 존재에 관해 관심조차 없거나 혹은 하나님이 존재하지 않는 것처럼 행동한다. 그들은 물질주의를 신봉하고 진화론을 받아들인다. 우리는 논쟁이나 토론을 통해 그들로 하여금 하나님을 믿게 만들 수 없다. 무신론자들에 대한 강력한 도전은 우리가 믿는 자답게 거룩한 삶으로 하나님을 증언하는 것이다.

7 내가 멀리 날아가서 광야에 머무르리
로다 (셀라)
8 내가 나의 피난처로 속히 가서 폭풍
과 광풍을 피하리라 하였도다
9 내가 성내에서 강포와 분쟁을 보았
사오니 주여 그들을 멸하소서 그들
의 혀를 잘라 버리소서
10 그들이 주야로 성벽 위에 두루 다니
니 성 중에는 죄악과 재난이 있으며
11 악독이 그 중에 있고 압박과 속임수
가 그 거리를 떠나지 아니하도다
12 나를 책망하는 자는 원수가 아니라
원수일진대 내가 참았으리라 나를
대하여 자기를 높이는 자는 나를 미
워하는 자가 아니라 미워하는 자일진
대 내가 그를 피하여 숨었으리라
13 그는 곧 너로다 나의 동료, 나의 친
구요 나의 가까운 친우로다
14 우리가 같이 재미있게 의논하며 무리
와 함께 하여 하나님의 집 안에서 다
녔도다
15 사망이 갑자기 그들에게 임하여 산
채로 스올에 내려갈지어다 이는 악
독이 그들의 거처에 있고 그들 가운
데에 있음이로다
16 나는 하나님께 부르짖으리니 여호와
께서 나를 구원하시리로다
17 저녁과 아침과 정오에 내가 근심하여
탄식하리니 여호와께서 내 소리를 들
으시리로다
18 나를 대적하는 자 많더니 나를 치는
전쟁에서 그가 내 생명을 구원하사
평안하게 하셨도다
19 옛부터 계시는 하나님이 들으시고
그들을 낮추시리이다 (셀라) 그들은
변하지 아니하며 하나님을 경외하지
아니함이니이다
20 그는 손을 들어 자기와 화목한 자를
치고 그의 언약을 배반하였도다
21 그의 입은 우유 기름보다 미끄러우
나 그의 마음은 전쟁이요 그의 말은
기름보다 유하나 실상은 뽑힌 칼이
로다
22 네 짐을 여호와께 맡기라 그가 너를
붙드시고 의인의 요동함을 영원히 허
락하지 아니하시리로다
23 하나님이여 주께서 그들로 파멸의
웅덩이에 빠지게 하시리이다 피를 흘
리게 하며 속이는 자들은 그들의 날
의 반도 살지 못할 것이나 나는 주를
의지하리이다

[다윗의 믹담 시, 인도자를 따라 요낫
엘렘 르호김에 맞춘 노래, 다윗이 가
드에서 블레셋인에게 잡힌 때에]

56 하나님이여 내게 은혜를 베푸
소서 사람이 나를 삼키려고 종

일 치며 압제하나이다
2 내 원수가 종일 나를 삼키려 하며 나
를 교만하게 치는 자들이 많사오니
3 내가 두려워하는 날에는 내가 주를
의지하리이다
4 내가 하나님을 의지하고 그 말씀을
찬송하올지라 내가 하나님을 의지하
였은즉 두려워하지 아니하리니 혈육
을 가진 사람이 내게 어찌하리이까
5 그들이 종일 내 말을 곡해하며 나를
치는 그들의 모든 생각은 사악이라
6 그들이 내 생명을 엿보았던 것과 같
이 또 모여 숨어 내 발자취를 지켜보
나이다
7 그들이 악을 행하고야 안전하오리이
까 하나님이여 분노하사 뭇 백성을
낮추소서
8 나의 유리함을 주께서 계수하셨사오
니 나의 눈물을 주의 병에 담으소서
이것이 주의 책에 기록되지 아니하였
나이까
9 내가 아뢰는 날에 내 원수들이 물러
가리니 이것으로 하나님이 내 편이심
을 내가 아나이다
10 내가 하나님을 의지하여 그의 말씀을
찬송하며 여호와를 의지하여 그의 말
씀을 찬송하리이다
11 내가 하나님을 의지하였은즉 두려워
하지 아니하리니 사람이 내게 어찌하
리이까
12 하나님이여 내가 주께 서원함이 있사
온즉 내가 감사제를 주께 드리리니
13 주께서 내 생명을 사망에서 건지셨음
이라 주께서 나로 하나님 앞, 생명의
빛에 다니게 하시려고 실족하지 아니
하게 하지 아니하셨나이까

[다윗의 믹담 시, 인도자를 따라 알다스
헷에 맞춘 노래, 다윗이 사울을 피하
여 굴에 있던 때에]

57 하나님이여 내게 은혜를 베푸
소서 내게 은혜를 베푸소서 내
영혼이 주께로 피하되 주의 날개 그
늘 아래에서 이 재앙들이 지나기까지
피하리이다
2 내가 지존하신 하나님께 부르짖음이
여 곧 나를 위하여 모든 것을 이루시
는 하나님께로다
3 그가 하늘에서 보내사 나를 삼키려
는 자의 비방에서 나를 구원하실지라
(셀라) 하나님이 그의 인자와 진리를
보내시리로다
4 내 영혼이 사자들 가운데에서 살며
내가 불사르는 자들 중에 누웠으니
곧 사람의 아들들 중에라 그들의 이
는 창과 화살이요 그들의 혀는 날카
로운 칼 같도다

5 하나님이여 주는 하늘 위에 높이 들
리시며 주의 영광이 온 세계 위에 높
아지기를 원하나이다
6 그들이 내 걸음을 막으려고 그물을
준비하였으니 내 영혼이 억울하도다
그들이 내 앞에 웅덩이를 팠으나 자
기들이 그 중에 빠졌도다 (셀라)
7 하나님이여 내 마음이 확정되었고 내
마음이 확정되었사오니 내가 노래하
고 내가 찬송하리이다
8 내 영광아 깰지어다 비파야, 수금아,
깰지어다 내가 새벽을 깨우리로다
9 주여 내가 만민 중에서 주께 감사하
오며 뭇 나라 중에서 주를 찬송하리
이다
10 무릇 주의 인자는 커서 하늘에 미치
고 주의 진리는 궁창에 이르나이다
11 하나님이여 주는 하늘 위에 높이 들
리시며 주의 영광이 온 세계 위에 높
아지기를 원하나이다

[다윗의 믹담 시, 인도자를 따라 알다스
헷에 맞춘 노래]

58

통치자들아 너희가 정의를 말해
야 하거늘 어찌 잠잠하냐 인자
들아 너희가 올바르게 판결해야 하
거늘 어찌 잠잠하냐
2 아직도 너희가 중심에 악을 행하며
땅에서 너희 손으로 폭력을 달아 주
는도다
3 악인은 모태에서부터 멀어졌음이여
나면서부터 곁길로 나아가 거짓을 말
하는도다
4 그들의 독은 뱀의 독 같으며 그들은
귀를 막은 귀머거리 독사 같으니
5 술사의 홀리는 소리도 듣지 않고 능
숙한 술객의 요술도 따르지 아니하
는 독사로다
6 하나님이여 그들의 입에서 이를 꺾으
소서 여호와여 젊은 사자의 어금니를
꺾어 내시며
7 그들이 급히 흐르는 물 같이 사라지
게 하시며 겨누는 화살이 꺾임 같게
하시며
8 소멸하여 가는 달팽이 같게 하시며
만삭 되지 못하여 출생한 아이가 햇
빛을 보지 못함 같게 하소서
9 가시나무 불이 가마를 뜨겁게 하기
전에 생나무든지 불 붙는 나무든지
강한 바람으로 휩쓸려가게 하소서
10 의인이 악인의 보복 당함을 보고 기
뻐함이여 그의 발을 악인의 피에 씻
으리로다
11 그 때에 사람의 말이 진실로 의인에
게 갚음이 있고 진실로 땅에서 심판
하시는 하나님이 계시다 하리로다

[다윗의 믹담 시, 인도자를 따라 알다스

헷에 맞춘 노래, 사울이 사람을 보내
어 다윗을 죽이려고 그 집을 지킨 때
에]

59

나의 하나님이여 나의 원수에게
서 나를 건지시고 일어나 치려는
자에게서 나를 높이 드소서
2 악을 행하는 자에게서 나를 건지시
고 피 흘리기를 즐기는 자에게서 나
를 구원하소서
3 그들이 나의 생명을 해하려고 엎드려
기다리고 강한 자들이 모여 나를 치
려 하오니 여호와여 이는 나의 잘못
으로 말미암음이 아니요 나의 죄로
말미암음도 아니로소이다
4 내가 허물이 없으나 그들이 달려와서
스스로 준비하오니 주여 나를 도우
시기 위하여 깨어 살펴 주소서
5 주님은 만군의 하나님 여호와, 이스
라엘의 하나님이시오니 일어나 모든
나라들을 벌하소서 악을 행하는 모
든 자들에게 은혜를 베풀지 마소서
(셀라)
6 그들이 저물어 돌아와서 개처럼 울며
성으로 두루 다니고
7 그들의 입으로는 악을 토하며 그들
의 입술에는 칼이 있어 이르기를 누
가 들으리요 하나이다
8 여호와여 주께서 그들을 비웃으시며
모든 나라들을 조롱하시리이다
9 하나님은 나의 요새이시니 그의 힘으
로 말미암아 내가 주를 바라리이다
10 나의 하나님이 그의 인자하심으로 나
를 영접하시며 하나님이 나의 원수가
보응 받는 것을 내가 보게 하시리이
다
11 그들을 죽이지 마옵소서 나의 백성
이 잊을까 하나이다 우리 방패 되신
주여 주의 능력으로 그들을 흩으시
고 낮추소서
12 그들의 입술의 말은 곧 그들의 입의
죄라 그들이 말하는 저주와 거짓말
로 말미암아 그들이 그 교만한 중에
서 사로잡히게 하소서
13 진노하심으로 소멸하시되 없어지기까
지 소멸하사 하나님이 야곱 중에서
다스리심을 땅 끝까지 알게 하소서
(셀라)
14 그들에게 저물어 돌아와서 개처럼
울며 성으로 두루 다니게 하소서
15 그들은 먹을 것을 찾아 유리하다가
배부름을 얻지 못하면 밤을 새우려
니와
16 나는 주의 힘을 노래하며 아침에 주
의 인자하심을 높이 부르오리니 주는
나의 요새이시며 나의 환난 날에 피
난처심이니이다

17 나의 힘이시여 내가 주께 찬송하오리
니 하나님은 나의 요새이시며 나를
긍휼히 여기시는 하나님이심이니이다
[다윗이 교훈하기 위하여 지은 믹담, 인
도자를 따라 수산에둣에 맞춘 노래,
다윗이 아람 나하라임과 아람소바와
싸우는 중에 요압이 돌아와 에돔을
소금 골짜기에서 쳐서 만 이천 명을 죽
인 때에]

60 하나님이여 주께서 우리를 버려
흩으셨고 분노하셨사오나 지금
은 우리를 회복시키소서
2 주께서 땅을 진동시키사 갈라지게 하
셨사오니 그 틈을 기우소서 땅이 흔
들림이니이다
3 주께서 주의 백성에게 어려움을 보
이시고 비틀거리게 하는 포도주를
우리에게 마시게 하셨나이다
4 주를 경외하는 자에게 깃발을 주시
고 진리를 위하여 달게 하셨나이다
(셀라)
5 주께서 사랑하시는 자를 건지시기 위
하여 주의 오른손으로 구원하시고
응답하소서
6 하나님이 그의 거룩하심으로 말씀하
시되 내가 뛰놀리라 내가 세겜을 나
누며 숙곳 골짜기를 측량하리라
7 길르앗이 내 것이요 므낫세도 내 것
이며 에브라임은 내 머리의 투구요
유다는 나의 규이며
8 모압은 나의 목욕통이라 에돔에는
나의 신발을 던지리라 블레셋아 나로
말미암아 외치라 하셨도다
9 누가 나를 이끌어 견고한 성에 들이
며 누가 나를 에돔에 인도할까
10 하나님이여 주께서 우리를 버리지 아
니하셨나이까 하나님이여 주께서 우
리 군대와 함께 나아가지 아니하시
나이다
11 우리를 도와 대적을 치게 하소서 사
람의 구원은 헛됨이니이다
12 우리가 하나님을 의지하고 용감하게
행하리니 그는 우리의 대적을 밟으실
이심이로다
[다윗의 시, 인도자를 따라 현악에 맞춘
노래]

61 하나님이여 나의 부르짖음을 들
으시며 내 기도에 유의하소서
2 내 마음이 약해 질 때에 땅 끝에서부
터 주께 부르짖으오리니 나보다 높
은 바위에 나를 인도하소서
3 주는 나의 피난처시요 원수를 피하
는 견고한 망대이심이니이다
4 내가 영원히 주의 장막에 머물며 내
가 주의 날개 아래로 피하리이다 (셀
라)

5 주 하나님이여 주께서 나의 서원을
들으시고 주의 이름을 경외하는 자
가 얻을 기업을 내게 주셨나이다
6 주께서 왕에게 장수하게 하사 그의
나이가 여러 대에 미치게 하시리이다
7 그가 영원히 하나님 앞에서 거주하리
니 인자와 진리를 예비하사 그를 보
호하소서
8 그리하시면 내가 주의 이름을 영원히
찬양하며 매일 나의 서원을 이행하리
이다

[다윗의 시, 인도자를 따라 여두둔의 법
칙에 따라 부르는 노래]

62 나의 영혼이 잠잠히 하나님만
바람이여 나의 구원이 그에게서
나오는도다
2 오직 그만이 나의 반석이시요 나의
구원이시요 나의 요새이시니 내가 크
게 흔들리지 아니하리로다
3 넘어지는 담과 흔들리는 울타리 같이
사람을 죽이려고 너희가 일제히 공격
하기를 언제까지 하려느냐
4 그들이 그를 그의 높은 자리에서 떨
어뜨리기만 꾀하고 거짓을 즐겨 하니
입으로는 축복이요 속으로는 저주
로다 (셀라)
5 나의 영혼아 잠잠히 하나님만 바라라
무릇 나의 소망이 그로부터 나오는
도다
6 오직 그만이 나의 반석이시요 나의
구원이시요 나의 요새이시니 내가 흔
들리지 아니하리로다
7 나의 구원과 영광이 하나님께 있음이
여 내 힘의 반석과 피난처도 하나님
께 있도다
8 백성들아 시시로 그를 의지하고 그
의 앞에 마음을 토하라 하나님은 우
리의 피난처시로다 (셀라)
9 아, 슬프도다 사람은 입김이며 인생
도 속임수이니 저울에 달면 그들은
입김보다 가벼우리로다
10 포악을 의지하지 말며 탈취한 것으로
허망하여지지 말며 재물이 늘어도 거
기에 마음을 두지 말지어다
11 하나님이 한두 번 하신 말씀을 내가
들었나니 권능은 하나님께 속하였다
하셨도다
12 주여 인자함은 주께 속하오니 주께
서 각 사람이 행한 대로 갚으심이니
이다

365묵상

내 영혼의 참된 쉼터

사람들은 종종 '장소'를 통해 쉼을 얻고자 한다. 그래서 집이나 펜션, 혹은 집을 떠나 경치 좋고 한적한 곳을 찾는다. 그런 장소에서 잠시 쉼을 얻을 수 있겠지만 그때뿐이다. 우리 영혼은 하나님과 함께할 때 참되고 영원한 쉼을 얻는다. 시편 기자는 그 비밀을 발견했다. 나의 영혼이 오직 하나님만 바랄 때 참된 쉼과 구원을 얻는다고 간증했다(시 62장). 그러므로 우리가 하나님을 떠나 세상의 다른 누구에게서, 혹은 다른 어떤 장소들에서 영혼의 쉼을 찾고자 한다면, 우리는 쉽게 변하는 것들로 인해 상처를 받을 것이다.

[다윗의 시, 유다 광야에 있을 때에]

63 하나님이여 주는 나의 하나님이
시라 내가 간절히 주를 찾되 물
이 없어 마르고 황폐한 땅에서 내 영
혼이 주를 갈망하며 내 육체가 주를
앙모하나이다
2 내가 주의 권능과 영광을 보기 위하
여 이와 같이 성소에서 주를 바라보
았나이다
3 주의 인자하심이 생명보다 나으므로
내 입술이 주를 찬양할 것이라
4 이러므로 나의 평생에 주를 송축하
며 주의 이름으로 말미암아 나의 손
을 들리이다
5 골수와 기름진 것을 먹음과 같이 나
의 영혼이 만족할 것이라 나의 입이
기쁜 입술로 주를 찬송하되
6 내가 나의 침상에서 주를 기억하며
새벽에 주의 말씀을 작은 소리로 읊
조릴 때에 하오리니
7 주는 나의 도움이 되셨음이라 내가
주의 날개 그늘에서 즐겁게 부르리
이다
8 나의 영혼이 주를 가까이 따르니 주
의 오른손이 나를 붙드시거니와
9 나의 영혼을 찾아 멸하려 하는 그들
은 땅 깊은 곳에 들어가며
10 칼의 세력에 넘겨져 승냥이의 먹이가
되리이다
11 왕은 하나님을 즐거워하리니 주께
맹세한 자마다 자랑할 것이나 거짓말
하는 자의 입은 막히리로다

[다윗의 시, 인도자를 따라 부르는 노
래]

64 하나님이여 내가 근심하는 소리
를 들으시고 원수의 두려움에서
나의 생명을 보존하소서
2 주는 악을 꾀하는 자들의 음모에서
나를 숨겨 주시고 악을 행하는 자들
의 소동에서 나를 감추어 주소서
3 그들이 칼 같이 자기 혀를 연마하며
화살 같이 독한 말로 겨누고
4 숨은 곳에서 온전한 자를 쏘며 갑자
기 쏘고 두려워하지 아니하는도다
5 그들은 악한 목적으로 서로 격려하
며 남몰래 올무 놓기를 함께 의논하
고 하는 말이 누가 우리를 보리요 하
며
6 그들은 죄악을 꾸미며 이르기를 우
리가 묘책을 찾았다 하나니 각 사람
의 속 뜻과 마음이 깊도다
7 그러나 하나님이 그들을 쏘시리니 그
들이 갑자기 화살에 상하리로다
8 이러므로 그들이 엎드러지리니 그들
의 혀가 그들을 해함이라 그들을 보
는 자가 다 머리를 흔들리로다

9 모든 사람이 두려워하여 하나님의 일
을 선포하며 그의 행하심을 깊이 생
각하리로다
10 의인은 여호와로 말미암아 즐거워하
며 그에게 피하리니 마음이 정직한
자는 다 자랑하리로다
[다윗의 시, 인도자를 따라 부르는 노
래]

65 하나님이여 찬송이 시온에서 주
를 기다리오며 사람이 서원을
주께 이행하리이다
2 기도를 들으시는 주여 모든 육체가
주께 나아오리이다
3 죄악이 나를 이겼사오니 우리의 허물
을 주께서 사하시리이다
4 주께서 택하시고 가까이 오게 하사
주의 뜰에 살게 하신 사람은 복이 있
나이다 우리가 주의 집 곧 주의 성전
의 아름다움으로 만족하리이다
5 우리 구원의 하나님이시여 땅의 모든
끝과 먼 바다에 있는 자가 의지할 주
께서 의를 따라 엄위하신 일로 우리
에게 응답하시리이다
6 주는 주의 힘으로 산을 세우시며 권
능으로 띠를 띠시며
7 바다의 설렘과 물결의 흔들림과 만민
의 소요까지 진정하시나이다
8 땅 끝에 사는 자가 주의 징조를 두려
워하나이다 주께서 아침 되는 것과
저녁 되는 것을 즐거워하게 하시며
9 땅을 돌보사 물을 대어 심히 윤택하
게 하시며 하나님의 강에 물이 가득
하게 하시고 이같이 땅을 예비하신
후에 그들에게 곡식을 주시나이다
10 주께서 밭고랑에 물을 넉넉히 대사
그 이랑을 평평하게 하시며 또 단비
로 부드럽게 하시고 그 싹에 복을
주시나이다
11 주의 은택으로 한 해를 관 씌우시니
주의 길에는 기름 방울이 떨어지며
12 들의 초장에도 떨어지니 작은 산들이
기쁨으로 띠를 띠었나이다
13 초장은 양 떼로 옷 입었고 골짜기는
곡식으로 덮였으매 그들이 다 즐거
이 외치고 또 노래하나이다
[시, 인도자를 따라 부르는 노래]

66 온 땅이여 하나님께 즐거운 소
리를 낼지어다
2 그의 이름의 영광을 찬양하고 영화
롭게 찬송할지어다
3 하나님께 아뢰기를 주의 일이 어찌
그리 엄위하신지요 주의 큰 권능으로
말미암아 주의 원수가 주께 복종할
것이며
4 온 땅이 주께 경배하고 주를 노래하
며 주의 이름을 노래하리이다 할지어

다 (셀라)
5 와서 하나님께서 행하신 것을 보라
사람의 아들들에게 행하심이 엄위하
시도다
6 하나님이 바다를 변하여 육지가 되게
하셨으므로 무리가 걸어서 강을 건너
고 우리가 거기서 주로 말미암아 기
뻐하였도다
7 그가 그의 능력으로 영원히 다스리시
며 그의 눈으로 나라들을 살피시나
니 거역하는 자들은 교만하지 말지어
다 (셀라)
8 만민들아 우리 하나님을 송축하며
그의 찬양 소리를 들리게 할지어다
9 그는 우리 영혼을 살려 두시고 우리
의 실족함을 허락하지 아니하시는 주
시로다
10 하나님이여 주께서 우리를 시험하시
되 우리를 단련하시기를 은을 단련함
같이 하셨으며
11 우리를 끌어 그물에 걸리게 하시며
어려운 짐을 우리 허리에 매어 두셨
으며
12 사람들이 우리 머리를 타고 가게 하
셨나이다 우리가 불과 물을 통과하
였더니 주께서 우리를 끌어내사 풍
부한 곳에 들이셨나이다
13 내가 번제물을 가지고 주의 집에 들
어가서 나의 서원을 주께 갚으리니
14 이는 내 입술이 낸 것이요 내 환난
때에 내 입이 말한 것이니이다
15 내가 숫양의 향기와 함께 살진 것으
로 주께 번제를 드리며 수소와 염소
를 드리리이다 (셀라)
16 하나님을 두려워하는 너희들아 다 와
서 들으라 하나님이 나의 영혼을 위
하여 행하신 일을 내가 선포하리로다
17 내가 나의 입으로 그에게 부르짖으
며 나의 혀로 높이 찬송하였도다
18 내가 나의 마음에 죄악을 품었더라면
주께서 듣지 아니하시리라
19 그러나 하나님이 실로 들으셨음이여
내 기도 소리에 귀를 기울이셨도다
20 하나님을 찬송하리로다 그가 내 기
도를 물리치지 아니하시고 그의 인자
하심을 내게서 거두지도 아니하셨도
다

[시 곧 노래, 인도자를 따라 현악에 맞
춘 것]

67 하나님은 우리에게 은혜를 베
푸사 복을 주시고 그의 얼굴 빛
을 우리에게 비추사 (셀라)
2 주의 도를 땅 위에, 주의 구원을 모
든 나라에게 알리소서
3 하나님이여 민족들이 주를 찬송하게
하시며 모든 민족들이 주를 찬송하

게 하소서
4 온 백성은 기쁘고 즐겁게 노래할지
니 주는 민족들을 공평히 심판하시며
땅 위의 나라들을 다스리실 것임이니
이다 (셀라)
5 하나님이여 민족들이 주를 찬송하게
하시며 모든 민족으로 주를 찬송하
게 하소서
6 땅이 그의 소산을 내어 주었으니 하
나님 곧 우리 하나님이 우리에게 복
을 주시리로다
7 하나님이 우리에게 복을 주시리니 땅
의 모든 끝이 하나님을 경외하리로다

[다윗의 시, 인도자를 따라 부르는 노래]

68 하나님이 일어나시니 원수들은
흩어지며 주를 미워하는 자들은
주 앞에서 도망하리이다
2 연기가 불려 가듯이 그들을 몰아내
소서 불 앞에서 밀이 녹음 같이 악인
이 하나님 앞에서 망하게 하소서
3 의인은 기뻐하여 하나님 앞에서 뛰놀
며 기뻐하고 즐거워할지어다
4 하나님께 노래하며 그의 이름을 찬
양하라 하늘을 타고 광야에 행하시
던 이를 위하여 대로를 수축하라 그
의 이름은 여호와이시니 그의 앞에서
뛰놀지어다
5 그의 거룩한 처소에 계신 하나님은
고아의 아버지시며 과부의 재판장이
시라
6 하나님이 고독한 자들은 가족과 함
께 살게 하시며 갇힌 자들은 이끌어
내사 형통하게 하시느니라 오직 거역
하는 자들의 거처는 메마른 땅이로
다
7 하나님이여 주의 백성 앞에서 앞서
나가사 광야에서 행진하셨을 때에
(셀라)
8 땅이 진동하며 하늘이 하나님 앞에서
떨어지며 저 시내 산도 하나님 곧 이
스라엘의 하나님 앞에서 진동하였나
이다
9 하나님이여 주께서 흡족한 비를 보
내사 주의 기업이 곤핍할 때에 주께
서 그것을 견고하게 하셨고
10 주의 회중을 그 가운데에 살게 하셨
나이다 하나님이여 주께서 가난한 자
를 위하여 주의 은택을 준비하셨나이
다
11 주께서 말씀을 주시니 소식을 공포
하는 여자들은 큰 무리라
12 여러 군대의 왕들이 도망하고 도망
하니 집에 있던 여자들도 탈취물을
나누도다
13 너희가 양 우리에 누울 때에는 그 날

개를 은으로 입히고 그 깃을 황금으
로 입힌 비둘기 같도다
14 전능하신 이가 왕들을 그 중에서 흩
으실 때에는 살몬에 눈이 날림 같도
다
15 바산의 산은 하나님의 산임이여 바산
의 산은 높은 산이로다
16 너희 높은 산들아 어찌하여 하나님이
계시려 하는 산을 시기하여 보느냐
진실로 여호와께서 이 산에 영원히
계시리로다
17 하나님의 병거는 천천이요 만만이라
주께서 그 중에 계심이 시내 산 성소
에 계심 같도다
18 주께서 높은 곳으로 오르시며 사로
잡은 자들을 취하시고 선물들을 사
람들에게서 받으시며 반역자들로부
터도 받으시니 여호와 하나님이 그들
과 함께 계시기 때문이로다
19 날마다 우리 짐을 지시는 주 곧 우리
의 구원이신 하나님을 찬송할지로다
(셀라)
20 하나님은 우리에게 구원의 하나님이
시라 사망에서 벗어남은 주 여호와
로 말미암거니와
21 그의 원수들의 머리 곧 죄를 짓고 다
니는 자의 정수리는 하나님이 쳐서
깨뜨리시리로다
22 주께서 말씀하시기를 내가 그들을
바산에서 돌아오게 하며 바다 깊은
곳에서 도로 나오게 하고
23 네가 그들을 심히 치고 그들의 피에
네 발을 잠그게 하며 네 집의 개의
혀로 네 원수들에게서 제 분깃을 얻
게 하리라 하시도다
24 하나님이여 그들이 주께서 행차하심
을 보았으니 곧 나의 하나님, 나의
왕이 성소로 행차하시는 것이라
25 소고 치는 처녀들 중에서 노래 부르
는 자들은 앞서고 악기를 연주하는
자들은 뒤따르나이다
26 이스라엘의 근원에서 나온 너희여 대
회 중에 하나님 곧 주를 송축할지어
다
27 거기에는 그들을 주관하는 작은 베
냐민과 유다의 고관과 그들의 무리
와 스불론의 고관과 납달리의 고관
이 있도다
28 네 하나님이 너의 힘을 명령하셨도다
하나님이여 우리를 위하여 행하신 것
을 견고하게 하소서
29 예루살렘에 있는 주의 전을 위하여
왕들이 주께 예물을 드리리이다
30 갈밭의 들짐승과 수소의 무리와 만
민의 송아지를 꾸짖으시고 은 조각
을 발 아래에 밟으소서 그가 전쟁을

즐기는 백성을 흩으셨도다
31 고관들은 애굽에서 나오고 구스인
은 하나님을 향하여 그 손을 신속히
들리로다
32 땅의 왕국들아 하나님께 노래하고
주께 찬송할지어다 (셀라)
33 옛적 하늘들의 하늘을 타신 자에게
찬송하라 주께서 그 소리를 내시니
웅장한 소리로다
34 너희는 하나님께 능력을 돌릴지어다
그의 위엄이 이스라엘 위에 있고 그
의 능력이 구름 속에 있도다
35 하나님이여 위엄을 성소에서 나타내
시나이다 이스라엘의 하나님은 그의
백성에게 힘과 능력을 주시나니 하나
님을 찬송할지어다

[다윗의 시, 인도자를 따라 소산님에 맞
춘 노래]

69 하나님이여 나를 구원하소서 물
들이 내 영혼에까지 흘러 들어
왔나이다
2 나는 설 곳이 없는 깊은 수렁에 빠지
며 깊은 물에 들어가니 큰 물이 내게
넘치나이다
3 내가 부르짖음으로 피곤하여 나의
목이 마르며 나의 하나님을 바라서
나의 눈이 쇠하였나이다
4 까닭 없이 나를 미워하는 자가 나의
머리털보다 많고 부당하게 나의 원수
가 되어 나를 끊으려 하는 자가 강하
였으니 내가 빼앗지 아니한 것도 물
어 주게 되었나이다
5 하나님이여 주는 나의 우매함을 아시
오니 나의 죄가 주 앞에서 숨김이 없
나이다
6 주 만군의 여호와여 주를 바라는 자
들이 나를 인하여 수치를 당하게 하
지 마옵소서 이스라엘의 하나님이여
주를 찾는 자가 나로 말미암아 욕을
당하게 하지 마옵소서
7 내가 주를 위하여 비방을 받았사오
니 수치가 나의 얼굴에 덮였나이다
8 내가 나의 형제에게는 객이 되고 나
의 어머니의 자녀에게는 낯선 사람이
되었나이다
9 주의 집을 위하는 열성이 나를 삼키
고 주를 비방하는 비방이 내게 미쳤
나이다
10 내가 곡하고 금식하였더니 그것이 도
리어 나의 욕이 되었으며

365묵상

고아의 아버지, 과부의 재판장

천지만물의 창조자이시며 만유의 왕이신 주님께서 한낱 사회의 소외된 자들 곧 고아, 과부, 고독한 자, 그리고 갇힌 자들의 궁핍한 사정에 관심이 있으실까? 놀랍게도 성경은 '그렇다!'라고 말한다. 깊은 관심이 있을 뿐만 아니라 친히 그들을 돌보시는 보호자가 되신다고 말한다. 고아의 아버지, 과부의 재판장이 되셔서 외롭고 가난하고 사회에서 소외된 자들의 궁핍한 사정을 살피시고 돌봐주신다고 말한다(시 68:5-6). 외로운가? 궁핍하며 상처받았는가? 모든 곤고한 자들의 사정을 살뜰히 살피시는 주님 앞으로 나아가라.

11 내가 굵은 베로 내 옷을 삼았더니
내가 그들의 말 거리가 되었나이다
12 성문에 앉은 자가 나를 비난하며 독
주에 취한 무리가 나를 두고 노래하
나이다
13 여호와여 나를 반기시는 때에 내가
주께 기도하오니 하나님이여 많은 인
자와 구원의 진리로 내게 응답하소서
14 나를 수렁에서 건지사 빠지지 말게
하시고 나를 미워하는 자에게서와 깊
은 물에서 건지소서
15 큰 물이 나를 휩쓸거나 깊음이 나를
삼키지 못하게 하시며 웅덩이가 내
위에 덮쳐 그것의 입을 닫지 못하게
하소서
16 여호와여 주의 인자하심이 선하시오
니 내게 응답하시며 주의 많은 긍휼
에 따라 내게로 돌이키소서
17 주의 얼굴을 주의 종에게서 숨기지
마소서 내가 환난 중에 있사오니 속
히 내게 응답하소서
18 내 영혼에게 가까이하사 구원하시며
내 원수로 말미암아 나를 속량하소
서
19 주께서 나의 비방과 수치와 능욕을
아시나이다 나의 대적자들이 다 주님
앞에 있나이다
20 비방이 나의 마음을 상하게 하여 근
심이 충만하니 불쌍히 여길 자를 바
라나 없고 긍휼히 여길 자를 바라나
찾지 못하였나이다
21 그들이 쓸개를 나의 음식물로 주며
목마를 때에는 초를 마시게 하였사
오니
22 그들의 밥상이 올무가 되게 하시며
그들의 평안이 덫이 되게 하소서
23 그들의 눈이 어두워 보지 못하게 하
시며 그들의 허리가 항상 떨리게 하
소서
24 주의 분노를 그들의 위에 부으시며
주의 맹렬하신 노가 그들에게 미치게
하소서
25 그들의 거처가 황폐하게 하시며 그
들의 장막에 사는 자가 없게 하소서
26 무릇 그들이 주께서 치신 자를 핍박
하며 주께서 상하게 하신 자의 슬픔
을 말하였사오니
27 그들의 죄악에 죄악을 더하사 주의
공의에 들어오지 못하게 하소서
28 그들을 생명책에서 지우사 의인들과
함께 기록되지 말게 하소서
29 오직 나는 가난하고 슬프오니 하나
님이여 주의 구원으로 나를 높이소서
30 내가 노래로 하나님의 이름을 찬송
하며 감사함으로 하나님을 위대하시
다 하리니

31 이것이 소 곧 뿔과 굽이 있는 황소를
드림보다 여호와를 더욱 기쁘시게
함이 될 것이라
32 곤고한 자가 이를 보고 기뻐하나니
하나님을 찾는 너희들아 너희 마음을
소생하게 할지어다
33 여호와는 궁핍한 자의 소리를 들으
시며 자기로 말미암아 갇힌 자를 멸
시하지 아니하시나니
34 천지가 그를 찬송할 것이요 바다와
그 중의 모든 생물도 그리할지로다
35 하나님이 시온을 구원하시고 유다 성
읍들을 건설하시리니 무리가 거기에
살며 소유를 삼으리로다
36 그의 종들의 후손이 또한 이를 상속
하고 그의 이름을 사랑하는 자가 그
중에 살리로다

[다윗의 시로 기념식에서 인도자를 따
라 부르는 노래]

70

하나님이여 나를 건지소서 여호
와여 속히 나를 도우소서
2 나의 영혼을 찾는 자들이 수치와 무
안을 당하게 하시며 나의 상함을 기
뻐하는 자들이 뒤로 물러가 수모를
당하게 하소서
3 아하, 아하 하는 자들이 자기 수치로
말미암아 뒤로 물러가게 하소서
4 주를 찾는 모든 자들이 주로 말미암
아 기뻐하고 즐거워하게 하시며 주의
구원을 사랑하는 자들이 항상 말하
기를 하나님은 위대하시다 하게 하
소서
5 나는 가난하고 궁핍하오니 하나님이
여 속히 내게 임하소서 주는 나의 도
움이시요 나를 건지시는 이시오니 여
호와여 지체하지 마소서

71

여호와여 내가 주께 피하오니
내가 영원히 수치를 당하게 하
지 마소서
2 주의 의로 나를 건지시며 나를 풀어
주시며 주의 귀를 내게 기울이사 나
를 구원하소서
3 주는 내가 항상 피하여 숨을 바위가
되소서 주께서 나를 구원하라 명령하
셨으니 이는 주께서 나의 반석이시요
나의 요새이심이니이다
4 나의 하나님이여 나를 악인의 손 곧
불의한 자와 흉악한 자의 장중에서
피하게 하소서
5 주 여호와여 주는 나의 소망이시요
내가 어릴 때부터 신뢰한 이시라
6 내가 모태에서부터 주를 의지하였으
며 나의 어머니의 배에서부터 주께서
나를 택하셨사오니 나는 항상 주를
찬송하리이다
7 나는 무리에게 이상한 징조 같이 되

없사오나 주는 나의 견고한 피난처시
오니
8 주를 찬송함과 주께 영광 돌림이 종
일토록 내 입에 가득하리이다
9 늙을 때에 나를 버리지 마시며 내 힘
이 쇠약할 때에 나를 떠나지 마소서
10 내 원수들이 내게 대하여 말하며 내
영혼을 엿보는 자들이 서로 꾀하여
11 이르기를 하나님이 그를 버리셨은즉
따라 잡으라 건질 자가 없다 하오니
12 하나님이여 나를 멀리 하지 마소서
나의 하나님이여 속히 나를 도우소서
13 내 영혼을 대적하는 자들이 수치와
멸망을 당하게 하시며 나를 모해하려
하는 자들에게는 욕과 수욕이 덮이
게 하소서
14 나는 항상 소망을 품고 주를 더욱더
욱 찬송하리이다
15 내가 측량할 수 없는 주의 공의와 구
원을 내 입으로 종일 전하리이다
16 내가 주 여호와의 능하신 행적을 가
지고 오겠사오며 주의 공의만 전하
겠나이다
17 하나님이여 나를 어려서부터 교훈하
셨으므로 내가 지금까지 주의 기이한
일들을 전하였나이다
18 하나님이여 내가 늙어 백발이 될 때
에도 나를 버리지 마시며 내가 주의
힘을 후대에 전하고 주의 능력을 장
래의 모든 사람에게 전하기까지 나
를 버리지 마소서
19 하나님이여 주의 의가 또한 지극히
높으시니이다 하나님이여 주께서 큰
일을 행하셨사오니 누가 주와 같으
리이까
20 우리에게 여러 가지 심한 고난을 보
이신 주께서 우리를 다시 살리시며
땅 깊은 곳에서 다시 이끌어 올리시
리이다
21 나를 더욱 창대하게 하시고 돌이키
사 나를 위로하소서
22 나의 하나님이여 내가 또 비파로 주
를 찬양하며 주의 성실을 찬양하리이
다 이스라엘의 거룩하신 주여 내가
수금으로 주를 찬양하리이다
23 내가 주를 찬양할 때에 나의 입술이
기뻐 외치며 주께서 속량하신 내 영
혼이 즐거워하리이다
24 나의 혀도 종일토록 주의 의를 작은
소리로 읊조리오리니 나를 모해하려
하던 자들이 수치와 무안을 당함이니
이다

[솔로몬의 시]

72 하나님이여 주의 판단력을 왕에
게 주시고 주의 공의를 왕의 아
들에게 주소서

2 그가 주의 백성을 공의로 재판하며
주의 가난한 자를 정의로 재판하리니
3 의로 말미암아 산들이 백성에게 평
강을 주며 작은 산들도 그리하리로
다
4 그가 가난한 백성의 억울함을 풀어
주며 궁핍한 자의 자손을 구원하며
압박하는 자를 꺾으리로다
5 그들이 해가 있을 동안에도 주를 두
려워하며 달이 있을 동안에도 대대
로 그리하리로다
6 그는 벤 풀 위에 내리는 비 같이, 땅
을 적시는 소낙비 같이 내리리니
7 그의 날에 의인이 흥왕하여 평강의
풍성함이 달이 다할 때까지 이르리로
다
8 그가 바다에서부터 바다까지와 강에
서부터 땅 끝까지 다스리리니
9 광야에 사는 자는 그 앞에 굽히며
그의 원수들은 티끌을 핥을 것이며
10 다시스와 섬의 왕들이 조공을 바치며
스바와 시바 왕들이 예물을 드리리
로다
11 모든 왕이 그의 앞에 부복하며 모든
민족이 다 그를 섬기리로다
12 그는 궁핍한 자가 부르짖을 때에 건
지며 도움이 없는 가난한 자도 건지
며
13 그는 가난한 자와 궁핍한 자를 불쌍
히 여기며 궁핍한 자의 생명을 구원
하며
14 그들의 생명을 압박과 강포에서 구
원하리니 그들의 피가 그의 눈 앞에
서 존귀히 여김을 받으리로다
15 그들이 생존하여 스바의 금을 그에
게 드리며 사람들이 그를 위하여 항
상 기도하고 종일 찬송하리로다
16 산 꼭대기의 땅에도 곡식이 풍성하
고 그것의 열매가 레바논 같이 흔들
리며 성에 있는 자가 땅의 풀 같이 왕
성하리로다
17 그의 이름이 영구함이여 그의 이름이
해와 같이 장구하리로다 사람들이
그로 말미암아 복을 받으리니 모든
민족이 다 그를 복되다 하리로다
18 홀로 기이한 일들을 행하시는 여호
와 하나님 곧 이스라엘의 하나님을
찬송하며
19 그 영화로운 이름을 영원히 찬송할지
어다 온 땅에 그의 영광이 충만할지
어다 아멘 아멘
20 이새의 아들 다윗의 기도가 끝나니라

제삼권

[아삽의 시]

73 하나님이 참으로 이스라엘 중
마음이 정결한 자에게 선을 행

하시나
2 나는 거의 넘어질 뻔하였고 나의 걸
음이 미끄러질 뻔하였으니
3 이는 내가 악인의 형통함을 보고 오
만한 자를 질투하였음이로다
4 그들은 죽을 때에도 고통이 없고 그
힘이 강건하며
5 사람들이 당하는 고난이 그들에게는
없고 사람들이 당하는 재앙도 그들
에게는 없나니
6 그러므로 교만이 그들의 목걸이요
강포가 그들의 옷이며
7 살찜으로 그들의 눈이 솟아나며 그
들의 소득은 마음의 소원보다 많으
며
8 그들은 능욕하며 악하게 말하며 높
은 데서 거만하게 말하며
9 그들의 입은 하늘에 두고 그들의 혀
는 땅에 두루 다니도다
10 그러므로 그의 백성이 이리로 돌아
와서 잔에 가득한 물을 다 마시며
11 말하기를 하나님이 어찌 알랴 지존자
에게 지식이 있으랴 하는도다
12 볼지어다 이들은 악인들이라도 항상
평안하고 재물은 더욱 불어나도다
13 내가 내 마음을 깨끗하게 하며 내
손을 씻어 무죄하다 한 것이 실로 헛
되도다
14 나는 종일 재난을 당하며 아침마다
징벌을 받았도다
15 내가 만일 스스로 이르기를 내가 그
들처럼 말하리라 하였더라면 나는 주
의 아들들의 세대에 대하여 악행을
행하였으리이다
16 내가 어쩌면 이를 알까 하여 생각한
즉 그것이 내게 심한 고통이 되었더
니
17 하나님의 성소에 들어갈 때에야 그
들의 종말을 내가 깨달았나이다
18 주께서 참으로 그들을 미끄러운 곳
에 두시며 파멸에 던지시니
19 그들이 어찌하여 그리 갑자기 황폐되
었는가 놀랄 정도로 그들은 전멸하
였나이다
20 주여 사람이 깬 후에는 꿈을 무시함
같이 주께서 깨신 후에는 그들의 형
상을 멸시하시리이다
21 내 마음이 산란하며 내 양심이 찔렸
나이다
22 내가 이같이 우매 무지함으로 주 앞
에 짐승이오나
23 내가 항상 주와 함께 하니 주께서 내
오른손을 붙드셨나이다
24 주의 교훈으로 나를 인도하시고 후
에는 영광으로 나를 영접하시리니
25 하늘에서는 주 외에 누가 내게 있으

리요 땅에서는 주 밖에 내가 사모할
이 없나이다
26 내 육체와 마음은 쇠약하나 하나님
은 내 마음의 반석이시요 영원한 분
깃이시라
27 무릇 주를 멀리하는 자는 망하리니
음녀 같이 주를 떠난 자를 주께서 다
멸하셨나이다
28 하나님께 가까이 함이 내게 복이라
내가 주 여호와를 나의 피난처로 삼
아 주의 모든 행적을 전파하리이다

[아삽의 마스길]

74

하나님이여 주께서 어찌하여 우
리를 영원히 버리시나이까 어찌
하여 주께서 기르시는 양을 향하여
진노의 연기를 뿜으시나이까
2 옛적부터 얻으시고 속량하사 주의 기
업의 지파로 삼으신 주의 회중을 기
억하시며 주께서 계시던 시온 산도
생각하소서
3 영구히 파멸된 곳을 향하여 주의 발
을 옮겨 놓으소서 원수가 성소에서
모든 악을 행하였나이다
4 주의 대적이 주의 회중 가운데에서
떠들며 자기들의 깃발을 세워 표적으
로 삼았으니
5 그들은 마치 도끼를 들어 삼림을 베
는 사람 같으니이다
6 이제 그들이 도끼와 철퇴로 성소의
모든 조각품을 쳐서 부수고
7 주의 성소를 불사르며 주의 이름이
계신 곳을 더럽혀 땅에 엎었나이다
8 그들이 마음속으로 이르기를 우리가
그들을 진멸하자 하고 이 땅에 있는
하나님의 모든 회당을 불살랐나이다
9 우리의 표적은 보이지 아니하며 선지
자도 더 이상 없으며 이런 일이 얼마
나 오랠는지 우리 중에 아는 자도 없
나이다
10 하나님이여 대적이 언제까지 비방하
겠으며 원수가 주의 이름을 영원히
능욕하리이까
11 주께서 어찌하여 주의 손 곧 주의 오
른손을 거두시나이까 주의 품에서
손을 빼내시어 그들을 멸하소서
12 하나님은 예로부터 나의 왕이시라 사
람에게 구원을 베푸셨나이다
13 주께서 주의 능력으로 바다를 나누
시고 물 가운데 용들의 머리를 깨뜨
리셨으며

365묵상

의로운 자의 고난

정직하고 경건하게 사는 것이 헛된 일이라는 자괴감에 빠질 때가 있다. 오히려 그런 삶에는 고통이 더욱 많다. 그런데 악한 자들은 어떤가? 그들은 형통하고 부자가 된다. 이 같은 상황을 보고 시편 기자도 한탄했다(시 73:13). 하지만 곧이어 통찰력을 얻었다. 악한 자들의 인생은 안일했기에 제멋대로 살다가 결국엔 미끄러져 파멸에 이른다는 사실을 알았다(시 73:18). 하지만 의로운 자의 고난은 주님을 의지하게 만들어 신앙의 삶을 살게 했다. 이로써 의인의 고난은 종종 변장하고 찾아온 축복이라는 사실을 배울 수 있다.

14 리워야단의 머리를 부수시고 그것을
사막에 사는 자에게 음식물로 주셨
으며
15 주께서 바위를 쪼개어 큰 물을 내시
며 주께서 늘 흐르는 강들을 마르게
하셨나이다
16 낮도 주의 것이요 밤도 주의 것이라
주께서 빛과 해를 마련하셨으며
17 주께서 땅의 경계를 정하시며 주께서
여름과 겨울을 만드셨나이다
18 여호와여 이것을 기억하소서 원수가
주를 비방하며 우매한 백성이 주의
이름을 능욕하였나이다
19 주의 멧비둘기의 생명을 들짐승에게
주지 마시며 주의 가난한 자의 목숨
을 영원히 잊지 마소서
20 그 언약을 눈여겨 보소서 무릇 땅의
어두운 곳에 포악한 자의 처소가 가
득하나이다
21 학대 받은 자가 부끄러이 돌아가게
하지 마시고 가난한 자와 궁핍한 자
가 주의 이름을 찬송하게 하소서
22 하나님이여 일어나 주의 원통함을 푸
시고 우매한 자가 종일 주를 비방하
는 것을 기억하소서
23 주의 대적들의 소리를 잊지 마소서
일어나 주께 항거하는 자의 떠드는
소리가 항상 주께 상달되나이다

[아삽의 시, 인도자를 따라 알다스헷에
맞춘 노래]

75 하나님이여 우리가 주께 감사하
고 감사함은 주의 이름이 가까
움이라 사람들이 주의 기이한 일들을
전파하나이다
2 주의 말씀이 내가 정한 기약이 이르
면 내가 바르게 심판하리니
3 땅의 기둥은 내가 세웠거니와 땅과
그 모든 주민이 소멸되리라 하시도다
(셀라)
4 내가 오만한 자들에게 오만하게 행
하지 말라 하며 악인들에게 뿔을 들
지 말라 하였노니
5 너희 뿔을 높이 들지 말며 교만한 목
으로 말하지 말지어다
6 무릇 높이는 일이 동쪽에서나 서쪽
에서 말미암지 아니하며 남쪽에서도
말미암지 아니하고
7 오직 재판장이신 하나님이 이를 낮추
시고 저를 높이시느니라
8 여호와의 손에 잔이 있어 술 거품이
일어나는도다 속에 섞은 것이 가득
한 그 잔을 하나님이 쏟아 내시나니
실로 그 찌꺼기까지도 땅의 모든 악
인이 기울여 마시리로다
9 나는 야곱의 하나님을 영원히 선포하
며 찬양하며

10 또 악인들의 뿔을 다 베고 의인의 뿔
은 높이 들리로다

[아삽의 시, 인도자를 따라 현악에 맞
춘 노래]

76 하나님은 유다에 알려지셨으며
그의 이름이 이스라엘에 크시도
다

2 그의 장막은 살렘에 있음이여 그의
처소는 시온에 있도다

3 거기에서 그가 화살과 방패와 칼과
전쟁을 없이하셨도다 (셀라)

4 주는 약탈한 산에서 영화로우시며
존귀하시도다

5 마음이 강한 자도 가진 것을 빼앗기
고 잠에 빠질 것이며 장사들도 모두
그들에게 도움을 줄 손을 만날 수
없도다

6 야곱의 하나님이여 주께서 꾸짖으시
매 병거와 말이 다 깊이 잠들었나이
다

7 주께서는 경외 받을 이시니 주께서
한 번 노하실 때에 누가 주의 목전에
서리이까

8 주께서 하늘에서 판결을 선포하시매
땅이 두려워 잠잠하였나니

9 곧 하나님이 땅의 모든 온유한 자를
구원하시려고 심판하러 일어나신 때
에로다 (셀라)

10 진실로 사람의 노여움은 주를 찬송
하게 될 것이요 그 남은 노여움은 주
께서 금하시리이다

11 너희는 여호와 너희 하나님께 서원하
고 갚으라 사방에 있는 모든 사람도
마땅히 경외할 이에게 예물을 드릴지
로다

12 그가 고관들의 기를 꺾으시리니 그
는 세상의 왕들에게 두려움이시로다

[아삽의 시, 인도자를 따라 여두둔의 법
칙에 따라 부르는 노래]

77 내가 내 음성으로 하나님께 부
르짖으리니 내 음성으로 하나님
께 부르짖으면 내게 귀를 기울이시리
로다

2 나의 환난 날에 내가 주를 찾았으며
밤에는 내 손을 들고 거두지 아니하
였나니 내 영혼이 위로 받기를 거절
하였도다

3 내가 하나님을 기억하고 불안하여
근심하니 내 심령이 상하도다 (셀라)

4 주께서 내가 눈을 붙이지 못하게 하
시니 내가 괴로워 말할 수 없나이다

5 내가 옛날 곧 지나간 세월을 생각하
였사오며

6 밤에 부른 노래를 내가 기억하여 내
심령으로, 내가 내 마음으로 간구하
기를

7 주께서 영원히 버리실까, 다시는 은
혜를 베풀지 아니하실까,
8 그의 인자하심은 영원히 끝났는가,
그의 약속하심도 영구히 폐하였는가,
9 하나님이 그가 베푸실 은혜를 잊으
셨는가, 노하심으로 그가 베푸실 긍
휼을 그치셨는가 하였나이다 (셀라)
10 또 내가 말하기를 이는 나의 잘못이
라 지존자의 오른손의 해
11 곧 여호와의 일들을 기억하며 주께서
옛적에 행하신 기이한 일을 기억하리
이다
12 또 주의 모든 일을 작은 소리로 읊
조리며 주의 행사를 낮은 소리로 되
뇌이리이다
13 하나님이여 주의 도는 극히 거룩하시
오니 하나님과 같이 위대하신 신이
누구오니이까
14 주는 기이한 일을 행하신 하나님이시
라 민족들 중에 주의 능력을 알리시
고
15 주의 팔로 주의 백성 곧 야곱과 요
셉의 자손을 속량하셨나이다 (셀라)
16 하나님이여 물들이 주를 보았나이다
물들이 주를 보고 두려워하며 깊음
도 진동하였고
17 구름이 물을 쏟고 궁창이 소리를 내
며 주의 화살도 날아갔나이다
18 회오리바람 중에 주의 우렛소리가
있으며 번개가 세계를 비추며 땅이
흔들리고 움직였나이다
19 주의 길이 바다에 있었고 주의 곧은
길이 큰 물에 있었으나 주의 발자취
를 알 수 없었나이다
20 주의 백성을 양 떼 같이 모세와 아
론의 손으로 인도하셨나이다

[아삽의 마스길]

78 내 백성이여, 내 율법을 들으며
내 입의 말에 귀를 기울일지어
다
2 내가 입을 열어 비유로 말하며 예로
부터 감추어졌던 것을 드러내려 하니
3 이는 우리가 들어서 아는 바요 우리
의 조상들이 우리에게 전한 바라
4 우리가 이를 그들의 자손에게 숨기
지 아니하고 여호와의 영예와 그의
능력과 그가 행하신 기이한 사적을
후대에 전하리로다
5 여호와께서 증거를 야곱에게 세우시
며 법도를 이스라엘에게 정하시고
우리 조상들에게 명령하사 그들의
자손에게 알리라 하셨으니
6 이는 그들로 후대 곧 태어날 자손에
게 이를 알게 하고 그들은 일어나
그들의 자손에게 일러서
7 그들로 그들의 소망을 하나님께 두

며 하나님께서 행하신 일을 잊지 아
니하고 오직 그의 계명을 지켜서
8 그들의 조상들 곧 완고하고 패역하
여 그들의 마음이 정직하지 못하며
그 심령이 하나님께 충성하지 아니하
는 세대와 같이 되지 아니하게 하려
하심이로다
9 에브라임 자손은 무기를 갖추며 활
을 가졌으나 전쟁의 날에 물러갔도
다
10 그들이 하나님의 언약을 지키지 아니
하고 그의 율법 준행을 거절하며
11 여호와께서 행하신 것과 그들에게
보이신 그의 기이한 일을 잊었도다
12 옛적에 하나님이 애굽 땅 소안 들에
서 기이한 일을 그들의 조상들의 목
전에서 행하셨으되
13 그가 바다를 갈라 물을 무더기 같이
서게 하시고 그들을 지나가게 하셨
으며
14 낮에는 구름으로, 밤에는 불빛으로
인도하셨으며
15 광야에서 반석을 쪼개시고 매우 깊
은 곳에서 나오는 물처럼 흡족하게
마시게 하셨으며
16 또 바위에서 시내를 내사 물이 강 같
이 흐르게 하셨으나
17 그들은 계속해서 하나님께 범죄하여
메마른 땅에서 지존자를 배반하였도
다
18 그들이 그들의 탐욕대로 음식을 구
하여 그들의 심중에 하나님을 시험하
였으며
19 그뿐 아니라 하나님을 대적하여 말
하기를 하나님이 광야에서 식탁을 베
푸실 수 있으랴
20 보라 그가 반석을 쳐서 물을 내시니
시내가 넘쳤으나 그가 능히 떡도 주
시며 자기 백성을 위하여 고기도 예
비하시랴 하였도다
21 그러므로 여호와께서 듣고 노하셨
으며 야곱에게 불 같이 노하셨고 또
한 이스라엘에게 진노가 불타 올랐
으니
22 이는 하나님을 믿지 아니하며 그의
구원을 의지하지 아니한 때문이로다
23 그러나 그가 위의 궁창을 명령하시며
하늘 문을 여시고
24 그들에게 만나를 비 같이 내려 먹이
시며 하늘 양식을 그들에게 주셨나
니
25 사람이 힘센 자의 떡을 먹었으며 그
가 음식을 그들에게 충족히 주셨도
다
26 그가 동풍을 하늘에서 일게 하시며
그의 권능으로 남풍을 인도하시고

27 먼지처럼 많은 고기를 비 같이 내리시
고 나는 새를 바다의 모래 같이 내리
셨도다
28 그가 그것들을 그들의 진중에 떨어
지게 하사 그들의 거처에 두르셨으
므로
29 그들이 먹고 심히 배불렀나니 하나님
이 그들의 원대로 그들에게 주셨도
다
30 그러나 그들이 그들의 욕심을 버리지
아니하여 그들의 먹을 것이 아직 그
들의 입에 있을 때에
31 하나님이 그들에게 노염을 나타내사
그들 중 강한 자를 죽이시며 이스라
엘의 청년을 쳐 엎드러뜨리셨도다
32 이러함에도 그들은 여전히 범죄하여
그의 기이한 일들을 믿지 아니하였으
므로
33 하나님이 그들의 날들을 헛되이 보내
게 하시며 그들의 햇수를 두려움으
로 보내게 하셨도다
34 하나님이 그들을 죽이실 때에 그들
이 그에게 구하며 돌이켜 하나님을
간절히 찾았고
35 하나님이 그들의 반석이시며 지존하
신 하나님이 그들의 구속자이심을 기
억하였도다
36 그러나 그들이 입으로 그에게 아첨
하며 자기 혀로 그에게 거짓을 말하
였으니
37 이는 하나님께 향하는 그들의 마음
이 정함이 없으며 그의 언약에 성실
하지 아니하였음이로다
38 오직 하나님은 긍휼하시므로 죄악을
덮어 주시어 멸망시키지 아니하시고
그의 진노를 여러 번 돌이키시며 그
의 모든 분을 다 쏟아 내지 아니하셨
으니
39 그들은 육체이며 가고 다시 돌아오
지 못하는 바람임을 기억하셨음이라
40 그들이 광야에서 그에게 반항하며
사막에서 그를 슬프시게 함이 몇 번
인가
41 그들이 돌이켜 하나님을 거듭거듭 시
험하며 이스라엘의 거룩하신 이를 노
엽게 하였도다
42 그들이 그의 권능의 손을 기억하지
아니하며 대적에게서 그들을 구원하
신 날도 기억하지 아니하였도다
43 그 때에 하나님이 애굽에서 그의 표
적들을, 소안 들에서 그의 징조들을
나타내사
44 그들의 강과 시내를 피로 변하여 그
들로 마실 수 없게 하시며
45 쇠파리 떼를 그들에게 보내어 그들
을 물게 하시고 개구리를 보내어 해

하게 하셨으며
46 그들의 토산물을 황충에게 주셨고
그들이 수고한 것을 메뚜기에게 주
셨으며
47 그들의 포도나무를 우박으로, 그들
의 뽕나무를 서리로 죽이셨으며
48 그들의 가축을 우박에, 그들의 양
떼를 번갯불에 넘기셨으며
49 그의 맹렬한 노여움과 진노와 분노
와 고난 곧 재앙의 천사들을 그들에
게 내려보내셨으며
50 그는 진노로 길을 닦으사 그들의 목
숨이 죽음을 면하지 못하게 하시고
그들의 생명을 전염병에 붙이셨으며
51 애굽에서 모든 장자 곧 함의 장막에
있는 그들의 기력의 처음 것을 치셨
으나
52 그가 자기 백성은 양 같이 인도하여
내시고 광야에서 양 떼 같이 지도하
셨도다
53 그들을 안전히 인도하시니 그들은
두려움이 없었으나 그들의 원수는
바다에 빠졌도다
54 그들을 그의 성소의 영역 곧 그의 오
른손으로 만드신 산으로 인도하시고
55 또 나라를 그들의 앞에서 쫓아내시
며 줄을 쳐서 그들의 소유를 분배하
시고 이스라엘의 지파들이 그들의
장막에 살게 하셨도다
56 그러나 그들은 지존하신 하나님을
시험하고 반항하여 그의 명령을 지키
지 아니하며
57 그들의 조상들 같이 배반하고 거짓
을 행하여 속이는 활 같이 빗나가서
58 자기 산당들로 그의 노여움을 일으
키며 그들의 조각한 우상들로 그를
진노하게 하였으매
59 하나님이 들으시고 분내어 이스라엘
을 크게 미워하사
60 사람 가운데 세우신 장막 곧 실로의
성막을 떠나시고
61 그가 그의 능력을 포로에게 넘겨 주
시며 그의 영광을 대적의 손에 붙이
시고
62 그가 그의 소유 때문에 분내사 그의
백성을 칼에 넘기셨으니
63 그들의 청년은 불에 살라지고 그들
의 처녀들은 혼인 노래를 들을 수 없
었으며
64 그들의 제사장들은 칼에 엎드러지고

365묵상

내 신앙의 여행일지를 기록하기

시편 78편은 '이스라엘 역사'에 관한 시편인데, 이 시편은 우리로 하여금 우리의 신앙 여정 곧 영적인 여정을 기록하는 것이 중요하다는 것을 상기시켜준다. 우리는 하나님이 우리의 삶에 역사하신 일들을 기억하게 하는 어떤 것들이 꼭 필요하다. 우리의 삶에서 일어나는 모든 일들이 옛날 이스라엘 역사에서처럼 하나님의 사랑과 은혜를 드러내주고 있다는 것을 깨닫는 것은 얼마나 감동적인 일인가! 진실로 신앙의 여행일지를 기록하는 것은 우리의 신앙 삶을 강하게 해주고, 우리의 하나님께 감사와 찬송을 드리는 길이다.

그들의 과부들은 애곡도 하지 못하
였도다
65 그 때에 주께서 잠에서 깨어난 것처
럼, 포도주를 마시고 고함치는 용사
처럼 일어나사
66 그의 대적들을 쳐 물리쳐서 영원히
그들에게 욕되게 하셨도다
67 또 요셉의 장막을 버리시며 에브라임
지파를 택하지 아니하시고
68 오직 유다 지파와 그가 사랑하시는
시온 산을 택하시며
69 그의 성소를 산의 높음 같이, 영원히
두신 땅 같이 지으셨도다
70 또 그의 종 다윗을 택하시되 양의 우
리에서 취하시며
71 젖 양을 지키는 중에서 그를 이끌어
내사 그의 백성인 야곱, 그의 소유인
이스라엘을 기르게 하셨더니
72 이에 그가 그들을 자기 마음의 완전
함으로 기르고 그의 손의 능숙함으
로 그들을 지도하였도다

[아삽의 시]

79 하나님이여 이방 나라들이 주의
기업의 땅에 들어와서 주의 성전
을 더럽히고 예루살렘이 돌무더기가
되게 하였나이다
2 그들이 주의 종들의 시체를 공중의
새에게 밥으로, 주의 성도들의 육체
를 땅의 짐승에게 주며
3 그들의 피를 예루살렘 사방에 물 같
이 흘렸으나 그들을 매장하는 자가
없었나이다
4 우리는 우리 이웃에게 비방 거리가
되며 우리를 에워싼 자에게 조소와
조롱 거리가 되었나이다
5 여호와여 어느 때까지니이까 영원히
노하시리이까 주의 질투가 불붙듯
하시리이까
6 주를 알지 아니하는 민족들과 주의
이름을 부르지 아니하는 나라들에게
주의 노를 쏟으소서
7 그들이 야곱을 삼키고 그의 거처를
황폐하게 함이니이다
8 우리 조상들의 죄악을 기억하지 마시
고 주의 긍휼로 우리를 속히 영접하
소서 우리가 매우 가련하게 되었나이
다
9 우리 구원의 하나님이여 주의 이름의
영광스러운 행사를 위하여 우리를
도우시며 주의 이름을 증거하기 위하
여 우리를 건지시며 우리 죄를 사하
소서
10 이방 나라들이 어찌하여 그들의 하나
님이 어디 있느냐 말하나이까 주의
종들이 피 흘림에 대한 복수를 우리
의 목전에서 이방 나라에게 보여 주

소서
11 갇힌 자의 탄식을 주의 앞에 이르게
하시며 죽이기로 정해진 자도 주의
크신 능력을 따라 보존하소서
12 주여 우리 이웃이 주를 비방한 그 비
방을 그들의 품에 칠 배나 갚으소서
13 우리는 주의 백성이요 주의 목장의
양이니 우리는 영원히 주께 감사하며
주의 영예를 대대에 전하리이다

[아삽의 시, 인도자를 따라 소산님에듯
에 맞춘 노래]

80 요셉을 양 떼 같이 인도하시는
이스라엘의 목자여 귀를 기울이
소서 그룹 사이에 좌정하신 이여 빛
을 비추소서
2 에브라임과 베냐민과 므낫세 앞에서
주의 능력을 나타내사 우리를 구원
하러 오소서
3 하나님이여 우리를 돌이키시고 주의
얼굴빛을 비추사 우리가 구원을 얻
게 하소서
4 만군의 하나님 여호와여 주의 백성의
기도에 대하여 어느 때까지 노하시리
이까
5 주께서 그들에게 눈물의 양식을 먹
이시며 많은 눈물을 마시게 하셨나이
다
6 우리를 우리 이웃에게 다툼 거리가
되게 하시니 우리 원수들이 서로 비
웃나이다
7 만군의 하나님이여 우리를 회복하여
주시고 주의 얼굴의 광채를 비추사
우리가 구원을 얻게 하소서
8 주께서 한 포도나무를 애굽에서 가
져다가 민족들을 쫓아내시고 그것을
심으셨나이다
9 주께서 그 앞서 가꾸셨으므로 그 뿌
리가 깊이 박혀서 땅에 가득하며
10 그 그늘이 산들을 가리고 그 가지는
하나님의 백향목 같으며
11 그 가지가 바다까지 뻗고 넝쿨이 강
까지 미쳤거늘
12 주께서 어찌하여 그 담을 허시사 길
을 지나가는 모든 이들이 그것을 따
게 하셨나이까
13 숲 속의 멧돼지들이 상해하며 들짐
승들이 먹나이다
14 만군의 하나님이여 구하옵나니 돌아
오소서 하늘에서 굽어보시고 이 포
도나무를 돌보소서
15 주의 오른손으로 심으신 줄기요 주
를 위하여 힘있게 하신 가지니이다
16 그것이 불타고 베임을 당하며 주의
면책으로 말미암아 멸망하오니
17 주의 오른쪽에 있는 자 곧 주를 위
하여 힘있게 하신 인자에게 주의 손

을 얻으소서
18 그리하시면 우리가 주에게서 물러가
지 아니하오리니 우리를 소생하게 하
소서 우리가 주의 이름을 부르리이다
19 만군의 하나님 여호와여 우리를 돌이
켜 주시고 주의 얼굴의 광채를 우리
에게 비추소서 우리가 구원을 얻으
리이다

[아삽의 시, 인도자를 따라 깃딧에 맞춘 노래]

81 우리의 능력이 되시는 하나님을
향하여 기쁘게 노래하며 야곱의
하나님을 향하여 즐거이 소리칠지어
다
2 시를 읊으며 소고를 치고 아름다운
수금에 비파를 아우를지어다
3 초하루와 보름과 우리의 명절에 나
팔을 불지어다
4 이는 이스라엘의 율례요 야곱의 하
나님의 규례로다
5 하나님이 애굽 땅을 치러 나아가시던
때에 요셉의 족속 중에 이를 증거로
세우셨도다 거기서 내가 알지 못하던
말씀을 들었나니
6 이르시되 내가 그의 어깨에서 짐을
벗기고 그의 손에서 광주리를 놓게
하였도다
7 네가 고난 중에 부르짖으매 내가 너
를 건졌고 우렛소리의 은밀한 곳에서
네게 응답하며 므리바 물 가에서 너
를 시험하였도다 (셀라)
8 내 백성이여 들으라 내가 네게 증언
하리라 이스라엘이여 내게 듣기를 원
하노라
9 너희 중에 다른 신을 두지 말며 이방
신에게 절하지 말지어다
10 나는 너를 애굽 땅에서 인도하여 낸
여호와 네 하나님이니 네 입을 크게
열라 내가 채우리라 하였으나
11 내 백성이 내 소리를 듣지 아니하며
이스라엘이 나를 원하지 아니하였도
다
12 그러므로 내가 그의 마음을 완악한
대로 버려 두어 그의 임의대로 행하
게 하였도다
13 내 백성아 내 말을 들으라 이스라엘
아 내 도를 따르라
14 그리하면 내가 속히 그들의 원수를
누르고 내 손을 돌려 그들의 대적들
을 치리니
15 여호와를 미워하는 자는 그에게 복
종하는 체할지라도 그들의 시대는
영원히 계속되리라
16 또 내가 기름진 밀을 그들에게 먹이
며 반석에서 나오는 꿀로 너를 만족
하게 하리라 하셨도다

[아삽의 시]

82 하나님은 신들의 모임 가운데에
서시며 하나님은 그들 가운데에
서 재판하시느니라
2 너희가 불공평한 판단을 하며 악인의
낯 보기를 언제까지 하려느냐 (셀라)
3 가난한 자와 고아를 위하여 판단하
며 곤란한 자와 빈궁한 자에게 공의
를 베풀지며
4 가난한 자와 궁핍한 자를 구원하여
악인들의 손에서 건질지니라 하시는
도다
5 그들은 알지도 못하고 깨닫지도 못
하여 흑암 중에 왕래하니 땅의 모든
터가 흔들리도다
6 내가 말하기를 너희는 신들이며 다
지존자의 아들들이라 하였으나
7 그러나 너희는 사람처럼 죽으며 고관
의 하나 같이 넘어지리로다
8 하나님이여 일어나사 세상을 심판하
소서 모든 나라가 주의 소유이기 때
문이니이다

[아삽의 시 곧 노래]

83 하나님이여 침묵하지 마소서 하
나님이여 잠잠하지 마시고 조용
하지 마소서
2 무릇 주의 원수들이 떠들며 주를 미
워하는 자들이 머리를 들었나이다
3 그들이 주의 백성을 치려 하여 간계
를 꾀하며 주께서 숨기신 자를 치려
고 서로 의논하여
4 말하기를 가서 그들을 멸하여 다시
나라가 되지 못하게 하여 이스라엘의
이름으로 다시는 기억되지 못하게 하
자 하나이다
5 그들이 한마음으로 의논하고 주를
대적하여 서로 동맹하니
6 곧 에돔의 장막과 이스마엘인과 모
압과 하갈인이며
7 그발과 암몬과 아말렉이며 블레셋과
두로 사람이요
8 앗수르도 그들과 연합하여 롯 자손
의 도움이 되었나이다 (셀라)
9 주는 미디안인에게 행하신 것 같이,
기손 시내에서 시스라와 야빈에게
행하신 것 같이 그들에게도 행하소
서
10 그들은 엔돌에서 패망하여 땅에 거
름이 되었나이다
11 그들의 귀인들이 오렙과 스엡 같게
하시며 그들의 모든 고관들은 세바
와 살문나와 같게 하소서
12 그들이 말하기를 우리가 하나님의 목
장을 우리의 소유로 취하자 하였나이
다
13 나의 하나님이여 그들이 굴러가는 검

불 같게 하시며 바람에 날리는 지푸
라기 같게 하소서
14 삼림을 사르는 불과 산에 붙는 불길
같이
15 주의 광풍으로 그들을 쫓으시며 주
의 폭풍으로 그들을 두렵게 하소서
16 여호와여 그들의 얼굴에 수치가 가
득하게 하사 그들이 주의 이름을 찾
게 하소서
17 그들로 수치를 당하여 영원히 놀라
게 하시며 낭패와 멸망을 당하게 하
사
18 여호와라 이름하신 주만 온 세계의
지존자로 알게 하소서

[고라 자손의 시, 인도자를 따라 깃딧에 맞춘 노래]

84 만군의 여호와여 주의 장막이
어찌 그리 사랑스러운지요
2 내 영혼이 여호와의 궁정을 사모하여
쇠약함이여 내 마음과 육체가 살아
계시는 하나님께 부르짖나이다
3 나의 왕, 나의 하나님, 만군의 여호와
여 주의 제단에서 참새도 제 집을 얻
고 제비도 새끼 둘 보금자리를 얻었
나이다
4 주의 집에 사는 자들은 복이 있나니
그들이 항상 주를 찬송하리이다 (셀
라)
5 주께 힘을 얻고 그 마음에 시온의 대
로가 있는 자는 복이 있나이다
6 그들이 눈물 골짜기로 지나갈 때에
그 곳에 많은 샘이 있을 것이며 이른
비가 복을 채워 주나이다
7 그들은 힘을 얻고 더 얻어 나아가 시
온에서 하나님 앞에 각기 나타나리이
다
8 만군의 하나님 여호와여 내 기도를
들으소서 야곱의 하나님이여 귀를 기
울이소서 (셀라)
9 우리 방패이신 하나님이여 주께서 기
름 부으신 자의 얼굴을 살펴 보옵소
서
10 주의 궁정에서의 한 날이 다른 곳에
서의 천 날보다 나은즉 악인의 장막
에 사는 것보다 내 하나님의 성전 문
지기로 있는 것이 좋사오니
11 여호와 하나님은 해요 방패이시라
여호와께서 은혜와 영화를 주시며 정
직하게 행하는 자에게 좋은 것을 아
끼지 아니하실 것임이니이다
12 만군의 여호와여 주께 의지하는 자
는 복이 있나이다

[고라 자손의 시, 인도자를 따라 부르는 노래]

85 여호와여 주께서 주의 땅에 은
혜를 베푸사 야곱의 포로 된 자

들이 돌아오게 하셨으며
2 주의 백성의 죄악을 사하시고 그들의
모든 죄를 덮으셨나이다 (셀라)
3 주의 모든 분노를 거두시며 주의 진
노를 돌이키셨나이다
4 우리 구원의 하나님이여 우리를 돌이
키시고 우리에게 향하신 주의 분노
를 거두소서
5 주께서 우리에게 영원히 노하시며 대
대에 진노하시겠나이까
6 주께서 우리를 다시 살리사 주의 백
성이 주를 기뻐하도록 하지 아니하시
겠나이까
7 여호와여 주의 인자하심을 우리에게
보이시며 주의 구원을 우리에게 주
소서
8 내가 하나님 여호와께서 하실 말씀
을 들으리니 무릇 그의 백성, 그의
성도들에게 화평을 말씀하실 것이라
그들은 다시 어리석은 데로 돌아가
지 말지로다
9 진실로 그의 구원이 그를 경외하는
자에게 가까우니 영광이 우리 땅에
머무르리이다
10 인애와 진리가 같이 만나고 의와 화
평이 서로 입맞추었으며
11 진리는 땅에서 솟아나고 의는 하늘
에서 굽어보도다
12 여호와께서 좋은 것을 주시리니 우리
땅이 그 산물을 내리로다
13 의가 주의 앞에 앞서 가며 주의 길을
닦으리로다

[다윗의 기도]

86 여호와여 나는 가난하고 궁핍
하오니 주의 귀를 기울여 내게
응답하소서
2 나는 경건하오니 내 영혼을 보존하
소서 내 주 하나님이여 주를 의지하
는 종을 구원하소서
3 주여 내게 은혜를 베푸소서 내가 종
일 주께 부르짖나이다
4 주여 내 영혼이 주를 우러러보오니
주여 내 영혼을 기쁘게 하소서
5 주는 선하사 사죄하기를 즐거워하시
며 주께 부르짖는 자에게 인자함이
후하심이니이다
6 여호와여 나의 기도에 귀를 기울이시
고 내가 간구하는 소리를 들으소서
7 나의 환난 날에 내가 주께 부르짖으
리니 주께서 내게 응답하시리이다

365묵상

하나님 중심의 삶

옛적 이스라엘 사회에서 '성전'은 이스라엘 백성의 삶의 중심이었다. 그들은 '성전 중심'의 삶을 살았다. 시편 기자는 성전의 처마에 둥지를 틀고 있는 새들을 보고 경건한 묵상에 잠겼다. 저 성전의 새들처럼 자신도 항상 하나님 성전에 머물면서 하나님 중심의 예배하는 삶을 산다면 얼마나 좋을까하고 상상했다(시 84:3). 우리도 같은 생각을 해야 한다. 오늘날 하나님은 성전이 아니라 우리 마음 가운데 계신다. 이것은 그분이 진정 우리 삶의 중심이 되실 수 있음을 뜻한다. 그분을 내 모든 삶의 중심에 모셔 들이자.

8 주여 신들 중에 주와 같은 자 없사오
며 주의 행하심과 같은 일도 없나이
다
9 주여 주께서 지으신 모든 민족이 와
서 주의 앞에 경배하며 주의 이름에
영광을 돌리리이다
10 무릇 주는 위대하사 기이한 일들을
행하시오니 주만이 하나님이시니이
다
11 여호와여 주의 도를 내게 가르치소
서 내가 주의 진리에 행하오리니 일
심으로 주의 이름을 경외하게 하소서
12 주 나의 하나님이여 내가 전심으로
주를 찬송하고 영원토록 주의 이름
에 영광을 돌리오리니
13 이는 내게 향하신 주의 인자하심이
크사 내 영혼을 깊은 스올에서 건지
셨음이니이다
14 하나님이여 교만한 자들이 일어나 나
를 치고 포악한 자의 무리가 내 영혼
을 찾았사오며 자기 앞에 주를 두지
아니하였나이다
15 그러나 주여 주는 긍휼히 여기시며
은혜를 베푸시며 노하기를 더디하시
며 인자와 진실이 풍성하신 하나님이
시오니
16 내게로 돌이키사 내게 은혜를 베푸
소서 주의 종에게 힘을 주시고 주의
여종의 아들을 구원하소서
17 은총의 표적을 내게 보이소서 그러
면 나를 미워하는 그들이 보고 부끄
러워하오리니 여호와여 주는 나를 돕
고 위로하시는 이시니이다

[고라 자손의 시 곧 노래]

87 그의 터전이 성산에 있음이여
2 여호와께서 야곱의 모든 거처
보다 시온의 문들을 사랑하시는도다
3 하나님의 성이여 너를 가리켜 영광스
럽다 말하는도다 (셀라)
4 나는 라합과 바벨론이 나를 아는 자
중에 있다 말하리라 보라 블레셋과
두로와 구스여 이것들도 거기서 났다
하리로다
5 시온에 대하여 말하기를 이 사람, 저
사람이 거기서 났다고 말하리니 지존
자가 친히 시온을 세우리라 하는도
다
6 여호와께서 민족들을 등록하실 때에
는 그 수를 세시며 이 사람이 거기서
났다 하시리로다 (셀라)
7 노래하는 자와 뛰어 노는 자들이 말
하기를 나의 모든 근원이 네게 있다
하리로다

[고라 자손의 찬송 시 곧 에스라인 헤
만의 마스길, 인도자를 따라 마할랏르
안놋에 맞춘 노래]

88 여호와 내 구원의 하나님이여
내가 주야로 주 앞에서 부르짖
었사오니
2 나의 기도가 주 앞에 이르게 하시며
나의 부르짖음에 주의 귀를 기울여
주소서
3 무릇 나의 영혼에는 재난이 가득하
며 나의 생명은 스올에 가까웠사오
니
4 나는 무덤에 내려가는 자 같이 인정
되고 힘없는 용사와 같으며
5 죽은 자 중에 던져진 바 되었으며 죽
임을 당하여 무덤에 누운 자 같으니
이다 주께서 그들을 다시 기억하지
아니하시니 그들은 주의 손에서 끊
어진 자니이다
6 주께서 나를 깊은 웅덩이와 어둡고
음침한 곳에 두셨사오며
7 주의 노가 나를 심히 누르시고 주의
모든 파도가 나를 괴롭게 하셨나이
다 (셀라)
8 주께서 내가 아는 자를 내게서 멀리
떠나게 하시고 나를 그들에게 가증
한 것이 되게 하셨사오니 나는 갇혀
서 나갈 수 없게 되었나이다
9 곤란으로 말미암아 내 눈이 쇠하였
나이다 여호와여 내가 매일 주를 부
르며 주를 향하여 나의 두 손을 들었
나이다
10 주께서 죽은 자에게 기이한 일을 보
이시겠나이까 유령들이 일어나 주를
찬송하리이까 (셀라)
11 주의 인자하심을 무덤에서, 주의 성
실하심을 멸망 중에서 선포할 수 있
으리이까
12 흑암 중에서 주의 기적과 잊음의 땅
에서 주의 공의를 알 수 있으리이까
13 여호와여 오직 내가 주께 부르짖었
사오니 아침에 나의 기도가 주의 앞
에 이르리이다
14 여호와여 어찌하여 나의 영혼을 버리
시며 어찌하여 주의 얼굴을 내게서
숨기시나이까
15 내가 어릴 적부터 고난을 당하여 죽
게 되었사오며 주께서 두렵게 하실
때에 당황하였나이다
16 주의 진노가 내게 넘치고 주의 두려
움이 나를 끊었나이다
17 이런 일이 물 같이 종일 나를 에우며
함께 나를 둘러쌌나이다
18 주는 내게서 사랑하는 자와 친구를
멀리 떠나게 하시며 내가 아는 자를
흑암에 두셨나이다

[에스라인 에단의 마스길]

89 내가 여호와의 인자하심을 영원
히 노래하며 주의 성실하심을

내 입으로 대대에 알게 하리이다
2 내가 말하기를 인자하심을 영원히 세
우시며 주의 성실하심을 하늘에서 견
고히 하시리라 하였나이다
3 주께서 이르시되 나는 내가 택한 자
와 언약을 맺으며 내 종 다윗에게 맹
세하기를
4 내가 네 자손을 영원히 견고히 하며
네 왕위를 대대에 세우리라 하셨나
이다 (셀라)
5 여호와여 주의 기이한 일을 하늘이
찬양할 것이요 주의 성실도 거룩한
자들의 모임 가운데에서 찬양하리이
다
6 무릇 구름 위에서 능히 여호와와 비
교할 자 누구며 신들 중에서 여호와
와 같은 자 누구리이까
7 하나님은 거룩한 자의 모임 가운데
에서 매우 무서워할 이시오며 둘러
있는 모든 자 위에 더욱 두려워할 이
시니이다
8 여호와 만군의 하나님이여 주와 같이
능력 있는 이가 누구리이까 여호와여
주의 성실하심이 주를 둘렀나이다
9 주께서 바다의 파도를 다스리시며
그 파도가 일어날 때에 잔잔하게 하
시나이다
10 주께서 라합을 죽임 당한 자 같이 깨
뜨리시고 주의 원수를 주의 능력의
팔로 흩으셨나이다
11 하늘이 주의 것이요 땅도 주의 것이
라 세계와 그 중에 충만한 것을 주
께서 건설하셨나이다
12 남북을 주께서 창조하셨으니 다볼과
헤르몬이 주의 이름으로 말미암아
즐거워하나이다
13 주의 팔에 능력이 있사오며 주의 손
은 강하고 주의 오른손은 높이 들리
우셨나이다
14 의와 공의가 주의 보좌의 기초라 인
자함과 진실함이 주 앞에 있나이다
15 즐겁게 소리칠 줄 아는 백성은 복이
있나니 여호와여 그들이 주의 얼굴
빛 안에서 다니리로다
16 그들은 종일 주의 이름 때문에 기뻐
하며 주의 공의로 말미암아 높아지
오니
17 주는 그들의 힘의 영광이심이라 우리
의 뿔이 주의 은총으로 높아지오리
니
18 우리의 방패는 여호와께 속하였고
우리의 왕은 이스라엘의 거룩한 이에
게 속하였기 때문이니이다
19 그 때에 주께서 환상 중에 주의 성
도들에게 말씀하여 이르시기를 내가
능력 있는 용사에게는 돕는 힘을 더

하며 백성 중에서 택함 받은 자를 높
였으되
20 내가 내 종 다윗을 찾아내어 나의 거
룩한 기름을 그에게 부었도다
21 내 손이 그와 함께 하여 견고하게 하
고 내 팔이 그를 힘이 있게 하리로다
22 원수가 그에게서 강탈하지 못하며
악한 자가 그를 곤고하게 못하리로
다
23 내가 그의 앞에서 그 대적들을 박멸
하며 그를 미워하는 자들을 치려니와
24 나의 성실함과 인자함이 그와 함께
하리니 내 이름으로 말미암아 그의
뿔이 높아지리로다
25 내가 또 그의 손을 바다 위에 놓으
며 오른손을 강들 위에 놓으리니
26 그가 내게 부르기를 주는 나의 아버
지시요 나의 하나님이시요 나의 구원
의 바위시라 하리로다
27 내가 또 그를 장자로 삼고 세상 왕
들에게 지존자가 되게 하며
28 그를 위하여 나의 인자함을 영원히
지키고 그와 맺은 나의 언약을 굳게
세우며
29 또 그의 후손을 영구하게 하여 그의
왕위를 하늘의 날과 같게 하리로다
30 만일 그의 자손이 내 법을 버리며 내
규례대로 행하지 아니하며
31 내 율례를 깨뜨리며 내 계명을 지키
지 아니하면
32 내가 회초리로 그들의 죄를 다스리며
채찍으로 그들의 죄악을 벌하리로다
33 그러나 나의 인자함을 그에게서 다
거두지는 아니하며 나의 성실함도 폐
하지 아니하며
34 내 언약을 깨뜨리지 아니하고 내 입
술에서 낸 것은 변하지 아니하리로다
35 내가 나의 거룩함으로 한 번 맹세하
였은즉 다윗에게 거짓말을 하지 아니
할 것이라
36 그의 후손이 장구하고 그의 왕위는
해 같이 내 앞에 항상 있으며
37 또 궁창의 확실한 증인인 달 같이 영
원히 견고하게 되리라 하셨도다 (셀
라)
38 그러나 주께서 주의 기름 부음 받은
자에게 노하사 물리치셔서 버리셨으
며
39 주의 종의 언약을 미워하사 그의 관
을 땅에 던져 욕되게 하셨으며
40 그의 모든 울타리를 파괴하시며 그
요새를 무너뜨리셨으므로
41 길로 지나가는 자들에게 다 탈취를
당하며 그의 이웃에게 욕을 당하나
이다
42 주께서 그의 대적들의 오른손을 높

이시고 그들의 모든 원수들은 기쁘
게 하셨으나
43 그의 칼날은 둔하게 하사 그가 전장
에서 더 이상 버티지 못하게 하셨으며
44 그의 영광을 그치게 하시고 그의 왕
위를 땅에 엎으셨으며
45 그의 젊은 날들을 짧게 하시고 그를
수치로 덮으셨나이다 (셀라)
46 여호와여 언제까지니이까 스스로 영
원히 숨기시리이까 주의 노가 언제까
지 불붙듯 하시겠나이까
47 나의 때가 얼마나 짧은지 기억하소서
주께서 모든 사람을 어찌 그리 허무
하게 창조하셨는지요
48 누가 살아서 죽음을 보지 아니하고
자기의 영혼을 스올의 권세에서 건지
리이까 (셀라)
49 주여 주의 성실하심으로 다윗에게 맹
세하신 그 전의 인자하심이 어디 있나
이까
50 주는 주의 종들이 받은 비방을 기억
하소서 많은 민족의 비방이 내 품에
있사오니
51 여호와여 이 비방은 주의 원수들이
주의 기름 부음 받은 자의 행동을 비
방한 것이로소이다
52 여호와를 영원히 찬송할지어다 아멘
아멘

제사권

[하나님의 사람 모세의 기도]

90 주여 주는 대대에 우리의 거처
가 되셨나이다
2 산이 생기기 전, 땅과 세계도 주께서
조성하시기 전 곧 영원부터 영원까지
주는 하나님이시니이다
3 주께서 사람을 티끌로 돌아가게 하
시고 말씀하시기를 너희 인생들은 돌
아가라 하셨사오니
4 주의 목전에는 천 년이 지나간 어제
같으며 밤의 한 순간 같을 뿐임이니
이다
5 주께서 그들을 홍수처럼 쓸어가시나
이다 그들은 잠깐 자는 것 같으며 아
침에 돋는 풀 같으니이다
6 풀은 아침에 꽃이 피어 자라다가 저
녁에는 시들어 마르나이다
7 우리는 주의 노에 소멸되며 주의 분
내심에 놀라나이다
8 주께서 우리의 죄악을 주의 앞에 놓
으시며 우리의 은밀한 죄를 주의 얼
굴 빛 가운데에 두셨사오니
9 우리의 모든 날이 주의 분노 중에 지
나가며 우리의 평생이 순식간에 다하
였나이다
10 우리의 연수가 칠십이요 강건하면 팔
십이라도 그 연수의 자랑은 수고와

슬픔뿐이요 신속히 가니 우리가 날
아가나이다
11 누가 주의 노여움의 능력을 알며 누
가 주의 진노의 두려움을 알리이까
12 우리에게 우리 날 계수함을 가르치
사 지혜로운 마음을 얻게 하소서
13 여호와여 돌아오소서 언제까지니이
까 주의 종들을 불쌍히 여기소서
14 아침에 주의 인자하심이 우리를 만족
하게 하사 우리를 일생 동안 즐겁고
기쁘게 하소서
15 우리를 괴롭게 하신 날수대로와 우
리가 화를 당한 연수대로 우리를 기
쁘게 하소서
16 주께서 행하신 일을 주의 종들에게
나타내시며 주의 영광을 그들의 자
손에게 나타내소서
17 주 우리 하나님의 은총을 우리에게
내리게 하사 우리의 손이 행한 일을
우리에게 견고하게 하소서 우리의
손이 행한 일을 견고하게 하소서

91

지존자의 은밀한 곳에 거주하며
전능자의 그늘 아래에 사는 자
여,
2 나는 여호와를 향하여 말하기를 그
는 나의 피난처요 나의 요새요 내가
의뢰하는 하나님이라 하리니
3 이는 그가 너를 새 사냥꾼의 올무에
서와 심한 전염병에서 건지실 것임이
로다
4 그가 너를 그의 깃으로 덮으시리니
네가 그의 날개 아래에 피하리로다
그의 진실함은 방패와 손 방패가 되
시나니
5 너는 밤에 찾아오는 공포와 낮에 날
아드는 화살과
6 어두울 때 퍼지는 전염병과 밝을 때
닥쳐오는 재앙을 두려워하지 아니하
리로다
7 천 명이 네 왼쪽에서, 만 명이 네 오
른쪽에서 엎드러지나 이 재앙이 네게
가까이 하지 못하리로다
8 오직 너는 똑똑히 보리니 악인들의
보응을 네가 보리로다
9 네가 말하기를 여호와는 나의 피난처
시라 하고 지존자를 너의 거처로 삼
았으므로
10 화가 네게 미치지 못하며 재앙이 네
장막에 가까이 오지 못하리니
11 그가 너를 위하여 그의 천사들을 명

365묵상

자신의 날들을 잘 계수하기

세월은 빠르다. 시간은 잠시도 멈춰 서지 않고 언제나 일정한 속도로 흘러간다. 따라서 우리가 어느 시간을 의식하는 순간, 그 시간은 저 멀리 달아나고 있는 것이다. 당신은 당신에게 주어진 시간을 어떻게 사용하고 있는가? 당신의 인생이 끝나가고 있을 때, 당신은 신앙의 삶과 영적인 문제에 비추어 인생을 어떻게 바라볼 것인가? 시간을 그저 흘러 보내지 말고, 그것들을 잘 계수하여 정말로 가치 있고 영원한 일에 사용하도록 하라(시 90:9-12).

령하사 네 모든 길에서 너를 지키게
하심이라
12 그들이 그들의 손으로 너를 붙들어
발이 돌에 부딪히지 아니하게 하리로
다
13 네가 사자와 독사를 밟으며 젊은 사
자와 뱀을 발로 누르리로다
14 하나님이 이르시되 그가 나를 사랑한
즉 내가 그를 건지리라 그가 내 이름
을 안즉 내가 그를 높이리라
15 그가 내게 간구하리니 내가 그에게
응답하리라 그들이 환난 당할 때에
내가 그와 함께 하여 그를 건지고 영
화롭게 하리라
16 내가 그를 장수하게 함으로 그를 만
족하게 하며 나의 구원을 그에게 보
이리라 하시도다

[안식일의 찬송 시]

92

1-3 지존자여 십현금과 비파와
수금으로 여호와께 감사하며
주의 이름을 찬양하고 아침마다 주
의 인자하심을 알리며 밤마다 주의
성실하심을 베풂이 좋으니이다
4 여호와여 주께서 행하신 일로 나를
기쁘게 하셨으니 주의 손이 행하신
일로 말미암아 내가 높이 외치리이다
5 여호와여 주께서 행하신 일이 어찌
그리 크신지요 주의 생각이 매우 깊
으시니이다
6 어리석은 자도 알지 못하며 무지한
자도 이를 깨닫지 못하나이다
7 악인들은 풀 같이 자라고 악을 행하
는 자들은 다 흥왕할지라도 영원히
멸망하리이다
8 여호와여 주는 영원토록 지존하시니
이다
9 여호와여 주의 원수들은 패망하리이
다 정녕 주의 원수들은 패망하리니
죄악을 행하는 자들은 다 흩어지리
이다
10 그러나 주께서 내 뿔을 들소의 뿔
같이 높이셨으며 내게 신선한 기름을
부으셨나이다
11 내 원수들이 보응 받는 것을 내 눈
으로 보며 일어나 나를 치는 행악자
들이 보응 받는 것을 내 귀로 들었도
다
12 의인은 종려나무 같이 번성하며 레바
논의 백향목 같이 성장하리로다
13 이는 여호와의 집에 심겼음이여 우리
하나님의 뜰 안에서 번성하리로다
14 그는 늙어도 여전히 결실하며 진액이
풍족하고 빛이 청청하니
15 여호와의 정직하심과 나의 바위 되심
과 그에게는 불의가 없음이 선포되리
로다

93 여호와께서 다스리시니 스스로
권위를 입으셨도다 여호와께서
능력의 옷을 입으시며 띠를 띠셨으므
로 세계도 견고히 서서 흔들리지 아
니하는도다
2 주의 보좌는 예로부터 견고히 섰으
며 주는 영원부터 계셨나이다
3 여호와여 큰 물이 소리를 높였고 큰
물이 그 소리를 높였으니 큰 물이 그
물결을 높이나이다
4 높이 계신 여호와의 능력은 많은 물
소리와 바다의 큰 파도보다 크니이
다
5 여호와여 주의 증거들이 매우 확실하
고 거룩함이 주의 집에 합당하니 여
호와는 영원무궁하시리이다

94 여호와여 복수하시는 하나님이
여 복수하시는 하나님이여 빛을
비추어 주소서
2 세계를 심판하시는 주여 일어나사
교만한 자들에게 마땅한 벌을 주소
서
3 여호와여 악인이 언제까지, 악인이 언
제까지 개가를 부르리이까
4 그들이 마구 지껄이며 오만하게 떠들
며 죄악을 행하는 자들이 다 자만하
나이다
5 여호와여 그들이 주의 백성을 짓밟
으며 주의 소유를 곤고하게 하며
6 과부와 나그네를 죽이며 고아들을
살해하며
7 말하기를 여호와가 보지 못하며 야
곱의 하나님이 알아차리지 못하리라
하나이다
8 백성 중의 어리석은 자들아 너희는
생각하라 무지한 자들아 너희가 언
제나 지혜로울까
9 귀를 지으신 이가 듣지 아니하시랴
눈을 만드신 이가 보지 아니하시랴
10 뭇 백성을 징벌하시는 이 곧 지식으
로 사람을 교훈하시는 이가 징벌하
지 아니하시랴
11 여호와께서는 사람의 생각이 허무함
을 아시느니라
12 여호와여 주로부터 징벌을 받으며
주의 법으로 교훈하심을 받는 자가
복이 있나니
13 이런 사람에게는 환난의 날을 피하
게 하사 악인을 위하여 구덩이를 팔
때까지 평안을 주시리이다
14 여호와께서는 자기 백성을 버리지 아
니하시며 자기의 소유를 외면하지 아
니하시리로다
15 심판이 의로 돌아가리니 마음이 정직
한 자가 다 따르리로다
16 누가 나를 위하여 일어나서 행악자들

을 치며 누가 나를 위하여 일어나서
악행하는 자들을 칠까
17 여호와께서 내게 도움이 되지 아니하
셨더면 내 영혼이 벌써 침묵 속에 잠
겼으리로다
18 여호와여 나의 발이 미끄러진다고 말
할 때에 주의 인자하심이 나를 붙드
셨사오며
19 내 속에 근심이 많을 때에 주의 위안
이 내 영혼을 즐겁게 하시나이다
20 율례를 빙자하고 재난을 꾸미는 악
한 재판장이 어찌 주와 어울리리이까
21 그들이 모여 의인의 영혼을 치려 하
며 무죄한 자를 정죄하여 피를 흘리
려 하나
22 여호와는 나의 요새이시요 나의 하
나님은 내가 피할 반석이시라
23 그들의 죄악을 그들에게로 되돌리시
며 그들의 악으로 말미암아 그들을
끊으시리니 여호와 우리 하나님이 그
들을 끊으시리로다

95

오라 우리가 여호와께 노래하
며 우리의 구원의 반석을 향하
여 즐거이 외치자
2 우리가 감사함으로 그 앞에 나아가
며 시를 지어 즐거이 그를 노래하자
3 여호와는 크신 하나님이시요 모든 신
들보다 크신 왕이시기 때문이로다
4 땅의 깊은 곳이 그의 손 안에 있으며
산들의 높은 곳도 그의 것이로다
5 바다도 그의 것이라 그가 만드셨고
육지도 그의 손이 지으셨도다
6 오라 우리가 굽혀 경배하며 우리를
지으신 여호와 앞에 무릎을 꿇자
7 그는 우리의 하나님이시요 우리는 그
가 기르시는 백성이며 그의 손이 돌
보시는 양이기 때문이라 너희가 오늘
그의 음성을 듣거든
8 너희는 므리바에서와 같이 또 광야의
맛사에서 지냈던 날과 같이 너희 마
음을 완악하게 하지 말지어다
9 그 때에 너희 조상들이 내가 행한 일
을 보고서도 나를 시험하고 조사하
였도다
10 내가 사십 년 동안 그 세대로 말미암
아 근심하여 이르기를 그들은 마음
이 미혹된 백성이라 내 길을 알지 못
한다 하였도다
11 그러므로 내가 노하여 맹세하기를
그들은 내 안식에 들어오지 못하리
라 하였도다

96

새 노래로 여호와께 노래하라
온 땅이여 여호와께 노래할지어
다
2 여호와께 노래하여 그의 이름을 송
축하며 그의 구원을 날마다 전파할지

어다
3 그의 영광을 백성들 가운데에, 그의
기이한 행적을 만민 가운데에 선포할
지어다
4 여호와는 위대하시니 지극히 찬양할
것이요 모든 신들보다 경외할 것임이
여
5 만국의 모든 신들은 우상들이지만
여호와께서는 하늘을 지으셨음이로
다
6 존귀와 위엄이 그의 앞에 있으며 능
력과 아름다움이 그의 성소에 있도
다
7 만국의 족속들아 영광과 권능을 여
호와께 돌릴지어다 여호와께 돌릴지
어다
8 여호와의 이름에 합당한 영광을 그
에게 돌릴지어다 예물을 들고 그의
궁정에 들어갈지어다
9 아름답고 거룩한 것으로 여호와께
예배할지어다 온 땅이여 그 앞에서
떨지어다
10 모든 나라 가운데서 이르기를 여호
와께서 다스리시니 세계가 굳게 서
고 흔들리지 않으리라 그가 만민을
공평하게 심판하시리라 할지로다
11 하늘은 기뻐하고 땅은 즐거워하며
바다와 거기에 충만한 것이 외치고
12 밭과 그 가운데에 있는 모든 것은
즐거워할지로다 그 때 숲의 모든 나
무들이 여호와 앞에서 즐거이 노래
하리니
13 그가 임하시되 땅을 심판하러 임하실
것임이라 그가 의로 세계를 심판하시
며 그의 진실하심으로 백성을 심판하
시리로다

97

여호와께서 다스리시나니 땅은
즐거워하며 허다한 섬은 기뻐할
지어다
2 구름과 흑암이 그를 둘렀고 공의와
정의가 그의 보좌의 기초로다
3 불이 그의 앞에서 나와 사방의 대적
들을 불사르시는도다
4 그의 번개가 세계를 비추니 땅이 보
고 떨었도다
5 산들이 여호와의 앞 곧 온 땅의 주
앞에서 밀랍 같이 녹았도다
6 하늘이 그의 의를 선포하니 모든 백
성이 그의 영광을 보았도다
7 조각한 신상을 섬기며 허무한 것으로
자랑하는 자는 다 수치를 당할 것이
라 너희 신들아 여호와께 경배할지어
다
8 여호와여 시온이 주의 심판을 듣고
기뻐하며 유다의 딸들이 즐거워하였
나이다

9 여호와여 주는 온 땅 위에 지존하시
고 모든 신들보다 위에 계시니이다
10 여호와를 사랑하는 너희여 악을 미워
하라 그가 그의 성도의 영혼을 보전
하사 악인의 손에서 건지시느니라
11 의인을 위하여 빛을 뿌리고 마음이
정직한 자를 위하여 기쁨을 뿌리시는
도다
12 의인이여 너희는 여호와로 말미암아
기뻐하며 그의 거룩한 이름에 감사할
지어다

[시]

98 새 노래로 여호와께 찬송하라
그는 기이한 일을 행하사 그의
오른손과 거룩한 팔로 자기를 위하
여 구원을 베푸셨음이로다
2 여호와께서 그의 구원을 알게 하시며
그의 공의를 뭇 나라의 목전에서 명
백히 나타내셨도다
3 그가 이스라엘의 집에 베푸신 인자
와 성실을 기억하셨으므로 땅 끝까지
이르는 모든 것이 우리 하나님의 구
원을 보았도다
4 온 땅이여 여호와께 즐거이 소리칠지
어다 소리 내어 즐겁게 노래하며 찬
송할지어다
5 수금으로 여호와를 노래하라 수금
과 음성으로 노래할지어다
6 나팔과 호각 소리로 왕이신 여호와
앞에 즐겁게 소리칠지어다
7 바다와 거기 충만한 것과 세계와 그
중에 거주하는 자는 다 외칠지어다
8 여호와 앞에서 큰 물은 박수할지어
다 산악이 함께 즐겁게 노래할지어
다
9 그가 땅을 심판하러 임하실 것임이로
다 그가 의로 세계를 판단하시며 공
평으로 그의 백성을 심판하시리로다

99 여호와께서 다스리시니 만민이
떨 것이요 여호와께서 그룹 사
이에 좌정하시니 땅이 흔들릴 것이로
다
2 시온에 계시는 여호와는 위대하시고
모든 민족보다 높으시도다
3 주의 크고 두려운 이름을 찬송할지
니 그는 거룩하심이로다
4 능력 있는 왕은 정의를 사랑하느니
라 주께서 공의를 견고하게 세우시
고 주께서 야곱에게 정의와 공의를
행하시나이다
5 너희는 여호와 우리 하나님을 높여
그의 발등상 앞에서 경배할지어다
그는 거룩하시도다
6 그의 제사장들 중에는 모세와 아론
이 있고 그의 이름을 부르는 자들
중에는 사무엘이 있도다 그들이 여

호와께 간구하매 응답하셨도다
7 여호와께서 구름 기둥 가운데서 그
들에게 말씀하시니 그들은 그가 그
들에게 주신 증거와 율례를 지켰도
다
8 여호와 우리 하나님이여 주께서는 그
들에게 응답하셨고 그들의 행한 대
로 갚기는 하셨으나 그들을 용서하
신 하나님이시니이다
9 너희는 여호와 우리 하나님을 높이고
그 성산에서 예배할지어다 여호와
우리 하나님은 거룩하심이로다

[감사의 시]

100

온 땅이여 여호와께 즐거운
찬송을 부를지어다
2 기쁨으로 여호와를 섬기며 노래하면
서 그의 앞에 나아갈지어다
3 여호와가 우리 하나님이신 줄 너희는
알지어다 그는 우리를 지으신 이요
우리는 그의 것이니 그의 백성이요
그의 기르시는 양이로다
4 감사함으로 그의 문에 들어가며 찬
송함으로 그의 궁정에 들어가서 그
에게 감사하며 그의 이름을 송축할
지어다
5 여호와는 선하시니 그의 인자하심이
영원하고 그의 성실하심이 대대에 이
르리로다

[다윗의 시]

101

내가 인자와 정의를 노래하
겠나이다 여호와여 내가 주
께 찬양하리이다
2 내가 완전한 길을 주목하오리니 주
께서 어느 때나 내게 임하시겠나이
까 내가 완전한 마음으로 내 집 안
에서 행하리이다
3 나는 비천한 것을 내 눈 앞에 두지
아니할 것이요 배교자들의 행위를
내가 미워하오리니 나는 그 어느 것
도 붙들지 아니하리이다
4 사악한 마음이 내게서 떠날 것이니
악한 일을 내가 알지 아니하리로다
5 자기의 이웃을 은근히 헐뜯는 자를
내가 멸할 것이요 눈이 높고 마음이
교만한 자를 내가 용납하지 아니하
리로다
6 내 눈이 이 땅의 충성된 자를 살펴
나와 함께 살게 하리니 완전한 길에
행하는 자가 나를 따르리로다
7 거짓을 행하는 자는 내 집 안에 거주

365묵상

악을 미워하라

'사랑'의 반대 개념은 '미움'이다. 따라서 '미움'이란 단어는 부정적인 정서로서 우리의 마음을 불편하게 한다. 그래서 우리는 미워하는 것을 멀리하고, 그것과는 어떤 관계도 맺지 않으려 한다. 하나님께서 우리에게 '악을 미워하라'고 말씀하셨을 때(시 97:10), 그것은 악한 것을 멀리하고 그것과는 어떤 관계도 맺지 말라는 뜻이다. 그러므로 우리의 삶에서 우리가 미워해야 하는 것이 있다면 그것은 악과 죄다. 우리가 진정으로 하나님을 사랑한다면, 하나님께서 극히 미워하시는 죄와 악을 우리도 당연히 미워해야 한다.

하지 못하며 거짓말하는 자는 내 목
전에 서지 못하리로다
8 아침마다 내가 이 땅의 모든 악인을
멸하리니 악을 행하는 자는 여호와의
성에서 다 끊어지리로다

[고난 당한 자가 마음이 상하여 그의
근심을 여호와 앞에 토로하는 기도]

102 여호와여 내 기도를 들으시
고 나의 부르짖음을 주께 상
달하게 하소서
2 나의 괴로운 날에 주의 얼굴을 내게
서 숨기지 마소서 주의 귀를 내게 기
울이사 내가 부르짖는 날에 속히 내
게 응답하소서
3 내 날이 연기 같이 소멸하며 내 뼈가
숯 같이 탔음이니이다
4 내가 음식 먹기도 잊었으므로 내 마
음이 풀 같이 시들고 말라 버렸사오
며
5 나의 탄식 소리로 말미암아 나의 살
이 뼈에 붙었나이다
6 나는 광야의 올빼미 같고 황폐한 곳
의 부엉이 같이 되었사오며
7 내가 밤을 새우니 지붕 위의 외로운
참새 같으니이다
8 내 원수들이 종일 나를 비방하며 내
게 대항하여 미칠 듯이 날뛰는 자들
이 나를 가리켜 맹세하나이다
9 나는 재를 양식 같이 먹으며 나는 눈
물 섞인 물을 마셨나이다
10 주의 분노와 진노로 말미암음이라
주께서 나를 들어서 던지셨나이다
11 내 날이 기울어지는 그림자 같고 내
가 풀의 시들어짐 같으니이다
12 여호와여 주는 영원히 계시고 주에
대한 기억은 대대에 이르리이다
13 주께서 일어나사 시온을 긍휼히 여기
시리니 지금은 그에게 은혜를 베푸
실 때라 정한 기한이 다가옴이니이다
14 주의 종들이 시온의 돌들을 즐거워
하며 그의 티끌도 은혜를 받나이다
15 이에 뭇 나라가 여호와의 이름을 경
외하며 이 땅의 모든 왕들이 주의 영
광을 경외하리니
16 여호와께서 시온을 건설하시고 그의
영광 중에 나타나셨음이라
17 여호와께서 빈궁한 자의 기도를 돌
아보시며 그들의 기도를 멸시하지 아
니하셨도다
18 이 일이 장래 세대를 위하여 기록되
리니 창조함을 받을 백성이 여호와
를 찬양하리로다
19 여호와께서 그의 높은 성소에서 굽
어보시며 하늘에서 땅을 살펴 보셨으
니
20 이는 갇힌 자의 탄식을 들으시며 죽

이기로 정한 자를 해방하사
21 여호와의 이름을 시온에서, 그 영예
를 예루살렘에서 선포하게 하려 하
심이라
22 그 때에 민족들과 나라들이 함께 모
여 여호와를 섬기리로다
23 그가 내 힘을 중도에 쇠약하게 하시
며 내 날을 짧게 하셨도다
24 나의 말이 나의 하나님이여 나의 중
년에 나를 데려가지 마옵소서 주의
연대는 대대에 무궁하니이다
25 주께서 옛적에 땅의 기초를 놓으셨
사오며 하늘도 주의 손으로 지으신
바니이다
26 천지는 없어지려니와 주는 영존하시
겠고 그것들은 다 옷 같이 낡으리니
의복 같이 바꾸시면 바뀌려니와
27 주는 한결같으시고 주의 연대는 무
궁하리이다
28 주의 종들의 자손은 항상 안전히 거
주하고 그의 후손은 주 앞에 굳게
서리이다 하였도다

[다윗의 시]

103 내 영혼아 여호와를 송축하
라 내 속에 있는 것들아 다
그의 거룩한 이름을 송축하라
2 내 영혼아 여호와를 송축하며 그의
모든 은택을 잊지 말지어다
3 그가 네 모든 죄악을 사하시며 네 모
든 병을 고치시며
4 네 생명을 파멸에서 속량하시고 인자
와 긍휼로 관을 씌우시며
5 좋은 것으로 네 소원을 만족하게 하
사 네 청춘을 독수리 같이 새롭게 하
시는도다
6 여호와께서 공의로운 일을 행하시며
억압 당하는 모든 자를 위하여 심판
하시는도다
7 그의 행위를 모세에게, 그의 행사를
이스라엘 자손에게 알리셨도다
8 여호와는 긍휼이 많으시고 은혜로우
시며 노하기를 더디 하시고 인자하심
이 풍부하시도다
9 자주 경책하지 아니하시며 노를 영원
히 품지 아니하시리로다
10 우리의 죄를 따라 우리를 처벌하지는
아니하시며 우리의 죄악을 따라 우리
에게 그대로 갚지는 아니하셨으니
11 이는 하늘이 땅에서 높음 같이 그를
경외하는 자에게 그의 인자하심이 크
심이로다
12 동이 서에서 먼 것 같이 우리의 죄과
를 우리에게서 멀리 옮기셨으며
13 아버지가 자식을 긍휼히 여김 같이
여호와께서는 자기를 경외하는 자를
긍휼히 여기시나니

14 이는 그가 우리의 체질을 아시며 우
리가 단지 먼지뿐임을 기억하심이로
다
15 인생은 그 날이 풀과 같으며 그 영화
가 들의 꽃과 같도다
16 그것은 바람이 지나가면 없어지나니
그 있던 자리도 다시 알지 못하거니
와
17 여호와의 인자하심은 자기를 경외하
는 자에게 영원부터 영원까지 이르며
그의 의는 자손의 자손에게 이르리
니
18 곧 그의 언약을 지키고 그의 법도를
기억하여 행하는 자에게로다
19 여호와께서 그의 보좌를 하늘에 세
우시고 그의 왕권으로 만유를 다스
리시도다
20 능력이 있어 여호와의 말씀을 행하며
그의 말씀의 소리를 듣는 여호와의
천사들이여 여호와를 송축하라
21 그에게 수종들며 그의 뜻을 행하는
모든 천군이여 여호와를 송축하라
22 여호와의 지으심을 받고 그가 다스
리시는 모든 곳에 있는 너희여 여호
와를 송축하라 내 영혼아 여호와를
송축하라

104

내 영혼아 여호와를 송축하
라 여호와 나의 하나님이여
주는 심히 위대하시며 존귀와 권위로
옷 입으셨나이다
2 주께서 옷을 입음 같이 빛을 입으시
며 하늘을 휘장 같이 치시며
3 물에 자기 누각의 들보를 얹으시며
구름으로 자기 수레를 삼으시고 바
람 날개로 다니시며
4 바람을 자기 사신으로 삼으시고 불
꽃으로 자기 사역자를 삼으시며
5 땅에 기초를 놓으사 영원히 흔들리지
아니하게 하셨나이다
6 옷으로 덮음 같이 주께서 땅을 깊은
바다로 덮으시매 물이 산들 위로 솟
아올랐으나
7 주께서 꾸짖으시니 물은 도망하며
주의 우렛소리로 말미암아 빨리 가
며
8 주께서 그들을 위하여 정하여 주신
곳으로 흘러갔고 산은 오르고 골짜
기는 내려갔나이다
9 주께서 물의 경계를 정하여 넘치지
못하게 하시며 다시 돌아와 땅을 덮
지 못하게 하셨나이다
10 여호와께서 샘을 골짜기에서 솟아나
게 하시고 산 사이에 흐르게 하사
11 각종 들짐승에게 마시게 하시니 들
나귀들도 해갈하며
12 공중의 새들도 그 가에서 깃들이며

나뭇가지 사이에서 지저귀는도다
13 그가 그의 누각에서부터 산에 물을
부어 주시니 주께서 하시는 일의 결
실이 땅을 만족시켜 주는도다
14 그가 가축을 위한 풀과 사람을 위한
채소를 자라게 하시며 땅에서 먹을
것이 나게 하셔서
15 사람의 마음을 기쁘게 하는 포도주
와 사람의 얼굴을 윤택하게 하는 기
름과 사람의 마음을 힘있게 하는 양
식을 주셨도다
16 여호와의 나무에는 물이 흡족함이여
곧 그가 심으신 레바논 백향목들이
로다
17 새들이 그 속에 깃들임이여 학은 잣
나무로 집을 삼는도다
18 높은 산들은 산양을 위함이여 바위
는 너구리의 피난처로다
19 여호와께서 달로 절기를 정하심이여
해는 그 지는 때를 알도다
20 주께서 흑암을 지어 밤이 되게 하시
니 삼림의 모든 짐승이 기어나오나이
다
21 젊은 사자들은 그들의 먹이를 쫓아
부르짖으며 그들의 먹이를 하나님께
구하다가
22 해가 돋으면 물러가서 그들의 굴 속
에 눕고
23 사람은 나와서 일하며 저녁까지 수고
하는도다
24 여호와여 주께서 하신 일이 어찌 그
리 많은지요 주께서 지혜로 그들을
다 지으셨으니 주께서 지으신 것들이
땅에 가득하니이다
25 거기에는 크고 넓은 바다가 있고 그
속에는 생물 곧 크고 작은 동물들이
무수하니이다
26 그 곳에는 배들이 다니며 주께서 지
으신 리워야단이 그 속에서 노나이다
27 이것들은 다 주께서 때를 따라 먹을
것을 주시기를 바라나이다
28 주께서 주신즉 그들이 받으며 주께
서 손을 펴신즉 그들이 좋은 것으로
만족하다가
29 주께서 낯을 숨기신즉 그들이 떨고
주께서 그들의 호흡을 거두신즉 그
들은 죽어 먼지로 돌아가나이다
30 주의 영을 보내어 그들을 창조하사
지면을 새롭게 하시나이다
31 여호와의 영광이 영원히 계속할지며
여호와는 자신께서 행하시는 일들로
말미암아 즐거워하시리로다
32 그가 땅을 보신즉 땅이 진동하며 산
들을 만지신즉 연기가 나는도다
33 내가 평생토록 여호와께 노래하며
내가 살아 있는 동안 내 하나님을 찬

양하리로다
34 나의 기도를 기쁘게 여기시기를 바라
나니 나는 여호와로 말미암아 즐거워
하리로다
35 죄인들을 땅에서 소멸하시며 악인들
을 다시 있지 못하게 하시리로다 내
영혼아 여호와를 송축하라 할렐루
야

105 여호와께 감사하고 그의 이
름을 불러 아뢰며 그가 하는
일을 만민 중에 알게 할지어다
2 그에게 노래하며 그를 찬양하며 그
의 모든 기이한 일들을 말할지어다
3 그의 거룩한 이름을 자랑하라 여호
와를 구하는 자들은 마음이 즐거울
지로다
4 여호와와 그의 능력을 구할지어다
그의 얼굴을 항상 구할지어다
5-6 그의 종 아브라함의 후손 곧 택하신
야곱의 자손 너희는 그가 행하신 기
적과 그의 이적과 그의 입의 판단을
기억할지어다
7 그는 여호와 우리 하나님이시라 그의
판단이 온 땅에 있도다
8 그는 그의 언약 곧 천 대에 걸쳐 명령
하신 말씀을 영원히 기억하셨으니
9 이것은 아브라함과 맺은 언약이고
이삭에게 하신 맹세이며
10 야곱에게 세우신 율례 곧 이스라엘
에게 하신 영원한 언약이라
11 이르시기를 내가 가나안 땅을 네게
주어 너희에게 할당된 소유가 되게
하리라 하셨도다
12 그 때에 그들의 사람 수가 적어 그
땅의 나그네가 되었고
13 이 족속에게서 저 족속에게로, 이 나
라에서 다른 민족에게로 떠돌아다녔
도다
14 그러나 그는 사람이 그들을 억압하
는 것을 용납하지 아니하시고 그들
로 말미암아 왕들을 꾸짖어
15 이르시기를 나의 기름 부은 자를 손
대지 말며 나의 선지자들을 해하지
말라 하셨도다
16 그가 또 그 땅에 기근이 들게 하사
그들이 의지하고 있는 양식을 다 끊
으셨도다
17 그가 한 사람을 앞서 보내셨음이여
요셉이 종으로 팔렸도다
18 그의 발은 차꼬를 차고 그의 몸은
쇠사슬에 매였으니
19 곧 여호와의 말씀이 응할 때까지라
그의 말씀이 그를 단련하였도다
20 왕이 사람을 보내어 그를 석방함이
여 뭇 백성의 통치자가 그를 자유롭
게 하였도다

21 그를 그의 집의 주관자로 삼아 그의
모든 소유를 관리하게 하고
22 그의 뜻대로 모든 신하를 다스리며
그의 지혜로 장로들을 교훈하게 하
였도다
23 이에 이스라엘이 애굽에 들어감이여
야곱이 함의 땅에 나그네가 되었도
다
24 여호와께서 자기의 백성을 크게 번성
하게 하사 그의 대적들보다 강하게
하셨으며
25 또 그 대적들의 마음이 변하게 하여
그의 백성을 미워하게 하시며 그의
종들에게 교활하게 행하게 하셨도다
26 그리하여 그는 그의 종 모세와 그의
택하신 아론을 보내시니
27 그들이 그들의 백성 중에서 여호와
의 표적을 보이고 함의 땅에서 징조
들을 행하였도다
28 여호와께서 흑암을 보내사 그곳을
어둡게 하셨으나 그들은 그의 말씀
을 지키지 아니하였도다
29 그들의 물도 변하여 피가 되게 하사
그들의 물고기를 죽이셨도다
30 그 땅에 개구리가 많아져서 왕의 궁
실에도 있었도다
31 여호와께서 말씀하신즉 파리 떼가
오며 그들의 온 영토에 이가 생겼도
다
32 비 대신 우박을 내리시며 그들의 땅
에 화염을 내리셨도다
33 그들의 포도나무와 무화과나무를 치
시며 그들의 지경에 있는 나무를 찍
으셨도다
34 여호와께서 말씀하신즉 황충과 수많
은 메뚜기가 몰려와
35 그들의 땅에 있는 모든 채소를 먹으
며 그들의 밭에 있는 열매를 먹었도
다
36 또 여호와께서 그들의 기력의 시작인
그 땅의 모든 장자를 치셨도다
37 마침내 그들을 인도하여 은 금을 가
지고 나오게 하시니 그의 지파 중에
비틀거리는 자가 하나도 없었도다
38 그들이 떠날 때에 애굽이 기뻐하였
으니 그들이 그들을 두려워함이로다
39 여호와께서 낮에는 구름을 펴사 덮
개를 삼으시고 밤에는 불로 밝히셨
으며
40 그들이 구한즉 메추라기를 가져 오

365묵상

지난날을 뒤돌아보기

지난날을 뒤돌아보면 힘든 일들도 있지만 감사한 일들이 많다. 그래서 회고의 시간은 종종 은혜의 시간이 된다. 시편 105편은 이스라엘의 역사를 회고하는 시다. 시인은 하나님이 이스라엘의 조상인 아브라함에게 주신 약속과 그것의 신실한 이행을 회고하면서 하나님을 찬양하고 감사드리고 있다(시105:5-6). 비록 현실이 힘들지라도 누구든지 지난날을 회고하면 하나님의 은총의 손길을 발견할 수 있다. 그분 하나님께서 현재와 미래도 주관하실 것이므로, 역시 먼 훗날 현재의 시간들은 감사로 채워지게 될 것이다.

시고 또 하늘의 양식으로 그들을 만
족하게 하셨도다
41 반석을 여신즉 물이 흘러나와 마른
땅에 강 같이 흘렀으니
42 이는 그의 거룩한 말씀과 그의 종 아
브라함을 기억하셨음이로다
43 그의 백성이 즐겁게 나오게 하시며
그의 택한 자는 노래하며 나오게 하
시고
44 여러 나라의 땅을 그들에게 주시며
민족들이 수고한 것을 소유로 가지
게 하셨으니
45 이는 그들이 그의 율례를 지키고 그
의 율법을 따르게 하려 하심이로다
할렐루야

106

할렐루야 여호와께 감사하라
그는 선하시며 그 인자하심이
영원함이로다
2 누가 능히 여호와의 권능을 다 말하
며 주께서 받으실 찬양을 다 선포하
랴
3 정의를 지키는 자들과 항상 공의를
행하는 자는 복이 있도다
4 여호와여 주의 백성에게 베푸시는
은혜로 나를 기억하시며 주의 구원으
로 나를 돌보사
5 내가 주의 택하신 자가 형통함을 보
고 주의 나라의 기쁨을 나누어 가지
게 하사 주의 유산을 자랑하게 하소
서
6 우리가 우리의 조상들처럼 범죄하여
사악을 행하며 악을 지었나이다
7 우리의 조상들이 애굽에 있을 때 주
의 기이한 일들을 깨닫지 못하며 주
의 크신 인자를 기억하지 아니하고
바다 곧 홍해에서 거역하였나이다
8 그러나 여호와께서는 자기의 이름을
위하여 그들을 구원하셨으니 그의
큰 권능을 만인이 알게 하려 하심이
로다
9 이에 홍해를 꾸짖으시니 곧 마르니
그들을 인도하여 바다 건너가기를
마치 광야를 지나감 같게 하사
10 그들을 그 미워하는 자의 손에서 구
원하시며 그 원수의 손에서 구원하셨
고
11 그들의 대적들은 물로 덮으시매 그
들 중에서 하나도 살아 남지 못하였
도다
12 이에 그들이 그의 말씀을 믿고 그를
찬양하는 노래를 불렀도다
13 그러나 그들은 그가 행하신 일을 곧
잊어버리며 그의 가르침을 기다리지
아니하고
14 광야에서 욕심을 크게 내며 사막에
서 하나님을 시험하였도다

15 그러므로 여호와께서는 그들이 요구
한 것을 그들에게 주셨을지라도 그
들의 영혼은 쇠약하게 하셨도다
16 그들이 진영에서 모세와 여호와의 거
룩한 자 아론을 질투하매
17 땅이 갈라져 다단을 삼키며 아비람의
당을 덮었고
18 불이 그들의 당에 붙음이여 화염이
악인들을 살랐도다
19 그들이 호렙에서 송아지를 만들고
부어 만든 우상을 경배하여
20 자기 영광을 풀 먹는 소의 형상으로
바꾸었도다
21 애굽에서 큰 일을 행하신 그의 구원
자 하나님을 그들이 잊었나니
22 그는 함의 땅에서 기사와 홍해에서
놀랄 만한 일을 행하신 이시로다
23 그러므로 여호와께서 그들을 멸하리
라 하셨으나 그가 택하신 모세가 그
어려움 가운데에서 그의 앞에 서서
그의 노를 돌이켜 멸하시지 아니하게
하였도다
24 그들이 그 기쁨의 땅을 멸시하며 그
말씀을 믿지 아니하고
25 그들의 장막에서 원망하며 여호와의
음성을 듣지 아니하였도다
26 이러므로 그가 그의 손을 들어 그들
에게 맹세하기를 그들이 광야에 엎
드러지게 하고
27 또 그들의 후손을 뭇 백성 중에 엎
드러뜨리며 여러 나라로 흩어지게 하
리라 하셨도다
28 그들이 또 브올의 바알과 연합하여
죽은 자에게 제사한 음식을 먹어서
29 그 행위로 주를 격노하게 함으로써
재앙이 그들 중에 크게 유행하였도
다
30 그 때에 비느하스가 일어서서 중재
하니 이에 재앙이 그쳤도다
31 이 일이 그의 의로 인정되었으니 대대
로 영원까지로다
32 그들이 또 므리바 물에서 여호와를
노하시게 하였으므로 그들 때문에
재난이 모세에게 이르렀나니
33 이는 그들이 그의 뜻을 거역함으로
말미암아 모세가 그의 입술로 망령
되이 말하였음이로다
34 그들은 여호와께서 멸하라고 말씀하
신 그 이방 민족들을 멸하지 아니하
고
35 그 이방 나라들과 섞여서 그들의 행
위를 배우며
36 그들의 우상들을 섬기므로 그것들이
그들에게 올무가 되었도다
37 그들이 그들의 자녀를 악귀들에게
희생제물로 바쳤도다

38 무죄한 피 곧 그들의 자녀의 피를 흘
려 가나안의 우상들에게 제사하므로
그 땅이 피로 더러워졌도다
39 그들은 그들의 행위로 더러워지니 그
들의 행동이 음탕하도다
40 그러므로 여호와께서 자기 백성에게
맹렬히 노하시며 자기의 유업을 미워
하사
41 그들을 이방 나라의 손에 넘기시매
그들을 미워하는 자들이 그들을 다
스렸도다
42 그들이 원수들의 압박을 받고 그들
의 수하에 복종하게 되었도다
43 여호와께서 여러 번 그들을 건지시나
그들은 교묘하게 거역하며 자기 죄
악으로 말미암아 낮아짐을 당하였도
다
44 그러나 여호와께서 그들의 부르짖음
을 들으실 때에 그들의 고통을 돌보
시며
45 그들을 위하여 그의 언약을 기억하시
고 그 크신 인자하심을 따라 뜻을 돌
이키사
46 그들을 사로잡은 모든 자에게서 긍
휼히 여김을 받게 하셨도다
47 여호와 우리 하나님이여 우리를 구원
하사 여러 나라로부터 모으시고 우
리가 주의 거룩하신 이름을 감사하며
주의 영예를 찬양하게 하소서
48 여호와 이스라엘의 하나님을 영원부
터 영원까지 찬양할지어다 모든 백성
들아 아멘 할지어다 할렐루야

제오권

107 여호와께 감사하라 그는 선
하시며 그 인자하심이 영원함
이로다
2 여호와의 속량을 받은 자들은 이같
이 말할지어다 여호와께서 대적의 손
에서 그들을 속량하사
3 동서 남북 각 지방에서부터 모으셨
도다
4 그들이 광야 사막 길에서 방황하며
거주할 성읍을 찾지 못하고
5 주리고 목이 말라 그들의 영혼이 그
들 안에서 피곤하였도다
6 이에 그들이 근심 중에 여호와께 부
르짖으매 그들의 고통에서 건지시고
7 또 바른 길로 인도하사 거주할 성읍
에 이르게 하셨도다
8 여호와의 인자하심과 인생에게 행하
신 기적으로 말미암아 그를 찬송할지
로다
9 그가 사모하는 영혼에게 만족을 주
시며 주린 영혼에게 좋은 것으로 채
워주심이로다
10 사람이 흑암과 사망의 그늘에 앉으

며 곤고와 쇠사슬에 매임은
11 하나님의 말씀을 거역하며 지존자의
뜻을 멸시함이라
12 그러므로 그가 고통을 주어 그들의
마음을 겸손하게 하셨으니 그들이
엎드러져도 돕는 자가 없었도다
13 이에 그들이 그 환난 중에 여호와께
부르짖으매 그들의 고통에서 구원하
시되
14 흑암과 사망의 그늘에서 인도하여
내시고 그들의 얽어 맨 줄을 끊으셨
도다
15 여호와의 인자하심과 인생에게 행하
신 기적으로 말미암아 그를 찬송할지
로다
16 그가 놋문을 깨뜨리시며 쇠빗장을
꺾으셨음이로다
17 미련한 자들은 그들의 죄악의 길을
따르고 그들의 악을 범하기 때문에
고난을 받아
18 그들은 그들의 모든 음식물을 싫어
하게 되어 사망의 문에 이르렀도다
19 이에 그들이 그들의 고통 때문에 여
호와께 부르짖으매 그가 그들의 고
통에서 그들을 구원하시되
20 그가 그의 말씀을 보내어 그들을 고
치시고 위험한 지경에서 건지시는도
다
21 여호와의 인자하심과 인생에게 행하
신 기적으로 말미암아 그를 찬송할지
로다
22 감사제를 드리며 노래하여 그가 행
하신 일을 선포할지로다
23 배들을 바다에 띄우며 큰 물에서 일
을 하는 자는
24 여호와께서 행하신 일들과 그의 기이
한 일들을 깊은 바다에서 보나니
25 여호와께서 명령하신즉 광풍이 일어
나 바다 물결을 일으키는도다
26 그들이 하늘로 솟구쳤다가 깊은 곳
으로 내려가나니 그 위험 때문에 그
들의 영혼이 녹는도다
27 그들이 이리저리 구르며 취한 자 같
이 비틀거리니 그들의 모든 지각이
혼돈 속에 빠지는도다
28 이에 그들이 그들의 고통 때문에 여
호와께 부르짖으매 그가 그들의 고
통에서 그들을 인도하여 내시고
29 광풍을 고요하게 하사 물결도 잔잔
하게 하시는도다
30 그들이 평온함으로 말미암아 기뻐하
는 중에 여호와께서 그들이 바라는
항구로 인도하시는도다
31 여호와의 인자하심과 인생에게 행하
신 기적으로 말미암아 그를 찬송할지
로다

32 백성의 모임에서 그를 높이며 장로
들의 자리에서 그를 찬송할지로다
33 여호와께서는 강이 변하여 광야가 되
게 하시며 샘이 변하여 마른 땅이 되
게 하시며
34 그 주민의 악으로 말미암아 옥토가
변하여 염전이 되게 하시며
35 또 광야가 변하여 못이 되게 하시며
마른 땅이 변하여 샘물이 되게 하시
고
36 주린 자들로 거기에 살게 하사 그들
이 거주할 성읍을 준비하게 하시고
37 밭에 파종하며 포도원을 재배하여
풍성한 소출을 거두게 하시며
38 또 복을 주사 그들이 크게 번성하게
하시고 그의 가축이 감소하지 아니하
게 하실지라도
39 다시 압박과 재난과 우환을 통하여
그들의 수를 줄이시며 낮추시는도다
40 여호와께서 고관들에게는 능욕을
쏟아 부으시고 길 없는 황야에서 유
리하게 하시나
41 궁핍한 자는 그의 고통으로부터 건
져 주시고 그의 가족을 양 떼 같이
지켜 주시나니
42 정직한 자는 보고 기뻐하며 모든 사
악한 자는 자기 입을 봉하리로다
43 지혜 있는 자들은 이러한 일들을 지
켜 보고 여호와의 인자하심을 깨달
으리로다

[다윗의 찬송시]

108 하나님이여 내 마음을 정하
였사오니 내가 노래하며 나
의 마음을 다하여 찬양하리로다
2 비파야, 수금아, 깰지어다 내가 새벽
을 깨우리로다
3 여호와여 내가 만민 중에서 주께 감
사하고 뭇 나라 중에서 주를 찬양하
오리니
4 주의 인자하심이 하늘보다 높으시며
주의 진실은 궁창에까지 이르나이다
5 하나님이여 주는 하늘 위에 높이 들
리시며 주의 영광이 온 땅에서 높임
받으시기를 원하나이다
6 주께서 사랑하시는 자들을 건지시기
위하여 우리에게 응답하사 오른손으
로 구원하소서
7 하나님이 그의 성소에서 말씀하시되
내가 기뻐하리라 내가 세겜을 나누
며 숙곳 골짜기를 측량하리라
8 길르앗이 내 것이요 므낫세도 내 것
이며 에브라임은 내 머리의 투구요
유다는 나의 규이며
9 모압은 내 목욕통이라 에돔에는 내
신발을 벗어 던질지며 블레셋 위에서
내가 외치리라 하셨도다

10 누가 나를 이끌어 견고한 성읍으로
인도해 들이며 누가 나를 에돔으로
인도할꼬
11 하나님이여 주께서 우리를 버리지 아
니하셨나이까 하나님이여 주께서 우
리의 군대들과 함께 나아가지 아니
하시나이다
12 우리를 도와 대적을 치게 하소서 사
람의 구원은 헛됨이니이다
13 우리가 하나님을 의지하고 용감히 행
하리니 그는 우리의 대적들을 밟으실
자이심이로다

[다윗의 시, 인도자를 따라 부르는 노
래]

109

내가 찬양하는 하나님이여
잠잠하지 마옵소서
2 그들이 악한 입과 거짓된 입을 열어
나를 치며 속이는 혀로 내게 말하며
3 또 미워하는 말로 나를 두르고 까닭
없이 나를 공격하였음이니이다
4 나는 사랑하나 그들은 도리어 나를
대적하니 나는 기도할 뿐이라
5 그들이 악으로 나의 선을 갚으며 미
워함으로 나의 사랑을 갚았사오니
6 악인이 그를 다스리게 하시며 사탄이
그의 오른쪽에 서게 하소서
7 그가 심판을 받을 때에 죄인이 되어
나오게 하시며 그의 기도가 죄로 변
하게 하시며
8 그의 연수를 짧게 하시며 그의 직분
을 타인이 빼앗게 하시며
9 그의 자녀는 고아가 되고 그의 아내
는 과부가 되며
10 그의 자녀들은 유리하며 구걸하고
그들의 황폐한 집을 떠나 빌어먹게
하소서
11 고리대금하는 자가 그의 소유를 다
빼앗게 하시며 그가 수고한 것을 낯
선 사람이 탈취하게 하시며
12 그에게 인애를 베풀 자가 없게 하시
며 그의 고아에게 은혜를 베풀 자도
없게 하시며
13 그의 자손이 끊어지게 하시며 후대에
그들의 이름이 지워지게 하소서
14 여호와는 그의 조상들의 죄악을 기
억하시며 그의 어머니의 죄를 지워 버
리지 마시고
15 그 죄악을 항상 여호와 앞에 있게 하
사 그들의 기억을 땅에서 끊으소서
16 그가 인자를 베풀 일을 생각하지 아

365묵상

내 감정을 주님 앞에 털어놓기

시편을 보면, 시인이 자신의 감정을 숨기지 않고 주님 앞에 허심탄회하게 털어놓는 시들이 많다. 시편 109편도 그런 시들 가운데 하나다. 악한 원수가 자신을 괴롭힐 때 누구든지 가슴 속에 복수의 감정이 싹 트는 것은 당연하다. 시편의 시인들은 그런 감정을 애써 숨기지 않고 하나님께 모두 아뢴 것이다. 이런 자세는 신앙 삶에서 필요하다. 자녀가 사랑하는 부모에게 숨길만한 감정이 없듯, 우리가 하나님께 털어놓지 못할 비밀스런 감정이란 아무것도 없다. 하나님이야말로 우리의 참된 카운슬러(counselor)이시다.

니하고 가난하고 궁핍한 자와 마음
이 상한 자를 핍박하여 죽이려 하였
기 때문이니이다
17 그가 저주하기를 좋아하더니 그것이
자기에게 임하고 축복하기를 기뻐하
지 아니하더니 복이 그를 멀리 떠났
으며
18 또 저주하기를 옷 입듯 하더니 저주
가 물 같이 그의 몸 속으로 들어가며
기름 같이 그의 뼈 속으로 들어갔나
이다
19 저주가 그에게는 입는 옷 같고 항상
띠는 띠와 같게 하소서
20 이는 나의 대적들이 곧 내 영혼을 대
적하여 악담하는 자들이 여호와께
받는 보응이니이다
21 그러나 주 여호와여 주의 이름으로
말미암아 나를 선대하소서 주의 인자
하심이 선하시오니 나를 건지소서
22 나는 가난하고 궁핍하여 나의 중심이
상함이니이다
23 나는 석양 그림자 같이 지나가고 또
메뚜기 같이 불려 가오며
24 금식하므로 내 무릎이 흔들리고 내
육체는 수척하오며
25 나는 또 그들의 비방 거리라 그들이
나를 보면 머리를 흔드나이다
26 여호와 나의 하나님이여 나를 도우시
며 주의 인자하심을 따라 나를 구원
하소서
27 이것이 주의 손이 하신 일인 줄을 그
들이 알게 하소서 주 여호와께서 이
를 행하셨나이다
28 그들은 내게 저주하여도 주는 내게
복을 주소서 그들은 일어날 때에 수
치를 당할지라도 주의 종은 즐거워
하리이다
29 나의 대적들이 욕을 옷 입듯 하게 하
시며 자기 수치를 겉옷 같이 입게 하
소서
30 내가 입으로 여호와께 크게 감사하
며 많은 사람 중에서 찬송하리니
31 그가 궁핍한 자의 오른쪽에 서사 그
의 영혼을 심판하려 하는 자들에게
서 구원하실 것임이로다

[다윗의 시]

110 여호와께서 내 주에게 말씀
하시기를 내가 네 원수들로
네 발판이 되게 하기까지 너는 내 오
른쪽에 앉아 있으라 하셨도다
2 여호와께서 시온에서부터 주의 권능
의 규를 내보내시리니 주는 원수들
중에서 다스리소서
3 주의 권능의 날에 주의 백성이 거룩
한 옷을 입고 즐거이 헌신하니 새벽
이슬 같은 주의 청년들이 주께 나오

는도다
4 여호와는 맹세하고 변하지 아니하시
리라 이르시기를 너는 멜기세덱의 서
열을 따라 영원한 제사장이라 하셨도
다
5 주의 오른쪽에 계신 주께서 그의 노
하시는 날에 왕들을 쳐서 깨뜨리실
것이라
6 뭇 나라를 심판하여 시체로 가득하
게 하시고 여러 나라의 머리를 쳐서
깨뜨리시며
7 길 가의 시냇물을 마시므로 그의 머
리를 드시리로다

111

할렐루야, 내가 정직한 자들
의 모임과 회중 가운데에서
전심으로 여호와께 감사하리로다
2 여호와께서 행하시는 일들이 크시오
니 이를 즐거워하는 자들이 다 기리
는도다
3 그의 행하시는 일이 존귀하고 엄위하
며 그의 의가 영원히 서 있도다
4 그의 기적을 사람이 기억하게 하셨으
니 여호와는 은혜로우시고 자비로우
시도다
5 여호와께서 자기를 경외하는 자들에
게 양식을 주시며 그의 언약을 영원
히 기억하시리로다
6 그가 그들에게 뭇 나라의 기업을 주
사 그가 행하시는 일의 능력을 그들
에게 알리셨도다
7 그의 손이 하는 일은 진실과 정의이
며 그의 법도는 다 확실하니
8 영원무궁토록 정하신 바요 진실과 정
의로 행하신 바로다
9 여호와께서 그의 백성을 속량하시며
그의 언약을 영원히 세우셨으니 그의
이름이 거룩하고 지존하시도다
10 여호와를 경외함이 지혜의 근본이라
그의 계명을 지키는 자는 다 훌륭한
지각을 가진 자이니 여호와를 찬양함
이 영원히 계속되리로다

112

할렐루야, 여호와를 경외하
며 그의 계명을 크게 즐거워
하는 자는 복이 있도다
2 그의 후손이 땅에서 강성함이여 정직
한 자들의 후손에게 복이 있으리로
다
3 부와 재물이 그의 집에 있음이여 그
의 공의가 영구히 서 있으리로다
4 정직한 자들에게는 흑암 중에 빛이
일어나나니 그는 자비롭고 긍휼이
많으며 의로운 이로다
5 은혜를 베풀며 꾸어 주는 자는 잘
되나니 그 일을 정의로 행하리로다
6 그는 영원히 흔들리지 아니함이여 의
인은 영원히 기억되리로다

7 그는 흉한 소문을 두려워하지 아니
함이여 여호와를 의뢰하고 그의 마음
을 굳게 정하였도다
8 그의 마음이 견고하여 두려워하지 아
니할 것이라 그의 대적들이 받는 보
응을 마침내 보리로다
9 그가 재물을 흩어 빈궁한 자들에게
주었으니 그의 의가 영구히 있고 그
의 뿔이 영광 중에 들리리로다
10 악인은 이를 보고 한탄하여 이를 갈
면서 소멸되리니 악인들의 욕망은 사
라지리로다

113

할렐루야, 여호와의 종들아
찬양하라 여호와의 이름을
찬양하라
2 이제부터 영원까지 여호와의 이름을
찬송할지로다
3 해 돋는 데에서부터 해 지는 데에까
지 여호와의 이름이 찬양을 받으시리
로다
4 여호와는 모든 나라보다 높으시며
그의 영광은 하늘보다 높으시도다
5 여호와 우리 하나님과 같은 이가 누
구리요 높은 곳에 앉으셨으나
6 스스로 낮추사 천지를 살피시고
7 가난한 자를 먼지 더미에서 일으키시
며 궁핍한 자를 거름 더미에서 들어
세워
8 지도자들 곧 그의 백성의 지도자들
과 함께 세우시며
9 또 임신하지 못하던 여자를 집에 살
게 하사 자녀들을 즐겁게 하는 어머
니가 되게 하시는도다 할렐루야

114

이스라엘이 애굽에서 나오며
야곱의 집안이 언어가 다른
민족에게서 나올 때에
2 유다는 여호와의 성소가 되고 이스
라엘은 그의 영토가 되었도다
3 바다가 보고 도망하며 요단은 물러
갔으니
4 산들은 숫양들 같이 뛰놀며 작은 산
들은 어린 양들 같이 뛰었도다
5 바다야 네가 도망함은 어찌함이며
요단아 네가 물러감은 어찌함인가
6 너희 산들아 숫양들 같이 뛰놀며 작
은 산들아 어린 양들 같이 뛰놂은 어
찌함인가
7 땅이여 너는 주 앞 곧 야곱의 하나님
앞에서 떨지어다
8 그가 반석을 쳐서 못물이 되게 하시
며 차돌로 샘물이 되게 하셨도다

115

여호와여 영광을 우리에게
돌리지 마옵소서 우리에게
돌리지 마옵소서 오직 주는 인자하시
고 진실하시므로 주의 이름에만 영광
을 돌리소서

2 어찌하여 뭇 나라가 그들의 하나님이
이제 어디 있느냐 말하게 하리이까
3 오직 우리 하나님은 하늘에 계셔서
원하시는 모든 것을 행하셨나이다
4 그들의 우상들은 은과 금이요 사람
이 손으로 만든 것이라
5 입이 있어도 말하지 못하며 눈이 있
어도 보지 못하며
6 귀가 있어도 듣지 못하며 코가 있어
도 냄새 맡지 못하며
7 손이 있어도 만지지 못하며 발이 있
어도 걷지 못하며 목구멍이 있어도
작은 소리조차 내지 못하느니라
8 우상들을 만드는 자들과 그것을 의
지하는 자들이 다 그와 같으리로다
9 이스라엘아 여호와를 의지하라 그는
너희의 도움이시요 너희의 방패시로
다
10 아론의 집이여 여호와를 의지하라 그
는 너희의 도움이시요 너희의 방패시
로다
11 여호와를 경외하는 자들아 너희는 여
호와를 의지하여라 그는 너희의 도움
이시요 너희의 방패시로다
12 여호와께서 우리를 생각하사 복을
주시되 이스라엘 집에도 복을 주시
고 아론의 집에도 복을 주시며
13 높은 사람이나 낮은 사람을 막론하
고 여호와를 경외하는 자들에게 복
을 주시리로다
14 여호와께서 너희를 곧 너희와 너희의
자손을 더욱 번창하게 하시기를 원하
노라
15 너희는 천지를 지으신 여호와께 복을
받는 자로다
16 하늘은 여호와의 하늘이라도 땅은
사람에게 주셨도다
17 죽은 자들은 여호와를 찬양하지 못
하나니 적막한 데로 내려가는 자들
은 아무도 찬양하지 못하리로다
18 우리는 이제부터 영원까지 여호와를
송축하리로다 할렐루야

116

여호와께서 내 음성과 내 간
구를 들으시므로 내가 그를
사랑하는도다
2 그의 귀를 내게 기울이셨으므로 내
가 평생에 기도하리로다
3 사망의 줄이 나를 두르고 스올의 고
통이 내게 이르므로 내가 환난과 슬
픔을 만났을 때에
4 내가 여호와의 이름으로 기도하기를
여호와여 주께 구하오니 내 영혼을
건지소서 하였도다
5 여호와는 은혜로우시며 의로우시며
우리 하나님은 긍휼이 많으시도다
6 여호와께서는 순진한 자를 지키시나

니 내가 어려울 때에 나를 구원하셨
도다
7 내 영혼아 네 평안함으로 돌아갈지
어다 여호와께서 너를 후대하심이로
다
8 주께서 내 영혼을 사망에서, 내 눈을
눈물에서, 내 발을 넘어짐에서 건지
셨나이다
9 내가 생명이 있는 땅에서 여호와 앞
에 행하리로다
10 내가 크게 고통을 당하였다고 말할
때에도 나는 믿었도다
11 내가 놀라서 이르기를 모든 사람이
거짓말쟁이라 하였도다
12 내게 주신 모든 은혜를 내가 여호와
께 무엇으로 보답할까
13 내가 구원의 잔을 들고 여호와의 이
름을 부르며
14 여호와의 모든 백성 앞에서 나는 나
의 서원을 여호와께 갚으리로다
15 그의 경건한 자들의 죽음은 여호와
께서 보시기에 귀중한 것이로다
16 여호와여 나는 진실로 주의 종이요
주의 여종의 아들 곧 주의 종이라 주
께서 나의 결박을 푸셨나이다
17 내가 주께 감사제를 드리고 여호와
의 이름을 부르리이다
18 내가 여호와께 서원한 것을 그의 모
든 백성이 보는 앞에서 내가 지키리
로다
19 예루살렘아, 네 한가운데에서 곧 여
호와의 성전 뜰에서 지키리로다 할렐
루야

117

너희 모든 나라들아 여호와
를 찬양하며 너희 모든 백성
들아 그를 찬송할지어다
2 우리에게 향하신 여호와의 인자하심
이 크시고 여호와의 진실하심이 영원
함이로다 할렐루야

118

여호와께 감사하라 그는 선
하시며 그의 인자하심이 영원
함이로다
2 이제 이스라엘은 말하기를 그의 인
자하심이 영원하다 할지로다
3 이제 아론의 집은 말하기를 그의 인
자하심이 영원하다 할지로다
4 이제 여호와를 경외하는 자는 말하기
를 그의 인자하심이 영원하다 할지로
다
5 내가 고통 중에 여호와께 부르짖었
더니 여호와께서 응답하시고 나를 넓
은 곳에 세우셨도다
6 여호와는 내 편이시라 내가 두려워하
지 아니하리니 사람이 내게 어찌할까
7 여호와께서 내 편이 되사 나를 돕는
자들 중에 계시니 그러므로 나를 미

워하는 자들에게 보응하시는 것을
내가 보리로다
8 여호와께 피하는 것이 사람을 신뢰하
는 것보다 나으며
9 여호와께 피하는 것이 고관들을 신
뢰하는 것보다 낫도다
10 뭇 나라가 나를 에워쌌으니 내가 여
호와의 이름으로 그들을 끊으리로다
11 그들이 나를 에워싸고 에워쌌으니
내가 여호와의 이름으로 그들을 끊
으리로다
12 그들이 벌들처럼 나를 에워쌌으나
가시덤불의 불 같이 타 없어졌나니
내가 여호와의 이름으로 그들을 끊
으리로다
13 너는 나를 밀쳐 넘어뜨리려 하였으나
여호와께서는 나를 도우셨도다
14 여호와는 나의 능력과 찬송이시요
또 나의 구원이 되셨도다
15 의인들의 장막에는 기쁜 소리, 구원
의 소리가 있음이여 여호와의 오른손
이 권능을 베푸시며
16 여호와의 오른손이 높이 들렸으며 여
호와의 오른손이 권능을 베푸시는도
다
17 내가 죽지 않고 살아서 여호와께서
하시는 일을 선포하리로다
18 여호와께서 나를 심히 경책하셨어도
죽음에는 넘기지 아니하셨도다
19 내게 의의 문들을 열지어다 내가 그
리로 들어가서 여호와께 감사하리로
다
20 이는 여호와의 문이라 의인들이 그리
로 들어가리로다
21 주께서 내게 응답하시고 나의 구원
이 되셨으니 내가 주께 감사하리이다
22 건축자가 버린 돌이 집 모퉁이의 머
릿돌이 되었나니
23 이는 여호와께서 행하신 것이요 우리
눈에 기이한 바로다
24 이 날은 여호와께서 정하신 것이라
이 날에 우리가 즐거워하고 기뻐하리
로다
25 여호와여 구하옵나니 이제 구원하소
서 여호와여 우리가 구하옵나니 이제
형통하게 하소서
26 여호와의 이름으로 오는 자가 복이
있음이여 우리가 여호와의 집에서 너
희를 축복하였도다
27 여호와는 하나님이시라 그가 우리에

365묵상

죽음의 문턱에 이르렀을 때

신앙인들에게 있어 죽음은 특별한 의미를 지닌다. 생명처럼 죽음도 하나님의 선물이다. 죽음은 이 세상의 모든 염려와 고난에서 완전히 해방되는 것을 의미하기 때문이다(사 57:1). 이런 사실에도 불구하고, 막상 죽음이 자신이나 가족, 사랑하는 사람에게 이를 때면 당황한다. 그래서 시인은 "경건한 자들의 죽음은 여호와께서 보시기에 귀중한 것"이라는 사실을 상기시켜 준다(시 116:15). 그렇다! 성도의 죽음은 두렵거나 외로운 것이 아니라 귀중한 것이다. 죽음의 문턱에 이르렀을 때 이 사실을 기억하고 평안을 누리자!

게 빛을 비추셨으니 밧줄로 절기 제
물을 제단 뿔에 맬지어다
28 주는 나의 하나님이시라 내가 주께
감사하리이다 주는 나의 하나님이시
라 내가 주를 높이리이다
29 여호와께 감사하라 그는 선하시며
그의 인자하심이 영원함이로다

119

행위가 온전하여 여호와의
율법을 따라 행하는 자들은
복이 있음이여
2 여호와의 증거들을 지키고 전심으로
여호와를 구하는 자는 복이 있도다
3 참으로 그들은 불의를 행하지 아니
하고 주의 도를 행하는도다
4 주께서 명령하사 주의 법도를 잘 지
키게 하셨나이다
5 내 길을 굳게 정하사 주의 율례를 지
키게 하소서
6 내가 주의 모든 계명에 주의할 때에
는 부끄럽지 아니하리이다
7 내가 주의 의로운 판단을 배울 때에
는 정직한 마음으로 주께 감사하리
이다
8 내가 주의 율례들을 지키오리니 나
를 아주 버리지 마옵소서
9 청년이 무엇으로 그의 행실을 깨끗
하게 하리이까 주의 말씀만 지킬 따
름이니이다
10 내가 전심으로 주를 찾았사오니 주
의 계명에서 떠나지 말게 하소서
11 내가 주께 범죄하지 아니하려 하여
주의 말씀을 내 마음에 두었나이다
12 찬송을 받으실 주 여호와여 주의 율
례들을 내게 가르치소서
13 주의 입의 모든 규례들을 나의 입술
로 선포하였으며
14 내가 모든 재물을 즐거워함 같이 주
의 증거들의 도를 즐거워하였나이다
15 내가 주의 법도들을 작은 소리로 읊
조리며 주의 길들에 주의하며
16 주의 율례들을 즐거워하며 주의 말
씀을 잊지 아니하리이다
17 주의 종을 후대하여 살게 하소서 그
리하시면 주의 말씀을 지키리이다
18 내 눈을 열어서 주의 율법에서 놀라
운 것을 보게 하소서
19 나는 땅에서 나그네가 되었사오니
주의 계명들을 내게 숨기지 마소서
20 주의 규례들을 항상 사모함으로 내
마음이 상하나이다
21 교만하여 저주를 받으며 주의 계명
들에서 떠나는 자들을 주께서 꾸짖
으셨나이다
22 내가 주의 교훈들을 지켰사오니 비
방과 멸시를 내게서 떠나게 하소서
23 고관들도 앉아서 나를 비방하였사오

나 주의 종은 주의 율례들을 작은
소리로 읊조렸나이다
24 주의 증거들은 나의 즐거움이요 나
의 충고자니이다
25 내 영혼이 진토에 붙었사오니 주의
말씀대로 나를 살아나게 하소서
26 내가 나의 행위를 아뢰매 주께서 내
게 응답하셨사오니 주의 율례들을
내게 가르치소서
27 나에게 주의 법도들의 길을 깨닫게
하여 주소서 그리하시면 내가 주의
기이한 일들을 작은 소리로 읊조리리
이다
28 나의 영혼이 눌림으로 말미암아 녹
사오니 주의 말씀대로 나를 세우소
서
29 거짓 행위를 내게서 떠나게 하시고
주의 법을 내게 은혜로이 베푸소서
30 내가 성실한 길을 택하고 주의 규례
들을 내 앞에 두었나이다
31 내가 주의 증거들에 매달렸사오니
여호와여 내가 수치를 당하지 말게
하소서
32 주께서 내 마음을 넓히시면 내가 주
의 계명들의 길로 달려가리이다
33 여호와여 주의 율례들의 도를 내게
가르치소서 내가 끝까지 지키리이다
34 나로 하여금 깨닫게 하여 주소서 내
가 주의 법을 준행하며 전심으로 지
키리이다
35 나로 하여금 주의 계명들의 길로 행
하게 하소서 내가 이를 즐거워함이니
이다
36 내 마음을 주의 증거들에게 향하게
하시고 탐욕으로 향하지 말게 하소
서
37 내 눈을 돌이켜 허탄한 것을 보지 말
게 하시고 주의 길에서 나를 살아나
게 하소서
38 주를 경외하게 하는 주의 말씀을 주
의 종에게 세우소서
39 내가 두려워하는 비방을 내게서 떠
나게 하소서 주의 규례들은 선하심
이니이다
40 내가 주의 법도들을 사모하였사오니
주의 의로 나를 살아나게 하소서
41 여호와여 주의 말씀대로 주의 인자
하심과 주의 구원을 내게 임하게 하
소서
42 그리하시면 내가 나를 비방하는 자
들에게 대답할 말이 있사오리니 내
가 주의 말씀을 의지함이니이다
43 진리의 말씀이 내 입에서 조금도 떠
나지 말게 하소서 내가 주의 규례를
바랐음이니이다
44 내가 주의 율법을 항상 지키리이다

영원히 지키리이다
45 내가 주의 법도들을 구하였사오니
자유롭게 걸어갈 것이오며
46 또 왕들 앞에서 주의 교훈들을 말할
때에 수치를 당하지 아니하겠사오며
47 내가 사랑하는 주의 계명들을 스스
로 즐거워하며
48 또 내가 사랑하는 주의 계명들을 향
하여 내 손을 들고 주의 율례들을
작은 소리로 읊조리리이다
49 주의 종에게 하신 말씀을 기억하소
서 주께서 내게 소망을 가지게 하셨
나이다
50 이 말씀은 나의 고난 중의 위로라 주
의 말씀이 나를 살리셨기 때문이니이
다
51 교만한 자들이 나를 심히 조롱하였어
도 나는 주의 법을 떠나지 아니하였
나이다
52 여호와여 주의 옛 규례들을 내가 기
억하고 스스로 위로하였나이다
53 주의 율법을 버린 악인들로 말미암아
내가 맹렬한 분노에 사로잡혔나이다
54 내가 나그네 된 집에서 주의 율례들
이 나의 노래가 되었나이다
55 여호와여 내가 밤에 주의 이름을 기
억하고 주의 법을 지켰나이다
56 내 소유는 이것이니 곧 주의 법도들
을 지킨 것이니이다
57 여호와는 나의 분깃이시니 나는 주의
말씀을 지키리라 하였나이다
58 내가 전심으로 주께 간구하였사오니
주의 말씀대로 내게 은혜를 베푸소
서
59 내가 내 행위를 생각하고 주의 증거
들을 향하여 내 발길을 돌이켰사오
며
60 주의 계명들을 지키기에 신속히 하고
지체하지 아니하였나이다
61 악인들의 줄이 내게 두루 얽혔을지라
도 나는 주의 법을 잊지 아니하였나
이다
62 내가 주의 의로운 규례들로 말미암
아 밤중에 일어나 주께 감사하리이
다
63 나는 주를 경외하는 모든 자들과 주
의 법도들을 지키는 자들의 친구라
64 여호와여 주의 인자하심이 땅에 충만
하였사오니 주의 율례들로 나를 가
르치소서
65 여호와여 주의 말씀대로 주의 종을
선대하셨나이다
66 내가 주의 계명들을 믿었사오니 좋
은 명철과 지식을 내게 가르치소서
67 고난 당하기 전에는 내가 그릇 행하
였더니 이제는 주의 말씀을 지키나이

다
68 주는 선하사 선을 행하시오니 주의
율례들로 나를 가르치소서
69 교만한 자들이 거짓을 지어 나를 치
려 하였사오나 나는 전심으로 주의
법도들을 지키리이다
70 그들의 마음은 살져서 기름덩이 같으
나 나는 주의 법을 즐거워하나이다
71 고난 당한 것이 내게 유익이라 이로
말미암아 내가 주의 율례들을 배우
게 되었나이다
72 주의 입의 법이 내게는 천천 금은보
다 좋으니이다
73 주의 손이 나를 만들고 세우셨사오
니 내가 깨달아 주의 계명들을 배우
게 하소서
74 주를 경외하는 자들이 나를 보고 기
뻐하는 것은 내가 주의 말씀을 바라
는 까닭이니이다
75 여호와여 내가 알거니와 주의 심판은
의로우시고 주께서 나를 괴롭게 하
심은 성실하심 때문이니이다
76 구하오니 주의 종에게 하신 말씀대
로 주의 인자하심이 나의 위안이 되
게 하시며
77 주의 긍휼히 여기심이 내게 임하사
내가 살게 하소서 주의 법은 나의 즐
거움이니이다
78 교만한 자들이 거짓으로 나를 엎드
러뜨렸으니 그들이 수치를 당하게
하소서 나는 주의 법도들을 작은 소
리로 읊조리리이다
79 주를 경외하는 자들이 내게 돌아오
게 하소서 그리하시면 그들이 주의
증거들을 알리이다
80 내 마음으로 주의 율례들에 완전하
게 하사 내가 수치를 당하지 아니하
게 하소서
81 나의 영혼이 주의 구원을 사모하기에
피곤하오나 나는 주의 말씀을 바라
나이다
82 나의 말이 주께서 언제나 나를 안위
하실까 하면서 내 눈이 주의 말씀을
바라기에 피곤하니이다
83 내가 연기 속의 가죽 부대 같이 되었
으나 주의 율례들을 잊지 아니하나
이다
84 주의 종의 날이 얼마나 되나이까 나
를 핍박하는 자들을 주께서 언제나
심판하시리이까
85 주의 법을 따르지 아니하는 교만한
자들이 나를 해하려고 웅덩이를 팠
나이다
86 주의 모든 계명들은 신실하니이다 그
들이 이유 없이 나를 핍박하오니 나
를 도우소서

87 그들이 나를 세상에서 거의 멸하였으
나 나는 주의 법도들을 버리지 아니
하였사오니
88 주의 인자하심을 따라 나를 살아나
게 하소서 그리하시면 주의 입의 교
훈들을 내가 지키리이다
89 여호와여 주의 말씀은 영원히 하늘에
굳게 섰사오며
90 주의 성실하심은 대대에 이르나이다
주께서 땅을 세우셨으므로 땅이 항
상 있사오니
91 천지가 주의 규례들대로 오늘까지
있음은 만물이 주의 종이 된 까닭이
니이다
92 주의 법이 나의 즐거움이 되지 아니
하였더면 내가 내 고난 중에 멸망하
였으리이다
93 내가 주의 법도들을 영원히 잊지 아
니하오니 주께서 이것들 때문에 나
를 살게 하심이니이다
94 나는 주의 것이오니 나를 구원하소서
내가 주의 법도들만을 찾았나이다
95 악인들이 나를 멸하려고 엿보오나 나
는 주의 증거들만을 생각하겠나이다
96 내가 보니 모든 완전한 것이 다 끝이
있어도 주의 계명들은 심히 넓으니이
다
97 내가 주의 법을 어찌 그리 사랑하는
지요 내가 그것을 종일 작은 소리로
읊조리나이다
98 주의 계명들이 항상 나와 함께 하므
로 그것들이 나를 원수보다 지혜롭
게 하나이다
99 내가 주의 증거들을 늘 읊조리므로
나의 명철함이 나의 모든 스승보다
나으며
100 주의 법도들을 지키므로 나의 명철함
이 노인보다 나으니이다
101 내가 주의 말씀을 지키려고 발을 금
하여 모든 악한 길로 가지 아니하였
사오며
102 주께서 나를 가르치셨으므로 내가
주의 규례들에서 떠나지 아니하였나
이다
103 주의 말씀의 맛이 내게 어찌 그리 단
지요 내 입에 꿀보다 더 다니이다
104 주의 법도들로 말미암아 내가 명철하
게 되었으므로 모든 거짓 행위를 미
워하나이다
105 주의 말씀은 내 발에 등이요 내 길
에 빛이니이다
106 주의 의로운 규례들을 지키기로 맹
세하고 굳게 정하였나이다
107 나의 고난이 매우 심하오니 여호와여
주의 말씀대로 나를 살아나게 하소
서

108 여호와여 구하오니 내 입이 드리는
자원제물을 받으시고 주의 공의를
내게 가르치소서
109 나의 생명이 항상 위기에 있사오나
나는 주의 법을 잊지 아니하나이다
110 악인들이 나를 해하려고 올무를 놓
았사오나 나는 주의 법도들에서 떠
나지 아니하였나이다
111 주의 증거들로 내가 영원히 나의 기
업을 삼았사오니 이는 내 마음의 즐
거움이 됨이니이다
112 내가 주의 율례들을 영원히 행하려
고 내 마음을 기울였나이다
113 내가 두 마음 품는 자들을 미워하고
주의 법을 사랑하나이다
114 주는 나의 은신처요 방패시라 내가
주의 말씀을 바라나이다
115 너희 행악자들이여 나를 떠날지어다
나는 내 하나님의 계명들을 지키리로
다
116 주의 말씀대로 나를 붙들어 살게 하
시고 내 소망이 부끄럽지 않게 하소
서
117 나를 붙드소서 그리하시면 내가 구
원을 얻고 주의 율례들에 항상 주의
하리이다
118 주의 율례들에서 떠나는 자는 주께
서 다 멸시하셨으니 그들의 속임수는
허무함이니이다
119 주께서 세상의 모든 악인들을 찌꺼
기 같이 버리시니 그러므로 내가 주
의 증거들을 사랑하나이다
120 내 육체가 주를 두려워함으로 떨며
내가 또 주의 심판을 두려워하나이
다
121 내가 정의와 공의를 행하였사오니 나
를 박해하는 자들에게 나를 넘기지
마옵소서
122 주의 종을 보증하사 복을 얻게 하시
고 교만한 자들이 나를 박해하지 못
하게 하소서
123 내 눈이 주의 구원과 주의 의로운 말
씀을 사모하기에 피곤하니이다
124 주의 인자하심대로 주의 종에게 행
하사 내게 주의 율례들을 가르치소
서
125 나는 주의 종이오니 나를 깨닫게 하
사 주의 증거들을 알게 하소서
126 그들이 주의 법을 폐하였사오니 지
금은 여호와께서 일하실 때니이다

365묵상

하나님의 말씀은 내 인생의 등불

"주님, 어떻게 해야 할까요? 주님의 뜻을 알려주세요." 우리는 주님의 뜻을 알고 싶어 한다. 하지만 이런 기도에 주님이 응답하시는 일은 거의 없다. 왜 그럴까? 시인은 하나님의 말씀을 '내 발에 등'과 '내 길에 빛'으로 묘사했다(시 109:105). 성경시대의 여행자들은 밤에 기름램프를 들고 길을 나섰다. 그 램프가 만들어내는 빛줄기 때문에 한 걸음씩 앞으로 나갈 수 있었다. 하나님의 말씀이 바로 이러하다. 우리 인생의 램프 빛이다. 그 불빛에 의지하여 발을 내딛으면, 우리는 하나님의 뜻대로 앞으로 나아갈 수 있다.

127 그러므로 내가 주의 계명들을 금 곧
순금보다 더 사랑하나이다
128 그러므로 내가 범사에 모든 주의 법
도들을 바르게 여기고 모든 거짓 행
위를 미워하나이다
129 주의 증거들은 놀라우므로 내 영혼
이 이를 지키나이다
130 주의 말씀을 열면 빛이 비치어 우둔
한 사람들을 깨닫게 하나이다
131 내가 주의 계명들을 사모하므로 내
가 입을 열고 헐떡였나이다
132 주의 이름을 사랑하는 자들에게 베
푸시던 대로 내게 돌이키사 내게 은
혜를 베푸소서
133 나의 발걸음을 주의 말씀에 굳게 세
우시고 어떤 죄악도 나를 주관하지
못하게 하소서
134 사람의 박해에서 나를 구원하소서
그리하시면 내가 주의 법도들을 지키
리이다
135 주의 얼굴을 주의 종에게 비추시고
주의 율례로 나를 가르치소서
136 그들이 주의 법을 지키지 아니하므로
내 눈물이 시냇물 같이 흐르나이다
137 여호와여 주는 의로우시고 주의 판
단은 옳으니이다
138 주께서 명령하신 증거들은 의롭고 지
극히 성실하니이다
139 내 대적들이 주의 말씀을 잊어버렸으
므로 내 열정이 나를 삼켰나이다
140 주의 말씀이 심히 순수하므로 주의
종이 이를 사랑하나이다
141 내가 미천하여 멸시를 당하나 주의
법도를 잊지 아니하였나이다
142 주의 의는 영원한 의요 주의 율법은
진리로소이다
143 환난과 우환이 내게 미쳤으나 주의
계명은 나의 즐거움이니이다
144 주의 증거들은 영원히 의로우시니 나
로 하여금 깨닫게 하사 살게 하소서
145 여호와여 내가 전심으로 부르짖었사
오니 내게 응답하소서 내가 주의 교
훈들을 지키리이다
146 내가 주께 부르짖었사오니 나를 구
원하소서 내가 주의 증거들을 지키리
이다
147 내가 날이 밝기 전에 부르짖으며 주
의 말씀을 바랐사오며
148 주의 말씀을 조용히 읊조리려고 내
가 새벽녘에 눈을 떴나이다
149 주의 인자하심을 따라 내 소리를 들
으소서 여호와여 주의 규례들을 따
라 나를 살리소서
150 악을 따르는 자들이 가까이 왔사오
니 그들은 주의 법에서 머니이다
151 여호와여 주께서 가까이 계시오니

주의 모든 계명들은 진리니이다
152 내가 전부터 주의 증거들을 알고 있
었으므로 주께서 영원히 세우신 것인
줄을 알았나이다
153 나의 고난을 보시고 나를 건지소서
내가 주의 율법을 잊지 아니함이니이
다
154 주께서 나를 변호하시고 나를 구하
사 주의 말씀대로 나를 살리소서
155 구원이 악인들에게서 멀어짐은 그들
이 주의 율례들을 구하지 아니함이니
이다
156 여호와여 주의 긍휼이 많으오니 주
의 규례들에 따라 나를 살리소서
157 나를 핍박하는 자들과 나의 대적들
이 많으나 나는 주의 증거들에서 떠
나지 아니하였나이다
158 주의 말씀을 지키지 아니하는 거짓된
자들을 내가 보고 슬퍼하였나이다
159 내가 주의 법도들을 사랑함을 보옵
소서 여호와여 주의 인자하심을 따라
나를 살리소서
160 주의 말씀의 강령은 진리이오니 주의
의로운 모든 규례들은 영원하리이다
161 고관들이 거짓으로 나를 핍박하오나
나의 마음은 주의 말씀만 경외하나이
다
162 사람이 많은 탈취물을 얻은 것처럼
나는 주의 말씀을 즐거워하나이다
163 나는 거짓을 미워하며 싫어하고 주의
율법을 사랑하나이다
164 주의 의로운 규례들로 말미암아 내
가 하루 일곱 번씩 주를 찬양하나이
다
165 주의 법을 사랑하는 자에게는 큰 평
안이 있으니 그들에게 장애물이 없
으리이다
166 여호와여 내가 주의 구원을 바라며
주의 계명들을 행하였나이다
167 내 영혼이 주의 증거들을 지켰사오며
내가 이를 지극히 사랑하나이다
168 내가 주의 법도들과 증거들을 지켰
사오니 나의 모든 행위가 주 앞에 있
음이니이다
169 여호와여 나의 부르짖음이 주의 앞
에 이르게 하시고 주의 말씀대로 나
를 깨닫게 하소서
170 나의 간구가 주의 앞에 이르게 하시
고 주의 말씀대로 나를 건지소서
171 주께서 율례를 내게 가르치시므로
내 입술이 주를 찬양하리이다
172 주의 모든 계명들이 의로우므로 내
혀가 주의 말씀을 노래하리이다
173 내가 주의 법도들을 택하였사오니
주의 손이 항상 나의 도움이 되게 하
소서

174 여호와여 내가 주의 구원을 사모하
였사오며 주의 율법을 즐거워하나이
다
175 내 영혼을 살게 하소서 그리하시면
주를 찬송하리이다 주의 규례들이
나를 돕게 하소서
176 잃은 양 같이 내가 방황하오니 주의
종을 찾으소서 내가 주의 계명들을
잊지 아니함이니이다

[성전에 올라가는 노래]

120

내가 환난 중에 여호와께 부
르짖었더니 내게 응답하셨도
다
2 여호와여 거짓된 입술과 속이는 혀에
서 내 생명을 건져 주소서
3 너 속이는 혀여 무엇을 네게 주며 무
엇을 네게 더할꼬
4 장사의 날카로운 화살과 로뎀 나무
숯불이리로다
5 메섹에 머물며 게달의 장막 중에 머
무는 것이 내게 화로다
6 내가 화평을 미워하는 자들과 함께
오래 거주하였도다
7 나는 화평을 원할지라도 내가 말할
때에 그들은 싸우려 하는도다

[성전에 올라가는 노래]

121

내가 산을 향하여 눈을 들리
라 나의 도움이 어디서 올까
2 나의 도움은 천지를 지으신 여호와
에게서로다
3 여호와께서 너를 실족하지 아니하게
하시며 너를 지키시는 이가 졸지 아니
하시리로다
4 이스라엘을 지키시는 이는 졸지도
아니하시고 주무시지도 아니하시리
로다
5 여호와는 너를 지키시는 이시라 여호
와께서 네 오른쪽에서 네 그늘이 되
시나니
6 낮의 해가 너를 상하게 하지 아니하
며 밤의 달도 너를 해치지 아니하리
로다
7 여호와께서 너를 지켜 모든 환난을
면하게 하시며 또 네 영혼을 지키시
리로다
8 여호와께서 너의 출입을 지금부터 영
원까지 지키시리로다

[다윗의 시 곧 성전에 올라가는 노래]

122

사람이 내게 말하기를 여호
와의 집에 올라가자 할 때에
내가 기뻐하였도다
2 예루살렘아 우리 발이 네 성문 안에
섰도다
3 예루살렘아 너는 잘 짜여진 성읍과
같이 건설되었도다
4 지파들 곧 여호와의 지파들이 여호

와의 이름에 감사하려고 이스라엘의
전례대로 그리로 올라가는도다
5 거기에 심판의 보좌를 두셨으니 곧
다윗의 집의 보좌로다
6 예루살렘을 위하여 평안을 구하라
예루살렘을 사랑하는 자는 형통하리
로다
7 네 성 안에는 평안이 있고 네 궁중에
는 형통함이 있을지어다
8 내가 내 형제와 친구를 위하여 이제
말하리니 네 가운데에 평안이 있을지
어다
9 여호와 우리 하나님의 집을 위하여
내가 너를 위하여 복을 구하리로다

[성전에 올라가는 노래]

123

하늘에 계시는 주여 내가 눈
을 들어 주께 향하나이다
2 상전의 손을 바라보는 종들의 눈 같
이, 여주인의 손을 바라보는 여종의
눈 같이 우리의 눈이 여호와 우리 하
나님을 바라보며 우리에게 은혜 베
풀어 주시기를 기다리나이다
3 여호와여 우리에게 은혜를 베푸시고
또 은혜를 베푸소서 심한 멸시가 우
리에게 넘치나이다
4 안일한 자의 조소와 교만한 자의 멸
시가 우리 영혼에 넘치나이다

[다윗의 시 곧 성전에 올라가는 노래]

124

이스라엘은 이제 말하기를
여호와께서 우리 편에 계시
지 아니하셨더라면 우리가 어떻게 하
였으랴
2 사람들이 우리를 치러 일어날 때에
여호와께서 우리 편에 계시지 아니하
셨더라면
3 그 때에 그들의 노여움이 우리에게
맹렬하여 우리를 산채로 삼켰을 것이
며
4 그 때에 물이 우리를 휩쓸며 시내가
우리 영혼을 삼켰을 것이며
5 그 때에 넘치는 물이 우리 영혼을 삼
켰을 것이라 할 것이로다
6 우리를 내주어 그들의 이에 씹히지
아니하게 하신 여호와를 찬송할지로
다
7 우리의 영혼이 사냥꾼의 올무에서 벗
어난 새 같이 되었나니 올무가 끊어
지므로 우리가 벗어났도다
8 우리의 도움은 천지를 지으신 여호와
의 이름에 있도다

[성전에 올라가는 노래]

125

여호와를 의지하는 자는 시
온 산이 흔들리지 아니하고
영원히 있음 같도다
2 산들이 예루살렘을 두름과 같이 여
호와께서 그의 백성을 지금부터 영원

까지 두르시리로다
3 악인의 규가 의인들의 땅에서는 그
권세를 누리지 못하리니 이는 의인들
로 하여금 죄악에 손을 대지 아니하
게 함이로다
4 여호와여 선한 자들과 마음이 정직한
자들에게 선대하소서
5 자기의 굽은 길로 치우치는 자들은
여호와께서 죄를 범하는 자들과 함
께 다니게 하시리로다 이스라엘에게
는 평강이 있을지어다

[성전에 올라가는 노래]

126

여호와께서 시온의 포로를
돌려 보내실 때에 우리는 꿈
꾸는 것 같았도다
2 그 때에 우리 입에는 웃음이 가득하
고 우리 혀에는 찬양이 찼었도다 그
때에 뭇 나라 가운데에서 말하기를
여호와께서 그들을 위하여 큰 일을
행하셨다 하였도다
3 여호와께서 우리를 위하여 큰 일을
행하셨으니 우리는 기쁘도다
4 여호와여 우리의 포로를 남방 시내
들 같이 돌려 보내소서
5 눈물을 흘리며 씨를 뿌리는 자는 기
쁨으로 거두리로다
6 울며 씨를 뿌리러 나가는 자는 반드
시 기쁨으로 그 곡식 단을 가지고 돌
아오리로다

[솔로몬의 시 곧 성전에 올라가는 노래]

127

여호와께서 집을 세우지 아
니하시면 세우는 자의 수고
가 헛되며 여호와께서 성을 지키지
아니하시면 파수꾼의 깨어 있음이 헛
되도다
2 너희가 일찍이 일어나고 늦게 누우며
수고의 떡을 먹음이 헛되도다 그러므
로 여호와께서 그의 사랑하시는 자
에게는 잠을 주시는도다
3 보라 자식들은 여호와의 기업이요 태
의 열매는 그의 상급이로다
4 젊은 자의 자식은 장사의 수중의 화
살 같으니
5 이것이 그의 화살통에 가득한 자는
복되도다 그들이 성문에서 그들의
원수와 담판할 때에 수치를 당하지
아니하리로다

[성전에 올라가는 노래]

128

여호와를 경외하며 그의 길
을 걷는 자마다 복이 있도
다
2 네가 네 손이 수고한 대로 먹을 것이
라 네가 복되고 형통하리로다
3 네 집 안방에 있는 네 아내는 결실한
포도나무 같으며 네 식탁에 둘러 앉

은 자식들은 어린 감람나무 같으리
로다
4 여호와를 경외하는 자는 이같이 복
을 얻으리로다
5 여호와께서 시온에서 네게 복을 주
실지어다 너는 평생에 예루살렘의 번
영을 보며
6 네 자식의 자식을 볼지어다 이스라엘
에게 평강이 있을지로다

[성전에 올라가는 노래]

129 이스라엘은 이제 말하기를
그들이 내가 어릴 때부터 여
러 번 나를 괴롭혔도다
2 그들이 내가 어릴 때부터 여러 번 나
를 괴롭혔으나 나를 이기지 못하였도
다
3 밭 가는 자들이 내 등을 갈아 그 고
랑을 길게 지었도다
4 여호와께서는 의로우사 악인들의 줄
을 끊으셨도다
5 무릇 시온을 미워하는 자들은 수치
를 당하여 물러갈지어다
6 그들은 지붕의 풀과 같을지어다 그
것은 자라기 전에 마르는 것이라
7 이런 것은 베는 자의 손과 묶는 자의
품에 차지 아니하나니
8 지나가는 자들도 여호와의 복이 너희
에게 있을지어다 하거나 우리가 여호
와의 이름으로 너희에게 축복한다
하지 아니하느니라

[성전에 올라가는 노래]

130 여호와여 내가 깊은 곳에서
주께 부르짖었나이다
2 주여 내 소리를 들으시며 나의 부르
짖는 소리에 귀를 기울이소서
3 여호와여 주께서 죄악을 지켜보실진
대 주여 누가 서리이까
4 그러나 사유하심이 주께 있음은 주
를 경외하게 하심이니이다
5 나 곧 내 영혼은 여호와를 기다리며
나는 주의 말씀을 바라는도다
6 파수꾼이 아침을 기다림보다 내 영
혼이 주를 더 기다리나니 참으로 파
수꾼이 아침을 기다림보다 더하도다
7 이스라엘아 여호와를 바랄지어다 여
호와께서는 인자하심과 풍성한 속량
이 있음이라
8 그가 이스라엘을 그의 모든 죄악에
서 속량하시리로다

[다윗의 시 곧 성전에 올라가는 노래]

365묵상

행복한 가정의 참된 조건

사람들은 모두 행복한 가정을 원한다. 하지만 실제로 무엇이 가정에 행복을 가져다주는지에 대해선 잘 모른다. 그건 무얼까? 돈? 건강? 좋은 집? 하지만 이런 것들이 모두 있더라도 불행한 가정이 많이 있다는 것을 우리는 잘 안다. 성경은, 행복한 가정은 하나님을 모신 가정이라고 알려준다. 하나님을 믿는 신앙의 터전 위에 가정을 세운 집이다(시 127편). 돈, 건강, 집 등은 언제든지 사라지거나 변할 수 있다. 하지만 하나님은 영원토록 변함없다. 그분 하나님의 터 위에 가정을 세울 때 참된 행복을 보장받을 수 있다.

131 여호와여 내 마음이 교만하
지 아니하고 내 눈이 오만하
지 아니하오며 내가 큰 일과 감당하
지 못할 놀라운 일을 하려고 힘쓰지
아니하나이다
2 실로 내가 내 영혼으로 고요하고 평
온하게 하기를 젖 뗀 아이가 그의 어
머니 품에 있음 같게 하였나니 내 영
혼이 젖 뗀 아이와 같도다
3 이스라엘아 지금부터 영원까지 여호
와를 바랄지어다

[성전에 올라가는 노래]

132 여호와여 다윗을 위하여 그
의 모든 겸손을 기억하소서
2 그가 여호와께 맹세하며 야곱의 전
능자에게 서원하기를
3 내가 내 장막 집에 들어가지 아니하
며 내 침상에 오르지 아니하고
4 내 눈으로 잠들게 하지 아니하며 내
눈꺼풀로 졸게 하지 아니하기를
5 여호와의 처소 곧 야곱의 전능자의
성막을 발견하기까지 하리라 하였나
이다
6 우리가 그것이 에브라다에 있다 함
을 들었더니 나무 밭에서 찾았도다
7 우리가 그의 계신 곳으로 들어가서
그의 발등상 앞에서 엎드려 예배하
리로다
8 여호와여 일어나사 주의 권능의 궤와
함께 평안한 곳으로 들어가소서
9 주의 제사장들은 의를 옷 입고 주의
성도들은 즐거이 외칠지어다
10 주의 종 다윗을 위하여 주의 기름 부
음 받은 자의 얼굴을 외면하지 마옵
소서
11 여호와께서 다윗에게 성실히 맹세하
셨으니 변하지 아니하실지라 이르시
기를 네 몸의 소생을 네 왕위에 둘지
라
12 네 자손이 내 언약과 그들에게 교훈
하는 내 증거를 지킬진대 그들의 후
손도 영원히 네 왕위에 앉으리라 하
셨도다
13 여호와께서 시온을 택하시고 자기 거
처를 삼고자 하여 이르시기를
14 이는 내가 영원히 쉴 곳이라 내가 여
기 거주할 것은 이를 원하였음이로다
15 내가 이 성의 식료품에 풍족히 복을
주고 떡으로 그 빈민을 만족하게 하
리로다
16 내가 그 제사장들에게 구원을 옷 입
히리니 그 성도들은 즐거이 외치리로
다
17 내가 거기서 다윗에게 뿔이 나게 할
것이라 내가 내 기름 부음 받은 자를
위하여 등을 준비하였도다

18 내가 그의 원수에게는 수치를 옷 입
히고 그에게는 왕관이 빛나게 하리
라 하셨도다

[다윗의 시 곧 성전에 올라가는 노래]

133 보라 형제가 연합하여 동거
함이 어찌 그리 선하고 아름
다운고
2 머리에 있는 보배로운 기름이 수염
곧 아론의 수염에 흘러서 그의 옷깃
까지 내림 같고
3 헐몬의 이슬이 시온의 산들에 내림
같도다 거기서 여호와께서 복을 명령
하셨나니 곧 영생이로다

[성전에 올라가는 노래]

134 보라 밤에 여호와의 성전에
서 있는 여호와의 모든 종들
아 여호와를 송축하라
2 성소를 향하여 너희 손을 들고 여호
와를 송축하라
3 천지를 지으신 여호와께서 시온에서
네게 복을 주실지어다

135 할렐루야 여호와의 이름을
찬송하라 여호와의 종들아
찬송하라
2 여호와의 집 우리 여호와의 성전 곧
우리 하나님의 성전 뜰에 서 있는 너
희여
3 여호와를 찬송하라 여호와는 선하시
며 그의 이름이 아름다우니 그의 이
름을 찬양하라
4 여호와께서 자기를 위하여 야곱 곧
이스라엘을 자기의 특별한 소유로
택하셨음이로다
5 내가 알거니와 여호와께서는 위대하
시며 우리 주는 모든 신들보다 위대
하시도다
6 여호와께서 그가 기뻐하시는 모든
일을 천지와 바다와 모든 깊은 데서
다 행하셨도다
7 안개를 땅 끝에서 일으키시며 비를
위하여 번개를 만드시며 바람을 그
곳간에서 내시는도다
8 그가 애굽의 처음 난 자를 사람부터
짐승까지 치셨도다
9 애굽이여 여호와께서 네게 행한 표
적들과 징조들을 바로와 그의 모든
신하들에게 보내셨도다
10 그가 많은 나라를 치시고 강한 왕들
을 죽이셨나니
11 곧 아모리인의 왕 시혼과 바산 왕 옥
과 가나안의 모든 국왕이로다
12 그들의 땅을 기업으로 주시되 자기
백성 이스라엘에게 기업으로 주셨도
다
13 여호와여 주의 이름이 영원하시니이
다 여호와여 주를 기념함이 대대에

이르리이다
14 여호와께서 자기 백성을 판단하시며
그의 종들로 말미암아 위로를 받으
시리로다
15 열국의 우상은 은금이요 사람의 손
으로 만든 것이라
16 입이 있어도 말하지 못하며 눈이 있
어도 보지 못하며
17 귀가 있어도 듣지 못하며 그들의 입
에는 아무 호흡도 없나니
18 그것을 만든 자와 그것을 의지하는
자가 다 그것과 같으리로다
19 이스라엘 족속아 여호와를 송축하라
아론의 족속아 여호와를 송축하라
20 레위 족속아 여호와를 송축하라 여
호와를 경외하는 너희들아 여호와를
송축하라
21 예루살렘에 계시는 여호와는 시온에
서 찬송을 받으실지어다 할렐루야

136

여호와께 감사하라 그는 선
하시며 그 인자하심이 영원함
이로다
2 신들 중에 뛰어난 하나님께 감사하
라 그 인자하심이 영원함이로다
3 주들 중에 뛰어난 주께 감사하라 그
인자하심이 영원함이로다
4 홀로 큰 기이한 일들을 행하시는 이
에게 감사하라 그 인자하심이 영원함
이로다
5 지혜로 하늘을 지으신 이에게 감사
하라 그 인자하심이 영원함이로다
6 땅을 물 위에 펴신 이에게 감사하라
그 인자하심이 영원함이로다
7 큰 빛들을 지으신 이에게 감사하라
그 인자하심이 영원함이로다
8 해로 낮을 주관하게 하신 이에게 감
사하라 그 인자하심이 영원함이로다
9 달과 별들로 밤을 주관하게 하신 이
에게 감사하라 그 인자하심이 영원함
이로다
10 애굽의 장자를 치신 이에게 감사하
라 그 인자하심이 영원함이로다
11 이스라엘을 그들 중에서 인도하여
내신 이에게 감사하라 그 인자하심이
영원함이로다
12 강한 손과 펴신 팔로 인도하여 내신
이에게 감사하라 그 인자하심이 영원
함이로다
13 홍해를 가르신 이에게 감사하라 그
인자하심이 영원함이로다
14 이스라엘을 그 가운데로 통과하게
하신 이에게 감사하라 그 인자하심이
영원함이로다
15 바로와 그의 군대를 홍해에 엎드러
뜨리신 이에게 감사하라 그 인자하심
이 영원함이로다

16 그의 백성을 인도하여 광야를 통과
하게 하신 이에게 감사하라 그 인자
하심이 영원함이로다
17 큰 왕들을 치신 이에게 감사하라 그
인자하심이 영원함이로다
18 유명한 왕들을 죽이신 이에게 감사
하라 그 인자하심이 영원함이로다
19 아모리인의 왕 시혼을 죽이신 이에게
감사하라 그 인자하심이 영원함이로
다
20 바산 왕 옥을 죽이신 이에게 감사하
라 그 인자하심이 영원함이로다
21 그들의 땅을 기업으로 주신 이에게
감사하라 그 인자하심이 영원함이로
다
22 곧 그 종 이스라엘에게 기업으로 주
신 이에게 감사하라 그 인자하심이
영원함이로다
23 우리를 비천한 가운데에서도 기억해
주신 이에게 감사하라 그 인자하심이
영원함이로다
24 우리를 우리의 대적에게서 건지신 이
에게 감사하라 그 인자하심이 영원함
이로다
25 모든 육체에게 먹을 것을 주신 이에
게 감사하라 그 인자하심이 영원함이
로다
26 하늘의 하나님께 감사하라 그 인자
하심이 영원함이로다

137

우리가 바벨론의 여러 강변
거기에 앉아서 시온을 기억하
며 울었도다
2 그 중의 버드나무에 우리가 우리의
수금을 걸었나니
3 이는 우리를 사로잡은 자가 거기서
우리에게 노래를 청하며 우리를 황
폐하게 한 자가 기쁨을 청하고 자기
들을 위하여 시온의 노래 중 하나를
노래하라 함이로다
4 우리가 이방 땅에서 어찌 여호와의
노래를 부를까
5 예루살렘아 내가 너를 잊을진대 내
오른손이 그의 재주를 잊을지로다
6 내가 예루살렘을 기억하지 아니하거
나 내가 가장 즐거워하는 것보다 더
즐거워하지 아니할진대 내 혀가 내
입천장에 붙을지로다
7 여호와여 예루살렘이 멸망하던 날을
기억하시고 에돔 자손을 치소서 그
들의 말이 헐어 버리라 헐어 버리라
그 기초까지 헐어 버리라 하였나이다
8 멸망할 딸 바벨론아 네가 우리에게
행한 대로 네게 갚는 자가 복이 있
으리로다
9 네 어린 것들을 바위에 메어치는 자
는 복이 있으리로다

[다윗의 시]

138 내가 전심으로 주께 감사하
며 신들 앞에서 주께 찬송하
리이다
2 내가 주의 성전을 향하여 예배하며
주의 인자하심과 성실하심으로 말미
암아 주의 이름에 감사하오리니 이
는 주께서 주의 말씀을 주의 모든
이름보다 높게 하셨음이라
3 내가 간구하는 날에 주께서 응답하
시고 내 영혼에 힘을 주어 나를 강하
게 하셨나이다
4 여호와여 세상의 모든 왕들이 주께
감사할 것은 그들이 주의 입의 말씀
을 들음이오며
5 그들이 여호와의 도를 노래할 것은
여호와의 영광이 크심이니이다
6 여호와께서는 높이 계셔도 낮은 자
를 굽어살피시며 멀리서도 교만한 자
를 아심이니이다
7 내가 환난 중에 다닐지라도 주께서
나를 살아나게 하시고 주의 손을 펴
사 내 원수들의 분노를 막으시며 주
의 오른손이 나를 구원하시리이다
8 여호와께서 나를 위하여 보상해 주
시리이다 여호와여 주의 인자하심이
영원하오니 주의 손으로 지으신 것을
버리지 마옵소서

[다윗의 시, 인도자를 따라 부르는 노
래]

139 여호와여 주께서 나를 살펴
보셨으므로 나를 아시나이다
2 주께서 내가 앉고 일어섬을 아시고
멀리서도 나의 생각을 밝히 아시오며
3 나의 모든 길과 내가 눕는 것을 살펴
보셨으므로 나의 모든 행위를 익히
아시오니
4 여호와여 내 혀의 말을 알지 못하시
는 것이 하나도 없으시니이다
5 주께서 나의 앞뒤를 둘러싸시고 내
게 안수하셨나이다
6 이 지식이 내게 너무 기이하니 높아
서 내가 능히 미치지 못하나이다
7 내가 주의 영을 떠나 어디로 가며 주
의 앞에서 어디로 피하리이까
8 내가 하늘에 올라갈지라도 거기 계
시며 스올에 내 자리를 펼지라도 거
기 계시니이다
9 내가 새벽 날개를 치며 바다 끝에 가
서 거주할지라도
10 거기서도 주의 손이 나를 인도하시며
주의 오른손이 나를 붙드시리이다
11 내가 혹시 말하기를 흑암이 반드시
나를 덮고 나를 두른 빛은 밤이 되리
라 할지라도
12 주에게서는 흑암이 숨기지 못하며

밤이 낮과 같이 비추이나니 주에게
는 흑암과 빛이 같음이니이다
13 주께서 내 내장을 지으시며 나의 모
태에서 나를 만드셨나이다
14 내가 주께 감사하옴은 나를 지으심
이 심히 기묘하심이라 주께서 하시는
일이 기이함을 내 영혼이 잘 아나이
다
15 내가 은밀한 데서 지음을 받고 땅의
깊은 곳에서 기이하게 지음을 받은
때에 나의 형체가 주의 앞에 숨겨지
지 못하였나이다
16 내 형질이 이루어지기 전에 주의 눈이
보셨으며 나를 위하여 정한 날이 하
루도 되기 전에 주의 책에 다 기록이
되었나이다
17 하나님이여 주의 생각이 내게 어찌
그리 보배로우신지요 그 수가 어찌
그리 많은지요
18 내가 세려고 할지라도 그 수가 모래
보다 많도소이다 내가 깰 때에도 여
전히 주와 함께 있나이다
19 하나님이여 주께서 반드시 악인을 죽
이시리이다 피 흘리기를 즐기는 자들
아 나를 떠날지어다
20 그들이 주를 대하여 악하게 말하며
주의 원수들이 주의 이름으로 헛되이
맹세하나이다
21 여호와여 내가 주를 미워하는 자들
을 미워하지 아니하오며 주를 치러
일어나는 자들을 미워하지 아니하나
이까
22 내가 그들을 심히 미워하니 그들은
나의 원수들이니이다
23 하나님이여 나를 살피사 내 마음을
아시며 나를 시험하사 내 뜻을 아옵
소서
24 내게 무슨 악한 행위가 있나 보시고
나를 영원한 길로 인도하소서

[다윗의 시, 인도자를 따라 부르는 노
래]

140 여호와여 악인에게서 나를
건지시며 포악한 자에게서 나
를 보전하소서
2 그들이 마음속으로 악을 꾀하고 싸
우기 위하여 매일 모이오며
3 뱀 같이 그 혀를 날카롭게 하니 그
입술 아래에는 독사의 독이 있나이
다 (셀라)
4 여호와여 나를 지키사 악인의 손에

365묵상

그 인자하심이 영원함이로다!

이스라엘 역사를 회고해 볼 때, 시인은 다음과 같은 세 마디의 표현 외에는 달리 할 말이 없었다. "그 인자하심이 영원함이로다!"(시136편) 이 사실은, 하나님의 백성에게 무슨 일이 닥친다고 해도 그들을 향한 하나님의 사랑은 결코 변함이 없다는 뜻이다. 살아가노라면 우리는 종종 실패한다. 그런 때에 의기소침하여 하나님께 버림받지 않았는지 의심한다. 그렇지 않다! 시간이 흘러 뒤돌아보면, 그때에도 여전히 하나님이 나를 사랑하셨음을 깨닫게 된다. 그래서 우리도 "그 인자하심이 영원하다!"라고 고백하게 된다.

빠지지 않게 하시며 나를 보전하사
포악한 자에게서 벗어나게 하소서
그들은 나의 걸음을 밀치려 하나이다
5 교만한 자가 나를 해하려고 올무와
줄을 놓으며 길 곁에 그물을 치며 함
정을 두었나이다 (셀라)
6 내가 여호와께 말하기를 주는 나의
하나님이시니 여호와여 나의 간구하
는 소리에 귀를 기울이소서 하였나이
다
7 내 구원의 능력이신 주 여호와여 전
쟁의 날에 주께서 내 머리를 가려 주
셨나이다
8 여호와여 악인의 소원을 허락하지 마
시며 그의 악한 꾀를 이루지 못하게
하소서 그들이 스스로 높일까 하나
이다 (셀라)
9 나를 에워싸는 자들이 그들의 머리
를 들 때에 그들의 입술의 재난이 그
들을 덮게 하소서
10 뜨거운 숯불이 그들 위에 떨어지게
하시며 불 가운데와 깊은 웅덩이에
그들로 하여금 빠져 다시 일어나지
못하게 하소서
11 악담하는 자는 세상에서 굳게 서지
못하며 포악한 자는 재앙이 따라서
패망하게 하리이다
12 내가 알거니와 여호와는 고난 당하
는 자를 변호해 주시며 궁핍한 자에
게 정의를 베푸시리이다
13 진실로 의인들이 주의 이름에 감사하
며 정직한 자들이 주의 앞에서 살리
이다

[다윗의 시]

141

여호와여 내가 주를 불렀사
오니 속히 내게 오시옵소서
내가 주께 부르짖을 때에 내 음성에
귀를 기울이소서
2 나의 기도가 주의 앞에 분향함과 같
이 되며 나의 손 드는 것이 저녁 제사
같이 되게 하소서
3 여호와여 내 입에 파수꾼을 세우시
고 내 입술의 문을 지키소서
4 내 마음이 악한 일에 기울어 죄악을
행하는 자들과 함께 악을 행하지 말
게 하시며 그들의 진수성찬을 먹지
말게 하소서
5 의인이 나를 칠지라도 은혜로 여기며
책망할지라도 머리의 기름 같이 여겨
서 내 머리가 이를 거절하지 아니할지
라 그들의 재난 중에도 내가 항상 기
도하리로다
6 그들의 재판관들이 바위 곁에 내려
던져졌도다 내 말이 달므로 무리가
들으리로다
7 사람이 밭 갈아 흙을 부스러뜨림 같

이 우리의 해골이 스올 입구에 흩어
졌도다
8 주 여호와여 내 눈이 주께 향하며 내
가 주께 피하오니 내 영혼을 빈궁한
대로 버려 두지 마옵소서
9 나를 지키사 그들이 나를 잡으려고
놓은 올무와 악을 행하는 자들의 함
정에서 벗어나게 하옵소서
10 악인은 자기 그물에 걸리게 하시고
나만은 온전히 면하게 하소서

[다윗이 굴에 있을 때에 지은 마스길
곧 기도]

142 내가 소리 내어 여호와께 부
르짖으며 소리 내어 여호와
께 간구하는도다
2 내가 내 원통함을 그의 앞에 토로하
며 내 우환을 그의 앞에 진술하는도
다
3 내 영이 내 속에서 상할 때에도 주께
서 내 길을 아셨나이다 내가 가는 길
에 그들이 나를 잡으려고 올무를 숨
겼나이다
4 오른쪽을 살펴 보소서 나를 아는 이
도 없고 나의 피난처도 없고 내 영혼
을 돌보는 이도 없나이다
5 여호와여 내가 주께 부르짖어 말하
기를 주는 나의 피난처시요 살아 있
는 사람들의 땅에서 나의 분깃이시라
하였나이다
6 나의 부르짖음을 들으소서 나는 심
히 비천하니이다 나를 핍박하는 자들
에게서 나를 건지소서 그들은 나보
다 강하니이다
7 내 영혼을 옥에서 이끌어 내사 주의
이름을 감사하게 하소서 주께서 나
에게 갚아 주시리니 의인들이 나를
두르리이다

[다윗의 시]

143 여호와여 내 기도를 들으시
며 내 간구에 귀를 기울이시
고 주의 진실과 공의로 내게 응답하
소서
2 주의 종에게 심판을 행하지 마소서
주의 눈 앞에는 의로운 인생이 하나
도 없나이다
3 원수가 내 영혼을 핍박하며 내 생명
을 땅에 엎어서 나로 죽은 지 오랜
자 같이 나를 암흑 속에 두셨나이다
4 그러므로 내 심령이 속에서 상하며
내 마음이 내 속에서 참담하니이다
5 내가 옛날을 기억하고 주의 모든 행
하신 것을 읊조리며 주의 손이 행하
는 일을 생각하고
6 주를 향하여 손을 펴고 내 영혼이 마
른 땅 같이 주를 사모하나이다 (셀
라)

7 여호와여 속히 내게 응답하소서 내
영이 피곤하니이다 주의 얼굴을 내게
서 숨기지 마소서 내가 무덤에 내려
가는 자 같을까 두려워하나이다
8 아침에 나로 하여금 주의 인자한 말
씀을 듣게 하소서 내가 주를 의뢰함
이니이다 내가 다닐 길을 알게 하소
서 내가 내 영혼을 주께 드림이니이
다
9 여호와여 나를 내 원수들에게서 건지
소서 내가 주께 피하여 숨었나이다
10 주는 나의 하나님이시니 나를 가르쳐
주의 뜻을 행하게 하소서 주의 영은
선하시니 나를 공평한 땅에 인도하
소서
11 여호와여 주의 이름을 위하여 나를
살리시고 주의 의로 내 영혼을 환난
에서 끌어내소서
12 주의 인자하심으로 나의 원수들을
끊으시고 내 영혼을 괴롭게 하는 자
를 다 멸하소서 나는 주의 종이니이
다

[다윗의 시]

144

나의 반석이신 여호와를 찬
송하리로다 그가 내 손을 가
르쳐 싸우게 하시며 손가락을 가르
쳐 전쟁하게 하시는도다
2 여호와는 나의 사랑이시요 나의 요
새이시요 나의 산성이시요 나를 건지
시는 이시요 나의 방패이시니 내가
그에게 피하였고 그가 내 백성을 내
게 복종하게 하셨나이다
3 여호와여 사람이 무엇이기에 주께서
그를 알아 주시며 인생이 무엇이기에
그를 생각하시나이까
4 사람은 헛것 같고 그의 날은 지나가
는 그림자 같으니이다
5 여호와여 주의 하늘을 드리우고 강
림하시며 산들에 접촉하사 연기를 내
게 하소서
6 번개를 번쩍이사 원수들을 흩으시며
주의 화살을 쏘아 그들을 무찌르소
서
7 위에서부터 주의 손을 펴사 나를 큰
물과 이방인의 손에서 구하여 건지소
서
8 그들의 입은 거짓을 말하며 그의 오
른손은 거짓의 오른손이니이다
9 하나님이여 내가 주께 새 노래로 노
래하며 열 줄 비파로 주를 찬양하리
이다
10 주는 왕들에게 구원을 베푸시는 자
시요 그의 종 다윗을 그 해하려는 칼
에서 구하시는 자시니이다
11 이방인의 손에서 나를 구하여 건지소
서 그들의 입은 거짓을 말하며 그 오

른손은 거짓의 오른손이니이다
12 우리 아들들은 어리다가 장성한 나
무들과 같으며 우리 딸들은 궁전의
양식대로 아름답게 다듬은 모퉁잇돌
들과 같으며
13 우리의 곳간에는 백곡이 가득하며
우리의 양은 들에서 천천과 만만으
로 번성하며
14 우리 수소는 무겁게 실었으며 또 우
리를 침노하는 일이나 우리가 나아가
막는 일이 없으며 우리 거리에는 슬
피 부르짖음이 없을진대
15 이러한 백성은 복이 있나니 여호와를
자기 하나님으로 삼는 백성은 복이
있도다

[다윗의 찬송시]

145 왕이신 나의 하나님이여 내가
주를 높이고 영원히 주의 이
름을 송축하리이다
2 내가 날마다 주를 송축하며 영원히
주의 이름을 송축하리이다
3 여호와는 위대하시니 크게 찬양할 것
이라 그의 위대하심을 측량하지 못하
리로다
4 대대로 주께서 행하시는 일을 크게
찬양하며 주의 능한 일을 선포하리로
다
5 주의 존귀하고 영광스러운 위엄과
주의 기이한 일들을 나는 작은 소리
로 읊조리리이다
6 사람들은 주의 두려운 일의 권능을
말할 것이요 나도 주의 위대하심을
선포하리이다
7 그들이 주의 크신 은혜를 기념하여
말하며 주의 공의를 노래하리이다
8 여호와는 은혜로우시며 긍휼이 많으
시며 노하기를 더디 하시며 인자하심
이 크시도다
9 여호와께서는 모든 것을 선대하시며
그 지으신 모든 것에 긍휼을 베푸시
는도다
10 여호와여 주께서 지으신 모든 것들이
주께 감사하며 주의 성도들이 주를
송축하리이다
11 그들이 주의 나라의 영광을 말하며
주의 업적을 일러서
12 주의 업적과 주의 나라의 위엄 있는
영광을 인생들에게 알게 하리이다
13 주의 나라는 영원한 나라이니 주의
통치는 대대에 이르리이다
14 여호와께서는 모든 넘어지는 자들을
붙드시며 비굴한 자들을 일으키시는
도다
15 모든 사람의 눈이 주를 앙망하오니
주는 때를 따라 그들에게 먹을 것을
주시며

16 손을 펴사 모든 생물의 소원을 만족
하게 하시나이다
17 여호와께서는 그 모든 행위에 의로
우시며 그 모든 일에 은혜로우시도
다
18 여호와께서는 자기에게 간구하는 모
든 자 곧 진실하게 간구하는 모든
자에게 가까이 하시는도다
19 그는 자기를 경외하는 자들의 소원
을 이루시며 또 그들의 부르짖음을
들으사 구원하시리로다
20 여호와께서 자기를 사랑하는 자들은
다 보호하시고 악인들은 다 멸하시리
로다
21 내 입이 여호와의 영예를 말하며 모
든 육체가 그의 거룩하신 이름을 영
원히 송축할지로다

146

할렐루야 내 영혼아 여호와
를 찬양하라
2 나의 생전에 여호와를 찬양하며 나의
평생에 내 하나님을 찬송하리로다
3 귀인들을 의지하지 말며 도울 힘이
없는 인생도 의지하지 말지니
4 그의 호흡이 끊어지면 흙으로 돌아
가서 그 날에 그의 생각이 소멸하리
로다
5 야곱의 하나님을 자기의 도움으로
삼으며 여호와 자기 하나님에게 자기
의 소망을 두는 자는 복이 있도다
6 여호와는 천지와 바다와 그 중의 만
물을 지으시며 영원히 진실함을 지키
시며
7 억눌린 사람들을 위해 정의로 심판하
시며 주린 자들에게 먹을 것을 주시
는 이시로다 여호와께서는 갇힌 자
들에게 자유를 주시는도다
8 여호와께서 맹인들의 눈을 여시며 여
호와께서 비굴한 자들을 일으키시며
여호와께서 의인들을 사랑하시며
9 여호와께서 나그네들을 보호하시며
고아와 과부를 붙드시고 악인들의
길은 굽게 하시는도다
10 시온아 여호와는 영원히 다스리시고
네 하나님은 대대로 통치하시리로다
할렐루야

147

할렐루야 우리 하나님을 찬
양하는 일이 선함이여 찬송
하는 일이 아름답고 마땅하도다
2 여호와께서 예루살렘을 세우시며 이
스라엘의 흩어진 자들을 모으시며
3 상심한 자들을 고치시며 그들의 상처
를 싸매시는도다
4 그가 별들의 수효를 세시고 그것들
을 다 이름대로 부르시는도다
5 우리 주는 위대하시며 능력이 많으시
며 그의 지혜가 무궁하시도다

6 여호와께서 겸손한 자들은 붙드시고
악인들은 땅에 엎드러뜨리시는도다
7 감사함으로 여호와께 노래하며 수금
으로 하나님께 찬양할지어다
8 그가 구름으로 하늘을 덮으시며 땅
을 위하여 비를 준비하시며 산에 풀
이 자라게 하시며
9 들짐승과 우는 까마귀 새끼에게 먹
을 것을 주시는도다
10 여호와는 말의 힘이 세다 하여 기뻐
하지 아니하시며 사람의 다리가 억세
다 하여 기뻐하지 아니하시고
11 여호와는 자기를 경외하는 자들과
그의 인자하심을 바라는 자들을 기
뻐하시는도다
12 예루살렘아 여호와를 찬송할지어다
시온아 네 하나님을 찬양할지어다
13 그가 네 문빗장을 견고히 하시고 네
가운데에 있는 너의 자녀들에게 복
을 주셨으며
14 네 경내를 평안하게 하시고 아름다
운 밀로 너를 배불리시며
15 그의 명령을 땅에 보내시니 그의 말
씀이 속히 달리는도다
16 눈을 양털 같이 내리시며 서리를 재
같이 흩으시며
17 우박을 떡 부스러기 같이 뿌리시나니
누가 능히 그의 추위를 감당하리요
18 그의 말씀을 보내사 그것들을 녹이
시고 바람을 불게 하신즉 물이 흐르
는도다
19 그가 그의 말씀을 야곱에게 보이시
며 그의 율례와 규례를 이스라엘에
게 보이시는도다
20 그는 어느 민족에게도 이와 같이 행
하지 아니하셨나니 그들은 그의 법도
를 알지 못하였도다 할렐루야

148 할렐루야 하늘에서 여호와를
찬양하며 높은 데서 그를 찬
양할지어다
2 그의 모든 천사여 찬양하며 모든 군
대여 그를 찬양할지어다
3 해와 달아 그를 찬양하며 밝은 별들
아 다 그를 찬양할지어다
4 하늘의 하늘도 그를 찬양하며 하늘
위에 있는 물들도 그를 찬양할지어다
5 그것들이 여호와의 이름을 찬양함은
그가 명령하시므로 지음을 받았음이
로다
6 그가 또 그것들을 영원히 세우시고

365묵상

찬양은 선하고 아름답고 마땅한 것!

우리 마음을 가장 아프게 하는 사람들 중 하나는 정성껏 도움을 베풀었는데도 전혀 감사할 줄 모르는 사람을 만나는 것이다. 찬양이란, 우리가 하나님에게서 그저 받은 각종 은혜에 대해 "고맙고, 감사합니다!"라고 표현하는 방법이다. 만일 우리가 하나님을 찬양하지 않는다면, 우리는 하나님께서 우리를 위해 행하신 모든 은혜롭고 감사한 일들을 무시하는 악한 행위가 된다. 따라서 하나님은 우리의 찬양을 무척 원하신다. 정말로 소중한 것들을 그저 선물 받은 자에게 찬양은 선하고 아름답고 마땅한 것이다(시 147:1).

폐하지 못할 명령을 정하셨도다
7 너희 용들과 바다여 땅에서 여호와
를 찬양하라
8 불과 우박과 눈과 안개와 그의 말씀
을 따르는 광풍이며
9 산들과 모든 작은 산과 과수와 모든
백향목이며
10 짐승과 모든 가축과 기는 것과 나는
새며
11 세상의 왕들과 모든 백성들과 고관
들과 땅의 모든 재판관들이며
12 총각과 처녀와 노인과 아이들아
13 여호와의 이름을 찬양할지어다 그의
이름이 홀로 높으시며 그의 영광이
땅과 하늘 위에 뛰어나심이로다
14 그가 그의 백성의 뿔을 높이셨으니
그는 모든 성도 곧 그를 가까이 하
는 백성 이스라엘 자손의 찬양 받을
이시로다 할렐루야

149 할렐루야 새 노래로 여호와
께 노래하며 성도의 모임 가
운데에서 찬양할지어다
2 이스라엘은 자기를 지으신 이로 말미
암아 즐거워하며 시온의 주민은 그들
의 왕으로 말미암아 즐거워할지어다
3 춤 추며 그의 이름을 찬양하며 소고
와 수금으로 그를 찬양할지어다
4 여호와께서는 자기 백성을 기뻐하시
며 겸손한 자를 구원으로 아름답게
하심이로다
5 성도들은 영광 중에 즐거워하며 그들
의 침상에서 기쁨으로 노래할지어다
6 그들의 입에는 하나님에 대한 찬양
이 있고 그들의 손에는 두 날 가진
칼이 있도다
7 이것으로 뭇 나라에 보수하며 민족
들을 벌하며
8 그들의 왕들은 사슬로, 그들의 귀인
은 철고랑으로 결박하고
9 기록한 판결대로 그들에게 시행할지
로다 이런 영광은 그의 모든 성도에
게 있도다 할렐루야

150 할렐루야 그의 성소에서 하
나님을 찬양하며 그의 권능
의 궁창에서 그를 찬양할지어다
2 그의 능하신 행동을 찬양하며 그의
지극히 위대하심을 따라 찬양할지어
다
3 나팔 소리로 찬양하며 비파와 수금
으로 찬양할지어다
4 소고 치며 춤 추어 찬양하며 현악과
퉁소로 찬양할지어다
5 큰 소리 나는 제금으로 찬양하며 높
은 소리 나는 제금으로 찬양할지어다
6 호흡이 있는 자마다 여호와를 찬양
할지어다 할렐루야

Memo

Memo

Memo

Memo

십계명

하나님이 이 모든 말씀으로 말씀하여 이르시되
나는 너를 애굽 땅, 종 되었던 집에서 인도하여 낸
네 하나님 여호와니라

제일은, 너는 나 외에는 다른 신들을 네게 두지 말라

제이는, 너를 위하여 새긴 우상을 만들지 말고
또 위로 하늘에 있는 것이나 아래로 땅에 있는 것이나
땅 아래 물 속에 있는 것의 어떤 형상도 만들지 말며
그것들에게 절하지 말며, 그것들을 섬기지 말라

나 네 하나님 여호와는 질투하는 하나님인즉
나를 미워하는 자의 죄를 갚되 아버지로부터 아들에게로
삼사 대까지 이르게 하거니와 나를 사랑하고
내 계명을 지키는 자에게는 천 대까지 은혜를 베푸느니라

제삼은, 너는 네 하나님 여호와의 이름을
망령되게 부르지 말라

여호와는 그의 이름을 망령되게 부르는 자를
죄 없다 하지 아니하리라

제사는, 안식일을 기억하여 거룩하게 지키라

엿새 동안은 힘써 네 모든 일을 행할 것이나
일곱째 날은 네 하나님 여호와의 안식일인즉
너나 네 아들이나 네 딸이나 네 남종이나 네 여종이나 네 가축이나
네 문안에 머무는 객이라도 아무 일도 하지 말라
이는 엿새 동안에 나 여호와가 하늘과 땅과 바다와 그 가운데

모든 것을 만들고 일곱째 날에 쉬었음이라
그러므로 나 여호와가 안식일을 복되게 하여
그 날을 거룩하게 하였느니라

제오는, 네 부모를 공경하라

그리하면 네 하나님 여호와가
네게 준 땅에서 네 생명이 길리라

제육은, 살인하지 말라

제칠은, 간음하지 말라

제팔은, 도둑질하지 말라

제구는, 네 이웃에 대하여 거짓 증거하지 말라

제십은, 네 이웃의 집을 탐내지 말라

네 이웃의 아내나 그의 남종이나
그의 여종이나 그의 소나 그의 나귀나 무릇
네 이웃의 소유를 탐내지 말라
(출애굽기 20장 1절 – 17절)

예수께서 이르시되, 네 마음을 다하고 목숨을 다하고 뜻을 다하여
주 너의 하나님을 사랑하라 하셨으니, 이것이 크고 첫째 되는 계명이요,
둘째도 그와 같으니, 네 이웃을 네 자신같이 사랑하라 하셨으니,
이 두 계명이 온 율법과 선지자의 강령이니라.
(마태복음 22장 37절 – 40절)

주기도문

하늘에 계신 우리 아버지여
이름이 거룩히 여김을 받으시오며 나라가 임하시오며
뜻이 하늘에서 이루어진 것 같이
땅에서도 이루어지이다
오늘 우리에게 일용할 양식을 주시옵고
우리가 우리에게 죄 지은 자를 사하여 준 것 같이
우리 죄를 사하여 주시옵고
우리를 시험에 들게 하지 마시옵고
다만 악에서 구하시옵소서
(나라와 권세와 영광이 아버지께 영원히 있사옵나이다. 아멘)

마태복음 6장 9하반절-13절

주기도

하늘에 계신 우리 아버지,
아버지의[1] 이름을 거룩하게 하시며[2]
아버지의 나라가 오게 하시며,
아버지의 뜻이 하늘에서와 같이
땅에서도 이루어지게 하소서.
오늘 우리에게 일용할 양식을 주시고,
우리가 우리에게 잘못한 사람을 용서하여 준 것 같이
우리 죄를 용서하여 주시고,
우리를 시험에 빠지지 않게 하시고, 악에서 구하소서.
나라와 권능과 영광이 영원히 아버지의 것입니다. 아멘.

1 원문〈σου〉은 '당신의'라는 뜻이다.

2 '아버지께서 우리를 통하여 당신의 이름을 거룩하게 하소서'라는 의미가 함축되어 있다.